北京高校电子信息类专业群暨教育部电子信息类专业虚拟教研室全国院校教育教学研究成果论文集

白文乐　郭彩丽　主编

北京邮电大学出版社
www.buptpress.com

内 容 简 介

北京市教育委员会为推动区域高校间专业合作,实现资源共享与优势互补,提升区域人才培养整体水平,启动并支持了专业群共建项目。北京邮电大学(央属)和北方工业大学(市属)牵头电子信息类专业群建设,协同首都十一所高校"共谋、共享、共建、共创"的多项协同育人特色教学实践活动,并以此为基础申报获批教育部电子信息类专业虚拟教研室。该虚拟教研室已辐射全国109所院校,形成了互助互进的发展态势,相关建设成果与经验将为国家教育体制改革提供参考。在教育数字化转型大背景下,为更好地总结相关院校电子信息类专业教育教学与学生实践经验,荟萃最新的教学创新与改革成果,发现一线教学实践中的痛点问题,专业群与虚拟教研室决定联合出版全国院校教育教学研究成果论文集。本论文集作者均为专业群与虚拟教研室成员高校中热心教学改革的一线教师,专题内容有专业建设、课程教学、实验实践、数智赋能、产教融合及师资建设等方面。

图书在版编目(CIP)数据

北京高校电子信息类专业群暨教育部电子信息类专业虚拟教研室全国院校教育教学研究成果论文集 / 白文乐,郭彩丽主编. -- 北京:北京邮电大学出版社,2025.
ISBN 978-7-5635-7542-8

Ⅰ. G203-53

中国国家版本馆 CIP 数据核字第 2025V65K78 号

策划编辑:彭 楠　　责任编辑:蒋慧敏　　责任校对:张会良　　封面设计:七星博纳

出版发行	北京邮电大学出版社
社　　址	北京市海淀区西土城路 10 号
邮政编码	100876
发 行 部	电话:010-62282185　传真:010-62283578
E-mail	publish@bupt.edu.cn
经　　销	各地新华书店
印　　刷	保定市中画美凯印刷有限公司
开　　本	787 mm×1 092 mm　1/16
印　　张	32.75
字　　数	876 千字
版　　次	2025 年 5 月第 1 版
印　　次	2025 年 5 月第 1 次印刷

ISBN 978-7-5635-7542-8　　　　　　　　　　　　　　　　定价:168.00 元

・如有印装质量问题,请与北京邮电大学出版社发行部联系・

本书编辑委员会

主 任 委 员：栗 苹　北方工业大学副校长
副主任委员：尹长川　北京邮电大学信息与通信工程学院党委书记（教育部虚拟教研室负责人及主任委员）

　　　　　　宋 威　北方工业大学教务处处长
委　　　员：郭彩丽　北京邮电大学信息与通信工程学院副院长（专业群央属院校负责人及虚拟教研室副主任委员）

　　　　　　白文乐　北方工业大学信息学院电信实验中心主任（专业群市属院校负责人及虚拟教研室副主任委员）

　　　　　　李学华　北京信息科技大学信息与通信工程学院院长（专业群协作委员及虚拟教研室副主任委员）

　　　　　　徐继宁　北方工业大学教务处副处长
　　　　　　鲁远耀　北方工业大学信息学院副院长
　　　　　　廉小亲　北京工商大学人工智能学院教授（专业群协作委员及虚拟教研室协作委员）

　　　　　　胥桂仙　中央民族大学信息工程学院副院长（虚拟教研室协作委员）
　　　　　　陈文龙　首都师范大学信息工程学院副院长（虚拟教研室协作委员）
　　　　　　章文辉　中国传媒大学信息与通信工程学院副院长（虚拟教研室协作委员）
　　　　　　皇甫伟　北京科技大学计算机与通信工程学院副院长（虚拟教研室协作委员）
　　　　　　邹 炼　武汉大学电子信息学院教学实验中心主任（虚拟教研室协作委员）
　　　　　　李春树　宁夏大学电子与电气工程学院副院长（虚拟教研室协作委员）
　　　　　　张双根　天津理工大学集成电路科学与工程学院副院长（虚拟教研室协作委员）
　　　　　　李益才　重庆交通大学计算机与信息学院副院长（虚拟教研室协作委员）
　　　　　　李玉峰　沈阳航工航天大学电子信息工程学院院长（虚拟教研室协作委员）
　　　　　　罗 晖　华东交通大学信息与软件工程学院副院长（虚拟教研室协作委员）
　　　　　　俞 洋　江苏理工学院电气信息工程学院院长（虚拟教研室协作委员）
　　　　　　晋 刚　烟台大学物理与电子信息学院副院长（虚拟教研室协作委员）
　　　　　　吕安强　华北电力大学电气与电子工程学院副主任（虚拟教研室协作委员）
　　　　　　唐庭龙　三峡大学计算机与信息学院主任（虚拟教研室协作委员）
　　　　　　李 俊　江西应用科技学院人工智能学院院长（虚拟教研室协作委员）
　　　　　　罗 俊　广州工商学院工学院副院长（虚拟教研室协作委员）

前　　言

教育教学改革是高等院校永恒的话题，也是高等教育发展的不竭动力。作为"十二五"期间北京市教育委员会教学改革的创新举措，专业群建设承载着推动北京地方高校和教育部部属高校协作发展、资源共享的重要使命。2013年，在北京市教育委员会的顶层设计下，北京高校电子信息类专业群成立，北京市教育委员会指定北京邮电大学（央属）和北方工业大学（市属）为牵头高校，带动、协同十一所高校开展紧密合作。通过"构建教学论坛轮值工作制、校企共创共建大唐杯通信学科竞赛星火燎原发展进入教育部学科竞赛榜单、名师名校名课进地方高校课堂、教师进产业链企业工程实践班、出版教育教学论文集"等创新举措，在教育教学创新、校企合作、专业学科竞赛、长效合作机制等领域取得了显著成效，获得2017年北京市教育教学成果一等奖。

2022年，以北京高校电子信息类专业群为主体申报的"建设教育部电子信息类专业虚拟教研室"获批，成员高校扩大到全国109所院校。在电子信息类专业跨校协作育人方面，该专业群/虚拟教研室是国内最早建立的跨校协同的教学组织。历经十一年运行，已经积累了一整套行之有效的运行制度、活动组织方法和协同育人举措。通过开展线上教学讲座、校企教师实践班及线下教学论坛等多项活动，在"一流专业、一流课程、新形态教材、一流实践教学与创新平台、工程认证、实践创新、产业学院建设、数字化赋能新形态教学、产教融合"等方面积累了一批有特色的教育教学成果，产生了很好的辐射效应，得到了教育部电子信息类专业高等教育教学指导委员会专家的高度认可。

时隔四年，北京高校电子信息类专业群联合教育部电子信息类专业虚拟教研室再次结集出版教学改革论文集，旨在为全国高校教师提供一个教学创新改革思想碰撞的平台。令人欣慰的是，论文集的投稿非常踊跃，论文质量佳，涉及"专业建设、课程教学、实验实践、数智赋能、产教融合、师资建设"等多个主题。这些论文都是热爱教育教学的一线教师创新实践改革工作的用心凝练。最终，论文集收录了33所院校的96篇论文，其中很多思想、观点、路径、举措等读起来会让人有耳目一新的感觉。本论文集非常值得推荐。

本论文集在成书的过程中，得到了众多专家的指导和诸多建议。此外，专业群与虚拟教研室兄弟院校的院长、主任和众多教师的鼎力相助，让论文集得以高质量、及时与读者见面，在此一并表示感谢。本论文集的出版得到了市属牵头高校"北京高校专业群建设"项目的资助。

由于编者水平有限,书中难免存在错误和疏漏之处。欢迎广大读者多提宝贵意见和建议,对书中错误、疏漏之处予以批评指正。同时,欢迎就书中论文的思想、观点等与作者进行沟通交流。若有任何的意见和建议,可发送至邮箱 bjzyq_jglw@163.com,我们将不胜感激。

教学工作做得越多,越深刻地感受到教育教学改革没有最好,只有更好,大家一起努力。

编 者

目 录

第一部分 专业建设类

北京专业群与教育部虚拟教研室互助互进建设探索
………………………………………………… 白文乐 郭彩丽 尹长川/ 2
Exploration of Mutual Assistance and Co-construction Between Beijing Major Cluster and the Virtual Teaching and Research Section of the Ministry of Education
………………………………… Bai Wenle Guo Caili Yin Changchuan/ 2

"工程导向、赛创结合"的电类大课程体系建设
………………………………… 孙文生 张宁波 邓 钢 王 莹 刘宝玲/ 7
Construction of Comprehensive Electrical Curriculum System with Engineering Orientation and Integration of Competitions and Innovation
………………… Sun Wensheng Zhang Ningbo Deng Gang Wang Ying Liu Baoling / 7

基于"三全育人"理念的民族院校信息类专业高素质创新人才培养模式研究
………………………………………………………… 胥桂仙 刘 璐/ 12
Research on The Training Mode of High-quality Innovative Talents in Information Majors in Ethnic Colleges and Universities Based on The Concept of "Three All-Round Education"
………………………………………………… Xu Guixian Liu Lu/ 12

基于新工科的通信工程专业特色建设研究与实践
………………………………………… 童峥嵘 王 昊 白 媛 荆 雷/ 19
Research and Practice on the Characteristic Construction of Communication Engineering Major based on Emerging Engineering Education
………………………………… Tong Zhengrong Wang Hao Bai Yuan Jing Lei/ 19

教学-科研-育人"三位一体"的拔尖人才培养——以上海师范大学电子信息工程(中外合作)专业为例
………………………………… 张相芬 袁非牛 张巧珍 王心怡 孟春丽/ 25
The Cultivation of Top notch Talents in the Trinity of Teaching, Research, and Moral Education——Taking the Electronic Information Engineering (Chinese Foreign Cooperation) major at Shanghai Normal University as an example
………… Zhang Xiangfen Yuan Feiniu Zhang Qiaozhen Wang Xinyi Meng Chunli/ 25

面向首都应用型高校国家一流本科专业产教科融合人才培养模式的探索与思考
.... 武梦龙　董小伟　鲁远耀　白文乐/ 31
Exploration and Reflection on Industry-Education-Research Integrated Talent Cultivation for National First-Class Undergraduate Programs in Capital Applied University
.... Wu Menglong　Dong Xiaowei　Lu Yuanyao　Bai Wenle/ 31

基于五链融合的新工科应用型人才培养新模式研究——以电子信息类专业为例
.... 刘晓珊/ 36
Research on New Mode of Training Applied Talents in New Engineering Based on Five-Chain Integration——Take Electronic Information Majors as an Example
.... Liu Xiaoshan/ 36

基于成果导向的应用型本科院校人才培养模式探讨——以江西应用科技学院软件工程专业为例
.... 彭军　卞秀运　吴玉/ 41
Discussion on the Application-oriented Undergraduate Talent Cultivation Model Based on Achievement-oriented Education——Taking the Software Engineering Major at Jiangxi Institute of Applied Science and Technology as an Example
.... Peng Jun　Bian Xiuyun　Wu Yu/ 41

第二部分　课程教学类

信通特色的"通信原理"课程内容设计固优创新研究
.... 吴广恩　王宏　刘向阳/ 48
Innovative Research on Consolidating Advantages in ICT-characterized Curriculum Content Design for "Principles of Communication"
.... Wu Guangen　Wang Hong　Liu Xiangyang/ 48

基于OBE理念的"电路分析"课程教学评价体系改革与实践
.... 李巍海　俎云霄/ 53
Reform and Practice of the Teaching Evaluation System for "Circuit Analysis" Course Based on OBE Concept
.... Li Weihai　Zu Yunxiao/ 53

基于研学协同提升数理能力的"电工电子学"课程教学方法研究
.... 王乐　武梦龙　周欢/ 57
Research on the Teaching Method of Electrotechnics and Electronics Course Based on Collaborative Study and Research to Enhance Mathematical and Physical Abilities
.... Wang Le　Wu Menglong　Zhou Huan/ 57

基于"三合一体"的"数字信号处理"教学模式研究与实践
.... 刘芳芳　郭彩丽　杨洋/ 63

Research and Construction of Digital Signal Processing Teaching Mode Based on "Three-in-One Integration"
.... Liu Fangfang　Guo Caili　Yang Yang/ 63

基于"做-学-用"的"通信原理"课程教学实践
.... 许登元　李益才　白文乐/ 69

Teaching Practice of "Communication Principle" Course Based On "Doing-Learning-Applying"
.... Xu Dengyuan　Li Yicai　Bai Wenle/ 69

基于沉浸引领和项目驱动的"多媒体技术与应用"课程创新实践
.... 杜海清　闫 石/ 74

Innovative Teaching Practice in Multimedia Technology and Application Course: an Immersion-led and project-Driven Approach
.... Du Haiqing　Yan Shi/ 74

项目式教学在"通信电子电路"课程中的应用与探索
.... 张生军　许登元　李益才/ 79

Application and Exploration of Project-based Teaching in "Communication Electronic Circuits"
.... Zhang Shengjun　Xu Dengyuan　Li Yicai / 79

虚拟现实案例式项目制教育教学方法探索与实践
.... 黄 海　李 曦　田 耒　孙松林　张智铃　黄允麒/ 84

Exploration and Practice on Case-study and Project-based Teaching Methods of the Virtual Reality Course
.... Huang Hai　Li Xi　Tian Lei　Sun Songlin　Zhang Zhiqian　Huang Yunqi/ 84

面向通信原理课程设计的 Matlab/GUI 仿真教学设计与实现
.... 程卫军　李梦娟/ 89

Design and Implementation of Matlab/GUI Simulation Teaching for Curriculum Design of Communication Principle
.... Cheng Weijun　Li Mengjuan/ 89

数字要素驱动下的"C 语言程序设计"课程教学改革研究
.... 金咏琪　李肖南/ 96

Research on Teaching Reform of C Programming Course Driven by Digital Elements
.... Jin Yongqi　Li Xiaonan/ 96

通信电子电路分层次案例库的建设与教学实践
.... 李然　韩东升　贾惠彬　李星蓉/ 102

Construction and teaching practice of hierarchical case library for communication electronics circuit
.... Li Ran　Han Dongsheng　Jia Huibin　Li Xingrong/ 102

"并行"模式下的课堂教学研究
.... 李跃光　唐淑萍　马 凯/ 107

Research on Classroom Teaching in Parallel Mode
.... Li Yueguang　Tang Shuping　Ma Kai／107

"工程牵引、项目驱动"——新工科背景下"智能硬件课程设计"课程建设与教学改革
.... 许晓荣　张伟乐　骆懿／113
"Engineering Traction and Project Driven"——Curriculum Construction and Teaching Reform of Intelligent Hardware Course Design under the Background of Engineering Education Accreditation
.... Xu Xiaorong　Zhang Weile　Luo Yi／113

"通信原理"的生成式教学改革探索
.... 唐江波　洪浩然　解相弘／118
Exploration of Generative Teaching Reform in "Principles of Communications"
.... Tang Jiangbo　Hong Haoran　Xie xianghong／118

基于 OBE 理念的"程序设计基础"课程教学创新改革与实践
.... 周慧／123
Innovative Teaching Reform and Practice of the "Fundamentals of Programming" Course Based on the OBE Concept
.... Zhou Hui／123

以科研项目群为牵引的超密集无线组网"研教赛一体化"课程建设
.... 巩译　高镇　吴韶波／127
The New Construction Course for Ultra-Dense Wireless Networking Driven by Scientific Research Project Groups
.... Gong Yi　Gao Zhen　Wu Shaobo／127

"跨学科、主题化、自适应"的综合创新性课程改革研究——以混合式一流课程"数字信号处理"为例
.... 张虹　文方青　刘馨琼　刘含　刘军清／133
"Interdisciplinary, Thematic, and Adaptive Integrated Innovative Curriculum Reform Research——Taking the Mixed First-Class Course "Digital Signal Processing" as an Example
.... Zhang Hong　Wen Fangqing　Liu Xinqiong　Liu Han　Liu Junqing／133

"以学生为中心"的面向对象程序设计课程教学创新研究
.... 宋秀方　胡珺／139
Research on Innovative Teaching of Object-Oriented Programming course with a "Student-Centered" Approach
.... Song Xiufang　Hu Jun／139

文化自信视域下课程教学实践模式的深化与创新
.... 解迎刚　朱翠／143
Research Deepening and innovation of curriculum education practice model from the perspective of cultural confidence
.... Xie Yinggang　Zhu Cui／143

多维数据空间下的"EDA 技术"精准教学探索与实践
.... 赵晨光　张丽丽　房启志　孙延鹏/ 148
Exploration and Practice of Precise Teaching in "EDA Technology" in Multi-dimensional Data Space
.... Zhao Chenguang　Zhang Lili　Fang Qizhi　Sun Yangpeng/ 148

开源芯片热潮下传统"微机原理与接口技术"课程教学的改革策略研究
.... 刘　含　龚国强　张　虹　夏　平/ 154
Research on Innovative Strategies for Traditional "Microcomputer Principles and Interface Technology" Course Teaching Amidst the Open-Source Chip Boom
.... Liu Han　Gong Guoqiang　Zhang Hong　Xia Ping/ 154

基于翻转课堂的"通信原理"课程教学模式探索与实践
.... 黄　琳　万　莲　李光敏/ 159
Exploration and Practice of Teaching Model of "Communication Principles" based on Flipped Classroom
.... Huang Lin　Wan Lian　Li Guangmin/ 159

新工科背景下线上线下混合式教学模式研究与实践——以"大数据技术与应用"课程为例
.... 姜艳静　郑悦林/ 165
Study and Practice of Online-offline Hybrid Teaching Mode under Background of Emerging Engineering Education——Taking the course of "Big Data Technology and Application" as an example
.... Jiang Yanjing　Zheng Yuelin/ 165

新工科视野下"数字图像处理"课程改革与实践探索
.... 黄陈建　李俊/ 170
Curriculum Reform and Exploration in Digital Image Processing from the Perspective of New Engineering
.... Huang Chenjian　Li Jun/ 170

基于 OBE 理念下的"三位一体"教学改革研究与探索
.... 杨亚宁　周贝宁　刘琳茜/ 175
Research and Exploration of "Three-in-One" Teaching Reform based on the OBE Concept
.... Yang Yaning　Zhou Beining　Liu Linxi/ 175

面向设计类专业的开源智能硬件教学研究
.... 刘　怡　郭　飞　王春蓬　马　浩　陈明艳/ 180
Teaching Research on Open Source Intelligent Hardware for Design Majors
.... Liu Yi　Guo Fei　Wang Chunpeng　Ma Hao　Chen Mingyan/ 180

重塑计算机网络教育：以学生为本的创新课程实践与探索
.... 胡　珺　杨　华/ 186
Reshaping Computer Network Education：Student-Centered Innovative Curriculum Practice and Exploration
.... Hu Jun　Yang Hua/ 186

"计算机组成原理"新型分组启发式教学方法的研究
.... 肖丕强　吴　玉／191

面向产业需求的"HTML5 移动应用开发"课程教学改革研究
.... 李肖南　金咏琪　付方博／195

Research on Teaching Reform of the "HTML5 Mobile Application Development" Course Targeted at Industrial Needs
.... Li Xiaonan　Jin Yongqi　Fu Fangbo／195

融入育人元素的"数字信号处理"教学案例设计
.... 马金铭　付小雁／201

Design of Education Case in Digital Signal Processing Incorporating Educational Elements
.... Ma Jinming　Fu Xiaoyan／201

电子类一流课程建设探索
.... 余长青　江华丽／206

Exploration into the Construction of First Class Electrical Courses
.... Yu Changqing　Jiang Huali／206

基于问题式学习（PBL）的"数字图像处理"课程教学改革研究
.... 汪　森　任俊颖　汪方毅／211

Research on Teaching Reform of Digital Image Processing Course Based on Problem-Based Learning（PBL）
.... Wang Sen　Ren Junying　Wang Fangyi／211

基于 CiteSpace 的数据库课程教学研究可视化分析
.... 刘　霞　晋　刚／217

Visual Analysis of Database Course Teaching Based on CiteSpace
.... Liu Xia　Jin Gang／217

大语言模型在"Python 程序设计"教学改革中的应用探索
.... 林国宇　温海彪　李明彤／222

The Application Exploration of Large Language Models in the Teaching Reform of "Python Programming"
.... Lin Guoyu　Wen Haibiao　Li Mingtong／222

"数字图像处理"课程教学改革与实践
.... 杨朋朋　夏　平　唐庭龙　汪方毅／227

Reform and Practice of Teaching in the Course of Digital Image Processing
.... Yang Pengpeng　Xia Ping　Tang Tinglong　Wang Fangyi／227

基于 STEAM 理念和 5C 模式的教育教学改革研究
.... 李跃光　彭　军　胡　珺／232

Research on education and teaching reform based on STEAM concept and 5C model
.... Li Yueguang　Peng Jun　Hu Jun／232

一流课程建设多维度评价方法研究
.... 程志华　张双根　李　琨　秦　娟　苏　飞／238

Research on Multidimensional Evaluation Methods in the Construction of First-Class Courses
.... Cheng Zhihua　Zhang Shuanggen　Li Kun　Qin Juan　Su Fei / 238

新工科背景下非机械专业"工程制图"教学改革探索
.... 迟绍翠 / 243
Exploration on the Teaching Reform of Engineering Drawing for Non-mechanical Majors under the Background of New Engineering
.... Chi Shaocui / 243

"化工传递过程"课程教学改革浅析
.... 孙　喆　宗雪平　梁　茂　赵　建　陈　瑜 / 248
On the Teaching Reform of Transport Phenomena in Chemical Engineering
.... Sun Zhe　Zong Xueping　Liang Mao　Zhao Jian　Chen Yu / 248

应用型本科院校教学创新提升学生的学习兴趣和动力
.... 温荣丽 / 253
The Teaching Innovation of Application-oriented Undergraduate Colleges Promotes Students' Learning Interest and Motivation
.... Wen Rongli / 253

第三部分　实验实践类

基于虚拟仿真的电子信息大类专业"软件开发实践"课程项目化教学研究
.... 王泉德　赵　晨　邹　炼　马　泳 / 260
Research on Project-Based Teaching for the Course "Software Development Practice" in the Electronic Information Major based on Virtual Simulation
.... Wang Quande　Zhao Chen　Zou Lian　Ma Yong / 260

新工科背景下高频电子线路实验课程改革的研究
.... 王恩成　盛智勇 / 266
Research on the reform of high-frequency electronic circuit experimental courses under the background of new engineering
.... Wang Encheng　Sheng Zhiyong / 266

基于 Proteus 的 STM32 项目式教学创新研究
.... 宫铭举　朱林琳　田　峪　张义林　童峥嵘　姜道连　王　雪　胡世会 / 271
Research on Project-based Teaching Innovation of STM32 Based on Proteus
.... Gong Mingju　Zhu Linlin　Tian yu　Zhang Yilin　Tong Zhengrong
　　　　　　　　　Jiang Daolian　Wang xue　Hu Shihui / 271

基于现代电源产业需求驱动的功率电子技术实验教学改革
.... 赵徐森　张晓强　刘元超　毛　鹏 / 276
Reform of Power Electronics Technology Experimental Teaching Driven by Modern Power Supply Industry Demand
.... Zhao Xusen　Zhang Xiaoqiang　Liu Yuanchao　Mao Peng / 276

无线通信系列课程实践教学案例设计
.... 李 进 韩 涛 关文洋 廉小亲/ 280
A Case Study on the Practice Teaching in Wireless Communication Series Courses
.... Li Jin Han Tao Guan Wenyang Lian Xiaoqin/ 280

"高级算法设计与分析"创新实践教学改革研究
.... 张 磊 唐庭龙 张 虹/ 286
Research on Innovative Practice Teaching Reform of Advanced Algorithm Design and Analysis
.... Zhang Lei Tang Tinglong Zhang Hong/ 286

"电气检测技术"课程实验教学的研究
.... 王 斌 蔺金元 李春树/ 291
Research on the Reform of Experimental Teaching of Electrical Testing Technology
.... Wang Bin Lin Jinyuan Li Chunshu/ 291

新工科背景下 Arduino 在空间交互设计课程中的应用研究
.... 惠林源 张 勃 罗钏雯/ 296
Research on the Application of Arduino in Spatial Interaction Design Courses in the Context of New Engineering Science
.... Hui Linyuan Zhang Bo Luo Chuanwen/ 296

新工科背景下单片机课程设计实践路径探索
.... 代红丽 王洛欣 薛玉明/ 301
Exploration of the Practical Path of Single Chip Microcomputer Course Design under the Background of Emerging Engineering
.... Dai Hongli Wang Luoxin Xue Yuming/ 301

"小口袋,大智慧"——基于"数字电子技术"课程实验教学创新
.... 丁 南 段 超 崖海娇/ 306
"Small pocket, great wisdom"——Innovation in Experiment Based on "Digital Electronic Technology" course
.... Ding Nan Duan Chao Ya HaiJiao/ 306

模拟自智通信系统案例设计
.... 王春丽 程小阳/ 311
Case design of simulated self-intelligent communication system
.... Wang Chunli Cheng Xiaoyang/ 311

"传感器原理及应用"实验课程教学案例——以"金属箔式应变片电桥性能实验"为例
.... 李 虹 蔺金元 王学忠 李春树/ 316
Teaching Case of the "Principles and Applications of Sensors" Experiment Course ——Taking the "Metal Foil Strain Gauge Bridge Performance Experiment" as an Example
.... Li Hong Lin Jinyuan Wang Xuezhong Li Chunshu/ 316

"单片机原理与接口技术"教学改革创新实践探索
.... 熊艳飞/ 321

Practical exploration of teaching reform and innovation of "MCU Principle and Interface Technology"
　　………………………………………………………………… Xiong Yanfei/ 321

本科生项目实践——多部电梯系统群控节能算法研究
　　………… 宋建勇　杨　宁　丁继涛　牛　涛　蔺金元　周　虎　李　虹　李春树/ 326
Undergraduate Project Practice——Research on Energy-saving Group Control Algorithms for Multi-elevator Systems
　　………… Song Jianyong　Yang Ning　Ding Jitao　Niu Tao　Lin Jinyuan
　　　　　　　Zhou Hu　Li Hong　Li Chunshu/ 326

第四部分　数智赋能类

基于雨课堂平台的"电路"课程"五精"教学模式初探
　　………………………… 关宗安　刘彦娟　江秀红　胡爱玲　赵建敏/ 332
A Preliminary Study of the "Five Fine" Teaching Mode of "Circuits" Course Based on Rain Classroom Platform
　　………… Guan Zongan　Liu Yanjuan　Jiang Xiuhong　Hu Ailing　Zhao Jianmin/ 332

面向数智时代的工科课程教学改革探索与实践
　　………………………… 程　钦　俞　洋　钱志文　张　琳　章天骄/ 337
Digital Intelligence Era Oriented Exploration and Practice of Engineering Course Teaching Reform
　　………… Cheng Qin　Yu Yang　Qian Zhiwen　Zhang Lin　Zhang Tianjiao/ 337

深度编程和科研案例赋能的"人工智能导论"课程建设探索
　　………………………………… 张　帆　张双彪　李月琴　昌　硕/ 342
Exploration of Curriculum Building for "Introduction to Artificial Intelligence" Empowered by Deep Programming and Research Cases
　　………… Zhang Fan　Zhang Shuangbiao　Li Yueqin　Chang Shuo/ 342

"数字信号处理"课程知识图谱构建及应用研究
　　………………………………… 王　宇　张丽丽　房启志　滕金玉/ 347
Research on the Construction and Application of Knowledge Graph in the Course of Digital Signal Processing
　　………… Wang Yu　Zhang Lili　Fang Qizhi　Teng Jinyu/ 347

"项目教学法"在Python处理Excel实现成绩统计的应用探索
　　……………………………………………………………………… 杨旺明/ 352
Exploration on the Application of Project-based Teaching Method in Python Processing Excel to Achieve Grade Statistics
　　………………………………………………………………… Yang Wangming/ 352

基于知识图谱的模拟电子技术课程教学改革探索与思考
.... 董小伟／357
Exploration and thinking on the curriculum reform of analog electronic technology based on knowledge map
.... Dong Xiaowei／357

AI 时代工科专业课双语教学的探索
.... 白育堃　刘佳骏　姜道连／361
Exploration in Bilingual Teaching of Engineering Courses in the AI Era
.... Bai Yukun　Liu Jiajun　Jiang Daolian／361

基于 AI 技术的高校教育中的协作与支持作用研究
.... 曾辉　段超／366
The Collaborative and Supportive Role of AI Technology in Higher Education
.... Zeng Hui　Duan Chao／366

大模型驱动下 Python 程序设计教学模式创新研究
.... 王昊　童峥嵘／371
Innovation Research on Teaching Mode of Python Programming Driven by Large Models
.... Wang Hao　Tong Zhengrong／371

智慧校园 AIoT 综合实验教学平台建设
.... 李根　高镇　巩译／377
Construction of a Comprehensive Experimental Teaching Platform for AIoT in Smart Campus
.... Li Gen　Gao Zhen　Gong Yi／377

课程知识图谱的构建与教学应用初探——以"计算机网络程序设计"课程为例
.... 耿冰蕊／383
The Construction of Course Knowledge Graph and Its Application in Teaching——Taking "Computer Network Programming" Course as an Example
.... Geng Bingrui／383

基于 ChatGPT 的计算机网络实践教学改革与探索
.... 周军　王晓艳　蔡婷婷／389
Reform and Exploration of Computer Network Practice Teaching Based on ChatGPT
.... Zhou Jun　Wang Xiaoyan　Cai Tingting／389

区块链技术在高校人才管理系统中的应用与探索
.... 付方博　武易　李肖南／393
Application and Exploration of Blockchain Technology in College Talent Management System
.... Fu Fangbo　Wu Yi　Li Xiaonan／393

高校导师工作坊融合人工智能+数字化人才培养创新研究
.... 张轶　汪晶　郭旻　袁理／397
Research on the Integration of Studio with AI and Digital Talent Cultivation Innovation
.... Zhang Yi　Wang Jing　Guo Min　Yuan Li／397

面向非理工类专业的人工智能通识课程教学改革探索
.... 苗 方 章文辉/ 402
Exploration of Teaching Reform in General Artificial Intelligence Courses for Non-Science and Engineering Majors
.... Miao Fang   Zhang Wenhui/ 402

人工智能对高校教育的促进作用与应用研究
.... 曾佳文/ 407
Research on the Promotion and Application of Artificial Intelligence in Universities
.... Zeng Jiawen/ 407

第五部分　产教融合类

产教融合的 ARM 嵌入式系统设计与开发课程建设实践
.... 郑 伟 翟记业/ 414
Practice of Course Construction for ARM Embedded System Design and Development with Industry Education Integration
.... Zheng Wei   Zhai Jiye/ 414

校企合作指导本科毕业设计的探索
.... 白 媛 童峥嵘 王俊峰 韩 萍/ 419
The Exploration of University-enterprise Cooperation Guiding Graduate Project for Bachelor's Degree
.... Bai Yuan   Tong Zhengrong   Wang Junfeng   Han Ping/ 419

新工科背景下产教融合长江航运通信系统课程建设初探
.... 覃 琴 王 鹏 唐庭龙/ 424
Discussion on Curriculum Construction Industry-Academia Integration Yangtze River Shipping Communication System under the Background of Emerging Engineering
.... Qin Qin   Wang Peng   Tang Tinglong/ 424

校企联合模式下大学新工科人才培养新策略探究
.... 李 俊/ 429
Exploration of New Strategies for Cultivating New Engineering Talents in Universities Under the Model of School Enterprise Cooperation
.... Li Jun/ 429

基于多元主体多维协同的 ICT 现代产业学院建设研究
.... 罗 晖 吴文松/ 435
Research on the Construction of ICT Modern Industry College Based on Multi stakeholder and Multi dimensional Collaboration
.... Luo Hui   Wu Wensong/ 435

普通本科院校-校企合作机制研究
.... 许玉兴/ 440
Research on University-enterprise Cooperation Mechanism of Ordinary Undergraduate Colleges
.... Xu Yuxing/ 440

基于产教融合协同育人的机器人工程专业人才培养模式探索与实践
.... 熊艳飞/ 445
Exploration and Practice of Talent Training Mode of Robot Engineering Specialty Based on Integration of Industry and Education and Cooperative Education
.... Xiong Yanfei/ 445

第六部分　师资建设类

产教融合背景下校企合作实践平台建设研究——以"双师型"教师培训为例
.... 张碧玲　刘莹　赵国安　姚瑶/ 452
Research on the Practice Platform Construction under the Background of Industry Education Integration and School-enterprise Cooperation——Taking the Training for Double-qualified Teachers as an Example
.... Zhang Biling　Liu Ying　Zhao Guoan　Yao Yao/ 452

应用型高校青年教师教学素养提升策略研究
.... 王浩全　李冬梅/ 457
Research on teaching quality improvement strategies of young teachers in applied colleges and universities
.... Wang Haoquan　Li Dongmei/ 457

基于OBE理念的教师团队建设策略研究
.... 吕治国　石念峰　王伟静/ 462
Research on the Strategy of Ideological and Political Team Building Based on OBE Concept
.... Lü Zhiguo　Shi Nianfeng　Wang Weijing/ 462

第七部分　其　他

国际化合作课程联合教学的研究与探索
.... 高月红　张欣　杨鸿文/ 468
Research and Exploration of International Joint Teaching Course
.... Gao Yuehong　Zhang Xin　Yang Hongwen/ 468

创新创业教育与实践教学的融合教学模式探索
.... 靳晓芳　闫玉刚　章文辉/ 473
The Integration and Development of Innovation and Entrepreneurship Education and Practice Teaching
.... Jin Xiaofang　Yan Yugang　Zhang Wenhui/ 473

基于导师团队的电子信息类研究生创新能力提升与培养模式探索
………………………… 孙　正　韩叶梅　胡　凯　张楷亮　芦　春／478
Innovation Ability of Electronic Information Graduate Students Based on Mentor Team Exploration of Enhancement and Cultivation Models
………………… Sun Zheng　Han Yemei　Hu Kai　Zhang Kailiang　Lu Chun／478

面向京津冀地区电子信息类专业型硕士的多元协同培养模式探究
………………………………………… 张键红　白文乐　武梦龙／483
Research on Multi-dimensional Synergistic Training Model for Electronic Information Master's Program in Beijing-Tianjin-Hebei region
………………………………… Zhang Jianhong　Bai Wenle　Wu Menglong／483

大数据背景下本科生数字素养能力架构研究
………………………………………………………… 曾　伟　贺彩燕／488
Research on the Digital Literacy Capability Architecture of Undergraduate Students under the Background of Big Data
………………………………………………………… Zeng Wei　He Caiyan／488

"电路原理"课程中的课外学习
………………………………………………………………… 陈媛媛／492
Outside Class Learning in Circuit Theory Course
………………………………………………………………… Chen Yuanyuan／492

融合媒体类课程构建研究——媒体融合的发展脉络
………………………………………………………… 杨　宇　杨盈昀／496
Study on the Construction of Converged Media Courses：The Development Trajectory of Media Convergence
………………………………………………………… Yang Yu　Yang Yingyun／496

高校教师参加实验教学案例设计竞赛的心得体会
………………………………………………………………… 魏　青／501
Experience and Reflection of College Teachers Participating in Experimental Teaching Case Design Competition
………………………………………………………………… Wei Qing／501

# 第一部分
专业建设类

北京专业群与教育部虚拟教研室互助互进建设探索

白文乐[①]　郭彩丽[②]　尹长川[②]

[①]（北方工业大学信息学院，北京，100144）

[②]（北京邮电大学信息与通信工程学院，北京，100876）

摘　要：加强基层教学组织建设，突破壁垒，大力推动院校协同合作，实现优质资源共享，提升专业人才整体培养水平，是高等教育领域的热点任务。教育部"电子信息类专业虚拟教研室"对应的实体教研室是2013年成立的"北京高校电子信息类专业群"。本文首先介绍北京专业群"共谋、共享、共建、共创"的特色建设内容；其次说明了虚拟教研室的工作架构，重点分析了跨区跨校虚拟教研室建设面临的几类问题；最后阐述了两者互助互进、新共建新共享的建设目标。

关键词：北京专业群；虚拟教研室；共建共享；互助互进；数智赋能

Exploration of Mutual Assistance and Co-construction Between Beijing Major Cluster and the Virtual Teaching and Research Section of the Ministry of Education

Bai Wenle[①]　Guo Caili[②]　Yin Changchuan[②]

[①]（School of Information, North China University of Technology, Beijing 100144, China）

[②]（School of Information and Communication Engineering, Beijing University of Posts and Telecommunications, Beijing 100876, China）

Abstract: Strengthening the development of grassroots teaching organizations, breaking down barriers, vigorously promoting inter-institutional collaboration, achieving sharing of

---

通信作者：白文乐，bwl@ncut.edu.cn。

基金项目：2024北京市数字教育研究课题-重点课题-电信类专业实验实践数字化转型创新资源建设研究（BDEC2024ZD036）；2023北京高校本科教学改革创新项目-重点项目-数字产业学院深度产教融合育人模式研究（202310009002）；2022教改研究-地方应用型本科现代产业学院深度产教融合育人模式研究。

high-quality resources, and enhancing the overall level of professional talent cultivation are key issues in higher education. The physical counterpart of the Ministry of Education's "Virtual Teaching and Research Office for Electronic Information Majors", is "Beijing University Cluster for Electronic Information Majors", established in 2013. This paper begins by introducing the content of collaborative feature construction of the Beijing professional cluster, characterized by "joint planning, sharing, co-construction, and co-creation". It then outlines the operational framework of the virtual teaching and research office, with a focus on analyzing several types of the challenges associated with building cross-regional and cross-institutional virtual teaching and research systems. Finally, it elaborates on the new goals of fostering mutual support, mutual progress, and achieving innovative co-construction and resource sharing between the two entities.

Key words: Beijing major cluster; virtual teaching and research office; co-construction and sharing; mutual assistance and progress; digital and intelligent empowerment

1 北京高校电子信息类专业群特色建设

2011—2013年为推动北京高校间同类专业合作，突破壁垒，实现协同融合、资源共享、优势互补，大力推动高校间同类专业合作，形成专业集群合力，北京市教育委员会分批启动了以十一个专业群建设为代表的中央高校与市属高校的合作项目，提升区域人才整体培养水平。北京高校电子信息类专业群的建设模式与其他地区同校不同专业间合作的专业群建设模式有明显不同，它强调的是"不同高校间同类专业合作"，建设模式为每个群指定一个央属高校和一个市属高校牵头，北京高校电子信息类专业群央属牵头高校为北京邮电大学，市属牵头高校为北方工业大学。北京高校专业群建设是北京市提出的新建设模式。

北京高校电子信息类专业群建设的工作基础是自2009年起北京邮电大学和北方工业大学开始的"手拉手"活动，就两校资源共享、师资建设和校企合作等方面开展对口共建工作；之后，北京信息科技大学加入，开始探讨校企合作和联合培养等工作，初步形成了"共谋、共享、共建、共创"的专业群建设新探索。2013年依托专业群建设平台，扩大合作共建范围至十一所高校，在北京市教育委员会每年资助两个牵头高校专业群建设项目的支撑下，进行了更系统、更综合的教学探索实践活动。

专业群项目组成员高校经过十年探索与实践，创建了基于"两委一论坛"的长效协作机制，通过"开放共享新资源""群企合作新模式""师生跨校新互联"等创新方法，破解了传统专业封闭建设与信息领域人才需求难以适应的问题，促进了北京市电子信息类工程型人才水平的提高，并在2017年获得北京市教学成果一等奖，如图1所示。

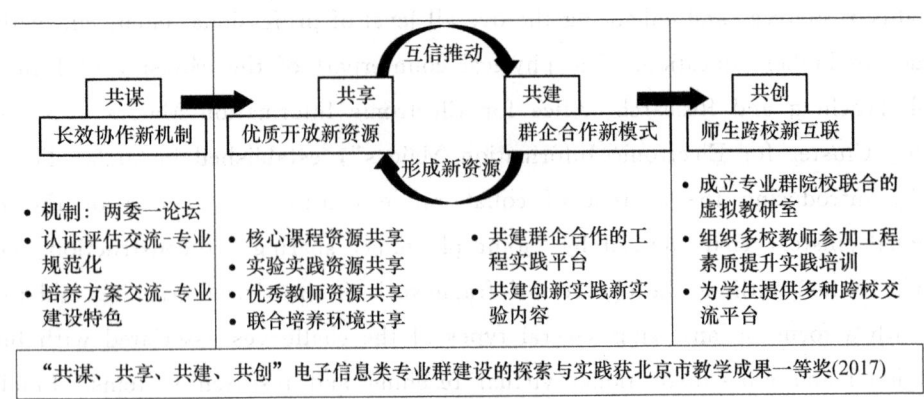

图 1　北京市高校电子信息类专业群特色建设

2　教育部电子信息类专业虚拟教研室的发展

2021年7月,教育部基础教育司发布相关通知,探索推进新型基层教学组织建设,开展虚拟教研室试点建设工作。2021年8月,北京邮电大学信息与通信工程学院牵头,以北京高校电子信息专业群八年建设工作为基础,联动全国31所高校,申报教育部电子信息类专业虚拟教研室。2022年9月,其获批教育部电子信息类专业虚拟教研室,并开展第一批试点建设工作。

为保障虚拟教研室持续长效建设,制定了包含虚拟教研室建设目标与活动范围、成员单位与个人、组织管理及工作方法等内容的工作章程,聘任了主任委员会成员、协作委员会成员,并建立了秘书工作组和虚拟教研工作组,吸引了28个省(区、市)109所高校加入成为成员高校,确定了相关高校联络人,开展数十次线上线下多类教学活动。第一届论坛由北京邮电大学承办,围绕"一流专业"建设、"一流课程"建设、"新形态教材"建设、"一流实践教学与创新平台"建设等主题进行讨论。第二届论坛由重庆交通大学承办,围绕工程认证、实践创新、产业学院建设等议题开展研讨。第三届论坛由兰州大学承办,论坛主题为"数字化背景下电子信息类专业一流本科人才培养",聚焦数字化赋能新形态教学,提升电子信息类专业本科人才培养质量,产生了广泛的影响力。

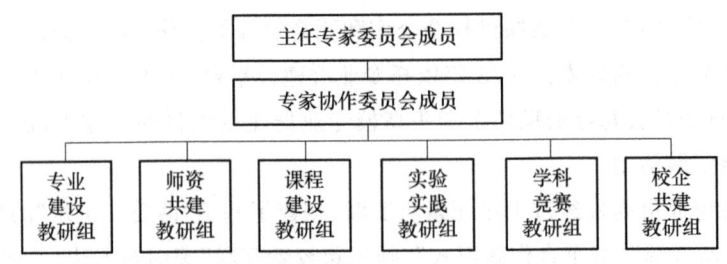

图 2　教育部电子信息类专业虚拟教研室工作架构

3　跨区跨校虚拟教研室建设面临的问题

在教育数字化转型大背景下,虚拟教研室的建设与应用使数字化学习成为一种新的常态,教育部电子信息类专业虚拟教研室成员高校数量比北京高校电子信息类专业群高校数量更多、跨区范围更大、师生水平层次差异更大,其相关虚拟教研活动跨区跨校的工作模式机制、活动方式、共建手段、匹配共享等方面与北京高校电子信息类专业群建设都有明显的不同,无疑将面临一些新问题。

3.1 以东、西部教育发展不平衡为代表的高等教育"中心-边缘"结构问题

西部高等教育是西部发展的战略内生力量,相当程度上影响着西部振兴大局,影响着我国高质量发展全局。受历史、资源、区位、人才等方面不利影响,东部地区与西部地区间的高等教育发展形成了"中心-边缘"结构[1],西部地区占全国普通高等学校的27.06%[2],双一流建设高校仅占比19.05%。这种高等教育体系的不平衡结构同样存在于发达国家与不发达国家的高等教育之间,也存在同一国家、同一区域或一个大学组织的内部[3]。

3.2 区域专业群模式不能直接复制跨省、跨校虚拟教研的问题

北京高校专业群建设是北京市教育委员会以项目资助的形式,让央属牵头院校和市属牵头院校分别带动区域的两类院校协同建设,教育部虚拟教研室建设是一个院校牵头带动全国院校开展教研活动,由于教育部无明确专项经费支持,因此对牵头院校的政策支持与教研活动的具体实施提出了更高的要求;区域专业群跨校名师名课精品资源共享的便利性应用于全国性虚拟教研室活动会受到跨省区制约;区域专业群同类院校对接产业企业共建与区域人才需求的共同点与全国性虚拟教研室跨多省区共建共享有很多不同,面临着优化改进问题。

3.3 共建共享知识产权保护与精准匹配培养难的问题

虚拟教研室依托现代信息技术平台,以课程建设创优、教材及资源建设创优、教学方法与手段创优、教学研究创优为目标,在一定程度上促进了高等教育资源实现更大区域范围内的共建、合作与共享,但教学活动主要是线上线下教学论坛、专题讲座、慕课上线及实施西部计划等形式,实际效果与期望目标仍有差距,如论坛形式的创新教学理念互动共享多,由于缺少知识产权共建受益保护与共享机制,一线教师真正想要的教学资料(培养方案、教学大纲、知识图谱、教学视频、电子课件、习题试题、教学案例、实验项目、实训项目、数据集等)共享少,实际效果大打折扣;慕课资源虽然打破了学习时间、空间限制,实现了"数据传输、资源共享、实时交互",但在实践中,由于学时安排、课程设计、内容难度等原因,跨省区参与课堂互动较少,学习成效急需提高[3],存在着明显的精准匹配共享培养问题。

3.4 虚拟教研团队内驱力不足与可持续发展挑战的问题

虚拟教研室是特殊的开放性基层教学组织,由不同区域高校教师及企业专家组成。相关教研活动在牵头院校带动下,主要靠成员个体的主动参与内驱力去维持,教学资源的时代先进性、教研活动的受益性是吸引成员高校长效共建虚拟教研室的关键要素,管理和运行需要成员间的专业主动默契度,与实体教研室靠传统二级学院固定建制的行政约束力有很大区别,相关学院的协同政策支持也是影响驱动力的要素。另外教研活动的可持续发展也面临着巨大的挑战,需要切实从虚拟教研室相关的专业建设、课程建设及教材建设等共性或前瞻性问题出发,秉持"问题课题化、工作研究化"的思路去完成各类教学学术目标,同时需积极追踪教学前沿、教学热点问题,教师共性需求问题,并及时发掘新共享增长点,协同教研的对象要随着时代发展、教育教学难点和团队关注兴趣等进行转化才能保证虚拟教研室的持续发展[4]。

4 互助互进新共建新共享建设目标

（1）多层互助协同机制建设。优化区域专业群"多方主体、长效协同"建设模式，延伸拓展虚拟教研室跨省区"价值认同、长效联动"工作新机制，制定虚拟教研室成员高校教学合作互认基本制度，促进"主任委员、协作委员、分类教研组、一线老师、专业学生"五层级双向"互助互进互联互通"大协同建设。

（2）求同存异增值体系建设。依托虚拟教研室组织建设，相关成员高校及产业企业共同探索人才培养所需"项目支持需求、高校课程需求、师资需求及实践需求"等价值认同结合点，构建分类分层高校融合差异化增值培养体系，减少不同高校的磨合时间和契约成本，激活长效联动点，获得校本培养外的增值培养。

（3）共享保护互通驱动建设。从激发成员高校教师协同内驱力出发，制定成员高校协同共建人才培养方案、教学大纲、知识图谱、教学视频、电子课件、习题试题、教学案例、实验项目、实训项目、数据集等教学资源知识产权共享保护制度，进一步研究分析不同院校培养体系理论、实验及企业培养共需点、企业工程技术与高校理论课程的关联点、校企共需的技术点、有效合作方式点及学生实践方法点，使新工科多方协同育人体系方案实施具体化。

（4）数智赋能实验样板建设。以"教育数字化"理念为引领，以落实落地教育部高等教育数字化转型"需求牵引、应用为王"的战略为动力，以解决一直困扰电子信息类专业课实验报告"有抄袭、存放难、评价烦"等主要痛点问题为切入点，以实现"实验报告数字无纸化、实验过程跟踪数字分项化、实验能力评价数智化"为目标，开展实验"数字获取、过程跟踪、报告形成、能力评价"多维数字化转型创新平台资源建设与共享实践，探索开拓数字赋能电类专业课程实验实践"教师教、学生学"的创新培养的新模式，举办全国性电子信息类专业高校教师智慧教学与专业学生数字化实验能力竞赛，建成一批"数字赋能、产教融合"特色突出的本科院校数智化实验中心样板。

参 考 文 献

[1] 朱文辉.从"锁定"到"进阶"：中西部高等教育振兴的路径依赖及可能方案[J].教育研究,2022(10):141-150.

[2] 董云川,向芝洁,蔡宗模.西部高等教育全面振兴的"自强"之道与"助力"之策——第四届西部高教论坛综述[J].重庆高教研究,2022(1):106-114.

[3] 刘猛,邢慧慧,吴小志.东西部高校课程资源共享实施成效与路径优化[J].中国大学教学,2024(7):66-71.

[4] 舒敏萍,王蓓馨.本科院校虚拟教研室建设现状及路径研究[J].中国教育技术装备,2024(5):76-79.

"工程导向、赛创结合"的电类大课程体系建设

孙文生 张宁波 邓 钢 王 莹 刘宝玲

(北京邮电大学信息与通信工程学院,北京,100876)

摘 要:讨论了高校电类课程理论与实践教学的现状与挑战,为打通课程壁垒,加强互融互通,北京邮电大学建设了"工程导向、赛创结合"的电类大课程体系,通过优化理论教学体系、强化实践教学体系、引入赛创教学体系,全面提升学生工程实践能力、创新思维和综合素质。本文阐述了大课程体系的建设内容和实施策略,并结合实际案例展示了大课程体系的应用与成效。

关键词:电类课程;工程导向;科教融合;赛创结合

Construction of Comprehensive Electrical Curriculum System with Engineering Orientation and Integration of Competitions and Innovation

Sun Wensheng Zhang Ningbo Deng Gang Wang Ying Liu Baoling

(School of Information and Communication Engineering, Beijing University of Posts and Telecommunications, Beijing 100876, China)

Abstract: This paper discusses the current status and challenges faced by the theoretical and practical teaching of electrical courses in colleges and universities. To bridge the gap between courses and enhance mutual integration, a comprehensive electrical curriculum system featuring "engineering orientation and integration of competition and innovation" has been established. By optimizing the theoretical teaching system, strengthening the practical teaching system, and introducing the competition and innovation teaching system, the engineering practice ability, innovative thinking, and comprehensive quality of students have

通信作者:孙文生,sunws@bupt.edu.cn。

been comprehensively improved. The specific content and implementation strategies of the comprehensive curriculum system are elaborated, and its application and effectiveness are demonstrated through practical cases.

Key words: electrical courses; engineering-oriented; integration of science and education; combination of competition and innovation

1 引言

随着科技的发展,电类课程在高等教育中的作用日益重要。"复旦共识""天大行动""北京指南"都明确提出,新工科不仅要关注未来新技术,更要实现对现有教育教学模式的跨界、整合、优化和重构。在此背景下,各高校对电类课程体系提出了自己的建设方案,主要分为"虚实结合"和"融合互通"两大类。"虚实结合"类探索如何将虚拟实验与传统实验相结合,其课程建设方案在教育资源有限、实验资源成本较高的情况下,能提供更大范围、更灵活的教学体验[1]。"融合互通"类则强调从多门课程的角度出发,探讨不同课程的知识交叉性和内容针对性,通过将理论与实践深度融合,促进教学质量的提升,着力培养学生的动手实践能力和创新思维能力[2]。此外,还有的团队在教学体系改革上提出了"理论+仿真+实践"三融合等不同的见解[3]。

本文在相关研究的基础上,将所有电类课程通盘考虑,强化"互通互融"理念,"融"合工程实践,打"通"课程壁垒,改变传统单一的教学模式,串联不同课程中的关联知识点,构建"工程导向、赛创结合"的电类大课程体系。

2 构建电类大课程体系

为加强课程的关联性、教学活动的连续性、创新实践的贯通性,本文将"信息与通信工程导论""电路分析基础""电子电路基础""数字系统设计""通信电子电路""微处理器与系统"六门必修课程、"电路与系统综合创新""物联网与创新应用实践"两门实践课程、"电子电路系统开放设计与构建""智能感知与自主控制融合与创新"两门挑战课程进行整合,通盘考虑所有课程的教学内容和教学活动,构建如图1所示的电类大课程体系。

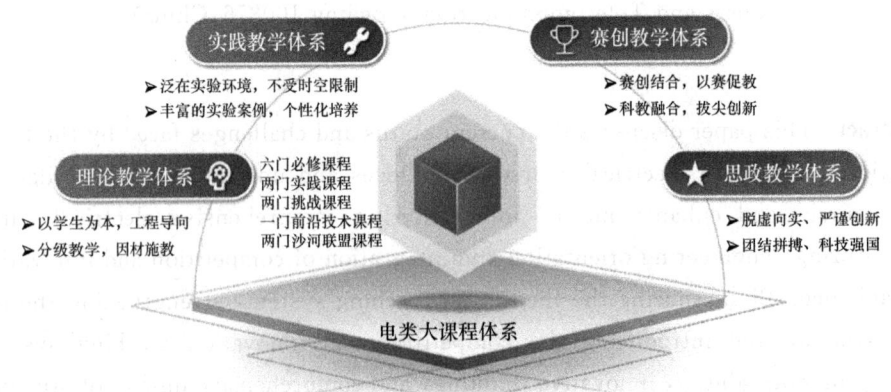

回归工程本质,构建"工程导向、教实融合、赛创结合"的电类大课程体系

图 1 电类大课程体系

电类大课程体系分为四个子体系,分别是理论教学体系、实践教学体系、赛创教学体系和思政教学体系。构建电类大课程体系,既要确保课程之间知识点的连贯性和前后呼应,又要保证各门课程相对独立,同时还要从大课程体系角度设计课内实验,加强课程之间的融合。大课程体系的建立,使电类课程从单一的信息"孤岛"变成多门课程互融互通的"灵动群岛"。

2.1 优化理论教学体系

理论教学是实践教学的基础,从电类大课程体系角度优化理论教学的具体措施包括以下几个方面。

(1) 梳理课程知识图谱。对电类课程进行系统化梳理,明确各门课程之间的逻辑关系,形成完整的大课程知识图谱。

(2) 更新教学内容。及时将科研成果、教研成果以及新概念、新规律、新技术融入教学,保持教学内容的先进性和时效性。

(3) 科教融合。鼓励教师将科研成果转化为教学资源,通过案例教学、项目驱动等方式,提升学生的科研素养和科研能力。

2.2 强化实践教学体系

实践教学是电类课程的核心环节,强化实践教学体系的具体措施包括以下几个方面。

(1) 构建泛在实验环境。建设口袋型实验教学平台,构建不受时空限制的泛在实验环境,为学生提供便捷的实验条件。

(2) 建设优秀实验案例。结合工程实际和科研项目,设计基础型、挑战型和开放型实验案例,采用分级教学以满足不同学生的需求,激发学生的创新思维和探索精神。

(3) 引入沉浸式课程思政。让学生在实践中感受科技力量和国家需要,培养学生的家国情怀和社会责任感。

2.3 构建赛创教学体系

赛创教学体系是大课程体系的创新点。通过培训学生参加大学生电子设计竞赛等高水平的学科竞赛,实现"以赛促教、以赛促学、以赛促改"的教学目标。具体措施包括以下几个方面。

(1) 组织参赛培训。为学生提供系统的赛创培训计划,包括理论知识讲解、实验技能训练、团队协作能力培养等。

(2) 搭建竞赛平台。搭建校内外竞赛平台,为学生提供展示自我、交流学习的机会。

(3) 总结反馈机制。建立竞赛总结反馈机制,全面回顾总结参赛过程,提炼经验教训,为大课程的实践教学提供借鉴。

3 人工智能赋能教育

大语言模型是一种工具,更是一种新质生产力,在电类课程教学中,无论是概念理解、代码编写,还是文案写作、图片解析,使用大语言模型都能达到事半功倍的效果。

3.1 大语言模型的角色

(1) 智能助教。大语言模型可以是每位学生的专属智能助教,在实验过程中学生遇到不懂的问题,模型都能给出解答。例如,在设计 CPU 指令系统时,若不知道什么是图灵完备,大语言模型能给出完美的解答;若想了解补码的起源、冯诺依曼体系,大语言模型也能给出准确的回答。

(2) 编程助手。大语言模型的编程能力很强。例如,对于数字电路实验,只要把实验要求描述准确,大语言模型都能给出高质量的 Verilog 代码,并附有详细的注释。

(3) 写作策划。在书写实验报告、PPT 前,可以先用大语言模型帮助策划;写好的报告也可以交给大语言模型进行润色,还可以评估作业代码的质量,提高编程水平。

3.2 用好大语言模型

用好大语言模型,必须掌握正确的提问方式,要注意问题描述的准确性,要学会丰富其知识库,学会追问。还要尝试多个大语言模型。不同的模型因训练集的差异,对同一个问题可能会给出差异化的回答。大语言模型是一种有力的生产工具,但真正的成长源于自我思考与实践,不要过度依赖大语言模型,要让技术与智慧并行。

4 教学实践

电类大课程体系将电类课程从单一课程的信息孤岛变成多门课程互融互通的"灵动群岛"。例如,在新生"信息与通信工程导论"课程中,针对模拟电路和数字电路知识,精心设计了两组实验,具体内容见表1。

基础实验采用 Arduino UNO 开发板,通过实验让学生对模拟电路和数字电路的核心知识点有初步的认识。在自动控制路灯实验中,学生通过光敏电阻感知光线变化,先将光敏电阻与普通电阻串联分压,光线强度不同,光敏电阻两端的电压就不同,再通过单片机内置的 ADC 把模拟电压转换为 10 位数字量;在点亮 LED 时强调串联电阻的必要性。按键计数器实验的目的是让学生理解按键去抖原理,智能温控风扇实验是通过模拟温度传感器检测环境温度,通过 PWM 波控制风扇转速,同时让学生理解单片机端口的拉电流和灌电流能力,理解像电机这类大功率器件不能直接用单片机的端口驱动,需要经过晶体三极管进行电流放大。

表 1 "信息与通信工程导论"课程中关于电路单元的实验

基础实验	提高实验
流水灯、彩色呼吸灯、自动控制路灯、数字温度计、按键计数器、智能温控风扇	直流升压电路、单管共射放大电路、集成音频放大电路、可见光通信

在提高实验中,直流升压电路实验是用电感实现直流升压;单管共射放大电路实验要求学生能看懂电路原理图,能在面包板上使用分立元件实现电路,并用虚拟实验仪器 AD2 测量电路的性能;集成音频放大电路实验采用 LM386 音频放大器,可以用喇叭直观感受集成电路的音频放大效果。

在实践教学体系中,摇摇棒是一款深受学生喜爱的实践教学套件,不同年级的学生可以从不同层面去理解。摇摇棒采用一节5号电池供电,涉及电感升压、全彩色 LED 驱动、按键控制、晃动方向检测等知识点,并利用人眼视觉暂留原理呈现文字和图案。摇摇棒的设计符合复杂工程理念,学生还可以对其电路进行改进。精简指令集 CPU 设计实验将"数字系统设计"课程与"微处理器与系统"课程相衔接,实现知识的交叉融合。

在赛创教学体系中,有超声波悬浮、AI 语音控制器、创意空气鼓、手势空气鼓、智能车、四足机器人等多种实训项目,需要综合运用电类课程的知识点。通过赛创教学体系推动赛教融合、创教融合和科教融合,培养勇闯"无人区"的信息科技领军人才。

建立电类大课程体系,引入"以学生为本,教学互动,分类分层,因材施教"的教学方法,不仅使课程之间衔接顺畅,还实现了理论与实践的深度融合和跨课程融合,将单向灌输式教学变为启发式和研讨型教学,将知识课堂变为能力课堂,将封闭课堂变为开放课堂,将重期末考试变为重教学过程,将考记忆变为考能力,将以教为中心变为以学为中心,取得了很好的教学效果。

5 结论

本文将电类课程进行整合,构建"工程导向、赛创结合"的电类大课程体系,优化理论教学体系、强化实践教学体系、引入赛创教学体系,创新教学方法。通过实践教学体系和赛创教学体系加深学生对所学知识的理解,培养学生的科学思维、工程素养和终身学习能力。创新"启迪式"与"沉浸式"课程思政教学模式,培养学生"脱虚向实、严谨创新、团结拼搏、科技强国"的意识和使命感。经过几年的教学实践和教学效果的评估,验证了电类大课程体系的可行性和有效性。未来将结合 AI 继续深化大课程体系改革与创新,为培养高素质的科技人才贡献力量。

参 考 文 献

[1] 吴元亮,贾永兴,石会."虚""实"结合在电子电路类实验教学中的应用探索[J]. 教育教学论坛,2021(49):86-89.

[2] 安健,桂小林,唐亚哲. 面向新工科的"三位一体"物联网工程专业实践教学探索[J]. 中国现代教育装备,2022(21):4-5.

[3] 高园,罗悦,陈菊,等. 电路与电子技术融合"课程思政"的教学改革探索[J]. 成都中医药大学学报(教育科学版),2021,23(2):129-132.

作者简介

孙文生:男,1968 年生,副教授,研究方向为物联网与人工智能。

基于"三全育人"理念的民族院校信息类专业高素质创新人才培养模式研究

胥桂仙　刘　璐

（中央民族大学信息工程学院，北京，100081）

摘　要：本文从"三全育人"理念的核心内涵出发，通过分析民族院校在信息类专业高素质创新人才培养中存在的问题，构建了一套具有民族特色的高素质创新人才培养模式。该模式将"三全育人"理念与民族特色文化教育有机融合，旨在通过全员参与德育教育、民族文化全程浸润、综合素养能力的全周期培养、产学研合作模式下的教育多元化、全方位的国际化人才培养等多元途径，着力培养符合新工科要求的、具有民族特色的信息类专业高素质创新人才。

关键词：新工科；民族院校；信息类专业；高素质创新人才；"三全育人"

Research on the Training Mode of High-quality Innovative Talents in Information Majors in Ethnic Colleges and Universities Based on The Concept of "Three All-Round Education"

Xu Guixian　Liu Lu

(Institute of Information Engineering, Minzu University of China, Beijing 100081, China)

Abstract: Starting from the core connotation of the concept of "Three All-Round Education", this paper analyzes the problems existing in the cultivation of high-quality innovative talents in information majors in national colleges and universities, and designs a

---

通信作者：胥桂仙，guixian_xu@muc.edu.cn。
基金项目：国家民委教改项目（项目编号：23227）；中央民族大学"计算机科学与技术专业课程思政教学团队"项目；中央民族大学"一流本科课程"建设项目（项目编号：KC2310）。

set of high-quality innovative talent training models with national characteristics. The model integrates the concept of "Three All-Round Education", with the cultivation of national characteristics and culture, and aims to comprehensively cultivate high-quality innovative talents with national characteristics in the context of new engineering through the strategy of full participation in moral education, full national culture immersion, full-cycle comprehensive literacy training, all-round international talent training, and diversified education under the mode of industry-university-research cooperation.

Key words：new engineering; ethnic colleges; information majors; high-quality innovative talents; "Three All-Round Education"

1 引言

在全球科技快速发展与产业结构深刻变革之际，我国正由信息时代迈向智能时代，对高校信息类专业人才培养提出了更高要求[1]。新工科建设旨在构建中国特色、世界水平的工程教育体系，加速中国从工程教育大国向工程教育强国的转变[2]，对未来信息领域培养具有跨学科、高创新力和国际视野的人才至关重要[3]。民族院校作为工科新兴力量，更应加速新工科建设，助力民族地区产业升级，推动人才培养改革[4]。本文旨在通过分析新工科背景下民族院校在信息类专业人才培养中的挑战与问题，结合"三全育人"理念，探索符合时代要求且彰显民族特色的高素质创新人才培养模式，为民族院校信息类专业的不断发展提供有力支撑。

2 起点透视："三全育人"理念的核心内涵

"三全育人"理念聚焦于人的全面发展，不仅重视学术成就，还强调品德、情感、实践和创新能力等综合素质的培养[5]，有利于推动教育现代化，为培养未来高素质人才奠定基础[6]。其核心包括全员育人、全程育人和全方位育人。全员育人强调社会共同参与，形成家庭、学校、学生、社会的"四位一体"机制。全程育人要求关注学生从入学到毕业乃至职业生涯的全面发展，注重能力培养和素质提升。全方位育人则在思想政治教育、文化知识教育、社会实践教育等多个维度展开，培养创新精神和实践能力，以适应未来社会需求。

3 现状审视：民族院校在信息类专业高素质创新人才培养中存在的问题

在当前的教育实践中，民族院校在信息类专业高素质创新人才培养方面仍面临诸多挑战与问题，如图1所示。

3.1 民族院校教育评价体系中智育与德育的比重分配不均衡

在信息类专业中，部分民族院校教育评价体系会偏重于对考试成绩和技术能力的考核，如电路分析课程成绩、编程技能等，而对学生道德品质的培育有所欠缺，从而产生了网络安全意识薄弱、技术滥用等问题，如学生过度使用AIGC技术辅助论文写作。

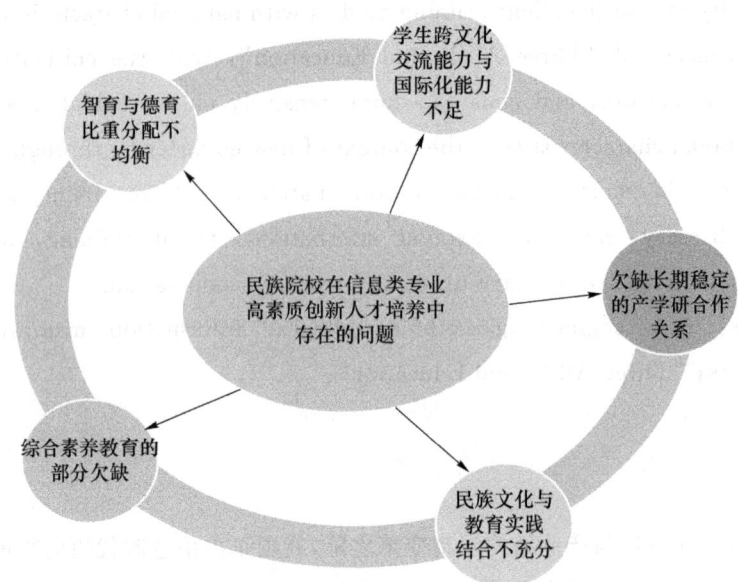

图 1　民族院校在信息类专业高素质创新人才培养中存在的问题

3.2　民族院校人才培养中综合素养教育的部分欠缺

信息类专业因其高度技术性和专业性,往往容易陷入"唯技术论"的误区。学生被大量专业课程和实验操作占据,导致其在面对实际项目问题时,缺乏从多角度、多领域综合分析问题的能力。比如,对于智能医疗诊断系统的开发项目,学生仅专注于算法优化、模型训练等技术细节,而对医学、生物学领域的实际需求欠缺了解。

3.3　民族文化与教育实践结合不充分

信息类专业的教学存在文化融入浮于表面、缺乏深度挖掘和系统性整合的问题,学生在日常专业课程的学习中很难结合到民族文化的相应内容,导致其民族文化素养的欠缺,难以形成强有力的文化育人氛围,不利于民族文化的不断传承。

3.4　民族院校欠缺长期稳定的产学研合作关系

尽管现如今部分民族院校已经建立了与企业、科研机构的合作关系,但合作层次和深度仍有待提高。当前的合作多停留在表面,如简单的实习实训基地建设、短期项目开发合作等,部分民族院校仍欠缺长期稳定且密切的合作关系。

3.5　民族院校学生跨文化交流能力与国际化能力不足

在全球化的背景下,信息类专业的学生需要具备国际视野和跨文化交流能力以适应国际竞争的需求。由于地域间的文化差异、国际形势的复杂多变,以及社会经济因素的多重影响对新工科背景下国际化人才培养带来了一定的影响。民族院校更因其生源基础相对薄弱和层次差异大的问题而进一步影响了学生的国际竞争力以及在多元文化环境中有效沟通与合作的能力。

4　实践路径:基于"三全育人"理念的民族院校信息类专业高素质创新人才培养模式

本文设计了一套融合民族特色的高素质创新人才培养模式,如图 2 所示。该模式结合"三全育人"理念,通过全员参与德育教育、民族文化全程浸润、综合素养能力的全周期覆盖,以及全方位的国际化人才培养、产学研合作模式下的多元化教育等策略,为民族院校信息类专业人才的持续发展提供动力。

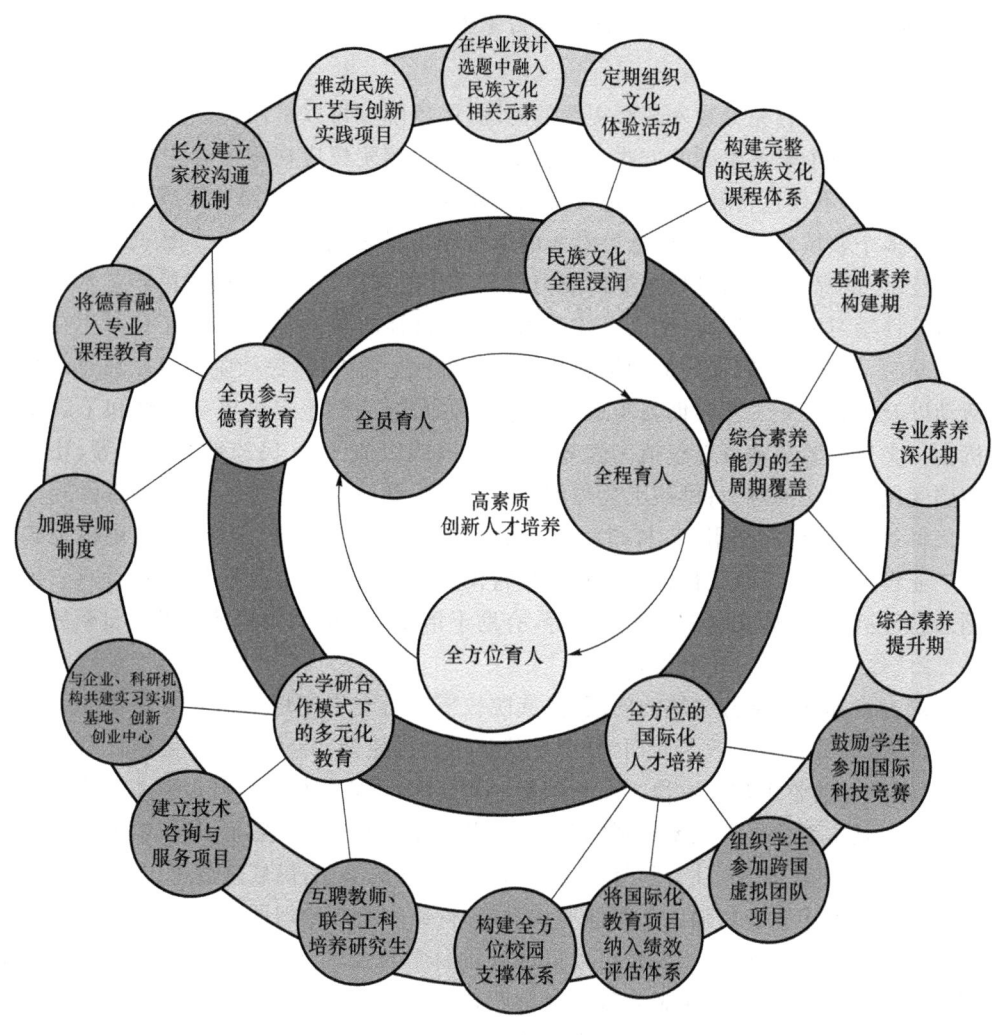

图2 具有民族特色的高素质创新人才培养模式

4.1 全员育人:全员参与德育教育

针对智育与德育的比重分配不均衡问题,民族院校需融合全员育人理念,实行家庭、学校、学生、社会组成的"四位一体"的育人机制。在家庭方面,建立家校沟通机制,定期反馈学生进展,共同促进学生全面发展。在信息类专业课程教育方面,教师们需将主流价值观视为教学的灵魂,确保在传授专业知识的同时,也肩负起育人的使命,真正实践立德树人的教育理念。他们应当在课程内容的编排和教学环节的设计上,巧妙融入信息科技发展历程中的标志性人物、里程碑事件和关键性技术突破。同时在此基础上开设如信息安全伦理、技术伦理等课程,增强学生的职业道德和社会责任感;加强导师制度,引导学生将个人成长融入国家进步,增强学生的社会责任感与使命感。通过这样的教育方式,学生们的社会责任感和使命感将得到显著提升,他们将以更加饱满的热情和坚定的信念,投身到信息科技的创新性发展中去。随着人工智能的不断发展,民族院校需及时利用技术手段监测每位同学的课程设计及论文等人工智能代写问题,并予以严厉警告或惩戒,以杜绝利用 AIGC 技术导致的学术不端行为。社会各界则需共营崇德向善氛围,助力学生德育教育。

4.2 全程育人:民族文化全程浸润与综合素养能力的全周期培养

4.2.1 民族文化全程浸润

对于民族文化没有充分融入教育实践的问题,民族院校可以采用民族文化教育贯穿于信息类专业学生的整个学习生涯的方式。在教学方面,民族院校应构建一套完整的民族文化课程体系,这一体系不仅包含融合民族院校特色的民族辅修文化课程,涵盖民族语言、民族历史、民族艺术等多个领域,还可以在信息类专业的课程中增设民族文化模块。例如,开设"民族文化与信息技术"课程,探讨信息技术如何助力民族文化的保护与传承;设置"民族艺术与网站设计"课程,设计学习网站的同时,融入民族艺术元素。这样的课程设计,有利于让学生在掌握专业技能的同时,加深对民族文化的理解和认同。在日常生活方面,民族院校可以通过组织文化体验活动以及推动民族工艺与创新实践项目等多种方式,为学生提供更多接触和了解民族文化的机会。文化体验活动可以包括民族节日庆祝、民族服饰展示、民族歌舞表演等,让学生在参与中感受民族文化的魅力;民族工艺与创新实践项目则鼓励信息类专业学生将民族传统工艺与现代科技相结合,如利用 3D 打印技术复原民族文物、开发基于民族文化的虚拟现实体验等。在毕业设计阶段,民族院校也应鼓励学生将民族文化元素融入选题中,如设计具有民族特色的网站、开发传播民族文化的应用程序等,有助于培养他们的创新精神和民族自豪感。

4.2.2 综合素养能力的全周期培养

对于综合素养教育部分欠缺的问题,民族院校需实行全周期培养信息类专业学生的综合素养能力的方式,共划分为三个周期,分别是基础素养构建期、专业素养深化期以及综合素养提升期,贯穿学生的整个教育过程。在基础素养构建期,民族院校可以开展基本素养课程与综合素养课程。基本素养课程主要包括"高等数学""大学物理"等课程,而综合素养课程应涵盖广泛的知识领域,如心理学、社会学等。对于信息类专业的学生,民族院校可以开设(如人工智能素养)课程,有利于全面加强人工智能通识教育;网络安全与伦理课程,增强学生的网络安全意识。在专业素养深化期,民族院校可以以计算机科学与技术、信息与通信工程、数据科学与大数据、人文社会等学科的交叉融合理念为基石,构建跨学科融合教育体系,在坚守信息类专业各学科核心课程精髓的同时,灵活融入云计算、人工智能等前沿技术课程,同时增设法律、管理、经济、哲学、教育、艺术及历史等人文课程,培养信息类专业学生的综合创新能力与人文素养。在综合素养提升期,民族院校应构建一个多元化评估体系,全面而深入地评价学生的学习成果、实践经历、创新能力、跨学科思维以及文化素养等。具体而言,民族院校通过期末理论考试来检验学生对课程内容理论知识的理解和掌握程度,利用线上章节测验来监测学生的学习进程,课堂出勤和作业完成情况也被纳入评价体系;民族院校还通过课外拓展考核来全面评价学生的创新精神、实践能力、团队合作精神以及写作能力;利用文化作品创作、文化实践项目等方式评估学生的民族文化素养。

4.3 全方位育人:产学研合作模式下的教育多元化与全方位的国际化人才培养

4.3.1 产学研合作模式下的教育多元化

针对产学研合作关系薄弱的问题,民族院校需积极探索和实践在产学研合作模式下的多元化教育方式。除了传统的课堂教学外,民族院校可以与企业、科研机构共建实习实训基地、创新创业中心等平台,为学生提供多样化的实践机会;同时建立技术咨询与服务机制,为企业提供技术支持和解决方案的同时,鼓励学生参与技术咨询与服务项目,将所学知识应用于实践中;通过互聘教师、联合培养工科研究生等教育方式,加强与企业、科研机构的交流与合作;强化行业认知,优化资源配置并促进共享,彰显信息类专业的独特魅力;适当调整传统理论教学比重,确保理论知识在实践中得以应用,从而培养出符合社会需求的信息类专业应用型人才。这种教育方式能够将先进技术引入高校信息类专业,引导学生有目标地学习并应用专业知识,提供丰富的实践机会,确保学生顺利完成信息类专业的技术学习与应用。通过深化合作,共同推动信息类专业的发展,为社会培养更多具备实践能力和创新精神的高素质人才。

4.3.2 全方位的国际化人才培养

针对学生国际化能力与跨文化交流能力的不足,民族院校需采取全方位的国际化人才培养策略。在与国外高校开展合作办学的过程中,民族院校需加强中外师生间的互动交流,促进中外民族文化的深度沟通与对话。为了增强学生的国际视野和跨文化沟通能力,民族院校应在信息类专业教育中融入跨文化交流的内容,鼓励学生参与国际科技竞赛,如 ACM 国际大学生程序设计竞赛、AI Challenger 全球 AI 挑战赛等,以此提升他们的跨文化交流能力和团队协作能力。同时,组织学生加入跨国虚拟团队项目,与各国学生携手完成技术挑战,体验跨文化合作的独特魅力。民族院校还应构建一个全方位的校园支撑体系,包括营造国际化的学习生活环境、优化基础设施配置、提升后勤服务质量及加强安全保障措施,从而减轻学生和家长的顾虑。此外,民族院校通过教育教学创新项目,推动培养模式的改革与升级,并将国际化教育项目和全英文课程建设成果纳入院系绩效评估体系,以此激励各院系积极开发并推广更多高质量、具有全球视野的国际化教育项目。这一系列举措旨在培养更多具备国际化视野和跨文化沟通能力的信息类专业高素质人才。

5 总结

本文结合"三全育人"的先进理念与民族院校的特点,系统构建了一套具有民族特色的高素质创新人才培养模式,有效解决了民族院校在信息类专业高素质创新人才培养中存在的问题,为高素质创新人才的培养提供了保障。随着新工科教育的不断深入与拓展,下一步将继续深化对"三全育人"理念的理解与应用,进一步优化和完善高素质创新人才培养模式,为培养更多信息类专业的高素质创新人才做出更大贡献。

参考文献

[1] 周虹."三全育人"视域下高职电子信息类专业信息工匠人才培养模式研究[J].柳州职业技术学院学报,2022,22(1):67-72.

[2] 杨笔锋,赵建,王建波.新工科背景下电子信息类专业学生创新能力培养的实践研究[J].中国多媒体与网络教学学报(上旬刊),2024(6):140-143.

[3] 毛剑,岳金霞,赵放辉.新工科背景下高校思想政治工作"三全育人"体系构建[J].学校党建与思想教育,2020(20):73-74.

[4] 桂还官尚,陈鹏.民族院校新工科建设的价值审视与实施路径[J].民族教育研究,2020,31(2):112-118.

[5] 王睿洁.探索"三全育人"理念下高素质人才培养路径[J].四川劳动保障,2024(4):28-29.
[6] 沈厚发,王稳定,黄乐远,等."三全育人"模式下促进学生全面发展的策略研究[J].大学,2024(7):91-94.

作者简介:

胥桂仙:女,1974年生,教授,硕士生导师,主要研究方向为数据挖掘、自然语言处理。

刘 璐:女,2001年生,硕士,主要研究方向为自然语言处理。

基于新工科的通信工程专业特色建设研究与实践

童峥嵘　王　昊　白　媛　荆　雷

（天津理工大学集成电路科学与工程学院，天津，300384）

摘　要：通过对通信工程专业人才培养模式面临问题的分析，本文在新工科、工程认证等专业建设的引领下，明确了通信工程专业建设的定位思路和专业建设措施，对通信工程专业及相关专业的人才培养具有较强的参考价值和指导作用。

关键词：新工科；工程认证；专业建设

Research and Practice on the Characteristic Construction of Communication Engineering Major based on Emerging Engineering Education

Tong Zhengrong　Wang Hao　Bai Yuan　Jing Lei

(School of Integrated Circuit Science and Engineering, Tianjin University and Technology, Tianjin 300384, China)

Abstract: Through the analysis of the problems faced by the talent cultivation model of communication major, this paper clarifies the positioning ideas and professional construction measures of communication engineering major under the guidance of professional construction such as emerging engineering education and engineering certification. It has strong reference value and guiding significance for the talent cultivation of this major and related majors.

Key words: emerging engineering education; engineering education certification; professional construction

---

通信作者：童峥嵘，tjtongzhengrong@163.com。
基金项目：基于新工科的通信工程专业特色建设研究与实践（项目编号：60102303）。

1 引言

高校新工科人才培养与我国产业转型升级以及区域经济发展之间的联系日趋紧密，培养创新型、复合型及应用型卓越工程人才，已成为我国高等院校工程教育领域的共识[1]。信息产业的高速发展促进了高等教育通信工程专业的快速发展，而信息产业的核心竞争力是人才，如何培养适应产业需求的创新型、复合型及应用型人才是通信工程专业面临的重大课题[2]。截至2024年5月9日，我国有1243所本科高校，有通信工程专业的大学已达到560余所，其中63所高校的通信工程专业位于京津冀[3]。京津冀地区作为国家重要的经济增长地和科技创新中心，对通信工程专业人才有着巨大的需求，尤其京津冀地区在5G通信、物联网、大数据、人工智能等领域发展迅速，对通信工程专业人才的需求也呈现出多元化、高端化的特点。此外，新工科建设、一流本科专业认证、工程教育认证等政策导向，既为各校的专业建设和探索提供了全新视角，又为我国高等院校工程教育的改革提供发展机会。

鉴于目前高等学校通信工程专业的培养模式仍存在"重理论、轻工程"的现象，使得人才培养与产业需求差距很大[4-5]，如何培养具有良好科学文化素养和创新精神，具备通信技术、通信系统和通信网络等领域专业知识，拥有解决实际复杂工程问题能力，能在信息领域中从事通信技术的研究、开发、应用工作的高等工程技术人才，是每个高校通信工程专业面临的社会责任，也是高校通信工程专业发展的机遇和挑战[6-7]。

目前通信工程专业建设面临的问题主要是高校目标定位不清晰、课程体系不完善、理论与实践教学脱节、教学手段单一、师资队伍结构不合理等问题，针对上述问题，规划了专业建设定位，重整了课程体系，构建了教学架构，创新了教学方式，强化了师资队伍建设。

专业建设定位依托地理优势，紧跟市场需求，根据学校特色规划；学科交叉融合完成课程体系建设，知识体系及实践设计对标国家发展与前沿技术走向；以激发学生创造力及兴趣导向为创新教学方式的基本思想；师资队伍建设致力于培养结构合理的工程实践人才队伍。

2 目前通信工程专业建设面临的问题

在人才培养目标方面，高校目标定位不清晰，一方面未能充分结合新工科的理念、社会和行业需求对人才培养目标进行精准定位，导致培养出来的学生与产业需求脱节。另一方面，受到传统教育理念的影响，重视理论学习，对学生的创新能力、工程实践能力、团队协作能力等综合素质的培养目标不够明确，缺乏相应的培养措施和评价标准。

在课程体系方面，专业基础课程、专业课程、专业选修课程分割明显，且课程之间缺乏融合，如"信号与系统""通信原理""数字信号处理"等课程各自为政，缺乏有机整合，学生难以建立起系统的专业知识体系。跨学科课程设置不足，通信工程专业与电子科学、光学、计算机科学、集成电路等相关学科的交叉融合不够，限制了学生的综合素养和创新能力培养。

在理论和实践教学方面，存在理论教学与实际应用的新技术、实践教学脱节，课程内容更新不及时，未能紧跟通信行业快速发展的新技术、新应用。例如，5G、6G以及北斗导航等最新相关技术在"通信原理""移动通信"等课程中涉及较少。实验课程缺乏综合性、设计性和创新性实验项目，导致学生难以将理论知识有效应用于实际场景。实践教学考核方式单一，多以实验报告、课程设计报告等书面形式为主，缺乏对学生实践过程和实践能力的全面考核。实践基地建设滞后且不足，如校内 3G、4G 实践基地设备陈旧、数量不足，无法满足学生的实践需求。校外实践基地合作深度不够，企业参与实践教学的积极性不高，学生在企业实习过程中往往只能从事简单的打杂工作，难以接触核心业务和实际工程项目。

在教学方式和手段方面，以教师讲授为主的课堂教学模式仍占主导，对现代教育技术的应用不够充分，如虚拟现实、增强现实、生成式人工智能等新技术在教学中的应用较少，缺乏个性化教学，学生的学习积极性和主动性难以调动。

在师资队伍方面，多数教师专业背景较为单一，缺乏跨学科的知识储备和教学能力，难以满足新工科背景下通信工程专业对跨学科人才培养的需求。部分教师从学校到学校，缺乏通信行业的工程实践经验，在教学中难以将实际工程案例与理论知识相结合，影响教学效果。教师参与企业项目和行业培训的机会较少，对行业前沿动态了解不够深入，不能及时将最新的工程技术和行业需求引入教学。

3 通信工程专业建设定位

通信工程专业建设培养目标主要依据学校人才培养定位、专业人才培养特色、社会经济发展需要等制定，如图 1 所示。根据社会经济发展，国家特别是京津冀区域经济发展需要大量能够从事通信工程领域相关的工程研究、技术开发、工程设计、系统运行与维护、生产管理与决策等方面的高级工程技术人才，为通信工程专业毕业生提供了前景广阔的就业机会。

天津理工大学的通信工程专业面向信息领域，结合人工智能技术，以通信和信号处理理论和方法为基础，信息的传输和处理为主要对象，包含智能信息采集与传输、信号分析与处理、功能模块与系统集成、信息网络与应用，覆盖通信工程问题分析和解决的全过程，形成了基础理论完备、应用广泛的智能通信工程专业特色。这使学生基础理论知识扎实、实践与创新能力强、就业面广、社会认可度高。

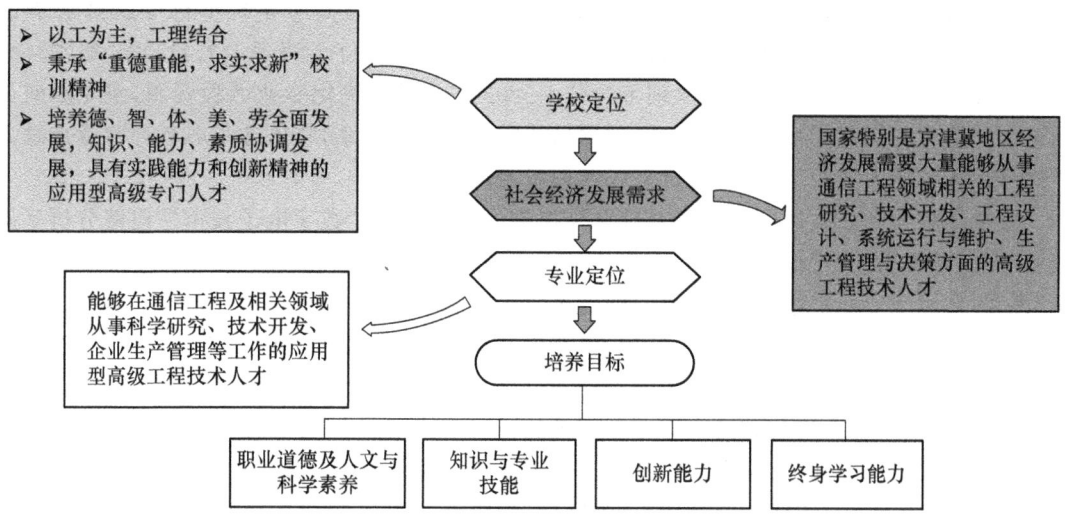

图 1　通信工程专业定位

4 通信工程专业建设实践与探索

4.1 坚持"立德树人"根本任务

以培养德、智、体、美、劳全面发展的社会主义建设者和接班人为总目标，以习近平新时代中国特色社会主义思想为教育方针，秉承"立德树人"的根本任务，让社会主义核心价值观赋能于课程的教学内容，大力培育和践行社会主义核心价值观，坚持把思想政治教育贯穿人才培养全过程，所有课程做到思政全覆盖，激发他们的民族自豪感和为国家科技事业奋斗的决心。

4.2 以学科交叉融合为特色的专业建设

多学科交叉融合是未来工程教学发展的必然和趋势。通信工程专业隶属于电子信息类专业群，支撑的核心一级学科是信息与通信工程学科，包含通信与信息系统、信号与信息处理、空天信息技术二级学科，研究方向涉及通信系统的各个方面，包括信号的产生、传输、接收以及信号处理等，各类通信系统中相关信号处理理论、技术与应用，空天陆海一体化信息处理理论、技术及应用研究等，覆盖了通信、雷达、导航、遥测、遥控、遥感和电子对抗等工程领域。由于传统的学科划分在一定程度上限制了专业课程的设置，如通信工程在课程设置中仍以本学科的电路类、信号与系统类、通信原理类等课程体系为主。随着通信技术与计算机技术的紧密结合，计算机网络、人工智能等课程在通信工程专业中也具有重要地位。此外，随着通信设备的小型化和集成化，设计通信芯片中的射频前端电路、基带处理电路等，需要深入掌握集成电路设计的原理和方法。因此，将通信工程专业与人工智能、计算机科学、电子科学与技术等多学科进行交叉和融合，以通信和信号处理理论和方法为基础，信息的传输和处理为主要对象，包括智能信息采集与传输、信号分析与处理、功能模块与系统集成、信息网络与应用，覆盖通信工程问题分析和解决的全过程，可形成基础理论完备、应用广泛的智能通信工程专业特色。

4.3 建立面向创新型人才培养的知识体系及课程体系

结合《普通高等学校本科专业类教学质量国家标准》《普通高等学校本科专业目录2022版》《工程教育专业认证2022年版认证指南》和《关于进一步做好天津理工大学2024级本科培养方案修订及完善工作的通知》(津理工教务处〔2024〕17号)，优化专业课程资源，建立面向创新型人才培养的知识体系及课程体系，理顺培养目标和课程体系，在人才培养各环节重点融入体现产业和科研发展的新知识、新成果以及创新驱动新技术。

主要措施包括：①以"电路分析基础""模拟电子技术基础""数字电子技术""电路分析基础实验"四门课程为主，建设学院多个专业共享的一流平台课程；②新增"微机原理与嵌入式技术"课程，在原来专业必修课程"微机原理与单片机技术"和选修课程"嵌入式技术"教学内容基础上，结合目前主流技术，涵盖微机原理、单片机接口技术、嵌入式原理及技术等三个部分，提升学生的系统认知、分析和创新应用能力；③新增"信息科学前沿讲座"课程，该课程紧跟信息领域技术发展，主要介绍与通信工程专业相关的研究及技术前沿，使学生对所学专业的新理论及热点问题有较全面和深入的了解，掌握通信工程专业学术前沿及研究动向，拓展学生的知识面，培养学生的理论与实践结合的能力；④新增"智能无线电导航与应用""智能硬件开发与应用""无线通信技术"等三门选修课程，让学生掌握和理解智能通信技术和发展趋势；⑤精选"大数据与云计算""新时代网络空间安全导论""计算方法""区块链与数据智能安全"等八门课程作为本专业的个性化课程，促进学生的个性化发展。

4.4 教学模式的创新

在教学过程中,不仅可以采用启发教学法、项目驱动法、分组讨论法等,培养学生的学习兴趣,也可以通过引入先进信息技术尤其是采用人工智能技术,有效提升教学效果。如在课程作业批改、课后课程内容问答、课程大作业等环节中引入人工智能技术,实现 AI 助教、助学和助研探索,解决当前课程面临的教学内容设计、学生能力培养、学生个性化学习等问题,为学生提供个性化的教学支持,优化学生的学习体验,激发其进行知识探索的内在动机和学习兴趣,提升课程教学质量与学生学习效果。

4.5 师资队伍的建设

以新工科建设为契机,着力加强高水平教学团队建设。主要体现在以下几个方面。①加大教师引进力度,吸引高层次人才和优秀青年教师加入,实现师资队伍结构的优化。②完善青年教师培养制度,建立新入职教师岗前培训机制,定期组织培训和交流,鼓励青年教师参加教学竞赛,提升教学基本功。建立青年教师工程能力培养机制,提高工程实践能力。例如,安排教师到通信企业进行挂职锻炼、参与企业的研发项目等。同时,聘请企业工程师作为兼职教师,参与专业课程教学和实践指导,将企业的实际工程案例和经验引入课堂教学中。③促进教师专业发展。为教师提供多样化的专业发展机会,如参加国内外学术会议、进修培训、开展教学研究和科学研究等,拓宽教师的学术视野,营造良好的学术氛围。例如:定期选派教师参加通信领域的高水平学术会议,了解学科前沿动态;搭建科研平台,鼓励教师申报各级各类教学和科研项目,提高教师的教学和科研水平。

5 结语

天津理工大学通信工程专业面向国家战略和京津冀地区通信行业发展需求,以立德树人为根本,以"学生为中心"的工程教育理念为导向,以"重品德、厚基础、强实践、求创新"为宗旨,支撑"信息与通信工程"一级学科和"通信工程"专业硕士方向,目前获得国家一流专业建设点,通过教育部工程教育认证。通信工程专业经过长期的建设、探索和发展,始终坚持育人为本,注重内涵建设,努力成为立足京津冀、辐射全国的特色高水平教学研究型大学。通过实践与探索,有助于提升通信工程专业建设水平,为社会培养高素质人才。

参 考 文 献

[1] 钟登华. 新工科建设的内涵与行动[J]. 高等工程教育研究,2017(3):1-6.
[2] 许艳丽,张钦. 智造时代新工科人才培养模式变革的诉求、困境与选择[J]. 黑龙江高教研究,2022,40(9):47-52.
[3] https://www.dxsbb.com/news/10385.html.
[4] 孙海欣,张猛. 面向工程教育认证的地方高校通信工程专业课程体系建设[J]. 长春大学学报(自然科学版),2020(4):110-114.
[5] 张晓瀛,马东堂,赵海涛,等. 工程教育专业认证视角下通信工程课程体系建设研究[J]. 高教学刊 2022,8(16):84-87.
[6] 冯武卫,刘全良. 工程教育认证持续改进机制探索与实践[J]. 高等工程教育研究,2024

(4):59-64.

[7] 洪军,王小华,王秋旺,等.校企协同、产教融合卓越工程科技人才培养探索[J].高等工程教育研究,2024(3):37-41.

作者简介

童峥嵘:女,1971年生,教授,研究方向为光纤通信等。

王　昊:男,1990年生,讲师,研究方向为计算机视觉等。

白　媛:女,1971年生,副教授,研究方向为路由协议等。

荆　雷:男,1983年,副教授,研究方向为可见光通信等。

教学-科研-育人"三位一体"的拔尖人才培养

——以上海师范大学电子信息工程(中外合作)专业为例

张相芬　袁非牛　张巧珍　王心怡　孟春丽

(上海师范大学信息与机电工程学院,上海,201418)

摘　要：在高等教育迈向高质量发展的新阶段,电子信息工程专业作为科技创新的前沿阵地,其人才培养不仅是国家科技进步的基石,也是实现"中国制造2025"战略的关键。本文以上海师范大学电子信息工程(中外合作)专业拔尖人才培养为例,探究构建的教学-科研-育人"三位一体"培养体系。该体系有助于促进上海师范大学电子信息工程(中外合作)专业学生的全面发展,培养出既具备扎实专业知识与创新能力,又拥有高尚品德和社会责任感的拔尖人才。

关键词：电子信息工程;中外合作;拔尖人才;培养模式

The Cultivation of Top notch Talents in the Trinity of Teaching, Research, and Moral Education —— Taking the Electronic Information Engineering (Chinese Foreign Cooperation) major at Shanghai Normal University as an example

Zhang Xiangfen　Yuan Feiniu　Zhang Qiaozhen　Wang Xinyi　Meng Chunli

(The College of Information, Mechanical and Electrical Engineering,
Shanghai Normal University, Shanghai 201418, China)

Abstract: In the new stage of high-quality development in higher education, the electronic information engineering major, as the forefront of technological innovation, is not only the cornerstone of national scientific and technological progress, but also the key to realizing the "Made in China 2025" strategy. This article takes the training of outstanding talents in the Electronic Information Engineering (Chinese foreign Cooperation) major at

通信作者：张相芬,xiangfen@shnu.edu.cn。

Shanghai Normal University as an example to explore the "teaching research and moral education" three in one training system constructed. This system helps to promote the comprehensive development of students majoring in Electronic Information Engineering (Chinese foreign cooperation) at our university, cultivating top-notch talents who possess solid professional knowledge and innovative abilities, as well as noble character and a sense of social responsibility.

Key words：electronic information engineering；chinese foreign cooperation；top talents；training mode

1 引言

随着信息技术的飞速发展,电子信息工程领域对高素质、创新型人才的需求日益迫切[1]。然而,传统教学模式存在五个方面的矛盾:①只注重理论知识的传授;②教学评价方式单一;③专业课程体系不够完善;④对学生缺乏个性化、专业化的指导;⑤教师的教学方法缺乏创新和多样性。这导致学生缺乏足够的创新实践机会,在思想道德、专业学习、科技创新等方面缺乏支持和帮助,缺乏专业认同感、行业自豪感和社会责任感,影响了学生实践能力和创新思维的培养,难以满足行业对复合型人才的需求[2]。因此,将教学、科研与育人紧密结合,形成相互促进、协同发展的教学-科研-育人"三位一体"培养模式,成为提升人才培养质量的重要途径。

2 "三位一体"拔尖人才培养模式初探

上海师范大学电子信息工程(中外合作)专业的拔尖人才培养,起源于2017年的学校本科人才培养大讨论,经过几年的实践和摸索,逐步形成了教学-科研-育人"三位一体"的培养模式(图1)。该模式依托电子信息工程上海市一流专业建设点,在10项国家级及20余项省部级和校级项目的支持下,在学科带头人和专业负责人的引领下,通过校企合作、学科竞赛和科研创新活动、导师制、个性化培养等措施,全面提升拔尖学生的知识水平、创新实践能力和道德素养,促进了教师队伍的成长。

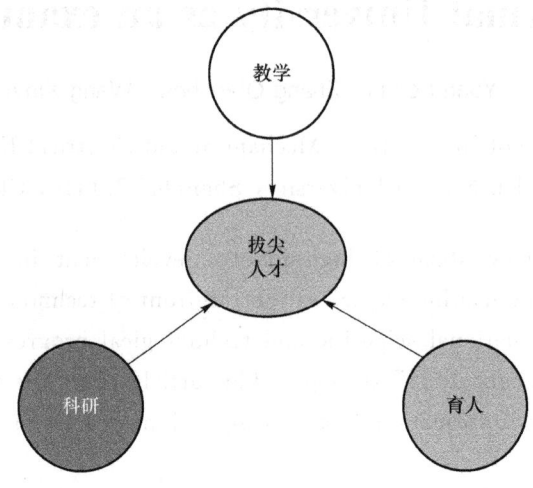

图1 教学-科研-育人"三位一体"拔尖人才培养模式

为培养符合时代要求的复合型拔尖人才,上海师范大学电子信息工程(中外合作)专业从如下几个方面进行了人才培养模式探究。

(1) 构建国际化工程创新拔尖人才培养体系,全面提升学生的专业知识

上海师范大学电子信息工程(中外合作)专业借助中外合作办学双方师资等资源共享的优势,参考 CDIO 工程教育标准[3],整合中外优质教学资源,形成了多层次、全方位的教学体系,强调研究型教学模式和翻转课堂等新型教学方式的应用,鼓励学生主动参与科研项目,注重多元评价,鼓励教师不断学习、探索新的教学方法和手段。例如,在培养学生解决复杂工程问题的能力方面,通过问题导向、项目驱动等方法激发学生的学习兴趣,使学生不仅能全面掌握电子信息工程领域的基础知识和专业技能,而且在参与科研项目过程中,能将理论知识应用于实际问题,进而培养学生的创新能力和独立思考能力。

(2) 借助高水平科研资源和平台,提升学生创新实践能力

上海师范大学电子信息工程(中外合作)专业非常注重实践教学和社会实践活动。中外教师团队的前沿科研成果通过项目化教学、导师个性化辅导等形式引入拔尖人才培养;校内外实习实践基地,让学生进行实践操作和技能训练,提高实践能力和工程素养;专业与多家业内名企建立了联合实验室、产学合作教育基地,打造校企协同育人平台,提高学生创新实践能力和工程素养;构建了学生科技社团、各类学生科研活动、各类各层次学科竞赛三位一体的创新实践体系。通过以上措施,激发和提升学生创新意识和能力,增加其参与竞赛和科创活动的意愿,提升学生各类获奖的质量和数量。

(3) 构建"125"育人机制,培养学生的道德素养和社会责任感

教师在知识传播中强化价值引领,培育和弘扬社会主义核心价值观,实现"三全育人"[4]。专业教师与专职辅导员协同,构建以"125"(1 名导师＋2 名硕士研究生＋5 名本科生,图 2)育人小组为核心的育人体系,对拔尖学生在思想、学习、科创等方面实施四年不断线个性化、专业化指导,帮助他们更好地规划自己的学习和科研生涯。通过价值引领和社会实践活动等,培养和提升学生的道德素养、社会责任感和专业认同感。

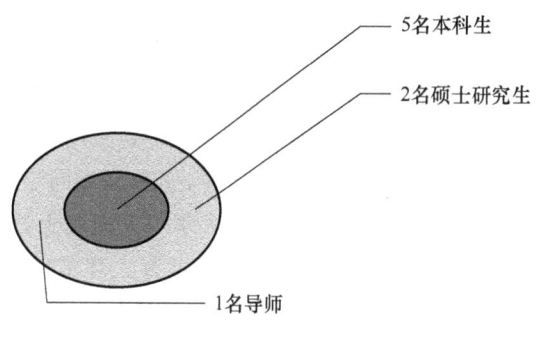

图 2 "125"育人机制

3 教学-科研-育人"三位一体"拔尖人才培养模式的优势

教学-科研-育人"三位一体"拔尖人才培养模式立足电子信息工程专业拔尖人才培养,将

教学、科研和育人三者有机结合,以培养具有专业知识、创新能力和道德素养的国际化优秀人才为目标。这种全面、深入的培养模式突破了传统教学模式的局限,注重学生的全面发展和个性化成长,既注重人才知识和能力,又注重德育,很好地解决了"为谁培养人、培养什么人、怎么培养人"的问题,更好地满足了社会对电子信息工程专业拔尖人才的需求[5-6]。

教学-科研-育人"三位一体"拔尖人才培养模式注重与国际接轨,通过3+1、3+2等项目形式开展国际交流与合作,为学生提供海外学习和实践的机会,培养学生的国际视野和跨文化交流能力。

教学-科研-育人"三位一体"拔尖人才培养模式基于CDIO工程教育理念,结合电子信息工程专业国家发展战略,调整了专业课程体系(如增设了创新学分修读要求、增设了综合实践课程、增开了"集成电路"等课程),通过校企合作,建立协同育人联合实验室、产学合作教育基地、创新实验室、开放实验室等,为工程项目实训、学生科研能力提升提供了保障[7]。在课程教学中,将德育有机融入专业课程教学,在知识传授中强化价值引领,同时注意采用研究型教学模式、翻转课堂、混合式教学、多元化教学评价等多种新型教学方式,提高教学效果,激发学生学习兴趣,培养其自主学习和独立思考能力,实现教学和育人的有机融合。

教学-科研-育人"三位一体"拔尖人才培养模式基于导师-硕士研究生-本科生的"125"育人机制,将德育贯穿于学生个性化、专业化培养的全过程。通过开展各种社会实践活动,让学生了解社会、服务社会,增强他们的公民意识。这种将德育融入专业拔尖人才培养的做法,实现了学生专业知识、创新能力和道德素养全面发展,教学相长的良好局面。

4 教学-科研-育人"三位一体"拔尖人才培养模式的初步成效

(1) 人才培养质量明显提高

教学-科研-育人"三位一体"拔尖人才培养模式强调教学与实践的紧密结合,学生在掌握扎实理论知识的同时,通过参与科研项目和实践活动,锻炼了实际操作能力和问题解决能力。近几年获批各类大学生创新创业项目的质量和数量都有所提升;所有拔尖学生均参与了创新训练,并在各类竞赛中成绩斐然,在全国大学生电子竞赛中,获得了国家级、市级竞赛奖项,在"挑战杯""互联网+""创造杯"等比赛中也获得了佳绩;学生以第一作者身份在SCI一区期刊以及国际会议上发表多篇科研论文;多名同学获得国家奖学金、上海市优秀毕业生、优秀毕业论文等;学生在国内外一流大学深造的数量屡创新高,如李文杰同学收到了18所高校,28个二级学院的录取offer,被北京大学、清华大学、复旦大学等高校院士教授认可。

教学-科研-育人"三位一体"拔尖人才培养模式通过育人环节的加强,学生的思想道德素质、人文素质、科学素质等得到全面提升,培养了良好的道德品质和社会责任感。在育人环节的引导下,学生积极参与社会服务活动,如支教、环保、公益等,这些活动不仅锻炼了学生的社会实践能力,还培养了他们的社会责任感和奉献精神。

(2) 工程拔尖人才国际化培养成效显著

随着国际化工程创新人才培养体系的逐渐完善和内涵的不断提升,国际化人才培养质量成效显著。近年来,部分同学通过3+1、3+2合作项目赴美学习,毕业后继续读研比率维持在八成左右,国外读研学校包括纽约大学、哥伦比亚大学、芝加哥大学等。另有一批学生选择国外其他一些著名高校继续深造,其中包括密歇根大学、杜克大学、康奈尔大学、伦敦大学国王学院、纽约大学、美国东北大学、香港中文大学等。学生在外资或合资行业头部企业的就业占有一定比例,包括:Oracle公司美国总部、博世中国、通用电气、福耀美国工厂和苏州工厂、是德科技、TI公司等。

（3）专业建设成果丰硕

电子信息工程专业入选上海市一流建设专业,建设了"信号与系统""数字信号处理""数字语音处理""逻辑电路与FPGA应用"等上海高校示范性全英语课程,建设了上海高校市级重点课程"智能硬件设计基础""信号与系统""感测技术""数字语音处理"以及上海市一流课程"信号与系统""逻辑电路与FPGA应用"。专业教师出版、编译了多部教材和译著,其中《DSP原理及应用》出版到第6版,被十几所高校作为教材使用,该教材曾经获得过2021年上海产学合作教育协会优秀教材三等奖,起到了很好的示范推广效应。

（4）形成了一支高素质教师队伍

在探索和实践拔尖人才培养的过程中,教师不断学习、探索新的教学方法和手段,努力提高自身的学术水平和教学能力。专业建成了一支以全球2%顶尖科学家和上海市青年东方学者为核心的教师梯队,获批国家级科研、教学项目十余项,在国家级、省部级教学类比赛中多次获奖,在国内外学术会议上作交流、分享,获批上海市人文社科重点研究基地"上海市中小学在线教育研究中心",在德育方面形成了校级示范性课程教学案例,并创建了专业课程德育教学案例集,每年都有十几人次获得竞赛指导优秀教师、毕业论文优秀指导教师等称号。

5 结论

教学-科研-育人"三位一体"的电子信息工程（中外合作）专业拔尖人才培养模式,是适应新时代高等教育发展需求的重要举措。通过优化教学体系、强化科研驱动、深度融入价值引领,有效提升了学生的综合素质和创新能力,为国家和社会培养出了更多优秀的电子信息工程领域拔尖人才。

参 考 文 献

[1] 范程华,张忠祥,周元元,等."双万计划"背景下电子信息工程专业人才培养模式的改革与创新[J].合肥师范学院学报,2020,38(3):81-84.

[2] 林健.新工科专业课程体系改革和课程建设[J].高等工程教育研究,2020(1):1-13.

[3] 麻丽娜,段禹.基于CDIO的电子信息专业课程体系改革模式研究[J].教育现代化,2020,66(7):80-83.

[4] 罗清海,邹祝英,涂敏,等."三全育人"下的创新创业教育改革探讨[J].高教学刊,2022(3):26-29.

[5] 陈晓,王强.电子信息工程专业拔尖人才培养模式的探索与实践[J].高等教育研究,2022,33(2):56-61.

[6] 王大伟,官予涵,闵令通.新工科视域下信息与通信工程拔尖人才培养模式探索与实践

[J].高教学刊,2024(8):161-164.
[7] 张巧珍,叶宏,张相芬,等.基于积木模块化平台的感测技术课程教学改革研究[J].进展:教学与科研,2023(1):79-81.

作者简介

张相芬:女,1977年生,副教授,研究方向为图像处理。
袁非牛:男,1976年生,教授,研究方向为图像处理、模式识别。
张巧珍:女,1988年生,副教授,研究方向为微声学及其器件研究。
王心怡:女,1992年生,讲师,研究方向为光器件设计、光纤通信。
孟春丽:女,1991年生,讲师,研究方向为图像处理。

面向首都应用型高校国家一流本科专业产教科融合人才培养模式的探索与思考

武梦龙　董小伟　鲁远耀　白文乐

（北方工业大学信息学院，北京，100144）

摘　要：为适应新时代经济社会发展和国家战略需求，服务首都"四个中心"功能建设和京津冀地区协同发展的需求，根据面向地方应用型学校的办学定位，探索国家一流本科专业的产教科融合人才培养的新模式，在人才培养方案、课程体系与教学模式、实验实践基地建设等方面进行综合改革与探索，旨在为培养电子信息类专业应用型创新人才打下基础。

关键词：国家一流本科专业；产教科融合；人才培养

Exploration and Reflection on Industry-Education-Research Integrated Talent Cultivation for National First-Class Undergraduate Programs in Capital Applied University

Wu Menglong　Dong Xiaowei　Lu Yuanyao　Bai Wenle

(School of Information, North China University of Technology, Beijing 100144, China)

Abstract: In order to meet the economic and social development and national strategic needs in the new era, serve the function construction of the "Four Centers" of the capital and the coordinated development of Beijing-Tianjin-Hebei region, and explore a new mode of talent training for the integration of industry, education and science in the national first-class undergraduate major according to the orientation of application-oriented schools for local students. Comprehensive reform and exploration are carried out in the aspects of

---

通信作者：武梦龙，wml@ncut.edu.cn。

基金项目：2024年北方工业大学教育教学改革重点项目"面向高水平应用型电子信息国家一流本科专业的产教科融合人才培养研究"。

personnel training program, curriculum system and teaching mode, and experimental practice base construction, aiming at laying a foundation for training applied innovative talents of electronic information majors.

Key words: national first-class undergraduate program; integration of industry; education and science; personnel training

1 引言

党的二十大报告提出"统筹职业教育、高等教育、继续教育协同创新,推进职普融通、产教融合、科教融汇",为研判未来人才培养新走向、探索人才培养新模式提供了思路。当前,新一轮科技革命和产业变革飞速发展,原始核心技术的颠覆性创新和落地应用,成为大国间博弈的关键点,而培养适应现代化发展需求的人才则是竞争核心。为贯彻落实新时代全国高校本科教育工作会议精神,教育部启动实施"做强一流本科、建设一流专业、培养一流人才"的"双万计划"。北方工业大学积极响应"双万计划",贯彻落实高校分类发展要求,深入推进高水平应用型大学样板建设,全面提高人才培养质量。

高校作为培养一流创新型人才、开展一流专业建设的主战场,关键在于转变教育理念和改革培养方式,打造产教科融合新模式,通过加强企业、科研院所与高校间合作交流,以行业需求为导向,在教育培养过程中注重实践和应用,构建"产业-教学-科研-育人"四位一体的发展模式。作为我国高等教育的重要组成部分,应用型本科院校定位于服务地方经济建设,肩负着为地方经济社会发展培养一流人才的重要使命。

北方工业大学电子信息工程专业主动适应新时代经济社会发展和国家战略需求,对接首都"四个中心"功能建设和京津冀协同发展,围绕学校"协调发展、特色鲜明、优势突出的高水平应用型大学"办学定位,致力于培养从事各类电子设备和信息系统的研究、开发、设计、制造和应用,具有实践能力和创新精神的一流应用型工程技术人才。此专业 2019 年被评为国家级一流本科专业、2018 年通过国家工程教育专业认证、2017 年被评为北京高校重点建设一流专业,2009 年获评国家级特色专业建设点,2004 年获评"北京市品牌专业"。锚定国家一流专业及北京市重点一流专业建设目标,以国家级实验教学示范中心、北京市实验教学示范中心、北京市高等学校示范性校内实践基地和北京市重点实验室为支撑,密切与大唐、小米、航天科工等信息类头部企业深度合作,在电子设备研发、智能信息处理、空间信息技术、密码理论与技术、功率电子与新能源技术、视频编解码技术等方向取得了一批科研成果,形成了层次化学科竞赛和项目式科研活动的产教科多维实践育人特色。

2 应用型地方高校产教科融合人才培养模式

2.1 问题和目标

产教科融合是提升应用型本科人才培养质量的新趋势,相关高校专业负责人和研究者针对应用型本科的产教科融合问题提出了相关建议,基本形成了产教科融合的共识,但是具体实施中仍然存在各类阻碍和困境,主要体现在:"产-教-科"相互分离,在人才培养过程中无法充分发挥产学研协同效应,难以填补急速变革的行业背景下全方位人才的空缺情况;部分教学内容滞后,教学内容中缺乏人工智能、高端装备等新兴技术;校企合作不稳定,当前缺乏长期、有效的校企合作模式和机制,企业利益得不到保证,无法使校企合作变成来自学校和企业自身内在发展的一种动力需要。目前全面公开可借鉴的产教科融合案例还很少,值得深入研究。

针对高水平应用型电子信息国家一流本科专业人才培养具有实践性、创新性的高端应用型的特点,研究产教科深度融合的内在机理,探索"产→教→科""科→教→产"与"产业→教学→科研→育人"的知识迁移方法,形成具有特色的产教科融合人才培养新模式。

2.2 研究思路

依托北京市教育委员会北京高校电子信息类专业群建设实践,研究产教科融合的内在机理,探索"产→教→科"与"科→教→产"的互相作用机制,探索具有特色的产教科融合人才培养模式,主要研究思路如下:

(1)"产→教→科"知识迁移方案:校企合作是"产教科融合"人才培养模式的关键环节,以产业需求为导向,融入企业提供的先进技术经验,结合高校的教学目标,形成符合现代化行业需求的创新性的教学内容。通过交互式教学引导学生发现课堂教学中的难点与重点,将其上升到科研问题层面,并通过开放实验、大学生科技创新计划等形式立项,作为科研项目进行研究,形成产业拓展教学,教学促进科研的人才培养模式。

(2)"科→教→产"知识迁移方案:高水平应用型本科培养人才具有实践性、应用性、创新性的特点,遴选能够解决企业技术层面的科研项目、凝练理论知识、总结科研方法,形成面向工程应用的"真问题",以此建设科研反哺教学的新课堂模式,应用于课内实践教学和课外大学生科研实训。在解决企业技术疑难问题的同时,高校为企业输送"专业对口,技术高手"的高水平应用型人才,形成"取之于产业,用之于产业"的产教科融合人才培养模式。

(3)"产业→教学→科研→育人"的知识闭环:产教科融合不能仅停留在学生参与科研项目层面,教师应该把创造知识过程中形成的方法论外化到课堂教学中,学生内化到自身课堂学习中,并反哺到将来的科研活动和企业技术岗位之中,形成以"学生为本"的OBE(Outcome-Based Education)教学理念知识迁移正反馈。

(4)"专业学院一流专业培养-产业学院-产业人才培养"融合问题:从专业学院一流专业人才培养方案与数字产业学院设置的产业人才培养效果的有效融合,包括专业理论实践课程知识点到产业专门技能知识的衔接,从专业课程实践技能到产业实践技能的拓展,作为地方性高水平应用型人才培养为地方产业输出所需的专业技术人才,在就业方向的选择上更加具有地方行业的特色和专业特色,引入企业资源、工程案例和行业竞赛,打造多主体、多要素和多层级的立体化协同育人模式。

2.3 实施过程的重难点分析

(1)"教"是人才培养模式的重难点。在产教科融合人才培养模式中,"教"作为"产"和"科"的有机衔接和重要过渡,是吸收企业专业技能、转化高校科研成果的核心步骤,更是成为产业链、教学链和人才链的动力推动环节。即,如何从企业有效吸收可应用到教学之中的工作经验和技能培训,同时将教学内容上升至更高层次的科研局面,这是需要本课题深度思考的重难点问题。

(2)充分发挥"教学支撑科研,科研反哺教学"是人才培养方案的重难点。科研和教学是高水平应用型国家一流本科专业两大工作重点,相辅相成,协同发展。然而,在高校的实际发展过程中,二者往往陷入失衡状态,如何正确处理教学与科研之间的关系,充分发挥教学支撑科研,科研反哺教学的能力,达到培养高素质应用型人才的目的,是本课题需要解决的重难点问题。

(3) 构建积极稳定的校企合作是难点。通过校企合作,企业为高校提供先进科技,高校为企业培养更符合专业需求的人才,深化双方在科技创新、人才培养等领域的务实合作。因此,构建积极稳定的校企合作有助于校企发挥各自优势,达成战略合作共识,不断推动双方在更宽领域、更高层次合作共赢的高质量发展。

3 产教科融合人才培养模式的主要措施和研究方法

3.1 主要措施

根据 OBE 理念对专业人才培养的基本要求,专业建设应具备自我适应与完善机制,从符合学生发展需求、满足社会人才需求出发,构建与学校定位、专业特色相匹配的人才培养模式,改进人才培养方案和课程体系,优化教学资源配置。同时,以电子信息领域的领军企业合作为目标,共同建立实训实践基地和科研创新团队,以项目合作方式推动全方位、深层次的产教科融合建设。具体实施过程重点将集中在以下几个方面。

(1) 改进人才培养方案:制定具有特色的产教科融合人才培养方案,形成"产→教→科""科→教→产"与"产业→教学→科研→育人"新颖的培养模式,为学生提供更加个性化、多样化的教育体验,帮助学生根据自身专业能力和职业规划选择合适的学习路径。

(2) 课程体系改革与创新:全面深化教学课程改革,通过"夯实理论基础、强化实践创新、优质课程引领示范",构建适合自身专业定位和一流专业人才培养目标、不断优化完善的课程体系,打造一流课程建设内涵与特色。同时,在教育培养过程中,注重实践和应用,加强校企共施课程的建设新模式,共同完成教学任务,形成"产教科融合"知识传授、能力培养、素质教育于一体的教学模式。

(3) 优化教学资源配置:加强自身师资队伍建设,同时加大高层次人才引进力度,形成了以"千人计划""市级创新创业高层次领军人才""市级教学名师"为引领,具有博士学位教师为主力的高水平教师团队,并通过大力发展国际学术交流与合作办学,定期聘请海外教授承担本科专业课程、来校讲学/讲座,为学生引入国际化的优质教学资源。与此同时,进一步深度融合北京市高校教育资源,推动高校与专业的合作,实现资源共享。

(4) 产教科融合实践基地建设:紧跟电子信息产业的发展步伐,通过与国内电子信息领头企业共建共享实习培训基地、核心课与实践课创新平台、举办学科竞赛等方式,积极推动落实产教科协同育人的深度融合,以企业真实实践项目进行全过程项目管理为载体,培养理论基础实、实践技能硬、职业素养高的适应企业需求的电子信息类高素质应用型人才的实施路径。

3.2 研究方法

为建立高水平应用型电子信息国家一流本科专业的产教科融合人才培养模式,保证"产""教""科"各教学环节紧密匹配,应采取定性与定量分析相互补充的方法,将理论与典型案例融合,通过数据收集分析、实践探索的方法,能够更全面、深入地理解产教科融合人才培养的内在机理和实施路径,为人才培养提供科学依据和指导。主要采用以下研究方法。

(1) 文献法与案例研究法:通过搜集和分析国内外"产教科融合"领域的学术文献、政策文件、行业报告、典型案例等,以了解"产教科融合"人才培养的理论基础,探索高等院校实施产教融合的价值,并深入研究其产教融合人才培养模式,分析产教科融合目前实施中仍然存在各类阻碍和困境,以了解其成功的背景、过程、经验和挑战,为"教""产"和"科"实施提供实践指导和参考。

(2) 调查研究法:通过与学院学工办、学校学工部合作,通过座谈、访谈、问卷调查等多种方式,定期对学生的学习情况进行跟踪调查,并根据用人单位、校友、企业第三方机构等社会评价信息,反馈课程体系、课程教学资源、人才培养目标等方面情况,形成持续改进的闭环。

(3) 实践探索法:通过与电子信息领域的领军企业合作,实施产教融合人才培养模式,进行课程改革、共同建立实训实践基地、实践教学体系的创新等方式,从实践中寻找解决方案和创新路径,并评估其效果,为产教科融合人才培养研究提供实证证据,验证所提出的人才培养模式的有效性和可行性。

4 结语

在地方高水平应用型一流专业人才培养过程中,探索和构建产业、教学和科研互为驱动要素的体系架构,重点研究实现知识传授、能力培养和素质教育的有机融合方法,从而推动人才培养质量的持续提升,满足首都及京津冀地区对电子信息专业工程应用型人才的需求,不断完善和优化人才培养模式,形成符合地方应用型国家一流本科专业的多维实践育人特色。

参 考 文 献

[1] 吴隽. 高校产教融合培养创新创业人才的研究与实践[J]. 产业创新研究,2024(6):177-179.
[2] 唐贵进,沈建华. 基于"三链联动"的电子信息类专业课程产教融合探索与实践[J]. 软件导刊,2023,22(12):51-55.
[3] 陈军伟,庞煜,程果. 基于电子信息行业的产教融合培养路径分析与思考[C]. 第十八届海峡两岸(粤台)高等教育论坛论文集. 2023.
[4] 陈立斌,胡琳,曹新方,等. 电子信息类专业产教融合路径的探索与实践——以西安交通大学-华为"智能基座"为例[J]. 高等工程教育研究,2023(5):30-34.
[5] 林晓阳,张婕,张昆,等. 微电子专业科教融合协同育人模式探索与实践[J]. 工业和信息化教育,2021(12):13-16.

作者简介

武梦龙:男,1972年生,教授,研究方向为无线光纤通信。

基于五链融合的新工科应用型人才培养新模式研究
——以电子信息类专业为例

刘晓珊

(广州工商学院工学院,广州,510000)

摘 要:本文聚焦于新工科背景下应用型人才培养模式的优化提升,以电子信息类专业为例,基于高校应用型人才培养定位与目标,以工程教育认证为引领,深度融合政策链、人才链、产业链、创新链及数据链理念,探索基于五链融合的新工科应用型人才培养的新模式。本文重点涵盖优化人才培养体系、重构课程体系、优化教学评价体系,培养具备扎实理论基础和卓越实践能力的新工科应用型人才。

关键词:五链融合;新工科;应用型人才培养;人才培养新模式

Research on New Mode of Training Applied Talents in New Engineering Based on Five-Chain Integration
——Take Electronic Information Majors as an Example

Liu Xiaoshan

(School of Engineering, Guangzhou College of Technology and Business, Guangzhou 510000, China)

Abstract: This paper focuses on the improvement of the application-oriented talent training model under the background of new engineering. Taking electronic information majors as an example, based on the positioning and goals of application-oriented talent training in colleges and universities, and guided by engineering education certification, it deeply integrates the policy chain, talent chain, industry chain, innovation chain and data chain explore new models for cultivating application-oriented talents in new engineering. The focus covers optimizing the talent training system, reconstructing the curriculum system, and optimizing the teaching evaluation system, aiming to cultivate new engineering

通信作者:刘晓珊,1457347038@qq.com。

application-oriented talents with a solid theoretical foundation and excellent practical capabilities.

Key words：five-strand fusion；emerging engineering disciplines；application-oriented personnel training；new mode of personnel training

引言

在全球科技日新月异的时代背景下,工程教育作为推动社会进步与产业升级的重要基石,正面临着前所未有的挑战与机遇。随着人工智能、云计算、物联网等新一代信息技术的迅猛发展,传统工科教育体系已难以满足行业对复合型、创新型人才的需求[1]。因此,探索并构建一种适应新时代要求的新工科应用型人才培养模式,成为教育界与产业界共同关注的焦点。

本文以电子信息类专业为例,深入探讨基于五链融合的新工科应用型人才培养新模式。政策链作为宏观指导,为人才培养模式的改革提供了方向、支持与保障,确保改革措施与产业发展需求相契合,为五链融合创造了有利环境;人才链强调人才的持续成长与流动,为行业输送高质量的应用型人才;产业链为人才培养提供了明确的方向和市场需求导向,确保了教育内容与行业发展的紧密对接[2];创新链则激发了学生的创新潜能,鼓励他们在实践项目中探索未知,推动技术革新;数据链通过教育信息化手段,整合教育资源、学生行为、行业需求等多维度数据,构建以学生为中心、能力为导向的教学评价体系,同时也为政策制定、人才培养方案调整等提供了科学依据,促进新工科教育决策的科学化。

1 新工科应用型人才培养定位和目标确定

随着科技的飞速发展和产业结构的深刻变革,新工科教育应运而生,这一教育理念强调跨学科融合、产学研协同以及创新创业能力的培养,以满足国家经济转型升级和产业升级对人才的新需求。

目前,应用型高校的人才培养模式及其运行未能形成一个完善的、有用人单位参与的、数智技术赋能的、具有反馈功能的闭环系统,致使在培养方案制定中存在培养定位不准的问题[3],进而导致在教学方法、课程结构、实践体系、考核方式、质量监督、教学评价等具体教学环节上缺乏执行层面的目的性和准确性。因此,需紧密结合数字化时代特点,并基于国家政策导向,通过深入分析用人企业和单位的岗位技能需求,同时综合考量企业的实际需求、数智技术的前沿发展以及学校的办学特色等多方面因素,来精确制定人才培养的目标,如图1所示。

具体到电子信息类专业,人才培养定位应紧密围绕国家发展战略和电子信息产业发展趋势,培养适应未来科技发展和社会进步需要的复合型人才[4]。在目标确定上,要聚焦于以下几个方面:一是强化基础知识教育,构建系统全面的专业知识体系;二是注重实践能力培养,通过产学研结合等方式,加强学生的工程实践能力和创新创业能力;三是培养国际视野和跨文化交流能力,使学生具备在国际舞台上竞争与合作的能力;四是关注人文素养和社会责任感的培养,确保学生具备正确的人生观、价值观和社会责任感。

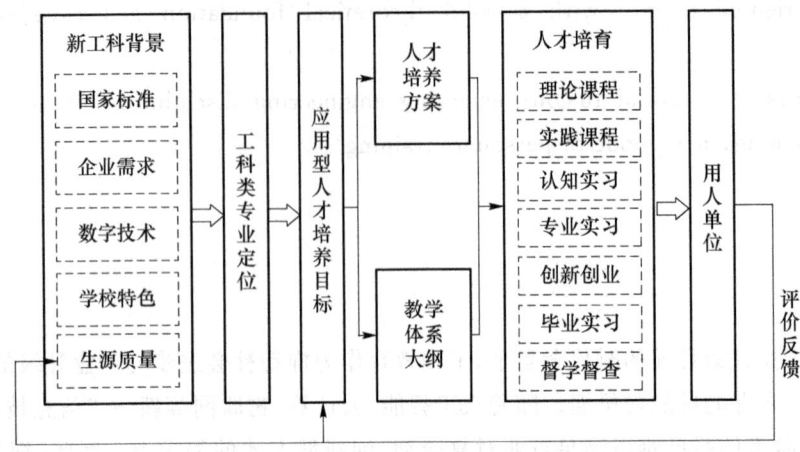

图 1 新工科应用型人才培养定位和目标确定过程

2 新工科应用型人才培养模式的总体建设思路

随着我国大数据、人工智能等产业的蓬勃发展,以及相关政策战略的出台与实施,工科类院校已将培养符合市场需求的新工科应用型人才作为发展的重点。对于人才培养模式建设,要以优化人才培养体系为核心,以课程体系建设为重点,以信息化教学手段为抓手,瞄准提升学生的工程应用能力和创新创业能力目标,深化新工科建设与实践,大力推进工程教育认证工作,深化产教融合,以有效解决在新工科应用型人才培养过程中的关键问题。

以电子信息类专业为例,通过贯彻 OBE 教育理念,通过五链融合,将行业对电子信息类人才的能力需求转化为具体的电子信息技术能力培养目标,进而反向设计课程体系,认真分析实践内容与理论知识的匹配度,达到理论与实践深度融合[5]。新工科应用型人才培养模式的总体建设思路如图 2 所示。

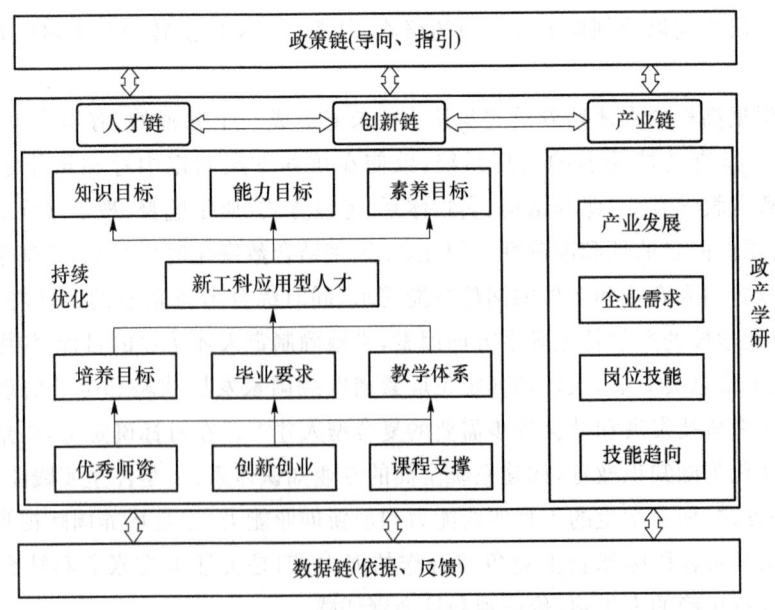

图 2 新工科应用型人才培养模式的总体建设思路

3 五链融合的新工科人才培养模式的具体改革内容

3.1 立足政策链的工程教育方向牵引

在新工科应用型人才培养的实践中,政策链作为五链融合的重要一环,对工程教育方向起着牵引作用。近年来,随着国家教育强国、科技强国等战略的深入实施,以及党的二十大报告中对高等教育协同创新、产教融合、科教融汇的明确强调,电子信息类专业作为新工科领域的核心组成部分,其人才培养模式的改革与创新显得尤为迫切和重要。

在政策链的指引下,电子信息类专业教育需紧密对接国家战略需求,聚焦行业发展趋势,调整优化教育方向。高校应积极响应国家政策,将相关技术前沿和产业发展趋势融入教学之中,确保人才培养与行业需求的高度契合。同时,政府通过制定相关政策,引导高校、企业、科研院所等多方力量共同参与专业教育,形成产学研用深度融合的良好生态,构建"课程实验+认知实习+专业实习+毕业实习"的应用型人才培养模式。

3.2 基于人才链、产业链、创新链联动的课程体系优化

在新工科应用型人才培养的实践中,通过人才链、产业链与创新链的有效对接与联动,打破传统学科界限,实现课程内容与行业发展的紧密对接,激发学生的创新思维与实践能力,培养出能够快速适应并引领产业发展的高素质人才。

贯彻工程教育认证"以生为本"的建设思想,依据新工科建设要求,充分考虑人才链的成长路径、产业链的发展趋势以及创新链的贯穿联合。在课程体系构建过程中需将行业需求、岗位技能、技术创新等要素融入教学之中,鼓励学生参与科研项目、创新竞赛、创业实践等活动,将理论知识与实际应用相结合,通过学练结合的方式激发学生的创新潜能。此外,加强与企业、科研院所等创新主体的合作,共同开发课程资源、建设实训基地,为学生提供更多接触前沿技术、参与创新实践的机会,培养其创新创业精神。

3.3 依靠数据链的多维教学评价体系提升

数据链的引入,使教学评价的维度更加全面、数据更加精准,为教学改进提供了强有力的数据支撑。通过收集并分析学生在学习平台上的互动数据、作业完成情况、测试成绩以及教师评价等多源数据,为个性化教学提供依据。

3.3.1 理论教学质量评价

强化过程考核,聚焦课程目标达成。在理论教学中,注重过程考核的实效性与内容优化。通过修订考核标准,确保每一项评价环节都能有效支撑并反映课程目标达成度。综合计算各项评价指标,为教学改革提供明确方向。此外,定期邀请校内外专家对专业课程的建设进行评估,以推动课程质量的持续提升。

3.3.2 实践教学质量评价

多元标准,激发创新潜能。实践教学质量评价是检验学生创新能力与应用能力的重要环节。定期对学生参与课程设计、实验项目、创新创业活动等进行评价,并引入第三方评价机制,将职业资格证书认定、创新创业与专业学科竞赛获奖、研究成果被企业采用及研究报告被政府采纳等多种形式纳入评价体系。显著增强卓越创新型人才培养结果的社会认可度,有效激发学生的创新实践能力。

3.3.3 教学运行质量评价

全面监督，确保教学质量。为确保教学运行的高效与有序，通过听课、抽查教学文件、学生评教及座谈等多种方式，对教学内容、教学方法、教学秩序、教学进程及教师的教学态度进行全面监督与评价，能够及时发现并解决教学过程中的问题，确保教学质量稳步提升。

3.3.4 毕业生就业信息反馈质量评价

动态调整，优化课程设置。毕业生就业信息反馈是检验人才培养质量的重要标尺。定期或不定期对用人单位进行回访，收集用人单位的评价信息，用以反馈明确课程设置的合理性、教学内容的动态调整性以及应用能力培养的有效性等，不断优化人才培养方案，确保人才培养与社会需求的高度契合。

4 结论

本文从新工科应用型人才的培养定位、目标确定、课程体系优化、教学评价等几个方面出发，以电子信息类专业为例，深入探讨了基于政策链、人才链、产业链、创新链、数据链融合的新工科应用型人才培养新模式，为高校工程教育改革提供了有力的理论支撑与实践指导。

展望未来，随着科技的不断进步和产业的持续升级，新工科应用型人才培养将面临更多新的挑战与机遇。未来还将继续深化对五链融合机制的研究，不断探索适应新时代要求的人才培养新模式，同时，加强高校与产业界的紧密合作，以培养出更多具备创新精神、实践能力和国际视野的高素质应用型人才，促进产学研用的深度融合，共同推动经济社会的高质量发展。

参 考 文 献

[1] 吴仁华，张积林．地方应用型大学新工科教育体系建设与实践[J]．中国大学教学，2020(12)：11-16．

[2] 唐贵进，沈建华．基于"三链联动"的电子信息类专业课程产教融合探索与实践[J]．软件导刊，2023，22(12)：51-55．

[3] 付麦霞，段宇乐，杨六栓，等．新工科背景下电子信息类专业产教融合模式思考与探索[J]．高教学刊，2023，9(31)：87-90．

[4] 孟力军，张东阳．面向高质量应用型人才培养的能力驱动课程教学模式研究[J]．吉林广播电视大学学报，2024(3)：1-3．

[5] 陶曾杰，李雪，谢蓉，等．OBE理念下电子信息工程应用型人才培养的探索与实践[J]．现代商贸工业，2024，45(9)：254-256．

作者简介

刘晓珊：女，1998年生，助教，研究方向为大数据产业、数字化转型、教育信息化。

基于成果导向的应用型本科院校人才培养模式探讨

——以江西应用科技学院软件工程专业为例

彭 军 卞秀运 吴 玉

（江西应用科技学院，南昌，330100）

摘 要：江西应用科技学院软件工程专业依托"卓越工程师教育培养计划"与"工程教育认证"，基于社会与学生需求，与产业界开展深度融合的成果导向性教育，从人才培养目标、毕业指标、课程体系设计、教学实施、考核评价方式、持续改进机制等多角度优化重构，对专业建设和人才培养机制进行了有益探索，取得的教学效果对同类型院校完善专业人才培养模式提供指导作用。

关键词：软件工程；成果导向；培养模式；培养质量；工程教育

Discussion on the Application-oriented Undergraduate Talent Cultivation Model Based on Achievement-oriented Education
——Taking the Software Engineering Major at Jiangxi Institute of Applied Science and Technology as an Example

Peng Jun Bian Xiuyun Wu Yu

(Jiangxi Institute of Applied Science and Technology, Nanchang 330100, China)

Abstract: The Software Engineering Major at Jiangxi University of Applied Science and Technology is based on the "Outstanding Engineer Education and Training Program" and "Engineering Education Accreditation". It conducts a results-oriented education by deeply

---

通信作者：彭军，16118381@qq.com。
基金项目：2022年江西应用科技学院校级教学改革研究重点课题"工程应用背景下的'面向对象程序设计'课程改革与实践"（JXYKJG-22-22）；2022年江西省教育厅科学技术研究项目"基于深度学习的联合实体关系抽取方法研究"（GJJ2203319）。

integrating industry collaboration and meeting the needs of society and students. It optimizes and restructures the professional construction and talent cultivation mechanisms from multiple dimension：talent cultivation, graduation indicators, curriculum system design, teaching implementation, evaluation methods, and continuous improvement mechanism. This initiative serves as beneficial exploration of professional construction and talent cultivation mechanism. The teaching effects obtained have provided guidance for the improvement of the talent cultivation mode of similar institutions.

Key words：Software engineering；Outcome-oriented；Training model；Quality of cultivation；Engineering education

1 引言

随着"中国制造2025""创新驱动发展"等国家战略的出台,学科专业的发展迎来了新的时代背景和重要使命。江西应用科技学院软件工程专业结合自身办学历史和特色,面向长三角和珠三角经济圈,重点聚焦南昌本地在产业转型升级过程中需要的数字化、智能化产业需求,旨在培养一批懂产业领域知识,精通计算机专业技能的应用创新型人才。工程教育认证在推动一流本科专业建设的过程中,已然成了提升工程教育质量的关键途径[1]。工程教育认证的核心理念在于"学生中心、产出导向、持续改进",对软件工程专业人才培养要求提出了新的要求。

作为应用型本科院校,江西应用科技学院软件工程专业在"卓越工程师教育培养计划"和"工程教育认证"双重背景之下,对专业建设和人才培养机制进行了有益探索。对接工程教育认证标准,从人才培养目标、毕业指标、课程体系设计、教学实施、考核评价方式、持续改进机制等多方面完善专业人才培养模式,对于加强学科建设和建设一流专业具有重要的意义。

2 软件工程专业建设现状

1985年以来,专业评估及专业认证的探索和实践在全国范围内持续进行中[2]。2016年,中国正式加入《华盛顿协议》,成为第18个成员国,此举标志着中国工程教育质量得到了国际上的认可,迈向了国际化道路,是中国的工程教育国际化的重要突破性成果之一。2017年,教育部颁布的高等教育教学质量国家标准,着重强调了"以学生为中心、以产出为导向、持续进行改进"等核心理念,这一举措为全国高等教育的稳健发展和专业的内涵式提升提供了强有力的推动[3]。

将学生置于核心地位,重视实际成果的产出,并着重强调持续性的改进过程,这是工程教育认证所秉持的基本理念。成果导向教育教学设计流程如图1所示。

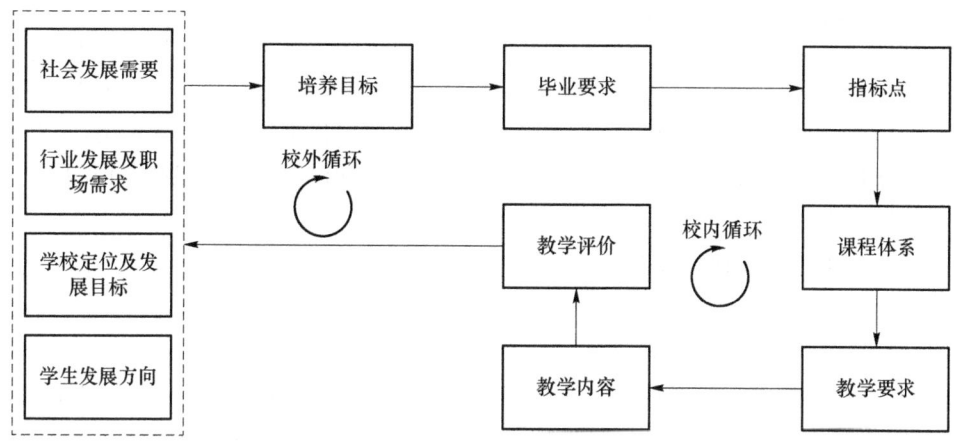

图 1　成果导向教育教学设计流程

3　软件工程专业建设的研究

在工程教育认证的基本理念下,教学目标的确认要依据学生的学习成果,教学设计和实施要保证学生达成毕业标准,学生毕业之后要达到企业的用人要求。因此,教育教学设计需清晰界定内外部需求、教育目标、毕业标准、课程体系以及教学内容的相互关联与对应[4]。

软件工程专业的构建,根植于软件工程知识体系,紧密贴合社会需求的人才培养目标,严格遵照工程教育专业认证的标准执行的标准与成果导向教育理念,为确保达到本科教学质量的国家标准,软件工程专业着重培养学生的复杂软件工程问题解决能力,致力于建设成为具有显著特色与卓越水平的一流本科专业。

3.1　软件工程专业人才培养目标与毕业要求

以"中国制造 2025""互联网+""一带一路""创新驱动发展"等国家战略的实施为时代背景,江西应用科技学院软件工程专业定位:培养"立德、通技、融合、创新"("立德"即培养学生家国情怀、职业素养和团队协作能力;"通技"即培养学生新一代信息技术国产替代信创升级;"融合"即培养学生应用型、复合型技能人才;"创新"即培养学生创新精神和创新应用能力。)的"四维"发展的信创产业高素质应用型人才,为江西省乃至全国的信创产业提供应用型人才保障。根植南昌,服务江西,辐射全国,面向信创产业转型升级和区域经济的发展需求。按照工程认证要求,通过 5 年左右的锻炼,毕业生能够在信息与软件及相关领域成长为科学研究、技术应用等方面的骨干人才,达到以下能力要求。

(1) 社会责任感:具有社会责任感和职业道德,能够在工作中自觉地履行岗位职责。

(2) 职业能力:具有综合运用计算机相关专业知识的能力,能够为软件工程领域复杂工程问题提供创新的、优化的解决方案。

(3) 团队合作:具有表达、沟通和合作能力,能够在团队中发挥骨干作用,与团队成员协作完成工作。

(4) 持续学习:具有跟踪国际前沿发展和持续学习的能力,能够主动解决软件工程领域复杂工程问题所需的理论知识和专业技能,并能应用到项目研发中。

(5) 跨文化交流:具有跨文化、跨行业交流的能力,能够融合国际先进理念和方法,解决来自不同行业的软件工程应用领域的需求。

根据既定的培养目标,软件工程专业毕业生须具备工程认证毕业的12项要求:具有良好的人文社会科学素养和职业道德;具备扎实的数学、自然科学基础知识以及计算机软硬件、分布式系统、数据分析等专业知识与技术;富有创新意识、实践能力和终身学习能力,具有国际视野、团队合作精神和组织管理能力;能够胜任软件开发、适配测试、运维工程项目实践的信创产业数字、应用型人才等。

3.2 软件工程专业课程体系设计

软件工程专业课程体系设计为毕业要求服务。相关课程形成课程模块,再按专业知识结构形成课程集,最终呈现"课程集-课程模块-课程组"模式。

数学与自然科学课程集着重于提升学生的数理技能和逻辑推理能力。通识课程集则侧重于增强学生的政治意识、劳动教育、职业操守。人文课程集着重于培育学生的人文素养、艺术鉴赏力和审美能力。基础必修课程注重培养学生的复杂工程问题解决能力,学习程序设计技能,是专业课程学习的基础。

专业必修课程群着重培养学生的复杂软件工程问题解决能力,而专业组选修课程则致力于提升学生的职业定向与就业竞争力,以及提高学生适应企业技术需求的能力。课程设计模式着重考虑知识、能力与技能之间的纵向深入与横向联系,同时凸显实践课程对理论课程的辅助与支撑效果。横向整合软件工程各领域课程,纵向以学期构建学习生态圈,符合"由浅入深"的教学规律。

4 实施以学生为中心的教学策略

在软件工程专业的教学改革中,深入贯彻并实施以学生为主体的教育理念。教学设计、教学过程、资源建设和教学评价等各个环节都必须紧密围绕学生要"学什么""怎么学"和"学得怎么样"来进行[5]。将国产自主可控技术引入课堂教学,如深度融合鸿蒙新技术,激发学生兴趣,深化知识理解,提升实战化能力,培养创新意识和创新思想。

4.1 强调学生的主体地位

在教学环节中,要开展多形式的课堂活动,例如,通过融入互动问答环节,并运用启发式教学法、任务导向型学习、案例研讨以及项目实战等多种教学策略,旨在激励学生主动探索问题并培养他们的提问能力,从而培养他们的自主学习能力和解决问题的能力,活跃课堂氛围,以激发学生的自主性、参与性和创造性。在实践课程中,学期中有课内实训,学练结合,实践出真实;学期末有整周实训,以学生为主体,着重培养学生的自主学习能力和独立解决问题的能力,鼓励学生主动探索知识,自主寻找并克服学习中的挑战。利用超星学习通平台建设课程资源,开展丰富的教学活动,结合超星学习通平台的辅助,在专业基础课中实施基于PBL的项目化教学,在专业核心课中实施基于BOPPPS的线上线下混合式教学,在专业拓展课堂中实施基于云平台的"翻转课堂"教学,达到线上和线下教学的有机统一。软件工程专业教师积极参加省教育厅项目立项工作,近三年省级教改课题、省教育厅科技课题等累计立项10余项,如2021年立项:"民办应用型本科高校教师混合式教学接受度影响因素的实证研究——以江西省为例"等。

4.2 "学"与"练"相结合

软件工程专业的核心课程均着重于理论与实践的紧密结合,强调唯有通过动手实践与练习,方能实现知识的有效转化与应用。"学"与"练"相结合,能够引导学生将工程原理运用于解决复杂工程问题当中。因此,软件工程专业实验室的硬件环境和软件资源都需保障学生的实训要求。在现有实验室条件的基础之上,不仅大幅扩充了教学案例库,还优化了实训指导书的内容,使其更加完善。同时,加大了对产业学院、工程中心以及实践教学基地建设的投资力度,以进一步提升实践教学水平。学校依托软件工程专业的特色优势与华为技术有限公司、北京中软国际教育科技股份有限公司联合建设了华为鲲鹏产业学院,依托产业学院,构建以项目为核心,以真实的项目案例、真实的工作环境、真实的项目经理、真实的工作压力、真实的工作机会的"5R教学体系",积极实施"综合项目实训＋毕业实习＋毕业设计"的"321"的实践教学模式,提升实践课程质量和就业质量。数据统计显示,目前华为鲲鹏产业学院已立项教育部产学合作协同育人项目4项,获省级在线优质课程1项。华为鲲鹏产业学院承办了华为鲲鹏行业大赛、中软杯开发大赛等,人才培养模式取得的成效进一步提升,多项成果的完成人多次在各项会议上做人才培养模式探索与实践的报告,收到了省内外同行积极的反响。改革示范作用引发社会关注,全国性新闻、江西地方媒体、学校官网等报道产业学院改革新闻10余次。

4.3 以赛促教、以赛促学

秉承着以赛促教、以赛促学、以赛促研、以赛促建的指导思想。积极鼓励学生参加专业技能水平考试和全国性赛事,如中国"互联网＋"大学生创新创业竞赛、"挑战杯"全国大学生创业计划大赛、蓝桥杯全国软件及信息技术专业人才大赛、华为ICT大赛等。数据统计显示,软件工程专业教师指导、参加各级各类比赛获得省级及以上奖项的人数有160余人。在第十五届蓝桥杯全国软件和信息技术专业人才大赛(软件类)江西赛区获得省级以上奖项50项(一等奖3项、二等奖9项、三等奖38项)。在全国总决赛中获奖3项(三等奖2项、优秀奖1项)。

4.4 考核评价方式改革

为了全方位地评判学生成就,实现对学生在知识掌握、技能运用及综合能力方面的综合评价,采用形成性评价[6]。组织课程组老师进行课程考核改革,利用超星学习通平台采集学生的过程性学习数据,基于机器学习的学习成绩预测,对学生的学习效果反馈进行分析,结合课程组内部讨论,最终达成评价模型。平时成绩可以综合考量学生的平时表现、课堂参与讨论的情况、随堂测验成绩、作业完成情况、课内实训报告的质量以及小组汇报的表现等多个方面;而期中与期末考试则可以采用笔试测验、上机考试、课程答辩以及综合性大作业等多种形式来进行评估。

4.5 构建持续改进框架

完善有效的教学质量管理体系为持续改进提供支持[7]。构建一个持续优化与进步的体系,确保形成"评价—反馈—改进"的闭环流程。在每个学期结束时,需对学生是否达到毕业要求进行核查,并评估其实际成果与毕业目标的吻合程度。结合评价收集的数据,利用自然语言处理技术进行分析处理,并将其可视化,再反馈到教学过程中,课程组进一步优化课堂教学策略[8]和内容,促进课程目标的达成。该举措推动了教学活动、毕业要求及培养目标的持续优化,以确保教学质量的稳步提升。

为持续改进,每学年都由学校、学院两级领导的教学委员会领导学院师生组成教学评价小组,对教学内容、实验实践、实训活动以及毕业论文(设计)的内容进行评估,以确定是否能有效地满足毕业要求[9]。

5 总结

工程教育的核心在于秉承"学生为本、成果导向、持续精进"这三大基本理念,为软件工程专业的人才培养设定了新的标准与要求。江西应用科技学院软件工程专业依托学科专业特色优势,成果导向性驱动,人工智能技术量化过程性评价,提升评价体系的高效性、准确性以及客观性,开展软件工程专业培养模式探索。这一探索有利于提高人才培养质量,提升毕业生就业竞争力,打造具有特色的一流本科专业。江西应用科技学院软件工程专业培养目标合理,毕业要求导向清晰,课程体系结构设计基于成果导向性教育理念。江西应用科技学院软件工程专业将秉承工程教育认证的内涵,将工程教育的理念、方法与具体的教学实践过程相结合,充分发挥人工智能技术的优势,提升了评价体系的准确性与公正性,致力于推动人才培养的工程能力,为江西省及周边省(区、市)输送更多符合发展要求的优秀人才。

参 考 文 献

[1] 蒋有录,刘华,刘景东.工程教育认证背景下的专业核心课程改革及建设[J].中国大学教学,2022(12):37-40.

[2] 胡德鑫,纪璇.中国工程教育专业认证制度四十年回眸:演变、特征与革新路径[J].国家教育行政学院学报,2022(12):72-78.

[3] 中国工程教育专业认证协会.工程教育认证标准(2017年11月修订版)[EB/OL].

[4] 陈厚丰,张凡稷.近十年我国高等工程教育的发展轨迹、困境与路径抉择[J].大学教育科学,2021(5):60-68.

[5] 申天恩.基于成果导向教育理念的人才培养方案设计[J].高等理科教育,2016,130(6):38-43.

[6] 李川,刘洲洲,程传旭,等.软件工程专业创新性人才智慧学习模型研究[J].微型电脑应用,2023,39(9):16-18.

[7] 胡钦太,伍文燕,冯广,等.人工智能时代高等教育教学评价的关键技术与实践[J].开放教育研究,2021,27(5):15-23.

[8] 邢延,汪新,李晓端,等.基于成果导向的"两级两维"课程质量评价机制及实践[J].高教学刊,2020(13):80-85.

[9] 孙玮.人工智能在信息技术课程中的应用研究[J].电脑知识与技术,2023,19(34):26-28.

作者简介

彭　军:男,1980年生,副教授,主要从事软件工程、高等教育研究。

卞秀运:男,1981年生,副教授,主要从事高等教育研究。

吴　玉:男,1993年生,讲师,研究方向为软件工程、信息抽取。

第二部分
课程教学类

信通特色的"通信原理"课程内容设计固优创新研究

吴广恩　王　宏　刘向阳

（国防科技大学信息通信学院，武汉，430000）

摘　要：面向"指技融合，一体分段"融合式军事通信专业教学，开展"通信原理"课程内容改革，通过探究科学问题、联系军事实践、融入信通文化等举措，实现课程内容设计的固优创新，彰显信通特色，提升育人质量。

关键词：通信原理；课程内容；信通特色

Innovative Research on Consolidating Advantages in ICT-characterized Curriculum Content Design for "Principles of Communication"

Wu Guangen　Wang Hong　Liu Xiangyang

(College of Information and Communication, National University of Defense Technology, Wuhan 430000, China)

Abstract: Aiming at integration of command and technology with a phased-structure for blended military communication education, the curriculum content of Principles of Communication has been innovated. By way of exploring scientific issues, linking with military practices, and integrating ICT culture, the course content design cosolidates existing strengths and drives innovation, highlighting ICT characteristics to enhance the quality of talent.

Key words: Principles of Communication; curriculum content; ICT (information communication technology culture)

通信作者：吴广恩，wuguangen17@nudt.edu.cn。

1 引言

"通信原理"是通信工程等专业本科学生的学科基础必修课程,课程内容设计以点到点通信过程为主线,知识模块组成较为成熟。但是,伴随着通信学院"指技融合,一体分段"融合式人才培养理念转型,"通信原理"课程建设也面临新的挑战:一是内容体量庞大与规划课时有限的矛盾较为突出;二是教学内容同军事通信联系融合不够深入;三是内容设计偏重基本概念和理论分析,工程能力培养急待强化。

为应对以上挑战,许多军队与地方高校同仁已做了卓有成效的工作。宋铁成、李晓峰等对传统的信道、位同步、二元信号等知识模块进行组合、扩展,建立崭新的无线传输模块[1-2],适应当前无线通信的迅猛发展;唐晓等立足专业定位,在教学全流程中融入通信系统工程案例和研究热点,强化工程指向和专业特色支持[3-4];军属兄弟院校也十分重视"通信原理"的课程内容改革。相关教学团队以未来战术无线电波形设计为主线重构教学内容[5],杨帆、郭明喜等挖掘"通信原理"课程内容中的军事通信发展、军事通信保障职业素养方面的支撑元素[6-7],有效强化"通信原理"的为战性和高阶性。

落实学院首长提出,信息通信学院要建好"通信原理"的要求和期望,借鉴同仁工作,教学团队把信通特色作为"通信原理"课程改革的重点,并在凝练课程内涵、鲜明军事应用、浓厚信通文化等方面做了积极的研究和实践,有效实现课程内容体系的固优创新。

2 探究科学问题

"通信原理"课程内容存在概念多、理论多等特点,但理论教学只安排了48学时。为了在有限的课堂教学中帮助学生掌握课程内涵,达成知识和能力目标,团队开展了基于科学问题的探究式教学。

首先,凝练每个知识单元的核心科学问题。"通信原理"包括的通信问题较多,且随着"两性一度"要求的提高不断扩展,加之在问题分析中混合着信号、高频、随机的知识,教学双方很容易迷失在细节当中而忽略了问题重点。例如,在模拟调制知识单元,需要解决调制有什么作用的核心问题。搞清楚这个问题,不仅解决了为什么在数字通信广泛应用的今天还要学习模拟调制的疑问,而且为后面数字调制的学习提供了理论和方法的基础支撑。

其次,阐释核心科学问题的内涵,形成知识单元的关键问题。这些关键问题既可以是并列的(如在课程绪论部分),也可以是递进的,但均为每一次课的核心问题。例如,在模拟调制知识单元,可归纳调制本质、信息如何加载、具体调制方式分析等三个问题。教师要引导学生不断回想关键问题,如可以从频谱搬移、信道适配、信号空间映射等多个角度思考调制的本质。

再次,基于核心问题和关键问题开展教学设计。在开始新的知识单元教学时,均先在导学环节给出本单元的核心问题和关键问题,突出了教学重难点;再给出怎么学的方法指导。例如,在数字调制部分,提出了三条方法:从模拟到数字,基于模拟调制理论,审视数字调制原理;从信号到信号空间,基于星座图分析数字调制性能;从简单到复杂,基于2ASK调制分析其他数字调制方式。

最后,依据教学内容对核心问题的支撑程度,设计精讲、点睛和自学等类型,从而实现课堂教学时间的有效利用。例如,在讲解幅度调制的抗噪声性能时,教学设计1学时,分析模型为精讲内容,SSB 和 DSB 的性能为点睛内容,其他内容可结合 MOOC 自学。

3 联系军事实践

国防科技大学通信学院下发的"通信原理"课程教学计划明确要求培养学生的三种能力:分析和解决通信领域复杂工程问题的能力;发现问题、表述问题和建模分析能力;通信系统设计、开发和维护应用能力。三种能力源自军事通信工程实践、指向作战通信保障活动。为此,课程教学内容设计必须鲜明为战指向,强化理论和实践的联系,真正落实好"围绕实战搞教学、着眼打赢育人才"的指示精神。

一是强化课程概念、原理和方法同军事通信保障实践的联系。"通信原理"教学固然包含概念的分析讲解、原理的推导证明和分析的计算过程等内容,但如果忽略了概念、原理、分析的应用背景和工程范例,容易导致理论和实践的脱节,不利于分析解决工程现实问题能力的培养。例如,在组织双工通信方式的教学内容时,可以结合作战通信保障实际,从电台网的组织来理解不同双工方式的特点,还可以结合当前无线空口资源的短缺问题引导学生关注全时同频全双工技术,促进理技结合、指技融合。

二是立足知识单元设计典型教学案例。好的教学案例是知识点的有机组织、重难点问题的隐式解决、目标达成的一揽子评价和军事通信的任务沉浸。例如,在组织模拟信号数字化教学内容时,可设计语音压缩编码和时分复用的教学案例。案例以 CVSD 编码、机动通信群路信号复用为主体,兼顾抽样设计、语音质量 MOS 评判、军标要求、语音接口互联互通、设备器件选型等实际问题,有效涵盖整个教学内容。当然,工程案例的不少细节内容对于学生而言较为复杂,要围绕教学重心,进行适当的裁减,提前下发案例材料并提供具体的指导,实现问题驱动和合适的两性一度。

三是开展仿真实验和观摩体验,加深对课程内容的理解检验。引入 Matlab、LabView 等仿真软件和软件无线电平台等实践条件,开展虚实结合的工程案例解决方案检验和分析。例如,模拟信号调制知识板块中引入了短波收发信机案例,可设计 3 个学时的实验内容,包括真实短波信号接收分析和短波收发信机实现等内容;在第 4 学时,开展设计分享和实际短波通信装备观摩体验,促进军事通信工程理念和实践意识的培养。

4 融入信通文化

习近平主席强调,军队院校要坚持立德树人、为战育人的新时代军事教育方针。贯彻落实习近平主席的指示要求,专业教学中应积极开展军事文化育人,培塑学生爱军习武、革命担当和家国情怀。信息通信学院作为从瑞金走来的我军第一所通信院校,具有悠久的办学历史和厚实的信通文化,这为团队开展"通信原理"军事通信文化沉浸和融入提供了丰富的素材源泉和自然的融入氛围。

一是充分挖掘信通文化底蕴,从红军通校历史、通信发展史中选取素材,用信通文化铸魂育人。例如,在信道知识单元讲授电离层反射传播方式时,在点睛短波通信对于通信保障重要性的基础上,可特别指出在土地革命战争时期,短波通信诞生不到 10 年,是真正的前沿高新技术,鼓励学生向红军通校前辈学习,掌握通信高精尖技术。在介绍光纤信道时,既要介绍高锟突破行业成见发明光纤的事迹,也要介绍赵梓森院士克服困难拉制我国第一根光纤的故事,鼓励学生努力学习专业理论、矢志强军报国。

二是强化"通信原理"课程教学内容同学生未来信通岗位的联系,培塑通信兵"科学的千里眼顺风耳"的精神品质,为战育人、强军有我。例如,在通信系统性能指标教学导入时,提问学生作战对通信保障的基本要求是什么?从"迅速准确不间断"快速指向有效性和可靠性两个主要内容。在分析模拟调制方式的抗噪声性能时,可引入短波接收机中的滤波器组合,分析不同滤波器对应的业务类型,把理论和军事通信技术、作战保障场景联系起来。

三是进行细致的融入设计。课程问卷调查表明,56.7%的学生认为军事通信文化融入应采取结合内容、适当引入的方式,对于单独讲解和隐形体会都不甚赞同。要通过身教、点睛、沉浸和研讨四种融入方式,线上线下相结合,动态化评价育人效果,全方位营造"探索交互-获取知识-启发思考-锻造思想"的浓厚氛围。团队构建了信通特色的课程文化案例库,有机嵌入"通信原理"课程教学内容,提升课程的军事文化育人水平。

5 体系固优创新

在凝练课程内涵、鲜明军事应用、浓厚信通文化的基础上,教学团队对"通信原理"课程内容进行了体系化的固优创新实践。

一是进一步明晰课程在专业课程体系中的位置和作用。结合具体专业,梳理先修课程中对"通信原理"支撑较多的基础知识回顾提示,发给学生实现开课铺垫;同时,加强内容设计对后续岗位专业核心课程的指向,如对通信方向班次在正交调制内容中建立 QAM 和高速数传电台、微波通信设备的联系,增强专业应用指向的同时,激发学习内生动力。

二是在三个层级上优化课程主要教学内容设计。在主要知识单元上,要根据课程群设置有所取舍;在节次安排上,要结合岗位指向调整内容权重。例如,相对于通信方向,网络方向的学生在信号最佳接收部分达到基本要求即可。在课次内容安排上,采用基于 SPOC 的线上线下混合式教学模式,并明晰每次课的知识背景内容、线上学习内容、线下讲授内容、拓展内容和相应要求。

三是将军事通信工程案例和信通特色文化研究成果融入具体课堂教学设计,形成完整的可用于实践的课程内容体系,实现"通信原理"课程建设固优创新。例如,对于模拟调制知识板块,压缩为 2 次课 4 个学时,见表 1。学时比较有限,要轻概念赘述、重演进关系。面向"两性一度",要讲透演进原因、留意演进难点。可结合大功率短波收发信机设计,开展案例教学,强化工程导向。同时,可从创新思维和红色电波文化两个方面开展有效课程文化育人。

表1 "通信原理"模拟调制知识单元设计

知识单元	课次安排	重点内容	工程案例	课程文化育人
模拟调制	线性调制	1. 模拟调幅的演进 2. 抗噪性能分析方法	大功率短波收发信机设计	从 AM 到 SSB,既是矛盾转化的哲学思辨,也是半部红色电波发展史
	角度调制	1. 宽带调频信号产生 2. 频分复用	调频立体声广播系统设计	多种调制方式综合运用方有立体声,信息通信保障也要综合运用上下功夫

6 小结

经过一年多实践,教学团队初步完成了信通特色的"通信原理"课程内容体系优化创新,并在多个教学班次同步投入实践。学生评教和教学督导均对"通信原理"教学班次的课程教学质量均给予高度肯定,其中 2 个班次更是获得了校级优秀。教学团队在总结经验的基础上,将在工程实践转化、研究型实验设计上继续努力,以期进一步提升育人质量。

参考文献

[1] 宋铁成. 通信原理[M]. 北京:人民邮电出版社,2023:248-284.

[2] 李晓峰. 通信原理[M]. 2 版. 北京:清华大学出版社,2023:106-164.

[3] 唐晓,林文茂. 分进合击的通信原理教学改革探索[J]. 陕西工业和信息化教育,2023(10):61-65.

[4] 和麟,陈杰. 飞行器控制与信息工程特色专业通信原理课程改革与实践探索[J]. 高教学刊,2023(11):32-35.

[5] 唐麒,马东堂. 面向工程教育的通信原理教学研究[J]. 电气电子教学学报,2022(4):61-64.

[6] 杨帆,程伟. 突出军政素养的通信原理课程思政研究[J]. 电气电子教学学报,2023(4):104-107.

[7] 郭明喜,申麦英. OBE 理念下的课程教学计划设计——以通信原理课程为例[J]. 课程教学,2023(5):104-106.

作者简介

吴广恩:男,1977 年生,副教授,主要从事无线通信研究与教学工作。

基于 OBE 理念的"电路分析"课程教学评价体系改革与实践

李巍海　俎云霄

（北京邮电大学电子工程学院，北京，100876）

摘　要：随着工程教育专业认证的推进和新工科建设的需求，传统的"电路分析"课程教学模式已不能满足现代人才培养的要求。本文以北京邮电大学的教学实践为例，探讨了基于 OBE 理念的电路分析课程教学改革。通过优化课程评价体系、融入信息技术，以及构建"理论知识-技术问题-实验实践"三维度教学模式，实现了教学内容的更新、教学方法的创新和教学效果的提升，有效促进了学生综合能力的培养，满足了工程认证的要求。

关键词：OBE 理念；过程性评价；"电路分析"

Reform and Practice of the Teaching Evaluation System for "Circuit Analysis" Course Based on OBE Concept

Li Weihai　Zu Yunxiao

(School of Electronic Engineering, Beijing University of Posts
and Telecommunications, Beijing 100876, China)

Abstract: With the advancement of professional engineering education certification and the requirement of new engineering construction, the traditional teaching mode of circuit analysis courses can no longer meet the requirements of modern talent cultivation. This article takes the teaching practice of Beijing University of Posts and Telecommunications as an example to explore the teaching reform of circuit analysis course based on the Outcomes-based Education (OBE) concept. By optimizing the course evaluation system, integrating information technology, and constructing a three-dimensional teaching model of "theoretical

---

通信作者：李巍海，liweihai@bupt.edu.cn。
基金项目：北京邮电大学 2023 年教育教学改革项目（立项资助编号 2023YB09）。

knowledge, technical problems, and experimental practice", the updating of teaching content, innovation of teaching methods, and improvement of teaching effectiveness have been achieved, effectively promoting the cultivation of students' comprehensive abilities and meeting the requirements of engineering certification.

Key words:OBE concept; process evaluation; "Circuit Analysis"

"电路分析"课程是电子信息相关专业本科生入学后接触的第一门专业基础课程,通常安排在大一下学期或大二上学期。北京邮电大学开设电路分析课程的各个专业均正在申请或者已完成工程教育专业认证。

工程教育专业认证[1-2]以学生能力的培养与达成为核心,致力于构建以产出导向(Outcomes-based Education,OBE)为指导原则的人才培养体系:①教学模式强调理论与实践的相互融合;②教学目标强调以能力提升为导向;③教学评价着眼于质量持续改进。

"电路分析"课程支撑工程认证的三个主要毕业要求分别是:①第一项"工程知识";②第二项"问题分析";③第五项"使用现代工具"。针对这三项毕业要求,电路分析课程的教学目标主要是学生学习并掌握电路分析中的基本知识和方法,并能够利用这些知识和方法解决各种电路分析问题,并学会使用电路仿真软件和电路元件来解决实际电路问题。

为了达到教学目标并满足工程认证的毕业要求,课程组探索建立"三维度"提升人才培养质量及完善全过程评价机制,以对应这三个目标。这三个维度分别为:"基础知识"维度、"技术问题"维度和"实验实践"维度。具体做法如下。

1 三维度提升和全过程评价理念

基于产出导向理念的 OBE 框架[3-4],学生在学习"电路分析"课程后应掌握电路的基本理论、知识及分析方法,从而增强运用所学知识识别和解决电气工程问题的能力,同时促进认知思维的构建和知识迁移的创新能力[5]。因此,我们从三个维度提升教学质量,并更新了适宜的评价机制,确保学生能够实现学习目标。

1.1 三维度提升教学质量

在"电路分析"课程的教学中,我们构建了三个维度以提升学生的学习效果与实践能力。首先,"基础知识"维度通过收集和整理与电路理论相关的基础案例,有效解决了学生在学习过程中常见的"无从下手"问题。该维度的建设内容涵盖了每个教学章节的工程案例,如戴维南定理与万用表原理、RC充放电与电火花加工、交流电路与三相发电机等。

其次,"技术问题"维度聚焦于能源电力行业及其他交叉学科的前沿技术,通过挖掘实际案例和"卡脖子"科学难题,形成多种形式的补充材料(如视频、图片和文本)。这一维度不仅加深了学生对电路理论的理解,还提升了他们解决实际问题的能力。该维度涵盖的案例包括储能技术的发展、无线充电技术的新进展以及光伏设备电路等。

最后,"实验实践"维度,我们设计了相关的课外实验,利用简单的实验器材以及 CircuitJS 等仿真工具,以制定综合性电路实验,形成线上与线下相结合的实验实践模式。该维度的课外实验包括声控开关、简易电子琴,以及基于555集成电路的电阻测量电路等。

总体而言,这三个维度共同构成了一个系统的教学框架,不仅有效增强了学生的综合能力,也为他们未来的职业发展奠定了坚实的基础。

1.2 面向 OBE 理念的考核方式

在三维度教学提升的教学模式下,"电路分析"课程的评价方式急需相应的调整,特别需要关注过程性评价。随着课程组对过程性评价的重视,我们逐步将其占比提升至 30%。新增 5% 用于课堂互动表现(针对第二维度新技术调研讨论),5% 用于实践环节的表现(针对第三维度课外实验完成情况),5% 用于 MOOC 平台的网络测试,10% 保持书面作业的评价方式(每周一次)。随后,伴随学校阶段性考核政策的实施,电路分析课程采用期中考试占比 20%,使得过程性评价总体提升至 50%。

2 引入信息技术改革教学和评价方式,覆盖教学全过程

2.1 信息技术支撑的教学模式

为了促进多维教学和评价,克服原有单一教学载体容量小的局限性,"电路分析"课程以中国大学 MOOC 平台、雨课堂作为线上教学平台,结合数字教材实践了基于信息技术平台的混合式教学方案,构建了"课前-课中-课后"连通一体的学习活动网络。

2.2 信息技术支撑的评价方式

这种深度应用信息技术的教学模式不仅创造了便捷的网络学习环境,还能够实时跟踪学生在整个教学过程中的学习数据,并自动记录和换算过程性评价成绩,从而对学生的表现进行综合评估。

通过表 1 可知,过程性评价中学生日常表现占据了一半的比重。在这个部分中,课堂互动的比例为 5%。增强了学生作为评价主体的角色,通过雨课堂的自评、互评和教师点评,形成了占 5% 的讨论汇报部分的成绩。

表 1 "电路分析"课程成绩评价表

过程性评价 50% (思想教育有机融入考核全过程)									终结性评价 50%	
平时表现 20%			阶段性考核期中考试 20%		实践环节 10%			期末考试	
MOOC 测试 (12 个学习 单元)25%	讨论汇报 (5 个学习 单元)25%	课后作业 (16 个考核 单元)50%	应用类 题目 60%	知识类 题目 40%	实验原理 描述 30%	实验操作 考核 40%	实验报告 内容 30%	应用类 题目 60%	知识类 题目 40%

学生在课外利用 MOOC 平台进行测试,题目涵盖根据 OBE 理念制定的毕业要求中的建模能力和工程能力测试(占比 5%)、课后作业(占比 10%)等内容。学习数据同样被记录在教学云平台上,依据预先设定的成绩分配比例。

2.3 学生理想信念构建在教学与考核中的融入

当前,教学的各个环节中融入对学生的理想信念构建已经成为课程建设的重头戏,其中各个环节包括考核与评价部分。

2.4 结合实践评价，提升学生工程能力

维度三的工程实践能力培养主要聚焦于课外实验的考核。这一部分旨在评估学生对新知识的学习能力、知识的实际应用能力，以及口头和书面表达能力，这些均符合OBE理念的相关要求。

首先，要求学生在进行实验时提交实验报告，并且需要在仿真实验平台上完成操作以及原理等部分的撰写。其次，学生需要在教师的指导下进行自学，教师将提供多种学习材料以提升学生的自主学习能力。最后，实验报告必须遵循统一格式撰写，以帮助学生理解报告撰写的规范，培养其严谨的态度、科学精神以及从工程视角分析问题的能力。

3 小结

基于OBE理念，以学生发展为核心的过程性评价有效地融入了三维教学模式。通过多样化的考核模块，这一综合性评价体系旨在更全面地反映学生的学习状况，并为其职业发展打下坚实基础，特别是在电子信息领域，有助于提升学生的竞争力和适应能力。这也促进了OBE教学理念持续改进的要求得以贯彻。

参 考 文 献

[1] 王花,邴丕彬,等.《电路原理》课程教学改革探索[J]. 中国电力教育，2020(2) 63-64.
[2] 李晓静,于晓,高雅娟,等.工程教育专业认证背景下的工科教学探讨[J]. 教书育人·高教论坛,2019(12)：74-75.
[3] 刘新,杨文君,宋东方,等.电路原理课程的教学实践分析[J]. 集成电路应用，2020, 37(1)：108-109.
[4] 霍炬,李琰,杨旭强,等."双一流"背景下的"电路"课程建设探索[J]. 电气电子教学学报,2024,46(1)：49-53.
[5] 孙毅,韩耀振,胡冠山,等.《电路原理》课程混合式教学改革实践与思考[J]. 教育现代化,2019，6:82-83.

作者简介

李巍海：男,1974年生,副教授,主要从事人工智能信息处理、高等工程教育、党建与思想政治教育的教学和研究工作。

基于研学协同提升数理能力的"电工电子学"课程教学方法研究

王 乐 武梦龙 周 欢

(北方工业大学信息学院,北京,100144)

摘 要:"电工电子学"是一门为机械设计制造及其自动化和机械电子工程专业开设的专业基础普通课。针对学生们数理工具高阶应用思维难建立以及解决问题创新能力难培养的教学痛点,提出"研学协同,夯实数理"的创新理念,开展面向新工科的教学过程与科学研究过程深度融合、以学生为中心的数理思维培养,提出了启发和探究并举的教学方法。我们通过课堂实践教学统计,发现该方法能够有效调动学生学习的积极性,包括出勤率、抬头率和问题回答的正确率等,在教学评价和学生成绩方面具有明显的提升。

关键词:新工科;数理思维;研学协同

Research on the Teaching Method of Electrotechnics and Electronics Course Based on Collaborative Study and Research to Enhance Mathematical and Physical Abilities

Wang Le Wu Menglong Zhou Huan

(School of Information, North China University of Technology, Beijing 100144, China)

Abstract: Electrical Engineering and Electronics is a fundamental general course offered to majors in Mechanical Design, Manufacturing and Automation, Manufacturing and Automation, and Mechanical and Electronic Engineering. In response to the teaching problems of students' difficulty in establishing advanced application thinking of mathematical tools and cultivating innovative problem-solving abilities, the innovative concept of "collaborative learning and strengthening of mathematics and physics" is proposed. Through deep integration of the teaching process and scientific research process for "new engineering"

通信作者:王乐,wangle@ncut.edu.cn。

is carried out, with student-centered mathematical thinking cultivation. A teaching method that combines inspiration and exploration is proposed. We found through classroom practice teaching statistics that this method can effectively mobilize students' enthusiasm for learning, including attendance rate, head-up rate, and correct answer rate to questions, and has significant improvements in teaching evaluation and student performance.

Key words：New Engineering; Mathematical thinking; Collaborative research and learning

1 引言

"新工科"于2016年提出,以立德树人为引领,以应对变化、塑造未来为建设理念,以继承与创新、交叉与融合、协调与共享为主要途径,培养未来多元化、创新型卓越工程人才[1-2]。这为工程教育创新变革提出了新的挑战,同时也带来了重大机遇,是倒逼我们反思工程教育、建设新工科的新机遇。

创新思维和创新能力的培养离不开基础科学的发展,华为创始人任正非曾表示,没有基础研究,对未来就没有感知,没有感知就做不到领先[3]。基础研究的发展才是推动科学技术大发展的根本动力[4]。基础研究的开展依赖于扎实的数理基础和严密的逻辑思维。同时,对于新工科人才创新精神和创新能力的培养具有重要意义。数理思维的培养对于各类工科专业能力培养具有支撑作用,保证了新工科卓越创新人才培养的高度和深度,是新工科人才创新思维的源泉[5]。数理基础理论课和专业实践与应用差距较远,在该类基础课中提升学生的学习兴趣较困难。因此,在专业基础课程中,我们通过具有应用背景的问题牵引,以激发学生利用数理工具解决复杂工程问题为目标,着重数理思维的培养,对于学生工科能力的提升和创新思维的培养都具有重要的意义。

2 "电工电子学"课程存在问题

对标新工科的培养理念,我们认真地审视了目前"电工电子学"课程的问题与痛点,主要有以下几个方面。

(1) 学生数理工具高阶应用思维难培养

电路问题的解决依赖于基本的数理工具使用,在日常教学的过程中,我们发现当电路知识包含较为复杂的数学推导或计算求解运用到相关数学工具时,学生们的学习的状态和掌握的情况均欠佳。

(2) 分析、解决复杂问题的创新能力训练不足

课堂上基本上以教师为中心的教学,忽略学生能力的培养。例如,老师们日常交流经常会讨论的第一件事就是讲到哪里,教师个人关注最多也是教学进度情况,而非学生们到底通过学习掌握了哪些分析问题的能力。从学生角度,我们也发现后续的课程设计中,理论课程分数较高的同学并未给出理想的电路设计方案。

（3）课程结果评价单一，考核难度普通

课程结果评价单一，考核难度普通导致学生主动学习的积极性不高，挑战复杂问题的信心和动力不足，有碍于学生攻坚克难精神的培养。

针对上述教学的问题与痛点，我们提出了培养面向新工科具有强数理思维应用能力、创新式解决工程问题的能力和不畏困难坚持不懈的良好作风的教学目标。

3 研学协同的教学理念

研学协同教学理念的三个特点，如图1所示。

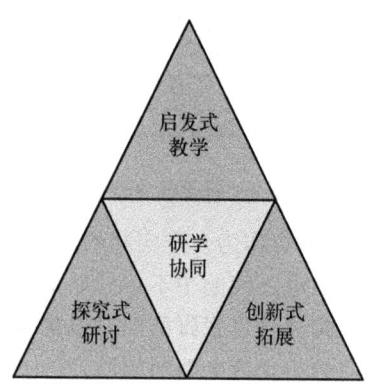

图1 研学协同教学理念的特点

（1）研学协同具有启发式教学的特点

我们以日常的应用背景为研究背景，开启教学过程，通过问题的导入激发同学们解决问题的兴趣，提供切实可行的方法启发同学们主动解决问题。

（2）研学协同的关键是探究式研讨

在明确要研究的问题基础上，探索解决问题方法的过程，也是学生学习相关知识的过程，也是教师授课的主要部分。秉承研学合一的思路，引导学生积极思考，寻找解决问题的办法，将探究知识的方法潜移默化传递给学生。

（3）创新式拓展是研学协同的升华

通过探究式讨论，学生们最终完成了研究的目标，解决了关键问题。这并不是教学和研究的结束，而是培育创新式工作的开始。引导学生将研究的结果拓展至其他方面，发现多样化应用的成果对技术发展乃至科技进步的意义。

在下一节中，我们将以"电工电子学"课程中的交流电路分析这一章节为例，阐述我们在教学中所提出的创新教学思路及方案实施，以解决学生数理思维难建立和创新式解决问题能力弱的问题。

4 课程实施

具体的实施思路如图2所示，整个教学分为6个部分，下面我们分别介绍每个步骤实施的方法。

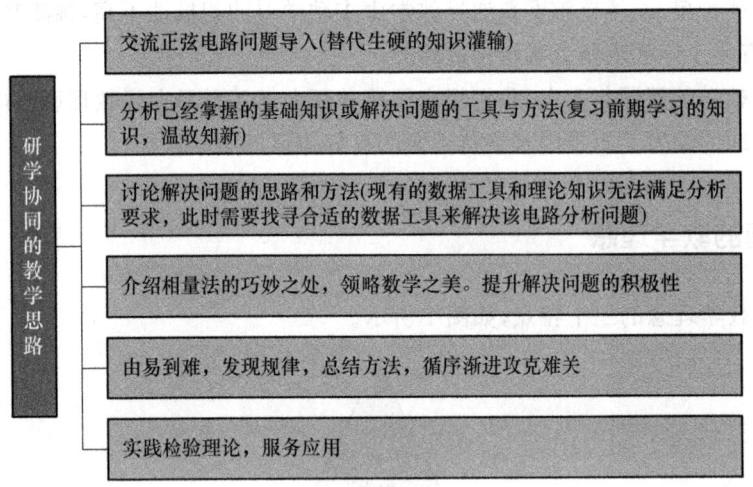

图 2　课程教学思路

我们将交流电路分析这一节的内容作为一个实际的应用场景引入。在日常生活和工业生产中交流电扮演着重要的角色，它是电路问题中不可忽略的一个部分。在本部分会简单介绍交流电路的应用历史，通过该介绍拓宽学生视野的同时也加强同学们对于交流电路分析重要性的认识。在此基础上，引入如何分析交流电路的问题。

在解决问题前，了解下我们已经掌握的理论工具和分析方法，借此复习前面章节的内容，从而达到温故知新的效果。通过复习，带领学生认识到和直流电路分析相比，哪些已知理论和工具能够继续应用，哪些理论和工具需要更新。分析问题逐渐具体到如何获得针对正弦交流电路分析的运算模型，因此我们需要对交流激励进行建模。正弦信号可以充分表征该激励，我们开始对正弦模型进行学习和讨论，包括确定一个正弦量的三个参数——幅值、频率和相位。在电路运算中，大部分是加减乘除等基本运算。当输入为正弦激励时，每个电压或电流量对应有三个参数，如何进行电路系统的基本运算是本章节的一个难点。带领学生一起回顾针对三角函数常用的方法，发现面对电路分析中的初等运算，计算复杂度仍然较高。我们进一步提炼本章的科学问题，正弦信号在线性电路中的低复杂度运算规则和方法。此时，我们给出相量法的思想，引导学生转换思维，从另一个角度分析问题。在数学上，正弦量空间和相量空间一一对应，可以通过将正弦量映射至相量空间，利用相量运算后逆映射回原正弦空间，从而尝试解决该问题。

相量空间的运算符合复数运算规律。接下来，我们一起讨论复数运算的相关知识，由此总结出不同运算下应该采用的复数运算形式和规则。通过相量法这一数学工具的引入，实现了对于正弦量的初等运算，具体的映射证明留学生们作为课后扩展的内容。解决了计算复杂度的问题。由于相量空间的引入，电路参数中的电压和电流均映射至相量空间，从而引出本章节的第二个科学问题，如何建立相量空间电路定律的模型。

在基本定律中，KCL 和 KVL 可以直接由相量运算实现。欧姆定律成为分析的重点。我们先对单一元件的情况进行研究，从最简单的形式入手分析，由易到难，再逐步研究欧姆定律的相量形式，总结规律提出新理论新模型。通过对单一元件的分析，我们发现相量域的欧姆定律模型，不仅反映了不同元件电压相量和电流相量的关系，而且其简洁明了的表达形式直接反映了我们由正弦量分析获得的结果,展现了数学工具相量法的巧妙之处。

解决了本章节的两个基本科学问题后,我们正式开始本章节关键问题的讨论——正弦交流电路的分析。我们并不是直接对复杂电路开展研究,而是先对最基本的 RLC 串联电路进行讨论,由浅入深,循序渐进地认识正弦交流电路,分析电压电流响应的情况。由 RLC 串联电路的分析,我们一起提出复数阻抗的概念,完善了基于向量空间的欧姆定律,发现了阻抗三角形、电压三角形和功率三角形的相似性,为后续复杂电路的分析提供了有力的理论支撑。

针对任意电路开展电路分析,通过电路分析问题的实践,归纳了正弦交流电路分析的方法,并将该方法用于频率响应的分析和电路谐振的分析,该理论支撑了无线电工程、信号处理等新技术的实现。

5 实施效果

通过将研学协同思想注入"电工电子学"课程后,我们从统计的数据看该方法对于教学具有一定的提升效果,出勤率、平均成绩和教学评价三个方面近 5 年的统计数据见表 1。

表 1 教学数据统计结果

时间	2019 年	2020 年	2021 年	2022 年	2023 年
出勤率	77%	69%	83%	86%	84%
平均成绩	63	54	62	78	78
教学评价	91.8	90.8	93.2	95.4	96.5

由表 1 可以看出,随着研学协同方法的应用,课堂出勤率有较大的提升,说明学生对于课程学习的兴趣有所提高,积极性也有所提升。随着研学协同教学思路的引入,从考试的成绩也可以看出,成绩在 2022 年秋季学期有较大的提升。我们在今年适当地提升了试卷的难度,希望能够激发学生挑战难题的积极性,探索的结果也将被记录并为进一步改进现有手段和理论提供有力支持。良好的教学使得同学们对课程的评价提高了。

6 总结

立足于国家新工科建设的战略布局,正视所面临的机遇和挑战,审视和改进已有的教学方法,本着以学生为中心的理念,发挥科学研究的特点,结合本科专业课的教学,提出"研学协同,夯实数理"的创新理念,解决学生数理思维难建立和创新式解决问题能力弱的问题。研学协同的教学方法将科学研究过程和教学过程合理的对应,由问题启发同学们积极思考,引出各个知识点,避免了生硬的灌输式教学,提升了学生对数理工具在具体工程应用问题中重要性的认识,培养了学生解决问题的思考习惯。通过出勤率、平均成绩和教学评价等多个维度的数据分析,说明了本方法具有提升教学质量的效果。目前,"电工电子学"课程的建设还存在一些不足。例如:新的教学辅助技术应用不足,教学资源单一;对学生后续发展的调研和分析缺乏专业性;课程对教学评价的支撑性不足等。未来我们会针对上述问题,持续改进,进一步提升教学质量,为培养具有扎实数理思维和创新型人才继续努力。

参 考 文 献

[1] 叶民,孔寒冰,张炜.新工科:从理念到行动[J].高等工程教育研究,2018(1):24-31.

[2] 章丽辉,钟圣怡,赵加强,等.新工科视域下数理基础课程的跨学科教学[J].高等工程教育研究,2019(6):44-49.

[3] 任正非与中科大校长座谈:对科学研究,要大胆地失败![EB/OL].(2018-12-19)[2025-1-31]http://www.sohu.com/a/283343221_682886.

[4] 孙友鹏.全面推进新时代基础科学教育高质量发展——习近平总书记关于教育的重要论述学习研究[J].科学教育与博物馆,2024,10(1):7-15.

[5] 袁怡佳,夏萌,吉宏俊,等.面向新工科卓越工程师培养的基础课程跨学科实践[J].高教学刊,2024,10(20):13-16.

基于"三合一体"的"数字信号处理"教学模式研究与实践

刘芳芳　郭彩丽　杨　洋

(北京邮电大学信息与通信工程学院,北京,100876)

摘　要：面向新时代"三全育人"新格局,为实现知识传授与价值引领有机统一,培养学生知识创新和实践创新能力,针对"数字信号处理"课程的知识体系和学科特点,分析了限制学生学习效果提升的瓶颈因素,并以"育才"为核心,构建了"三合一体"的教学模式,从科教融合、产教融合、理工融合三个方面阐述了实施途径与效果。采用师生互评促进课程建设,学生主客观评价满意度高,教学效果良好。

关键词：课程建设；科教融合；产教融合；理工融合；数字信号处理

Research and Construction of "Digital Signal Processing" Teaching Mode Based on "Three-in-One Integration"

Liu Fangfang　Guo Caili　Yang Yang

(School of Information and Communication Engineering, Beijing University of Posts and Telecommunications, Beijing 100876, China)

Abstract：Facing the goal of "three-wide education" in the new era, in order to realize the unity of knowledge imparting and value guidance, and to cultivate students' capabilities in knowledge innovation and practical innovation, we analyzed the bottleneck factors limiting the improvement of students' learning outcomes, based on the knowledge system and discipline characteristics of the course of Digital Signal Processing. Taking "talent cultivation" as the core, we constructed the "three-in-one integration" teaching mode, and elaborated the implementation path and effectiveness from three aspects: the integration of

---

基金项目：北京市本科教育教学改革项目(项目编号：202310013005)；北京邮电大学2024年本科教育教学改革项目(项目编号：2024YB07)。

science and education, the integration of industry and education, and the integration of science and engineering. A mutual evaluation between teachers and students is adopted to facilitate curriculum development. High satisfaction rates from both subjective and objective evaluations by students demonstrate the excellent teaching effect.

Key words：course construction；integration of science and education；integration of industry and education；integration of science and engineering；digital signal processing

"数字信号处理"作为电子信息类专业的核心基础课程，是该领域科技发展与人才培养的重要支撑。在当今的数字化时代，数字信号处理的理论与技术获得了迅猛的发展，其在通信、计算机技术、生物医学等诸多领域得到了广泛的应用。因此，对于广大相关领域的学生而言，学好数字信号处理的基础理论，掌握好数字信号处理的基本技能，对其未来的职业发展具有重要意义。

"数字信号处理"课程大多开设于数字信号处理技术兴起的 20 世纪 80 年代，形成了相对经典成熟的理论体系。在实际教学中，一方面，"数字信号处理"课程是建立在数学科学上的工程课程，需要利用复变函数与积分变换等数学工具对信号的特征与性质进行推导与分析，以深入理解其中的物理意义，因此，诸多的概念或公式较为抽象，理解难度偏大；另一方面，"数字信号处理"课程注重技术方法的实践性，教学的最终目的是让学生能够真正应用所学到的信号处理知识去解决实际的工程问题[1-3]，其知识结构不仅具有理论性强的普适理论，而且还有在不同领域的工程应用背景和特定的算法。因此，迫切需要将数字信号处理专业知识体系与学术前沿、产业应用、工程实践有机融合，结合数字信号处理技术飞速发展，体系化地深入挖掘数字信号处理专业知识的最新技术应用与发展[4]，切实提升课程的"两性一度"[5-6]。

针对上述问题与挑战，在课程教学团队长期积累与历史传承的基础上，十余年来不断探索与实践，依托"数字信号处理"校级"高新"课程建设任务，深入开展了基于"三合一体"的"数字信号处理"课程教学模式的研究与实践。围绕数字信号处理的一般原理及相关方法，在厘清数字信号处理专业知识教学内容基础上，通过科教融合、产教融合和理工融合更新课程教学内容和教学设计，帮助学生树立科学的思维方法。

1 "数字信号处理"课程教学模式改革面临的问题

"数字信号处理"课程是从数理基础课到专业课的桥梁，适用专业多，应用范围广。根据该课程的知识体系和学科特点，学生学习本课程时，通常具备一定的数理知识，而对专业尚缺乏系统了解，学习难度大。遇到的主要瓶颈问题，一是学生对理论、技术、工程应用理解不深，数学推导似曾相识、专业术语陌生抽象等，容易陷入数学推导，而忽略技术方法和工程应用；二是学生对经典理论的前沿创新应用认知不足，信息通信领域技术发展迅猛，从 1965 年 FFT 算法提出至今的 60 年间，数字信号处理从理论研究到前沿应用日新月异，若不及时引入前沿创新应用，学生容易产生知识陈旧、无法学以致用的困惑；三是理论教学方式实践有限，难以直观理解抽象的理论如何解决实际的信号处理工程问题。

2 "三合一体"教学模式内涵与实施途径

2.1 模式内涵

面向新时代"三全育人"新格局,以立德树人为根本任务,聚焦课程育人,"数字信号处理"课程教学目标为培养学生掌握确定性离散时间信号的频谱分析原理及快速实现方法、数字滤波器的设计及实现方法等相关知识,能够利用计算机技术来进行数字信号的处理,并根据实际需要分析、研究并设计数字滤波系统,掌握一定的科学思维方法,有力支撑电子信息类(信息通信)学生的毕业要求。

针对上述瓶颈问题,面向教学目标,"数字信号处理"课程遵循学生认知规律,从以教师为主体的"教"转变为以学生为主体的"育",构建了"三合一体"教学模式。该教学模式培养学生科学思维方法以提升课程的高阶性,采用数学工具分析、解决前沿工程问题以增加课程的创新性,通过理论联系实际以突出课程的挑战度,探索实施了科教融合、产教融合、理工融合的教学方法,建设了以系统模型建构、科学推理论证、辩证质疑创新等科学思维方法为核心,以确定性离散时间信号频谱分析、数字滤波器设计以及基础验证和综合性实验为主体的知识传授,以知识创新与实践创新为重点的能力培养有机融合的教学内容。

2.2 实施途径

发挥教学团队优势,教学团队成员长期工作在数字信号处理课程理论教学、实践教学和留学生教学第一线,同时从事无线通信与人工智能领域相关科研研究,支撑了良好的教学研究和持续的教学实践,并且能够通过科研融合有效促进本课程"三合一体"教学模式建设与实践工作开展。主要实施途径包括以下几个方面。

2.2.1 科教融合更新教学设计

挖掘数字信号处理专业知识所蕴含的科学思维方法,及其在 6G、人工智能等技术领域所发挥的基础理论指导和实践作用。例如,在离散傅里叶变换等基础理论中蕴含的科学精神、在取样定理等技术方法中采用的辩证思维、数字滤波器设计等在 6G、北斗卫星导航信号处理等热点技术和工程中的应用等,帮助学生掌握科学思维方法,培养科学精神。

2.2.2 产教融合丰富教学内容

结合教师在信号与信息处理领域的科研积累和优势,引入无线通信和人工智能领域前沿热点,设计产教融合教学案例库,更新取样定理、FFT、滤波器等核心课程内容在 OFDM、北斗信号快速捕获、计算机视觉中图像上/下采样等技术中的应用;采用知识图谱技术规划 TDFT、DFT 和 FFT 等课程知识点的个性化学习路径,梳理理论与技术发展历程,帮助学生建立发现问题、分析问题、解决问题的科研方法基础框架,提高学生的学习兴趣,不断拓展课堂学习广度。

2.2.3 理工融合完善教学方法

针对"数字信号处理"理论教学与"信号处理实验"实践教学课时安排限制和教学内容衔接需求,遵循学生认知特点,构建知识图谱分析两门课程的课程关联,总结频谱分析、FFT 等理论教学难点设计实践教学案例,2024 年春季课程引导学生采用北京邮电大学"码上"大模型编程应用平台进行启发式实验设计和代码撰写,鼓励学生自主探索采用人工智能等新技术解决语音信号处理、图像降噪等数字信号处理问题。

2.3 师生互评教学考核方式

(1) 主客观评价结合,形成多样化考核评价方式

"数字信号处理"课程考核采用平时成绩、期中考试和期末考试等方式,开展主客观评价结合的多样化考核评价,其中平时成绩占20%,包括课堂表现、课后习题、附加习题和MATLAB探究式实验等多种主客观评价形式,期中和期末以闭卷考试的客观评价为主,分别占比20%和60%,闭卷考试考核方式严格,体现了过程评价,且过程可回溯,考核学生对教学内容的掌握情况必要且有效。

(2) 师生互评促进课程建设

通过发放调查问卷、线下沟通、线上讨论等多种渠道和方式收集学生对教师和课程教学的主观评价,充分吸取学生评价,对设置更高挑战难度的探究式作业、活跃课堂气氛加强学生参与度等环节继续改进,不断调整教学设计,不断改进和完善教学方法,持续提升教学内容的学习效果。

3 "三合一体"教学模式实施效果

在"数字信号处理"课程建设教学实践中进行了学生对课程教学的主客观评估,采取学生自评的方式,面向上课学生进行了调查问卷研究,收到有效问卷共计62份。

(1) 学生对教学内容的评价。针对教学内容的评价,共设置了四个问题,总体来看,学生对专业前沿内容和领域新成果、理论联系实际、提供丰富多样的学习资源三个方面较为满意。具体地,问题"教师授课时能够理论联系实际"和"具有丰富多样的学习资源"得到了较好的反馈,评价100分的结果比例达到了72%以上,评价80分的比例低于24%,评价60分的甚至低于8%。

(2) 学生对教学方法的评价。针对教学方法的评价,共设置了三个问题,"5.清楚地告知本节课/本单元的学习目标、安排和要求""6.采用了多种教学形式,师生之间在课堂上能积极互动""7.老师能够启发我们独立思考,鼓励质疑和创新"。教学评价总体来看,学生对教学方法满意度较高,问题5得到的反馈最好,然后依次是问题7、问题6。反馈最好的问题5,100分的比例接近80%。问题7,100分的比例接近72%。问题6,100分的比例超过了64%。对于问题5,从评价结果看,能够帮助学生很好地把握课程要领,让学生了解课程目的、安排和要求。

(3) 此外,在作业练习、教学效果和课程总体评价中,学生对课程的学习获得感和学习兴趣较高,对课程总体满意度较高,学生们对课程的总体印象很好,说明了"数字信号处理"课程设置合理,教学效果良好。

学生对课程教学的主观评价如图1所示。主观评价认为"数字信号处理"课程具有"思想丰富、化难为易、高效、生动、前沿、实用、创新、有趣、有用、贴合实际"等特色,课程教学在"比较实用、互动多、逻辑上更合理、内容丰富、理论联系实际、师生交互平台体验更好"等方面表现

突出。

图 1　学生对课程教学的主观评价

总之,通过上述学生的评价意见和反馈分析,在后续教学改革中将进一步发挥学生评价中反馈良好的教学环节,进一步加强学生参与度、课程挑战度等方面的改进与提升。

4　"数字信号处理"课程今后建设规划

下一步建设计划将围绕"以评促建,以建促学"这一宗旨,继续深入开展 AI 赋能的"数字信号处理"课程"三合一体"教学模式研究与实践。

(1) 进一步结合学生认知特点和学习情况丰富该模式的内涵。

(2) 针对学生评价中反映的设置更高挑战难度的探究式作业、活跃课堂气氛加强学生参与度等环节继续改进。

(3) 进一步加强 AI 赋能的教学设计,继续探索实践更高效、更灵活的混合式教学方法。

(4) 将前沿热点学术研究课题引入课堂,引导学生开展探索式学习。

5　结束语

"数字信号处理"课程"三合一体"教学模式的研究与探索以课程教学团队长期以来本科生教育教学的实践经验与探索积累为基础,丰富了"数字信号处理"课程的内涵。针对学生学习"数字信号处理"课程普遍遇到的问题,立足人才培养模式创新,构建了科教融合、产教融合、理工融合的"三合一体"教学模式,培养科学思维方法,多渠道、多样化建设了前沿学术研究和工程应用课程资源,有效提升了教学效果,充分体现了信通学科特色的课程建设创新。

参 考 文 献

[1] 陈后金,李艳凤,陶丹.思政铸魂的信号处理系列课程教学内涵改革[J].中国大学教学,2022(6):14-18.

[2] 徐晶.提升高校思政教师职业素养的有效对策和建议——评《高校思政课程改革与教师职业素养提升》[J].中国教育学刊,2024(8):126.

[3] 高德毅,宗爱东.从思政课程到课程思政:从战略高度构建高校思想政治教育课程体系[J].中国高等教育,2017(1):43-46.

[4] 杨顺辽.关联式教学在数字信号处理教学中的应用[J].中国教育技术装备,2022(10):83-85.

[5] 赵春晖."学思用贯通知信行统一"在高校课程思政中的实践[J].高教学刊,2023,9(9):39-42.

[6] 朱军,屈磊,张红伟,等."新工科"背景下"数字信号处理"课程教学改革[J].工业和信息化教育,2022(2):64-66.

基于"做-学-用"的"通信原理"课程教学实践

许登元[①] 李益才[①] 白文乐[②]

[①]（重庆交通大学信息科学与工程学院，重庆，400074）
[②]（北方工业大学信息学院，北京，100144）

摘 要：针对"通信原理"课程理论抽象繁杂、技术发展快与设备更新慢的矛盾突出等问题，提出"做-学-用"的课程教学模式并实践。"做"——课前，基于校企共建的实验仿真系统和实验项目，学生首先开展"实验"并观察实验现象；"学"——课中，基于实验倒逼理论的探究式学习模式，师生共同分析现象背后的"原理"；"用"——课后，学生将"原理"用于解决交通行业通信领域复杂工程问题。通过课程教学模式创新实践，学生学习效果、工程应用能力和创新意识不断增强、综合素养不断提升。

关键词："做-学-用"；"通信原理"；虚实结合实验系统

Teaching Practice of "Communication Principle" Course Based On "Doing-Learning-Applying"

Xu Dengyuan[①] Li Yicai[①] Bai Wenle[②]

[①]（School of Information Science and Engineering, Chongqing Jiaotong University, Chongqing 400074, China）
[②]（School of Information, North China University of Technology, Beijing 100144, China）

Abstract: Aiming at the problems of abstract and complex theory in "Communication Principle", the contradiction between rapid development of technology and slow equipment updating, the teaching mode of "doing-learning-using" is proposed and practiced. Through "doing", based on the experimental simulation system and experimental projects, students carry out "experiments" and observe experimental phenomena. Through "learning", teachers and students can analyze the "principles" behind the phenomenon jointly. Through "using", students can solve complex engineering problems in the field of transportation industry and

---

通信作者：许登元，xdy@cqjtu.edu.cn。
基金项目：重庆市高等教育教学改革研究项目（233245）。

communication by "principles of Communication". The practical results show that learning effect, engineering application ability and innovation consciousness of students are constantly improved.

Key words：Doing-Learning- Applying；"Communication Principle"；Integrated Virtual-Real Experimental System

1 "通信原理"课程的性质与定位

"通信原理"是通信工程、电子信息等专业必修的一门重要的专业基础课程,是电子信息类相关专业硕士研究生的入学考试课程之一,在基础课与专业课之间起到了重要的桥梁作用。本课程以现代通信系统为背景,以数字通信技术为主,深入分析现代通信技术的基本原理,通过本课程的学习,学生能较系统地掌握通信基本理论及通信系统基本工作原理,理解调制、编码、信号设计、噪声分析等基本理论和分析方法,具备通信系统与设备的设计、开发等基本能力,使学生具备基本的发现问题、分析问题与解决问题的能力,培养学生的工程意识和系统思维。

2 "通信原理"教学存在的问题

重庆交通大学的"通信原理"课程教学面临以下3个方面的挑战。

(1) 技术迅速发展与设备更新慢的矛盾突出,学生的理论与实践结合不够

传统上,"通信原理"课程采用价格高昂的硬件设备开展实验,但通信技术发展迅速,硬件实验设备难以跟上技术的迅速发展,学生在课堂上只能进行抽象的理论学习,单独开展的实验课以基本的验证性实验为主,难以开展通信新技术的实验,导致理论与实践相脱节。

(2) 课程内容抽象,学生难以理解

"通信原理"课程主要讲解"信号"的发送和接收,内容抽象,学生通过粗浅地认识公式和书本上"死"的信号波形,难以理解公式的推导过程,不清楚公式的物理含义,为了应付理论考试,只能死记概念和公式,缺乏深度认知。

(3) 所学知识与行业应用脱节,学生的工程应用和创新能力不足

学生学习了"通信原理"课程之后,只能应付理论考试,缺乏利用通信知识解决交通等行业实际应用问题的训练,不能够将所学理论与实际工程应用相结合,工程应用能力缺乏,创新意识不足。

3 教学改革举措

3.1 教学改革思路

"通信原理"课程针对实验设备更新慢、工程能力难培养等痛点问题,遵循"实践-理论-再实践"的认知过程,基于杜威"做中学"的思想,采取的改革思路为"做-学-用"。

"做",即利用校企共建的虚实结合仿真实验平台,根据实验讲义,学生快速做出验证性仿真实验,树立感性认识;"学",即观察实验现象,激发探求"现象背后原因"的好奇心;"用",即校

企共建多种交通应用场景,学生课外分组设计,采用"理实结合""课赛结合""课创结合",培养学生工程应用能力和创新意识。整体的改革结构如图1所示。

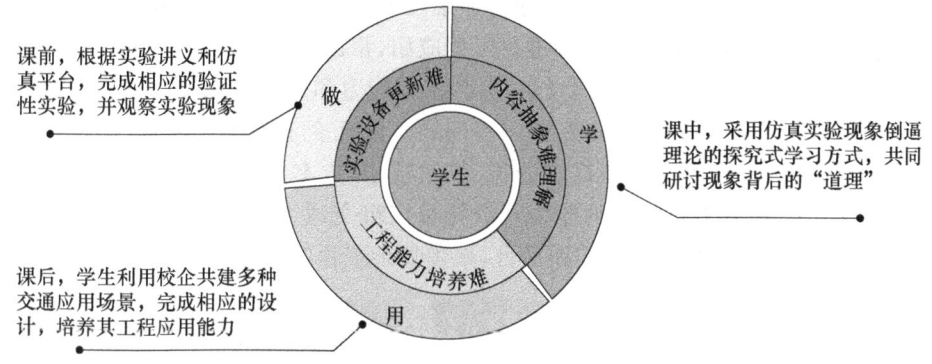

图 1　教学改革思路:"做-学-用"

3.2　具体改革措施

(1)通过"做",构建虚实结合的实验平台和实验项目,培养实验能力和观察能力

基于硬件软件化思想,利用校企共建的实验仿真平台(图2、图3),结合实验讲义,学生可较快速完成验证性仿真实验,观测到实验结果,培养学生的实验能力和学习兴趣,并通过观察实验现象,引起学生探索"现象背后原因"的好奇心。

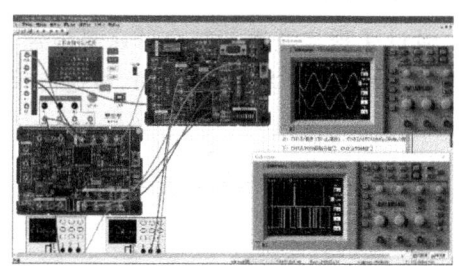 

图 2　校企共建的可视化的虚拟仿真平台

 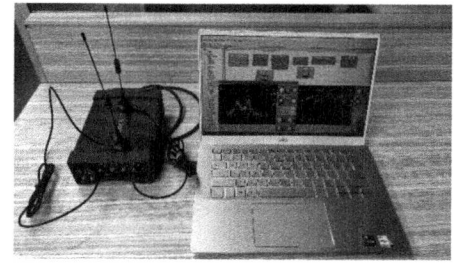

图 3　校企共建的虚实结合实验系统

(2)通过"学",采用实验倒逼理论的探究式学习模式

① 采用问题导向,师生共同研讨"实验现象"背后的"道理"。采用实验倒逼理论的教学方式,学生通过"做"验证性仿真实验,利用虚拟示波器可以直观观测到实验现象,激发学生的好奇心、求知欲,然后师生共同分析导致实验现象的"道理"。

② 融合视频、动画等资源,化抽象理论为具体形象。教学资源引入与师生共建相结合,分

层次引入国内精品MOOC视频84个(西电曹丽娜教授视频为基础内容,供所有同学学习;成电李晓峰教授等视频为拓展内容,供能力强的同学学习)、师生共建实验仿真视频30个、原理动画演示32个、工程实践案例12个等。通过多维度教学资源建设,将抽象的原理内容具体形象化,帮助学生理解,并及时开展实验和进行工程应用,帮助学生理解和应用。

(3) 通过"用",构建交通通信应用场景,培养工程能力和创新意识

① 依托交通通信应用场景,聚焦复杂工程问题。依托企业的工程项目,校企共建交通信息通信应用场景(图4),学生完成从需求分析、技术选型、方案设计到系统开发与测试等工程项目工作,培养学生解决工程问题的能力。依托重庆市交通大数据工程中心、大学生实践基地,自主搭建了车-路-云的交通科技实践平台,聚焦复杂工程问题能力。

轨道车地通信系统场景　　　　　　　路口通信系统场景

图4　交通通信应用项目的分析与设计

② 加强"课赛""课创"结合,培养创新意识。通过课程与竞赛相结合("课赛结合"),将通信原理知识应用到5G等竞赛活动中;通过课程与大创相结合("课创结合"),将通信原理知识应用到大学生创新创业活动中,培养学生的创新意识。

4　教学成果

4.1　学生学习成绩明显提升

从2018年课程改革开始,在课程考核难度有所增加的情况下,"通信原理"课程所支撑的4个课程目标的达成度有所增加并保持相对稳定。近三年课程目标达成度情况见表1。

表1　电子信息类专业(通信、电子)课程目标达成情况

课程目标	21-22-2学期	22-23-2学期	23-24-2学期
课程目标1	0.755 3	0.760 3	0.784 0
课程目标2	0.750 9	0.771 5	0.787 0
课程目标3	0.862 1	0.876 7	0.862 5
课程目标4	0.763 2	0.768 4	0.784 2

注:课程目标1~4分别为工程知识、问题分析、使用现代工具、工程与社会。

"通信原理"课程作为许多院校研究生入学考试的考试科目,有力促进学生的考研率的提升。近三年,"通信原理"考研平均成绩118分,重庆交通大学通信专业上研率达30.2%。

4.2 学生竞赛成绩进步明显

近三年,围绕新型通信技术主题,教学团队指导学生获大学生创新创业项目国家级 3 项、市级 5 项;指导学生参加大唐杯 5G 应用竞赛、全国大学生电子设计大赛、蓝桥杯嵌入式设计大赛、凌特杯通信系统设计大赛等竞赛国家级奖项 18 项、省部级奖项 205 余项,学生获奖 264 人次。

4.3 毕业生就业质量较好

近三年,学生就业率稳步提升,其中 2024 年就业率达到 96%,名列学校前茅。西部就业毕业生约为 65%,其中,重庆市就业约占 43%。在就业行业分布中,从事电子信息类相关行业的毕业生占比约为 80%,其中有部分学生也在轨道交通行业工作,而从事轨道交通行业的毕业生占比约为 25%。在暑期毕业生调研中,毕业生反映"做-学-用"的教学方式,有助于培养他们解决实际工程问题的能力。

参 考 文 献

[1] 薄金鑫,王丽华. 基于杜威"做中学"思想的学科实践研究[J]. 教学与管理,2024,2:1-5.

[2] 冯艳艳,石金晶,等."以学生发展为中心"的教育理念在课程教学中的探索与实践研究[J]. 工业和信息化教育,2024,5:59-63.

[3] 唐晓,李立欣,等. 分进合击的"通信原理"教学改革探索[J]. 工业和信息化教育,2023,10:61-65.

[4] 唐麒,张晓瀛,马东堂,等. 面向工程教育的"通信原理"教学研究[J]. 电气电子教学学报,2022,44(2):61-64.

[5] 谢玉鹏. 一中心四目标五问题三融合的通信原理教学模式探索[J]. 计算机教育,2023,2:198-201.

基于沉浸引领和项目驱动的"多媒体技术与应用"课程创新实践

杜海清 闫石

(北京邮电大学信息与通信工程学院,北京,100876)

摘 要:针对"多媒体技术与应用"课程教学面临的主要问题,提出了"沉浸引领+项目驱动"的实验教学模式,阐述了通过重构教学内容、精选数字化资源、增加体验感强的随课实验、设计兼具工程性和创新性的课题研究实验的具体实施方案,以及实验案例和评价。经过教学实践证明,该模式行之有效,显著提升了学生兴趣和教学效果。

关键词:多媒体技术;沉浸式教学法;项目教学法

Innovative Teaching Practice in Multimedia Technology and Application Course: an Immersion-led and project-Driven Approach

Du Haiqing Yan Shi

(School of Information and Communication Engineering,
Beijing University of Posts and Telecommunications, Beijing 100876, China)

Abstract: Aiming at the main problems faced by the teaching of the course "Multimedia Technology and Applications", an experimental teaching mode of "immersive guidance & project driven" is proposed. The specific implementation plan, experimental cases, and evaluation are elaborated by reconstructing teaching content, curating digital resources, increasing the sense of experience of the lab experiments that go with the course, designing engineering and innovative subject research experiments. Through teaching practice, it has been proven that this model is effective and significantly enhances students' interest and teaching effectiveness.

通信作者:杜海清,duhaiqing@bupt.edu.cn。
基金项目:北京邮电大学本科实验教学案例建设项目。

Key words: multimedia technology; immersive teaching method; project-based teaching method

1 引言

随着信息技术迅猛发展,多媒体信息处理与通信相关专业的人才需求激增。"多媒体技术与应用"课程旨在培养具有创新思维和实践能力的人才。面对传统教学模式的挑战,本文提出融合沉浸式教学法和项目教学法的实验教学改革方案。沉浸式教学法[1]通过真实情境提升学习兴趣,项目教学法[2]则通过解决实际问题培养实践能力和团队协作。把两者相结合,可以实现以学生为中心的教学,促进理论知识与实践经验的融合。本文将探讨该改革的实施策略、效果评估及未来展望,为多媒体技术教育提供新思路。

2 课程教学中的问题与挑战

"多媒体技术与应用"是一门高校基础课或选修课,注重技能与创新。现行教育改革实例普遍面临的挑战包括课程内容繁杂、学时分配不足、缺乏与实践环节融合等[3]。本文将结合北京邮电大学信息与通信工程学院多年教学实践,从两方面分析问题与挑战。

2.1 学时有限内容繁,难符多元需求

多媒体技术快速发展,学生需求差异大,教学学时内容未能满足所有学生。信息与通信工程专业导论课虽有一定实践,但未涉及多媒体知识,使学生在选修"多媒体技术与应用"时,面临知识水平差异、专业分流不同等问题,导致教学难以兼顾各方需求。

2.2 理实脱节兴趣淡,学生热情未燃

课程设置为2学分/32学时,理论教学与实验比例失衡,实验内容简单,未能满足学生对音视频处理、人工智能等领域的兴趣。此外,实验模式可能束缚学生思维,缺乏创新意识培养。教学内容与产业需求脱节,导致学生缺乏学习动力。教师需构建一个结合理论深度与实践广度的教学模式,激发学生学习热情。

3 课程教学改革方案设计与实施

课程组针对挑战,制定改革策略,在2020/2021级通信工程/电子信息工程专业实施。

3.1 契合多元需求,创新教学内容与方法促进个性发展

3.1.1 重构教学内容,紧抓发展主线

通过多媒体技术的视听特色和日常实例,缩短学生与知识的距离,从留声机到微视频,展示技术发展脉络。整合音频、图像和视频,梳理其表示、压缩和应用规律,让学生理解多媒体技术的演进和突破。

3.1.2 精选数字化资源,引领定制化学习

鉴于"多媒体技术与应用"课程采用双语教学,推荐使用加拿大西蒙弗雷泽大学三位资深教授合著的教材 *Fundamentals of Multimedia*[4],并提供免费电子书和国内翻译教材。课程

网站资源丰富,包括电子教材、PPT、直播课程、视频和实验包等,支持"精讲＋多练"模式。通过 AI 分析学生兴趣,推荐个性化学习资源,实现分层学习。

教材中的国际案例,如 YouTube、Facebook,本土化为爱奇艺、B 站等,亚马逊云计算服务则与阿里云对比介绍。这种教学方式不仅扩展了国际视野,也方便对照讲述中国多媒体技术应用案例,增强学生文化自信,激励其壮志情怀。学生可通过课后阅读、运行示例程序等方式,深入理解课程内容,提高实际操作能力。

3.2　搭建产学桥梁,设计实验与研究课题激发学习热情

本着理论联系实际的原则,课程组不断进行课程建设,丰富实验内容。具体措施包括分专题增设随课实验和成立兴趣小组开展项目研究,所占学时数为 8/32。

3.2.1　沉浸式引领随课实验

沉浸式教学法是一种以学生为中心的教学模式,通过从文字、图片、音视频到实地体验和虚拟现实技术构建的逼真教学环节,使学生能够实际体验和主动参与,全面调动学生对知识能力的探索。

"多媒体技术与应用"课程在每讲完音频、图像、视频和网络传输的理论知识后,就做一次与之配套的随课实验,分别占用课上 2 学时,具体实验内容和要求见表 1。

表 1　随课实验的内容和要求

实验	体验内容	操作要求	目标
音效与音质	收听磁带、Walkman、MD、MP3、立体声音响的音质效果差异	用 Adobe Audition 软件完成音频采集与编辑,体会采样率、位深、声道等参数对音频质量的影响,并个性化地尝试均衡、混响、振幅处理、多个轨道的音乐合成等编辑效果	引导学生思考相关技术背后的基础理论,理解音频数字化的意义
图像质量	收集并观看不同文件格式的图像质量	利用 Matlab 软件完成 JPEG 图像压缩过程分析,对比有损压缩和无损压缩的效果,分析离散余弦变换(Discrete Cosine Transform, DCT)系数、量化矩阵、质量因子 Q 对图像质量的影响	掌握压缩的基本原理和实现过程
视频质量	通过不同清晰度(标清、高清、超高清)的终端观看多种影视作品的画面效果	利用某企业提供的可视化视频分析软件,观察 I 帧、P 帧、B 帧、运动向量及缓冲区设置参数与视频质量的关系	了解超高清概念,理解视频压缩的基本思想
流媒体传输性能	通过不同平台的流媒体播放(如 PC、移动设备等)观看视频流效果	利用视频播放器(Video Lan Client, VLC)搭建实时流传输协议(Real Time Streaming Protocol, RTSP)服务器,使用 Wireshark 或类似工具软件完成抓包与分析	理解 RTSP 协议,了解互联网和移动通信网的传输性能差异

3.2.2　课题研究实验驱动实践创新

课程组通过与行业企业合作,构建了产学一体的教学模式,设计了一系列既具创新性又有趣味性的小项目,鼓励学生自主选择和探究。项目库包含 20 多个实验课题,如视频会议分析、超高清视频传输测试,以及结合人工智能的实时监控和智能音箱测试等。这些项目作为课程内容的延伸,旨在培养学生的创造力。

学生可根据兴趣自由组队,利用课余时间,通过线上线下相结合的方式完成项目。在学习过程中,学生可利用信息化工具和网络资源,通过小组讨论、与助教交流、向教师咨询等多种形式进行学习。

实验实施分为选题、开题、中期验收和结题汇报四个阶段,周期为 4 周。教师将跟踪学生进度,提供反馈和总结。在结题汇报环节,学生需用 8～15 min 展示成果,接受师生提问,并由教师进行点评,记录互评分数,以此推动学生的实践创新能力。

4 课程考核机制

为了督促学生全程参与理论和实验课程的学习,专门建立了全过程化考核机制,课程总评成绩的组成部分和分数比例如下:

$$S_{总}=10\%S_{平时}+20\%S_{随课实验}+10\%S_{项目实践}+60\%S_{期末} \quad (1)$$

其中,平时成绩关注学生的课程及实验参与度、团队协作情况,主要包括考勤和作业;期末成绩尽管所占比例较高,但是以开卷形式进行考查,强调学生对理论知识能理解、会应用而非记忆;随课实验需要提交音频、图像、视频和网络传输 4 份实验报告,各占总成绩的 5%;项目实践则通过验收汇报的方式,综合评估学生在不同阶段所完成的研究成果,具体评分规则如下:

$$\begin{aligned}S_{项目实践}&=80\%S_{课题组得分}+20\%S_{组内评分}\\&=(50\%S_{其他组互评分}+50\%S_{教师组评分})+(80\%S_{组员互评分}+20\%S_{指导教师评分})\end{aligned} \quad (2)$$

上述考核评价方案是一个多元化的评价机制,既有利于学生重视学习过程,又有利于教师实施多方面能力培养。

5 典型案例与效果评价

本文以"腾讯会议视频采集及分析"为例,着重介绍课题研究实验的过程和效果。该实验案例作为指定的测试与质量分析类项目之一,要求学生利用 ClearViewer 视音频质量测试仪对不同型号配置的 4K 电视、PC 机、平板、手机以有线和无线方式接入腾讯会议的画质、音质进行评测与分析,探究网络及终端对视音频质量的影响。

5.1 实验案例过程

实验过程可以概括为以下几个关键步骤。
(1) 课题引入与理论知识讲解
① 教师概述课题背景,举例说明腾讯会议应用及视频采集分析重要性。
② 讲解视频采集、编码、传输、质量评估原理和腾讯会议网络自适应技术。
③ 介绍 ClearViewer 视音频质量测试仪的使用方法、功能特点以及测试指标。
(2) 实验方案设计
① 学生自主设计实验方案,涵盖场景构建、环境搭建、终端选择和参数设置。
② 教师对实验方案进行审核和指导,确保方案的可行性和科学性。
(3) 实验操作与数据记录
① 构建多元化场景,包含但不限于以下情境:模拟远程办公,学生以不同角色在不同终端

和网络环境下体验会议接入与白板协作等；开展远程教学，进行实时授课与互动，感受多媒体通信的集成性与交互性；发起直播虚拟音乐会，探索音视频同步和弹幕互动等多媒体通信功能的工作原理。

② 学生依据实验方案，使用 ClearViewer 仪器评测腾讯会议的视音频质量。

③ 详细记录不同网络条件下的视频帧率、分辨率、延迟、丢包率等性能参数。

（4）数据分析与结论总结

① 对测试数据进行整理和分析，探究网络及终端对视音频质量的影响。

② 制作 PPT，总结实验过程、数据分析结果以及得出的结论和启示。

（5）成果展示与交流

① 课题组展示成果，汇报实验流程、数据分析及问题解决方案。分享不同角色、终端和网络环境下的体验，讨论多媒体通信技术的优劣与改进。

② 教师和其他同学进行点评与交流，提出改进意见和建议。

5.2 效果评价

上述实验案例已经连续两个学期在大三学生中实施，取得了学生学习热情高涨、反馈良好的预期效果。具体体现在课堂出勤率提至 95%，作业提交率超 90%，实验参与率 100%，报告质量明显提升，课题成果远超预期。纵观 2019—2021 三个年级，该课程成绩优秀率从 11.9% 增至 17.3%，再升至 20%，不及格率从 4.5% 降至 3.2%，最终降至 0%。

6 结论与展望

"沉浸引领＋项目驱动"教学模式在"多媒体技术与应用"课程中提升学生能力效果显著。未来，课程组将深化业界合作，更新教学内容，优化教学方法，助力面向行业需求的高素质人才培养。此教学模式具有较高的推广潜力，可供其他课程借鉴。

参 考 文 献

[1] 李君，王宏林. 基于虚拟仿真技术的环境设计专业沉浸式教学法创新研究[J]. 现代职业教育，2022(19)：82-84.

[2] 宋朝霞，俞启定. 基于翻转课堂的项目式教学模式研究[J]. 远程教育杂志，2014，32(1)：96-104.

[3] 刘盈. 基于案例教学的大学计算机基础课程教学设计与实践——以多媒体技术应用软件类课程教学为例[J]. 中国教育技术装备，2021(2)：95-97.

[4] ZE-NIAN LI, MARK S DREW, JIANGCHUAN LIU. Fundamentals of Multimedia[M]. 3rd ed. Springer International Publishing，2021.

作者简介

杜海清：女，1976 年生，讲师，主要研究方向为无线多媒体、智能交通、图像和视频分析等。

项目式教学在"通信电子电路"课程中的应用与探索

张生军　许登元　李益才

（重庆交通大学，重庆，610000）

摘　要：本研究聚焦重庆交通大学校级一流课程"通信电子电路"，深入开展项目式教学改革探索与实践。其目的在于大力提升学生对该课程的学习兴趣与参与度，着力培养学生的实践能力与创新思维。在课程建设过程中，一方面，严格依据项目设计原则，精心打造与教学大纲内容高度契合、兼具一定难度与体验性和创新性的项目；另一方面，积极引导学生经历项目启动、团队组建、规划、执行以及评估反馈等各个环节，以此培育学生的团队协作能力与问题解决能力。结果表明，学生对"通信电子电路"课程的学习兴趣与积极性大幅提高，课程考试结果显示，学生知识掌握程度进一步深化与提升。同时，学生的创新能力、团队协作能力以及问题解决能力得到有效培养，在学科竞赛中斩获佳绩。

关键词：电子信息类课程；"通信电子电路"；项目式教学；教学改革；能力培养

Application and Exploration of Project-based Teaching in "Communication Electronic Circuits"

Zhang Shengjun　Xu Dengyuan　Li Yicai

(Chongqing Jiaotong University, Chongqing 610000, China)

Abstract: This study focuses on the school-level first-class course "Communication Electronic Circuits" and undertakes in-depth exploration and practice of teaching reforms. The aim is to significantly enhance students' interest and participation in this course and cultivate their practical and innovative abilities. Through project-based teaching, students'

通信作者：张生军，shengjun.zhang@cqjtu.edu.cn。
基金项目：重庆市高等教育教学改革研究项目(233245)。

comprehensive qualities are improved, and they achieve excellent achievements in disciplinary competitions.

Key words：Electronic information courses；Communication electronic circuits；Project-based teaching；Teaching reform；Ability cultivation

1 引言

"通信电子电路"课程在培养通信工程领域专业人才的过程中扮演着至关重要的角色,起着承上启下理论联系实际应用的作用。然而,面对快速变化的技术环境和日益复杂的市场需求,传统的教学方法逐渐显露出其局限性,特别是在激发学生创新思维、培养解决实际问题能力方面显得力不从心。

在此背景下,项目式教学作为一种新兴的教学模式,逐渐走进了高等教育改革的视野。它打破了传统课堂以知识灌输为主的模式,转而以项目为核心,让学生在参与项目的过程中,通过自主探究、团队协作和问题解决等方式,将理论知识与实践操作紧密结合[1-3]。这种教学模式不仅能够加深学生对专业知识的理解,更能够锻炼他们的实践能力、创新思维和团队协作能力,为未来的职业生涯奠定坚实的基础[4-5]。

本研究聚焦于"通信电子电路"课程中项目式教学的应用与探索,旨在通过设计一系列具有挑战性、创新性和实用性的项目任务,引导学生积极参与其中,从而在实践中深化对通信电子电路理论的认识,提升解决实际问题的能力,并培养创新思维和团队协作能力。本研究不仅是对传统教学模式的一次革新尝试,更是对培养适应未来社会需求的高素质通信工程技术人才路径的有益探索[6]。

2 "通信电子电路"课程概述

2.1 课程目标与定位

"通信电子电路"课程是本校通信工程专业学生的专业基础必修课程,有效支撑重庆市三特专业、一流专业等专业建设计划。该课程不仅是学生掌握通信系统基本原理和关键技术的重要途径,也是培养学生分析、设计和调试通信电路能力的基础。通过本课程的学习,学生能够建立起对通信电子系统的整体认知,为后续深入学习高级通信理论、信号处理、无线通信等专业知识打下坚实的基础。同时,该课程也是校级一流课程和拟建设的市级一流课程,对于构建完整的通信工程专业知识体系具有不可替代的作用。

2.2 课程特点与挑战

"通信电子电路"课程最显著的特点就是理论与实践的紧密结合。该课程不仅要求学生掌握扎实的理论基础,还要求学生能够将所学理论应用于实际电路中,解决通信系统中的具体问题。因此,在教学过程中,教师需要注重理论知识的讲解与实践电路原理分析的结合,通过设计合理的设计项目,让学生在项目开发中加深对通信理论知识的理解,提高解决实际通信系统分析、设计的能力。

3 项目式教学在"通信电子电路"中的实施

3.1 项目设计原则

3.1.1 与课程内容的紧密结合

项目设计紧密围绕"通信电子电路"的核心知识点,如信号放大、调制解调、滤波电路、频率合成等,确保学生在完成项目的过程中能够系统地复习并深化对课程内容的理解。

3.1.2 难易程度的合理把握

项目难度需根据学生的知识基础、学习能力及教学进度进行适当调整,既要避免过于简单导致学生没有探索的空间,也要防止难度过大而挫伤学生深入分析的积极性。通过分阶段设置任务,逐步引导学生深入探索,确保每位学生都能在挑战中成长。

3.1.3 创新性与实用性的平衡

鼓励学生在项目中融入创新思维,尝试新的设计方案或优化现有电路,同时注重项目的实用性,确保项目成果能够解决实际问题或具有潜在应用价值。这样的设计既能激发学生的创造力,又能增强他们的实践能力和社会责任感。"通信电子电路"课程围绕"软件无线电通信系统设计"项目,分模块展开,既有明确的目标,又有足够的发挥空间。

3.2 项目实施过程

3.2.1 项目启动与团队组建

在项目启动阶段,首先明确"软件无线电通信系统"项目的基本原理、应用背景及预期成果,通过项目介绍向学生详细介绍项目各个部分的详情,激发学生对项目的兴趣与参与热情。随后,根据项目需求分工,进行团队组建。鼓励学生根据自身兴趣、专长及项目需求自愿组合,同时教师也需进行必要的协调与引导,确保团队成员间的互补性与协作性。

项目一的各个部分与教学大纲的对应及目标任务如下。

项目一围绕软件无线电发射系统的设计与原理分析,重点研究发射和接收系统的构成。根据教学大纲内容,涵盖通信的基本概念、组成及系统特性、信息信道、发送与接收设备,以及信号传输原理与通信电路的基本形式。项目目标是掌握通信系统的发送和接收设备的原理,并熟悉软件无线电发射与接收系统的基本组成形式,为深入理解通信系统的工作原理奠定基础。

针对项目具体设计要求的项目设计任务书示例如下。

专注于软件无线电硬件系统的设计与实现,重点研究 LC 正弦波振荡器模块。基于 LC 谐振回路与正反馈原理,设计了振荡器的电路并进行元件选择、仿真、PCB 制版与调试。通过信号发生器、示波器等设备测试输出正弦波信号的频率、幅度和稳定性,并分析性能是否达标。最后总结设计过程中的问题与解决方案,提出改进方向与学习体会,为后续研究提供参考。

3.2.2 项目执行与问题解决

项目执行阶段是项目实施的核心环节。首先,团队成员按照各自分工,推进各自负责的任务。其次,通过建立个人分数与小组整体分数的相关系数,鼓励团队成员间的交流与合作,共同解决遇到的问题,来提升小组整体分数。再次,对于复杂或难以解决的问题,建立助教制度来帮助或组织团队讨论,集思广益,寻找最佳解决方案。最后,通过阶段成果路演、汇报等手段来协助学生设计过程中及时反思与调整,确保项目顺利推进。

3.2.3 项目评估与反馈

在项目完成后,需进行项目评估与反馈。评估内容包括电路板设计质量、焊接质量、评测过程视频、设计指标完成情况。同时,组织项目展示会或汇报会,让学生展示项目成果,分享项目经验,接受来自教师、同学及行业专家的反馈意见。根据项目评估结果与反馈意见,总结经验教训,为后续项目教学提供参考与借鉴。

4 项目式教学的成效

项目式教学作为一种创新的教学模式,在实施过程中取得了显著的成效。

首先,它极大地提升了学生的学习兴趣与参与度。通过参与实际项目,学生能够将理论知识与实践操作紧密结合,感受到学习的价值与乐趣,从而更加主动地投入学习中去。

其次,项目式教学有效培养了学生的综合能力。在项目执行过程中,学生需要运用所学知识分析问题、设计方案、动手实践,并与其他团队成员紧密合作,这些经历锻炼了学生的问题解决能力、创新思维、团队协作能力以及沟通表达能力。

再次,项目式教学还促进了知识的深入理解与长期记忆。与传统的讲授式教学相比,学生通过亲身参与电路的设计、调试,能够更深入地理解通信系统原理,并将其内化为自己的技能与素养。结果显示,这种基于项目的学习方式有助于通信理论知识的理解和通信系统设计的创新。

最后,项目式教学还为学生提供了展示自我、实现价值的平台。在项目完成后,学生可以通过成果展示、竞赛参与等方式展示自己的学习成果与创新能力,从而获得成就感与自信心,为未来的学习与职业发展奠定良好基础。

5 问题与挑战

尽管项目式教学取得了诸多成效,但在实施过程中也面临着一些问题与挑战。

首先,项目设计难度需平衡。过于简单的项目无法充分锻炼学生的能力,而过于复杂的项目则可能使学生望而生畏,影响参与积极性。因此,如何根据学生的实际情况设计既具有挑战性又切实可行的项目,是一个需要不断探索的问题。

其次,项目实施过程中的时间管理与资源分配也是一大挑战。项目式教学通常需要较长的时间周期和较多的资源投入,如何合理安排时间、有效利用资源,确保项目按计划顺利进行,是教师和学生需要共同面对的问题。

最后,项目式教学的评价体系也需进一步完善。传统的考试成绩评价体系可能无法全面反映学生在项目式教学中的表现与收获,因此需要建立更加多元化、全面的评价体系,以更准确地评估学生的学习成果与能力提升情况。

6 结论与展望

综上所述,"通信电子线路"项目式教学,在提升学生学习兴趣、培养综合能力、促进知识深入理解等方面取得了显著成效。然而,其在实施过程中也面临着一些问题与挑战,需要不断探索与完善。

展望未来,随着"软件无线电通信系统"项目的持续精进与日益完善,我们将秉持前瞻性的教育理念,精选更为科学合理且高效优化的项目框架与任务细分策略,旨在不断深化并革新本课程所倡导的项目式教学模式。这一模式不仅将促进"通信电子线路"这一核心课程内容的生动实践与深刻理解,更将引领其教学边界的广泛拓展与应用深化,使之成为连接理论与实践的坚实桥梁。

我们坚信,通过不懈努力与持续创新,通信电子线路课程的项目式教学将成为推动高等教育改革与创新的一股不可忽视的力量。它不仅能够激发学生的学习兴趣与潜能,培养他们成为具备扎实理论基础与卓越实践能力的通信电子领域未来之星,更将为我国乃至全球的科技进步与产业发展贡献源源不断的智慧与力量。

参 考 文 献

[1] 于越. 基于SWOT分析法的应用型本科院校项目式教学探索与实践[J]. 高教学刊, 2024, 10(16): 83-90.

[2] 齐成龙, 李玉颖. STEAM项目式教学: 内涵意蕴、价值向度与运用示例[J]. 自然辩证法通讯, 2023, 45(11): 106-113.

[3] 陈旭玲, 陆凤霞, 鲍和云. 新工科背景下工程图学项目式教学改革探索[J]. 黑龙江教育(理论与实践), 2024(3): 29-32.

[4] 潘红, 赵雅萍, 郝亮, 等. "探秘神奇的液晶"项目式教学设计[J]. 中国现代教育装备, 2024(2): 21-25.

[5] 李雪威, 王文俊, 郄海霞. 新工科项目式教学多元融合评价方法研究——以"智慧社会与大数据智能"课程为例[J]. 高等工程教育研究, 2023(6): 27-33.

[6] 罗丽燕, 陈冬梅, 胡煜. "通信电子电路"课程线上线下混合式教学设计与实践[J]. 现代信息科技, 2022, 6(11): 189-192.

作者简介

张生军:男,1978年生,博士,研究方向为机器视觉与人工智能、模式识别。

虚拟现实案例式项目制教育教学方法探索与实践

黄 海　李 曦　田 耒　孙松林　张智钤　黄允麒

（北京邮电大学，北京，100876）

摘　要：在课程讲授环节，引入多个知名虚拟现实应用系统，在介绍其关键技术时，以研究人员心怀国家重大需求、甘于奉献并付诸科研行动的情怀激发学生学习和科研兴趣，培养学生精益求精的"工匠精神"。在课程实践、作业环节，充分运用虚拟现实技术本身具有的"沉浸性、想象性、交互性、智能性"特点，挖掘中华优秀传统文化，研发一系列虚拟现实系统，使学生在课程的学习过程中提升核心素养。在课程结束后，指导学生在竞赛中继续挖掘价值引领元素，实现知识传授与价值引领在课中、课外、课后的有机衔接与延伸。

关键词：教学改革；虚拟现实；项目制教学；传统文化

Exploration and Practice on Case-study and Project-based Teaching Methods of the Virtual Reality Course

Huang Hai　Li Xi　Tian Lei　Sun Songlin　Zhang Zhiqian　Huang Yunqi

(Beijing University of Posts and Telecommunications，Beijing 100876，China)

Abstract：In the course teaching process, multiple well-known virtual reality application systems are introduced. While introducing their key technologies, the researchers' enthusiasm for meeting the major needs of the country, being willing to dedicate themselves, and putting them into scientific research actions is used to stimulate students' interest in learning and research, and cultivate their "craftsman spirit" of striving for excellence. In the process of course practice and homework, excellent traditional Chinese culture is explored and combined with course knowledge to develop a series of virtual reality systems, so that

---

通信作者：黄海，huanghai@bupt.edu.cn。

students can enhance their core ability in the learning process of the course. After the course, students are guided to continue exploring Chinese traditional culture in the competition, achieving an organic extension of knowledge.

Key words: teaching reform; virtual reality; project-based teaching; traditional culture

1 引言

教育是强国建设之基,为顺应新工业革命的发展潮流,应对新一轮产业变革与科技创新,我国各高等院校积极推进新工科建设。虚拟现实作为一种新型工科交叉性技术,受到工业界和学界的重视,很多高校开设了虚拟现实课程[1-2]。2024年9月,全国教育大会指出,要实施新时代立德树人工程;不断加强和改进新时代教育引导学生坚定信仰、信念、信心,立报国强国大志向、做挺膺担当奋斗者;注重运用新时代伟大变革成功案例,不断拓展实践育人的空间和阵地。将教育实践中的价值引领和知识传授、智育与德育、认知与行为统合起来,实现知识传授与价值引领并重[3-9]。

近年来,项目制教学方法在很多课程中开始有实质性应用[10-11]。本文基于虚拟现实(Virtual Reality,VR)课程知识应用范围广、实践性强的特点,在学生掌握必要基础知识和基本技能的基础上,着力提升学生探索未知、勇于创新和团结协作的科研创新精神,将中华优秀传统文化融入课程案例式项目制教育教学中,通过多种教育教学手段使学生在专业课的学习过程中提升其核心素养,实现价值引领"润无声"的教育效果。

2 关键问题、方法与特色

2.1 关键问题

本文研究了虚拟现实课程案例式项目制教育教学中价值引领元素的"融入内容"和"融入方式"两个方面的难题。

(1) 理工科专业课程技术性强,与价值引领元素的关联性低,难以实现无缝融合。需要解决虚拟现实课程中价值引领元素的"融入内容"难题。

(2) 理工科知识体系普遍逻辑性强、结构紧凑,不宜打碎知识框架、教学思路进行价值引领元素的融入。需要解决虚拟现实课程中价值引领元素的"融入方式"难题。

2.2 方法

在课程的课堂讲授环节,面向科教融合、产学研融合引入虚拟现实领域获得国家科技进步奖的多个VR系统,在介绍其关键技术的同时,以研究人员心怀国家重大需求、甘于奉献并付诸科研行动的情怀激发学生学习和科研兴趣,培养学生精益求精的"工匠精神"。有些项目案例融入了项目组科研人员艰苦自研的奋斗历程,研究人员为解决该领域国家重大需求多年执着攻关,并且取得了极大的社会效益和经济效益的奋斗历程,激励学生瞄准国家重大需求奋身投入科研,技术报国。课程也介绍了对我国虚拟现实技术发展做出重要贡献的一些科学家的价值引领情怀,例如,钱学森院士探讨虚拟现实技术的书信手稿,表现出技术与中国传统文化相融合的思想。

在课程的实践、作业环节，充分运用虚拟现实技术本身具有的"沉浸性、想象性、交互性、智能性"特点，用学生感兴趣的事和物来引发学生内心认同感，挖掘中华优秀传统文化，并与课程知识相结合研发一系列蕴含价值引领元素的 VR 系统，使学生在专业课的学习过程中提升核心素养；课程结束后，指导学生在各类竞赛中继续挖掘价值引领元素，将其融入学生的课外、课后教育，实现价值引领在课中、课外、课后的有机衔接与延伸。

2.3 特色

课程在案例式项目制教育教学中潜移默化、形式多样、多环节地融入价值引领元素，充分发挥虚拟现实课堂阵地、渠道作用，达到知识传授与价值引领并重的教学目的。主要特色如下。

（1）潜移默化价值引领元素融入。课程时间有限，价值引领形式表现为碎片化穿插。本课程将价值引领元素轻量级、碎片化贯穿于虚拟现实课程的案例式项目制教学过程中，内容贴切、时机适切，过程自然。

（2）形式多样多环节的价值引领元素融入。本课程在案例教学、实践教学、课后延伸教育等多个环节融入价值引领元素，实现价值引领与工科技术的有机结合，促进学生思想道德素质、科学文化素质的有效提升，全面提高学生的综合素质。

（3）实践育人中价值引领元素融入。教育部多次发文强调要探索实践育人的长效机制，本课程的案例式项目制教学在实践教学中融入价值引领元素，实现知识传授与价值引领并重，在某种程度上可以实现实践性教学的目标。

3 案例项目

课程完成了多个案例项目的研发，包括神舟飞船失重的太空舱、基于虚拟现实的冬奥会冰球比赛系统、丝路小镇 VR 体感飞行系统、基于 VR 的驾校系统、没有共产党就没有新中国 VR 博物馆、礼射，涵盖科技、体育、工业、历史、文化等方面，将课程关键知识点与价值引领元素紧密结合，达到润物无声的效果。下面主要介绍神舟飞船失重的太空舱、丝路小镇 VR 体感飞行系统、基于 VR 的驾校系统、礼射等案例项目。

3.1 神舟飞船失重的太空舱

以神舟十号航天员王亚平太空授课的实验为知识框架、以太空密室逃脱为 VR 载体而制作的教学游戏"失重的太空舱"充分集成了本课程的部分关键技术知识点，并引导学生回顾我国航空航天事业的发展历程，增强自豪感，如图 1 所示。

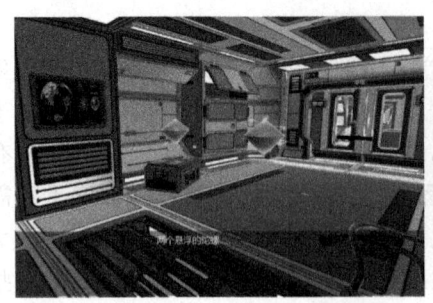 

图 1　失重的天空仓设计及效果图

3.2 丝路小镇 VR 体感飞行系统

研发的丝路小镇 VR 体感飞行系统实现"一带一路"丝绸之路的科普教育,该项目运用 3DS Max 创建典型丝绸之路场景,导入 Unity 整合 Kinect 实现 VR 体感飞行,运用 HTC Vive 立体眼镜进行三维立体显示。采用代表性的丝绸之路景观充分展现丝路文化以及对外交流的精神,让游玩者寓教于乐,身临其境感受古代丝绸之路的魅力,如图 2 所示。

图 2　丝路小镇设计及效果图

3.3 基于 VR 的驾校系统

基于课程内容研发了基于 VR 的驾校系统,如图 3 所示。在模拟驾驶的过程中,嵌入价值引领元素。通过介绍自主品牌发展史,让学生认识我国汽车行业的巨大进步,激励学生刻苦学习、脚踏实地、开拓进取,为国家工业发展奋发图强。

图 3　VR 驾校系统效果图

3.4 礼射

礼射,起源于商周时期的射礼,基于传统礼仪文化,外修自身体魄,内修品格精神,是一种深富人文内涵的射箭技艺。御射者在开弓射箭过程中,每个步骤张弛有度,礼仪严谨,行为规范。基于课程中的虚拟现实技术,利用 HTC VIVE 头盔和手柄,使用 Unity 3D 开发了一套沉浸式礼射虚拟现实系统,弘扬我国优秀传统文化,如图 4 所示。

图 4　礼射效果图

4 实施效果

从课堂表现来看,价值引领元素的融入提高了学生的学习兴趣,学生课堂专注力提高、师生互动增加。多名选课学生获评国家奖学金、被评为优秀毕业生。学生研发的具有创新性的虚拟现实系统参加教育部高等教育司、北京市教育委员会、中国高等教育学会、中国人工智能学会等单位主办或协办的学科或双创竞赛获奖30余项,取得了良好效果。

5 结论

课程挖掘价值引领元素,通过虚拟现实领域科研人员的奋斗精神的介绍、虚拟现实领域优秀科研成果及其关键技术的讲解、自研融入价值引领元素的项目案例实现知识传授和价值引领并重,潜移默化引导学生树立技术报国的志向,培养工科学生的"工匠精神",取得了良好效果。

参 考 文 献

[1] 顾汉杰,孙瑜亮,陈华锋.虚拟现实技术课程混合式教学模式研究[J].电脑知识与技术.2024,20(23):142-144.

[2] 齐娜,朱青,李蔚然,等.基于产学研用双驱动双导向的虚拟现实技术实践课程教学改革[J].计算机教育,2024(7):49-55.

[3] 魏据霞.《虚拟现实》课程思政建设研究[J].信息与电脑,2020(20):213-214.

[4] 花小朋.计算机组成原理课程的思政教学探索[J].福建电脑,2021,37(3):140-142.

[5] 赵婉华.虚拟现实技术与高校思政课教学融合优化策略研究[J].课程教学,2021,35(12):101-103.

[6] 曾梦玲.高校专业课教师课程思政能力的现状与提升[J].湖北经济学院学报(人文社会科学版).2021,18(3):137-139.

[7] 张科,纳学梅.课程思政融入《土力学》教学的探索与实践[J].高教学刊,2021(8):113-116.

[8] 余厚强.思政元素融入信息资源管理课程的一般路径研究[J].高教学刊,2024,10(24):176-179.

[9] 孙建竹.新文科课程思政"沉浸式"教学的实施路径与应用研究——以旅游学概论课程为例[J].辽宁科技学院学报,2024,26(2):71-74.

[10] 陈依桐,陈建,朱鲁闯,等.项目制驱动的医工融合工程实践课程体系研究与实践[J].实验科学与技术,2024,22(4):41-46.

[11] 温创新,胡舟,何雅婷."五位一体"项目制教学模式下的数据结构课程教学改革[J].西部素质教育,2024,10(13):145-148.

作者简介

黄　海:男,1977年生,副教授,研究方向为计算机视觉、虚拟现实、增强现实。

面向通信原理课程设计的 Matlab/GUI 仿真教学设计与实现

程卫军　李梦娟

（中央民族大学信息工程学院，北京，100081）

摘　要：针对"通信原理"课程设计实践教学，运用 Matlab/GUI 设计了一个数字通信系统仿真平台，要求学生自主编译函数对接开发接口，把数字通信系统教学中所涉及的主要数学模型、编码方法和调制技术等通过代码的形式展现出来，提升了学生对数字通信系统的系统观和整体观的认知，获得了良好的体验感。

关键词：通信原理；课程设计；教学改革；Matlab

Design and Implementation of Matlab/GUI Simulation Teaching for Curriculum Design of Communication Principle

Cheng Weijun　Li Mengjuan

(School of Information Engineering, Minzu University of China, Beijing 100081, China)

Abstract: In this paper, we design a simulation platform of digital communication system by using Matlab and its GUI functions. This platform with the secondary development interface requires students to apply the mathematical models, coding methods and modulation technologies of digital communication system and compile code functions. It enables students to deepen their understanding of the whole view of digital communication system and improve their learning experience.

Key words: communication principle; curriculum design; teaching reform; Matlab

---

通信作者：程卫军，weijuncheng@muc.edu.cn。

基金项目：中央民族大学"一流本科课程（通信原理）"教改项目（KC2311）；北京市高等教育学会 2023 年立项面上课题（MS2023040）。

1 前言

"通信原理"作为高校电子信息类专业的重要课程,对该专业学生学习通信类课程有着承上启下的作用。该课程的学习需求扎实的高等数学、概率论和信号与系统等学科的知识基础,而且课程中的理论较为抽象、数学推导颇多,为大部分学生学习本课程增添了不少阻碍。为解决上述问题,在通信原理实践教学环节中引入 Matlab 仿真成了授课老师们采取的有效手段之一,目前已有大量的教学参考书[1-3]和相关教学论文[4-9]提供了丰富的 Matlab 仿真代码和典型案例。文献[1]~[3]针对通信原理的知识点按章节分别给出了基础原理和仿真代码,给学生的理论学习和编程实践带来了方便。为了进一步提高教学效果,文献[4]基于 Matlab 设计了一种动态演示信号调制与解调的演示系统,允许学生通过交互界面进行仿真和比较各类调制方法;文献[6]针对无线衰落信道建模教学,开发了一种可视化的无线信道 Matlab/GUI 仿真教学平台。

从上述文献可以看出,大多数工作都是对通信原理的不同知识点或数字通信系统的某一技术进行了仿真设计,能够满足通信原理的理论教学演示和验证性实践教学的任务,但是缺乏数字通信系统的完整性教学,使学生只见"树木"、不见"森林",无法获得系统级的仿真体验。而通信原理课程设计是一门在基础通信理论课程教学之后的实践教学环节,旨在培养学生对通信原理知识灵活和系统的综合运用能力。尽管 Simulink 和 SystemView 等可视化平台可以提供数字通信系统的完整性设计[3-5],但在编程能力培养和人机接口设计方面缺乏灵活性和扩展性。

本文针对通信原理课程设计,运用 Matlab/GUI 设计了一个数字通信系统仿真平台,要求学生自主编译函数对接平台的二次开发接口,把数字通信系统教学中所涉及的主要数学模型、编码方法和调制技术等通过代码的形式展现出来。该平台能够将学生设计的代码、函数通过图形的形式可视化,目的是通过让学生自行设计,加深学生对于数字通信系统各个部分的理解。该仿真教学平台在通信原理课程设计的多次实践中不断丰富教学内容,强化了学生对数字通信系统的整体认知,验证了教学实践的有效性。

2 Matlab/GUI 仿真教学平台设计

2.1 系统仿真方法

当前,Matlab 软件已广泛运用于通信原理课程以及其他理工类课程的课堂与实验教学中。根据数字通信系统构建的模型[7],本文将数字通信系统 Matlab/GUI 仿真教学平台(以下简称仿真平台)设计为信源编码与解码、信道编码与解码、数字调制与解调、信道模拟四个部分。仿真平台对每一个部分都开放了接口,允许学生将自主编译的函数插入,补充完善整个数字通信系统的模拟仿真。本仿真平台使用面向对象编程,将多种类的信源编码方法(如费诺编码、哈夫曼编码、PCM 编码、DPCM 编码等)、信道编码方法(如线性分组码、循环码、卷积码、交织、Turbo 码等)、数字调制方法(如经典二进制和多进制调制)和信道模型(如 AWGN、瑞利、莱斯和 Nakagami-m 等)封装成多个可调用函数,并通过 GUI 组件对各模块进行调用与衔接,最终实现一个能够让学生、教师交互,并呈现可视化信息的平台设计。

2.2 仿真平台GUI界面设计

数字通信系统是一个时变过程,单独对每一个阶段的信号进行数学分析和模型建立显得非常枯燥与烦琐。通过让学生自行选择数字通信系统中的信息源、设置发射机与接收机功能、模拟不同信道,可以直观地让学生了解信号在经过每一个过程的前后变化,协助学生理解通信理论与区分各类方法的不同与优劣。该仿真平台如图1所示,分为四个模块:信源选择、发射机与接收机设置、信道模拟与信息查询。信源输入可以选择四种信息源:视频、图像、语音和文本。发射机与接收机模块可以对信源编解码方式、信道编解码方式、调制解调方式进行设置。信道选项可以设置模拟信道模型。信息查询提供了四种方式评估系统仿真的质量:误码率显示、眼图、系统各阶段的图形查看、信息输入输出查看。点击运行即可对该数字通信系统模型进行模拟。点击退出可关闭平台。

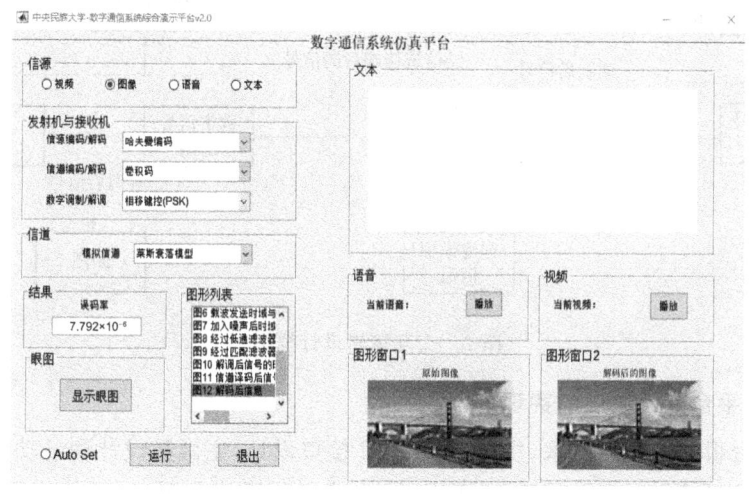

图1 教学互动演示平台界面

信源、发射机与接收机模块、信道三个模块给予了学生极大的自由性。信源面板中,学生可以自行选择喜爱的视频、图像、语音和文本,甚至可以通过拍照、录音、键盘输入文字的方式完成信息的输入,增加了课程的趣味性。在发射机与接收机面板中设置了信源编码/解码、信道编码/解码、数字调制/解调三组可供选择的窗口,在信道面板中设计了一个模拟信道的选择窗口,允许学生自主编写、封装函数,将理论付诸实践,把自己的学习成果运用于仿真平台中,这也是课程设计的目的之一。

2.3 仿真平台交互逻辑设计

根据设定的数字通信系统仿真模型,本文对教学互动演示平台的逻辑交互进行了设计,如图2所示,具体描述如下:

①在选择信源信息后,学生可以根据信息种类在文本、语音、视频或图形窗口中查看输入信息;②对信息进行信源编码处理,编码后的序列可以在图形窗口中查看;③对序列进行信道编码处理,编码后的序列可以在图形窗口中查看;④对序列进行滚降处理与调制,调制后信号的时频特性可以在图形窗口中查看;⑤信号通过信道,被附加上噪声的信号的时频特性可以在图形窗口中查看;⑥信号到达接收端,对带通信号执行相干或非相干解调,解调后基带信号的时频特性可以在图形窗口中查看,判决前的眼图可以点击显示眼图查看;⑦对解调的基带信号进行信道解码,编码后的序列可以在图形窗口中查看,信道解码后的序列与信源编码后的序列

进行对比可以计算出误码率并显示在"误码率"一栏；⑧对序列进行信源解码得到输出信息，输出信息可以根据信息种类在文本、语音、视频或图形窗口中查看。

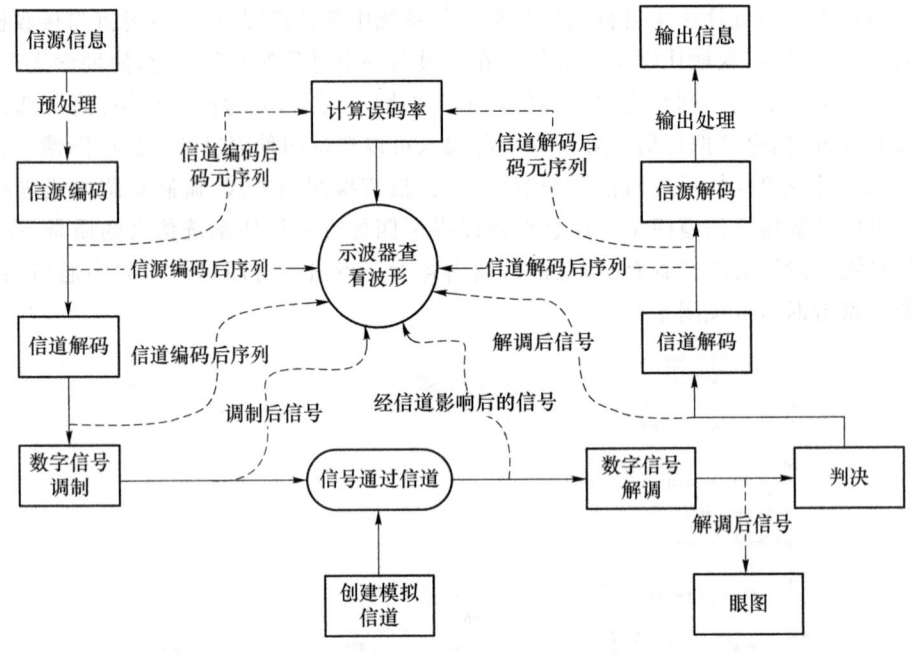

图 2　交互逻辑设计框图

2.4　仿真平台交互接口的实现

本仿真平台根据图 1 的需求，主要包括 GUI 接口设计、主函数设计和各功能子程序设计。GUI 接口设计主要由 system_GUI.m 实现，输入接口包括信息源、信源编解码、信道编解码、数字调制与解调、信道的选择和部分参数的设置，输出接口包括眼图、误码率和各中间环节的时频图展示，以及信息源复现窗口。主函数主要由 main.m 实现，完成各类功能子程序的调用及中间环节各类时频图的生成，调用与生成顺序如图 2 所示。

功能子程序主要包括信源编解码、信道编解码、数字调制与解调、信道函数等。这些子函数的输入和输出参数在主程序里都设置有相应变量完成数据流的流动，学生的主要工作就是编写功能子程序，完成接口的封装，不建议调用 Matlab 自带函数。

3　课堂教学案例展示

为了验证仿真平台设计的有效性，这里给出某学生在原型设计的基础上完成的课程设计示例。在图 1 中，该学生选择图片作为信源，自主编写并封装了哈夫曼编码与解码（信源编码）、卷积编码与解码（信道编码）、2PSK 调制与解调、莱斯衰落模型的函数（莱斯因子可任意输入），并通过 GUI 组件对各个函数进行调用，完成了自己的数字通信系统。在程序运行过程中，主要参数设置如下：卷积编码(2,1,3)生成多项式为 $g1=[111]$，$g2=[101]$，2PSK 调制载波频率为 4 KHz，采样频率为 16 KHz，符号采样倍数为 16，升余弦滚降因子为 0.5，相干解调。

输入原始图像和解码后的输出图像如图 1 所示。信源编码与信道译码结果如图 3 所示。

信道编码与解调结果如图 4 所示,其数据流具有较好的一致性。信号经模拟信道后的结果如图 5 所示。在数字通信系统仿真计算结束后,通过查看误码率与眼图来评估系统性能。在输入信噪比 SNR=15 dB 的情况下可以在图 1 中发现误码率为 7.792×10^{-6}。同时,点击查看眼图如图 6 所示,可得出结论:该系统的通信质量较好。

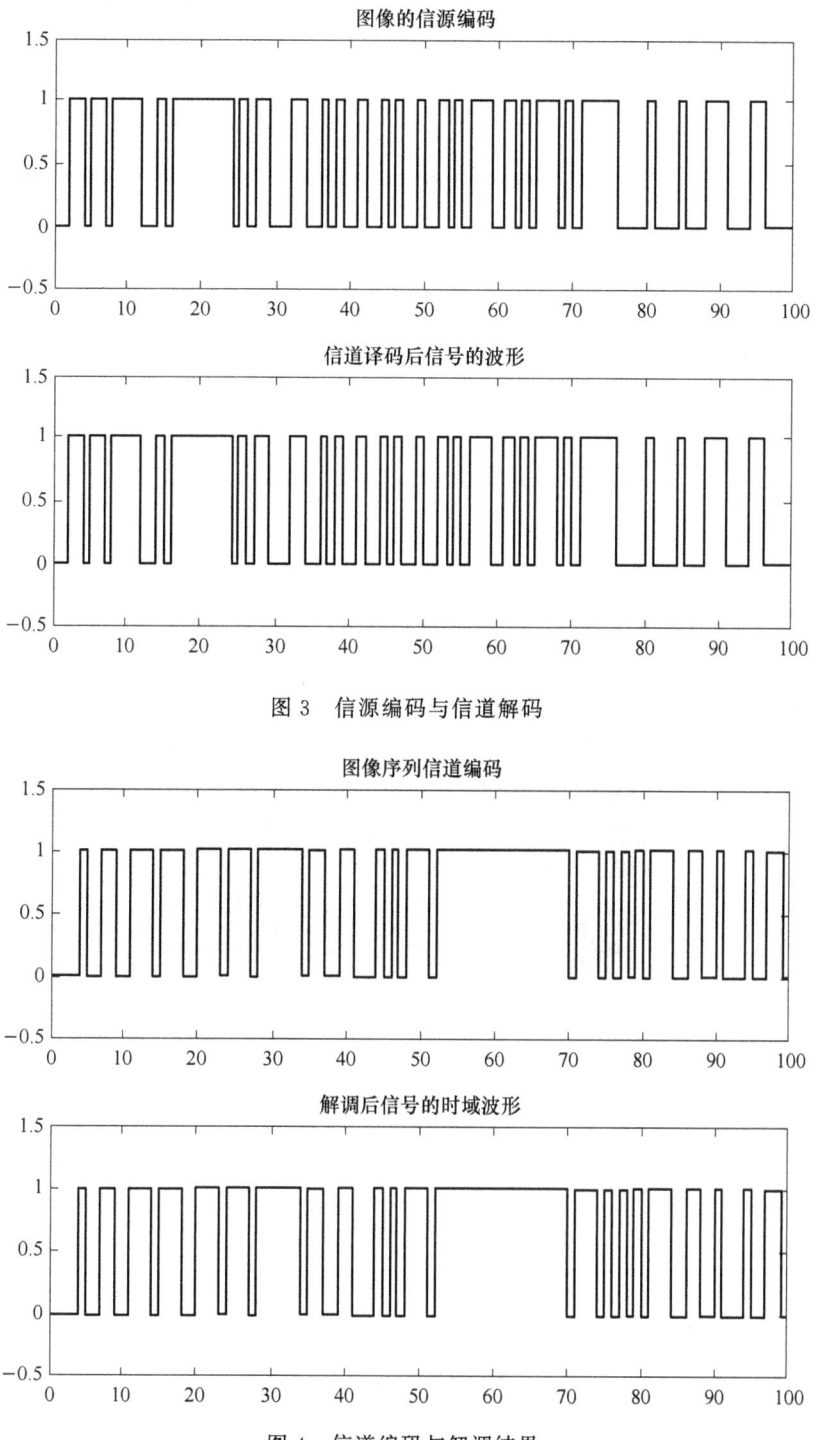

图 3　信源编码与信道解码

图 4　信道编码与解调结果

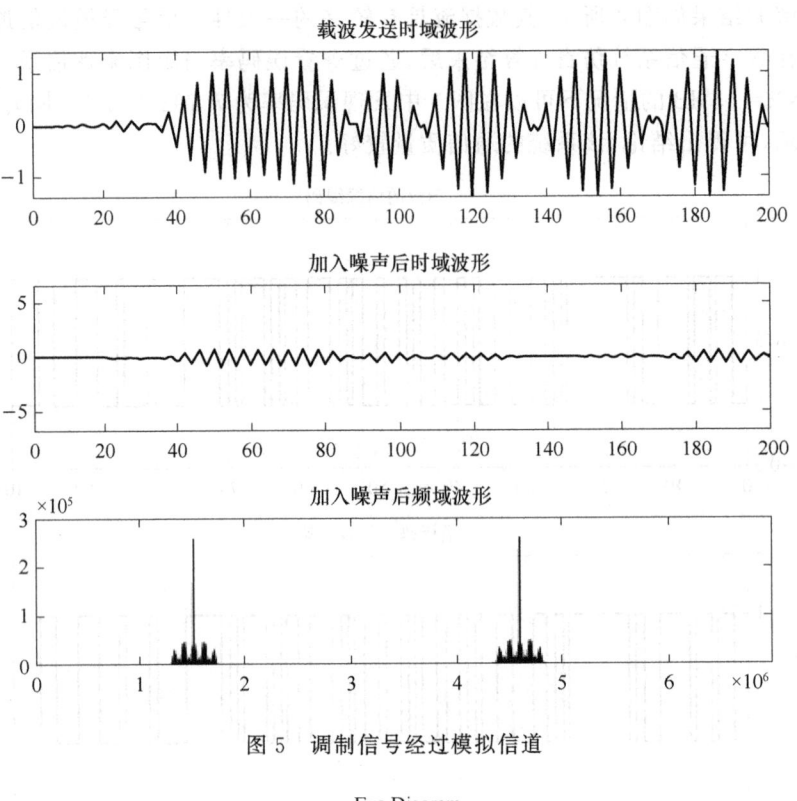

图 5 调制信号经过模拟信道

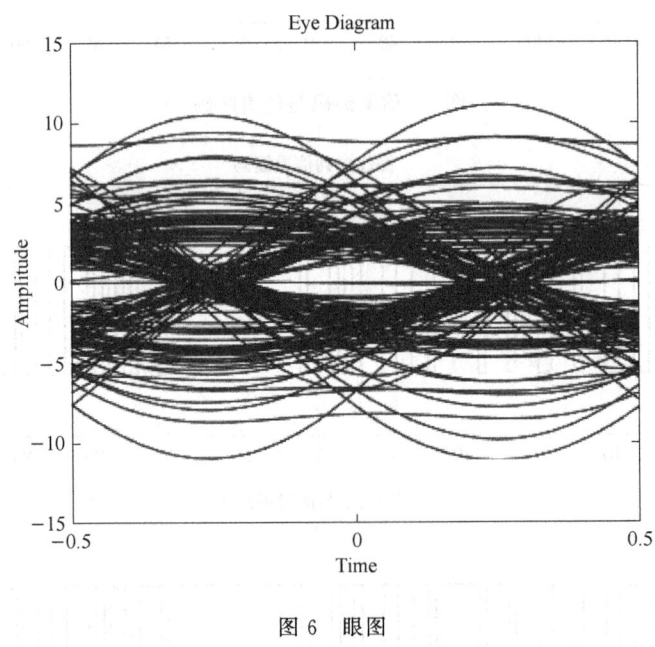

图 6 眼图

4 教学设计与成效

本仿真平台的设计最初起源于 2020 年信息工程学院通信工程专业大四上学期"无线通信系统课程设计",为了更好地融合前期所学通信原理、信息论与编码和移动通信等相关课程及其实验中的知识碎片,初步构建了一个基于 Matlab 实现的数字通信系统仿真平台,留有二次开发接口供学生进一步补充完善。目前该课程设计已经历三届学生的实践,通过分组合作,不仅为该数字通信系统平台增加了多种功能模块,而且还对模拟通信系统和基带通信系统进行了仿真设计,正逐渐扩展到 4G 和 5G 等现代移动通信系统的仿真实现。对初学通信原理的学生来说操作方便,在教学过程中可进行随堂演示,易构建通信系统的系统观和整体观,对高年级学生来说进行综合实践可把所学知识进行灵活应用,具有良好获得体验感和成就感,三年的课程教学评价分别为 93.69、96.97 和 96.84。

然而,在实践过程中,也存在一些不足。一方面,本课程开设在大四上学期,学生为了考研和找工作等在时间和精力上投入不足;另一方面,由于涉及知识点较多,学生的编程能力有限等,都会造成实际效果不理想。因此,为更好地适应当前困境,可考虑提高学生的积极性或提供更多的参考资料等措施。

5 结语

数字通信系统的各组成部分有着理论知识多、概念抽象的特点,而且单独学习每个模块的知识内容难以让学生透彻理解完整的数字通信系统,这是当今通信原理教学的难点之一。本文利用 Matlab 开发了一个给学生提供接口的数字通信系统仿真平台,并通过开设课程设计实践教学环节,让学生把课堂上获取的知识和方法转化为实际行动,最终以可视化的结果将学生的设计成果展现出来,既能让学生加深对"通信原理"课内知识的理解,做到"树木"与"森林"共见,又能产生成就感,提高对专业的学习兴趣。此外,该仿真平台还有极大的拓展性,可以融入当前前沿的理论与技术,包括新型信道模型和调制方法等,如 MIMO 和 OFDM 技术,将在后续实践中不断完善。在教学方面,也可以与其他教学方法相结合,相得益彰。

参 考 文 献

[1] 郭文彬,等. 通信原理——基于 Matlab 的计算机仿真[M]. 2版. 北京:北京邮电大学出版社,2015.

[2] 臧国珍,等. 基于 MATLAB 的通信系统高级仿真[M]. 西安:西安电子科技大学出版社,2019.

[3] 曹雪虹,等. MATLAB/System View 通信原理实验与系统仿真[M]. 2版. 北京:清华大学出版社,2020.

[4] 宋铁成."通信原理"课程的系统级实验建设[J]. 电气电子教学学报,2004,26(4):66-68.

[5] 黄琳,曹杉杉,熊旭辉. 基于 matlab 的通信原理实验课程设计[J]. 湖北师范大学学报(自然科学版),2017,37(3):94-98.

[6] 虞湘宾,储君雅. Matlab 在移动衰落信道中建模与仿真[J]. 教育教学论坛,2018,358(16):265-267.

[7] 樊昌信,曹丽娜. 通信原理[M]. 7版. 北京:国防工业出版社,2015.

数字要素驱动下的"C语言程序设计"课程教学改革研究

金咏琪　李肖南

（江西应用科技学院，南昌，330100）

摘　要：针对"C语言程序设计"课程教学中存在教学内容多但课时少、教学模式单一、教学资源不足以及考核方式片面等问题，本文首先提出以数字要素为驱动的教学改革措施，旨在通过现代化教学手段提升教学质量，增强学生的自主学习能力和实践能力。最后，总结教学改革的效果与未来展望。

关键词：数字要素；"C语言程序设计"；教学改革

Research on Teaching Reform of C Programming Course Driven by Digital Elements

Jin Yongqi　Li Xiaonan

(Jiangxi Institute of Applied Science and Technology, Nanchang 330100, China)

Abstract: Regarding the issues such as the abundance of teaching content coupled with limited of class hours, the monotony of teaching modes, the insufficiency of teaching resources, and the limitations of assessment methods in the teaching of the "C Language Programming" course, teaching reform measures driven by digital elements are proposed, with the aim of enhancing the teaching quality through modern teaching approaches, and strengthening students' autonomous learning ability and practical ability. Finally, the effects of the teaching reform and future prospects are summarized.

Key words: digital elements; "C Language Programming"; teaching reform

通信作者：金咏琪，1790435361@qq.com。

1 引言

信息技术快速发展,数字要素在教育中的融合成为提升教学质量、培养新时代人才的关键。"C语言程序设计"作为计算机专业的核心基础课程,教学质量对学生计算思维与系统实现能力至关重要。当前,该课程面临内容多课时少、教学模式单一、资源不足、考核方式片面等问题,制约教学效果与学生能力培养。

针对上述问题,提出了以数字要素为驱动力的教学改革策略。从内容重构、教学模式到资源建设与考核,均实现了深度融合与创新。教学内容依托数字化平台持续更新,丰富多元;教学模式多元化,线上线下互动频繁,提升教学效果。教学资源数字化建设加速,共享便捷,促进教育公平。教学考核采用数字化手段,更加科学透明。

旨在通过实施上述一系列教学改革措施,利用数字要素的优势,提升"C语言程序设计"课程的教学质量,增强学生的自主学习能力和实践能力,为培养具有创新精神和实践能力的计算机专业人才奠定坚实基础。

2 "C语言程序设计"课程存在的问题

"C语言程序设计"课程在当前的教学实践中,确实存在一系列亟待解决的问题,这些问题不仅影响了教学质量,也限制了学生编程能力和创新思维的培养。以下是该课程存在的主要问题。

2.1 教学内容多,课时安排少

因C语言的知识面广、内容杂且实操性强,要求教师需详尽传授众多基本概念及其应用场景,并进行实时的代码演示。但多数院校课时不足,难以全面覆盖关键内容,尤其是复杂章节及课程设计。面对这一挑战,教师在实际授课中不得不灵活调整教学计划,通过压缩内容、加快教学节奏来应对课时不足的问题。这一做法导致部分知识点被简化或忽略,未能得到充分的讲解与探讨,进而影响了教学质量与学生对课程整体的掌握程度。学生因此常感课程进度快、知识点不牢固,课程在匆忙中结束。

2.2 教学模式单一

传统教学模式在"C语言程序设计"教学中弊端明显,它侧重教师单向灌输,忽视学生综合能力培养。教师常采用"讲授-演示-练习"模式,即先PPT讲解后演示案例,再让学生验证性实验。在这种模式下,学生多处于被动接受状态,缺乏主动提问、深入思考和自主探索的机会与空间。

此教学模式的缺陷主要体现在两方面:一方面,C语言比较抽象且逻辑性强,PPT讲解或者单向传授理论知识,学生很难理解这些复杂概念,课堂参与度低,学习积极性不高;另一方面,验证性实验虽在一定程度上锻炼了学生的基本操作能力,但实质上是打字练习,学生仅是机械地"复制"教师演示的案例,面对新问题时则显得手足无措。这种教学方法与实际脱节,非但没有提高学生的编程能力和解决实际问题的能力,也不利于培养学生独立思考的习惯。

2.3 教学资源不足

教学资源是保障教学质量的重要因素之一。然而,在课程的教学中,存在着教学资源不足的问题。一方面，教学设备陈旧、软件版本落后，难以满足现代编程教学的需求；另一方面，缺乏高质量的教材、教学案例和实验项目等资源，使得学生在学习过程中难以获得充分的支持和指导。教学资源的不足不仅限制了学生的实践机会和学习体验，也影响了教师的教学效果和热情。

2.4 考核方式片面

课程考核常结合平时成绩与考试成绩，其中，平时成绩含考勤、课堂表现等；期末考试多为笔试或机考，类似全国计算机等级考试二级 C 语言，以一套题评估学生掌握情况，是一种纯粹的应试形式。部分老师为简化阅卷流程，倾向于采用二级 C 语言考试的出题模式，题型偏重客观题，仅少量编程题，这种考核方式未真正考查学生的程序设计能力。学生无需从零开始构思问题解决方案，也不必独立设计算法，而是更多地遵循出题人的思路去阅读、理解并补全代码片段。这一过程未能有效锻炼学生独立思考、自主编写程序以实现特定功能的能力。长此以往，学生易失去学习动力，将目标简化为通过期末考试，而非真正掌握并应用所学知识，从而偏离了学习该课程的初衷与核心目标。

在上述问题与挑战之下，迫切需要引入新的教学理念和方法来推动课程的革新与发展。其中，以数字要素为驱动的教学改革措施，为破解这些难题提供了有力支持和创新路径。

3 以数字要素为驱动的"C 语言程序设计"教学改革措施

3.1 教学内容重构与数字化融合

教师在教授"C 语言程序设计"课程时，应灵活处理教学内容，聚焦主要矛盾点，如数组元素冒泡排序、指针操作、递归调用等学习难点，基于这些难点，教师可以通过精心编排与合理裁剪，构建出一套更加贴合学生学习规律的课程体系。这一体系的核心在于模块化教学，即将复杂的 C 语言知识体系精心拆解为一系列短小精悍的微课单元，例如，可以将"变量与数据类型"作为一个单元，"控制结构（如 if 语句、循环）"作为另一个单元，每个单元都聚焦于一个明确的核心知识点或技能点。另外，这些微课单元应设计得既精炼又完整，每个单元结束时都应提供清晰的总结和小测验，确保学习的针对性和高效性。

为了增强教学的直观性和吸引力，教师需充分利用多媒体教学资源，如制作高清视频教程、动画演示和交互式课件，并在学习通班级群中分享这些资源。视频教程可以详细讲解代码编写过程，动画则能生动展示冒泡排序、指针移动等抽象概念，旨在将原本抽象难懂的概念转化为直观生动的视觉体验，帮助学生快速抓住学习要点，提升学习效率。

此外，为强化学生的实践能力，教师应积极引入在线编程环境，如 Repl.it、Codecademy 等，提供即时编译和运行 C 语言程序代码的环境。同时，建立模块化练习题库，每题对应特定微课单元，结合确保理论与实践。题库涵盖基础至进阶题型，既有选择题、填空题以检验理论知识，也有编程题要求学生编写完整的 C 语言程序。更重要的是，要配备即时反馈系统，学生提交代码后能立即获得结果判断、错误提示及改进建议。此举让学生随时在线编程练习，通过实践加深理解，即时获得反馈，及时调整学习策略，从而有效提升编程能力。

这些数字化改革措施不仅有效地缓解了课时紧张的压力，还极大地提升了"C 语言程序设计"课程的教学效果与质量，确保了学生在有限的时间内能够精准掌握该学科的精髓与核心技能。

3.2 教学模式多元化与数字化互动

在"C语言程序设计"教学改革中,坚决摒弃传统的"讲授-演示-练习"单一教学模式,转而拥抱翻转课堂、混合式教学等新型教学模式。这些新型教学模式充分利用了数字工具的优势,彻底改变了课堂生态,促进了师生、生生之间的深度交流与合作。

混合式教学模式巧妙融合了线上与线下教学的双重优势。在课程实施中,教师依托学习通平台,广泛开放并共享课程视频、电子课件等教学资源,鼓励学生进行前置自主学习,通过观看视频、阅读课件等方式掌握基础知识点,并完成章节自我检测,以此作为对自学成果的初步检验。此举不仅提升了学生的自主学习能力,还为课堂教学腾出了宝贵的时间,为后续的深度教学打下了坚实的基础。

在课堂上,教师根据学生在自测中反馈的学习情况,精准调整教学策略,集中攻克教学重难点,并逐一解答学生的共性疑惑。同时,教师应特意为学生留出充裕的时间进行上机实践,引导他们将课堂上学到的理论知识转化为实际的操作技能,真正做到学以致用。面对学生在实践过程中遇到的个性化问题,教师采取渐进式引导法,先鼓励学生自主探究问题根源,尝试独立解决,再集中处理共性难题,这一过程极大地提升了教学效率和学生的学习成效。

此外,学习通平台的在线讨论区成了学生交流思想、分享心得、提出疑问的重要阵地,打破了传统课堂在时间和空间上的限制,构建了一个全天候的学术交流环境。学生们在这里畅所欲言,共同探讨学习中的困惑与收获,有效促进了学习共同体的形成,营造了浓厚的学术探讨氛围。

这些措施有效地激发了学生的学习兴趣和创造力,培养了他们的自主学习和解决问题的能力,还进一步增强了他们的团队协作能力和解决问题的能力,为他们的未来发展奠定了坚实的基础。

3.3 教学资源数字化建设与共享

为了全面提升课程的教学质量,致力于深入推进教学资源的数字化建设与整合工作。该举措围绕几个核心维度展开:更新硬件设施,积极引进先进的教学设备,如高性能计算机,确保学生能够接触到最新的技术工具。同时,持续更新软件版本,应密切关注行业动态,确保教学软件始终与业界标准保持同步,为学生提供最接近实际工作环境的学习体验。

在此基础上,构建"C语言程序设计"虚拟教学平台,并不断丰富线上教学资源库。该资源库涵盖习题集、实践案例库、项目案例库,实现教学资源的优化配置和高效共享。学生可根据个人学习进度与兴趣偏好,随时随地访问这些资源,享受定制化、灵活便捷的学习体验。例如,他们可以通过该虚拟平台观看教学视频、完成在线习题,甚至参与远程编程竞赛,以加深理解和掌握C语言编程。

此外,教学团队精心开发高质量的《C语言程序设计》数字教材。这些教材不仅内容丰富、形式多样,更强调实践操作与思维启迪的有机结合,旨在深入浅出地传授C语言编程的核心概念与关键技术,激发学生的创新思维与解决实际问题的能力。例如,在教材中,设计了多个与现实生活紧密相关的编程项目,如"学生成绩管理系统""简易计算器"等,让学生在实践中掌握C语言编程的精髓,并培养他们的动手能力和团队协作精神。

这一系列数字化教学资源建设与整合措施,共同构建起了一个全方位、立体化的教学支持体系,为培养具备扎实理论基础、卓越实践技能及创新精神的C语言编程人才奠定了坚实的基础。

3.4 考核体系数字透明化

在课程考核体系中，深入实施"1+2"的数字化改革策略，旨在构建一个全面、高效且富有激励性的评价体系。该评价体系巧妙地将平时成绩（占总评的20%）、期末考试（占总评的80%，其中笔试纸考和项目机考各占40%）相结合，通过深度融入数字化技术，实现了考核流程的全面革新与优化。

具体而言，在"C语言程序设计"课程的教学实践中，依托学习通平台，实现了对学生考勤、日常作业及课堂互动表现的实时跟踪与自动记录，这些数据共同构成了学生平时成绩的关键部分，确保了评价过程既全面又即时。例如，在考勤方面，通过设定签到任务，学生需在规定时间内完成在线签到，平台会自动记录签到状态，有效避免了传统考勤方式中可能出现的人为误差。在日常作业方面，教师可以将作业要求、截止日期等信息清晰明了地传达给学生，而学生则需在规定时间内完成作业并提交至平台。平台会自动记录作业的提交时间、完成情况等信息，为教师提供了客观、准确的作业评价依据。同时，教师还可以在平台上对作业进行批阅，并将成绩直接录入系统，大大节省了时间和精力。在课堂互动方面，通过平台上的讨论区、问答等功能，学生可以积极参与课堂讨论，提出自己的见解和疑问。教师则可以根据学生的发言质量、活跃度等因素给予相应的评价，并实时记录在学习通平台上。

对于期末考试，充分融合笔试纸考与项目机考两种形式，既考察了学生对课程基础理论的掌握程度，又检验了他们的实践操作能力。笔试纸考专注于课程核心知识点的测试，旨在检验学生对课程基础理论的掌握程度。在考试结束后，教师会严格批阅纸质试卷，并将成绩录入学习通平台，确保评价的公正性和准确性。而项目机考则借助数字化项目管理系统，要求学生在规定时间内完成项目的编码、测试、调试等工作，并提交项目代码、设计报告等成果。系统利用自动化测试工具对项目质量进行迅速反馈，帮助学生及时了解自己的不足之处。同时引入学生间的互评机制，要求学生相互评审对方的代码和设计报告。这一做法不仅锻炼了学生的代码评审技能，还增强了班级内的互动与合作氛围。

这一系列数字化手段的应用，不仅大幅提升了考核的透明度与准确性，还极大地激发了学生的学习热情与自主性，促使他们更加积极地参与到课程学习中来。

4 结语

以数字要素为驱动的"C语言程序设计"课程教学改革是一项长期而艰巨的任务。通过重构教学内容、创新教学模式、丰富教学资源、完善考核方式等措施的实施，可以显著提升"C语言程序设计"课程的教学质量和学生的学习效果。然而，教学改革并非一蹴而就的过程，需要教育工作者不断探索和实践。未来，将继续深化教学改革研究，努力构建更加科学、合理、高效的"C语言程序设计"课程体系，为培养具有创新精神和实践能力的计算机专业人才贡献力量。

参 考 文 献

[1] 林宁,左悦,陆涛.数智化技术驱动下C语言程序设计课程教学改革研究[J].科教导刊,2024(19):104-106.

[2] 刘怡.基于OBE理论的案例引导式C语言程序设计实验课程教学改革研究[J].实验科学与技术,2024,22(3):94-99.

[3] 周密.高职"C语言程序设计"教学改革初探[J].科教导刊,2024(14):99-101.
[4] 贺红.基于网络安全的中职C语言程序设计课程教学改革的探索[J].知识窗(教师版),2024(4):66-68.
[5] 葛金梅.基于BOPPPS的混合式教学在中职《C语言程序设计》课程中的应用研究[D].贵阳:贵州师范大学,2024.

作者简介

金咏琪:女,1997年生,主要研究方向为C语言程序设计教学、程序设计基础教学、软件工程。

李肖南:女,1997年生,主要研究方向为程序设计基础教学、Web前端开发方向、计算机视觉。

通信电子电路分层次案例库的建设与教学实践

李 然　韩东升　贾惠彬　李星蓉

(华北电力大学电气与电子工程学院,保定,071003)

摘　要：针对通信电子电路教学过程中存在的问题,为帮助学生建立整机系统的概念,提高学生综合分析能力和创新实践能力,教学团队重新划分了知识模块,提出了集基础引导型、实际系统型、综合扩展型为一体的分层次通信电子电路案例库建设方案。基于分层次案例库进行了教学实践,结果表明：该教学方法可充分激发学生的学习兴趣,提升学生在高频电路分析设计方面的整体素质。

关键词：通信电子电路；案例库建设；分层次案例库

Construction and teaching practice of hierarchical case library for communication electronics circuit

Li Ran　Han Dongsheng　Jia Huibin　Li Xingrong

(School of Electrical and Electronic Engineering, North China Electric Power University, Baoding 071003, China)

Abstract: In view of the problems existing in the teaching process of "Communication Electronics Circuit", the teaching team innovates the teaching model. The knowledge modules are redivided with the RF transceiver system as the main line to help students establish the concept of transmit-receive systems. And in order to improve students'

通信作者：李然,ncepulr@sina.com。

基金项目：2024年河北省研究生教育教学改革研究项目(项目编号：YJG2024122)；2024年河北省研究生专业学位教学案例(库)建设项目(项目编号：KCJSZ2024127)；2023年"双一流"研究生人才培养建设项目；2024年华北电力大学优秀团队支持计划项目；2022年教育部产学合作协同育人项目(项目编号：220505078232708)；河北省高等教育教学改革研究与实践项目(项目编号：2022GJJG405,2023GJJG415)；2022年华北电力大学教育教学改革立项项目"基于产教融合的'通信电子电路'线上线下混合式教学模式改革与实践"；2023年华北电力大学专业核心课建设项目"通信电子电路"。

comprehensive analysis ability and innovative practice ability, the course team proposes a hierarchical communication electronics circuit case library which integrates basic guided cases, real system cases and comprehensive cases. The teaching practice is carried out based on the hierarchical case library, and the results show that the teaching method can fully stimulate students' interest and improve their overall quality in high frequency circuit analysis and design.

Key words: Communication Electronics Circuit; case library construction; hierarchical case library

引言

"通信电子电路"课程是普通高校通信、电子类专业的必修课程,它不仅使学生掌握通信电子电路的基本理论,更重要的是培养学生的硬件电路综合分析能力并帮助学生建立系统工程概念[1-2]。由于课程中涉及的功能电路形式多样、概念抽象并且工程应用场景复杂,一直以来是一门教师难教、学生难学的课程。从长期的教学实践来看,学生在通信电子电路方面的分析能力、工程实践能力和设计能力普遍不理想。案例教学法以学生为中心,以解决典型问题为目标,通过案例的载体,呈现真实工程环境中的问题,将理论学习与实践有机结合,可以逐步培养学生在学习中主动发现问题、分析问题、解决问题的能力,为培养创新型人才奠定基础[3]。近年来,很多高校在各类课程中进行了案例式教学尝试[4-5]。

本文充分结合案例教学法自身的特点,重新划分了通信电子电路的知识模块,设计了分层次、多元化、立体型的课程案例库,以满足学生在不同学习阶段的需求,同时基于案例库开展了教学实践,循序渐进培养学生将课程理论应用到工程实践的能力,提高学生在通信电子电路分析设计方面的综合能力。

1 分层次案例库的建设

以射频收发整机为主线划分知识模块[6],设计基础引导型、实际系统型和综合扩展型三种逐层递进的课程案例,构建层次化、多元化、立体化的课程案例库。课程案例库案例类型构成见表1。基础引导型案例起知识点导入的作用,引导学生通过案例有针对性地学习基本概念和原理。实际系统型案例建立知识模块内部或模块之间的知识点关联,引导学生学会从实际工程角度综合分析问题,为培养学生的综合运用能力奠定基础。综合扩展型案例强化课程、学科之间的关联性和交叉性,引导学生将课程所学基本理论再加工并还原于实践,同时逐步培养综合运用相关课程,甚至相关学科知识协同解决工程实践问题的能力。

表1 分层次案例库的课程案例类型

案例类型	基础引导型案例	实际系统型案例	综合扩展型案例
案例特点	紧密联系课程的某一知识点或电路,规模小、科普型的案例	紧密联系工程实践,覆盖课程几个或多个知识模块的系统型案例	面向现代复杂通信系统,跨课程、跨学科的大背景应用型案例

根据课程案例的教学目标和教学要点,以知识模块为单元进行教学案例库的设计,见表2。每个模块至少设计一组包括两个层次的案例,这些案例来源于生活、实际系统、教师科研成果和国家科技前沿等方面,有助于学生由浅入深理解教学内容,并及时将所学理论转化为实践。

表 2 分层次案例库的教学设计

知识模块	基础引导型案例	实际系统型案例	综合扩展型案例	学时
课程认知	1. 收音机(无线电广播)	1. 射频收发系统	—	2
滤波电路	1. 收音机调谐过程 2. 人耳收听的频率范围	1. 中周变压器	1. 无线电能传输 (耦合调谐综合应用)	6
放大及振荡电路	1. 功率放大器的发展(功放) 2. 石英手表(晶振)	1. Doherty放大器(手机PA) 2. 振荡电路的仿真实践	1. 无线电能传输系统中的功放应用 2. 授时系统(综合应用)	8
频率变换电路	1. 航空通信所用的调制方式	1. 调制电路的实践操作(实验电路板)	1. 信能同传系统中信号传输所用的调制技术	14
反馈控制电路	1. 人体的自动控制	—	1. 谐振式传能系统的频率跟踪	6
综合应用	—	1. 无线电广播收发系统 2. 无线对讲	1. 无人机数传 2. 无线电能传输系统 3. 无线抄表(行业特色)	4

2 分层次案例教学示例

以"放大及振荡电路"知识模块中晶体振荡电路节次为例说明具体的分层次案例教学设计与实践过程。本节教学内容包括并联型晶体振荡器、串联型晶体振荡器和泛音晶体振荡电路等。在原有晶体振荡器基本理论的基础之上,补充生活案例、仿真操作、前沿科技案例等素材构建本节的层次化教学案例。教学过程以学生为主体,通过案例分析、仿真、研讨等教学环节引导学生主动建立知识体系。

2.1 基础引导型案例——石英手表的内电路

振荡器是构成频率源的核心电路,是通信电子电路收发系统中重要的单元电路。振荡器与其他电路的最大不同点就是只有输出信号,却没有输入信号。除了在通信电路系统中,振荡器在生活中也有非常广泛的应用,但学生在学习过程中往往只注重电路原理的理解,而忽视其应用,导致理论学习脱离了实践。为避免上述现象,在课程中引入石英手表内电路作为引导型案例,展开晶体振荡器基本原理的学习。通过该案例引导学生自主总结石英晶体振荡器的优良特性。将本案例应用在振荡器知识点的导入阶段,有利于激发学生学习探究的兴趣,同时使学生在学习过程中不脱离系统概念,帮助学生理论联系实际。

2.2 实际系统型案例——虚仿实验操作

经过一阶段的理论学习之后,开展基于虚拟仿真实验平台的实际操作,分组完成晶体振荡电路的搭建与调试,如图1所示。通过实验现象观察,和先修知识(小信号放大电路)形成对比,总结电路的特点,揭示电路的工作原理,学会运用所学理论解释工程问题。

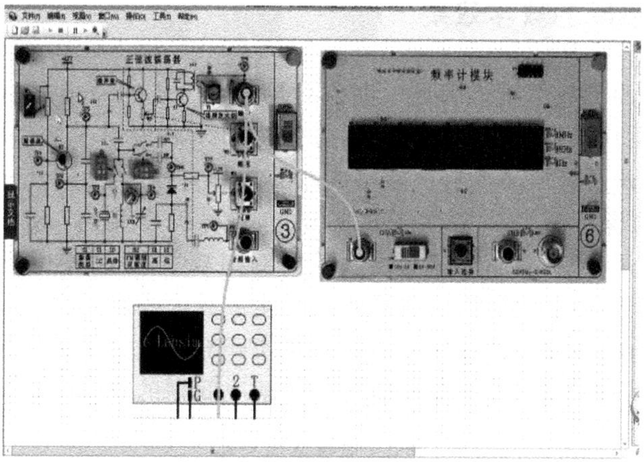

图 1　分组虚仿实验

该仿真案例涉及测试仪器选取、单元电路连接、电路调试等环节,学生通过实际演练,掌握电路连接、参数设置、电路调试和故障排查等初步的实践技能。课后学生通过模仿实验案例,可尝试设计搭建局部小系统,学习通信系统设计和调试方法。由该案例,引导学生将课堂理论快速转化为实际操作,既强化对理论知识的理解,又培养初步的工程实践能力。

2.3　综合扩展型案例——铯原子钟

高阶能力的培养强调将课程所学扩展到整个学科或跨学科的实际大工程应用中,学会综合运用学科知识分析和解决问题,因此需引入现代通信系统综合扩展型实用案例。本知识点的综合扩展型案例引入国家授时系统的核心设备——铯原子钟这一自主技术展开分析研讨,讨论晶体振荡电路在其中所起的作用。

授时系统所用的铯原子钟的结构框图如图 2 所示,其中涉及的频率综合器、晶体振荡器等模块都和通信电子电路的基本理论有密切联系,同时该案例又综合无线电通信、量子力学、自动控制等学科知识,需要引导学生理解多学科交叉融合的意义。在授课过程中,首先将复杂的系统模块化,其次提取其中和课程理论有密切联系的晶振模块进行详细分析,最后使学生明确所学知识的具体应用,提升综合运用知识解决实际工程问题的能力。

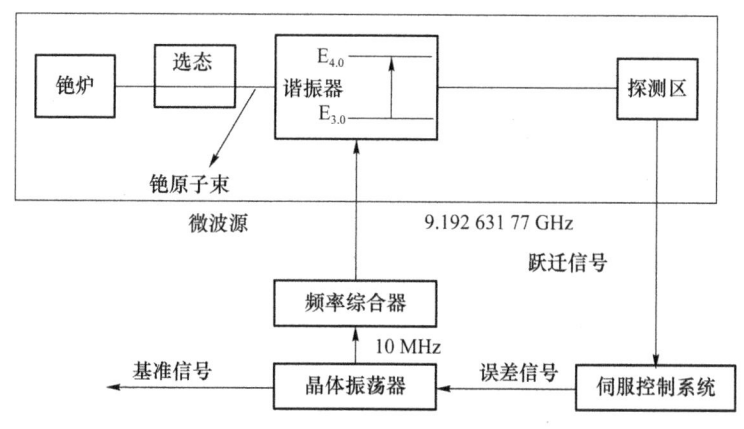

图 2　铯原子钟结构图

3 基于分层次案例库的教学效果

基于分层次案例库的教学模式满足学生在不同学习阶段的需求,强化学生对课程理论的理解,逐步培养学生运用知识解决实际问题的能力。2020年春季学期,教研组在2018级通信工程专业的1个教学班进行了基于层次化案例库的教学实践,表3对比了该课堂和2017级通信工程专业某课堂的课程成绩。两次考试的试卷难易程度相当,综合分析类题目占比为50%。通过表3的结果分析,实行基于分层次的案例库教学方式,整体成绩得到了提高,特别是良好成绩的学生人数大幅度增加,中等成绩的学生人数大幅度减少,中等以下成绩的学生人数略有减少。实践证明,基于分层次案例库的教学实践充分发掘了中等成绩的学生的潜力,充分调动了学生自主学习的积极性,学生综合分析和解决问题的能力得到了显著的提高。

表3 课程成绩对比

年级	≥90分	80～89分	70～79分	60～69分	<60分
2017级(39人)	10%	8%	40%	24.5%	15.5%
2018级(50人)	10.3%	38.5%	15.4%	23%	12.8%

4 结语

教学团队建立了集基础引导型、实际系统型、综合扩展型为一体的分层次通信电子电路案例库,与传统的案例库相比较,不同层次的案例形成互补、循序渐进、由浅入深地引导学生提高分析和解决问题的能力。通过教学实践,基于分层次案例库的教学方法充分体现了学生的主体地位,大大激发了学生的学习兴趣,有效帮助学生建立整机系统的概念,强化理论联系实际,显著提升学生的综合分析能力和创新实践能力。

参 考 文 献

[1] 余萍,韩东升,李然,等. 案例式"通信电子电路"模块化实验方案设计与实践[J]. 实验技术与管理,2019,36(12):174-177.

[2] 李星蓉,余萍,韩东升,等. 通信电子电路实验考试系统设计与应用[J]. 实验技术与管理,2020,37(7):19-21.

[3] 刘留,周涛,陶成. 案例教学在无线通信专业的适用性研究——以无线电波传播特性教学为例[J]. 教育现代化,2020,7(9):115-117.

[4] 赵洋,胡亚伟. 工程案例教学法在"PLC原理及应用"的教学实践[J]. 实验技术与管理,2017,34(12):222-225.

[5] 罗朝明,唐鹏,刘硕卿,等. 信息光电子学课程仿真案例教学平台建设与实践[J]. 湖南理工学院学报(自然科学版),2021,34(1):80-83.

[6] 韩东升,李然,余萍,等. 通信电子电路案例[M]. 北京:清华大学出版社,2022.

作者简介

李 然:女,1980年生,副教授,主要从事高频电路、无线充电、无线通信等方面的研究工作。

"并行"模式下的课堂教学研究

李跃光[①②]　唐淑萍[①]　马　凯[①]

[①]（亳州学院电子与信息工程系,亳州,236800）

[②]（江西应用科技学院电子信息产业学院,龙南,341700）

摘　要：传统的教学侧重于以教师为中心,在这种模式下,将不同的知识点分解成不同的章节,教师按照每个章节的内容分别给学生讲授,而在"双高计划"、新工科建设、本科层次职业教育的政策背景下,对应用型人才培养提出了更高的要求,这就需要在课堂教学中转变思路,将以教师讲授为中心转变为以学生为中心,知识点、社会需求、知识点应用和创新等并列进行的"并行"模式的课堂教学,"并行"模式下的课堂教学将在今后的课堂教学过程中发挥越来越重要的作用。

关键词："并行"模式；应用型人才；课堂教学

Research on Classroom Teaching in Parallel Mode

Li Yueguang[①②]　Tang Shuping[①]　Ma Kai[①]

[①](Department of Electronic and Information Engineering, Bozhou University, Bozhou 236800, China)

[②](College of Electronic Information Industry, Jiangxi University of Applied Science, Longnan 341700, China)

Abstract: Traditional teaching focuses on teacher-centeredness, in which different knowledge points are decomposed into different chapters, and teachers teach students separately according to the content of each chapter. However, under the policy background of the "Double High Plan", the construction of new engineering disciplines, and undergraduate vocational education, higher requirements have been put forward for the cultivation of applied talents. This requires a shift in thinking in classroom teaching, from the traditional teacher centered teaching to a student-centered "parallel" teaching model that combines ideological and knowledge points, social needs, knowledge point application, and

---

通信作者：唐淑萍,93695656@qq.com。

innovation. Classroom teaching under the "parallel" teaching mode will play an increasingly important role in the future classroom teaching process.

Key words:"parallel" mode; applied talents; classroom teaching

1 引言

2019年2月,国务院颁发的《国家职业教育改革实施方案》提出:到2022年,我国的职业院校教学条件基本达标,一大批普通本科院校向应用型转变,并进一步完善应用型人才培养体系[1]。近年来,办学定位清晰、特色凸显的应用型、技术技能型人才更符合当前产业需求,应用型本科高校受到充分重视并得到快速发展[2]。而传统的教材、教学思路和教学设计等已经不能满足需求,需要以学生为中心、以教育为灵魂、以应用为主线、以知识点为牵引、以需求为导向、以创新为引领的"一心五线"式"并行"模式课堂教学。

2 "并行"模式课堂教学

2.1 "并行"模式课堂教学概述

在传统的教学过程中,以教师为中心,教师教什么,学生学什么,导致经常会出现学生在学成以后,对于教师讲授的内容在实际工作中几乎用不到,使得许多学生出现"学习无用论"的思想,而真正需要用到的知识老师几乎又没有教过。在"串行"模式教学过程中,以知识点为主线。比如,现在的MOOC大学,将知识点串在一起,构成了一门课程,这样非常容易脱离培养应用型人才的主线。在实际教学过程中,还需要花费大量的精力对课程进行重新设计,才能符合培养应用型人才的课堂教学需求。但在"并行"模式下的课堂教学,以学生为中心,制定出符合学生学情的课堂教学设计,在教学设计中,以应用为主线,同时不能偏离知识点,以需求为导向,如国家需求、人民需求、企业需求等,同时以创新为引领,只有这样才能打造出符合应用型人才培养的"金课"。"并行"模式课堂教学示意图如图1所示。

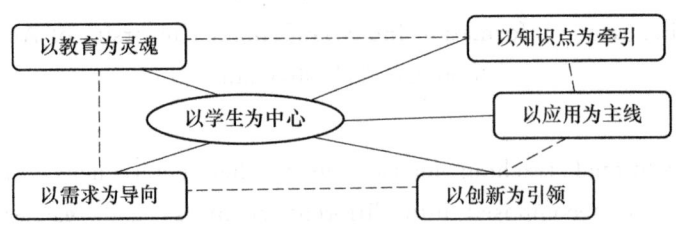

图1 "并行"模式课堂教学示意图

2.2 "并行"模式课堂教学设计

2.2.1 确定课堂教学目标

教学目标主要分为三点:①知识目标,通过课程的学习让学生学习到哪些知识点;②能力目标,通过课程的学习让学生可以解决实际应用方面的哪些问题;③素质目标,该目标确定了整个教学的灵魂,让学生树立"对人民的感情、对社会的责任、对国家的忠诚"等意识。

2.2.2 分析学习需求

以"Scala 程序设计"这门课程为例来讲,第一节课的课堂教学目标是让学生了解为什么要学习 Scala 语言?主要从以下四个方面来分析。

第一,计算机程序员在全球使用编程语言的工资排名,Scala 语言 2020 年在全球排名第 2,物质需求需要。

第二,Scala 语言采用了函数式编程方式,大大降低了程序的等待时间,技术需求需要。

第三,Scala 语言的高并发特性,使得多核 CPU 的性能能够充分发挥,硬件需求需要。

第四,我国是一个人口大国,特别是大数据时代,需要计算的数据量很大,这就需要一个高并发的计算机语言,正好 Scala 语言可以满足条件。

2.2.3 导入相关的课程案例

在课程案例选择上,可以选择和知识点相关的元素,使得知识点和教育元素相互融合,使学生一方面能够把握内容的精髓,另一方面又能够掌握知识点原理和应用,这样可以避免知识点的枯燥和内容的乏味。再以"Scala 程序设计"这门课程为例来讲,从国家的 1980 年的 GDP 为 5 373 亿元,到 2020 年的突破 100 万亿元,短短几十年,中国 GDP 总量整整翻了 200 倍,如果采用命令式编程的方式计算,新的数据计算所花费的时间在计算机性能没有提高的前提下,是以前的 200 倍,但是如果采用 Scala 函数式编程方式,加上计算机性能的提高和中央处理器多核 CPU 的增加,计算所花费的时间几乎一样。利用国家经济发展作为教育元素,培养学生的爱国主义情怀,同时案例又不脱离课程,围绕课程开展教育。

3 "并行"模式课堂教学管理

以学生为中心。以学生为中心,就是通过课堂教学,检查学生学习的三个目标达成情况,将检查结果作为课堂教学的评价指标。"五条线"都紧紧围绕学生这个中心,同时这"五条线"线与线之间又存在联系。

以教育为灵魂。将教育元素融入课堂教学的知识点中,这需要有一定的教学技巧,同时还需要教育元素的挖掘技巧。教育元素实质上是一种课程观,不是增设一门课也不是增设一项活动,而是将高校教育元素融入课程教学的各个环节、各个方面,实现立德树人[3]。以"Scala 程序设计"这门课程为例,要做好课程教育,首先要找出这门课程需要给学生讲解的知识点,其次将知识点与学生德育工作的内容相融合,将融合后的案例加入课程教育元素库中,当讲授到某个知识点时,就从课程教育元素库中取出教育元素,从而让课程更具有灵魂。

以应用为主线。应用型大学的人才培养重在应用,将在课堂上所学的知识转化为实实在在的应用,是课堂教学的主要目的,所以在课堂教学中,将具体应用作为主线,使学生在学成后,能够利用所学知识应用到改变人类生活、实现人生价值的目的中。只有全面了解社会的应用,才能将应用成果搬到课堂上来,这里"双师型"教师起了巨大的作用。"双师型"教师在企业工作了多年,对于企业运用了哪些知识和技术、实现了哪些功能都非常清楚,将这些功能和应用与需要给学生讲授的知识点相结合,可以在培养应用型人才上发挥巨大作用。

以知识点为牵引。将课堂教学的知识点进行划分,目前传统的课堂教学知识点划分为重难点知识点和一般知识点,在"并行"模式课堂教学过程中,可以将知识点分成三类。第一类为"体验型"知识点,通过体验这些知识点的作用,知道怎样来使用这些知识点就可以了。比如,在"Scala 程序设计"这门课程中,前提必须安装 JDK 软件,但是 JDK 软件怎样编写和生成的学生可以不需要知道,在本课程中只要知道怎样下载、安装就可以了。第二类为"探究性"知识点,这类知识点就需要学生全面掌握,需要从原理、结构和功能等全面地掌握。第三类为"拓展型"知识点,这类知识点最大的特点就是目前知道这类知识点能够实现某些功能,但是还没有被社会挖掘,需要学生自己在今后的学习和工作中自己解决。

以需求为导向。有需求的场景才会有应用的价值,在课堂教学过程中必须考虑需求。比如,在"Scala 程序设计"这门课程中,Scala 语言是马丁·奥德斯基(Martin Odersky)于 2001 年开发,一直到近几年才被广泛关注,Scala 程序员的工资收入在全球计算机语言程序员收入排行榜上,从 2019 年的第 4 名上升到 2020 年的第 2 名,主要原因还是需求起了巨大作用。也是因为有了需求,才有了"Scala 程序设计"这门课程,所以在课堂教学过程中一定要以需求为导向,才能将课程建设得更好。

以创新为引领。习近平总书记指出:"创新是一个民族进步的灵魂,是一个国家兴旺发达的不竭动力,也是中华民族最深沉的民族禀赋。在激烈的国际竞争中,惟创新者进,惟创新者强,惟创新者胜。"这就需要应用型大学在教学方法、教学手段和教学理念等方面创新,培养学生的创新性思维,鼓励学生利用好所学的知识,针对当前社会的需求,进行技术的创新,实现自己的人生价值。

4 "并行"模式课堂教学重难点问题

通过运用"一心五线"的"并行"式课堂教学,可以让学生在快乐中学习,但是对课堂教学就有了更高的要求,同时也存在一些重难点问题迫切需要解决。

4.1 "双师型"教师队伍

使用"并行"模式课堂教学,需要对教师队伍提出更高的要求,需要"理论+实践"式"双师型"教师队伍。但是目前对"双师型"教师队伍建设过程中还存在一些问题:①"双师型"教师推行的时间不长,还有许多人对于其中的内在含义还不够了解,存在一定的认识误区;②在"双证说""双智能说""双融合说"等方面没有明确界定;③在"双师型"教师培养上,忽略了教师个人素养的培养,导致难以满足"双师型"教师队伍建设的基本要求。针对"双师型"计算机专业的教师来讲,要有在企业的实际开发经验,同时对教学过程也能相当熟悉,符合大学教师的讲课标准,才能作为合格的"双师型"教师。"双师型"教师对一个项目的整体架构或者设计思路有清晰的了解,从实际项目中寻找需要讲授的知识点,而这些知识点正好是学生需要掌握的,这项工作对于"双师型"教师来说难度系数不大,同时又可以充分挖掘课堂教学的应用性和学生学习的主动性,提升学生对课堂的兴趣。

4.2 应用型人才培养教材

教材是教学内容、教学思想、培养目标和课程体系的有力媒介[4]。对于高等教育来说,教材对教学质量的提高至关重要。没有一流的本科教材就没有一流的本科教学[5],一流课程也将无从谈起。

目前的教材大都采用"串行"式的编写方式,从第一章按顺序编排到最后一章。在这种模式下,学生哪怕掌握了一两个知识点,甚至多个知识点,也不能完成一个项目或达成软件制作目标。直到所有课程结束,学生才有可能达成这个目标。这对于大多数没有耐心的学生来说,很可能就会半途而废。因此,编写适用于应用型人才培养的教材是十分必要的。

4.3 课堂教学设计

传统的课堂教学设计,从知识点出发,忽视了以学生为中心,虽然知识点的讲授在教学过程中能够完成,但是学生对知识点的掌握程度会大打折扣,而"并行"模式下的课堂教学,以学生为中心,采用"一心五线"式的课堂教学,以实际任务为驱动,改变传统的教学设计思想,整个教学都围绕学生这个中心,其余"五线"并行开展的课堂教学设计。

4.4 教学实例说明

"Scala 程序设计"课程,通过"一心五线"的教学方法,让许多大数据专业的学生受益。计算机语言类课程讲授很多教师都会在教育元素挖掘、知识点深度和案例寻找与设计方面花费大量时间,还总会出现这样或者那样的问题。比如,教育元素挖掘好了,知识点深度方面又出现了问题,出现这种情况的主要原因是对课程缺少整体把握,而运用"一心五线"的"并行"式课堂教学,以学生为中心,从提出问题、分析问题、解决问题和总结问题的思路,将系统的需求、系统的功能、系统所需要的知识点、系统应用的拓展(创新部分)和教育政策元素完美融合在一起。

计算机语言类课程难度大,在大学里是一个不争的事实,传统的课堂教学枯燥乏味,加上抽象化的思维和应用功能的拓展,学生掌握语言的整体特性难度大。如果换一种思路进行课堂教学,运用"一心五线"的"并行"式课堂教学,可以让学生在快乐中学习。

5 "并行"模式课堂教学实施效果

在"Scala 程序设计"课程教学中,采用"并行"模式课堂教学实验,通过一个学期的教学实践,实施效果主要体现在以下几个方面。

(1) 提高了教学效率与学习成效

"并行"模式通过微课等教学资源,使学生能够在教师的指导下进行自主学习,实现多对多的知识供应关系。这种模式降低了学生接受知识的门槛,使教学更加灵活和高效。例如,在教学中,微课以图像、音乐相结合的影像或动画形式展现知识讯息,有助于学生更好地理解和掌握知识点。教师有更多的时间和关注力投放到学生个体中,能够针对学生的不同情况进行个性化指导,从而提高教学效果。学生在学习过程中遇到的问题可以及时得到教师的解答和帮助,避免了传统教学中"一刀切"的弊端。

(2) 促进学生全面发展

"并行"模式强调学生的自主学习和合作学习,培养了学生的独立思考和解决问题的能力。学生通过小组讨论、微课自学等形式,提高了自主学习的能力,为终身学习打下了坚实的基础。小组讨论和合作学习等环节促进了学生之间的交流和合作,培养了学生的团队协作能力和社交技能。在合作过程中,学生可以相互学习、相互帮助,共同完成任务,增强了班级凝聚力和集体荣誉感。

(3) 提升课堂氛围与参与度

"并行"模式采用多样化的教学手段和方法,如微课导学、小组讨论、作品展示等,激发了学生的学习兴趣和积极性。学生可以根据自己的兴趣和特长选择学习内容和学习方式,增强了学习的主动性和创造性。通过小组讨论、作品展示等环节,学生可以积极参与课堂活动,表达自己的观点和想法。这种互动式的教学方式有助于提高学生的课堂参与度和学习效果。

6 结束语

通过对"并行"模式下的"一心五线"式课堂教学,能够充分展示以学生为中心的教学模式,让学生从枯燥、抽象的课程中解脱出来,将知识点与教育元素相融合,同时以应用为主线、以需求为导向、以创新为引领的"并行"模式的课堂教学。可以提高学生的学习热情,充分培养良好道德素养,更能体现应用型大学的特点,培养出对国家和社会有巨大作用的应用型人才。

参 考 文 献

[1] 国务院关于印发国家职业教育改革实施方案的通知[EB/OL].(2019-02-13)[2025-01-15].

[2] 王宇雷."数控车床操作与编程"中行动导向法的应用[J].现代交际,2022(2):188-189.

[3] 孙茂松,薛宇飞.以 MOOC 支撑一个完整的高水平本科专业课程体系:一种现实可能性[J].计算机教育,2022(21):11-16.

[4] 姜阳,杨静,唐博,等.基于项目和虚拟仿真合一的数控实践教学模式改革[J].实验室科学,2021,21(4):173-175.

[5] 邢悦.世界一流的本科教育依托于世界一流的本科教材[J].中国大学教学,2019(5):85-89.

作者简介

李跃光:男,1973 年生,教授,研究方向为智能算法、高等教育。
唐淑萍:女,1986 年生,讲师,研究方向为软件工程、高等教育。
马　凯:男,1990 年生,助教,研究方向为人工智能。

"工程牵引、项目驱动"
——新工科背景下"智能硬件课程设计"课程建设与教学改革

许晓荣[①] 张伟乐[①] 骆懿[②]

[①] (杭州电子科技大学通信工程学院,杭州,310018)
[②] (杭州电子科技大学微电子研究院,杭州,310018)

摘 要："智能硬件课程设计"实践课程团队以新工科工程教育专业认证为背景,以教育产出为导向,以培养符合工程教育专业认证要求的学生为目的,从课程教学大纲、实践教学改革成效、形成持续改进机制等多方面对课程进行了探索与改革。以"工程牵引、项目驱动"为教学理念,该课程有效激发了本科生学习智能硬件的兴趣,打造了学生"会自己学、会做中学、会思中学"的课程实践平台,构建了"工程牵引"实践教学平台,体现了"项目驱动"教学理念,提升了学生实践创新能力与教师教学研究能力,培养了学生的工匠精神、科学探索精神、团队合作精神和创新精神,教学改革成效显著。

关键词：工程牵引;项目驱动;智能硬件课程设计;教学改革

"Engineering Traction and Project Driven"
——Curriculum Construction and Teaching Reform of Intelligent Hardware Course Design under the Background of Engineering Education Accreditation

Xu Xiaorong[①] Zhang Weile[①] Luo Yi[②]

[①] (School of Communication Engineering, Hangzhou Dianzi University, Hangzhou 310018, China)
[②] (Microelectronics Research Institute, Hangzhou Dianzi University, Hangzhou 310018, China)

Abstract: "Intelligent Hardware Course Design" practical course teaching team has explored and reformed the curriculum in various aspects, such as the curriculum syllabus,

---

通信作者：许晓荣,xuxr@hdu.edu.cn。

基金项目：2024 年杭州电子科技大学高等教育教学改革研究项目(实验技术专项课题)"基于 MSPM0 系列微处理器的无线遥控模型飞机研制开发"(SYYB202405)和"基于 FPGA 技术的 RISC-V 微控制器芯片原型验证实验装置"(SYYB202401)。

practical teaching reform achievements, and the formation of continuous improvement mechanism for teaching, with the background of emerging engineering education accreditation, guided by educational outcome and cultivating students to meet the requirements of emerging engineering education accreditation. Based on the teaching concept of "Engineering Traction and Project Driven", this practical course could efficiently stimulate the students' interests to study intelligent hardware. It creates curriculum practice platform for students as "learn by themselves, learn by doing and learn by thinking", constructs "engineering traction" practical teaching platform, and reflects the teaching concept of "project driven". It enhances students' practical innovation ability as well as teachers' teaching and research ability. Students' "craftsman spirit", scientific exploration spirit, teamwork cooperation spirit and innovation spirit are all cultivated, which results in significant teaching reform achievements.

Key words：engineering traction；project driven；intelligent hardware course design；teaching reform

1 引言

新工科工程教育专业认证旨在提高我国工程教育质量,提高工程教育对产业发展的适应性,为国家经济社会发展和工业建设服务。2016年6月,我国正式加入国际上最具影响力的工程教育学位互认协议《华盛顿协议》。我国通过认证专业的毕业生,在其他国家申请职业工程师资格时,可以享有与本国毕业生同等待遇,促进工程技术人员国际流动,提高我国工程教育的国际影响力[1-2]。工程教育认证是对现有工程教学的检验,也是今后开展工程教育的重要依据,因此得到了全国各地高校的积极响应,我校电子与通信工程类各专业均积极开展了专业认证相关工作。

实践教学对培养学生的实际动手能力、开拓创新能力和提高学生的综合素质起着至关重要的作用。工程教育专业认证明确提出要设置完善的实践教学体系,培养学生的工程应用能力[3]。因此,结合工程教育专业认证的要求,以学生为中心,以教育产出为导向,进行高校实践课程的改革是提高工程教育人才培养质量的基础[4]。

"智能硬件课程设计"实践课程是电子与通信工程类专业的重要专业实践课程。通过课程的学习,使学生能够在具备基本的电子电路知识和程序编写知识的基础上进行综合运用,设计开发实际电子产品应用系统,从而锻炼学生解决复杂工程问题的能力和培养他们的创新意识[5-6]。

2 教学问题与课程建设

(1) 以教育产出为导向进行课程教学模式改革,构建"工程牵引"实践教学平台

"智能硬件课程设计"实践课程需要解决的教学问题、课程改革思路与解决方法见表1。根据新工科背景下工程教育专业认证中教育产出导向理念,对"智能硬件课程设计"实践课程进行教学模式改革,以学生学习成果为导向,对照专业培养计划中毕业生应具备的核心能力和

毕业要求指标点,反向设计课程的教学大纲。通过与产业界知名企业进行紧密合作,构建"工程牵引"实践教学平台[7]。通过以教育产出为导向的教学模式改革和构建"工程牵引"实践教学平台,打造了学生"会自己学、会做中学、会思中学"的课程实践平台,提高了学生对"微处理器与嵌入式系统"课程学习的积极性,有效培养了学生的实验技能和团队合作能力。

表1 "智能硬件课程设计"实践课程需要解决的教学问题、改革思路与解决方法

教学问题	改革思路	解决方法
硬件平台难以及时更新、难以体现"智能化"	教学模式改革	• 课程团队与产业界知名企业共建杭电-TI MCU联合创新实验室,企业资助半导体器件与开发板应用于课程教学,解决硬件平台更新的时效问题; • 课程团队教师连续多年与产业界知名企业合作申请教育部产学合作协同育人项目; • 课程团队教师自制实验设备; • 硬件平台扩展板根据不同项目的需求进行自主配置,体现"智能化"
硬件类实践课程演示/验证性实验多、综合设计性项目课题偏少且设计项目单一	教学内容与教学评价改革	• 基础实验＋综合项目设计; • 学生以团队形式完成综合项目设计; • 项目选题采用教师建议课题和学生自主申报创新性课题相结合的方式; • 采用形成性评价与终结性评价相结合的差异化考核方式,重点考核学生动手能力与团队协作能力

(2) 以"项目驱动"进行课程教学内容与教学评价改革,提升学生实践创新能力与教师教学研究能力

以新工科背景下工程教育专业认证"以学生为中心、以教育产出为导向、形成持续改进机制"三大理念为指导,以"项目驱动"理念对"智能硬件课程设计"实践课程进行教学内容与教学评价的改革[8]。以"项目驱动"理念,课程团队教师通过课程建设、发表教改论文、与产业界知名企业合作申报教育部产学合作协同育人项目、立项自制实验设备课题与实践类教改项目、出版教材与编写实验指导书、获得教学奖励、指导本科生竞赛、发表论文与授权专利等多个方面取得了显著的教学成效,切实提升了教学研究能力。

3 课程教学改革

"智能硬件课程设计"课程教学团队根据工程教育专业认证标准的要求,从课程大纲,包括实验教学目的、实验教学内容和实验成绩考核标准,持续改进机制方面对该实践课程进行了探索和改革[9-11]。课程具体改革措施如下。

(1) 明确实验教学目的。培养学生通过运用软硬件知识解决复杂工程问题的能力以及培养团队合作能力。

(2) 调整实验教学内容。结合产业界知名企业德州仪器(TI)半导体技术(上海)有限公司提供的模拟器件和MCU微控制器核心板(MSP430系列/MSPM0系列/MSP432系列/CC3220系列)和课程团队教师自制与上述MCU匹配的扩展板实验平台,制定实验教学内容[10-11]。"智能硬件课程设计"实践课程教学内容由基础实验部分和综合项目设计部分组成(图1)。综合项目设计部分由学生以团队形式完成。成员之间分工明确,体现团队合作精神。

（3）合理化成绩考核标准。课程采用形成性评价与终结性评价相结合进行差异化考核。终结性评价采用综合项目设计作品验收、现场答辩、提交实践报告的工程教育训练方式[10-11]。重点考核学生在实践过程中的动手能力和团队协作能力，通过团队分工合作进行高效工作，达到综合项目设计的各项验收指标。

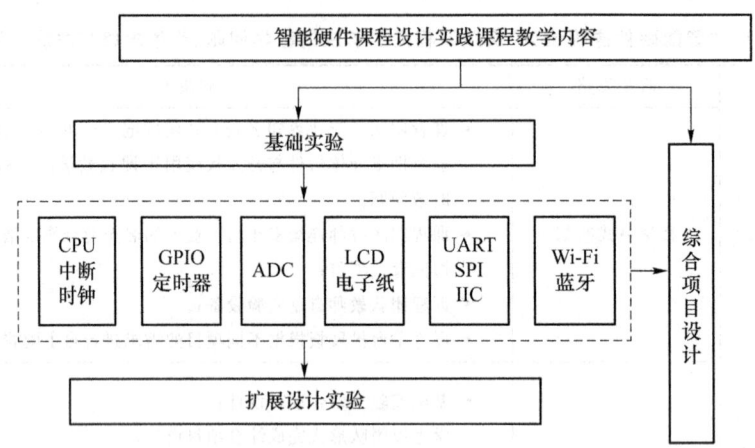

图1 "智能硬件课程设计"实践课程教学内容

4 课程教学改革成效

课程团队以"项目驱动"的教学理念，有效激发本科生学习"微处理器与嵌入式系统"课程的兴趣，学生通过组建团队合作完成课程综合项目设计作品的开发。近五年来，依托课程综合项目设计，课程团队教师指导的本科生申报并立项 1 项国家级大创项目、2 项省级大学生新苗人才计划项目和 7 项院校级大创项目，本科生以第一作者发表论文 3 篇、授权专利（软件著作权）4 项、竞赛获奖二十余项。

课程团队教师通过课程建设、发表教改论文 5 篇、立项教育部产学合作协同育人项目 5 项、立项自制实验设备课题与实践类教改项目 2 项、出版教材与编写实验指导书 4 部。2021年，课程负责人负责的"微处理器课程组"被评为学校优秀基层教学组织。课程团队教师荣获 2022 年度校级优秀教学成果奖二等奖、学校教师教学创新大赛实验技能专项赛二等奖等教学奖励多项。

5 结论

本文介绍了"智能硬件课程设计"课程建设与改革案例，在新工科工程教育专业认证背景和"工程牵引、项目驱动"的理念下实施课程建设与创新人才培养实践，积极贯彻落实新工科建设中实践类课程的产教融合，以"项目驱动"提升学生实践创新能力与教师教学研究能力。实践证明，通过课程建设与实践教学改革，学生的工程意识、动手能力、创新能力和团队协作能力得到了提升，有效培养了学生的工匠精神、科学探索精神、团队合作精神和创新精神，教学改革取得了显著的成效。

参考文献

[1] 吴启迪. 提高工程教育质量,推进工程教育专业认证——在全国工程教育专业认证专家委员会全体大会上的讲话[J]. 高等工程教育研究,2008,26(2):1-4.

[2] 罗正祥. 工程教育专业认证及其对高校实践教学的影响[J]. 实验室研究与探索,2008,27(6):1-3.

[3] 李建霞,闫朝阳. 工程教育专业认证背景下数字电子技术实验改革[J]. 实验室研究与探索,2017,36(1):156-159.

[4] 赵双琦,耿蕊,张晓青,等. 基于工程认证标准的《信号与系统》实验教学探索[J]. 实验科学与技术,2018,16(2):166-169.

[5] 朱敏杰,罗珩,余亚东. 改革单片机教学 培养应用型人才[J]. 实验室研究与探索,2012,31(2):144-147.

[6] 丁保华,张有忠,陈军,等. 单片机原理与接口技术实验教学改革与实践[J]. 实验技术与管理,2010,27(1):117-119.

[7] 高波,霍凯,陈羽,等. 新工科背景下提升学生创新实践能力的探究[J]. 实验室研究与探索,2022,41(6):178-181.

[8] 唐炜. 基于"项目驱动"的单片机类课程实践教学改革[J]. 实验室研究与探索,2010,29(5):130-132.

[9] 许晓荣,骆懿,黄怡. 基于MSP430系列微处理器课程设计的研究与探索[J]. 实验室研究与探索,2019,38(3):37-41.

[10] 黄怡,骆懿,许晓荣. 双向通信控制系统的实验教学设计与实践[J]. 实验技术与管理,2018,35(9):154-157.

[11] 黄怡,骆懿,许晓荣,等. 工程教育专业认证背景下微处理器实践课程的改革[J]. 实验科学与技术,2020,18(1):101-105.

作者简介

许晓荣:男,1982年生,副教授,硕士生导师,研究方向为微处理器与接口技术、智能反射面、绿色高能效无线通信等。

张伟乐:男,2000年生,硕士研究生,研究方向为微处理器与接口技术、智能反射面、全息MIMO、绿色高能效无线通信等。

骆　懿:男,1976年生,正高级实验师,硕士生导师,研究方向为微处理器与接口技术、嵌入式系统设计开发等。

"通信原理"的生成式教学改革探索

唐江波[①②]　洪浩然[③]　解相弘[①]

[①](广州工商学院工学院,佛山,528138)

[②](广州工商学院新一代电子信息技术研究所,佛山,528138)

[③](广东外语外贸大学南国商学院,广州,510545)

摘　要："通信原理"作为通信工程专业的核心课程,由于其理论知识深奥,学习难度高,因此传统的教学方式很难满足学生个性化的学习要求,也难以满足应用型本科院校的"应用至上"应用型人才培养理念。本文以"通信原理"为研究对象,探讨了生成式教学改革的可能性、生成式教学的实施策略和改革过程中的注意事项。"通信原理"的督导评价、学生评价及期末考试成绩显示,生成式教学改革是成功的。

关键词：生成式教学；"通信原理"；以学生为中心

Exploration of Generative Teaching Reform in "Principles of Communications"

Tang Jiangbo[①②]　Hong Haoran[③]　Xie Xianghong[①]

[①](School of Engineering, Guangzhou College of Technology and Business, Foshan 528138, China)

[②](Institute of New Generation Electronic Information Technology, Guangzhou College of Technology and Business, Foshan 528138, China)

[③](South China Business College, Guangdong University of Foreign Studies, Guangzhou 510545, China)

Abstract: As a core course in communication engineering, "Principles of Communication" has profound theoretical knowledge and high learning difficulty. Therefore, traditional teaching methods are difficult to meet the personalized learning requirements of students and the "application-oriented" talent cultivation concept of applied undergraduate

通信作者：唐江波,183324378@qq.com。

基金项目：粤港澳大湾区教改项目(项目编号：WGKM101430)；2023年度广东省本科高校教学质量与教学改革工程项目("通信原理"教育教学改革项目)；2023年"通信原理"一流课程(项目编号：YLKC202301)；2024年广东省"通信原理"课程思政示范课程。

colleges. This paper takes "Principles of Communication" as the research object, explores the possibility of generative teaching reform, the implementation strategies of generative teaching, and the precautions during the reform process. The supervisory evaluations, student evaluations, and final exam scores of "Principles of Communication" show that the generative teaching reform has been successful.

Key words：generative teaching；"Principles of Communications"；students-centered

1 引言

数字技术不断创新并逐步融入社会、经济、政治等各个方面,引发了高等教育人才培养理念、方式和治理体系的系统性变革。2023 年全国教育工作会议强调"统筹推进""纵深推进"等教育数字化。教育数字化转型是深化数字技术与教育融合发展的必然选择,也是推动未来教育创新和变革的重要路径[1]。《中国教育现代化 2035》强调利用现代技术加快推动人才培养模式改革,实现规模化教育与个性化培养有机结合。而随着以 ChatGPT 为代表的生成式人工智能大模型的涌现,突破了时空和个体间的屏障,连接起各个领域的学习网络,必然可在教育的数字化转型中起到不可替代的作用。教育数字化转型以技术推动教育全领域、全生态变革,应紧密结合生成式人工智能等人工智能技术,以创新的教育理念和实践策略,推动转型不断深入。生成式人工智能将在学、教、管、评等诸多教学场景发挥巨大作用,促进教与学效率的提高和教育方式的革新[2]。

"通信原理"作为通信工程专业的核心课程,由于课程特点,传统教学方式很难满足学生个性化的学习要求,也难以满足应用型本科院校的"应用至上"的人才培养理念。因此,本文以"通信原理"课程为研究对象,探讨生成式教学改革的可能性和实施策略。

2 生成式教学理论概述

传统的预设性教学模式是教师按照预设的计划和步骤进行教学,缺乏主动性和创造性。生成式教学是课堂教学中相对于预设性教学的教学实践,以学生为主体,根据与学生的互动状态不断调整教学思路与教学行为的教学形态。生成式教学具备参与性、非预设性与交互性的特征。强调教师引导学生主动参与学习过程,成为学习的主体,充分发挥学生的主动性和创造性;通过学生的独立思考、自主探究、实践创新、合作交流等活动,自主完成研究过程,优化研究效果,生成新的知识和技能,促进学生的智力发展,激发学生的学习兴趣,保持记忆,最终提高教学质量。生成式教学理论的核心是"生成",即学生的学习过程是一个不断生成新知识、新理解的过程[3]。

3 "通信原理"的生成式教学的开展过程

"通信原理"的生成式教学需要具有生成式教学思维的教师灵活运用教学策略以促进生成。教师要善于把握和捕捉有价值的生成点来延伸知识、拓宽学生视野,引导学生自主学习并去了解课外知识,使学生进入一个新的学习天地。生成式教学的开展分课前、课中和课后三个阶段。

3.1 课前:精心备课,设计学习活动

教师是课堂教学的引导者、课堂活动的参与者、教学情境的缔造者、生成式资源的重组者、教学生成过程的监督者。因此,教师在课前需要做好以下三件事情。

① 发布教学资料。根据课堂教学的知识点,在学习平台发布学生课前学习所需的多种形式的资料,引导学生自主学习,并布置相应的学习任务。

② 完成课程教学设计。结合学生课前学习任务的完成情况,确定教学目标,设计具有一定弹性的教学设计,为生成式教学的实施创造条件和空间。

③ 发放讨论问题或问卷调查。以多种方式了解学生对现有知识的掌握程度,以便从学生角度创设合适的问题情境。例如,在讲解模拟信号数字化时,课前发布作业:奈奎斯特低通信号采样定理及模拟信号的恢复,低通信号采样定理是否适用带通信。以此引导学生复习奈奎斯特低通信号采样定理及内涵,并引导学生带着问题自主学习基本的定理和概念。

3.2 课中:创设情境,互动探究

学生是课堂的主角。教师通过对学生进行引导或启发式问题的形式开始教学,从而提升学生分析、解决问题的能力,并树立团队合作的意识。例如,在讲解带通信号的采样定理时,需要先给定小组探究任务:带通信号采样后的频谱图,并思考如何提高频带利用率。学生之间相互交流讨论自主学习时发现的问题、教师答疑或实践操作来解决,从而生成知识和方法。总的来说,在课中要注意以下六个方面。

① 生生互动,师生互动,完成小组任务。教师要引导学生参与、讨论、质疑、发表观点、展示成果。对于如何恢复采样后的模拟信号,学生有课前的准备,因此能够踊跃回答。在教学实践中进一步引导学生思考如何对带通信号进行采样。学生通过画采样信号的频谱图、思考原因,能深刻理解带通采样的原理,做到了对知识记忆更牢固。

② 及时串联知识,巧妙实现重组。为确保学生自主探究、协同探究的效果,教师要及时引导学生对知识点进行串联。例如,在讲解基带传输系统时,首先引导学生思考基带信号存在于哪些模块,其次引导学生思考该模块的主要工作作用,再次引导学生思考基带信号编码的选码原则,最后引导学生思考手机是如何实现模拟信号数字化的,编码方案有哪些。

③ 培养学生解决实际问题的能力。教学的目标主要是培养学生运用所学知识解决实际问题的能力。例如,在讲解用 PCM 编码时,先让学生思考对于 0 采样值的编码结果,再实验验证。在实验验证的过程中,引导学生交流讨论为什么实际结果的规律与理论结果不一样,从而让学生理解当无信号或幅值为 0 时,编码数据全 0 容易使系统失步。

④ 捕捉课堂意外,及时并联知识。因学生的能力、理解角度、操作方式等不同,课中会出现各种意料不到的情况,这时教师要能及时巧妙转化。例如,在用实验箱做实验的时候,板位弄错或者用不正确的实验板都会导致找不到实验接口或实验结果不对甚至发生烧坏实验板的情况。因此,教师要引导学生挑选实验板、认真观察板位号,根据实验板上的标识进行安装;然后引导学生将实验板的功能与手机通信或其他通信系统对应的功能模块联系起来,从而提高学生的实践应用能力。

⑤ 适时质疑问难,诱发创新火花。教师要适时地通过不断质疑问难,促使学生进行深入思考,积极主动创新。例如,教师在讲解通信系统的一般模型后,要及时引导学生根据生活中的广播通信的过程画出模拟通信系统的模型;在此基础上,教师要引导学生根据模拟信号数字

化的过程,画出数字通信系统的模型。通过多次尝试后,学生的自信心得到增强,胆识得到锻炼,从而学生的成就感和自豪感也自然而然地提高了。

⑥ 巧妙留疑,挖掘潜力。知识内容不宜封闭在课堂和教室中,有扩展性,要把学生引向课堂之外的更广大的空间,让学生认识到终身学习的重要性。尽量利用学生的好奇心来挖掘学生的潜力,让学生做到寓学于乐。例如,在通信系统模型部分,可以设置问题:手机与卫星的直连通信是如何实现的。让学生带着这些问题完成课后任务,能加深对课堂所学知识的理解。同时,结合千帆星座计划,实现对课堂知识的拓展。

3.3 课后:布置课后任务,及时反思、评价

① 布置课后任务。课后布置适量的任务,能强化教学效果。课后任务有自主探究的,也有小组合作的。在分组的时候,根据不同学生的学习水平和层次,布置多层次的作业。在完成任务的过程中可以做到优等生促进中等学生主动学习,还可以带动落后生的学习,从而实现分层次教学的目的。

② 反思。反思是对活动的回顾、梳理和总结过程。反思有利于拓宽教学思路、优化教学方案,总结成功经验,不断推进生成式教学;同时学习其他教师的成功经验;教师对课堂上表现不太满意的地方,剖析原因,从而找到解决的方法,从而更好做到在课堂上做好引导,避免课堂的主动权交给学生,但学生接不住或乱接等意外情况出现。

③ 评价。一方面,教师要对学生的学习情况进行全面的了解,通过答题、测试、课后拓展任务等多种方式来了解学习效果,同时也促使学生认真学习,从而有利于教师准备教学资源,优化教学生成。另一方面,采用在学习通 APP 上(或者微信)讨论、交谈、问卷调查等方式,了解学生对教师的评价、对课堂的满意度,从而进一步了解学生的感悟、疑点和见解。

4 "通信原理"的生成式教学改革注意事项

在教学内容上,应以学生的实际需求为出发点,结合最新的科研成果和技术发展趋势,更新教材内容,增加实践性和创新性的内容。在教学方法上,应采用生成式教学理论,引导学生主动参与学习过程,通过实践、探索和创新,生成新的知识和技能。在教学评价上,应从单一的考试成绩转向多元化的评价方式,包括学生的课堂表现、实践能力、创新能力等。在教学环境上,教师应创设一个开放、自由、合作的学习环境,鼓励学生积极参与学习过程。

在设计生成式教学活动方面,教师应设计一系列的生成式教学活动,如小组讨论、实验设计、项目研究等,引导学生主动参与学习过程。在提供生成式教学支持方面,教师应提供必要的学习资源和支持,如教材、网络资源、实验设备等,帮助学生完成学习任务。在进行生成式教学评价方面,教师应进行多元化的教学评价,包括学生的课堂表现、实践能力、创新能力等。

5 结论

在"通信原理"教学中采用生成式教学方法后,学生反馈效果良好,学习积极性和主动性提高(图1)。通过预设情境,教师引导学生积极参与、主动学习、大胆实践、深入思考。在教学过程中,教师要把握好学生的兴奋点和好奇心,要选好教学共振点和突破口,从而让学生成为课堂真正的主人。通过小组完成课前、课中、课后任务,增强学生的信心,提升学生的成就感。这样做能塑造学生愿意学习、善于学习、快乐学习的学习氛围,可以提高学生分析、解决问题的能

力,从而提高学生的创新能力,最后可以达到教书育人的目的。

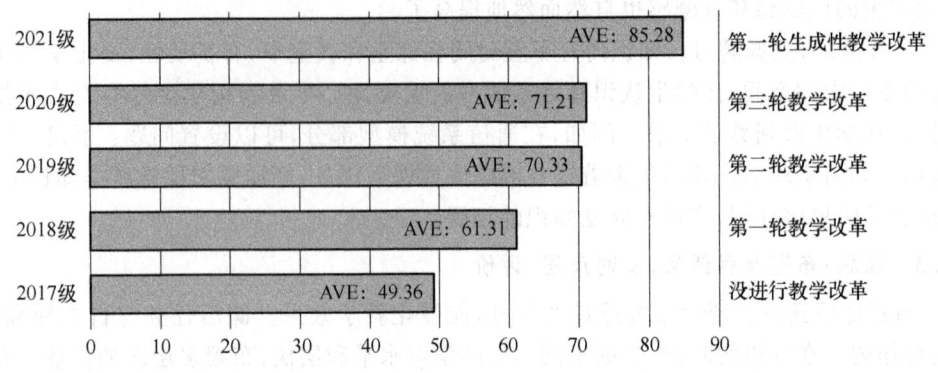

图 1　教学改革对教学效果的影响

生成式教学改革是"通信原理"教学改革的重要方向,通过改革教学内容、教学方法和教学评价,有效地提高学生的学习兴趣和学习效果,培养学生的实践能力和创新能力。然而,生成式教学改革的实施需要教师的精心设计和持续努力,需要学校的支持和配合,需要社会的理解和支持。

参 考 文 献

[1] 周雅雯. 生成式人工智能赋能高校教学应用的三维探析[J]. 汉字文化,2024(6):200-202.

[2] 龙宝新,赵文晖,李海英. 生成式人工智能对教师教学活动的挑战与应对——基于活动理论的视角[J]. 当代教师教育,2024,17(2):41-47.

[3] 马学敏,李刚. 生成式人工智能在高中信息技术教学中的应用——以《算法与程序实现》单元为例[J]. 中国现代教育装备,2024(10):15-17.

作者简介

唐江波:女,1981 年生,副教授,研究方向为智能通信。

洪浩然:男,1976 年生,副教授,研究方向为无线通信。

解相弘:男,1996 年生,助教,研究方向为图像处理。

基于OBE理念的"程序设计基础"课程教学创新改革与实践

周 慧

(江西应用科技学院智造学院,南昌,330000)

摘 要:随着信息技术的不断进步和社会对高质量人才的需求日益增长,程序设计基础课程的教学改革显得尤为重要。本文探讨了基于OBE理念的程序设计基础课程创新改革与实践。通过分析教学改革的难点,结合OBE理念的特点,提出了一系列改革策略,并在教学实践中取得了显著成效。本文旨在为其他教育工作者提供借鉴和参考,共同推动程序设计基础课程的教学改革与发展。

关键词:OBE理念;程序设计基础课程;教学改革

Innovative Teaching Reform and Practice of the "Fundamentals of Programming" Course Based on the OBE Concept

Zhou Hui

(Intelligent Manufacturing College, Jiangxi University of Applied Sciences, Nanchang 330000, China)

Abstract: With the rapid development of information technology, programming has become an indispensable core course in computer science majors at universities. In traditional teaching modes, this course often focuses on knowledge impartation and technical skill development, neglecting the comprehensive development of students. Therefore, this paper introduces the OBE concept into the teaching of basic programming courses, aiming to enhance students' technical abilities and overall qualities through clear teaching objectives, backward design principles, and comprehensive assessment methods, thereby laying a solid foundation for their future careers.

Key words: OBE concept; fundamentals of programming course; reform in education

1　程序设计基础教学创新改革的难点

程序设计基础课程作为计算机科学与技术专业的重要组成部分,其教学质量直接关系到学生未来的职业发展和社会适应能力。然而,在实际教学过程中,程序设计基础课程面临着一系列挑战和难点。

首先,教学内容更新迅速。随着信息技术的快速发展,程序设计语言和相关技术日新月异。然而,教材内容往往滞后于技术的发展,导致教学内容与实际需求脱节。因此,如何及时更新教学内容,使其与业界发展保持同步,是教学创新改革的一大难点。

其次,学生基础参差不齐。由于学生个体差异和前期学习经历的不同,他们的程序设计基础参差不齐。这给教学带来了很大的挑战,教师需要在保证教学内容系统性的同时,兼顾不同学生的需求,实现因材施教。

再次,实践环节不足。程序设计是一门实践性很强的学科,需要大量的实践环节来巩固理论知识。然而,在实际教学中,由于课时限制、实验室资源不足等原因,学生的实践机会往往不足。这影响了学生实践能力的培养,也降低了教学效果。

最后,评价体系不完善。传统的教学评价体系往往侧重于知识点的掌握情况,而忽视了对学生综合能力和创新能力的考察。这种评价体系无法全面反映学生的学习成果,也无法激发学生的学习兴趣和积极性。因此,如何构建科学、全面的评价体系,是教学创新改革的另一个难点。

2　OBE 理念的特点

OBE(Outcome-Based Education),即成果导向教育,是一种以学生的学习效果和教育产出结果为导向的教育理念。基于 OBE 理念,教育的核心目标是学生通过学习能够达到预先设定的具体成果,这与传统只关注教学过程和输入有着明显不同。OBE 理念具有以下几个关键特点。

2.1　以学生为中心

OBE 理念强调教育的中心是学生,而非教师。因此,教育活动的设计和实施都要围绕学生的需求和成长展开。通过以学生为中心,教育者能够更好地理解学生的学习需求和兴趣点,从而为他们量身定制合适的学习路径和教育内容,提高学习的效果和参与度。

2.2　明确教学目标

在 OBE 理念中,所有的教育活动都是为了达成预先设定的目标。因此,教学目标的明确与否,直接关系到教育活动的成败。在设定教学目标时,教育者需要充分考虑学生的学习基础、发展需求以及未来职业生涯规划,确保教学目标具体、可操作,为后续的教学实施和评估提供明确的指引。

2.3　强调师生互动

OBE 理念强调在教学过程中师生之间的互动和交流,通过互动来了解学生的学习状态和需求,及时调整教学策略。同时,师生互动也有助于激发学生的学习兴趣,增强他们的参与感和自主学习的动力。通过师生互动,教师能够更好地引导学生进行深度学习,提升学习效果。

2.4 重视评价反馈

OBE 理念非常重视学生学习效果的评价和反馈,通过系统的评估机制来检测学生的学习成果和教育目标的实现程度。基于评价结果,教育者能够及时发现教学中存在的问题,调整教学方法和策略,不断改进教学实践,提高教育质量。

3 基于 OBE 理念的程序设计基础课程改革策略

针对程序设计基础教学创新改革的难点,我们可以借鉴 OBE 理念,提出以下改革策略。

3.1 更新教学内容,构建模块化课程体系

针对教学内容更新迅速的问题,我们可以采用模块化课程体系,将教学内容划分为若干个相对独立但又相互联系的模块。每个模块都对应着特定的技术或知识点,可以根据技术的发展和实际需求进行动态更新。同时,我们可以引入在线课程和开放教育资源,为学生提供更丰富的学习资源。

3.2 实施分层教学,兼顾不同学生的需求

针对学生基础参差不齐的问题,我们可以实施分层教学。通过入学测试或问卷调查等方式,了解学生的程序设计基础和学习需求,将学生分为不同的层次。针对不同层次的学生,制定不同的教学计划和教学内容,实现因材施教。同时,我们可以采用小组合作和互帮互助的方式,鼓励学生交流和合作,促进共同进步。

此外,我们摒弃了传统的"一刀切"式知识构建方式,而是对课程理论知识点与案例进行了创新性的重构。我们根据挑战度的高低对教学内容进行了细致的梳理,并将其划分为基础模块和提高模块两大类别。基础模块涵盖了课程的八大核心知识点模块,确保了学生对基本理论的全面掌握。而提高模块则精选了 ACM/蓝桥杯等国内外知名程序设计竞赛的题目以及教师的横向研究课题,经过精心拆解后融入其中,旨在提升学生的实践能力和创新思维。

在每个模块的知识点中,我们都精心设计了教学案例、融入了红色教育主题,并配备了详细的导学单。导学单的内容全面,包括已学知识的回顾、学习目标的明确、详细内容的阐述以及习题使用方法的说明等,旨在帮助学生更好地理解和掌握知识。同时,我们还根据导学单的内容,设计了与之对应的教学环节,包括讲解微视频、探究式学习活动以及测验等,以确保教学效果的最大化。

3.3 加强实践环节,提升学生实践能力

针对实践环节不足的问题,我们可以加强实践环节的设计和实施。一方面,我们可以增加实验课时,为学生提供更多的实践机会;另一方面,我们可以引入项目式学习和竞赛活动等方式,让学生在解决实际问题的过程中锻炼实践能力。此外,我们还可以与企业合作,建立校外实习基地,让学生在实际工作环境中进行实习和实践,增强他们的职业素养和实践能力。

3.4 构建基于 AHP 模型的教学质量模糊评价体系,科学反映学生学习成果

混合式教学模式的质量评价是一个广泛而复杂的过程,对其进行科学、客观的评价对于促进教学模式的持续改进具有重要意义。在过去的三个学期中,我积极尝试运用层次分析法(AHP)建模与模糊评价理论,以实现对教学模式的公正评价。通过构建 AHP 模型、设计模糊评价矩阵、精确确定评价指标的权重,并选用乘积求和算子 $M(g\Sigma)$ 进行综合计算,我成功地

将多种因素纳入考量,从而能够对混合教学模式的教学质量进行客观、合理的评价。在此基础上,我从课程内容设计、教学过程、网络教学平台以及教学效果这四个维度出发,对混合式教学质量评价指标进行了细致的划分与构建,最终建立了一套完整的指标评价体系(图1)。

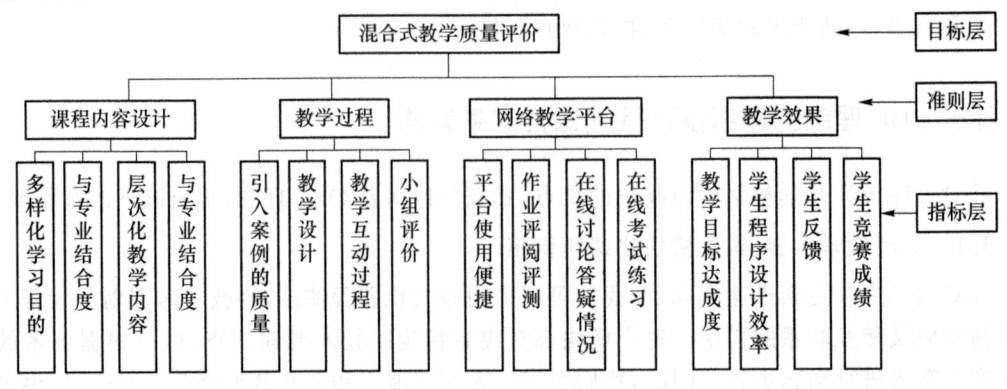

图1 混合式教学质量评价结构模型

4 结论

基于OBE理念的程序设计基础教学创新改革是一项长期而艰巨的任务。通过更新教学内容、实施分层教学、加强实践环节、构建基于AHP模型的教学质量模糊评价体系等措施,我们可以有效应对教学创新改革中的难点和挑战。同时,我们也需要不断探索和实践新的教学方法和手段,以适应信息技术的发展和社会的需求变化。未来,我们将继续深化教学创新改革实践,为学生的全面发展和社会的进步作出更大的贡献。

参 考 文 献

[1] 万邦睿,李生林,钱鹰.OBE理念指导软件项目实践课程教学方法[J].高等工程教育研究,2024(3):92-97.

[2] 易丛琴,冯国富,王静.基于OBE理念的《逻辑与计算机设计基础实践》教学改革研究[J].教育现代化,2019.

[3] 马超,张宏国,张淑丽.基于OBE-CDIO理念的程序设计基础课程教学改革探究[J].高教学刊,2020(1):3.

[4] 章雁宁.基于OBE理念的程序设计类课程教学研究与实践[J].计算机应用文摘,2023,39(12):1-3.

[5] 刘涛,孟晓谕.基于AHP的教学质量模糊综合评价模型[J].数理医药学杂志,2008,21(3):263-265.

作者简介

周 慧:女,1988年生,讲师,专业为电子与通信工程。

以科研项目群为牵引的超密集无线组网"研教赛一体化"课程建设

巩 译[①] 高 镇[②] 吴韶波[①]

[①]（北京信息科技大学信息与通信工程学院，北京，102206）
[②]（天津大学信息与通信工程市级实验教学示范中心，天津，300072）

摘 要：无线通信组网技术是有效应对未来高密度网络流量需求的必然发展方向，也对通信专业高等教育人才培养提出了新要求。超密集无线组网是信息与通信工程、电子信息类研究生专业课程。其现有的课程建设存在理论教学与实践应用脱节、实践能力不足等问题。针对上述问题，本文在新工科建设和"新一代电子信息技术"背景下，提出一种将科研、教学、竞赛融合的"研教赛一体化"的超密集无线组网研究生课程建设方案。该方案以科研项目群为牵引，从课程建设、实践教学驱动两个方面阐述教学创新方法和取得的教学成效，为打造超密集无线组网研究生一流课程奠定坚实基础。

关键词：科研项目群；超密集无线组网；"研教赛一体化"；课程建设

The New Construction Course for Ultra-Dense Wireless Networking Driven by Scientific Research Project Groups

Gong Yi[①] Gao Zhen[②] Wu Shaobo[①]

[①]（School of Information and Communication Engineering, Beijing Information Science and Technology University, Beijing 102206, China）
[②]（Municipal Demonstration Center for Experimental of Information and Communication Engineering Education, Tianjin University, Tianjin 300072, China）

Abstract: Wireless communication networking technology is the inevitable development

---

通信作者：吴韶波，wushaobo@bistu.edu.cn。
基金项目：国家自然科学基金（62201067）；北京市自然科学基金（22L30069）。

direction to effectively cope with the future high-density network traffic demand, and it also puts forward new requirements for the cultivation of communication professional higher education talents. UltraDense Wireless Networking is a professional course for postgraduate students in information and communication engineering and electronic information. Current curriculum construction suffers from theory-practice disconnection and inadequate applied competency cultivation. This paper proposes an Ultra-Dense Wireless Networking graduate course construction plan named "integration of research, teaching and competition" that integrates scientific research, teaching and competition under the background of "New Engineering" construction and "New Generation of Electronic Information Technology". The plan is driven by a group of scientific research projects, and explains the teaching innovation methods and teaching results achieved from the two aspects of curriculum construction and practical teaching, laying a solid foundation for creating a first-class graduate course in ultra-dense wireless networking.

Key words: a group of scientific research projects; Ultra-Dense Wireless Networking; integration of research, teaching and competition; course construction

1 引言

随着 5G 逐渐成熟与商业化和 6G 的提出与研究，为适应当前社会对无线通信技术的需求，超密集无线组网应运而生，并成为信息与通信工程、电子信息类专业研究生课程。然而，其现有的课程建设存在教学与实际应用相互分离的问题：首先，课程教学内容与科研工作融合不足，导致研究生难以将课程理论与科研项目问题联系起来，无法形成自己的知识架构和科研思维；其次，课上所学内容与实际工程问题存在一定的脱节，如课程内容滞后老旧，且研究生普遍动手实践能力弱，不足以独立解决实际问题。上述问题的根源在于课程建设过程中未能引入有效实际工程问题，导致理论学习与实践应用之间缺乏必要的联系，无法提高科研实践能力。

为了解决上述问题，本文将科研项目引入课程教学中，加强科教融合，并通过学科竞赛，检验研究生的知识掌握情况并提升实践能力。在课程基础教学过程中，引入科研项目中的实际工程问题，让研究生参与解决真实项目难题，提高动手能力与创新思维。

本文在科技部重点研发计划、国家自然科学基金、北京市自然科学基金、企业合作课题等科研项目群的牵引下，以课程建设、实践驱动为核心，提出一种"研教赛一体化"教学模式并应用于超密集无线组网课程，旨在为无线通信网络领域研究生培养和课程建设提供富有价值的参考。

2 当前教学现状

当前，超密集无线组网课程的教学主要侧重于理论知识的传授，然而理论与科研、项目之间的鸿沟会导致研究生对超密集网络的技术难点理解不足，无法从容面对实际问题。此外，随着无线通信技术的快速迭代，课程内容的更新速度也难以跟上技术发展的步伐，导致课程理论知识与行业需求不匹配。

基于以上分析，目前超密集无线组网课程建设面临的主要问题如下。

(1) 课程教学与科研缺乏融合

研究生课程学习与本科教学存在显著差异,重点在于培养研究生从被动接受知识转变为主动探索和创新。但当前研究生课程仍以传授基本理论为主,对科研的引入不充分,缺乏对科研方法和应用场景的深入探讨,导致研究生缺乏独立提出问题和解决方案的能力。因此,课程改革迫切需要融合科研与领域前沿,调整教学模式,将科研理念渗透到教学中,提升研究生应用理论知识进行科研的能力;以实际工程为基础,通过项目驱动、案例分析等方式,增强研究生实践能力并培养创新思维,有效应对实际工程挑战。

(2) 欠缺对实践应用能力的培养

传统课堂形式令研究生禁锢于应试教育模式,这将扼杀创造性思维,无法培养解决问题并举一反三的能力,导致研究生难以应用理论解决实际应用中的难题,也无法激发他们发现有价值的研究问题。此外,由于教育资源与企业的合作不够深入,使得教学内容和项目资源无法及时跟上无线通信技术发展的步伐,导致课程理论知识难以满足未来就业市场对最新技术掌握的需求[3]。

3 课程教学改革措施

针对上述教学现状,本文提出一种将科研、课程教学、竞赛有机融合的"研教赛一体化"超密集无线组网课程建设方案,提升研究生整合理论知识与科研技能的能力,并通过竞赛项目进行检测与强化,总体架构如图1所示。

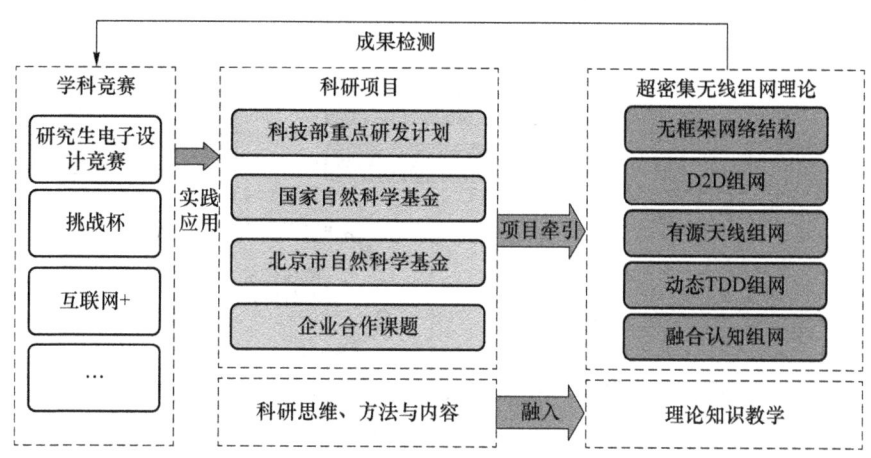

图 1 科研项目群牵引的"研教赛一体化"课程建设架构图

3.1 科研项目群牵引的超密集无线组网课程知识内容更新

超密集无线组网是5G、6G通信技术的新的发展,因此在进行课程教学改革时,既要改进知识框架与内容,也要凸显研究生培养与创新工科的特色,并促进科研与工程实践的融合。构建包括科技部重点研发项目、国家自然科学基金、北京市自然科学基金、企业合作课题等项目群牵引的项目链,帮助研究生在科研实践中理解知识并能串联成清晰的逻辑架构。本文针对超密集无线组网课程教学内容的具体改革措施如下。

(1) 基于最新科研成果更新教材与课程大纲

定期回顾和分析最新的科研论文、专利和行业报告,将最新的科研成果融入教材和课程大纲,可保证教材框架和内容具备学术性、准确性与前瞻性,反映超密集无线组网的实际应用场景和行业需求。

(2) 融入科研思想与流程

在授课过程中提倡基于科研项目,让研究生理解科研的基本思想和流程,建立科研思维,培养科研意识,提升今后从事科研工作的效率。将最新的科研成果和理论引入课程中,结合实际案例进行讨论和分析,鼓励研究生提出新的研究问题和解决方案。

3.2 "研教赛一体化"引导的超密集无线组网科研与实践教学内容

当前无线通信技术发展迅速,技术不断更新,如何构建既适应技术理论发展又培养研究生科研能力和实践创新能力的教学方式,是当前超密集无线组网教学改革的重要问题。由科研项目群牵引、"研教赛一体化"引导的超密集无线组网科研与实践教学方法针对研究生缺乏项目经验、科研能力的现状而提出,通过将其融入超密集无线组网课程中,让研究生理解原型架构,并能够进行性能分析等。据此,本文采用的具体措施如下。

(1) 科研项目群驱动实践教学

通过分析以科研项目群为牵引的教学的功能与实施效果,本文改革了现有的超密集无线组网课程实践教学方式并更新项目实验内容。随着实验课程的深入,使学生循序渐进掌握课程理论知识、科研实践相关技能与研究方法。每次实践教学都由研究生反馈教学结果,不断更新教学方式与内容。采用工程设计报告、科研项目研讨等方式强化研究生科研思维与应用意识,全面评价实践教学的效果与不足。在上述过程中持续优化实践教学方式,最终形成一整套完善的科研实践教学方法与项目设计教学模式。科研项目群驱动实践教学的流程图如图2所示。

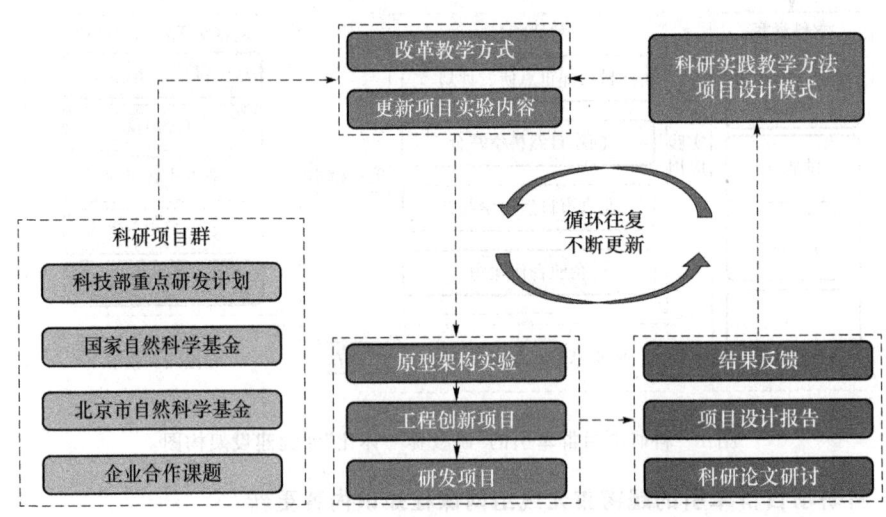

图2 科研项目群驱动实践教学过程流程图

本课程依托科研项目群及国家重大科技项目,设计学习内容,让研究生通过项目实践学习,理解课程知识应用原理,实现知识点的有机融合,培养研究生分析解决科研问题、复杂工程问题的能力。在教学设计、科研项目群进行的过程中不断总结经验,形成完善的课程教学模式。例如,在参与科技部重点研发计划时,研究生在导师的带领下进行实际工程的设计与实施,承担具体任务,如网络部署、参数调整等,有效提高了实践能力,也增强了他们在复杂工程环境中分析和解决科研问题的能力。在教学设计与科研项目群的实施过程中,根据反馈意见和教学效果不断总结经验,逐步完善课程教学模式。

(2)"研教赛一体化"模式

"研教赛一体化"模式,包含科研、教学、竞赛三个部分。课程设计围绕科研前沿问题展开,鼓励研究生参与科研项目,将理论知识与实践相结合。通过参与科研项目和学科竞赛,可激发研究生的竞争意识和团队合作精神,并锻炼实践操作能力,提升解决复杂问题的能力。导师在指导研究生参与科研项目和竞赛的过程中,通过定期的研讨会与竞赛指导,帮助研究生在科研、学习和竞赛中形成良性互动。竞赛平台为师生提供了展示研究成果、交流心得的机会,促进交流与合作。此外,通过与行业合作开展科研项目和竞赛,研究生能够了解行业最新动态和需求,并以此提升自己的就业竞争力。在"研教赛一体化"模式下,评价体系不仅关注理论知识的掌握,还涵盖科研能力、实践操作、团队合作等多个维度,更加全面地评价学习成果。

4 课程改革实践成效

"研教赛一体化"是一种将科研、教学和竞赛深度结合的创新教育模式,旨在通过科研项目群驱动教学内容的更新,通过竞赛促进实践能力的提升,形成科研、教学、竞赛相互促进、协同发展的良性循环。本课程的教学方式与内容已指导多名研究生进行科研,发表多篇高水平学术论文,多名研究生获得国家奖学金。在学科竞赛方面,本教学模式已指导多名研究生获得"挑战杯"竞赛全国一等奖、研究生电子设计竞赛全国一等奖、二等奖。在科研项目方面,本教学模式已指导研究生参与国家自然科学基金、北京市自然基金、重点研发项目。以科研项目群为牵引的"研教赛一体化"教学模式与领域前沿深度融合,构建科研项目群融合的实践机制,为研究生提供大量的参与科研项目与竞赛的机会,充分锻炼研究生科研能力、实践能力,达到推动科研、教学、竞赛一体化的最终效果。

5 结论

本文提出了针对超密集无线组网研究生课程的以科研项目群牵引的"研教赛一体化"教学改革,目前已取得显著的教学科研成果。本课程建设方案针对当下教学与科研、工程问题联系不紧密、研究生实践能力弱的问题,改进课程的知识架构与内容、以科研项目群为牵引、融合行业前沿,构建了融合科研、教学与竞赛项目的"研教赛一体化"教学模式。在此模式下,超密集无线组网课程理论教学、科研教学与实践教学融会贯通,成为培养研究生科研能力、工程实践能力的优质课程,为信息与通信工程、电子信息专业研究生课程教学提供了参考先例。

参考文献

[1] 代晓灵. 有效发挥未来产业的创新引领作用[J/OL]. http://theory.people.com.cn/n1/2024/0830/c40531-40309285.html.

[2] 新华社. 工业和信息化部明确强化5G-A、6G关键技术突破[EB/OL]. https://www.gov.cn/lianbo/bumen/202405/content_6951686.htm.

[3] 张林,张海,薛永华,等. 高校电子信息专业雷达原理课程教学改革研究与实践[J]. 中国教育技术装备,2023(4):122-125.

作者简介

巩　译：女,1990年生,副教授,研究方向为非线性MIMO、OTFS技术、无线通信与区块链技术。

高　镇：男,1982年生,副教授,研究方向为容错信号处理、区块链关键技术研究与应用开发、无线通信与软件无线电。

吴韶波：女,1970年生,副教授,研究方向为智慧车路协同通信、自动驾驶路径规划。

"跨学科、主题化、自适应"的综合创新性课程改革研究
——以混合式一流课程"数字信号处理"为例

张 虹[①]　文方青[①]　刘馨琼[①]　刘 含[①]　刘军清[②]

[①]（三峡大学计算机与信息学院,宜昌,443002）
[②]（三峡大学技术信息中心,宜昌,443002）

摘　要：随着新工科教育的兴起,对"数字信号处理"等核心课程的教学方法提出了新的挑战和要求。本研究采用混合式教学设计,融合了跨学科教学、主题化构建和自适应学习三大教学策略,以提升学生的综合能力。通过实施BOPPPS教学结构,课程内容被组织成一系列连贯的教学活动,从而优化了教学过程。在课前,学生通过自主学习掌握基础知识；在课中,教师引导学生通过参与式学习深入理解课程内容；在课后,学生通过拓展活动巩固和应用所学知识。跨学科教学策略拓宽了学生的知识视野,主题化构建策略加深了学生对专业知识的掌握,自适应学习策略则满足了不同学生的学习需求。研究结果表明,这种混合式教学改革有效地提升了学生的理论知识和实践技能,增强了学生的项目应用能力和团队合作精神,得到了专家的广泛认可,以及其他院校的借鉴。

关键词：混合式教学；跨学科教学；主题化构建；自适应学习

"Interdisciplinary, Thematic, and Adaptive Integrated Innovative Curriculum Reform Research
——Taking the Mixed First-Class Course "Digital Signal Processing" as an Example

Zhang Hong[①]　Wen Fangqing[①]　Liu Xinqiong[①]　Liu Han[①]　Liu Junqing[②]

[①](College of Computer and Information Technology, China Three Gorges University, Yichang 443002, China)
[②](Information Technology Center, China Three Gorges University, Yichang 443002, China)

Abstract: With the rise of new engineering education, there is an urgent need to update the teaching methodologies for core courses such as "Digital Signal Processing." This study

---

基金项目：湖北高校省级教学研究项目："数字信号处理"混合式"金课"的双语创新教学研究与实践（编号：2022239）；校级课程建设项目"雷达信号处理"（编号：SDKC202407）。

employs a hybrid teaching design that integrates interdisciplinary teaching, thematic construction, and adaptive learning to enhance students' comprehensive competencies. By implementing the BOPPPS instructional model, the course content is organized into a series of coherent teaching activities, thereby optimizing the educational process. During the pre-class phase, students gain foundational knowledge through self-directed learning; the in-class phase is facilitated by instructors to promote deep understanding of the course material through participatory learning; the post-class phase involves extension activities that solidify and apply the acquired knowledge. The interdisciplinary teaching strategy expands students' intellectual horizons, the thematic construction strategy deepens their grasp of professional knowledge, and the adaptive learning strategy caters to the diverse learning needs of students. The research findings indicate that this hybrid teaching reform has significantly improved students' theoretical knowledge and practical skills, bolstered their ability to apply knowledge in projects, and fostered a spirit of teamwork, earning widespread recognition from experts and serving as a model for other institutions.

Key words: Hybrid Teaching; Interdisciplinary Teaching; Thematic Construction; Adaptive Learning

1 引言

传统的"数字信号处理"教学模式存在诸多不足，如内容单一、与实际应用脱节等，难以满足新工科背景下创新型人才培养的要求[1-2]。为了突破这一瓶颈，迫切需要对数字信号处理课程进行全方位的综合改革。本文从跨学科教学、主题化构建、自适应学习等角度入手，探索数字信号处理课程的创新教学模式。

跨学科教学是指打破学科壁垒，将不同学科领域的知识和方法融会贯通[3]。在数字信号处理课程中引入跨学科教学理念，可以拓宽学生的知识视野，增强课程的应用性和实践性[4-6]。

主题化构建是指将章节知识点重新整合，围绕几大核心主题进行教学内容的组织，主题都来源于实际工程问题，主题化构建着重于综合工程能力的培养[7-9]。

自适应学习是在课程的应用中，为学生提供个性化的教学支持，以满足不同学生的学习需求。这种教学方法通过智能教学平台和大数据分析技术，动态调整教学内容和进度，以适应每个学生的学习路径[10-12]，并匹配各种创新教学方法。

2 "数字信号处理"课程概述

"数字信号处理"课程作为电子信息类专业的核心课程，扮演着至关重要的角色。本课程以学生全面发展为中心，采用线上线下混合式教学模式，共48学时，其中32学时为线下教学，16学时为线上教学，通过这种模式激发学生的学习兴趣和创新潜能。

课程目标明确分为知识、能力和素质三个维度。在知识层面，学生需要掌握数字信号处理的基本概念、方法；在能力层面，"数字信号处理"课程着重培养学生解决复杂工程问题的能力；在素质层面，我们强调数字素养的培养，以及对通信专业相关家国情怀和使命感的认同。

"数字信号处理"课程自2019年起，实施了混合式教学改革。2020年，"数字信号处理"课程获校级一流课程、专项及开放课程。2021年,"数字信号处理"课程深化混合式教学模式,成功获批省级线上线下一流课程。2022年,随着对新工科教育模式的深入关注,获得省级重点教研项目支持。2023年,"数字信号处理"课程在凝练育人方面取得显著成效,荣获校级示范课程称号,并建立了育人教学名师团队。

3 混合式教学模式

3.1 设计框架

"数字信号处理"课程采用BOPPPS结构,并将其创新性地应用于整个课程设计中。在该课程设计中,如图1所示,以开学第一课的导入和目标设定为起点,通过线下2学时的互动,明确该课程的服务价值和学习目标。通过线上1学时的前侧评估,为学生提供了一个自我诊断和预习的平台。

课程内容的混合式教学,即参与式学习阶段(P_2),将理论与应用、基础知识与扩展知识相结合,设计了不同比例的线上和线下教学活动。每个章节都进行主题化设计。

每个知识点成了一个小BOPPPS结构,且相互嵌套,形成了一个多层次、相互关联的教学体系。后测(P_3)通过线上1学时的评估,帮助学生巩固知识,检测学习成果。

最后,总结(S),通过线下2学时结课展示,为学生提供了一个展示学习成果的平台。

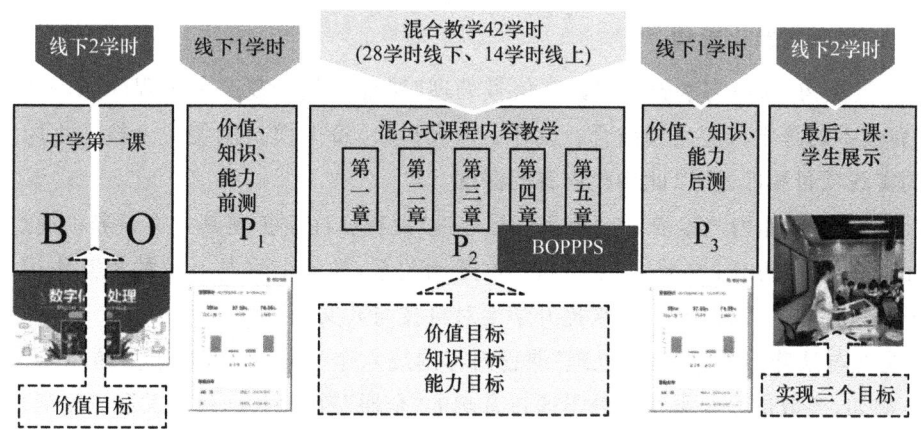

图1 嵌套式BOPPPS课程设计框架

3.2 教学内容组织实施

教学内容及组织实施分为三个阶段,如图2所示。

(1)在课前,学生通过SPOC平台主动学习国家精品课程资源或自建教学资源,并完成相应的在线测试,以评估其对基础知识的掌握情况。同时,教师利用雨课堂推送详细的课件和教学安排,确保学生对即将进行的教学活动有充分的了解。

(2)在课中,遵循小BOPPPS结构,即从背景介绍到目标明确,再到参与式学习,以及过程和评估,确保教学活动的连贯性和互动性。在此过程中,教师运用信息化教学工具,如互动式白板和在线问答系统,促进学生的引导式探究学习。

(3)在课后,教师通过雨课堂向学生推送课程资料和阅读文献,巩固和拓展学生的学习。学生在SPOC平台上完成测试,并在讨论区进行知识分享和问题探讨,以深化理解。

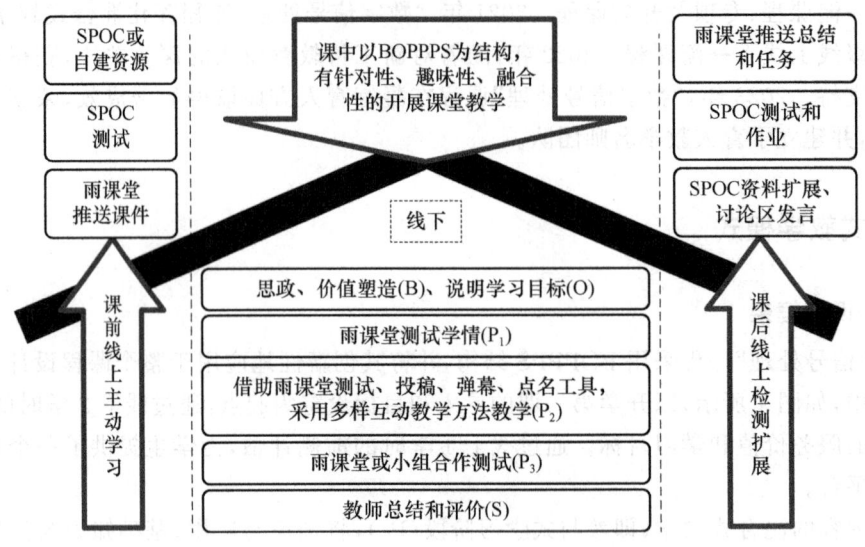

图 2 具体教学实施过程

4 跨学科、主题化、自适应教学策略

4.1 跨学科主题化重构

（1）深度重构（知识与素养）。"数字信号处理"课程聚焦于复杂的工程问题，并将其与数字、智能和技术的跨学科应用相结合。设计了六大模块，每个模块围绕一个核心主题展开，并与相应的实践项目相匹配，以此构建内容的深度。

（2）广度扩展（能力与素养）。"数字信号处理"课程亦注重扩展其人文素养。通过引入人文学科元素。例如，苏轼的《琴诗》中手与琴的互动关系，类比信号与系统的相互作用，以及东方红一号卫星播放的古编钟音乐，来提升学生对科技与人文融合的认识。

（3）主题与素养。"数字信号处理"课程内容围绕六个主题展开，每个主题均与素养教育相结合。例如，离散信号与系统的教学通过音响的"全通"效应引入，进而关联到全通相位调节在北极科考中的应用，从而强调科学探索的价值观。

4.2 多模态自适应的教学方法实施

通过创新的教学方法改革，提升课程的教学质量和学生的学习体验。"数字信号处理"课程采用多模态自适应和沉浸式自适应两种主要教学方法，以适应不同学习风格和能力层次的学生。

多模态自适应方法是利用信息化环境和技术，结合多种教学手段，为学生提供丰富的学习体验。例如，进行离散傅里叶变换（DFT）的教学时，教师不仅播放历史录音，展示实际敲击编钟的频谱分析，而且通过同步的视觉和听觉刺激，促进学生对抽象概念的理解和记忆。

沉浸式自适应方法则通过全方位的感官体验，强化了素养教育的融入。"数字信号处理"课程中利用 FFT 分析频谱时，采用的教学设计包括使用音频信号和频谱分析 APP，以及通过小组合作完成项目答辩，如"轻舟已过万重山"的案例，使学生在探究式、讨论式教学中获得深刻的学习体验。此外,通过游戏化教学,如小组间的竞争性号码破译任务,提高了学习的趣味性和时效性,同时培养了学生的团队协作能力和问题解决技能。

5 成效分析

本文探讨了"数字信号处理"课程的跨学科教学策略、主题化与自适应教学创新模式,以促进综合创新型人才的培养。在教学改革中,我们取得了显著成效。首先,学生的能力和认同感得到了显著提升,这反映在教师评价排名的上升和学生成绩的明显提高上。此外,学生在国家级竞赛中的获奖数量和质量均有显著增加,包括多个含金量极高的奖项,学生获得顶尖高等学府的保送资格人数增加。其次,"数字信号处理"课程的混合式教学模式受到了专业专家的广泛认可,并已被其他院校借鉴,以促进其自身的教学改革。在产教融合方面,我们成功获批了多项教育部协同育人项目,并建立了多个实践教学基地,同时"数字信号处理"课程也被评为省级一流课程和校级示范课程。课程群的影响力正在逐步扩大,通过校内外的交流和分享,我们的教学模式和素养教育实践正在得到更广泛的认可和应用,为专业建设和教育认证工作提供了坚实的支持。

参 考 文 献

[1] 李文鑫,胡甲刚. 打破学科专业壁垒 推进跨学科人才培养[J]. 中国高等教育,2004:40-41.

[2] 杜惠洁,舒尔茨. 德国跨学科教学理念与教学设计分析[J]. 全球教育展望,2005,34(8):28-32.

[3] 王兆守,孙熙. 高等教育国际化背景下跨学科教育的优势和改进措施[J]. 高等理科教育,2019(5):13-18.

[4] 吴锵. 从博雅教育、通识教育到人文素质教育——兼论理工科大学的人文素质教育[J]. 南京理工大学学报(社会科学版),2004,17(2):71-75.

[5] 欧阳常青,赵戌生. 主体性教育思想下教师角色的转化[J]. 云南师范大学学报(教育科学版),2000,1(1):16-18.

[6] 李鹏,刘财,刘洋,等. 一流课程建设背景下勘探地震学课程教学改革探索与实践[J]. 高教学刊,2024(9):26-29.

[7] 张斌. 新工科背景下跨学科人才培养的探索与实践[J]. 电气电子教学学报,2022,45(3):30-35.

[8] 徐立辉,王孙禺. 跨学科合作的工科人才培养新模式——工程教育的探索性多案例研究[J]. 清华大学教育研究院,2020,41(5):107-117.

[9] 孔智,宋凯. 我国高校未来学习中心研究进展及未来展望[J]. 数字图书馆论坛,2024,20(8):72-79.

[10] 朱佳,张丽君,梁婉莹. 数据驱动下的个性化自适应学习研究综述[J]. 华南师范大学学报(自然科学版),2020,52(4):17-25.

[11] AKBULUT Y,CARDAK C S. Adaptive educational hypermedia accommodating learning styles: A content analysis of publications from 2000-2011. Computers & Education,2012,58(2),835-842.

[12] 裴钰鑫,汪惠芬,李强.新工科背景下跨学科人才培养的探索与实践[J].高等工程教育研究,2021(2):8.

作者简介

张　虹:女,1985年生,副教授,研究方向为图像处理与检测。

"以学生为中心"的面向对象程序设计课程教学创新研究

宋秀方　胡　珺

（江西应用科技学院，南昌，330100）

摘　要：本文基于"以学生为中心"的教学理念，深入探讨了面向对象程序设计课程的教学创新路径。通过分析当前教学现状，本文提出了一系列教学工具的选择与利用策略，包括数字化教学平台、虚拟实验室与仿真软件以及社交媒体与协作工具的应用。同时，结合BOPPPS教学方法和建构主义教学理念，本文详细阐述了如何通过精准教学与个性化教学提升教学质量。最后，本文展望了未来教学创新的方向，包括人工智能、虚拟现实等技术在教学中的应用，旨在为面向对象程序设计课程的教学提供新的思路和方法。

关键词：面向对象程序设计；教学创新；学习成效

Research on Innovative Teaching of Object-Oriented Programming course with a "Student-Centered" Approach

Song Xiufang　Hu Jun

(Jiangxi Institute of Applied Science and Technology, Nanchang 330100, China)

Abstract: This paper delves into the innovative teaching pathways for Object-Oriented Programming courses based on the "student-centered" teaching philosophy. By analyzing the current teaching status, it proposes a series of strategies for selecting and utilizing teaching tools, encompassing digital teaching platforms, virtual laboratories and simulation software, as well as the application of social media and collaboration tools. Furthermore, integrating the BOPPPS teaching method with constructivist teaching ideas, this paper elaborates on how to enhance teaching quality through precise and personalized instruction. Lastly, the paper anticipates future directions for teaching innovation, including the incorporation of technologies such as artificial intelligence and virtual reality into teaching, aiming to provide fresh ideas and methodologies for the teaching of Object-Oriented Programming courses.

Key words：Object-Oriented Programming；teaching innovation；learning outcomes

1 引言

1.1 研究背景与意义

随着信息技术的飞速发展,面向对象程序设计(Object-Oriented Programming,OOP)已成为计算机科学教育中的核心课程之一。然而,传统的教学方法往往侧重于理论知识的传授,忽视了学生实践能力和创新能力的培养,难以满足当前社会对高素质 IT 人才的需求。因此,探索面向对象程序设计课程的教学创新路径,具有重要的现实意义和长远价值。"以学生为中心"的教学理念强调学生的主体性和主动性,鼓励教师采用多样化的教学方法和手段,激发学生的学习兴趣和潜能。在这一理念的指导下,本文旨在通过深入分析当前面向对象程序设计课程的教学现状,提出一系列教学工具的选择与利用策略,以及教学方法的选用与融合,以期提升教学质量,培养学生的综合素质。

1.2 研究目的与主要内容

本文的研究目的在于探索面向对象程序设计课程的教学创新路径,提出具体的教学工具选择与利用策略、教学方法的选用与融合方案,以及评价方法与评价标准的设计。其主要内容包括以下几个方面:①分析当前面向对象程序设计课程的教学现状和指出存在的问题和不足;②提出教学工具的选择与利用策略,包括数字化教学平台等;③探讨教学方法的选用与融合,结合 BOPPPS 教学方法和建构主义教学理念,提出精准教学与个性化教学策略;④设计教学过程,包括理论与实践相结合、案例教学、项目驱动学习等。

2 教学现状分析

2.1 传统教学方法的局限

传统的教学方法往往采用填鸭式教学,教师单方面传授知识,学生被动接受。这种教学方法忽视了学生的主体性和主动性,难以激发学生的学习兴趣和潜能。往往在教师讲完后,学生还是一头雾水,写起代码来不知从何下手。

2.2 理念的提出与意义

"以学生为中心"的教学理念[1]强调学生的主体性和主动性,鼓励教师采用多样化的教学方法和手段,激发学生的学习兴趣和潜能。在这一理念的指导下,教师可以根据学生的实际情况和需求,制定个性化的教学计划,提供针对性的指导和帮助。同时,学生也可以根据自己的兴趣和能力选择适合自己的学习方式和节奏,实现自主学习和个性化发展。

3 教学工具的选择与利用

Moodle 和 Canvas 以及学习通是当前广泛使用的数字化教学平台之一。它们提供了丰富的教学资源和功能,如在线课程发布、作业提交与批改、在线测试与评估、讨论区交流等。这些平台可以帮助学生随时随地访问学习材料,参与课堂互动,提高学习效率。

4 教学方法的选用与融合

4.1 BOPPPS 教学方法的应用[2]

BOPPPS 教学方法是一种有效的教学设计模式,包括导入(Bridge-in)、目标(Objective)、前测(Pre-assessment)、参与式学习(Participatory Learning)、后测(Post-assessment)和总结(Summary)六个环节。在面向对象程序设计课程中应用 BOPPPS 教学方法,可以帮助学生更好地理解和掌握知识点。

通过引入实际案例或问题情境,激发学生的学习兴趣和好奇心,引导学生进入学习状态。例如,在讲解概念类时,可以引入一个实际的项目案例,让学生思考如何通过类来组织代码。采用小组讨论、案例分析、编程实践等方式,让学生积极参与学习过程,提高学习效果。例如,在讲解抽象类时,可以让学生分组讨论它们的区别和联系,并通过编程实践来加深理解。通过作业、测试或项目等方式,检验学生对本节课知识点的掌握情况,以便教师及时给予反馈和指导。对本节课的知识点进行总结回顾,强调重点和难点,帮助学生巩固所学知识。同时,也可以引导学生思考如何将所学知识应用到实际项目中。

4.2 建构主义教学方法的实践

建构主义教学方法[3]强调学生的主动探索和知识体系建构过程。在面向对象程序设计课程中应用建构主义教学方法,可以帮助学生更好地理解和掌握知识点。设计一系列与课程知识点相关的问题或任务,引导学生主动探索解决方案并建构知识体系。例如,在讲解设计模式时,可以设计一系列与实际问题相关的小任务,让学生尝试应用不同的设计模式来解决问题。

5 教学过程设计

5.1 理论与实践相结合

在面向对象程序设计课程的教学过程中,我们始终强调理论与实践的紧密结合。例如,在讲解数组相关的知识时,让学生帮老师设计一个点名的小程序,涉及学生信息的存储,因为与学生自身相关,能够极大地提高学生的课堂参与度。设计完成并成功运行程序后,可以现场点名,抽取部分学生回答问题。

5.2 案例教学

案例教学[4]是一种有效的教学方法,它通过引入实际案例来帮助学生理解理论知识并培养问题解决能力。在面向对象程序设计课程中,我们广泛采用案例教学方法,以提高学生的实践能力和综合素质。

5.3 项目驱动学习

项目驱动学习是一种以学生为主体的教学方法,它通过实际项目的开发来驱动学生的学习过程[5]。在面向对象程序设计课程中,我们采用项目驱动学习方法,以培养学生的团队协作能力和创新精神。设计一系列跨章节或跨学期的项目,可以帮助学生综合运用所学知识解决实际问题。这些项目涵盖了面向对象程序设计的各个方面,包括需求分析、系统设计、编码实现、测试调试等环节。通过项目的开发,学生能够深入理解面向对象程序设计的全过程,并掌握相关技能和方法。在项目设计过程中,注重项目的实用性和挑战性。项目选题紧密结合实际应用场景,具有一定的复杂度和难度,以激发学生的创新精神和挑战意识。同时,还需根据项目的需求和学生的实际情况进行分组,确保每个小组都能顺利完成项目任务。

6 结论与展望

在经过一个学期的教学实践后,两个班级〔(7)班和(8)班〕的期末成绩显现出了些许差异。从成绩分布来看,两个班的成绩总体上都符合正态分布,且作为实验班的(8)班高分率明显高于作为普通班的(7)班,(7)班的成绩更集中在中间分数段附近。这个结果说明在面向对象程序设计课程的教学创新方面取得了一定的效果,但仍存在一些问题和不足。作为实验班的(8)班不及格率较高,表明少数学生并没有从教学创新中收益。究其原因,可能是小部分学生对编程的兴趣和动力不足,导致学习效果不佳。

针对上述问题和不足,提出了以下未来研究方向:

(1) 激发学生的兴趣和动力:通过引入更多实际案例和趣味项目来激发学生的学习兴趣和动力;加强与学生的交流和互动,了解学生的需求和兴趣点;提供个性化的学习指导和帮助等。

(2) 提升编程能力和问题解决能力:加强编程实践和项目开发的训练;引入更多的挑战性和拓展性任务;加强对学生编程思维和问题解决能力的培养等。

总之,面向对象程序设计课程的教学创新是一个持续不断的过程,需要教师不断探索新的教学方法和策略,优化教学资源和工具,以满足学生的需求和期望,培养更多具有创新精神和实践能力的高素质IT人才。

参 考 文 献

[1] 雷琼."以学生为中心"的教育理念辨析与实践重构[J].科教导刊,2024(19):49-51.

[2] 苗玉刚.基于学习通的BOPPPS混合式教学模式探索与实践[J].中国教育技术装备,2024(13):95-100.

[3] 秦金磊,朱有产,李整.建构主义在仿真教学实验中的设计与应用[J].科教文汇(下旬刊),2021(6):82-83.

[4] 魏倩,陈赞如.新工科背景下"数据结构"课程中案例教学法的应用与改革[J].科技风,2024(25):126-128.

[5] 张翼.计算思维导向下的计算机教学方法创新[J].信息系统工程,2023(10):146-149.

文化自信视域下课程教学实践模式的深化与创新

解迎刚 朱翠

(北京信息科技大学信息与通信工程学院,北京,100101)

摘 要：作为新时代教育改革的重要方向,教育实践模式需要在各学科中深度融入社会主义核心价值观,以实现全面育人的目标。本文基于"文化自信"核心理念,聚焦物联网工程专业核心课程——"数据处理与智能决策",探讨如何将社会主义核心价值观融入课程教学体系中,构建有效的课程教学实践模式。本文设计了课程教学的"五步法"策略,通过创新的课程考核与评价方式,完善了课程内容体系和实施路径,为新时代教学改革提供了新的理论支持和实践经验。

关键词：文化自信；课程建设；教学改革；教学实践

Research Deepening and innovation of curriculum education practice model from the perspective of cultural confidence

Xie Yinggang Zhu Cui

(School of Information and Communication Engineering, Beijing Information Science and Technology University, Beijing 100101, China)

Abstract: As an important direction of educational reform in the new era, the educational practice model needs to deeply integrate the core socialist values into various disciplines. Based on the core concept of "cultural confidence", this paper focuses on the course "Data Processing and Intelligent Decision-making" and explores how to integrate the core socialist values into the curriculum teaching system and build an effective curriculum education practice model. This paper has designed the "five-step" strategy for course

---

通信作者：解迎刚,xieyinggang@bistu.edu.cn。

基金项目：北京信息科技大学教改项目"文化自信视域下课程教学实践模式的深化与创新——以数据处理与智能决策课程教学实践模式的设计为例"(2023JGSZ09)。

teaching, improved the curriculum content system and implementation path, and provided new theoretical support and practical experience for educational reform in the new era.

Key words: cultural confidence; curriculum construction; teaching reform; educational practice

1 引言

随着中国社会经济的快速发展和全球化进程的加快,高等教学面临着培养具有坚定文化自信和高度社会责任感人才的重大任务。文化自信不仅体现在对中华优秀传统文化的传承与认同上,还包括对中国特色社会主义道路、理论体系、制度及文化的高度认可。作为新时代教学的重要导向,文化自信需要在教学过程中得到充分体现,以增强学生的国家认同感和社会责任感。本文旨在探索如何在物联网工程专业课程中有效融入价值观教学,构建全面的价值教学体系,并形成创新的教学实践模式。通过对"数据处理与智能决策"课程的设计与实施,本文不仅丰富了价值观教学的理论和实践内容,还为推动高等教学教学改革、培养全面发展的社会主义建设者和接班人提供了重要的理论依据和实践经验。这一探索对于新时代教学实践具有重要的现实意义和理论价值。

2 "数据处理与智能决策"课程中的文化自信

科技力量在推动社会进步和国家繁荣的过程中发挥着至关重要的作用,科技创新能力的提升已成为增强文化自信的重要源泉。"数据处理与智能决策"课程通过将科技创新与文化自信紧密结合,能够帮助学生深化对国家科技实力与文化自豪感的认知。这不仅是一门传授技术和方法的课程,更是培养学生科技自信和社会责任感的重要载体。

在课程实施过程中,教学内容应与社会热点和国家发展战略相结合,引导学生将所学知识与国家需求对接。教师可以通过课程项目的设计,让学生关注国家科技发展大计,参与国家科技创新项目。这一实践不仅提升了学生的专业素养,还增强了他们的社会责任感和爱国情怀,使学生在科技学习过程中自然融入对国家发展的认同与支持。在全球竞争日益激烈的背景下,西方国家的科技优势与文化影响对我国的科技和文化形成了挑战。因此,在理工科课程中,必须坚持文化自信的教学理念,抵制功利主义和历史虚无主义。在"数据处理与智能决策"课程中,教师将着力引导学生了解国家在物联网和人工智能领域的成就,帮助他们在科技学习中建立正确的价值观。通过课堂内外的讨论、分享和实践活动,学生不仅能增强科技自信,也能在面对全球化挑战时更加自信从容。

3 课程教学理念与"五步法"创新设计

3.1 课程教学理念:价值观自然融入专业课程

在物联网专业的课程设计中,将采用"画龙点睛"的方式自然融入价值观教学,通过专业知识技能的传授,提升教学的实效性。在设计课程建设目标时,需要结合物联网专业的独特特点,确保价值观元素的融入不仅停留于形式上,而是与课程内容深度结合。在课堂实施的"教、学、做、评"环节中,价值观教学应与专业课程内容无缝衔接,避免空洞的说教现象。课程建设路径应经过整体规划与逐步推进,做到局部突破、以点带面,最终实现课程的全面覆盖与贯穿全程的育人目标。课程建设的成败在很大程度上取决于教师对课程的深入理解和把握。融入的教学元素需要通俗易懂、贴近生活,并与课程中的关键知识点巧妙结合,在恰当时机引入,达到内容和目标的灵活搭配,最终实现立体化、全方位的深度融合。

3.2 创新课程教学方法:设计课程教学"五步法"

在课程教学中,需要积极挖掘价值观教学资源,将教学目标融入教学全过程,旨在培养学生精益求精的工匠精神,并激发他们的家国情怀和使命担当。针对物联网专业的知识结构和教学特点,课题组提出了课程教学"五步法",帮助学生主动理解并应用价值观元素。第一,紧盯社会热点、聚焦热门话题是课程教学"五步法"的首要步骤。通过关注社会热点和当前议题,可以激发学生对社会问题的兴趣,使他们在学习过程中更加关注这些问题并主动思考。第二,挖掘科技元素并确定教学主题是关键步骤,通过在课程中引入科技元素,结合核心教学主题,确保学生在掌握专业知识的同时,也能理解其中蕴含的价值观。第三,扩展主题内涵并调研技术现状,引导学生在探讨主题时结合现有技术,从多个角度理解教学内容。第四,设计引导问题并构建教学内容,通过设计针对性引导问题,将价值观教学融入教学活动,帮助学生更好地理解核心理念。第五,收集学生反馈并形成典型案例,通过分析反馈和总结案例,优化课程内容和教学方法,不断提升教学质量。

为了更好地将教学内容融入课程教学,不仅要依赖案例本身,还需要深入剖析案例,挖掘其内在的价值观与社会意义。在分析案例时,不能仅停留于表面现象,而应进一步思考背后的道德观念、社会责任和历史价值。例如,针对科技创新的案例,不仅要关注技术的突破,还要探讨创新背后的坚持、勇气以及其对社会进步的贡献。案例分析应从多个角度切入,如历史背景、社会影响及人物品质等,以全面揭示其教学意义。在进行案例分析讨论时,可以联系实际生活,将案例与学生的实际生活联系起来,让他们感受到案例的真实性和贴近性。可以通过提问、讨论、小组活动等方式,让学生分享自己的经历和感受,从而加深对案例的理解和认识。课程教学"五步法"如图1所示。

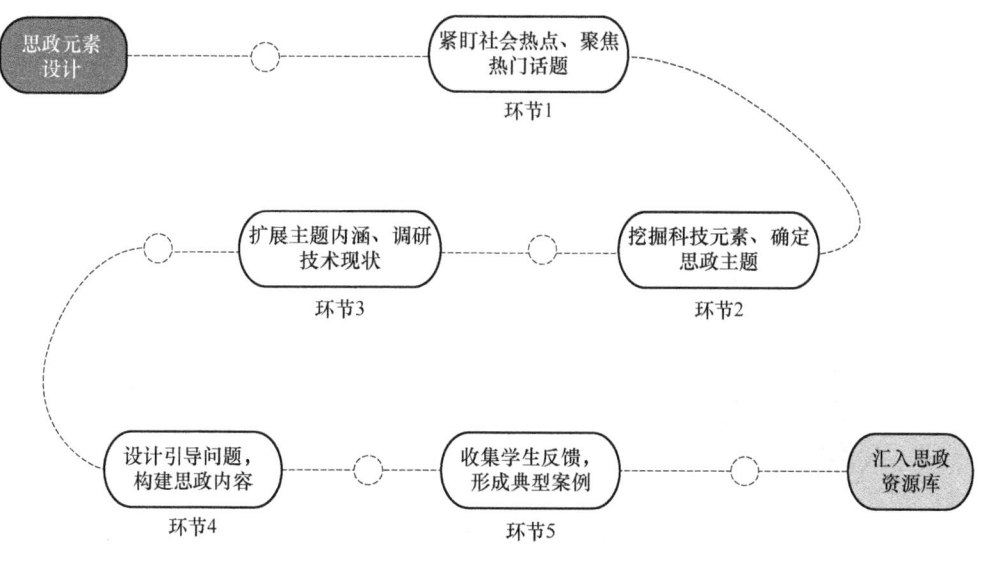

图1 课程教学"五步法"

3.3 完善课程教学内容,形成完整的专业课程价值体系

在教学过程中,应用积极运用多种教学方法,采用多样化的教学方法来呈现案例,以增加学生的参与度和兴趣。例如,可以采用案例分析、小组讨论、角色扮演、实地考察等方法,让学生在不同的情境中体验和思考案例中的问题。对于复杂的案例,可以采用分阶段讨论的方式,逐步引导学生深入分析问题。同时在案例内容的呈现上,也要借助多媒体资源,最后,在呈现案例后也要引导学生反思,提出一些启发性的问题,引导学生进行深入思考和反思。问题可以涉及案例中的道德困境、决策过程、社会影响等方面,以激发学生的思维火花。通过问题,引导学生从不同角度思考案例,提高他们的分析和判断能力。在条件允许的时候,要尽可能组织讨论和交流,组织学生进行小组讨论和全班交流,让他们分享自己的观点和反思。

在教学讨论过程中,教师需要引导学生尊重多元观点,激励他们开展理性辩论与深度思考。可借助小组汇报、辩论会等形式,让学生充分展示自己的思考成果。例如,在探讨卫星导航系统及其未来发展时,可先从我国北斗导航系统的发展背景切入。讲述我国为何要自主研发北斗导航系统,回顾其艰难的发展历程,从无到有,一步步突破技术封锁,实现全球组网。分析北斗导航系统在全球卫星导航领域的独特贡献,结合当前复杂的国际形势,阐述卫星导航系统在国家安全层面的关键意义。在国际地缘政治博弈中,卫星导航系统是国家信息安全的重要防线。一旦依赖他国卫星导航系统,在战时或特殊时期,国家的军事行动、关键基础设施运行等可能面临被干扰、切断信号等风险,严重威胁国家主权与安全。随后,聚焦北斗导航系统的应用场景展开分析,如在应急救援领域,其短报文通信功能可在通信基站瘫痪等极端情况下,为救援人员与受灾群众提供关键的通信保障,实现精准定位与信息传递,大大提升救援效率。基于这些内容,可以组织学生进行辩论。让他们从不同立场出发,探讨北斗导航系统在进一步拓展国际市场时,可能遭遇的技术壁垒和地缘政治阻碍,以及应对策略;讨论在国内一些涉及国家安全的重点领域,如何进一步优化北斗系统的安全防护机制,防止潜在的信息泄露风险,以此培养学生的批判性思维和沟通能力。讨论过程如图2所示。

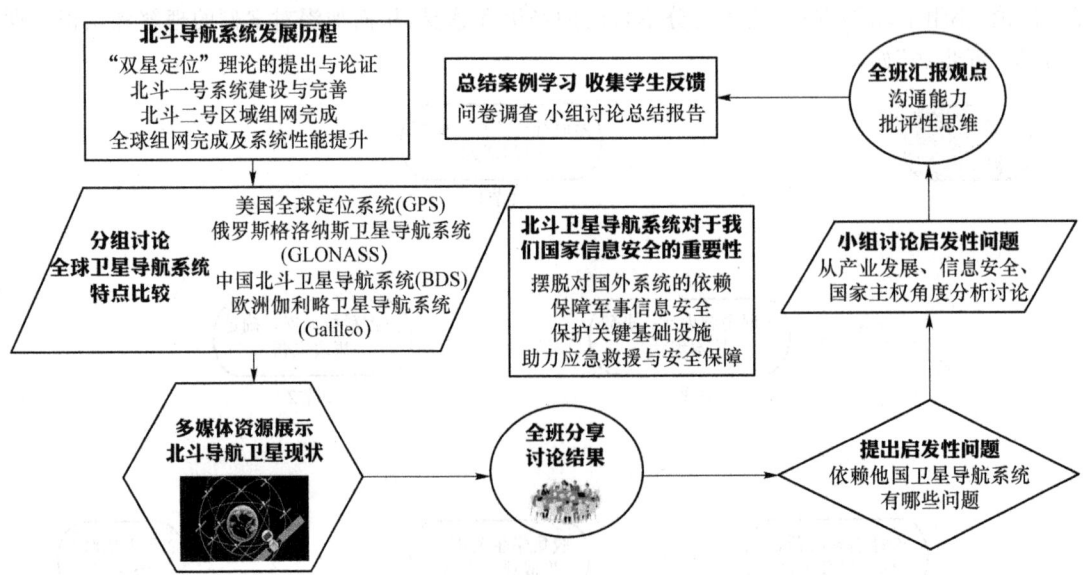

图2 北斗导航系统案例教学与讨论流程图

为了全面推进课程教学,需要完善教学内容,构建系统的价值体系。这包括系统化的设计思路,以确保课程内容与专业知识紧密结合。教学内容应不断更新,与最新的社会动态和科技发展保持同步,确保课程的时效性和相关性。同时,需建立评估机制,定期评估课程实施效果,根据反馈不断调整和改进教学策略。通过这些措施,能够有效推进"数据处理与智能决策"课程的教学建设,实现知识传授与价值引导的有机结合,培养学生的综合素质和创新能力。

4 探索创新课程教学实践模式

在推进课程教学过程中,教学模式的创新是关键。结合前述的课程教学"五步法"策略,教师应紧盯社会热点、聚焦热门话题,充分利用现代教学技术,尤其是展示最新科研成果,以激发学生的兴趣并增强课堂的活力。

在课程教学实施过程中,教师应转变角色,从传统的知识传授者转变为引导者。这一转变有助于激发学生的自主学习能力和主动性。运用课程教学"五步法"策略,教师可以设计引导性问题,创造开放的交流氛围,以平等的身份与学生互动,共同参与课堂讨论。

在课程内容的设计与实施中,应紧扣"学生中心""产出导向"和"持续改进"的OBE(成果导向教学)理念。

5 结语

本研究深入探讨了如何将价值观教学融入物联网工程专业核心课程——"数据处理与智能决策",并基于"文化自信"核心理念,提出了一套创新的"五步法"教学模式。研究表明,通过在课程中融入社会主义核心价值观,能够显著提升学生的文化自信和社会责任感,同时增强其综合素质与创新能力。这一实践不仅为课程教学提供了新的理论基础和实践经验,也为新时代的教学改革提供了宝贵的参考。

参 考 文 献

[1] 何云龙,陆小力,段小玲,等. 大学生物联网技术课程改革与实践[J]. 高教学刊,2024,10(25):147-151.

[2] 焦万果,陈晨. 计算机网络课程思想政治教育教学体系探索[J]. 大学教育,2022(11):80-82.

[3] 杨霞. 基于课程思政的"物联网系统集成"课程教学研究[J]. 科教文汇,2023(2):150-153.

[4] 罗玉川,徐明,陈颖文,等. 物联网技术基础中的课程思政探索与实践[J]. 计算机教育,2024(3):101-105.

[5] 魏靓,马丽华. "物联网安全"课程思政的教学改革与探索[J]. 教育教学论坛,2022(44):82-85.

作者简介

解迎刚:男,1978年生,教授,主要研究方向为物联网、人工智能、智能决策。

多维数据空间下的"EDA 技术"精准教学探索与实践

赵晨光 张丽丽 房启志 孙延鹏

(沈阳航空航天大学电子信息工程学院,沈阳,110000)

摘 要:随着对本科教学策略研究的深入,精准教学对提高教学质量的有效性已得到广泛认可。以"EDA 技术"课程为例,传统教学存在教学目标与研究性学习不匹配、重理论轻实践、教学资源不足等问题。因此,在本科专业课程的教学中,教师可以利用信息技术重构专业课程的精准教学过程,通过教学目标的分类分解、教学资源的分类构建、学习对象的持续评价,获取教学过程的实时数据,并根据数据处理结果实施精准教学干预,从而使学生的学习效果最大化。

关键词:精准教学;学习效率;"EDA 技术";教学质量

Exploration and Practice of Precise Teaching in "EDA Technology" in Multi-dimensional Data Space

Zhao Chenguang Zhang Lili Fang Qizhi Sun Yanpeng

(Institute of Electronic Information Engineering, Shenyang Aerospace University, Shenyang 110000, China)

Abstract: With the deepening of the research on the teaching strategies of undergraduate courses, the effectiveness of precision teaching on the improvement of teaching quality has been widely recognized. Taking "EDA Technology" courses as an example, traditional teaching has some problems, such as mismatch between teaching objectives and research-based learning, emphasis on theory over practice, and insufficient teaching resources. Therefore, in the teaching of undergraduate professional courses, teachers can use information technology to reconstruct the precision teaching process of professional courses, obtain real-time data of the teaching process through the classification and decomposition of teaching objectives, the classification and construction of teaching resources, and the continuous evaluation of learning objects, and implement precise teaching intervention according to the data processing results, so as to maximize the learning effect of students.

Key words: precision teaching; learning efficiency; "EDA Technology"; teaching quality

1 概述

精准教学最早由美国学者 Ogden Lindsley 提出,是指通过不断跟踪和收集学生的日常行为,并根据收集到的结果做出决策,从而改变学生的学习效果[1]。MOOC 平台、SPOC 平台等大量在线资源和课程的蓬勃发展,不仅为教师和学生提供了更多大量的教学资源,还可以自动收集和记录学生的学习行为和学习效果数据。教师通过不断地监测学生的行为和学习效果,为学习者实时调整课程进度及内容,从而做出更准确的教学决策,使学生的个人学习效果最大化。精准教学过程是以大数据分析为基础的,一般包括学情分析、目标分析、内容分析、路径选择、教学干预等核心环节。大数据环境下的精准教学可以系统地记录和分析学生的学习行为,让精准教学更好地保证学生的个性化发展[2]。

基于精准教学的特点,如何在新工科建设背景下,本着研究应用型大学的学校定位,遵循学生的认知路径,合理设计课程内容提升教学效果,是持续推进深化教学改革创新发展过程中亟待解决的问题。利用线上教学平台等现代信息技术,实现与专业课教学的深度融合,大力推进教学方法改革。因此,本文的主要研究重点在以下几个方面:首先,在理论分析的基础上建立基于多维度数据空间下动态评价的精准教学模式;其次,对电子信息工程专业的"EDA 技术"课程进行精准教学模式实践;最后,实证检验了基于多维度动态评价的精准教学模式对提升本科高校专业课教学质量的积极作用。

"EDA 技术"是电子信息工程与通信工程的核心基础课[3]。通过本课程的学习,学生将了解 EDA 技术的内容和发展趋势,掌握主流可编程逻辑器件的开发和应用,掌握 VHDL 语法规则用于基本数字功能模块的设计,掌握 EDA 开发工具的使用和基本设计流程,掌握 EDA 仿真工具完成测试文件的编写和数字模块的前后仿真方法,并能完成复杂数字系统的设计等相关内容。在混合式教学模式下,学生课前自学,课后通过在线教学平台复习深化,教学平台会实时记录学生的学习进度、练习测试结果等行为和数据。智能课堂工具记录可以记录互动测试等课堂数据,形成课堂报告。这些数据是整个教学过程的数据记录。因此,在线教学平台与智能课堂工具的结合,为实施混合式精准教学提供了数据保障。在以精准教学为基础的混合式教学中,"精"指的是线上线下教学的全过程和细节,要求精细化;"准"指的是每一个学生个体,要求有针对性。基于此,根据混合式教学过程,将混合式精准教学模式分为课前自学、课堂教学和课后复习深化三个阶段,每个阶段的教学要求都是"精"与"准"。

2 精准教学中亟待解决的问题

2.1 教学目标与实施过程不匹配

目前,精准教学大多致力于采用数据分析技术,实现方便快速的数据采集和测量,进而建立基于数据处理及辅助决策的精密教学系统[4-5],非常适合知识技能型教学,高等教育本科课程大多采用研究性学习模式,课程教学目标涵盖了知识、理解、应用、分析、综合、评价等层次目标体系,以学习者的知识构建完成度和认知加工深度为评价指标。教学目标要体现多层次人才培养需求,如何紧扣教学目标设计教学活动,使之有效保证教学内容的针对性,教学策略的科学性是重点关注的问题。目前高等教育本科课程教学中缺乏精准教学。教师对选择专业课的学生的学习背景缺乏了解,难以锚定每个学习者的教学起点,实现因材施教,即个性化教学。

2.2 教学资源支持不足

现有的教学资源,如纸质教材、参考文献、视频等信息资源,大多侧重于事实性知识、概念性知识和低层次的程序性知识,而在研究性学习过程中更受关注的高阶程序性知识和元认知性知识难以体现,这种高层次教学资源的缺乏,使得研究性学习过程中的精准教学得不到有力支持。

2.3 实践过程中难以精准推进

与其他理论课程不同,"EDA 技术"课程特别强调通过实践教学引导学生运用所学知识进行应用实践和创新。目前部分教学内容已过时。实验课教学以示范或验证性测试为主,内容缺乏多样性,不能有效提高学生的主动性。教学内容也以理论知识教学为主,实操薄弱,导致学生无法真正理解技术的内涵,学以致用。由于缺乏合适的实践性教材,学生的实际操作能力有限,对课程的认识也只是停留在理论层面,没有形成宏观的认知和系统的把握。对实践学习的重视程度不高,不利于综合应用型人才的培养和发展。

3 精准教学策略与实施方法

3.1 学习对象评价

美国交互设计之父 Cooper 提出了"用户画像"的概念,它是建立在一系列真实数据之上的目标用户模型[6]。考虑到"EDA 技术"课程具有实践性强、与其他专业课程相关性强的特点。在学生画像标签体系构建中,根据课程特点,采用能力画像和行为画像来评价学生的学习状态。在教学过程中,在线学习工具平台会不断积累学生的学习数据,包括视频观看时间、作业成绩、章节测试、考试成绩、课堂表现、合作互评、问卷反馈等,根据这些数据实时更新能力画像和行为画像。图 1 为能力画像的雷达图表示。

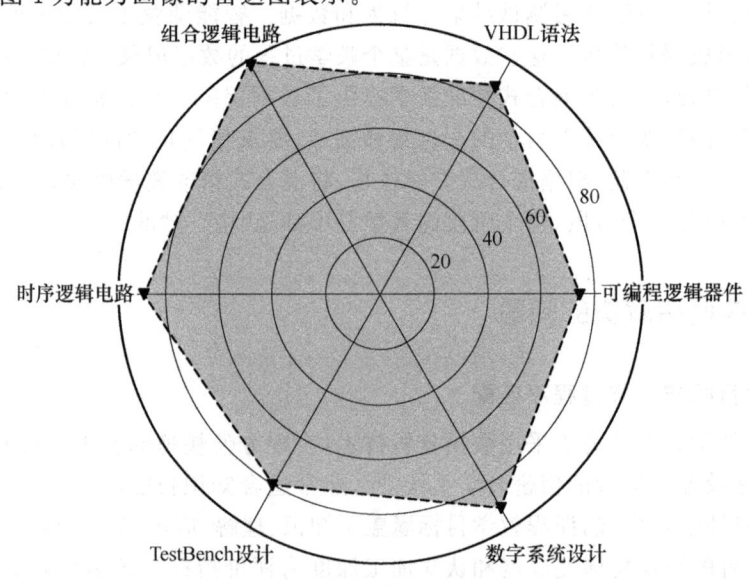

图 1 能力画像雷达图

3.2 教学资源建设

精准型教学资源的构建和教学策略的设计可分为三个部分:概念性知识资源的构建、程序性知识资源的构建和特殊任务资源的构建。本文以"EDA 技术"课程中的数字频率计设计为例进行说明,如图 2 所示描述了精准教学知识资源的框架。概念性知识资源以教科书、讲义和网络材料的形式呈现,学生通过课堂教学、观看 MOOC 材料和阅读参考资料获得。程序性知识资源以规则、过程、算法、特定的常规技能(如模拟软件的使用)、定理、策略、特定类型问题的解决方案等形式呈现。特殊任务资源包括复杂数字系统设计实例,实例中侧重挖掘相关课程间的衔接关系,可以拓展运用到"模拟电子线路""数字电路""单片微型计算机原理及应用""SOC 设计"等相关课程与实践中。在新工科建设背景下,结合我校教学实践和近年来的创新创业教育实践,对电子工艺实习、综合课程设计、创新竞赛及毕业设计各个实践环节进行了 EDA 技术的穿插融入,引导学生进行电子工程的创新设计与应用。达到专业课程融会贯通、互相促进的目的。学生们通过微课视频,讲义或实验板使用手册获得这些知识。

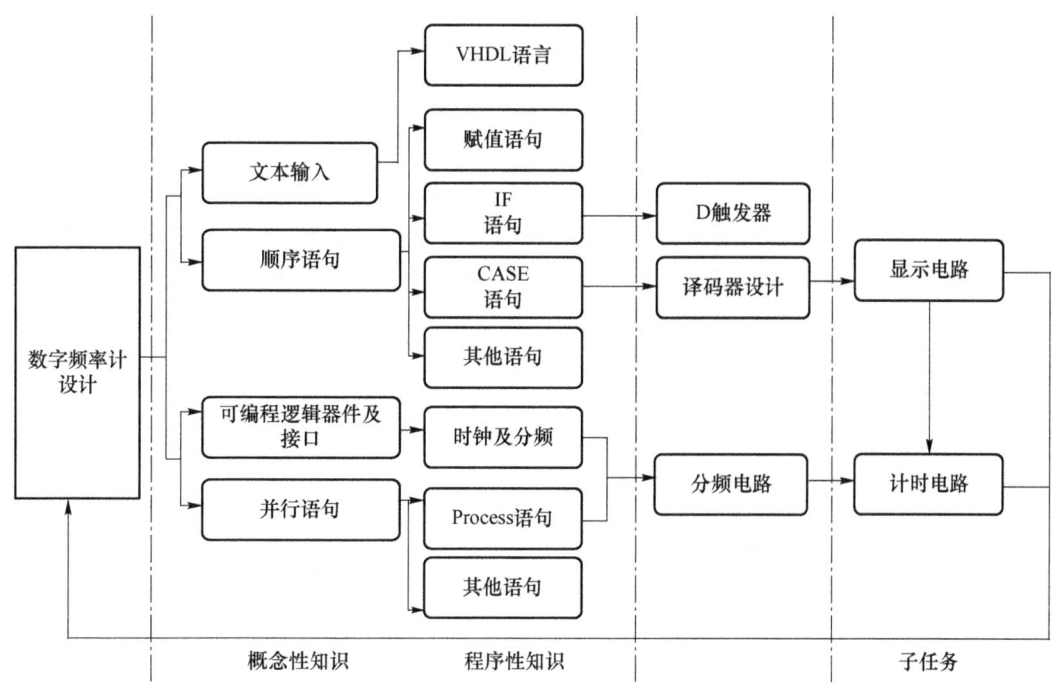

图 2　精准教学知识资源的框架

3.3 数据分析工具的加持

教师收集课堂数据,它也是数据分析的主要来源,包括学生的学习动态分析、分层题答、错误类别分析、错误统计、互动统计、协作统计等,通过数据分析获得对某一特定班级的教学效果评价。数据处理设计采用数据挖掘和文本聚类、回归分析、情感分析等人工智能技术,实现对整个教学过程的定量分析,形成个性化的学习报告[4]。同时,对学习对象的评价结果进行关联,反映学生认知转化过程的深度,并进行教学过程监控和教学质量分析。为教师的教学策略调整和教学干预提供参考。图 3 显示了 EDA 课程中各教学主题的学习目标实现程度。

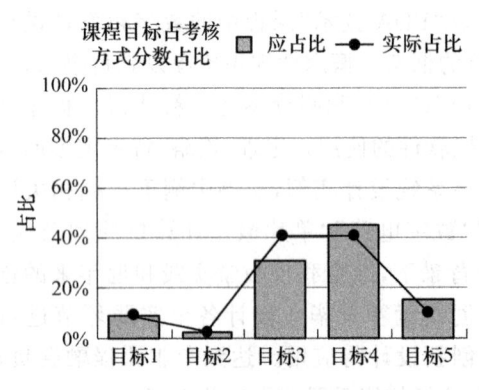

图 3 学习目标实现程度的数据分析

3.4 精准教学管理

信息化课堂创新教学实现了数据与教学的双重作用，实现了用数据跟踪教学和用数据反馈教学。在获取数据的同时，更需要发现数据背后的价值。根据 EDA 技术课程，有效地设计了数据采集方式，形成准确的数据画像。通过分析数据背后的学习情况反馈，进行准确的监督和指导，建立准确的跟踪和预警，并根据不同学生的水平差异和输出需求进行差异化教学，逐步实现科学的教学诊断和多维度评价体系。

对于所有学生的共性问题，教师可以通过调整课堂内容的节奏、组织有针对性地讨论、制定相应的奖惩机制等方式进行干预[5]。通过跟踪式练习、课堂提问和同伴学习对部分学生的学习习惯、学习行为和消极学习情绪进行干预。

3.5 精准教学效果评价

最近一学期，电子信息工程学院 2022 级电子信息工程专业的学生，4 个班共 120 名学生推进了"EDA 技术"课程的精准化教学实践，从课程目标达成度的计算结果来看，与以往的传统教学方法相比，有了明显的提升，较好地达成了预期教学目标。为了获取该教学方法实施的有效反馈，以调查问卷形式采集数据，学生对该课程整体评价来看，认为精准教学模式能提升学习兴趣，培养学生各项能力，学生对该教学模式的认可度较高。

4 研究结论与展望

将精准教育融入教学模式改革，可以显著提高混合教学管理的有效性，提高质量评价，促进教育资源的高效整合。针对新形势下高校推进精准教学面临的教育信息平台建设功能不完善、教学理念落后、教学管理滞后等问题，课程建设需要立足实际。在这方面，本文以"EDA 技术"课程为例，建立基于实时学生数据跟踪的可视化流程。利用数据驱动的教学信息，可以持续评估学生的学习状况和偏好，同时为教师对教育方法的实时决策提供基础。在此基础上，提出了面向研究性学习课程精准教学的资源分类构建的初步设想。该方法为教师在实施精准教学过程中的课程调整提供了相应的资源支持。

参 考 文 献

[1] GIST C,BULLA A J. A systematic review of frequency building and precision teaching with school-aged children,Journal of Behavioral Education[J]. 2022,31(1):43-68.

[2] MUHAMAD M,HUSSIN H,MD ALI M I,et al. Enhancing Students' Understanding for IC Design Course Through Online Video Learning[C]//2017 IEEE 9th International Conference on Engineering Education. 2017:243-247.

[3] QIAN J B,WANG R D,JING,et al. Breaking Boundaries among Hardware Curriculums by EDA Technology[C]//The 9th International Conference for Young Computer Scientists,2018:2536-2540.

[4] YU F,LIU Y,XIAO F Y. Research on Construction and Practice of Precision Teaching Classroom for University Programming Courses[J]. IEEE ACESS,2023,11:9560-9576.

[5] Wang H M. The Construction and Practice Research of Data Driven Precision Teaching Mode[C]//2020 International Symposium on Educational Technology. 2020:43-47.

[6] 王春华.基于学习者画像的精准教学干预研究[J].济南大学学报,2023,32(2):136-146.

作者简介

赵晨光:女,1975年生,副教授,研究方向为FPGA设计。

开源芯片热潮下传统"微机原理与接口技术"课程教学的改革策略研究

刘 含 龚国强 张 虹 夏 平

（三峡大学计算机与信息学院，宜昌，443002）

摘 要：随着开源芯片技术的兴起和快速发展，其在教育领域的应用日益广泛，对传统"微机原理与接口技术"课程的教学带来了新的挑战与机遇。本文旨在探讨在开源芯片热潮背景下，如何对传统"微机原理与接口技术"课程教学进行改革，以适应新技术的发展需求，同时保持经典教学内容的价值。通过理论分析与实践探索，本文提出了一系列改革策略，并分析了其在实际教学中的应用效果。

关键词：开源芯片；微机原理；教学；改革策略

Research on Innovative Strategies for Traditional "Microcomputer Principles and Interface Technology" Course Teaching Amidst the Open-Source Chip Boom

Liu Han　Gong Guoqiang　Zhang Hong　Xia Ping

（College of Computer and Information Technology, China Three Gorges University, Yi chang 443002, China）

Abstract: With the rise and rapid development of open-source chip technology, its application in the field of education has become increasingly widespread, posing new challenges and opportunities for the traditional teaching of "Microcomputer Principles and Interface Technology". This paper aims to explore how to innovate the teaching of traditional microcomputer principles and interface technology amidst the open-source chip boom, in order to adapt to the evolving needs of new technologies while preserving the value of classic teaching content. Through theoretical analysis and practical exploration, this paper proposes a series of innovative strategies and analyzes their application effects in actual

通信作者：刘含，liuh@ctgu.edu.cn。
基金项目：三峡大学研究生教研项目（SDYJ202418）；三峡大学校级一流课程。

teaching.

Key words:open-source chip;microcomputer principles;teaching;reform strategies

引言

处理器芯片作为信息产业的基石,不仅承载着国家战略的重托,更以其设计上的高度复杂性和挑战性,成了当前芯片产业中最为璀璨的明珠[1-4]。面对这一领域的诸多挑战与机遇,深入学习和理解其背后的技术原理显得尤为重要。

"微机原理与接口技术"作为计算机、电子信息类专业的一门重要基础课程,为学生们提供了一个深入理解计算机底层工作原理、掌握硬件设计与接口技术的平台。这门课程不仅帮助学生构建起对计算机系统的全面认识,还为他们未来在嵌入式系统、计算机硬件设计、操作系统开发等领域的发展打下坚实基础[5-7]。8086 芯片作为该课程传统教学内容的一部分,占据了重要地位,作为 Intel 公司早期的 16 位微处理器,对微型计算机技术的发展产生了深远影响[8-9]。然而,该芯片并非开源芯片且在现代 CPU 设计的复杂性上显得较为基础,这在一定程度上限制了学生对当前先进处理器技术的直观理解和探索。

开源是推进基础软硬件建设的重要条件和基础。当前,全世界对芯片的发展逐渐形成一个共识,即芯片也开始朝着开源芯片的方向趋近。开源芯片(如 RISC-V 等),其相关技术的快速发展为计算机硬件设计领域注入了新的活力,也为教育带来了新的教学资源和教学方法[10-11]。面对这一变革,传统微机原理与接口技术的教学面临着如何平衡经典与创新、理论与实践、基础与前沿的难题。本文将从教学内容、教学方法、实践环节等方面出发,探讨在开源芯片热潮下,传统"微机原理与接口技术"课程教学的改革策略与实践研究。

1 开源芯片对传统教学的挑战与机遇

开源芯片对传统"微机原理及接口技术"的课程教学带来了显著的挑战与机遇,这些变化不仅体现在教学内容、教学方法上,还深刻影响着教育理念和人才培养模式。

1.1 面临的挑战

(1)教学内容更新快。相比于经典的 Intel 8086 处理器而言,开源芯片技术更新换代迅速,使得教学内容要紧跟技术前沿,且传统的教学大纲与培养目标也需持续更新。

(2)教学资源匮乏。与成熟的商业芯片相比,开源芯片的教学资源相对匮乏,增加了教学难度。

(3)教学模式滞后。传统教学模式注重理论知识以及固有实验的教学,基于开源芯片的生态体系,如何在有限的条件下提高学生的实践能力及创新能力?

(4)教师专业能力的提升需求增加。由于技术更新速度快、知识体系复杂,教师在短时间内掌握这些新技能面临较大压力。

1.2 面临的机遇

(1)激发学生兴趣,拓展学生知识面。开源芯片的开放性和可定制性能够激发学生的学习兴趣和探索欲望,使学生接触到更多前沿科技知识,拓宽视野和知识面。

(2) 提升创新能力,促进跨学科融合。通过参与开源芯片项目,学生可以锻炼创新思维和解决问题的能力,且开源芯片技术涉及多个学科领域,为跨学科教学提供了广阔的空间。

(3) 深化教学模式创新,驱动高质量人才培养体系的构建。在当前科技快速发展的背景下,开源芯片特别是国内高性能处理器的崛起,如中国香山等对标国际领先 ARM 处理器的成功案例,为整个产业领域注入了新的活力与变革机会。这一趋势不仅推动了硬件技术的革新,也为教育领域特别是教学模式的创新提供了前所未有的机遇。此外,开源芯片的开放性和可定制性,极大地促进了知识的共享与技术的普及,为培养具备创新能力和实践技能的高素质人才奠定了坚实基础。它鼓励学生们从理论走向实践,通过参与开源项目的开发,深入理解芯片设计、软硬件协同等复杂技术,从而加速个人成长与技能提升。

2 改革策略及应用

2.1 改革策略

开源芯片热潮为"微机原理与接口技术"课程的教学改革提供了广阔的空间。通过更新教学内容、强化实践教学、改进教学方法等多个方面的创新改革,以期有效提升学生的综合素质和创新能力,为培养适应未来社会需求的高素质人才奠定坚实基础。主要采取的改革策略如图1所示。

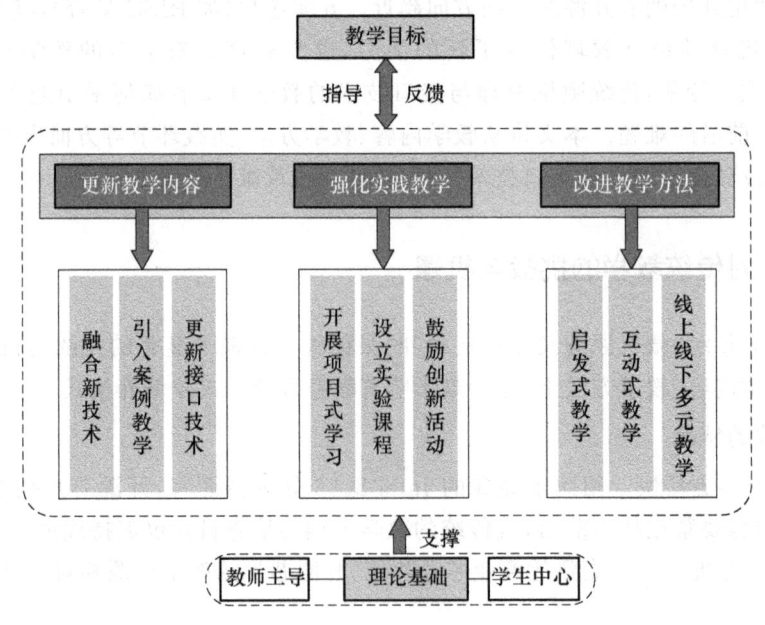

图 1 改革策略

2.1.1 更新教学内容,紧跟技术前沿

将开源芯片(如 RISC-V 等)纳入教学内容,与经典微机原理与接口技术相结合,形成新的知识体系。例如,从 Intel 8086 处理器基础、微机系统组成及工作原理入手,引入开源芯片(如 RISC-V 等)并与 8086 芯片进行对比,介绍开源芯片的架构、设计原理及开发流程,讲述该国产芯片的机遇与前景,使学生了解最新的硬件设计趋势。

通过开源芯片的实际应用案例,讲解其工作原理和应用场景,增强学生的理解力。通过开源芯片(如 RISC-V 等)在科研应用领域上的案例,阐述其协同工作机制。

接口是硬件与软件之间的桥梁,学习接口技术有助于理解两者之间的交互方式。掌握接口技术可以帮助开发者设计出更加高效、稳定的硬件和软件系统,确保它们能够无缝协同工作。Intel 8086 处理器作为 X86 架构的早期代表,其接口技术主要围绕总线结构、输入输出(I/O)端口操作以及中断机制等展开。RISC-V 作为一种开源指令集架构(ISA),其接口技术具有高度的灵活性和可扩展性。通过 8086 芯片和 RISC-V 开源芯片在接口技术上的差异对比,深入理解 CPU 与接口电路之间的数据传输方式。

2.1.2 强化实践教学,提升动手能力

在传统 8086 芯片实验教学的基础上,鼓励学生学习基于开源芯片的实验课程,让学生在课外动手实践中掌握核心知识和技能。鼓励学生参与或关注基于开源芯片的项目或竞赛,进入开源社区,了解当前芯片设计中的"卡脖子"难题,如"一生一芯"计划等[4]。基于前期的电路设计、计算机理论等学习基础,通过开源的方式将前序知识壁垒打通,掌握开源芯片的知识。结合开源软件把所学的知识点串联起来,更好地完成实践内容。

2.1.3 改进教学方法,培养自主技能

有效利用线上资源,引导学生主动探索、发现问题并解决问题,培养其自主学习能力,实现启发式教学、互动式教学、线上线下多元教学等方式相结合,激发学生的学习兴趣。比如,在分析 Intel 8086 处理器的定时与中断机制,以及开源芯片如何控制外设(如 LED)。通过讨论和提问,如"Intel 8086 处理器的哪些寄存器与定时有关?""开源芯片的程序是如何控制 GPIO(通用输入输出)引脚的?"等,鼓励学生主动探索并理解相关原理。

利用动画、视频等多媒体手段展示复杂的硬件结构和工作原理,比如在讲解 Intel 8086 处理器访问内存指令执行过程中,执行部件和总线接口部件的工作机制,可以通过动画形式展示,使抽象知识直观化。

2.2 应用分析

通过上述策略的实施,对该课程教学策略予以应用并评价。

(1)全方位地追踪学生在 RISC-V 基础知识学习阶段的表现及自主学习能力

在传统的考试评价体系中,完善学生学习效果评价体系,增加学习成效机制。例如,在学生学习 RISC-V 基础知识后,线上发布 RISC-V 芯片集,学生通过自主学习后,引导学生设计基于 RISC-V 指令集的简易 CPU,组织成果展示,进行多元化评价,包括自评、互评和教师评价等,对学生的学习成效进行全面评估。

学习开源芯片的基础知识,衡量学生在 RISC-V 指令集测试中的平均分提升率、优秀率。在设计基于 RISC-V 指令集的简易 CPU 过程中的表现,预期使 75% 以上的学生达到能够设计出功能较为完善的 CPU 的能力。

融合线上学习资源后,观察学生在自主学习阶段的学习时长、学习频次以及学习资源的利用率等指标是否增加,学生是否能够主动寻找额外的学习资源,如相关教程、视频和文献等,评估学生的自主学习能力。

采用多元化的评价体系,关注学生在各个方面的表现,如知识掌握程度、技能应用能力、团队协作能力等。预计在实施多元化评价体系后,学生的整体评价得分将有所提升,且各项评价内容的得分分布将更加均衡。鼓励 90% 以上的学生能够积极参与成果展示和互评环节。

(2)建立有效的反馈机制,促进教学策略优化

及时向学生反馈他们的学习成效和存在的问题。根据学生的学习反馈和教学效果综合评

估结果,教师将能够更快地识别学生的学习难点和需求,并动态调整和优化教学策略和评价体系。

3 结论

在开源芯片热潮下,传统"微机原理与接口技术"的教学需要进行改革以适应新技术的发展需求。通过更新教学内容、改进教学方法和强化实践环节等策略的实施,提升教学质量和效果,培养具有创新精神和实践能力的高素质人才。未来,我们将继续探索更多有效的教学策略和方法,为计算机、电子类领域的教育事业贡献力量。

参 考 文 献

[1] 张心怡.RISC-V 一定能成为 AI 时代的原生计算架构[N].中国电子报,2024(7).
[2] 张舒.RISC-V,掀起芯片浪潮[N].山东商报,2023(11).
[3] 朱立新,张香玲,姚自明,等.信息技术教育开源硬件芯片研究[J].教育与装备研究,2023,39(7):45-52.
[4] 包云岗.基于开源大趋势的芯片设计正在走向开放[J].新经济导刊,2023(4):33-38.
[5] 史蓓蕾,余恒.基于 MicroPython 的微机原理与接口技术实验教学改革研究[J].电脑知识与技术,2023,19(18):147-149.
[6] 陈英杰,杜娟,邓晓燕,等.基于硬件平台与计算机仿真平台的微型计算机原理实践教学设计[J].中国现代教育装备,2023(11):53-55.
[7] 邓睿,余宏,莫章洁,等.基于 SOC 技术的微机原理实验课程教学改革探索[J].数字技术与应用,2023,41(4):21-23.
[8] 孙奇茹.开源潮涌中国"芯"迎新机遇[N].北京日报,2022(11).
[9] 汤广.基于 RISC-V 指令集架构的微处理器相关模块研究与设计[D].湘潭:湘潭大学,2022.
[10] 刘鹏,席宇浩,刘岸林,等.科教相融的"计算机组成与设计"课程内涵探索与实践研究[J].工业和信息化教育,2023(7):54-58.
[11] 杨思博,于敦山.基于 RISC-V 的内存管理单元设计与实现[J].微电子学与计算机,2025,42(2):93-102.

作者简介

刘 含:女,1987 年生,讲师,研究方向为雷达信号处理、海洋遥感。

基于翻转课堂的"通信原理"课程教学模式探索与实践

黄 琳 万 莲 李光敏

（湖北师范大学计算机与信息工程学院，黄石，435002）

摘 要：为适应经济社会发展以及科技进步对高等教育提出的新要求，全面提升教育质量，不断推进课程改革和课程建设，受到了各高校的高度重视。本文以"通信原理"课程无线信道部分知识点为例，采用反向设计思路和翻转课堂的教学模式，探索以学生为主体，强调学习过程、多边发展等动态教学方式。课程教学将理论知识传授与素质培养融为一体，极大地提高了学生学习的积极性，开阔了学生的视野，激发了学生的科技报国热情。

关键词："通信原理"；翻转课堂；无线信道

Exploration and Practice of Teaching Model of "Communication Principles" based on Flipped Classroom

Huang Lin Wan Lian Li Guangmin

(School of Computer and Information Engineering, Hubei Normal University, Huangshi 435002, China)

Abstract: In order to adapt to the new requirements put forward by economic and social development and scientific and technological progress for higher education, comprehensively improve the quality of education, and continuously promote curriculum reform and curriculum construction, it has received great attention from various universities. Based on the knowledge points of wireless channels in the "Communication Principles" course, this paper adopts reverse design ideas and a flipped classroom teaching model, and explores

---

通信作者：黄琳，hlin010@163.com。
基金项目：湖北省研究生教育教学改革研究项目（项目编号：2023392）；2023年度湖北省教育厅科学研究计划指导性项目（项目编号：B2023132）；湖北师范大学2024年产学合作协同育人项目（项目编号：CXHZ24004）。

student-centered, emphasizing dynamic teaching methods such as learning process and multilateral development. Course teaching integrates the transfer of theoretical knowledge with quality training, which greatly improves students' enthusiasm for learning, broadens students' horizons, and stimulates students' enthusiasm for serving the country through science and technology.

Key words:"Communication Principles"; flip classroom; wireless channel

1 引言

现代科学技术的发展越来越呈现综合化,高速度的趋势,国家的发展,经济的繁荣,越来越取决于劳动者的素质。这就要求年轻一代有广阔的胸怀,有较高的道德水平。因此,高等教育必须能适应社会追求科技知识和技能的要求。课程是高校教育的核心,不断推进课程改革与建设,课程教学的研究与探索是高校适应经济社会发展以及科技进步的必然趋势。

传统的知识传授和能力培养方式无法充分调动学生学习的主动性,学生主体地位不突出,学生难以深入参与课堂。另外传统教学模式受时空限制,在知识扩展和外延方面难以满足课程知识内容扩展的需求[1-2]。

"通信原理"作为电子通信类核心课程之一,是"移动通信""光纤通信"等专业课程的理论基础。各高校围绕"通信原理"课程教学改革开展了积极的研究,在课程教学模式,课程内容优化,课程教学手段改革,提升学生综合素养,培养学生思想道德素质等方面提出了很多很好的建议。文献[3]整理了"通信原理"各章节知识点对应的综合素养元素,提出了结合案例教学法、实践教学法及研讨法的线上线下相结合的教学模式。文献[4]从价值塑造、知识传授、能力培养三个方面入手讨论了"通信原理"课程教学的开展。文献[5]围绕连续信道容量的计算方法,以案例的形式探讨了集体主义、友善等思想道德素养的融入。这些文献关于学生思想道德素养案例的融入,都是从课程知识点入手,引申出相应的教学素材或案例。根据教学过程中学生的反馈发现,部分学生并不希望在专业课的讲授过程中引入思想道德教育,认为会打断他们专业知识学习的逻辑思路。因此在专业课程的教学过程中,如何隐形地对学生进行价值观塑造,培养学生的综合素养,需要更多更深入的探讨和实践。本文基于线上教学平台,以无线信道知识点为例,采用反向设计思路,从影视素材或热点事例中学习课程专业知识的方式来探索"通信原理"课程思想道德教育与专业理论教学的融合。

2 无线信道知识点简介

无线信道是"通信原理"课程第四章第一节的知识点。其教材首先介绍了无线信道中信号的传输是利用电磁波在空间的传播实现的这一概念;其次介绍根据电磁波的不同性质,电磁波的三种传播方式,即地波、天波和视距传播;最后讲述了三种传播方式的特点,分析了电磁波传播过程中的损耗情况。

在传统的教学过程中,本节分配的讲授时间只有25分钟。但是无线信道在我国通信领域的初期应用与建设历史过程异常艰辛与曲折,是对学生进行思想道德教育的良好题材,能够激发学生对专业知识学习的动力。比如,地波传播的应用,我国首座大型超长波电台诞生,离不开所有参建人员强烈的民族自尊心和奋发图强,艰苦创业的奋斗精神。而在天波传播方式中,短波电台作为战场通信的保底手段,在革命战争年代,一直伴随人民军队南征北战。在视线传播方式中,我国卫星通信风雨沧桑50年,就是一部凝聚意志、敢于较真碰硬的尖端科技攀登史。这些都是对学生进行德育培养的优质素材,但是如何在有限的时间内,把这些元素融入专业知识的教学中,实现价值引领的目的,需要结合学生的情况进行合理安排与精心设计。在教学实践中,不断地调整优化,探索出针对不同教学内容,不同学生的教学模式和教学方法。

3 课程教学设计与实施

"通信原理"课程概念多,理论性强,在学习时要求学生具有一定的数学基础。在教学过程中,发现学生基础差别比较大,普遍对数学公式的推导存在畏惧和排斥心理。这一问题进而影响学生对公式的深入理解和对课程的学习兴趣。传统的填鸭式教学模式,学生不能积极参与课堂教学,教师也不能根据学生的掌握情况及时调整课堂进度。

翻转课堂将传统的课堂教学结构翻转过来,重新调整课堂内外的时间,把学习的决定权从教师转移给学生,能够充分发挥学生在学习过程中的主观能动性[6]。翻转课堂要求学生课前自主学习,在教学过程中,可以将部分相对容易理解、适合自学的讲授内容,设计成合适的形式,让学生课前自主学习,作为课堂教学的导入。无线信道知识点相对简单,涉及的公式推导较少,适合我校学生自主学习。因此,选取无线信道这一章进行课程教学改革的探索与实践。

在课前,将教材知识点相关的影视素材与热点时事案例利用在线平台发布给学生,要求学生根据要求从相关资料中找出课程理论教学知识点。在课堂教学时,让学生对总结的知识点进行分组交流,教师进行总结分析。通过这种从影视素材与热点时事案例中挖掘授课知识点的反向设计思路,极大地提高了学生的学习兴趣与学习主动性,增加了学生课堂参与度。将思想道德教育隐形地与专业知识结合在一起,实现了潜移默化地从思想上影响学生的目的。将理论知识与生活实际应用相联系,与社会热点相结合,开拓了学生的思维。下面从课前任务发布、课中翻转课堂教学、课后作业及评价反馈等方面具体阐述利用线上教学平台,采取翻转课堂教学模式的通信原理课程教学改革的实施。

3.1 课前任务发布

课前发布的任务需要考虑学生的基础和接受程度。学生对难度大、任务重的课前学习内容易产生抗拒心理,从而自主学习的完成情况无法保证。因此,针对无线信道的地波、天波、视距三种传播方式,准备了三个视频素材,设计了学习任务单。在课堂教学前,将准备的影视素材与热点时事案例在前一周的课程教学结束时发布到学习通,并要求学生自主学习,完成相应的学习任务。课前发布的自学任务见表1。

表1 课前自学任务单

授课知识点	教学素材	学习任务
地波传播	电视剧《沧海》片段	1. 影片中讲的通信电台的电磁波频率 2. 该电台的通信方式
天波传播	电影《英雄儿女》片段	1. 王成要保护的电台的电磁波频率 2. 该电台的通信方式
视距传播	神舟十八号发射视频	1. 神舟十八号宇宙飞船使用的通信卫星与华为mate60使用的通信卫星分别是什么 2. 卫星通信的通信方式

课前学习任务选取了三个视频片段，《沧海》电视剧中长波电台建设历程展现了我们老一辈科学家为了国家不畏艰辛，拼搏创新的精神。电影《英雄儿女》中王成保护电台的情节本身已经给观众留下深刻印象。王成一句"为了胜利，向我开炮！"感动和震撼了无数中国人。神舟十八号宇宙飞船发射属于时事热点，发射消息激动人心。利用这些素材作为课程知识点的导入，能够极大地激发学生的学习兴趣。但是在课堂上，讲解专业知识的过程中，时间有限，无法导入这么多的教学素材。另外如果相关素材导入太多，也会引起学生的反感。因此，采取在课前自学的形式，让学生在熟知的能够激发学习动力的素材中完成课本专业知识的预习，使思想素质教育隐形地融入专业知识的学习中，潜移默化地影响学生。在课堂教学过程中，教师不再专门进行思想道德教育，保证了专业知识教学的逻辑连贯性。

3.2 课中翻转课堂教学

在课中，根据课前发布的任务，随机抽点 3~5 位同学回答问题，了解学生的预习情况。然后对学生进行分组，坐在一起的 4 位同学一组，讨论电磁波三种传播方式的特性以及典型应用，了解在技术高速发展的时代背景下，三种传播方式的应用现状。4 位同学选取一名同学作为组长，其他 3 位同学分别了解一种传播方式，组长负责归纳总结，并以表格形式提交总结报告。老师展示同学们提交的传播方式归纳表，进行查漏补缺、概括总结，引导学生思考电磁波波长与传播特性的关系，给出结论，完成本知识点的教学。

4 教学评价

从视频观看情况看，全班 35 位同学，有 28 位完成了 3 个视频的观看，有 25 位同学完成了课前预习答题，其中答题全部正确的同学有 18 位，部分正确的同学有 7 位。同学们对视频观看热情高。在课中，8 个组长全部提交了归纳总结表，大部分组的表格内容全面准确。分组合作，较好地锻炼了学生的协作能力。

为了评估教学效果，课后设计了 5 分钟的随堂测试，还进行了问卷调查。随堂测试的内容包括无线信道相关知识点以及课前预习部分内容，测试题以选择题为主。参加测试的 35 位同学平均得分为 88 分。同学们的测试结果比较好，说明大部分同学教学参与度很高，对该知识点掌握得很好。课后匿名调查问卷设置了 5 个问题，同学们参加调查问卷的情况如图 1~图 5 所示。从问卷结果看，大部分同学们对所选题材

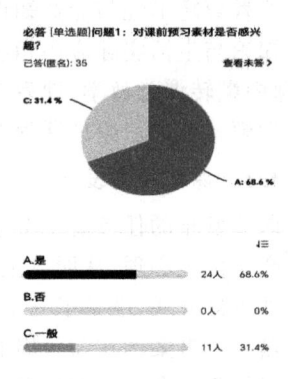

图 1 问题 1 调查情况

兴趣度较高，对教学素材所展示的内容很有感触，部分同学甚至对相关影片进行了了解，观看了整部影片。同学们对教学方式的评价总体上比较满意，觉得轻松有趣。

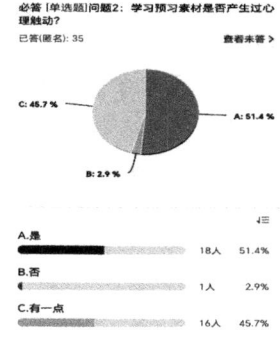
图 2 问题 2 调查情况

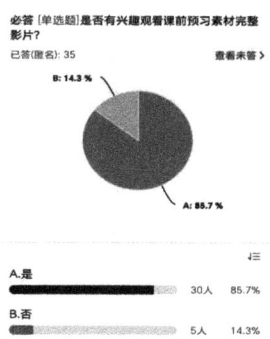
图 3 问题 3 调查情况

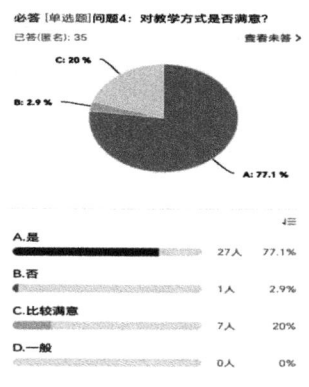
图 4 问题 4 调查情况

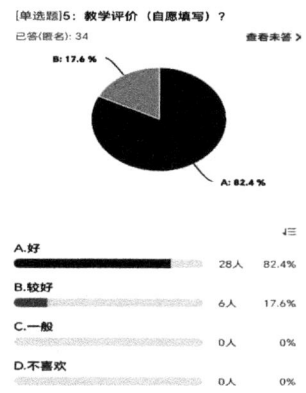
图 5 问题 5 调查情况

5 结语

本文以"通信原理"课程中无线信道知识点为例,采用反向设计的思路,结合翻转课堂教学模式,介绍了思想道德类型素材与专业理论知识的教学结合。反向设计的课堂教学方式,基本达到了对学生进行综合素质培养的目标。该教学模式在不影响专业课教学的同时,对学生起到了价值观塑造的目的。翻转课堂的教学模式将课堂的主体还给学生,极大地提升了学生的自学能力,以及团队合作意识。

参 考 文 献

[1] 朱晨. 高职院校"通信原理"教学改革的探索[J]. 无线互联科技,2020,19(1):147-151.

[2] 于龙强,陈树新,等. 基于智慧教室的"四维融合"式通信原理教学模式探索与实践[J]. 科教导刊,2023,4(11):50-52.

[3] 熊俊,马东堂,赵海涛,等. 基于SPOC的"通信原理"课程思政教学模式探索[J]. 教育教学论坛,2021(21):117-120.

[4] 方红雨,李晓辉,朱军,等.课程思政在"通信原理"课程教学中的探索与实践研究[J].工业和信息化教育,2021(3):42-46.

[5] 吉晓东,张晓格.基于"课程思政"案例设计的通信原理教学改革探索[J].信息系统工程,2022(4):165-168.

[6] 郭一珺,张志龙,杨鸿文,等."通信原理"差异化翻转教学探索与实践[J].电气电子教学学报,2021,43(4):161-168.

作者简介

黄　琳:女,1981年生,讲师,研究方向为无线通信。

新工科背景下线上线下混合式教学模式研究与实践
——以"大数据技术与应用"课程为例

姜艳静　郑悦林

（三峡大学，宜昌，443000）

摘　要：以新工科理念为指导，结合工程教育认证的要求，在"大数据技术与应用"课程建设中，重塑教学目标，重构课程体系，将教学内容重组为三大知识模块。以培养学生解决"复杂工程问题"的目标为导向，采用引导学生课前线上自学，课中讲授与讨论，课后线上实践相结合的混合教学模式，充分发挥线上线下教学的各自优势，并不断改进教学方法，与数字技术共同赋能教学目标达成。

关键词：线上线下混合式；教学模式；新工科

Study and Practice of Online-offline Hybrid Teaching Mode under Background of Emerging Engineering Education ——Taking the Course of "Big Data Technology and Application" as an Example

Jiang Yanjing　Zheng Yuelin

(China Three Gorges University, Yichang 443000, China)

Abstract: Guided by the concept of "Emerging Engineering Education" and the requirements of engineering education certification, the course construction of "Big Data Technology and application" is to reshape the teaching objectives and the course system, and the teaching content is reorganized into three knowledge modules. To enhance students' ability to solve "complex engineering problems", the blended teaching mode is adopted, including leading students to self-study in front of class, teaching and discussion in class and on-line practicing after class which can make full use of the advantages of Online-Offline

---

通信作者：姜艳静，jiangyanjing@ctgu.edu.cn。
基金项目：全国高等院校计算机基础教育研究会计算机基础教育教学研究项目（2023-AFCEC-347）。

teaching. And constantly improve teaching methods, and digital technology together to enable teaching objectives.

Key words:Online-offline hybrid; teaching mode; Emerging Engineering Education

1 引言

2017年2月和4月,教育部在复旦大学、天津大学分别召开了综合性高校和工科优势高校的新工科研讨会,形成了新工科建设的"复旦共识"和"天大行动"。此举是为了应对新一轮科技革命和产业变革所面临的新机遇、新挑战而提出的新工科理念。在新工科理念的引领下,三峡大学积极推动混合式教学模式升级,注重发挥线上线下不同教学方式的优势,加深规模化授课方式下的个性化学习,实现教学改革,并关注信息技术对班级教学制度的颠覆性作用,以模式探索助推范式变革。

2 课题内涵与培养目标

"大数据技术与应用"课程是三峡大学数据科学与大数据技术专业的专业核心必修课。适应培养"素质高、能力强、专业精"的工程技术人才的目标和"服务水利电力行业"和"服务地方经济发展"的双服务理念,为数据科学与大数据技术学生搭建大数据技术的知识框架和应用能力。经过本课程的学习,学生应实现以下三个目标。

(1) 知识目标。能够阐明分布式存储、分布式计算、内存计算等技术的原理,编写分布式存储和分布式计算程序。

(2) 能力目标。能够在大数据集群编写、调试和运行分布式程序;综合应用分布式存储、分布式计算等技术设计大数据解决方案。

(3) 素养目标。具备分工协作的团队意识、严谨求实的工匠精神和技术报国的家国情怀。保持对大数据领域的新技术、新发展方向的持续关注和不断学习态度。

3 混合式教学设计、教学方法改革与创新

3.1 教学设计

在精梳教学内容,整合教学资源,重构教学框架的基础上,优化教学设计,不断探索理论与实践相结合的最优路径,最终达到提升学生专业能力的目的。以实现课程三个维度的目标为出发点,采用课前SPOC+课中翻转课堂+课后实验+分组作业的形式,完成混合式教学(线上10学时,线下22学时)。课程教学框架设计如图1所示。

3.2 教学资源建设及应用情况

教学资源分为线上资源和线下资源两个主要部分。

(1) 线上资源。2021年引入中国大学慕课的国家精品课程"大数据技术原理与应用"。根据教学大纲,选取相关内容的基础理论知识。补充SPOC资源,如Linux命令、使用容器技术搭建大数据集群和HDFS元数据探索实践。

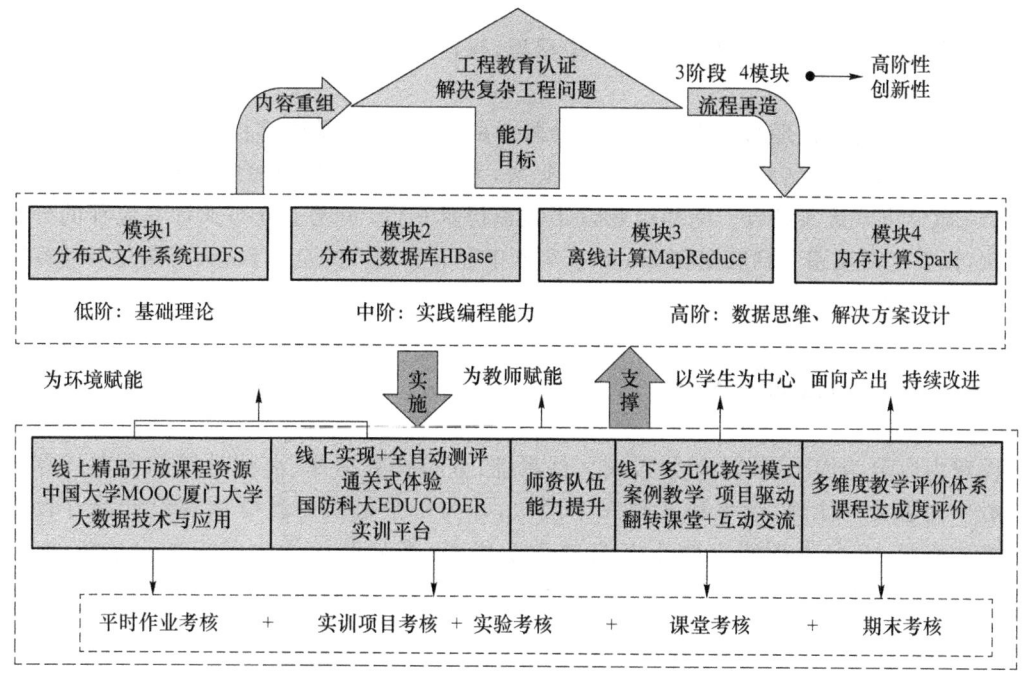

图 1　课程教学框架设计

（2）线下资源。线下资源包括教学大纲、教学设计方案、教案、课件、教学进度表、课程思政案例。实践平台包括头歌实验平台开设 18 个实验项目，以及 8 个测验项目。

3.3　教学方法改革

以建构主义为理论指导，以学生为中心的抛锚式方法开展教学。根据学习主题设置场景（锚），结合已有主题相关知识和能力，设计传统计算机技术很难解决而大数据技术可以很好解决的问题，以问题引起学生的求知欲，从而引导学生自主线上学习。采用虚拟仿真技术解析晦涩难懂的理论知识，结合项目实训，打通理论与实践的壁垒。主要体现在以下几个方面。

（1）以数字技术为手段，增强教学过程的创造性、体验性和启发性，撬动课堂教学发生深层次变革。线上教学主要采用雨课堂、头歌、中国大学 MOOC 多平台教学手段相结合，覆盖课前、课中、课后全过程。

（2）通过升级案例库和丰富教学资源助力教学目标实现，"大数据技术与应用"课程已经自建 Python 案例，并取得了较好的教学效果。今后需进一步打磨案例，采用水电数据体现学校特色，用智慧城市案例体现专业广泛性。

（3）改进考核方式形成教学闭环，考核内容精准对应课程目标，多种考核方式相结合，科学制定各种考核项目的考核比重，采用过程考核与目标考核相结合的方式，推进教学目标的实现，实现评估方式和教学方式的动态优化。

3.4　课程特色与创新

结合三峡大学的建设特色，课程建设打造了更适用于本校专业的课程特色，主要体现在面向电力行业的教学案例。三峡大学定位于水利电力特色，课程组针对电力数据开发了教学案例。2021 年起，课程组先后和三峡集团、国网宜昌供电公司等电力行业企业开展科研合作，承接了风电运维、智慧电力园区、数字化运营等电力行业项目，并用于教学，丰富了电力行业的教学案例。

在课程建设中，教学团队成员在实践中反思、探讨、改进教学方法和教学手段。在以下方面实现了改革创新。

（1）教学内容的梳理与重构。按照混合教学的特点，将教学内容拆分为原理、流程、实现和应用四个层次，并与传统计算机技术统一起来，为学生建构完整的知识体系。

（2）教学方式虚实结合。课程组建设了虚拟仿真平台，实现了分布式计算流程的分解和可视化，让学生直观感受到数据在 Hadoop 集群中存储和计算的全过程，从而深化对计算原理和工作流程的理解。

4 教学内容组织与实施路径

课程内容分为四个板块，即分布式文件系统、分布式数据库、离线计算和内存计算。各模块教学内容分为原理、流程和实现三个层次，并为每个板块的教学内容设计混合教学模式的实施路径，充分发挥线上线下各自的教学优势，充分调动学生学习的自主性，如图 2 所示。

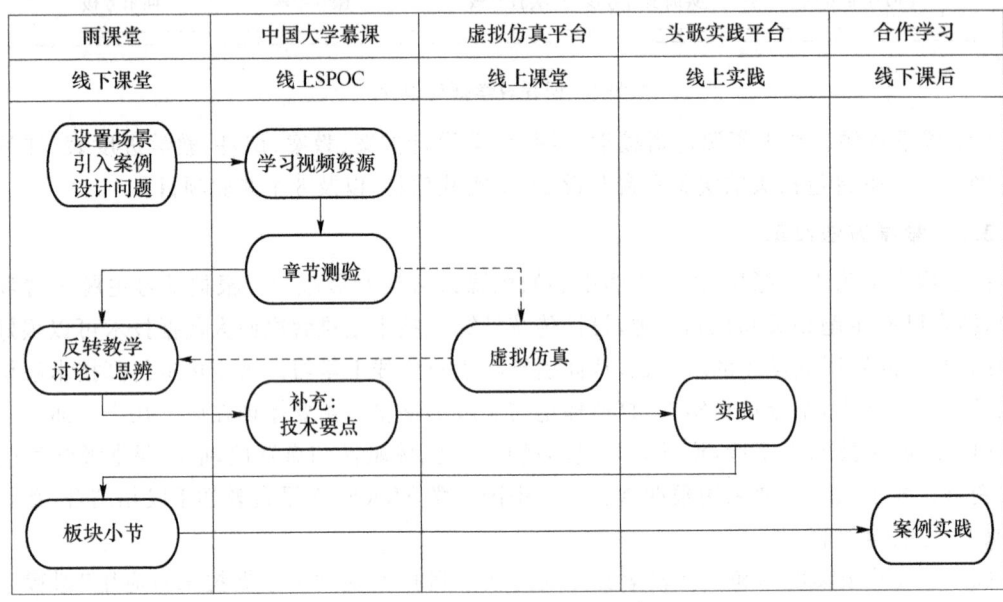

图 2 教学实施路径流程图

5 改革成效与改进方向

5.1 改革成效

"大数据技术与应用"课程的混合式教学改革获得了同行和学生的普遍认可，成绩显著，主要体现在以下几个方面。

（1）教学质量明显提升。在考试形式和评价体系不变的情况下，经过 3 年的混合式课程建设，按照工程认证要求，课程目标达成度稳步提升，见表 1，说明教学改革显有成效。

表1 2021—2023年工程认证课程目标达成度表

课程目标 i	课程目标 i 的达成度 R(2021)	课程目标 i 的达成度 R(2022)	课程目标 i 的达成度 R(2023)	达成期望值
1	0.44	0.48	0.52	
2	0.51	0.53	0.54	0.50
3	0.70	0.72	0.73	

（2）学生学习有收获。学生积极参与大数据类学科竞赛，获得多个国家级和省级奖项。

（3）教学研究与改革有成果。课程建设过程中与企业合作，获批教育部产学合作协同育人项目1项，全国高校计算机基础研究会教研项目1项，校级课程思政项目1项。课程成果支撑三峡大学教学成果一等奖1项，省级教学成果一等奖1项。

5.2 改进方向

经课程改革虽然取得了一定成效，但在今后的课程建设中仍需完善，总结为如下。

（1）思政元素的深度融合。从宜昌智慧电力和智慧水利等水利电力行业大数据与人工智能建设成果中发掘教学案例，将思政元素与课程内容深度融合。

（2）充分应用数智手段。用知识图谱构建课程知识体系；用人工智能分析学情，推进学生的个性化学习指导。

（3）深入开展产学合作。以行业需求为引领，提升课程的高阶性和创新性，提升学生解决复杂大数据工程问题的能力。

参 考 文 献

[1] "新工科"建设行动路线（"天大行动"）[J]. 高等工程教育研究,2017,65(2):24-25.
[2] "新工科"建设复旦共识[J]. 复旦教育论坛,2017,15(2):27-28.
[3] 林健. 新工科建设:强势打造"卓越计划"升级版[J]. 高等工程教研研究,2017,3(65):7-14.

作者简介

姜艳静：女,1978年生,副教授,研究方向为数据库、大数据与人工智能。
郑悦林：男,1974年生,副教授,研究方向为大数据与人工智能。

新工科视野下"数字图像处理"课程改革与实践探索

黄陈建　李　俊

（江西应用科技学院智造学院,南昌,330100）

摘　要：在新工科视野下,传统的数字图像课程已经不能满足当前的需要。因此,本文从教学内容、教学方式、考核方式等方面入手,提出了具有"一个核心驱动三个支点、三个支点支撑一个核心、三个支点相辅相成"特色的课程改革思路,提出了"导、讲、转、演、检"的闭环反馈教学方法,提出了构建"知识、能力、素养"三位一体的考核方式。实践证明,上述改革不仅提高了学生的实践应用能力,还有助于培养学生的创新能力和综合素养。

关键词：新工科视野；数字图像处理；课程改革

Curriculum Reform and Exploration in Digital Image Processing from the Perspective of New Engineering

Huang Chenjian　Li Jun

(Institute of Intelligent Manufacturing, Jiangxi University of Applied Science, Nanchang 330100, China)

Abstract: Under the perspective of new engineering disciplines, traditional digital imaging courses are no longer sufficient to meet current needs. Therefore, this article starts from the aspects of teaching content, teaching methods, and assessment methods, and proposes a curriculum reform idea with the characteristics of "one core driving three fulcrums, three fulcrums supporting one core, and three fulcrums complementing each other". It puts forward a closed-loop feedback teaching method of "guidance, teaching,

---

通信作者：黄陈建,1242681259@qq.com。

基金项目：江西省教育厅科技项目(GJJ213010)。

transfer, performance, and inspection", and proposes to construct a three in one assessment method of "knowledge, ability, and literacy". Practice has proven that the above reforms not only improve students' practical application abilities, but also help cultivate their innovation ability and comprehensive literacy.

Key words: the perspective of new engineering; digital image processing; curriculum reform

1 引言

随着人工智能、大数据、云计算等技术的快速发展,数字图像处理技术作为其中的重要组成部分,其应用领域日益广泛。从传统的图像处理扩展到军事、公共安全、通信、教育、工业、医疗等多个领域,对数字图像处理技术的要求也越来越高[1]。因此,高校需要调整和优化"数字图像处理"课程的教学内容和方法,以适应科技进步和产业升级的需求。

新工科教育理念强调培养具有创新思维、实践能力和国际视野的高素质复合型工程科技人才[2]。传统的"数字图像处理"课程往往侧重于理论知识的传授,而忽视了对学生实践能力和创新能力的培养。然而,在新工科背景下,高校需要更加注重学生的实践能力和创新能力的培养,以满足未来社会对人才的需求[3]。因此,对"数字图像处理"课程进行改革,以适应新工科教育理念的要求,成为必然的选择。随着产业结构的调整和升级,市场对具有数字图像处理技能的人才需求不断增加[4]。然而,传统的教育模式往往难以培养出符合市场需求的人才。为了提高学生的就业竞争力,高校需要调整和优化课程设置,加强对学生实践能力和创新能力的培养[5]。通过改革"数字图像处理"课程,使学生掌握扎实的理论基础和前沿技术,具备解决实际问题的能力和创新思维,从而在未来的就业市场中更具竞争力。数字图像处理技术是一门不断发展和更新的学科领域。随着技术的不断进步和应用领域的不断拓展,课程自身也需要不断更新和完善。通过改革"数字图像处理"课程,可以引入新技术、新方法和新案例,使教学内容更加贴近实际应用和前沿发展。同时,也可以促进学科之间的交叉融合和协同创新,推动数字图像处理技术的不断发展。

综上所述,新工科视野下的"数字图像处理"课程改革的背景主要源于科技进步与产业升级的需求、教育理念的更新与人才培养目标的转变、市场需求的变化与就业竞争力的提升以及课程自身发展的需求等多个方面。这些因素共同推动了"数字图像处理"课程改革的深入发展。

2 课程改革的思路

本文在新工科视野下,提出了以科研训练为核心,以理论教学、实践教学、素质教育为支点的改革思路,展现了"一个核心驱动三个支点、三个支点支撑一个核心、三个支点相辅相成"的特色。课程改革思路的模型如图1所示。

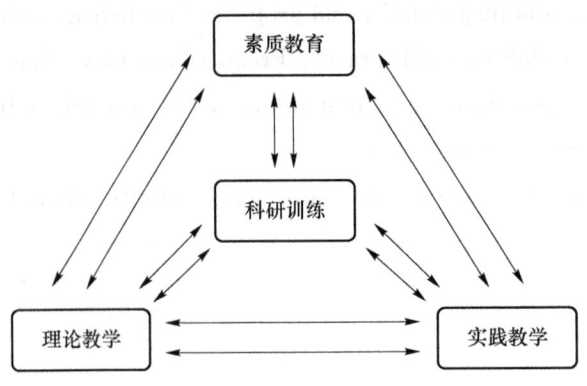

图 1 课程改革思路的模型

图中科研训练的含义为：①从教师的角度，积极搜索与"数字图像处理"课程相关的当前科研热点以及主流技术方法，并将其融入课程教学当中；②从学生的角度，通过学习与"数字图像处理"课程相关的当前科研热点以及主流技术方法，进一步提升实践能力、创新能力。

一个核心驱动三个支点指的是：①通过科研训练，"数字图像处理"课程可以充分结合当前的科研新热点与新技术，在保留"数字图像处理"课程核心内容的基础上开展对理论教学内容的改革，为"数字图像处理"课程提供了源源不断的新活力；②通过科研训练，可以形成较为完整的实践教学实施方案，解决了传统实践教学中"机械化""形式化""孤立化"等不足；③科研新热点与新技术，可以为素质教育提供新鲜血液和思想泉源。

三个支点支撑一个核心指的是：①通过开展结合科研新热点和新技术的"数字图像处理"课程理论教学、实践教学以及素质教育元素的探索，构建了一套较为完整的科研训练实施计划；②通过数字图像处理基础及新技术应用、matlab 编程训练、科研训练 3 大模块，数字图像处理基础及科研预备、数字图像处理新技术及应用、基于数字图像处理的科研训练 3 个阶段，可以有计划地将科研训练计划从空想变为现实。

三个支点相辅相成指的是：①理论教学和实践教学是专业教学的两大基本形式，两者具有辩证统一的关系，实践教学需要在专业理论指导下开展，理论教学需要通过实践教学加以强化，通过实践教学可以促进学生对理论知识的二次理解，因此，需要制定理论教学与实践教学相结合的一体化教学方案，两者密切配合，相互渗透；②理论教学和实践教学是课程素质教育的载体，而素质教育需要在理论教学与实践教学中进行。

3 课程改革的实施方案

3.1 教学内容的改革

首先，教学内容的改革需要对理论教学内容的改革。传统"数字图像处理"课程的部分内容已与社会生产脱节，滞后于当前就业的需要，也缺少了图像配准、图像融合等研究热点的相关知识。因此，"数字图像处理"课程的内容需要在保留数字图像处理核心知识点的基础上，适当引入适应当前社会生产的新技术，替换已被淘汰的旧技术。因此，可以引入了多尺度变换与人工神经网络等新技术，构建以图像增强、图像分割、图像融合为核心内容的课程体系。

其次，针对实践教学内容的改革，可以根据当前社会生产的实际情况，结合当前的科研热点以及新技术,构建以掌握图像增强、图像分割、图像融合为主线的系统实践教学实施方案,采用项目驱动的方式开展教学。

3.2 教学方式的改革

本文提出"导、讲、转、演、检"的闭环反馈教学方法。①根据预期的教学目标,进行教学预备;②进行任务导入与驱动,以讲授与练习的方式执行;③教师扮演了引导与解析的角色,学生在课程中需要进行思考与探究;④对本次课程进行总结与拓展,并构建知识体系;⑤进行教学目标的检测与反馈。图2为教学方法改革模型。

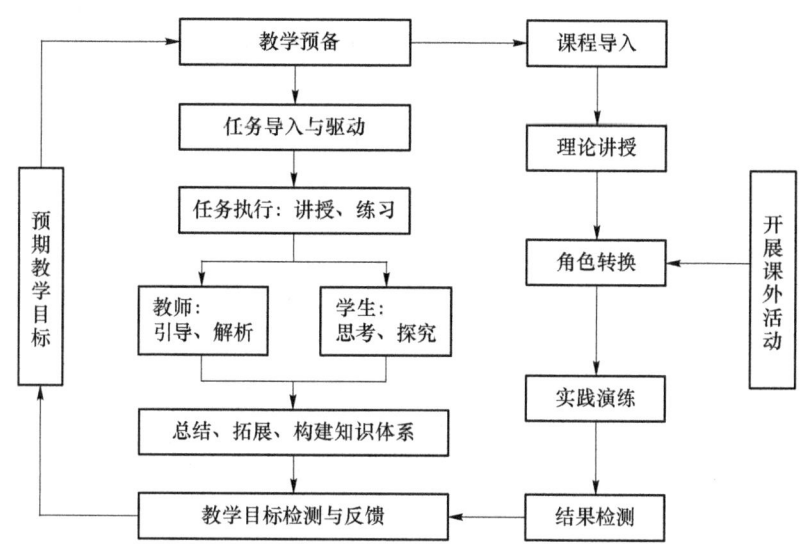

图 2 教学方法改革模型

3.3 考核方式的改革

如图3所示,根据OBE逆向设计原则,结合电子信息工程专业毕业要求指标点的支撑情况以及课程教学目标,本文提出构建"知识、能力、素养"三位一体的考核方式。

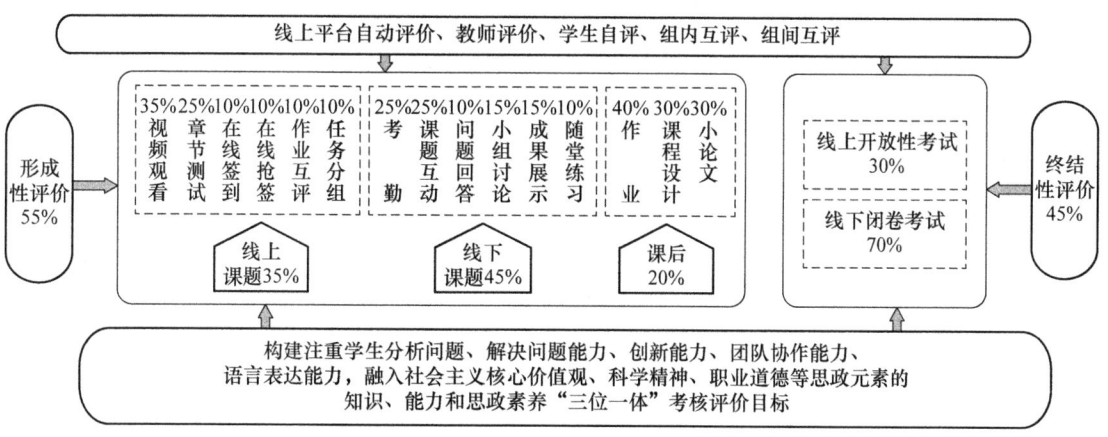

图 3 考核方式的改革模型

4 结语

在新工科视野下,本文从教学内容、教学方式、考核方式等方面入手,阐述了"数字图像处理"课程改革方法。在教学内容改革方面,本文引入图像处理新技术,使学生能够掌握最新的图像处理方法和工具。在教学方式改革方面,本文提出闭环反馈教学方法,培养学生自主学习和解决问题的能力。在考核方式改革方面,本文构建了多元化评价体系,注重对学生知识掌握、实践能力、创新能力和综合素质的全面评估。综上所述,本文提出的课程改革方法既能促进课程内容的更新和教学方法的创新,又能提升学生的实践能力和创新思维。

参 考 文 献

[1] 孙彦增,王倩倩,胡荃,等.新工科背景下基于OBE理念的"工程检测与加固"课程改革与实践研究[J].安徽建筑,2024,31(9):109-110.

[2] 朱文婕,陈玉娥,杨大禹,等.新工科背景下基于OBE理念的物联网工程综合实践课程改革与探索[J].公关世界,2024(18):103-105.

[3] 孟祥超,陆金泉,许高明,等.基于OBE理念的教学方法改革与实践——以数字图像处理课程为例[J].高教学刊,2024,10(18):48-51.

[4] 刘璎瑛,吕成绪,郭振涛,等.南京农业大学工科类课程耕读文化建设——以数字图像处理课程为例[J].高教学刊,2024,10(18):101-104.

[5] 宋桂岭.产教融合背景下的高职数字图像处理课程建设研究与实践[J].中国新通信,2024,26(11):89-91.

作者简介

黄陈建:男,1994年生,讲师,研究方向为图像信号处理、智能群体优化算法。

李 俊:男,1979年生,教授,研究方向为信号处理、电子电路。

基于 OBE 理念下的"三位一体"教学改革研究与探索

杨亚宁 周贝宁 刘琳茜

(大连民族大学信息与通信工程学院,大连,116605)

摘 要:随着时代发展,教学改革更应该与时俱进。本文以大连民族大学"工业机器视觉及应用案例分析"课程为例,探讨了基于 OBE 理念下的"三位一体"教学改革研究与探索。分析传统学习模式存在的局限性,提出"以学生为中心",构建学习、能力和创新融于一体的教学目标。通过"线上线下混合式"教学模式,重点培养学生实践能力和竞赛思维,同时通过多元评价体系对学生、教师和教学过程进行系统性评价。将"立德树人"理念贯穿课程始终,树立正确的世界观、人生观和价值观,实现从知识传授到思维、素质和能力培养的转变。

关键词:OBE 理念;"工业机器视觉及应用案例分析";混合式教学;多元评价;教学改革

Research and Exploration of "Three-in-One" Teaching Reform based on the OBE Concept

Yang Yaning Zhou Beining Liu Linxi

(School of Information and Communication Engineering, Dalian Minzu University, Dalian 116605, China)

Abstract: With the development of the times, teaching reform should keep pace with the times. This paper discusses the research and exploration of "Trinity" teaching reform based on OBE concept by taking "Industrial Machine Vision and Application Case Study" course of Dalian University for Nationalities as an example. Analyzing the limitations of the traditional learning mode, we put forward the "student-centered" and construct the teaching goal of integrating learning, ability and innovation. Through the "online and offline hybrid"

通信作者:杨亚宁,22345739@qq.com。

teaching mode, we focus on cultivating students' practical ability and competition thinking, and at the same time, we systematically evaluate students, teachers and the teaching process through a multiple evaluation system. The concept of "cultivating people with moral integrity" is carried out throughout the course to establish a correct worldview, outlook on life and values, and to realize the transformation from knowledge transmission to the cultivation of thinking, quality and ability.

Key words: OBE concept; industrial machine vision and application case analysis; mixed teaching; multiple evaluation; teaching reform

1 引言

机器视觉作为人工智能领域的一个重要分支,已经充分应用到工业自动化、医疗诊断、智能农业等多个领域[1]。"工业机器视觉及应用案例分析"后文简称为机器视觉课程,作为电子信息专业的一门专业选修课程,具有重要的教育和实践价值。该课程重点培养学生在图像处理和机器视觉相关领域的综合能力。OBE(Outcome-Based Education)理念[2]是强调以学生的学习成果为核心,采用逆向设计思维来构建课程体系。但当前该课程面临的教学资源有限、实践环节不足等挑战,将 OBE 理念与机器视觉课程相结合,展现出了极高的契合度,通过深度改革以满足学生个性化学习需求和行业发展的需要。

2 教学目标及改革

2.1 基于 OBE 理念下的教学目标推理

机器视觉课程是以电子信息工程为基础而延伸出来的专业选修课程。其课程内容主要包括机器视觉相关概念、图像处理基础知识、机器视觉系统组成、特征提取、深度学习及应用案例分析[2]。该课程涵盖理论与实践两大部分内容,传统授课方式以老师为主导,针对课程内容由易到难的过程制定课程大纲和实验[3]。而这种授课方式存在许多弊端,例如,以教师为中心,导致学生参与度不足,知识以单向传递为主,缺乏互动和讨论,不利于学生批判性思维的培养等问题。以大连民族大学"工业机器视觉及应用案例分析"课程为例,在 OBE 理念的指导下,根据教学的最终目标逆向设计,重新定义课程的教学目标,确保与学生的学习成果紧密相关。根据最终教学目标反向推理得出"三位一体"教学目标计划,"三位一体"依次涵盖学习、能力、创新目标和"立德树人"体系,即:

(1)学习目标:全面了解机器视觉的原理和应用方法。

(2)能力目标:通过实践展示理论知识,掌握相关技术和工具的使用。

(3)创新目标:通过模拟竞赛培养创新思维,复盘竞赛真题以促进知识的深入理解和应用。

(4)"立德树人"体系:提高实践能力,培养团结协作和创新思维,树立正确的价值观。

2.2 混合式教学模式探索

2020 年,教育模式已有显著的变革,尤其线上教学和数字化学习资源的迅速发展[4]。在机器视觉课程中,如图 1 所示,基于 OBE 理念和"三位一体"的教学目标来构建一个闭环式的教学过程,以促进学生全面深入地掌握理论知识和实践技能。

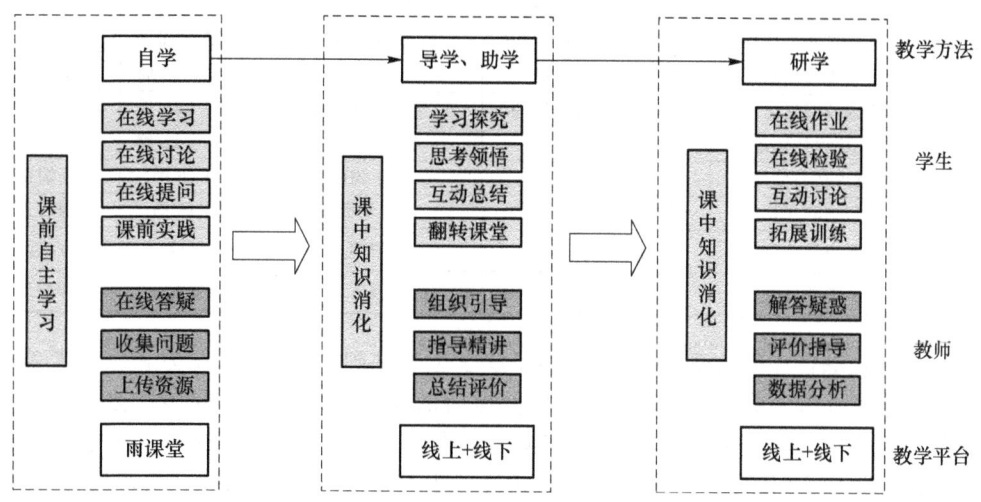

图 1 教学过程结构图

学生通过在线资源自学建立对课程内容的初步理解,同时教师收集预习反馈。在课前实践阶段,学生模拟搭建机器视觉系统,加深对理论知识的理解和应用,教师提供个性化的指导。在课中教学阶段,教师重点讲解难点,同时采用翻转课堂[5]等互动教学方法,鼓励学生参与讨论和问题解决。在课中实践阶段,教师引导学生进行实验操作和案例分析,提高学生的实践能力和创新思维。在课后复习阶段,学生复习笔记、观看回放和完成作业来巩固和深化对课程内容的理解,教师提供在线答疑。在课后拓展阶段,教师提供额外的学习资源和拓展材料,鼓励学生进行深入学习和探索,增强理论知识的掌握,为实验实践提供更多的时间和空间。

在课程中,为充分激发学生的创新精神和团队协作能力,引入竞赛和实战项目。收集整合公开的竞赛信息,组织学生积极参与复现竞赛内容。提供一个在竞争环境中挑战自我、提出创新解决方案的平台,有效地促进学生创新思维和应对压力能力的培养。

2.3 "立德树人"体系

在课程中融入"立德树人"理念,是实现教学改革目标中不可或缺的一环[6]。在课程初期,介绍杰出贡献者和国家的科技成就,展示工程师们在国家科技进步中所做的贡献,树立学生科技报国的理念,同时培养他们勇于探索、追求卓越的科学精神和科学素养。在课程中期,展示与图像处理相关的案例,如工业自动化工厂、医疗影像检测等。让学生了解图像处理技术在不同领域的应用,从而培养他们严谨治学、精益求精的工匠精神[7]。探讨机器视觉技术对社会的积极影响以及可能带来的伦理问题,引导学生思考如何在技术实践中体现社会责任感。在课程后期,实战项目和复现优秀的竞赛案例,确保学生能够学以致用。这些教学活动,学生能够在专业技能提升的同时,形成正确的价值观和职业观,为将来成为对社会有贡献的人才打下坚实的基础。

2.4 多元评价指标

机器视觉课程教学改革计划共有八大阶段,即准备、设计、实施、评估、反馈、调整、持续和发展阶段。各阶段详细计划见表 1。

表1 教学改革具体实施计划表

阶段	任务	具体内容	负责人	时间安排	预期成果
准备	学习成果定义	明确课程的学习成果	课程负责人	第1周	学习成果清单
设计	课程反向设计	设计课程结构和内容	教学团队	第2周	课程设计方案
实施	教学方法创新	更新教学模式	教师	第3~12周	教学活动记录
实施	实践技能强化	开展项目及案例分析	实验指导教师	第4~13周	学生实践作品集
评估	多元化评估体系	多元评价评定	教师和学生	第5~15周	评估报告
反馈	持续评估与反馈	收集反馈	教学团队	第16周	反馈汇总
调整	课程内容优化	调整内容和教学方法	课程负责人	第16周	课程改进方案
持续	教学方法改进	更新教学方法	教师	持续	教学方法改进报告
发展	教师专业发展	教师培训	教师	持续	教师发展计划

建立多元化综合评价体系,更好地观察了解学生的基础知识、操作能力和综合素养,包含课前的预习准备评价、课中的形成性评价以及课后的总结性评价。采取多样化的评价方法。通过教师与学生的共同评价、学生间的互评以及自我评价等多种评价方式[8],确保每位成员都参与到评价过程中,从而保证评价的全面性和公平性。具体的评价方式、评价维度和评价占比等详细信息,如图2所示。

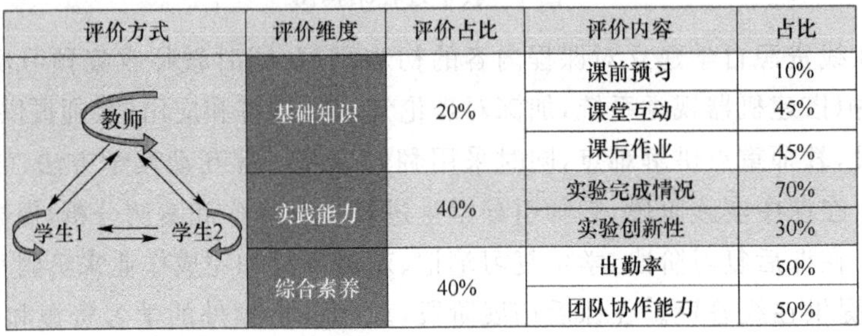

评价方式	评价维度	评价占比	评价内容	占比
教师↔学生1↔学生2	基础知识	20%	课前预习	10%
			课堂互动	45%
			课后作业	45%
	实践能力	40%	实验完成情况	70%
			实验创新性	30%
	综合素养	40%	出勤率	50%
			团队协作能力	50%

图2 多元化评价体系实施办法各部分占比图

3 改革成效分析

在OBE理念指导下所制定的教学充分考虑了学生的实际需求和学习现状,确保了教学内容与学生能力和兴趣的匹配。通过课程后期的调查问卷显示(图3),绝大部分同学对此次教学改革的内容和制定的教学目标呈现支持态度,认为在此期间能够得到有效的能力提升。

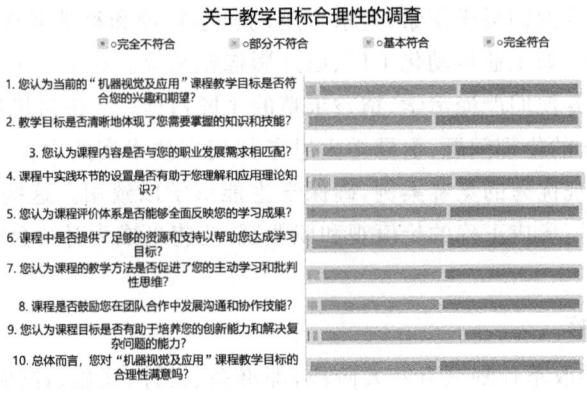

图3 调查结果分析条形图

混合式教学模式的实施,有效地提高了课堂的灵活性,基本达到了预期目标。通过线上自学和线下互动讨论相结合的方式,学生能够在任何时间和地点进行学习,而线下部分则侧重于实验操作、小组讨论和面对面的指导,增强了学生的实际操作能力和团队协作精神。这种教学模式不仅丰富了教学资源,还为学生提供了更加个性化的学习体验,满足了不同学生的学习需求。课程后期学生普遍反映混合式教学模式更具有针对性,其效果要优于传统的课程。

4 未来持续性改革

随着时代的不断发展,教学改革也必须与时俱进[9]。整合新媒体教学模式,充分利用在线资源,为学生提供更多练习和反馈机会。"以学生为中心"的机器视觉教学改革打破了传统的教学模式,立足于OBE理念和"三位一体"的教学目标,全面培养了学生实践动手能力、发现并解决问题的能力、创新能力以及爱国情怀。新的评价制度注重过程考核,契合工程教育认证理念。此外,教学改革帮助学生形成更全面系统的科学知识体系,提高学生科研实践和解决复杂工程问题的能力,为培养满足经济和科技发展需求的高素质综合型人才起到重要作用。改革从来都不是一蹴而就的,都是一个漫长的过程,教育改革要不断适应时代发展,为国家培养新一代人才。

参 考 文 献

[1] 唐浩然.机器视觉的研究及应用进展[J].科技与创新,2024(16):52-55.
[2] 崔悦,安学刚,杨旺,等.OBE理念下Python程序设计课程思政教学设计与实践研究[J].电脑知识与技术,2024,20(18):114-116.
[3] 左义海,刘彬,于松章,等.OBE视角下一体化创新实践培养模式的探索与实践[J].中国现代教育装备,2024(13):57-59.
[4] 王慧娟.OBE理念下个案工作教学改革探讨[J].教育观察,2024,13(19):55-57.
[5] 胡志伟.基于翻转课堂与OBE的"幼稚工业保护理论"课程思政探讨[J].产业与科技论坛,2024,23(13):148-150.
[6] 李燕,霍建建,张跃军.基于OBE理念的"电路原理"课程目标达成度分析及持续改进[J].中国设备工程,2024(13):259-261.
[7] 潘漫漫."互联网+"背景下基于OBE教育理念的课程教学改革探索[J].太原城市职业技术学院学报,2024(6):111-113.
[8] 王永坤,张瑞雪,冯东梅,等.基于OBE的课程目标达成度评价方法及实践[J].牡丹江大学学报,2024,33(6):73-82.
[9] 徐英杰,刘创纪,黄蓓青,等.基于翻转课堂理念和研讨会教学模式的化学公共课程实验教学改革研究[J].包装工程,2024,45:71-74.

作者简介

杨亚宁:男,1981年生,黑龙江宝清人,工程师,主要从事图像处理与机器视觉研究。

面向设计类专业的开源智能硬件教学研究

刘 怡 郭 飞 王春蓬 马 浩 陈明艳

（北京服装学院，北京，100029）

摘 要：本文总结了开源智能硬件课程在设计类专业的教学情况，分析了技术导向和问题导向两种教学思路的适应性，梳理了常用开源智能硬件平台及教学情况，指出了教学中存在的问题，如技术导向、课程成果单一，并提出了改进措施：教学设计、平台优化、分层教学、混合式教学。教学实践证明了教学改革的有效性。

关键词：开源智能硬件；开发平台；分层教学；混合式教学

Teaching Research on Open Source Intelligent Hardware for Design Majors

Liu Yi　Guo Fei　Wang Chunpeng　Ma Hao　Chen Mingyan

(Beijing Institute of Fashion Technology, Beijing 100029, China)

Abstract: This paper summarizes the teaching situation of open source intelligent hardware courses in design majors. This paper analyzes the adaptability of the two teaching ideas of technology-oriented and problem-oriented. This paper combs through the commonly used open source intelligent hardware platforms and the teaching situation. This paper points out the problems such as technology orientation and single course outcome, and puts forward

---

通信作者：刘怡，gxyly@bift.edu.cn。

基金项目：北京服装学院跨学院本科课程教学团队"开源智能硬件创意设计教学团队"（项目编号：KXYTD-2402）；北京市数字教育研究课题重点项目"数据驱动的设计类专业人才培养效度评价研究"（项目编号：BDEC2022619006）；北京服装学院课程思政教育教学改革专题项目"AI与设计大数据课程思政教学研究"（项目编号：KCSZZT-2309）。

the improvement measures: teaching design, platform optimization, layered teaching, and blended teaching. Teaching practice proves the effectiveness of teaching reform.

Key words: open source smart hardware; development platform; tiered instruction; blended learning

智能时代对高等教育提出新要求,促使高校在非电子信息类专业中开设智能硬件课程。设计类专业的设计对象向智能化拓展,这对学生掌握最新智能技术提出了挑战。因此,设计类专业学习智能硬件相关课程,是应对时代变化和人才培养需求的有效教学手段。

1 设计类专业开源智能硬件教学情况

智能硬件课程在设计类人才培养中属新兴领域,许多高校都展开了积极探索。针对设计类专业特性与培养目标,开展特色高水平教学是改革重点。开源智能硬件因开放共享特性,成为多数学校的教学基础。同济大学设计创意学院开设创意智能硬件系列课程,涵盖基础至高阶,形式多样,凸显其重要性。浙江大学依托学科与地域优势,建立 AI 智能硬件创新基地,并开设相关课程,促进产品转化与产业升级。广东工业大学面向工业设计专业,通过 Arduino 开发环境学习,培养学生编程能力与动手能力。北京理工大学、华南理工大学、河南工业大学等多所学校也开设了此类课程,成效显著。在教学调研中发现,开设此课程的高校多为综合型或理工优势型,师生技术储备良好。但由于生源差异,设计类专业应因材施教,分层次设计。综合类高校可压缩基础,鼓励自学;设计类高校则需强化逻辑编程,结合创意,融入特色,通过学习前导课程及开源平台,降低技术难度,激发创新能力,对设计能力的培养至关重要。

2 开源智能硬件教学思路分析

通过调研及近三年的教学实践,本文总结梳理开源智能硬件课程的教学思路可分为两类:以技术为导向和以问题为导向。下面对这两类教学思路进行分析和比较。

2.1 以技术为导向的教学思路

智能硬件课程是电子信息类专业传统基础课,教学以技术为导向,旨在让学生掌握软硬件开发过程,要求先修大学物理、电路等课程,并具备程序代码编写技巧。虽然通过循序渐进的学习,学生可设计复杂高阶电子电路,系统扎实掌握基础,但需较多学时。尤其是对于设计类专业而言,技术导向教学会导致学生投入过多时间来解决技术问题。

2.2 以问题为导向的教学思路

以问题为导向的学习模式符合设计专业特点,智能硬件课程中,学生通过多维度分析提出问题,并尝试用智能硬件解决,从而提升知识应用能力。此模式要求学生具有良好的创新能力和设计解决方案的能力。设计方案的独特性要求教学需小班化、个性化,并保障资源充足。这种方式有助于实现未来技术拓展应用,但需根据教学资源和学生情况灵活调整。

综合以上两种教学思路的特点,对于设计类专业的学生,如果以技术为导向,必然要投入较多时间和精力学习技术,并不是学生所擅长的方向,因此技术开发在课程中的投入占比,需要有合理的设置,或由学生根据自身情况进行选择。如果以问题为导向,需要教师和实践平台能够满足学生个性化的设计需求。

3 开源智能硬件平台

开源智能硬件平台资料公开,允许用户按需修改、重新发行或制造,具有开放源代码特点,灵活且易拓展。用户可自定义设计或作为学习工具,深入了解硬件。平台的开放性和共享性有利于设计创新。设计类专业教学多采用开源平台,如树莓派、Arduino、ESP32、Microbit 等。Arduino 因传感器种类多、价格低廉,成为多数高校设计类专业智能硬件课程的首选平台。

表 1 常见开源硬件开发平台

类型	特点	适用场景
树莓派	树莓派是 ARM 微型主板,SD 卡内存,信用卡大小	价格低、外围电路易搭建,适合一般玩家和需要开发具有联网或视频功能的应用
Arduino	Arduino 便捷灵活,价廉传感器多,可 DIY 电路	适用于设计师、互动装置设计和对于"互动"有兴趣的人
ESP32	集 Wi-Fi 蓝牙,高性能低功耗,支持多语言	适用于物联网(IoT)项目,如智能开关、远程遥控小车等
Microbit	青少年编程教育电脑,小巧强大,多语言支持	在教育领域应用广泛,学生可通过动手实践学习编程和电子知识
其他	Cubieboard、pcDuino、BeagleBoneBlockPi、XS40 等丰富的开源智能硬件系统	为不同领域的开发者提供了更多的选择和可能性

4 教学实践分析

4.1 学情分析

根据近几年笔者教学团队的实践积累,对开源智能硬件课程群进行了梳理和思考。目前,教学主要面向专业:工业设计、产品设计、数字媒体艺术、服装设计、视觉传达、环境艺术。每年授课学生约为 200 人。课程群大致分为三类:基础类、进阶类、创意类。课程具体信息详见表 2。

开源智能硬件课程群的共性教学目标是:学生掌握智能硬件的基本概念和相关技术,并能够制作智能硬件产品原型;在完成课程学习后,了解如何使用电子电路的能量转换给予产品不同形式的变化;掌握智能硬件在设计领域的基本设计方法;重点学习设计流程与智能硬件的融合,能够设计创意性好、具有实际应用价值的智能产品;拓展对智能硬件设计的应用领域和创新能力的培养。同时根据不同课程的教学目标、专业领域和学生层次,开展差异性的教学。本文 5.2 节中有详细阐述。

表 2　开源智能硬件课程群

分类	课程名称	教学重点
基础类	"智能硬件""智能硬件与交互设计研究""人工智能与智能硬件""可穿戴电子产品设计基础"等	理论与实践并重,为学生学习和理解开源智能硬件的基本概念、操作打下基础
进阶类	"交互设计技术""深度学习""互动编程进阶""AI与设计大数据""计算机视觉与机器学习"	注重实践和设计创新,需完成以智能硬件为平台的较为完整的实体交互产品原型
创意类	"创意电子交互设计""交互设计创新工作营""可穿戴交互设计与实务""智慧技术应用原理"	理论和实践都需要有创新和深度,同时关注当下最新前沿技术的导入

4.2　教学中的问题

(1) 硬件平台受限。教学中曾采用 LEGO EV3 平台,但其传感器种类有限且产品结构单一。经教学研讨后,课程群教学平台调整为 Arduino 开源硬件平台,该平台拥有丰富灵活的硬件选择,并且可提供丰富网络资源,适合多种产品原型开发。但 Arduino 以 C、C++语言为基础,学习难度较大,门槛较高,制作开发周期较长。

(2) 课程成果相对单一。由于智能硬件开发相对来说周期较长,如果课程中以设计实现度作为目标,学生在设计方案时,会刻意回避复杂流程和技术,大多数设计方案,是功能单一的产品,如避障类产品、感知单一环境或人体参数的产品。这些成果不能很好地展示设计类学生的设计思路。课程成果的创新性无法很好体现,不能有效地激发学生的创新思维。

(3) 教学模式的变化。过去几年,开源智能硬件课程经历了线上、线下教学。线下授课在智能产品原型设计和制作中具有不可替代的优势,但更适用于小班教学。随着学生人数增加,现有教师资源出现短缺,无法照顾到每位同学的学习。

5　改进措施

针对实际教学中的问题,教学团队对整个课程群进行了教学改革和课程建设,并取得了良好的教学效果。

5.1　加强学生对智能硬件发展应用的认识

教学中应强化学生对智能硬件发展的认识,培养专业技能、职业道德、社会责任感及国际视野。在课程设计中,结合案例分析探讨智能硬件在改善生活、解决社会问题中的应用,引导学生认识技术创新的社会责任。同时在教学中可组织项目式学习,分组完成智能硬件设计、制作与调试,培养工匠精神和团队协作能力。课程应关注国际前沿动态,引导学生关注全球智能硬件技术的最新进展和应用案例。

5.2　智能硬件平台的优化组合

开源智能硬件课程群遵循教学目标,不断更新智能硬件平台,理论教学内容稳定,实践教学使用多种硬件开发平台,针对不同层次教学有不同选择。为培养设计能力,课程导入纸电路设计模块,技术要求低,实现容易,让学生更专注设计。同时,加入 Arduino 开发平台中的 LilyPad 系列,专为可穿戴产品设计,既结合学校特色,又能在原有课程基础上拓展,满足研究生课程或特定专题设计课程的高要求。

表 3 四类硬件开发平台总结

类型	特点	能力培养	适用场景
纸电路	技术理论要求低,产品原型制作周期最短	重点考察学生的创新能力	初级入门
EV3 平台	图形化编程界面,可以快速掌握开发全流程,但传感器和原型尺寸都受限制	重点培养学生掌握智能产品全流程开发	中级阶段
Arduino	开源平台,资源丰富,传感器种类丰富,产品原型更灵活	对功能及原型都能够有更多维度的设计思考	中高级阶段
LilyPad	Arduino 平台中面向可穿戴产品开发的系列,色彩鲜艳、轻薄便携	可以与各类纺织品进行结合	高级阶段

5.3 面向分层教学的课程建设

在开源智能硬件课程教学中,该课程不但面向不同专业的学生,还面向不同层次(本科生和研究生)、不同需求(必修课和选修课)的学生。根据不同层次学生的特点和不同性质的课程,开展如下教学设计。

面向设计类本科生的开源智能硬件课程,需从零基础开始,完成原型及实现。教学中采用纸电路结合 Arduino 平台,使学生了解硬件电路基本功能,并实现创意设计。进阶到 Arduino 平台,学生可完成更丰富、有创意的产品原型,掌握设计与开发全流程。

面向研究生的智能硬件课程,若学生已具备基本智能硬件基础,可采用 Arduino 模块配合扩展功能,如 Lilypad 面向可穿戴产品开发。学生可结合课题研究方向进行深入拓展。

对于选修课或满足兴趣的学生,教学中保留 LEGO EV3 图形化编程平台。学生可采取纸电路结合 EV3 平台,快速入门并完成简单产品原型,为感兴趣或拓展知识面的学生提供完整学习流程。

5.4 应用混合式教学的应用

智能硬件课程是一门结合理论与实践,并且更注重实践的课程。主讲教师通过近年的教学实践发现:在具体授课中,不同内容应该以不同的教学方式开展,从而更好地体现线上、线下两种教学方式的优势,目前在教学中,已经推广应用混合式教学。教学团队录制了面向开源智能硬件的在线课程,理论知识和基础知识讲授以在线教学为主,方便学生反复观看理解。线下课程主要为,师生根据不同设计方案进行详细推敲深化,这样更有效率也更具针对性。图 1 为部分优秀课程作业展示。

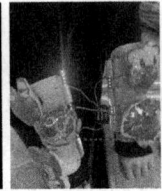

图 1 部分优秀课程作业展示

目前,面向设计类专业的课程群取得了良好教学成效,学生能将设计思路及方法应用于后续任务,完成以 Arduino 平台为基础的完整产品设计,体现创新性。课程成果也通过多种方式推广,优秀作品曾获省部级奖项,体现了教学团队在开源智能硬件课程中的良好教学效果。

参 考 文 献

[1] 冯晓琦. 教育智能硬件产业的发展机遇与挑战[J]. 科技与金融,2021(9):4.

[2] 林蔚然,陈震,王旭,等. 本科生创新创业实践教学的探索——以智能硬件专业创新实践课程为例[J]. 中国现代教育装备,2021(21):3.

[3] 张超,黄钧宇. 工业设计专业智能硬件应用课程教学改革与实践[J]. 工业设计,2021(8):40-41.

[4] 戴志涛,刘畅,杨文强,等. 以智能硬件助力创新创业实践教学改革[J]. 创新创业理论研究与实践,2019(10):5.

[5] 王震亚.《设计学的开放性概念与产业模型》序言[J]. 包装工程,2020,41(20):11.

[6] 刘海成,迟凤阳,邹海英,等. 校企协同的嵌入式与智能硬件课程在线教学模式研究[J]. 单片机与嵌入式系统应用,2022,22(9):3.

[7] 陆继翔,余隋怀,陆长德. 面向工业设计的智能设计体系[J]. 机械设计,2020(4):5.

[8] 沈瑞冰,胡志洁. 应用型高校智能硬件课程改革的研究[J]. 物联网技术,2020,10(8):2.

[9] 孙渝莉,刘瑞. 国内高校混合式教学研究综述[J]. 重庆交通大学学报:社会科学版,2022,22(4):8.

[10] 李霞,郑金金. 智能硬件设计中用户与产品交互方式思考与探讨[J]. 智库时代,2018(10).

重塑计算机网络教育:以学生为本的创新课程实践与探索

胡 珺[①]   杨 华[②]

[①](江西应用科技学院,南昌,330100)
[②](豫章师范学院,南昌,330000)

摘 要:本文探讨"以生为本"理念在计算机网络课程建设中的应用,旨在提升教学质量,满足新时代计算机专业人才培养需求。研究剖析了该理念,强调学生主体性,推动教育模式转变。课程重构实现理论与实践深度融合,采用多元教学方法激发学生自主学习。实践教学设计贴近企业环境,提升学生技能。结果显示,在教学重心转至学生后,教学成效显著优于传统模式。课程改革获得好评,教师能力也提升。研究证明,"以生为本"理念有效,未来需要优化课程,强化实践。

关键词:以生为本;计算机网络课程建设;教学方法精细化;理实融合

Reshaping Computer Network Education: Student-Centered Innovative Curriculum Practice and Exploration

Hu Jun[①]   Yang Hua[②]

[①](Jiangxi Institute of Applied Science and Technology, Nanchang 330100, China)
[②](Yuzhang Normal University, Nanchang 330000, China)

Abstract: This paper explores the application of the "student-centered" concept in the construction of computer network courses, aiming to improve teaching quality and meet the needs of cultivating computer professionals in the new era. The research analyzes this concept. The research emphasizes student subjectivity, and promotes a transformation in educational models. Course reconstruction achieves a deep integration of theory and practice. Course reconstruction adopts diverse teaching methods to stimulate students' autonomous

---

基金项目:2024 江西应用科技学院教学改革立项课题;基于 OBE 理念"一心双体三全多维"的"计算机网络"课程教学模式探索与研究(JXG-24-29)。

learning, and designs practical teaching that is close to the enterprise environment to enhance students' skills. The results show that shifting the focus of teaching to students significantly outperforms traditional models. The curriculum reform has been well-received, and teachers' capabilities have also been enhanced. The research proves that the "student-centered" concept is effective, and future efforts should focus on optimizing the curriculum and strengthening practice.

Key words: student-centered; computer network course construction; refined teaching methods; integration of theory and practice

1 引言

随着信息技术发展,计算机网络在人才培养中愈发关键。但传统教学忽视学生个性与自主学习,趋于被动。本文聚焦"以生为本"理念,受人本主义与建构主义启发,探索改革计算机网络课程建设。

具体而言,人本主义教育理论强调以学生为中心,关注学生的整体发展,包括情感、态度、价值观以及认知能力等多个方面[1]。主张教育应充分尊重学生的个性差异,鼓励学生自我实现,认为学习是个人潜能的释放和自我价值的实现过程。在教育过程中,教师应扮演促进者和引导者的角色,营造安全、自由的学习氛围,使学生能够积极主动地探索知识,培养自主学习和终身学习的能力。这一理念与"以生为本"的核心思想不谋而合,都倡导教育应围绕学生的需求和兴趣展开,促进学生的全面发展。建构主义学习理论则认为学习是一个主动建构知识的过程,而非简单地接受信息[2]。学习者基于已有的知识经验,通过与环境的相互作用,不断建构新的理解和意义。这一理论强调学习的情境性、社会性和互动性,认为学习发生在真实或模拟的情境中,通过合作与交流促进知识的内化和迁移。建构主义学习鼓励学生提出问题、进行实验、总结和反思,从而构建个人化的知识体系。这一理论为"以生为本"的教学提供方法和策略,鼓励教师设计以学生为中心的教学活动,创设情境,引导探索合作,实现知识建构与内化。

基于上述理论基础,本文结合"以生为本"的教育理念,本文提出注重人、过程与学的课程建设理念,旨在变革计算机网络教学,提升质量,培养创新人才。同时,也为其他课程改革提供参考,共促高等教育的发展。

2 "以生为本"理念下的计算机网络课程建设理念

2.1 注重人胜于注重知识

教育应关注学生全面发展而非仅学科知识。传统教学重学科轻个体,致学习被动。然而,课程构建的全新视角倡导以人为本,转重心至学生主体性,激发内在动力,鼓励主动探索学习。

2.2 注重过程胜于注重结论

教学应重过程而非仅结论。传统实践重结论记忆,轻过程推导。新理念强调在稳固结论基础上,深入探究学习过程价值,让学生经历并理解达成结论的全过程,重视实践活动与思维路径。

2.3 注重学胜于注重教

传统教学侧重单向知识传递,难激自主学习动力。在计算机网络课程建设中,笔者构建平等对话的师生互动模式,教师变引导者、支持者与伙伴。教学设计遵循"问题引导—实践探索—交流互动—知识建构"路径,注重参与体验与成果建构,体现"以生为本"理念,实现学习与成效和谐统一。

3 "以生为本"理念下的计算机网络课程教学内容设计

3.1 理实结合,合理分配教学内容

"计算机网络"作为计算机科学与技术领域的一门核心基础课程,同时也是众多计算机专业研究生入学考试的重要科目,其教学对于软件工程专业的学生而言尤为关键[3]。在分配教学内容时,强调"注重人胜于知识",注重能力培养与兴趣激发。理论教学聚焦经典核心内容,融入前沿知识。实训部分设计紧贴企业需求的实践项目,增强实践能力,同时培养团队协作能力与沟通能力。

3.2 理论教学再设计

以课程目标为导向,对理论知识进行反向设计,针对行业岗位需求,将课程"产出"与知识点关联,将知识任务化,按照"职业能力—工作任务—学习任务—学习项目—知识点"的反向设计模式,对知识点重新进行梳理。教学过程坚持三步骤、多元化,并注重"注重过程胜于注重结论"的理念。

3.2.1 课前预习策略

为了促进学生对"计算机网络"课程的深入理解,笔者充分利用了慕课(MOOC)平台和学习通系统。在课程伊始,向学生推荐了由哈尔滨工业大学和中国大学 MOOC 网提供的"计算机网络"课程以及西安交通大学在爱课网上的相关资源。同时,提前在学习通上发布了课程教学课件,要求学生预习。在预习过程中,鼓励学生自学、小组讨论,提升自学与团队协作能力。同时,监督指导预习,确保实效。

3.2.2 互动课堂教学

课堂教学环节,教师聚焦于章节重难点,解答学生自学中的共性问题,并围绕学生间的认知分歧,采用体验式、案例教学法。营造一个开放、民主的课堂氛围,通过问题讨论、角色模拟、项目分析等手段,引导学生主动探索、分析并解决问题。此过程不仅深化了学生对知识的理解,还锻炼了他们的判断力、工程思维及沟通表达能力,同时增强了团队合作意识。对于部分基础知识点,采用翻转课堂模式,如网络层的数据包与虚电路部分,由学生担任"小老师"进行讲解。这种新颖方式极大地激发了学生的学习兴趣与参与热情,提升了课堂活跃度。同时,注重对学生课堂表现的评价和反馈,鼓励他们积极参与课堂讨论和实践活动。

3.2.3 多元化课后巩固与拓展

课后练习设计旨在促进学生知识的内化、整合与拓展,形式丰富多样,超越了简单的知识点复习。笔者倾向于设置开放性问题,如针对 FTP 协议的双端口设置,布置作业要求学生分析其原因及各自功能,鼓励学生查阅资料、预习相关章节,以培养其自主学习能力。在评价学生课后练习时,我们注重过程性评价和多元化评价相结合的方式,既关注学生的练习结果,也重视他们在练习过程中的表现和努力程度。

3.3 基于企业实际重构实践教学内容

在实践教学环节中,同样注重"注重过程胜于注重结论"的理念。通过与课程组其他老师交流并结合笔者在企业十余年信息化网络管理的经历,最终确定了实践内容以企业计算机网络日常管理常用的操作、配置为主的原则。实践内容在精不在多,旨在通过有限的课时让学生具备一定的计算机网络系统管理、运维能力[4]。

在教学过程中,针对每项实训的独特性采取了多样化的教学策略。例如,在双绞线制作实训中,不仅温习了双绞线的理论基础,还进一步拓展了其在实际应用中的知识领域;同时详尽阐述了双绞线的制作流程、操作要点及常见故障的诊断方法,并通过现场示范引导学生亲手操作完成制作及测试环节。这种边讲边练的教学模式不仅巩固了学生既有的理论认识,还促使他们在实践中深化理解,实现了知识的有效应用与拓展。

在开展路由器基本配置与静态路由配置实训时,笔者改变了原先教师在台上讲解、操作,同学们跟着执行的教学方式,而是选一名学生在教师机操作,教师在台下引导全班同学开展实训。这种方式的调整使得台上、台下操作的都是同学,大家在实训的过程中有更多的共鸣和亲切感。同时教师在引导实训的过程中,能够实时观察学生的操作情况,及时发现并解决学生在配置过程中遇到的问题,如命令输入错误、配置逻辑不清等。这种互动式的教学方式不仅提高了学生的参与度,还增强了他们解决实际问题的能力。

在实践教学环节结束后,我们还组织学生进行总结和反思。通过撰写实训报告、分享实训经验和心得,学生不仅能够巩固所学知识,还能从他人的经验中学习到新的方法和技巧。同时,我们也鼓励学生提出在实训过程中遇到的问题和困惑,以便在未来的教学中不断改进和完善。

4 "以生为本"理念下的计算机网络课程建设效果评估

4.1 教学重心由教师主导转向学生中心

课程建设中的一个显著亮点在于教学方式的变革。相较于以往,笔者在课堂上的直接讲授时间显著减少,站在讲台前的时间也相应减少。取而代之的是,笔者更加致力于设计策略、创造机会,鼓励学生自主探索学习,为他们提供充足的交流、讨论、合作、探究及展示的平台与时间。这一转变标志着教学不再局限于单向的知识传授与灌输,而是向以学生为中心、成果为导向的教学模式迈进,针对不同类型的知识点,已初步形成了一套个性化、多元化的教学方法体系。在小组合作模式下,优秀生与基础较弱的学生相互扶持,共同学习,有效提升了整体的学习效率与效果。

4.2 学习模式由被动接受向主动探索转变

随着教学方式的调整,学生的学习模式也经历了深刻的变化。在课堂上,学生成了主角,他们积极展示自己的思考过程,主动发言,甚至走上讲台分享自己的学习成果。课后,学生的自主学习活动更加丰富多样,无论是个人独立搜集资料,还是集体讨论问题、交流实训心得,都展现了他们自主学习的热情与能力。这种学习方式的转变,强调了学生在过程中的体验与感知,不仅增强了他们的学习动力,也显著提升了他们的学习能力与效率。这一成就,无疑是值得充分肯定的。

5 结论

"以生为本"理念在计算机网络课程建设中的实践成效显著,不仅提升了教学质量和效果,还培养了学生的创新精神和实践能力。这一理念对高等教育课程的改革具有重要的指导意义。未来,笔者应该继续深化对"以生为本"理念的理解和实践,为社会培养更多高素质的计算机网络专业人才。

参 考 文 献

[1] 唐坤. 以学生为中心的中职《网页制作》课堂教学研究[D]. 桂林:广西师范大学,2021.
[2] 冯亚平. 高中数学可视化教学的实践研究[D]. 新乡:河南师范大学,2021.
[3] 丁红胜. 面向计算机系统能力培养的计算机组成原理实验教学[J]. 计算机教育,2016(7):20-22.
[4] 金鑫,刘琦. 大学生协同创新能力培养探析[J]. 学校党建与思想教育,2017(2):57-59.

作者简介

胡　珺:男,1981,高级网络工程师、讲师,研究方向为计算机网络、计算机应用。
杨　华:男,1984,高级工程师、讲师,研究方向为网络安全、计算机应用。

"计算机组成原理"新型分组启发式教学方法的研究

肖丕强 吴 玉

(江西应用科技学院,南昌,330103)

摘 要:"计算机组成原理"课程作为计算机类专业的核心骨干课程,对于培养学生的计算机系统认知和硬件设计能力具有重要意义。本文主要基于"OBE"教育理念,并融入新质生产力背景下的高科技技术,采用线上+线下分组启发式教学模式,充分发挥以学生为中心、以小组为基本单位的学习形式,加大对小组成员的考核力度,充分培养学生的团队协作能力、沟通能力、组织能力、自学能力。

关键词:分组教学;启发式;AI

1 引言

为了更好地适应党的二十大报告提出的"坚持为党育人、为国育才,全面提高人才自主培养质量,着力造就拔尖创新人才"的目标,"计算机组成原理"课程作为计算机类专业的核心基础课程,对于培养学生的计算机系统认知和硬件设计能力具有重要意义。在日益迫切渴求人才的当下,提高教学质量,充分发挥新质生产力背景下的高科技、高效能、高质量特征,"计算机组成原理"课程建设目标的理念、路径、方法已经和新质生产力互融共赢。本建设方案将着重探讨在新质生产力背景下,如何利用新型分组启发式教学方法构建线上+线下分组教学模式,以优化"计算机组成原理"课程的教学效果。

2 "计算机组成原理"课程教学现状

"计算机组成原理"课程的教学模式,目前国内大多数高校还是采用理论讲授为主,"老师上课讲——学生考前背、考后忘"的传统教学模式,实践操作较少。江西应用科技学院对"计算机组成原理"课程较重视,建设有3D虚拟仿真实验室,该实验室既有计算机组成原理实验沙箱,又有3D虚拟仿真线上平台,实践条件较好,教学模式主要以课堂讲授理论为主,实操为辅,在一定程度上调动了学生学习的积极性。但是,教师仍然是主体,学生只是被动的学习,造成学习效率低下。目前我校该课程存在的主要问题如下。

(1)教学目标难落地。"计算机组成原理"培养学生的逻辑思维能力,理解和掌握计算机系统的组成原理，最终达到从系统的角度、整机的角度完整地认识计算机系统的内部运行机理，很多学生学习完后，既不能为今后学习其他计算机类课程奠定基础，也没有具备基本的计算机硬件设计与实现的能力。

（2）教师"满堂灌"，学生被动听。"计算机组成原理"所涉及的知识体系非常庞大，不加选择地在教学中采用"满堂灌"的方式塞给学生，既不符合教学规律，也不适合学生的学习特点。

（3）实训项目简单化，教学方法理论化。"计算机组成原理"课程教学重于理论讲授，少于实践探索，现有的实验实训项目偏向于简单的验证型实验，复杂的设计型项目偏少，学生的学习主动性和积极性偏低。

（4）课程考核书面化，平时考核形式化。"计算机组成原理"课程考核以书面考试为主，并且以考试分数占多数，平时分数占少数，而平时考核多以考勤＋课堂表现＋平时作业为主，这样的考核方式其实并不能真正反映学生学习的结果。

3 新型分组启发式教学方法概述

3.1 新型分组启发式教学方法的概念

新型分组启发式教学方法是一种将学生进行线上＋线下分组，从学生的实际出发，采用生动活泼的形式，启发学生思考，调动学生学习积极性，引导学生积极主动学习的创新教学模式。这种教学模式不仅在线下对学生进行分组，还需要在线上对学生进行分组，通过将学生在线上和线下都进行分组的形式将学习的决定权从教师转移给学生小组。这种教学模式旨在培养学生的团队合作能力、自主学习能力、批判性思维和创新能力等多个方面的综合素质，让学生在合作与探究中更好地掌握知识、提升能力，适应未来社会对人才的需求。

3.2 新型分组启发式教学方法的特点

（1）线上＋线下分组融合

传统的分组教学方式仅仅是线下分组，而新型分组方式包括线上分组、线上分组，要求学生在线上以小组的形式进行考核，通过学习通、雨课堂等线上平台设置分组抢答、分组提问、分组训练、分组考核等形式，可以灵活的不受时间和地域限制地进行实时考核，摒弃了原有线下分组的限制。

（2）先行组织者＋以学生为中心

教师是先行组织者，教师不再是单纯地灌输知识，而是通过提问、引导等方式启发学生去思考和探索，激发学习主动性，彻底转变为以学生为中心的模式。学生会被鼓励提出问题、质疑观点，会对信息进行分析、评估和判断，不盲目接受现成的答案，学生需要积极主动地参与到学习过程中，而不是被动地接受知识，教师的主要作用是设疑、解惑、指导，教师可以根据不同小组的特点和需求，提供个性化的指导和支持，满足学生的个性化学习需求。

（3）以产出为导向

新型分组启发式教学方法是以产出为导向，以培养学生能力为本位。该方法改变了学生的学习积极性，通过考核设置强化小组成员之间关系，促进小组成员人人参与到学习过程中，极大地提高了学生的综合能力。比如，在设立小组考核制度时，个人表现和小组考核息息相关,一荣俱荣、一损俱损,一人获奖集体加分,一人完不成任务集体扣分。通过这样的措施让小组成员不得不团结在一起,齐心协力共同完成任务,因此,也就培养了学生的团队协作能力、沟通能力、组织能力、领导能力、自学能力,达到了以产出为导向,以培养学生能力为本位的教育思路。

4 新型分组启发式教学方法的教学设计

4.1 新型分组启发式教学方法在"计算机组成原理"课程中的实施

(1) 学生先行分组

在新型分组启发式教学方法中,学生要先行分组,要始终把学生放在中心位置,教学的设计应充分考虑学生的需求、兴趣和能力水平,确保小组成员之间能够优势互补,共同进步,每组人数不宜过多或太少,5～6人为宜。江西应用科技学院开设"计算机组成原理"课程的班级较多,目前班级主要集中于未来技术学院,现有11个教学班,班级人数在50人左右。由此可将每个班级分若干小组,每组5～6人,设组长1人、副组长1人、组员3～4人。对小组成员进行功能划分:组长负责制定计划、组织实施教学任务;副组长负责监督考核并协助组长完成教学任务。这样的设置有利于形成稳定的合作关系。

(2) 教师布置任务

新型分组启发式教学方法的核心在于通过提前设置的问题、案例、项目和作业,先行发送给学生学习,以此来达到激发学生主动学习的目标。根据"计算机组成原理"的课程内容,每一节课都要提前设置最少两个问题,这些问题的设计要有深度和广度,并且要具有启发性。例如,在讲授高速缓冲存储器内容时,可设置为何采用静态存储器作为高速缓冲存储器?有什么存储器可以代替静态存储器?为何这样设计?引导学生思考、并去解决问题。

(3) 小组合作完成任务

分组合作是新型分组启发式教学方法的重要形式,根据"计算机组成原理"课程班级的学生分组情况,组长要为每个成员明确下达具体的任务和职责,例如,在存储器这一章的存储器实训项目中,小组需要完成实训项目并撰写实训报告,所以小组成员有负责收集资料、实践操作、分析问题、撰写报告等不同的任务,通过任务分工让大家都能发挥自己的优势,为小组的共同目标努力,在分工合作中提高团队效率,通过小组活动培养学生的合作能力,包括沟通能力、协调能力、团队意识等。

(4) 课堂展示

教师会根据实际教学内容和项目专门安排学生进行PPT展示或者实操演示,并且会进行"生演生评"和"生演师评",教师从小组成员中挑选1人或者小组推荐1人作为评委进行评分,教师也会参与评分,这样教师不仅是组织者也是参与者。在展示结束后,不仅老师会点评,也会邀请其他小组学生进行点评。课堂展示提高了学生的沟通能力、语言表达能力、应变能力。

(5) 多元化评价原则

评价是教学过程中的重要环节,新型分组启发式教学方法应采用多元化的评价方式。"计算机组成原理"课程除教师评价外,还引入学生自评、小组互评评价方式,让学生能够从不同角度了解自己和小组的学习情况。

4.2 新型分组启发式教学方法在"计算机组成原理"课程实施中注意的几个问题

（1）对教师要求较高

新型分组启发式教学方法需要教师具备较高的教学能力和素养，包括熟练掌握启发式教学方法、能够有效地组织小组活动、具备良好的沟通和协调能力等。教师需要花费更多的时间和精力准备教学内容和活动，对学生的学习情况进行跟踪和评估，及时给予反馈和指导。

（2）可能存在个别学生参与度不高的情况

在小组中，可能会有个别学生缺乏积极性，不愿意参与讨论和合作，成为"旁观者"。这会影响小组的整体学习效果，也不利于这些学生的个人发展。教师需要关注每个学生的参与度，采取鼓励措施，引导这些学生积极参与，确保每个学生都能在小组中得到充分的发展。

（3）评价难度较大

多元化的评价原则虽然能够更全面地反映学生的学习情况，但也增加了评价的难度。教师需要设计合理的评价指标和方法，确保评价的客观性和公正性。小组合作的学习成果往往是集体智慧的结晶，如何准确地评价每个学生在小组中的贡献也是一个挑战。

参 考 文 献

[1] 巩固,胡晓婷,王小林.计算机组成原理课堂教学方法的探讨[J].江苏师范大学学报（自然科学版），2017,35(1):76-78.

[2] 张新宁,蔡薛文.新质生产力驱动高质量发展的动力机制探析[J].上海经济研究,2024(6):5-19.

[3] 加快发展新质生产力 扎实推进高质量发展[N].人民日报(2024-02-02).

[4] 习近平在中共中央政治局第十一次集体学习时强调 加快发展新质生产力 扎实推进高质量发展[J].中国石油和化工,2024(2):8.

[5] 李敏.高校心理健康教育课程教学改革与实践探索[J].大学,2024(17):66-69.

[6] 豆丁网.计算机导论[EB/OL].(2010-10-15)[2025-01-20].http://www.docin.com.

[7] 陈艳茹.关于中学物理学科构建高质量教研的几种方法[J].云南教育（中学教师），2024(4):44-45.

[8] 朱亮.探讨信息化背景下的高职体育教学改革[J].体育风尚,2024(6):65-67.

[9] 刘清华."双减"背景下初中数学教学中分层教学措施研究[J].考试周刊,2024(21):78-81.

[10] 张云侠,何小文.基于五星教学法的《管理学原理》课程混合式教学创新设计[J].才智,2023(31):93-96.

[11] 阎志斌.高职学生第二课堂活动课程化设计实践探究——以柳州职业技术学院为例[J].广西教育,2023(2):94-97.

[12] 吴东华.浅谈"计算机组成原理"课堂教学方法改革[J].科技信息,2012.

面向产业需求的"HTML5移动应用开发"课程教学改革研究

李肖南　金咏琪　付方博

(江西应用科技学院,南昌,330100)

摘　要：在信息化快速发展的背景下,Web前端工程师的市场需求持续增加,对HTML5移动应用开发人才的培养提出了更高的要求。为了培养出符合市场需求的高素质人才,教育行业必须与产业需求紧密对接,实现教育内容与行业实践的深度融合。本文以"HTML5移动应用开发"课程为研究对象,深入探讨了面向产业需求的教学改革策略,旨在提升学生的职场竞争力。

关键词：产业需求;教学改革;HTML5移动应用开发

Research on Teaching Reform of the "HTML5 Mobile Application Development" Course Targeted at Industrial Needs

Li Xiaonan　Jin Yongqi　Fu Fangbo

(Jiangxi Institute of Applied Science and Technology, Nanchang 330100, China)

Abstract: With the rapid development of information technology, the market demand for web front-end engineers continues to increase, imposing higher requirements for the cultivation of HTML5 mobile application development talents. To cultivate high-quality talents that meet market demands, the education industry must closely align with industrial needs, achieving a deep integration of educational content with industry practice. This paper focuses on the course "HTML5 Mobile Application Development" and delves into teaching reform strategies tailored to industrial needs, aiming to enhance students' competitiveness in

---

通信作者：李肖南,1096093078@qq.com。

the workplace.

Key words：industry need；teaching reform；HTML 5 mobile application development

1 引言

在新时代的洪流中,我国经济建设的迅猛推进与经济模式的深刻变革,为教育与教学领域带来了前所未有的挑战与机遇。人力资源结构的优化成为推动科技创新和产业升级的关键,而高端科研与技术人才领域的供需失衡问题尤为突出[1]。在此背景下,互联网产业的蓬勃兴起,特别是移动应用市场的不断扩张,为人才培养指明了新的航向。HTML5作为跨平台开发技术的佼佼者,在移动应用开发领域展现出了巨大的潜力和价值,市场对掌握HTML5移动应用开发技能的专业人才的需求急剧上升。

然而,当前的教育现状却表明,尽管众多毕业生已具备一定的编程基础,但在面对产业实际需求时,他们解决实际问题的能力、团队协作能力以及项目管理经验等仍显不足。针对这一现状,对高等教育机构,特别是应用型本科院校,提出了紧迫的要求:必须紧跟时代潮流,对"HTML5移动应用开发"等相关课程进行深度的教学改革,以满足产业对高素质、实战型人才的需求。

本文紧扣"面向产业需求"的核心议题,旨在深入探索应用型本科院校在"HTML5移动应用开发"课程教学改革中的实践路径。我们主张,高校应主动对接市场需求,与企业建立深度合作关系,共同制定课程标准与教学内容,确保教学内容既前沿又实用,紧密贴合产业实际。同时,强化实践教学环节,通过项目驱动教学、案例分析等多元化教学手段,切实提升学生的实践操作能力和问题解决能力。此外,我们强调学生职业素养的培育,通过企业实习、模拟面试等实践活动,帮助学生提前融入职场环境,全面提升综合素质。本文的研究不仅对于提高HTML5移动应用开发专业人才的培养质量具有显著意义,更对于推动高等教育与产业需求的深度融合,促进我国互联网行业的持续健康发展具有深远的战略价值。

2 "HTML5移动应用开发"课程存在的问题

2.1 课程教学内容设置不合理,教学与岗位需求脱节

在"HTML5移动应用开发"课程的教学实践中,核心问题在于课程内容与当前移动应用开发岗位需求的快速发展之间存在显著的不匹配。具体而言,这种脱节现象主要表现在以下几个方面。

(1)课程内容更新滞后,未能紧跟HTML5技术及其相关API和标准的快速发展。许多教材仍停留在基础语法和常用标签的层面,导致学生难以掌握最新技术动态,影响未来就业竞争力。

(2)知识点之间缺乏内在联系和系统整合,导致学生难以形成完整的知识框架和体系。这种孤立的教学方式增加了学习难度,影响了学生对HTML5技术的深入理解和应用。

(3) 传统教学模式过于注重理论知识传授,忽视了实践环节的重要性。在"HTML5 移动应用开发"课程中,学生缺乏足够的实践机会和项目驱动,难以将所学知识应用于实际开发中,导致实践能力和问题解决能力无法提升。这不仅降低了学生的学习兴趣和学习效果,还使学生在未来工作中难以快速适应和胜任相关岗位。因此,急需优化课程内容,加强理论与实践相结合,以更好地满足移动应用开发岗位的需求。

2.2 实践环节不足

在 HTML5 移动应用开发教学中,实践环节的不足阻碍了学生技能的提升。学生依赖于简单、单一的课堂示例和作业,难以应对实际开发的复杂需求。课堂时间有限,教师难以提供足够多的实践机会,限制了学生的深入理解和创新。项目实践的缺失尤为明显,学校与企业合作不完善,学生难以参与真实项目。即便有实践项目,也缺乏真实性和复杂性,无法有效提升学生的实践能力和解决问题能力。因此,学生毕业后难以快速适应行业需求,求职时因实践经验不足而处于劣势,加剧了 HTML5 移动应用开发人才市场的供需矛盾。

2.3 校企合作模式单一

在"HTML5 移动应用开发"课程中,校企合作应是连接理论与实践、课堂与职场的重要桥梁,旨在培养具备实战能力和职业素养的人才。但目前,校企合作模式单一,主要限于讲座和参观,未能让学生深入参与实际项目开发,导致缺乏实践经验与技能提升,与课程的实战导向和创新能力培养目标不符。

此外,校企合作模式僵化,缺乏创新,未能适应技术发展和行业需求变化。传统教学方法和课程内容未能及时更新,未引入最新技术框架和开发工具。这种滞后性无法满足企业需求,也难以激发学生兴趣,导致学生无法获得与行业发展同步的知识和技能,限制了他们在 HTML5 移动应用开发领域的就业前景和职业发展。

2.4 课程考核方式过于单一

"HTML5 移动应用开发"课程旨在培育移动应用开发人才,但现行的考核机制过分倚重于理论知识,主要通过闭卷考试和在线测试来衡量学生对理论知识的掌握,同时通过个人作业来测试编程技能。这种评价手段未能全面考察学生的实践能力、理论到实际应用的转换能力以及创新思维和团队协作技能。由于关键技能未得到充分考量,考核结果无法真实展现学生的综合能力及学习成效。因此,课程的评价体系迫切需要改革,确保评价结果能全面和真实地反映学生的综合能力与学习成果。

3 面向产业需求的"HTML5 移动应用开发"教学改革措施

3.1 以思想政治教育为引领,重构 HTML5 移动应用开发课程体系,精准对接产业需求

"HTML5 移动应用开发"课程改革旨在培养具备专业技能和职业道德的人才,通过全面重构课程内容,确保与产业需求同步,如图 1 所示。课程应聚焦企业项目需求,教师应提炼其核心技术与问题,邀请行业专家参与设计,确保教学内容的先进性和实用性。

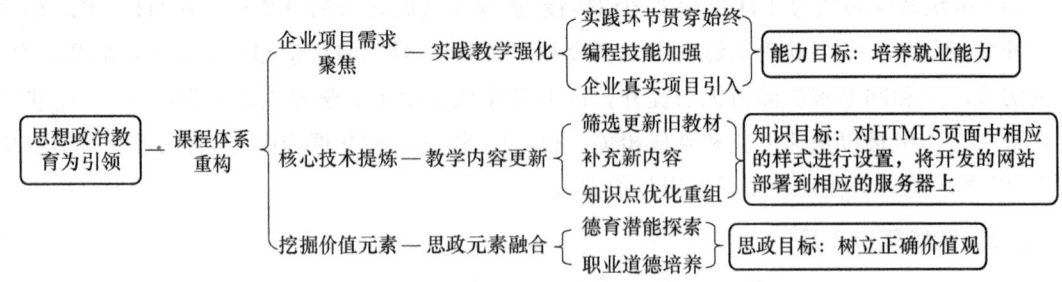

图 1　课程设计总体图

在教学方面,清晰界定教学重点与非重点,并根据课程安排灵活调整教学计划。对于过时或不实用的内容进行筛选与更新,节省对无实际应用价值知识的深入讲解时间。同时,引入行业趋势和学科发展中的新内容,保障教学内容的时代性和前瞻性。对于部分知识点,讲解其历史和进展,优化和重组某些教学部分,并加强案例和思政教育,引导学生进行深入思考、讨论和实践。

在学习过程中,对实践环节的强调贯穿始终。以"实践教学应如何进行"为出发点,注重从代码层面强化学生的编程能力,实现高质量的实践。实践内容由易到难,注重综合性、规模性和实践成果的质量,让学生能够综合运用所学知识,产出高质量的实践成果。在问题解决中,深化课程学习,增强学生的工程实践能力,将理论知识与实践相结合,帮助学生解决实际问题。

在课程思政元素的融入方面,探索"HTML5 移动应用开发"课程中的德育因素。例如,在讲解移动应用设计原则时,引导学生思考设计出更人性化和社会伦理的应用;在讨论安全性时,强调用户隐私和数据安全,培养学生的责任感和职业道德。将真实企业项目引入课堂,让学生通过需求分析、设计、开发到测试的全流程进行项目实践,锻炼实践技能和团队合作能力,为未来职场环境做准备。

3.2　加强实践环节,提升实践能力

在"HTML5 移动应用开发"课程中,应设计与产业需求紧密相关的实践项目,如移动电商和社交应用,让学生通过动手实践深入掌握 HTML5 开发,并通过实战提升技能。课程鼓励学生参与学科竞赛和创新创业活动,展现自我,实现梦想。教学团队精选行业成功案例,帮助学生汲取经验,提升学生解决问题的能力。

课程注重培养学生的创新意识和创业精神,提供专业辅导,将创新思维转化为实际成果。教学团队鼓励学生参与讨论和团队合作,锻炼沟通协作能力,为未来职场团队工作打基础。课程与行业动态同步,邀请专家讲座,让学生了解最新趋势,为职场做好准备。通过综合性教学方法,课程旨在培养具备扎实技术、创新能力和实战经验的 HTML5 开发人才。

3.3　创新校企合作模式,提升合作效果

为深化校企合作,首要任务是构建资源共享、优势互补的深度合作平台。学校与企业应携手创立 HTML5 移动应用开发实验室或创新中心,配备尖端设备与软件,让学生在模拟真实企业的环境中开发项目,亲身体验企业需求与技术流程。此外,邀请企业专家定期入校,通过授课与讲座形式,传授行业最新技术与实战经验,强化课程的实践导向与前瞻性。

推行工学交替模式与订单式培养模式[2-3]，是提升人才培养质量的关键。工学交替模式巧妙融合学校理论学习与企业实践，学生分阶段在学校学习 HTML5 移动开发基础，再到企业实战，将知识转化为技能，深度理解企业技术与流程。工学交替模式促进学生将理论与实践的深度融合，培养其解决问题能力与职业素养。

订单式培养模式则更侧重于企业需求的定制化教育。学校与企业签订协议，依据企业的人才标准与需求，共同设计课程与实践项目。学生不仅学习 HTML5 开发基础，还直接参与企业真实项目，确保学习内容与企业需求无缝对接。这种模式下的项目实战，针对性强、实用度高，使学生在解决企业实际问题中深化理解，为未来的职业生涯奠定坚实基础。

3.4 实施多元化课程考核方式

为了更好地评估学生的学习效果，"HTML5 移动应用开发"课程不再采用传统的考核方式，而是采取多元化的考核方式[4]。课程成绩由平时成绩（30%）和期末成绩（70%）组成。期末成绩将采取项目考核和行为考核的综合评价机制，以全面了解学生的学习情况和表现。项目考核将参考企业考核评价机制，采用项目总体评价＋答辩的形式，让学生更好地了解自身的问题所在，促进项目的完成。同时，企业教师的参与将缩小学校教学与企业实际就业岗位要求的差距。行为考核将评价学生在项目开发过程中的团队合作交流、沟通能力、出勤及文档、代码规范性。这种多元化的考核方式将有助于更好地优化教学内容，并及时调整教学方式。

4 结语

面对新时代下经济建设的迅猛推进与产业变革的深刻要求，本文讨论了"HTML5 移动应用开发"课程的教学改革，提出了一系列面向产业需求的教学改革措施。通过重构课程体系，精准对接产业需求，强化实践教学环节，创新校企合作模式，以及实施多元化课程考核方式，旨在培养具备专业技能、实践能力和良好职业素养的高端 HTML5 移动应用开发人才。这些改革措施不仅有助于提升学生的综合竞争力和就业能力，还能更好地满足企业对高素质人才的需求，推动我国互联网产业的持续健康发展。未来，将继续深化教学改革，探索更多创新路径，以期在 HTML5 移动应用开发人才培养领域取得更加显著的成效，为我国的科技创新和产业升级贡献更多力量。

参 考 文 献

[1] 刘春玲.试论基于就业导向的 HTML5 前端开发课程教学改革策略[J].湖北开放职业学院学报，2022，35(2):121-122.

[2] 于玲，杜向军.智能制造视域下高职院校工业机器人专业人才培养模式探讨[J].教育教学论坛，2024(13):105-108.

[3] 郭洪波.关于校企一体化合作办学班"双师型学徒制人才培养模式"的创新研究[J].职业，2022(21):72-74.

[4] 吴亚林.混合式教学在软件专业项目化教学改革中的应用研究——以"HTML5 应用开

发基础"课程项目化改革的混合式教学模式实施应用为例[J].华章,2023(6):54-56.

作者简介

李肖南:女,1997年生,主要研究方向为web前端开发、计算机三维视觉、程序设计基础教学等。

金咏琪:女,1997年生,主要研究方向为C语言程序设计教学、程序设计基础教学、软件工程等。

付方博:男,1991年生,主要研究方向为区块链领域、web前端开发方向等。

融入育人元素的"数字信号处理"教学案例设计

马金铭　付小雁

（首都师范大学信息工程学院，北京，100048）

摘　要："数字信号处理"是电子信息类专业的重要基础课程，为更好地发挥课程育人作用，本文深挖课程教学内容中蕴含的育人元素，探讨科技强国价值引领和领域知识传授相融通的"数字信号处理"课程教学理念和教学方案，设计完整的课程教学案例，从而提升学生理论联系实际、缘事析理的能力，进一步提高人才培养质量。

关键词："数字信号处理"；教学案例；价值引领；知识传授

Design of Education Case in Digital Signal Processing Incorporating Educational Elements

Ma Jinming　Fu Xiaoyan

(Information Engineering College, Capital Normal University, Beijing 100048, China)

Abstract: "Digital Signal Processing" is an important foundational course in electronic information major. In order to effectively utilize the educational potential of the course, this paper explores the educational elements in the course content, discusses the teaching philosophy and plan that integrate the value driven and knowledge teaching, designs complete course teaching cases. To enhance student's ability to connect theory with practice and analyze things by cause, and further improve the quality of talent training.

Key words: digital signal processing; education case; value driven; knowledge teaching

---

通信作者：付小雁，fuxiaosg@cnu.edu.cn。
基金项目：北京市数字教育研究课题（项目编号：BDEC2023619060）。

1 引言

教育对中华民族伟大复兴具有决定性意义。2020年,教育部明确指出:"发挥好每门课程的育人作用,提高高校人才培养质量[1]。"2024年,习近平总书记从确保党的事业和社会主义现代化强国建设后继有人的战略高度,提出了殷切希望:"努力培养更多让党放心、爱国奉献、担当民族复兴大任的时代新人[2]。"

"数字信号处理"是各大高校面向电子信息类专业本科生开设的一门专业基础课,主要基于数学和物理知识,讲授数字信号处理的理论、原理与实现方法,在电子信息类专业教学环节中起到承上启下的重要作用[3]。通过该课程的学习,学生不仅能够掌握信号采集、变换、滤波、估计、识别等现代信号处理领域的基本理论与核心方法,还可为后续从事相关领域的科学研究奠定扎实的理论和实践基础[4]。作为一门理论联系实际的专业课程,"数字信号处理"所讲授的课程内容与雷达、通信、航空航天、芯片、医疗、智能制造等国家重要工程科技领域密切相关,其中蕴含着丰富的育人资源[5]。深挖"数字信号处理"中的育人元素,并将其融入教学环节,有助于充分发挥课程育人作用,激发学生学习强国和学习报国的志气,树立理想信念,培养探索未知、追求真理、勇攀科学高峰的责任感和使命感。

2 "数字信号处理"教学案例设计理念

"数字信号处理"课程践行立德树人、以德为先、德才兼备的育人理念。在价值引领方面,基于电子信息类专业人才培养目标和国家重大战略规划,深挖课程育人元素,引导学生树立社会主义核心价值观,激发学生科技强国的使命感、责任感和荣誉感。在知识传授方面,不但要让学生掌握数字信号处理领域的专业基础知识,还要引导学生关注领域前沿科技成果,拓展知识的广度,注重知识的积累。在能力培养方面,注重培养学生的创新能力、团队合作能力、交流表达能力、归纳总结能力、开放构想能力,提升学生正确认识问题、分析问题和解决问题的能力,培养学生缘事析理、明辨是非的能力。

3 "数字信号处理"教学案例设计方案

"数字信号处理"课程坚持"师生联动"的教学方式,力求将"灌输"与"渗透"相结合、显性教育与隐性教育相结合,利用多元化教学模式,探索并实施价值引领和知识传授融通的"数字信号处理"教学策略。通过在"数字信号处理"课程内容中融入领域突出人物故事,增强学生科技兴国的使命感、责任感,激发学生学习强国和学习报国的志气,培养爱国主义情怀,实现价值引领。通过在"数字信号处理"课程内容中融入领域重大的科技进展,实现知识传授的同时,提升学生利用数字信号处理基本理论解决工程实际中具体问题的能力。通过在"数字信号处理"课程内容中引入道德与伦理深层议题,并引发讨论,全面提高学生缘事析理、明辨是非的能力,培养德才兼备的电子信息专业人才。

4 "数字信号处理"教学案例设计

案例 1 榜样力量

在讲解傅里叶变换在雷达信号处理中的应用时,引入"自行车院士"毛二可在强烈的家国情怀的驱动下,献身科学、为国家富强而奋斗终身的伟大故事。早些年,毛院士每天骑一辆自行车往返于家和研究所之间,是校园里一道独特的风景线。后来他在上班途中不慎摔伤,并进行了手术,但并没有因此停下科研的脚步,年近 90 岁的他,依然每天驾驶电动轮椅准时上班。毛院士为我国雷达技术的发展做出重要贡献,他对于国家强烈的责任感和时代的使命感,在科研道路上几十年如一日的坚守,激励着一代又一代的"电子人"。

在讲解傅里叶变换在通信信号处理中的应用时,引入张乃通院士响应"党的需要就是我的志愿,党叫到哪儿就到哪儿"的号召,服从分配来到北国边陲的哈尔滨工业大学,并筹建哈尔滨工业大学航天学院,为国家培养大批高科技人才的故事。张院士一生为我国军事通信、卫星通信、专用集群通信领域的科研、发展和人才培养作出了重大的贡献。他忠诚于党的教育事业,勇于开拓、追求真理、公正廉洁、无私奉献的精神,不断鼓舞着我们。

通过讲授上述榜样故事,使学生意识到习近平总书记所说的:"要时不我待推进科技自立自强,只争朝夕突破'卡脖子'问题,切实提高我国关键核心技术创新能力,把科技发展主动权牢牢掌握在自己手里,为我国发展提供有力科技保障。"从而实现价值引领。

案例 2 从均匀采样到非均匀采样

采样是连续信号和离散信号之间的桥梁,也是数字信号处理的首要任务。"数字信号处理"课程中着重讲授了奈奎斯特采样定理,在讲授此定理过程中,介绍如下前沿研究内容。

(1) 首先,介绍雷达、通信、光学等诸多应用所涉及的宽带信号采样,以实际需求引发学生思考:当单个模数转换器无法达到宽带信号所需的奈奎斯特率时怎么办?

(2) 其次,介绍一种可行的解决方法:多路并行采样。这种采样方式包含 M 个通道,每个通道都进行采样间隔为 MT 的均匀采样,同时第 m 个通道的起始采样时刻为 mT,通过对 M 个通道所得 M 个均匀采样序列以时间顺序进行重排,即可得到以 T 为采样间隔的均匀采样序列 $x(nT)$, $n \in \mathbb{Z}$(图 1(a),同颜色箭头代表同一通道),从而将采样率提高至单路采样的 M 倍,降低对硬件的要求。

(3) 再次,以实际问题引发学生思考,如多路并行采样由全局时钟控制,当发生时钟抖动时,各通道实际起始采样时刻将偏离理想起始采样时刻 mT。假设第 m 个通道的实际起始采样时刻为 $(m+r_m)T$,其中 r_m 是以 T 为标准测定的时间偏差。此时,将 M 个通道所得均匀采样序列以时间顺序进行重排,得到的是非均匀采样序列 $x((m+r_m)T+nMT)$,$m=0,1,\cdots,M-1$,$n \in \mathbb{Z}$(图 1(b))。由于任意两个相隔 $M-1$ 个点的采样点都来自同一通道,因此具有相同的时间偏差,即时间偏差呈现以 M 为周期的特性,故上述非均匀采样被称为周期非均匀采样[6]。

(4) 最后,在讲解基于快速傅里叶变换的周期非均匀采样信号频谱计算方法时,向学生介绍"分治算法"的思想:

a. 将周期非均匀采样信号分解为 M 个时移的均匀采样子序列的和,实现复杂问题的分解;

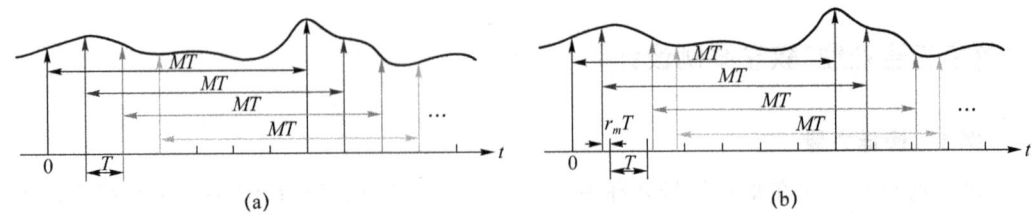

图 1　在理想情况下的 M 路并行采样和在实际情况下的 M 路周期非均匀采样

b. 利用快速傅里叶变换计算各个均匀采样子序列的频谱,以解决多个子问题;

c. 利用傅里叶变换的时移性质,基于 M 个子序列频谱的计算结果,得到周期非均匀采样信号的频谱,从而实现原问题的求解。

在讲解"从均匀采样到非均匀采样"的过程中,引导学生关注宽带信号采样的实际应用背景,拓展了知识的广度;通过引入多路并行采样、非均匀采样,让学生切实体会到从理论到实践过程中会遇到很多非理想因素,从而提升学生认识问题、分析问题和解决问题的能力;通过启发学生将一个复杂问题分解为若干较小规模的子问题,继而通过递归分别解决这些子问题,再将结果合并得到原问题的解,培养学生"分而治之"的解决问题能力。通过本案例,不但让学生对奈奎斯特采样定理有了更加深刻的理解,还提升了学生利用数字信号处理基本理论解决工程实际中具体问题的能力。

案例 3　"科学无国界,但科学家有祖国"的"科学家精神"探讨

在讲授离散傅里叶变换的过程中,结合案例 1 中所讲授的关于我国信号处理领域杰出科学家的故事,以及法国物理学家傅里叶在科研中坚持真理、甘心坐冷板凳的故事,引发学生思考:"科学是否有国界?"并进行自由辩论。通过辩论,引发全体学生思考,实现观点碰撞。在此过程中,通过对辩题进行深入剖析、分析,引导学生从不同角度深入理解科学家精神的内涵和实质。

"科学是探索自然规律和推动社会进步的工具,其本质是客观的、普遍的,不受特定国家或民族的限制,可以被全人类共享和学习。"正如傅里叶分析作为信号处理领域的奠基性理论之一,是客观的科学知识,至今仍被全世界各大高校电子信息专业师生所学习和使用。特别是在全球化日益加深的今天,全世界各个国家的科学家合作研究、分享成果,共同推动科学发展和文明进步。

"科学家作为科学的创造者和实践者,他们生活在特定的国家和社会环境中,受到教育、文化、政治等因素的影响,形成了独特的世界观、人生观和价值观。"因此,"科学家有祖国"强调了科学家对祖国的忠诚和责任感。正如毛二可院士、张乃通院士,他们将个人事业与国家命运紧密结合在一起,通过科学研究不断推动国家科技进步,对我国国防事业做出卓越贡献。

通过此案例,培养学生缘事析理、明辨是非的能力,让其树立社会主义核心价值观,提升社会责任感。

5　结语

"数字信号处理"作为电子信息类专业的重要基础课程,其教学内容中包含丰富的育人元素。本文结合电子信息专业人才培养目标和课程教学内容,深挖课程育人元素,通过在教学过程中融入领域突出人物故事、领域重大科技进展、道德与伦理深层议题,进行价值引领和知识传授相融通的"数字信号处理"课程教学。这激发了学生的爱国主义情怀,实现了对领域前沿知识的传授,提升了学生理论联系实际、缘事析理、明辨是非的能力,进一步提高了人才培养质量。

参 考 文 献

[1] 海南省教育厅.教育部印发《高等学校课程思政建设指导纲要》,全面推进高校课程思政建设[J].新教育,2020(19):32.

[2] 中国政府网.https://www.gov.cn/yaowen/liebiao/202405/content_6950473.htm.

[3] 蒋冬初,何飞,熊洁,等.基于OBE理念的混合式一流本科课程教学改革新探索——以数字信号处理课程为例[J].大学教育,2024(14):56-59.

[4] 石岩,陶然,赵娟.信号类贯通课程教学改革与实践——以信号处理理论与技术Ⅲ课程为例[J].中国现代教育装备,2022(1):118-120.

[5] 朱军,潘雪莉,蒋芳."数字信号处理"教学探索与实践[J].教育教学论坛,2024(17):145-148.

[6] Y C JENQ. Digital spectra of nonuniformly sampled signals:Fundamentals and high-speed waveform digitizers [J]. IEEE Transactions on Instrumentation and Measurement,1988,37(2):245-251.

电子类一流课程建设探索

余长青　江华丽

（厦门理工学院光电与通信工程学院，厦门，361024）

摘　要：本文针对电子类课程教学中吸引力不足和能力培养元素融入的问题，结合团队在开展一流课程建设中的实践，提出了案例式、讨论式、参与式结合的教学方式，并通过几个案例介绍了具体的做法。

关键词：案例式；讨论式；参与式

Exploration into the Construction of First Class Electrical Courses

Yu Changqing　Jiang Huali

(School of Opto-Electronic and Communication Engineering, Xiamen University of Technology, Xiamen 361024, China)

Abstract: This article addresses the issues of insufficient attractiveness and integration of ideological and political education in electrical courses. Based on the team's practice in developing first-class courses, a teaching method that combines case-based, discussion-based, and participatory approaches is proposed. And specific methods are introduced through several cases.

Key words: case study; discussion style; participatory approach

基金项目：2022年校级教育教学改革研究项目（项目编号：JGKS202212）。

1 问题及原因

1.1 课程教学常见问题

电子类专业课程大多理论与实际应用联系紧密,具备实践性强的特点,教师在教学中应该通过实例介绍理论知识在生产和生活实际中的应用,必要时组织学生参与实践活动深入学习和领会。但是,纵观大学课堂满堂灌的填鸭式教学还不少。结果就是,学生都尽量往后面坐,课堂上抬头的少,低头的多,目光聚集在手机、平板、电脑屏幕上。哪怕老师讲得唾沫横飞,除了少数学生在听,多数人却是充耳不闻毫无反应。有人戏称:大学课堂一出戏,老师台上独角戏,学生台下玩游戏,台上手舞足蹈,台下低头不语。

2016年12月,习近平总书记在全国高校思想政治工作会议上指出:"所有课堂都有育人功能。"教师是课程思政的"主力军",专业课程是课程思政的"主阵地""主战场",课堂教学是课程思政的"主渠道"[1]。近年来,高校普遍开展课程思政建设,要求教师以立德树人为根本任务,在课堂教学中融入思政教育元素,与思政课程同向同行,将显性教育和隐性教育相统一,形成协同效应,承担好育人责任。

在实际教学中,由于缺乏相应的训练,教师在实施课程思政过程中容易出现专业内容和思政教育脱节,说教意味明显,"两张皮""硬融入"的现象较为普遍。如果说教师囿于满堂灌的老套路结果只是缺乏吸引力,那么在课堂上生硬说教,则容易引起学生反感,导致产生厌恶情绪,后果就比较严重了,要避免这种情况的发生。

1.2 原因分析

课堂缺乏吸引力的原因有很多,最主要的是:很多高校教师是博士毕业直接入职高校,缺乏企业工作经历,也缺乏师范生的训练;他们在硕、博士期间,通常是针对较大课题的某一方面进行深入研究,往往以理论研究和软件仿真为主,与实际工程和硬件打交道较少,所研究内容与本科教学内容联系不大,导致在教学中容易陷入理论知识与实际应用脱节,老师滔滔不绝,学生却心不在焉的局面。

造成课程思政"两张皮""硬融入"这种现象,一方面原因是教师没有真正理解课程思政的含义,也不了解具体的做法,缺少必要的培训和提升。另一方面原因是有的教师只是应付,不愿去研究怎么做,结果当然是两张皮。

2 解决问题的思路

为破解这些难题,我们从课程目标出发坚持产出导向,在实践中摸索出了以学生为中心的案例式、讨论式、参与式相结合的教学方式,通过合理选择教学案例,精心设计讨论话题和实践活动,调动学生充分参与课堂学习,同时在课堂教学中自然而然地融入思政教育元素,取得了较好的效果。

2.1 案例式教学

电子类课程的很多知识点都与实际应用紧密相关,只要留意收集,就能找到很多相关案例。教师应该根据课程内容选择那些典型的、贴近生活实际和应用的案例,要特别注意结合时事和新闻事件加入新近发生的案例,比如前段时间黎巴嫩发生BB机爆炸事件,我们马上就在工程伦理课中加进去了。这些精心选择的新鲜、有趣的案例,能够激发学生的兴趣,把他们的注意力吸引到课堂中来。

教师在选用案例时还要注意避免和其他课程的案例重复,以免学生审美疲劳,达不到效果甚至适得其反,尤其是思政元素案例更是如此。这就要求教师要结合课程内容,挖掘本课程独特的案例,同时注意结合近期国内外大事、业界新闻和社会热点问题挖掘结合点。

2.2 讨论式教学

课堂教学要避免满堂灌,实现学生参与式学习,一个重要的方式就是讨论式教学。教师要根据课程特点和内容,最好能结合新闻时事和社会热点,选取有意义的讨论话题。这些讨论话题一般应该是开放式的,没有现成的答案或者不存在正确答案,大家可以充分讨论,引导学生审辩思维,培养沟通交流的能力。这些精心选择的鲜活的、开放的讨论话题,能够极大地激发学生的参与兴趣和求胜欲望,通过将自己代入其中获得情绪价值和体验,产生主动学习的愿望。

2.3 参与式学习

所谓参与式学习,是指在课堂教学中,教师通过精心设计具有吸引力的话题或实践活动,引导学生参与教学活动。教师不是主演而是导演,学生才是课堂的主体。在课程思政融入过程中,教师不是通过一段话进行说教,而是将思政元素融入这些精心设计的活动和环节,让学生在讨论、辨析、实践中感悟,获得内生式的思政教育效果。

很多电子类课程都可以将专业知识应用于实践,教师可以布置一些课外设计任务,学生在教师的指导下以个人或团队形式进行,最终完成实物或演示作品,当看到自己亲手做出来的东西工作时,他们能获得极大的成就感,会激发他们继续做下去的意愿,促进他们从完成任务的思想转变为主动学习。

如果能够将这些方法结合起来合理运用,课程思政的融入也就水到渠成了,就能够吸引学生参与到课堂教学中来,变被动学习为主动学习,两性一度的高阶目标也就能够实现了。

3 应用案例

在"电路"课程基尔霍夫定律一节中,教师引入漏电保护器的例子,用 KCL 定律来解释漏电保护器的工作原理。这是一个应用专业理论知识分析实际应用的好例子,也是融入课程思政的好时机。教师首先给学生介绍教室里配电箱中的漏电保护器,结合电路图引导学生一起用 KCL 定律来分析它的工作原理;其次展示网络上一些漏电导致伤亡事故的案例,引导学生讨论在电路中设置漏电保护器的重要性,培养使用电器产品的安全意识和在电路设计施工中的规范意识;最后进入电商平台给学生展示漏电保护器的外观照片,引导学生识读其标注的参数,让学生通过网络搜索了解这些参数的含义,引导学生思考在什么情况下需要设置漏电保护器,如何正确设置漏电保护器,参数选大一些是不是更好?选小了会怎么样?从中理解在电路设计中"合理"的含义,逐步形成职业规范的意识。我们还在课堂上给学生展示农村常见的"节能王"这一类所谓的节能神器,引导学生讨论其是否真的能够节能,并要求他们回家给身边人科普,应用专业知识戳穿谎言的同时也得到了别人的认可。

在电子类课程中讲半导体器件时,引入我国新一代电子战装备使用了最先进的有源相控阵雷达,采用了大功率碳化硅发射组件,极大地提高了武器装备的性能,进而提高了解放军的战斗力,有力地保障了我国的国家安全和利益。在"模拟电子技术"课程中介绍"估算"和"合理近似"时,引导学生抓住主要矛盾忽略次要矛盾,在"电路"课程中讲"感抗""容抗"时引导学生理解质变量变关系,把马克思主义的哲学理论化为电路中的思想方法;在"电路"课程中,还可以引入动态电路在"电磁炮"、航空母舰"电磁弹射"中的应用,可以通过"功率因数"的计算引入环保、节能的理念;在讲电源和电容时,对比电池储能和电容储能的原理,引入"超级电容",结合当前火热的电动汽车介绍现代储能技术的发展和超级电容在汽车、家电产品等领域的应用;在"大学物理"课程中讲光的折射时,引入台积电利用光的折射原理发明浸润式光刻技术,提高光刻机性能的例子。通过这些案例引导学生运用所学知识分析问题、解决问题,培养学生的辩证思维和批判性思维。

在讲电源、电阻、电容、电感、晶体管、场效应管、集成电路时,应该展示这些器件的实物或照片,对照着介绍它们的类型、参数识别和使用场景,并展示一些常见电子产品的内部实物照片,指出这些器件在电子产品中的位置,对一些特殊器件要结合其安装方式和散热条件介绍其在实际产品中的使用情况,让学生认识真实的元器件而不只是电路符号。

在"模拟电子技术""数字电子技术"和"单片机"中我们引入了拆机环节,我们选择一些典型的电子产品,如电吹风、加湿器、电饭煲、电磁炉、功放机、LED灯具、电动玩具、电子密码锁、报警器、电子琴、电子钟、充电宝等,简单的在课堂现场拆机,复杂的展示拆机照片。比如,有一台110 V的电饭煲误插220 V电源烧坏了送来修理,我们在"模拟电子技术"课堂上展示实物和细节照片,引导学生应用所学知识逐步分析,最终成功找到故障点。有学生回家就依葫芦画瓢把家里坏的电子产品拆来修理,在老师指导下修好了,学生特别自豪,感觉这个专业太有意思了。同时,我们也给学生推送一些公众号的拆机文章,拓展他们的眼界。

"模拟电子技术""数字电子技术""单片机""嵌入式系统""数字图像处理""物联网技术"等课程都有很强的实用性,教师在课程中可以设置不同难度的课外设计任务,也可以自己拟定课题,学生运用课程知识做出一些作品,作为期末考核的一部分或者加分项。比如:我们在"模拟电子技术"课程安排学生做音频功率放大器,简单的可以用运放实现,难一点的可以加大输出功率做分立元件,还可以加上蓝牙、USB接口、均衡器、卡拉OK功能等;学生还可以做护眼台灯、电子门铃、温度控制器、酒驾测试仪等;在"数字电子技术"课程中我们让学生自己做数字电子钟、篮球比赛计时器、抢答器、数字温度计、交通灯控制器等;在"单片机""嵌入式系统"等课程可以做智能小车、智能门锁、平衡车、消防机器人等。当这些作品经过多次修改调试可以正常工作时,他们欢呼雀跃激动不已,将作品视为珍宝。这些经历极大地提高了他们学好课程的信心,激发了主动探索的积极性,以后在实验室经常看到他们的身影,学科竞赛中经常看到他们的名字。

在"工程伦理"课程中教师引入曾经轰动全美的美国代孕第一案"M宝贝案例",介绍完案例教师提出问题:你支持谁?玛丽还是斯特恩夫妇?为什么?请学生现场讨论并发表意见,在学生回答后继续把问题引向深入:玛丽是否应该执行合同?作为成年人和两个孩子的母亲玛丽签署了合同是否就可以认定她已足够知情同意?通过问题引导,在课堂上发生了激烈的争辩,氛围热烈,参与度很高,在讨论中培养了学生的审辩性思维。教师最后给出法院的两次判决,展示二审法官的判决词,介绍了这件事的社会影响,寓价值观引导于知识传授和能力培养之中,帮助学生塑造正确的世界观、人生观、价值观[2]。

既然本专业的案例大家都知道,何不试着用其他领域的案例呢?国内的、当前的案例大家都能想到,那就放眼世界、从历史中去找。哲学家菲利帕·福特(Philippa Foot)1967年提出的"电车难题(Trolley Problem)"是伦理学领域最为知名的思想实验之一,但是理工科学生并不知道。我们在"工程伦理"课程中引入了这个实验,让学生亲身参与其中,学生表现出很大的兴趣,他们很想知道自己的选择是否正确。在第一种状况中,从功利主义的观点来看,明显的选择应该是切换轨道,拯救五个人只杀死一个人,这也是现场多数学生的选择;选择不切换轨道的人认为,一旦切换轨道,你就成为一个不道德行为的同谋——你要为另一条轨道上一个人的死负部分责任;也有人认为,你身处这种状况下就要求你要有所作为,你的不作为将会是同等的不道德[3]。到底怎样做才对?学生陷入了伦理决策困境。当我们将案例稍加变化,描述成如果你是一个医生,现在有五个病人需要马上进行器官移植,否则他们就会死掉,但是目前没有可用的器官,现在隔壁病房正好有一个病人可以提供这五个器官,而且他正好在熟睡,你是否愿意杀死他取出器官去救那五个人?这个问题让学生安静下来,他们意识到这和前面案例其实是一回事,这个想法令他们非常不安,引导他们进入了严肃的思考。通过亲身参与实验和讨论,学生获得亲身的体验,受到了震撼,学会了思考,对伦理有了更深的认识。

课程案例库不是一成不变的,教师平时要注意积累合适的案例、素材,不断地更新案例库,这样就能有效地避免重复。教师要注意关注新闻和热点事件,寻找这些事件与课程的结合点,适时地引入到课堂教学中。下面再举一例。

在电子类课程中,讲新技术的发展就绕不过人工智能,近几年人工智能发展迅速,也引发了人工智能的伦理问题。我们引入以下案例:2024年3月,辽宁抚顺的孙先生在网上发布了一段视频,感动了很多人。孙先生的父亲于2023年因癌症去世,为宽慰91岁的奶奶,他用AI换脸技术录制了一段父亲问候奶奶的视频,在视频中以父亲的口吻向奶奶报平安,"复活"了已经病逝的父亲。教师在课堂上播放这段视频,先让学生评论,然后再引导学生注意网友的评论,如"看到了AI的正确打开方式,这才是科技发展的初心""科技就应该放在有温暖的地方""温暖的'谎言'也赋予了科技温度和情感"[4]。这些评论与先前人们担心AI换脸技术被用于诈骗形成了鲜明的对比。通过案例让学生产生共情,帮助学生深刻理解技术与社会的关系,树立起"科技向善"的理念。

4 总结

教学实践是动态变化的,教师在实践中解决问题的办法也很多,已经有人做了很多有益的研究和尝试,在此只是抛砖引玉,供同行参考。

参 考 文 献

[1] 腾跃民.课程思政系统性探索与实践[M].上海:上海三联书店,2021:50.
[2] 教育部.高等学校课程思政建设指导纲要[R].2020.
[3] 百度.电车难题[EB/OL].https://baike.baidu.com/item/%E7%94%B5%E8%BD%A6%E9%9A%BE%E9%A2%98/9212605? fr=ge_ala.[2023-10-1](2024-12-20).
[4] 人民日报."我要'复活'我的老爸,因为奶奶太想他了"[Z].央视新闻,2024.

作者简介

余长青:男,1972年生,副教授,厦门理工学院光电学院副院长,研究方向为电子信息技术应用。

江华丽:女,1985年生,讲师,研究方向为信息处理技术应用。

基于问题式学习(PBL)的"数字图像处理"课程教学改革研究

汪 森 任俊颖 汪方毅

(三峡大学计算机与信息学院,宜昌,443002)

摘 要:本文针对"数字图像处理"课程在工程教育认证背景下所面临的挑战,提出了一种基于问题式学习(Problem-Based Learning,PBL)的教学改革方案。通过教学案例设计,本文提出了具体的教学改革策略,旨在通过实践教学改革,提高学生的学习兴趣和积极性,以符合工程教育专业认证的要求。

关键词:工程教育专业认证;问题式学习(PBL);"数字图像处理";教学改革

Research on Teaching Reform of Digital Image Processing Course Based on Problem-Based Learning (PBL)

Wang Sen Ren Junying Wang Fangyi

(College of Computer and Information Science, China Three Gorges University, Yichang 443002, China)

Abstract: This paper addresses the challenges confronted by "the digital image processing" course against the backdrop of engineering education accreditation and proposes a teaching reform scheme based on Problem-Based Learning (PBL). Through the design of teaching cases, specific teaching reform strategies are put forward. The aim is to enhance students' learning interest and enthusiasm via practical teaching reform, thereby meeting the requirements of engineering education professional accreditation.

Key words: Engineering Education Professional Certification; Problem-Based Learning (PBL); "Digital Image Processing"; Teaching Reform

---

通信作者:汪方毅,fy_wang@ctgu.edu.cn。
基金项目:三峡大学教研项目(项目编号:J2024041)。

1 引言

工程教育专业认证是教育界和工业界广泛认可的教育质量标准之一[1]。自 2005 年以来，我国逐步推进工程教育认证，并在 2016 年正式成为《华盛顿协议》的成员国。这标志着我国工程教育在国际上得到了认可，为中国工程师走向世界奠定了基础[2]。

"数字图像处理"课程当前的教学模式过于注重教师讲授和经典算法的灌输，忽视了对新技术和实际应用的引入，导致学生学习内容与实际应用的脱节，限制了创新能力的培养[3-4]。这种脱节主要体现在：①缺乏对自主学习能力及创新能力的培养；②解决实际工程问题能力不足；③强调对知识的记忆而不是探究。

为解决这些问题，基于问题式学习（Problem-Based Learning，PBL）的教学模式近年来受到了广泛关注[5]。PBL 以实际工程问题为核心，通过团队协作与自主探索，帮助学生构建灵活的知识体系，提升学生分析与解决问题的综合能力[3]。PBL 教学模式还鼓励学生打破"教师的任何问题都有标准答案"的观念，构建灵活且可应用的知识体系，发展高层次的创新思维能力[6-7]。

2 课程改革目标

在"数字图像处理"课程的教学改革中，应坚持以问题为导向的理念，围绕"提出问题—文献阅读—研究讨论—反思总结"这一主线[8]。为支撑毕业要求，达到本课程培养目标，课程改革的目标应包括以下方面：①加强文献研究和科研能力的培养；②注重文献检索与研究方法的训练；③提升解决复杂工程问题的能力；④增强团队合作与沟通能力；⑤培养持续学习和技术追踪能力；⑥强化专业表达与科学沟通能力；⑦加强编程能力和现代工具的应用。

3 教学案例设计

在"数字图像处理"课程中，经典的直方图均衡化（Histogram Equalization，HE）[9]算法尽管被广泛使用，但在实际应用中容易导致灰度级合并，造成图像细节丢失。为此，课程教学需要深入探讨传统 HE 算法的缺陷，并介绍其改进算法，如 BBHE、AHE、POSHE 和 CLAHE，以帮助学生理解其原理和适用场景。

3.1 教学准备与问题设计

为了增强学生对直方图均衡化及其改进算法的理解，教师在课前 3~4 天发布与课程内容相关的导向性问题，并提供一些参考资料。问题设计如下。①直方图均衡化主要应用于哪些场景中？②传统 HE 算法有哪些缺陷？③选取一种改进算法，描述其主要思想及优缺点。针对这些问题，学生需查阅相关文献，以小组讨论形式分析和解决问题。

3.2 课堂讨论与案例分析

在课堂上，学生以小组为单位，首先阐述他们的研究结果，然后通过案例方式逐步开展对不同均衡化算法的优缺点分析。具体来说，学生提出：①应用场景，直方图均衡化广泛用于图像增强、光照补偿等领域；②算法缺陷，传统 HE 算法会导致大量灰度级合并（图 1(b)），特别是在处理具有高峰值灰度分布的图像时,效果不佳;③改进算法,选取了 BBHE、POSHE、CLAHE 等改进算法。

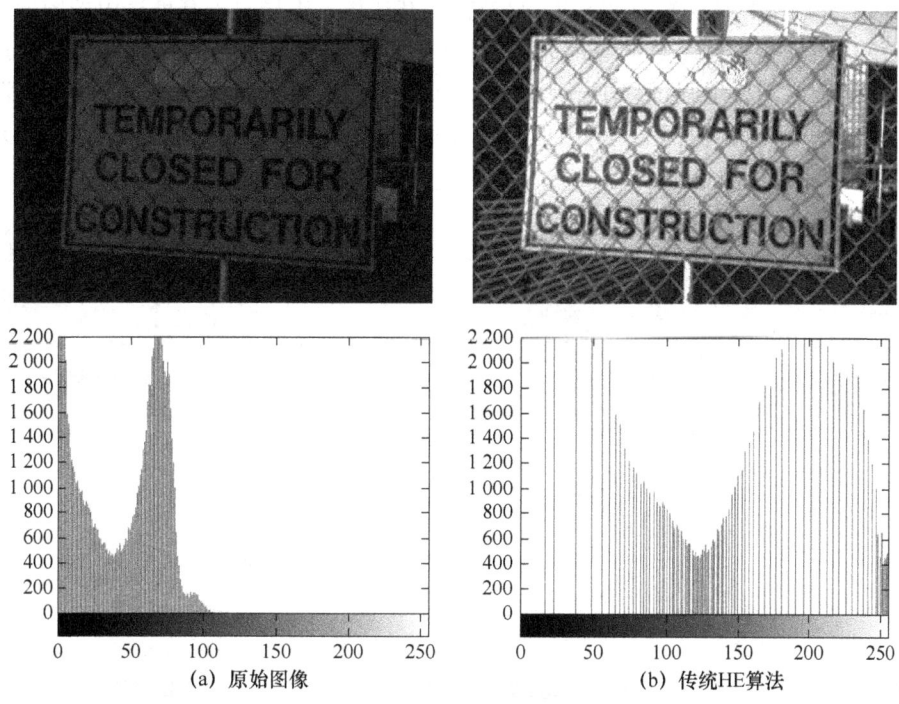

图 1 传统 HE 算法实现的效果

图 2(b)展示了在处理低灰度级高密度图像时,传统 HE 算法的缺陷。可以观察到,图像的平均亮度发生了较大的偏移,手部区域被过度增强,出现伪轮廓。针对这些不足,引导学生探讨解决方案是关键。

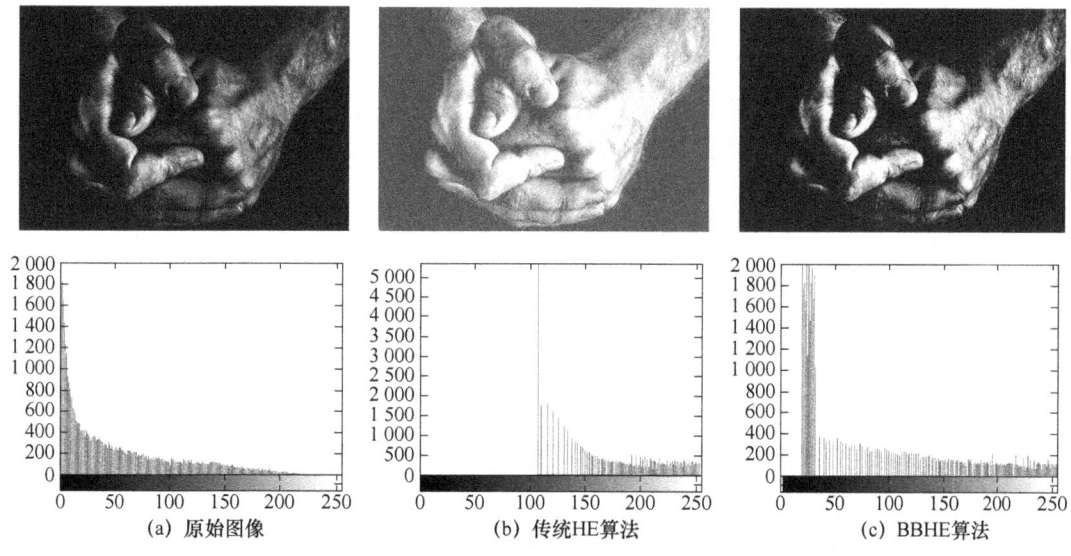

图 2 传统 HE 算法与 BBHE 算法的对比

通过教师提供的参考文献,学生发现研究者们针对传统 HE 算法的局限性,提出了带有约束条件的 BBHE 算法[10]。在自主实验中,学生应用 BBHE 算法(图 2(c)),结果显示该算法在保留原始图像亮度信息的同时,显著增强了对比度。

然而,由于 BBHE 算法特有的亮度保持特性,其适用范围局限于亮度适中的图像[11],且在某些情况下仍可能导致较多灰度级的合并,进而导致细节信息的丢失,如图 3(b)所示。为了进一步探讨如何在图像增强过程中最大限度地保留原始图像的细节信息,教师引导学生思考是否可以通过图像分块处理以及利用像素的邻域信息来改进算法。教师展示了 POSHE 算法[12]的处理效果,如图 3(c)所示。

图 3 BBHE 算法与 POSHE 算法的对比

POSHE 算法在均匀区域内许多像素具有相同的灰度级,在直方图中形成高峰,而 POSHE 算法在这些区域的块效应仍然显著,如图 4(b)所示。对于块效应的产生,教师进一步解释了其原因:在执行 POSHE 算法后,不同子块的灰度值被各自的直方图均衡化变换函数改变,这种变化在子块边界处尤为显著,从而导致块效应的产生。

在此基础上,学生们进一步探讨了 CLAHE 算法[13]的应用。CLAHE 算法不仅解决了其放大噪声的问题,同时保留了增强局部对比度的优势,能够获得更多的细节信息。图 4(c)显示 CLAHE 算法在抑制块效应方面表现更为突出。

实验有助于学生认识到,CLAHE 算法相较于其他算法,不仅能够提升图像细节信息,还能在不均匀光照条件下提供更为自然的视觉效果。

3.3 课后思考与评估

课后,要求学生以小组为单位,研究课堂上未讲解的改进算法,并对教学内容进行总结和评估,最终以报告形式提交。报告需包括以下内容。

(1)算法原理与实现:学生需深入了解所选算法的原理,并通过编程实现,重点分析算法在不同应用场景中的效果。

(2)算法缺陷与改进建议:研究该算法的局限性,并提出自己的改进思路,尽量不要求实际实现改进算法。

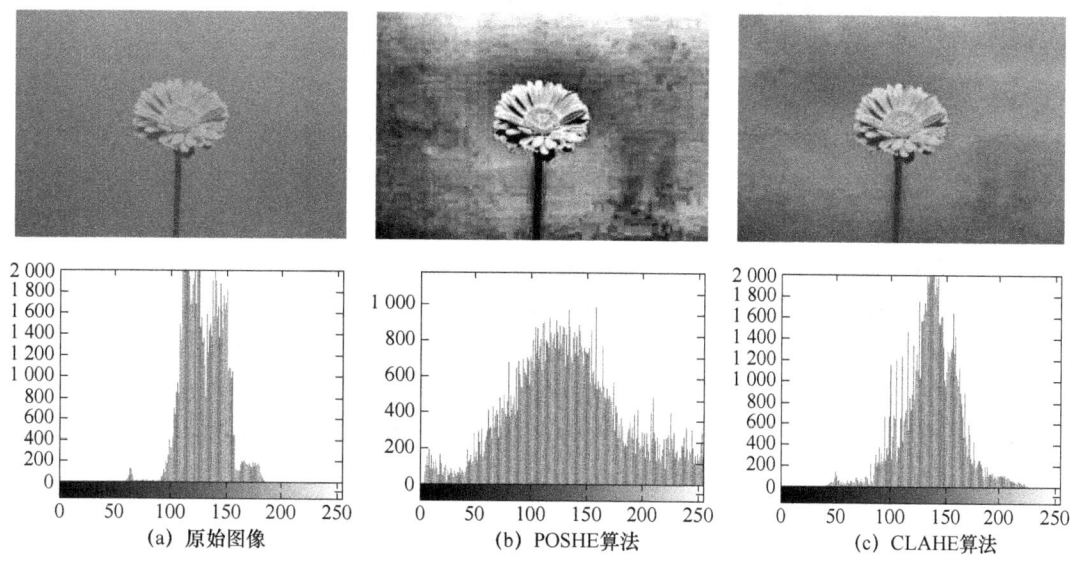

图 4　POSHE算法与CLAHE算法的对比

4　结束语

本研究的实践表明,基于问题式学习的教学模式在提升学生工程能力和创新思维方面表现出显著效果,符合现代工程教育的核心目标。随着教学改革的持续推进与实践,预计将进一步促进专业领域的转型与发展,为高素质工程人才的培养做出积极贡献。未来的研究将重点关注对教学内容与方法的进一步优化,以确保其与行业需求的紧密对接,并评估教学改革对学生能力培养的长期影响。通过这些努力,我们期望为工程教育的不断发展奠定更为坚实的基础。

参考文献

[1] 宋强,胡亚茹,李兆锋,等.适应工程教育专业认证的材料类生产实习模式构建[J].实验室研究与探索,2016,35(12):219-223.

[2] 李志义.对我国工程教育专业认证十年的回顾与反思之一:我们应该坚持和强化什么[J].中国大学教学,2016(11):10-16.

[3] 张炜,王良,林永春.中国特色工程教育体系的演进历程、内涵特征及未来进路[J].新疆师范大学学报(哲学社会科学版),2024,45(2).

[4] 王颖,王兵,高建强,等.融合成果导向教育理念的"线上+线下"混合式数字图像处理课程教学设计与实施[J].医学信息学杂志,2022,43(9):90-93.

[5] 王锦,薛伟.基于PBL模式的有机光电子综合实验课程建设与探索[J].实验科学与技术,2024.

[6] 余顺园.SPOC+PBL混合式教学模式在数字图像处理中的应用[J].中国教育技术装备,2024(2):92-95.

[7] 郭小英,白茹意,魏彦锋.案例库结合PBL教学法在数字图像处理技术课程中的应用

[C]//第31届全国计算机新科技与教育学术会议论文集.2023.

[8] 王志军.用PBL教学方法培养学生创新实践能力[J].实验技术与管理,2009,26(6):23-24.

[9] 吴成茂.直方图均衡化的数学模型研究[J].电子学报,2013,41(3):598-602.

[10] 钟峥.改进直方图均衡算法的研究与实现[D].厦门:华侨大学,2019.

[11] 戴声奎,钟峥,黄正晖.基于最大熵模型的双直方图均衡算法[J].电子学报,2019,47(3):678-685.

[12] J Y KIM,L S KIM,S H HWANG. An advanced contrast enhancement using partially overlapped sub-block histogram equalization[J]. IEEE Transactions on Circuits and Systems for Video Technology,2001,11(4):475-484.

[13] ZUIDERVELD K J. Contrast limited adaptive histogram equalization[J]. 1994:474-485.

基于CiteSpace的数据库课程教学研究可视化分析

刘 霞 晋 刚

(烟台大学物理与电子信息学院,烟台,264005)

摘 要：本文聚焦当前高校数据库课程教学的演进与趋势研究。运用CiteSpace软件,对我国2014—2024年新数据库课程教学研究领域的CNKI数据库文献进行可视化分析。结合关键词聚类、高频关键词对数据库课程教学研究应用进行梳理分析,总结数据库课程教学研究进展及未来研究方向,以期为新兴技术与教育深入融合,提升学生数据素养。

关键词：数据库;课程教学;热点主题;CiteSpace;可视化分析

Visual Analysis of Database Course Teaching Based on CiteSpace

Liu Xia Jin Gang

(School of Physics and Electronic Information, Yantai University, Yantai 264005, China)

Abstract: This paper focuses on the evolution and trend of current university database course teaching. Using CiteSpace software, this paper visually analyzes the CNKI database literature in the field of new database course teaching and research in China from 2014 to 2024. Combing and analyzing the database course teaching and research application from the aspects of keyword clustering and high-frequency keywords. This paper summarizes the research progress and future research direction of database course teaching, in order to

---

通信作者:刘霞,ytuliuxia@ytu.edu.cn。

基金项目:2022年山东省高等教育学会高等教育研究专项课题"新工科视域下物联网工程专业实践教学模式研究";教育部产学合作协同育人项目2022年第二批立项项目"面向数据素养提升的物联网工程专业'数据库原理与应用'教学改革研究与实践"(项目编号:22090468214122)。

deepen the integration of emerging technology and education and improve students' data literacy.

Key words：database；course instruction；hot topic；CiteSpace；visual analysis

随着大数据、云计算与人工智能等新兴技术的发展,现代社会已迈入数据驱动时代。2018年,教育部正式印发《教育信息化 2.0 行动计划》,推进了以数据库课程为代表的信息技术相关课程的发展,强调信息技术与教育教学的深度融合。2023 年,中共中央、国务院印发了《数字中国建设整体布局规划》,多次提及数据资源库等技术的实现与发展,明确指出要大力实施国家教育数字化战略行动[1]。对数据库课程教学研究进行可视化分析,对了解当前数据库教学现状,推动数据库教学研究与发展具有重要意义。

1 研究背景

数据库课程涵盖了大量的数据管理与应用内容,其中涉及数据安全、隐私保护等关键问题,课程教学注重培养学生有效且合规处理数据的能力。当前,数据库课程教学研究主要聚焦于以下几个方面:①在教学方法创新层面,积极探索采用案例教学、项目驱动教学、小组讨论等多样化的教学方式,以此激发学生的学习兴趣和主动性,培养学生在解决实际问题过程中的计算思维[2-3];②在教学内容方面,除了结合新兴数据库技术对教学内容整合优化以后,挖掘数据库课程中的育人元素成为新的着力点,如数据安全、隐私保护所彰显的法律意识与社会责任,以及数据分析中体现的严谨态度和创新精神等,并将这些元素巧妙地融入教学知识点中,促使专业知识与育人教育相互渗透[4-5];③在课程考核与评价体系构建及人才培养方面,探索如何通过多元化的考核方式,过程性考核的形式与比重逐渐增大,对学生在知识掌握、能力提升以及素养培育等方面的表现进行全面评价[6]。鉴于近年来课程教学理念研究的持续推进,本文以 CiteSpace 软件为分析工具,重点对我国数据库课程教学的相关研究热点、演进方向以及未来趋势进行梳理,以期为数据库课程与教学教育路径的融合共建提供参考。

2 数据来源与研究方法

以"数据库课程"为检索词,通过对 CNKI 中国知网学术文献总库中的文献进行检索,时间节点从 2014 年 1 月起,至 2024 年 8 月止,剔除无关文献数据后,共检索到实际有效期刊文献 289 篇,文献格式以 Refworks 进行保存。

利用 CiteSpace 文献计量分析软件(版本号:6.3.R1.64-bit)对所检索到的"数据库课程教学"进行分析,将复杂的文献数据转化为直观的知识图谱,清晰地展示数据库课程教学研究领域的关键词共现、中介中心性及关键词突现强度,以揭示我国当前数据库课程教学研究的热点、前沿和发展趋势。

3 数据库课程教学研究可视化分析

3.1 关键词分析

以时间切片设定为 1 年,阈值为 1,运行 CiteSpace 后获得节点数为 218,连线数为 368,密度为 0.015 6 的数据库课程教学研究领域关键词共现知识图谱,如图 1 所示。可以看出,当前高校教学科研单位围绕教学改革与教学模式方面,在课程思政、教学设计、案例教学、翻转课堂、项目驱动、计算思维培养等研究层面,相继进行了大量的研究与实践工作。

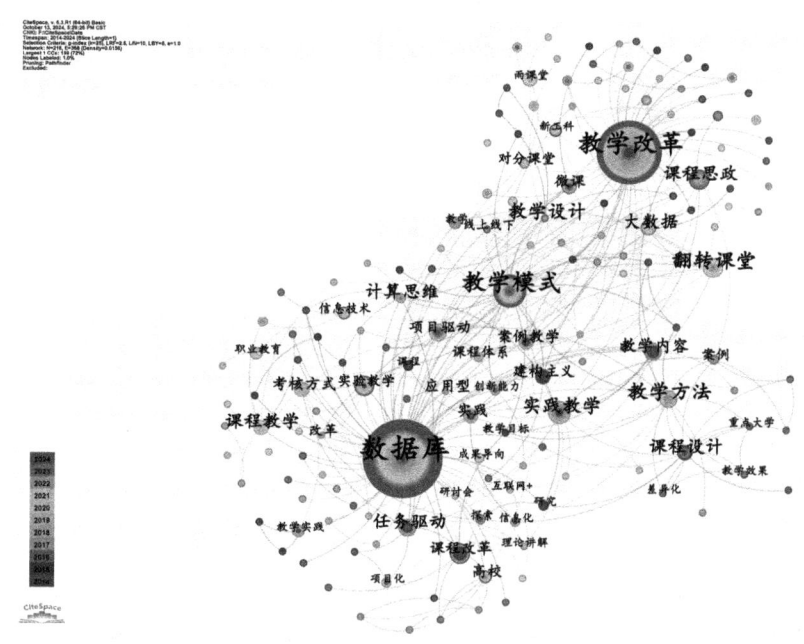

图 1　数据库课程教学研究领域关键词共现知识图谱

3.2　研究趋势分析

运行 CiteSpace 软件对特定时间段内突然增多或受到高度关注的关键词进行绘制,构建以突发强度为序生成数据库课程教育研究领域关键词突现图(图 2)。在图 2 中,关键词突现开始至结束用红色横线标记,排行前 20 的节点中突发强度最大的关键词是"课程思政",强度值为 4.03,突发持续时间为 2021—2024 年,突发强度最小的关键词是"教学创新",强度值为 0.88,突发持续时间为 2020—2022 年。近年来,突发强度较大的关键词为"线上线下"与"混合教学",关键词的突现周期在 2 年以内,表明了在未来数据库课程教学研究中,结合线上线下教学进行混合教学是重点与热点。

分析来看,国内数据库课程教学研究的发展脉络划分为三个阶段。

(1) 2014—2015 年为第一阶段。这一时期的关键词主要有计算思维、教学改革、教学模式、数据库、实践教学、大数据、教学设计等数据库课程传统教学设计与课程改革探索研究。在改革探索阶段,相关研究主要聚焦于数据库课程教学实施与改革,对于如何将数据课程教学模式创新、教学成果的探讨相对较少。

(2) 2015—2020 年为第二阶段。这一时期的关键词主要有情景教学、模块化、教学效果、对分课堂、知识体系、多媒体、互联网+等教学改革成果研究。相关研究主要聚焦于数据库课程教学方法创新和实践效果评估,对于如何将数据库课程知识应用到更广泛的领域探讨相对较少。

(3) 2020 年至今为第三阶段。这一时期的关键词主要有成果导向、线上线下、课程思政、考核体系、社会需求、多元化、医学院校、前沿技术等。这一时期,研究重点逐渐转向扩大应用

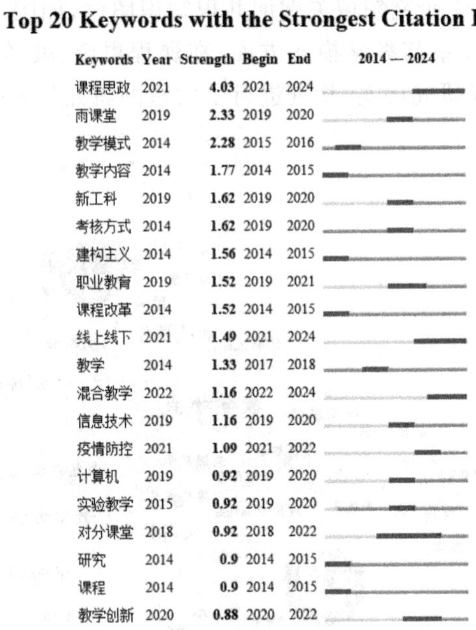

Top 20 Keywords with the Strongest Citation Bursts

Keywords	Year	Strength	Begin	End	2014 — 2024
课程思政	2021	4.03	2021	2024	
雨课堂	2019	2.33	2019	2020	
教学模式	2014	2.28	2015	2016	
教学内容	2014	1.77	2014	2015	
新工科	2019	1.62	2019	2020	
考核方式	2014	1.62	2019	2020	
建构主义	2014	1.56	2014	2015	
职业教育	2019	1.52	2019	2021	
课程改革	2014	1.52	2014	2015	
线上线下	2021	1.49	2021	2024	
教学	2014	1.33	2017	2018	
混合教学	2022	1.16	2022	2024	
信息技术	2019	1.16	2019	2020	
疫情防控	2021	1.09	2021	2022	
计算机	2019	0.92	2019	2020	
实验教学	2015	0.92	2019	2020	
对分课堂	2018	0.92	2018	2022	
研究	2014	0.9	2014	2015	
课程	2014	0.9	2014	2015	
教学创新	2020	0.88	2020	2022	

图 2　新工科数据库课程教学研究领域关键词突现图

领域和满足社会需求。例如，更多学者开始关注协同育人多元化的教学模式在数据库课程教学中的应用，以及如何完善考核体系来衡量学生在数据库课的收获。同时，随着在线教育的兴起，利用线上平台开展数据库课程教学的研究也逐渐增多。未来，随着教育技术的不断进步和课程教学的深入推进，数据库课程教学研究有望在教学方法创新、评价体系完善、与新兴技术融合以及扩大数据库课程应用领域等方面取得更多成果，为培养具有良好专业素养和道德品质的数据库人才提供更有力的支持。

4　研究结果与展望

近年来，以关系型数据库教学为主的数据库课程教学随着大数据的应用而逐渐演变，数据库课程内容聚焦到大数据处理架构、分布式数据库、NoSQL 数据库、云数据库及其在不同领域的行业应用为主，数据库课程向分布式数据库原理及应用、大数据技术原理与应用等课程演进。研究结果表明，在坚持协同育人促进学生全面发展的背景下，国内数据库课程教学更加注重实践应用探索，"产前沿技术""社会需求""深度融合"等研究将成为未来发展的方向。

参 考 文 献

[1] 中共中央、国务院. 数字中国建设整体布局规划[EB/OL]. http://www.gov.cn/xinwen/2023-02/27/content_5743484.htm?dzb=true. [2023-02-27].

[2] 仇涵, 周千明. 基于 OBE 理念的非计算机专业数据库基础课程改革[J]. 计算机教育, 2024(7): 178-185.

[3] 佘侃侃, 王珍, 苏传琦. 基于翻转课堂的"互联网＋数据库课程"混合教学模式研究[J]. 教育教学论坛, 2018(49): 243-245.

[4] 朱彦松,窦桂琴,盛剑会,等.以"微"论"道":数据库系统原理课程思政建设实践探索[J].湖北第二师范学院学报,2023,40(8):84-88.
[5] 刘文静,艾于兰,董小丹,等.高职院校课程思政探索与设计——以数据库课程教学为例[J].中国现代教育装备,2022(5):109-111.
[6] 强彦,贾美丽,李玉蓉,等.依托国产数据库实例原型的分布式数据库课程教学改革[J].计算机教育,2024(9):185-189.

作者简介

刘　霞:女,1986年生,讲师,主要从事计算机视觉研究。
晋　刚:男,1976年生,副教授,主要从事嵌入式系统设计研究。

大语言模型在"Python 程序设计"教学改革中的应用探索

林国宇 温海标 李明彤

(广州工商学院,广州,510850)

摘 要:"Python 程序设计"课程已经成为工科和商科专业的基础性课程。本文探讨了大语言模型在"Python 程序设计"教学改革中的应用,旨在提高教学质量,激发学生兴趣,培养实践能力。通过个性化辅助、题目解析、问答纠错等功能,大语言模型辅助学生快速编写代码,减少错误,提升学习效率。本研究利用通义千问、通义灵码和讯飞星火等平台,为学生提供编程辅导、智能编码辅助和试题生成,解决了教学资源不足、学生跟不上课堂节奏等问题。

关键词:"Python 程序设计";大语言模型;教学改革

The Application Exploration of Large Language Models in the Teaching Reform of "Python Programming"

Lin Guoyu Wen Haibiao Li Mingtong

(Guangzhou College of Technology and Business,Guangzhou 510850,China)

Abstract:"The Python Programming" course has become a foundational subject for engineering and business majors. This paper explores the application of large language models in the teaching reform of Python programming, aiming to improve the quality of teaching, stimulate students' interest, and cultivate practical skills. Through personalized assistance, problem analysis, and question-answering error correction, large language models help students quickly write code, reduce errors, and enhance learning efficiency. The study utilizes platforms such as Tongyi Qianwen, Tongyi Lingma, and iFLYTEK's Spark to provide students with programming guidance, intelligent coding assistance, and test question

通信作者:温海标,287159710@qq.com。

generation, addressing issues such as insufficient teaching resources and weak student foundations.

Key words:"Python Programming"; Large Language Models; Teaching Reform

1 引言

近年来,随着国内外大型语言模型技术的不断迭代,这项技术在各行各业的应用都得到了前所未有的重视。如何让其服务于课堂教学,值得我们深思。"Python 程序设计"作为一门广泛应用于人工智能[1]、大数据[2]、数据分析[3]等领域的编程课程,其教学方法与手段应该不断更新。本文旨在探索大语言模型在"Python 程序设计"教学改革中的应用,以提高教学质量,激发学生的学习兴趣,培养学生的动手实践能力。

大语言模型在教育教学中的应用是一个相对较新的研究领域。目前能够根据学生的学习能力、偏好等提供个性化的学习资源,同时具备题目解析、问答、纠错和建议等功能。在进行编程语言学习时,可以根据学生已经编写的代码,预测并生成接下来的代码片段,从而帮助初学者更快地编写代码,减少输入错误,提高学习效率。

本文将首先介绍大语言模型的基本概念和发展现状,然后探讨大语言模型在"Python 程序设计"教学改革中的具体应用场景和实施方案,最后总结大语言模型在"Python 程序设计"教学改革中的优势和不足,并提出进一步的研究方向和应用策略。

2 大语言模型简介

自 2018 年谷歌推出了基于 Transformer 架构的 BERT 模型[4],在多项自然语言处理的任务中取得了显著的成果。OpenAI 的 GPT 系列模型正是 Transformer 的基础上发展起来的,专注于解决文本生成、自动回答等任务。2022 年 11 月,GPT 3.5 一经发布就在业内引起了广泛关注,很快国内领先的科技公司百度公司推出了文心一言,科大讯飞推出了讯飞星火,阿里推出了通义千问,腾讯推出了腾讯混元,大语言模型在国内的迅速发展反映了中国社会对这项新兴技术的接受度和热情。

大语言模型的迅速发展归结于以下原因。

1) 得益于算力的大幅提升。近年来,计算设备性能不断提升,特别是 GPU、TPU 等专用硬件的发展,为训练大语言模型提供了充足的算力支持。更强的算力使得研究者可以尝试更复杂的模型结构,提高了模型的准确性和泛化能力。

2) 深度学习技术的进步。深度学习技术在自然语言处理领域取得了显著成果,尤其是神经网络模型在语言建模任务上的表现。大语言模型采用多层神经网络的结构,这使得模型能够更深层次地学习和理解文本数据,提高了模型的学习能力和适应性,能够自动学习文本数据中的复杂关系和规律,从而提高模型的预测准确性。

3) 社会对智能化的需求日益增长。随着人们生活水平的日益提高,越来越多的人追求高质量、智能化的生活。工作场景的智能化能够提高工作效率,从而为企业带来收益,生活场景的智能化能够解放双手,从而提高生活质量。

3 教学改革探索

"Python 程序设计"课程是计算机科学和相关专业的入门课程,帮助学生建立编程思维和基础技能。课程强调实践操作,通过编写代码,解决实际问题来加深对编程概念的理解。课程为学生提供了计算机编程的技术基础,为进一步学习更高级的编程语言和计算机科学课程打下基础。该课程不仅教授学生一种编程语言,更重要的是提供了一种思考和解决问题的方式,这对于计算机科学专业的学生来说是极其宝贵的。

自大型语言模型技术落地以来,人们便思考如何将其应用于教育教学,在以往的教学中,教师以教材为基础进行讲解。然而一本教材的出版要经历编写、排版、审核、出版等多个环节,等到教材上市,所涉技术或已经落伍,学生也就没有了学习兴趣,而如今的大语言模型则能够根据最新的研究和发展动态快速生成高质量的教学内容,包括教案、练习题、实验指导等。此外,大语言模型还能根据不同学生的特点定制个性化学习资料,满足不同层次的学习需求。

在现有"Python 程序设计"教学中还存在很多问题,如学生编程基础薄弱、教学资源不足、班级学生较多,无法及时为每一位学生解答问题等。针对这些问题可以利用大语言模型进行教学改革,让学生在学习过程中能够及时地发现问题,能够尝试自行解决问题,能够对书本上的知识进行拓展学习。

3.1 通义千问:个性化编程辅导与知识解答

利用通义千问平台为学生提供个性化的编程辅导,提高编程能力。在 Python 编程学习过程中,通义千问平台可以提供大量的 Python 代码示例,帮助学生更好地理解和应用所学的概念,如输入"python 中的数据类型有哪些,并给出示例",通义千问快速作出回复,结果如图 1 所示,并且能够逐步分解复杂的概念和技术细节,使学习过程更加轻松易懂。在学生遇到编程 Bug 无法解决时,通义千问可以针对报错给出具体的建议,如我们将一段错误代码输入后,会自动反馈错误原因,并帮我们改正,如图 2 所示。同时,平台的知识库也会不断更新,确保给出最新的解决方案。在学习过程中,可能存在多个终端设备都需要登录的情况,通义千问也支持在不同的设备上登录,无论是通过网页还是移动应用,都可以获得一致的帮助和支持。

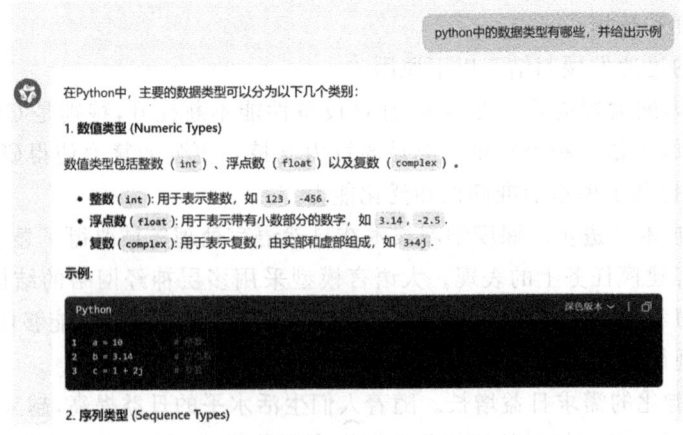

图 1 通义千问回答编程问题并给出示例

大语言模型在"Python程序设计"教学改革中的应用探索

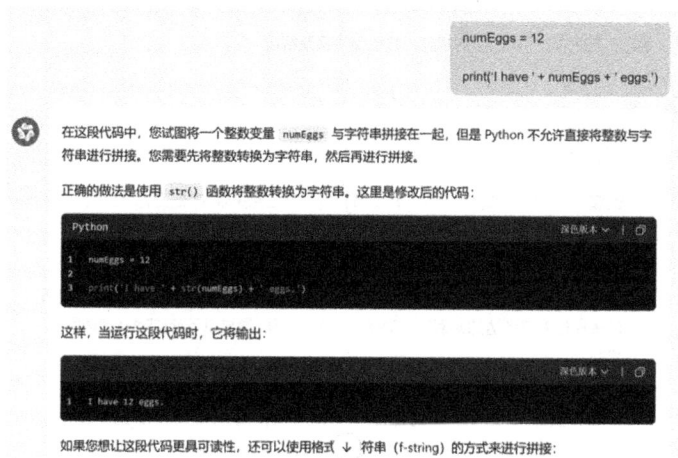

图 2　通义千问分析错误代码

3.2　通义灵码：智能编码辅助与代码优化

利用通义灵码平台解决复杂问题。作为学习者，通义灵码更能通过强大的模板库快速提供代码片段。在编写代码时可以自动补全代码，帮助学习者更快地完成编程任务。对于现有代码，通义灵码能够提供优化建议，帮助学习者理解如何改进代码结构和性能，也可以帮助学习者识别代码中的语法错误，这对于避免常见的编程错误非常有帮助。

在课堂教学中，对于复杂的问题，有时候学生可能在课堂中没有完全理解，又没有及时地提问问题，课后就可以借助通义灵码的帮助。首先我们可以在 Pycharm 软件中安装通义灵码的插件，然后提出如"需要生成一个函数，该函数不仅能计算三个数的平均值，还能处理多种情况，比如检查输入的有效性，并且能够计算加权平均值"，通义灵码给出了函数的解释和说明，如图 3 所示。

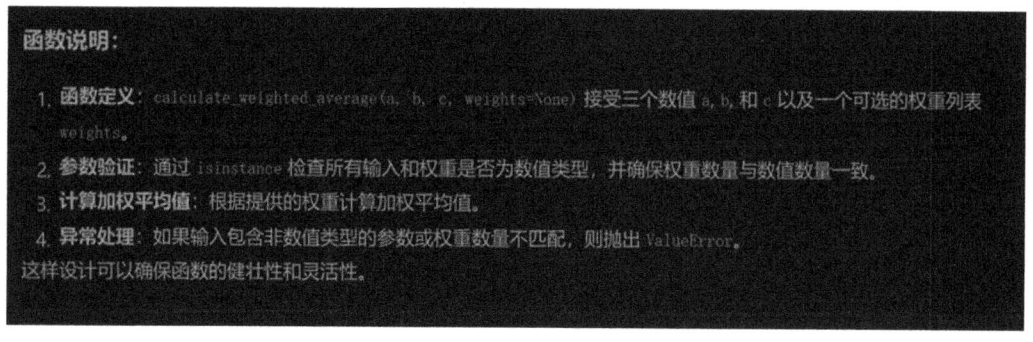

图 3　通义灵码对于函数的解释

3.3　讯飞星火：自适应试题生成与知识检测

利用讯飞星火大语言模型进行试题的生成，自行检查知识掌握情况。课堂上学生的学习过程紧跟老师的节奏，课程包括理论讲解和实践操作，但是对于课后习题，经典问题的练习并不多，此时学生可以借助大语言模型平台进行知识的自我检测，例如，针对函数式编程中闭包的知识点，让讯飞星火出题进行练习，输入"给出三道关于闭包函数的试题，并给出答案及解析"，输出结果如图 4 所示。

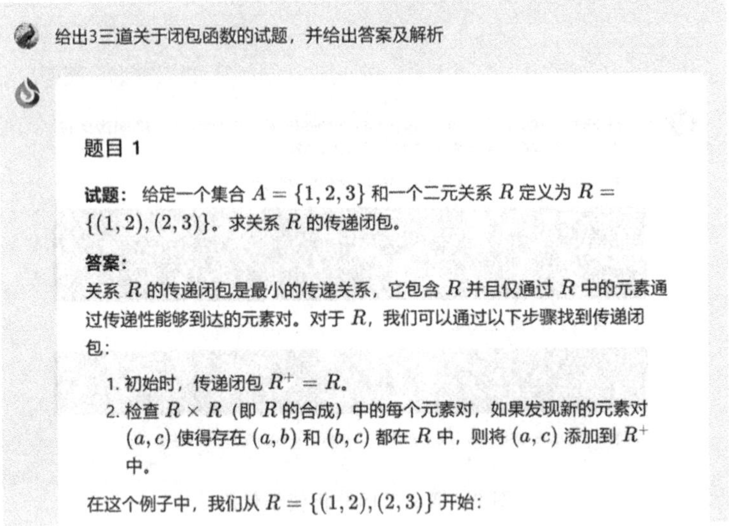

图 4　讯飞星火给出练习题目及答案部分截图

4　结论

当前大语言模型已经成为教师教学的得力助手,学生学习的辅导老师,预示着个性化和高效学习时代的开启。它们能够为学生和教师提供精确、便捷的服务,从而释放教师的时间,使他们能够专注于更深层次的教学和针对性的辅导。

随着技术的不断成熟,未来还会有更多的领先企业和研究机构投入大语言模型在教育领域的研发中,推动教育服务的创新和质量提升。在大学工程学科中,大型语言模型的利用将持续增长,开发的辅助工具将为教育带来更多便利,推动新工科教学的深化和广泛传播。

综上,大语言模型的发展将为教育行业带来深远的影响,它们不仅优化了教学过程,还为学生提供了更加个性化和丰富的学习体验,预示着教育个性化和科技融合的未来趋势。

参 考 文 献

[1] 葛动元,靳龙,王晨,等.面向人工智能的 Python 语言教学探索[J].电气电子教学学报,2021,43(3):124-128.

[2] 裴育莹.大数据时代下如何运用 Python 语言优化会计工作[J].中国集体经济,2023(15):150-153.

[3] 陈华.Python 在数据分析中的应用[J].上海轻工业,2024(3):108-110.

[4] VASWANI A, SHAZEER N, PARMAR N, et al. At- tention is all you need[J]. Advances in neural information processing systems,2017.

作者简介

林国宇:男,1988 年生,讲师,研究方向为数据挖掘。

"数字图像处理"课程教学改革与实践

杨朋朋[①②]　夏　平[①②]　唐庭龙[①②]　汪方毅[①②]

①(三峡大学水电工程智能视觉监测湖北省重点实验室,宜昌,443002)

②(三峡大学计算机与信息学院,宜昌,443002)

摘　要:"数字图像处理"是一门综合性交叉边缘学科,具有较强的理论性和实践性。本文对"数字图像处理"课程内在育人要素进行深入挖掘,将教学内容与其有机融合。"数字图像处理"课程结合图像处理实际需求,采用多源驱动教学方式,旨在培养学生正确的价值观和创新思维,实现教学育人一体化。实践证明,所提出的教学模式加深了课程专业知识与教学育人目标的契合度,在提升学生科研创新能力的同时,也培养学生的社会责任感,实现立德树人教学目标。

关键词:"数字图像处理";教学育人;教学改革;教学方法

Reform and Practice of Teaching in the Course of Digital Image Processing

Yang Pengpeng[①②]　Xia Ping[①②]　Tang Tinglong[①②]　Wang Fangyi[①②]

①(Hubei Key Laboratory of Intelligent Vision Based Monitoring for Hydroelectric Engineering, China Three Gorges University, Yichang 443002, China)

②(College of Computer and Information Technology, China Three Gorges University, Yichang 443002, China)

Abstract: "Digital Image Processing" is a comprehensive cross-edge course with strong theoretical and practical aspects. This paper deeply excavated the teaching and nurturing elements of the course, and integrated these elements into the teaching content. Combined with the actual needs of image processing, this course adopted multi-source dirven teaching

---

通信作者:杨朋朋,ppyang@ctgu.edu.cn。

基金项目:教育部产学研合作协同育人项目(项目编号:230805078245643);三峡大学研究生课程思政研究项目(项目编号:SDKCSZ202413);三峡大学教学改革研究项目(项目编号:J2023044)。

method, aiming at cultivating students' correct values and innovative thinking mode. Practice has proved that the proposed teaching mode not only enhances the students' scientific research and innovation ability, but also cultivates the students' sense of social responsibility and achieve the goal of moral education.

Key words: Digital Image Processing; teaching and nurturing; teaching reform; teaching method

落实立德树人是全面提高人才培养质量的重要任务。教学育人工作要围绕全面提高人才培养能力这个核心点,要牢固确立人才培养的中心地位,围绕构建高水平人才培养体系,不断完善育人体系、教学体系和内容体系。工学类专业的课程育人建设,关键在于将价值塑造、知识传授和能力培养三者有机结合。通过工程案例和科技创新,强调社会责任和职业道德教育,增强学生的家国情怀和社会责任感。

"数字图像处理"是计算机科学与技术、信息与通信工程等专业研究生的学科专业课,具有较强的理论性和实践性。该课程结合了深入的理论学习和实际应用,旨在通过探讨和实践最新的图像分析技术,增强学生对图像数据的理解和处理能力,鼓励学生实践操作,引导学生了解并研究当前领域内的前沿技术,进而培养学生的科研能力和创新思维。将"数字图像处理"与课程教学育人相融合,不仅是技术传授的需求,更是培养学生综合素质的关键。在增强学生对科技伦理和社会责任认识的同时,也能够讨论技术应用背后的社会伦理和政策影响,从而更深刻理解技术的社会价值。

1 "数字图像处理"课程建设目标

1.1 课程专业建设目标

"数字图像处理"课程是为了应对当今快速发展的数字化需求而设计,该课程的设计理念深植于教育的核心——理论与实践相结合。本课程旨在为学生提供系统的专业知识和技能,使其能够全面掌握数字图像处理的关键计算方法,包括但不限于基础的图像处理算法、先进的计算机视觉方法等图像处理技术。该课程强调理论与实践紧密结合,通过项目驱动和案例分析的教学模式,培养学生系统设计和独立解决实际问题的能力。

1.2 课程育人建设目标

在"数字图像处理"课程的育人建设目标中,我们强调不仅要教授专业知识,还要深入探讨技术在社会中的应用及其对文化、社会和伦理的影响。本课程旨在培养学生的全面视角,在全球化的大潮中,我们面对的不仅是技术的挑战,还有文化的传承与发展。在教授专业知识时,我们通过引导学生分析其在不同领域(如公共安全、个人隐私保护和媒体传播)中的应用,逐步将立德树人教育内容渗透到专业教学中。同时,在立德树人教学过程中,我们也通过专业知识作为背景,讨论社会热点问题的技术来源及其对社会的影响,以此实现立德树人与专业知识的双向渗透,帮助学生在理论和实际应用之间建立更紧密的联系。

2 "数字图像处理"课程育人建设的重点和难点

2.1 教学育人元素与专业内容的有机结合

如何将教学育人元素有机融入"数字图像处理"课程中,而不是单纯讲解技术和知识是专业课程育人建设的重点和难点之一。图像处理涉及大量复杂的数学和算法知识,如何在讲解这些技术时自然地引入育人要素,是教师设计课程的主要挑战之一。

2.2 育人教育的深度与广度

育人教育内容的设计既要注重深度,也要追求广度。根据课程内容的性质,灵活调整教学内容的复杂性和广泛性,以更好地传达课程的核心思想和价值观。为了实现这一目标,可以在教学过程中引入多角度、多层次的理论探讨,深入挖掘图像处理技术与社会发展的关联。例如,探讨技术对社会责任、伦理问题等不同领域的深层次影响。此外,教学内容还应涵盖当代社会热点问题,并通过丰富的案例分析和实际应用场景,让学生能够在理论与实践相结合中找到切入点,激发其批判性思维和创新能力。

2.3 课程评价体系的构建

当前的课程评价体系主要集中在理论考试、项目实践和技术能力的考核上,而如何将育人教育的成效纳入评价体系中并合理量化,是课程育人建设中的一个难点。立德树人成效往往是长期的、潜移默化的,很难通过一次考试或一次项目来全面评估。因此,教师需要设计出一套合理的评价体系,将学生在课程中的思想成长与其技术能力的提升结合起来。

3 如何在"数字图像处理"课程中解决育人建设的重点和难点

3.1 历史视角下图像处理教学与文化自信培育

以历史视角为切口,由表及里,由浅入深,通过了解我国图像处理技术的发展历程,特别是在技术封锁下如何实现自主创新的艰难历程,学生可以更加深刻地认识到自强不息的重要性。这些案例彰显了我国科技工作者的毅力与智慧,展示了民族在科技领域自立自强的精神。这种历史背景不仅是技术进步的见证,更是增强学生文化自信和爱国主义情怀的重要动力。

3.2 通过基础工程实施深化社会责任感培育

近年来以人工智能、大数据等为代表的信息技术飞速发展,与图像处理密切相关的众多应用改变了社会的生产生活方式。在课程教学中,教师可通过设计不同层次的实践项目,逐步培养学生社会责任感的深度,学生能够认识到技术不仅仅是服务于个人职业发展的工具,更是国家发展和民族复兴的关键力量。通过结合不同图像处理实例,学习我国取得自主创新的成就,通过这些多样化的应用,增强学生在不同领域中体验到责任意识的广度,从而在未来职业生涯中承担起更多的社会责任。

3.3 通过图像处理实例广泛培养伦理责任意识

在"数字图像处理"课程中,通过引入典型的伦理问题案例,如Deepfake、隐私侵害等,以情景模拟等方式培养学生对复杂伦理问题的敏感性和解决能力。通过深入剖析不同案例来加强学生伦理责任意识,让学生理解技术可能带来的社会问题,并鼓励他们提出应对方案。同时,结合现代社会热点问题,广泛讨论技术滥用对社会各层面的影响,使学生在学习技术的过程中形成深刻的社会责任感和广泛的伦理视角。

4 "数字图像处理"课程育人建设典型案例

案例1 摄影历史长河中的一缕中国红

彩色模型变换是图像处理领域中的一个重要分支,它涉及色彩空间的转换、色彩校正、色彩增强等多个方面。在这一领域的发展过程中,中国元素不仅为彩色模型的理论和实践提供了丰富的素材,也对全球色彩科学的发展做出了重要贡献。通过对数字图像彩色模型的讨论,引导学生探索中国色彩在现代图像处理技术中的应用,让学生认识到中国元素在彩色模型发展中的重要作用不容忽视。通过对中国色彩文化的学习、研究和应用,不仅可以丰富和发展彩色模型的理论和技术,还可以促进文化的传承与创新,增强学生的文化自信和国际竞争力。

案例2 智能水尺建设助力社会发展

智能水尺通过图像处理技术(如边缘检测、形状识别等)来测量水位,这种技术广泛应用于水利监测、防灾预警和生态保护等领域。在课程实践中,设计一个以"基于图像处理的智能水尺系统"为主题的项目,可使用数字图像处理中边缘检测、阈值分割等技术自动识别水尺刻度,进行实时水位监控,让学生将理论与实践相结合,鼓励学生讨论智能水尺在社会中的作用与价值,引导学生思考作为技术开发者,如何通过技术贡献社会。通过案例分析、项目实践和课程反思,学生可以更好地理解技术在防灾减灾、环境保护和社会安全中的重要性,有效地培养学生的技术能力和社会责任感。

案例3 深度伪造挑战伦理责任

数字图像处理技术的快速发展为图像增强、分析、识别和合成等领域带来巨大进步,但也引发了一系列与信息安全和隐私保护相关的问题。例如,基于生成对抗网络(GAN)的深度伪造技术,使得创建虚假图像和视频变得非常简单。虚假图像和视频可能被用于政治操纵、经济欺诈、名誉攻击等场景,误导公众舆论,破坏社会秩序,甚至在国际间引发冲突。"数字图像处理"课程以最新案例为例,中国香港警方发现有诈骗分子利用人工智能深度伪造技术,通过公司 YouTube 视频和从其他公开渠道获取的媒体资料,成功仿造英国公司高层管理人员的形象和声音,在网上会议中冒充多名人士,骗取财务职员2亿港元。通过引入典型伦理问题案例,让学生理解技术可能带来的社会问题,并鼓励他们提出应对方案。同时,通过引导学生开发隐私保护算法、虚假图像检测工具等,帮助学生在技术应用中理解伦理问题,培养学生法律意识、隐私保护意识和道德自律,能够促进技术的健康发展,并确保技术应用对社会产生正面影响,有效提升学生伦理责任感。

5 "数字图像处理"课程改革的实践与效果

通过多维度育人教育,融合专业技术与伦理思考。以多源驱动、混合教学的授课模式,融合案例分析与讨论,将数字图像处理领域中的相关知识与伦理责任有机结合,引导学生掌握技术的同时,深入思考技术应用对社会的影响,思考技术创新如何促进社会可持续发展和社会进步,强化其在未来职业中承担的伦理义务与责任。

注重创新与实践相结合,提升社会意识。通过项目设计和实验操作,提高学生的实际操作能力和创新能力,培养学生探索未知、追求真理的工匠精神,鼓励学生深入理解技术在各领域中的广泛应用,并通过创新思维解决技术应用带来的伦理问题,培养学生的批判性思维和社会责任感。

引入跨学科资源,拓宽学生社会视野。通过引入法学、社会学等跨学科案例和资源,帮助学生理解数字图像处理技术与社会、法律、文化的紧密联系,学生能从更广泛的视角,认识技术创新所能带来的社会可持续发展及道德规范维护,促进不同学科间的交叉融合与合作,全面提升学生综合素养。

6 结束语

"数字图像处理"课程通过融入育人元素,帮助学生树立正确的价值观与社会责任感。"数字图像处理"课程结合了历史文化自信、伦理责任感与技术创新,通过理论与实践相结合的方式,培养学生在技术领域中的创新能力与社会担当意识。在提升学生创新能力的同时,培养学生的批判性思维、实践能力与伦理意识,使学生具有较强的社会责任感,并在未来职业生涯中担负起推动社会进步与维护伦理道德的使命。

参 考 文 献

[1] 祝世平,周富强,高硕,等.面向新工科建设的仪器类专业数字图像处理课程思政教学案例设计与探索[J].高教学刊,2024,10(2):39-43.

[2] 朱文杰,陆慧娟.大数据背景下的课程思政建设研究——以数字图像处理课程为例[J].中国信息技术教育,2023(6):90-92.

[3] 滕升华,李晶."以学生为中心"的数字图像处理课程思政设计与实施[J].计算机教育,2022(8):53-56.

[4] 郭敏,丁一.新时代背景下开放大学课程思政实施路径研究[J].河北开放大学学报,2023,28(4):18-22.

[5] 方红雨,常静,许耀华,等."新工科"背景下通信工程专业实践教学课程的探索与实施研究——以"通信原理课程设计"为例[J].工业和信息化教育,2023(3):16-20.

[6] 蒋乐勇,钱盛友,邹孝,等.新工科背景下《通信原理》"课程思政"教学改革的研究与实践[J].中国新通信,2021,23(12):241-242.

[7] 曹鹤玲,王兆龙,邓淼磊,等.新工科背景下计算机专业"课程思政"教学实践研究[J].现代商贸工业,2023,44(24):258-260.

作者简介

杨朋朋:男,1994年生,讲师,研究方向为多媒体取证。

夏　平:男,1967年生,教授,研究方向为信号与信息处理。

唐庭龙:男,1979年生,副教授,研究方向为计算机视觉。

汪方毅:男,1986年生,讲师,研究方向为计算机视觉。

基于STEAM理念和5C模式的教育教学改革研究

李跃光[①]　彭军[②③]　胡珺[②③]

[①](亳州学院电子与信息工程系,亳州,236800)
[②](江西应用科技学院,南昌,330100)
[③](江西应用科技学院电子信息产业学院,龙南,341700)

摘　要：互联网的迅猛发展吸引大量学生报考计算机类专业,大学在扩大招生规模的同时也要注重教学质量。为了解决计算机专业在教学方面的诸如内容老旧、评价模式单一等问题,提出基于STEAM理念和5C评价模式的教改方案。教改实践取得了良好的效果,在培养学生成为高素质人才的同时,也为其他高校提供了实施参考价值。

关键词：教学改革;STEAM理念;5C模式

Research on education and teaching reform based on STEAM concept and 5C model

Li Yueguang[①]　Peng Jun[②③]　Hu Jun[②③]

[①](Department of Electronic and Information Engineering, Bozhou University, Bozhou 236800, China)
[②](Jiangxi University of Applied Science, Nanchang 330100, China)
[③](College of Electronic Information Industry, Jiangxi University of Applied Science, Longnan 341700, China)

Abstract: The rapid development of the Internet has attracted a large number of students to apply for computer majors. Universities should pay attention to the quality of teaching while expanding the enrollment scale. In order to solve the problems of computer major in teaching such as old content and single evaluation mode, a teaching reform scheme based on STEAM concept and 5C evaluation mode is proposed. The practice of teaching reform has achieved good results. It not only trains students to become high-quality talents, but also provides reference value for other colleges and universities.

通信作者：彭军,16118381@qq.com。

Key words:teaching reform;STEAM concept;5C mode

1 引言

近年来,国家力在推进新的教育理念的变革,如"以学生为中心""把课堂还给学生""老师作为学生的辅导者而不是主导者"等这些观念越来越得到大家的认可,那么本文提出的STEAM+5C理念很好地符合这一教育主旋律。本项目对于高等教育中的计算机学科的教育教学具有丰富的理论和实践意义。首先,推进高等学府运用STEAM教育开展计算机学科教育,与义务教育不同,高等教育的知识体系相对更为复杂,知识点分散,充分利用STEAM理念可以提高教学效率;其次,为计算机学科专任教师提供基于STEAM教育的项目参考案例,现大多数学校从理论型大学向应用型大学转型,这就要求老师坚持理论实践一体化,STEAM教育恰好符合这一理念;最后,结合5C的评价模式,可以转变学生的学习态度,提高学生的学习能力,加强学生对应计算机技术在实际生活中的应用。

2 STEAM 与 5C 模式

STEAM教育理念源于美国,是一种培养实用创新型人才的方式。美国学者在原有的STEM框架上加入"A元素"后,正式提出STEAM理念。STEAM由科学(Science)、技术(Technology)、工程(Engineering)、艺术(Art)和数学(Mathematics)这五个英文单词的首字母组成,是一种跨学科、多学科融合的教育教学实践方式。2007年,美国开始把STEAM教育理念与K12课程相结合,以此提高美国中小学的科学素养和实践能力;2015年,美国将STEAM教育扩展到高等教育,从而覆盖全年龄教育体系。此后,韩国、英国等国家也开始采纳STEAM理念。2016年,Kelley等在真实环境中用STAEM进行各学科之间的整合,提出一种新的STAEM框架,以此促进学生对各学科产生一致性理解与共识;2016年,Lyn指出在整合中应该多关注数学和科学,并提出多学科整合的建议。

在我国,STEAM理念也越来越引起国内学者注意,但我国的研究大多在幼儿和初小教育,关于在高等教育的应用不多。2020年,袁磊提出深化STEAM教育教学的改革路径[1];2022年,刘小娟认为可以利用情境问题驱动课堂教学,利用工程项目整合教学内容,以此培养学生的科学思维和问题解决能力[2];2023年,吴金花认为可以通过项目式学习引导学生进行头脑风暴,学生通过交流提出不同的解决方案,以此培养他们的发散思维[3];在教学模式方面,闵文静以STEAM理念为背景,结合UIRDE模式以及三种探究式学习过程设计了UIRDE探究性教学,并且针对学生和教师设计了不同的评价量表[4];王廷焱依据STEAM的核心理念,提出了将物理实验与表演艺术相结合的方法,以此来激发学生对实验的热情[5];此后张晓峰将STEAM理念应用于物理学中"杠杆"的课堂教学[6];李天宇将STEAM理念渗透至中小学人工智能教育方面[7];2021年,周子明等将STEAM理念融入设计思维[8];2022年,归妙龄等将STEAM理念与中职课程相结合[9]。由此可见,STEAM理念已经引起国内外学者的重视,将STEAM理念与高等教育尤其是计算机方向的教育相结合是本项目探讨的重点。而目前社会所需的人才不再是单一的人才,是集多元化知识体系于一身的多方位人才,因此有必要将5C

评价机制引入。

本文是结合 STEAM 理念和 5C 评价模式的一种创新改革,重点探究将传统的计算机课程进行 STEAM 模式改革,改善传统教学模式缺乏趣味、生活的问题,改变学生的学习态度并培养相应的 5C 能力。

3 计算机相关课程现状

在本人的教学过程中,发现计算机专业在课程教学方面存在一些问题。

(1)生源质量参差不齐。由于入校学生的录取分数范围比较大,所以学生的学习水平高低不一,虽然有的学习态度很好,但是大多数学生文化课水平不高、学习风气较差,当老师用到计算机、移动电子设备等多媒体进行教学时,大多数学生首先会想到用他们去娱乐而不是去操作老师讲过的知识点。

(2)教学内容不能与时俱进。由于计算机专业的特殊性,发展极为迅速,所以在教学时发现,有一些的课本以及部分操作软件存在与一线落时的知识与技术,比如 win7 的系统,过于老旧版本的 Eclipse 等。这会导致教学与社会应用的严重脱节,即使学到知识到工作中也完全用不到,阻碍了学生的发展。

(3)教学模式相对传统。为了便于管理学生,部分老师还是以讲授者的姿态去向学生灌输知识,这样做虽使得课堂纪律更好,但是课堂缺乏趣味性、学生与老师缺乏互动性,不利于师生良好关系的建立。

(4)对学生评价过于单一。考试还是大部分学科评价学生的手段,这很大程度上造成学生平时不学习,到了考试的时候熬夜背书的情况。学生的其他方面无法得到全面评价。

4 基于 STEAM 理念与 5C 模式的课程建设

目前,STEAM 理念在我国的中小学教育应用研究较多,因此为其在高等教育中的实践提供了参考案例。高等教育与初中教育最大的区别在于知识的体量和难度等级,因此根据高等教育的教学风格,可以探寻新的与 STEAM 理念和 5C 评价体系的模式。

本文分 4 个阶段完成。阶段一,进行相关资料的收集;阶段二,进行相关的理论研究,通过调研,比如发放问卷的方式,对学生的学习情况的难点和痛点进行分析;阶段三,进行教学实践,将 STEAM 和 5C 教学法应用于相关课程的教育教学实践;阶段四,总结阶段,对于在课程实践的效果进行分析,形成最终结论。图 1 为本文的具体框架思路。

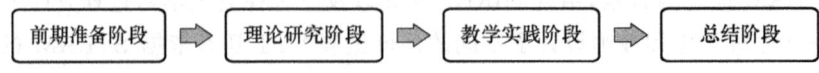

图 1 框架思路

图 2 为实施具体流程图,我们来通过具体案例来看一下流程,在备课阶段在分析学习者、内容以及社会需求的基础之上给出教学方案并基于 STEAM 教育理念进行优化;教学实施阶段通过项目去教授学生相关概念与知识,寓教于行,使学生在实践中充分理解所学内容;教学实施完成后积极进行 5C 评价,快速对学生的学习情况进行正向反馈,同时在多个维度对学生

的学习成功进行评判,避免单一考核模式的出现,多方面评测学生的学习能力。

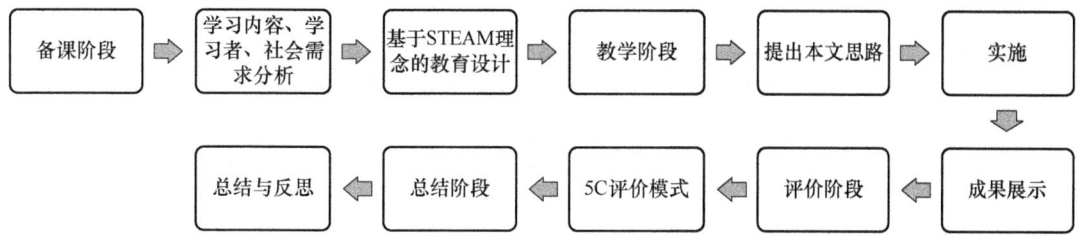

图 2　流程图

本文以"网络安全编程"这门课为例。"网络安全编程"是网络工程专业的一门重要课程,该课程的教学目的是为网络工程专业学生后续网络软件开发打下基础。该课程考核的是为了衡量学生理解网络传输协议、掌握、应用 UDP、TCP 协议,基于 Java API 开发网络通信软件,实现文本、文件内容的加密安全传输。那么也就是说本课程以提高学生的编程能力为主,要求学生能较好地理解和运用基于 JAVA 的网络通信 API 编程,考查学生解决问题的基本能力。但现有的考核模式为考试,面临如下问题。

(1) 不能很好地体现学生的学习水平。采用传统的考试模式,没办法体现学生的实际操作与运用软件编程的水平,考核方式过于单一。因此决定采用分阶段考核+答辩的方式,通过测评学生每章代码的完成情况来给出相应的分数,这样可以更全面地体现学生的实际动手操作水平和知识的掌握程度。

(2) 纯理论的授课模式过于枯燥,想要调动学生的积极性首先要学生自己动手去操作,因此采用实践与讲授结合的方式进行教学。

因此,本文对"网络安全编程"中要讲授的主题为"客户机与服务器通信"这个点进行STEAM 设计。其中,科学(Science),考查学生科学合理地使用计算资源,因此主要对学生讲解线程池的概念并对其进行考查;技术(Technology),考查学生对相关技术的应用,比如考查对本节重点知识套接字、输入输出流等相关技术的使用;工程(Engineering),这里主要考查学生的工程性,用工程思维去解决问题,这里选择考查学生对 Eclipse 以及 Jframe 框架的使用;艺术(Art),主要是考查学生的审美,因此界面的布局与色彩的搭配是重点;数学(Mathematics),主要是对学生数学知识的考查。图 3 为本次主题涵盖的 STEAM 教育理念。

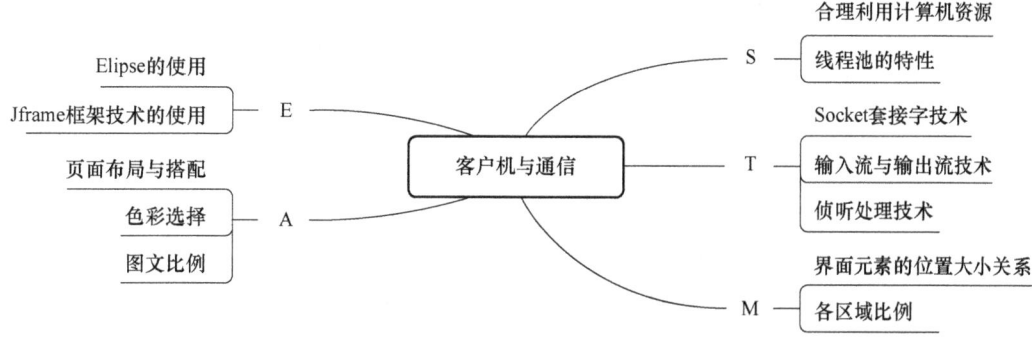

图 3　STEAM 教育理念与课程内容结合图

在 STEAM 理念与课程相结合后,基于学生自评、同学互评、教师评价三方面给出 5C 评价分数。通过最终作品对学生的创造力、问题解决能力、批判性思考能力、合作学习能力和沟通交流能力进行评判,采用师生评价、生生互评、学生自评的模式。图 4 为 5C 评价模式与课程内容的具体结合。

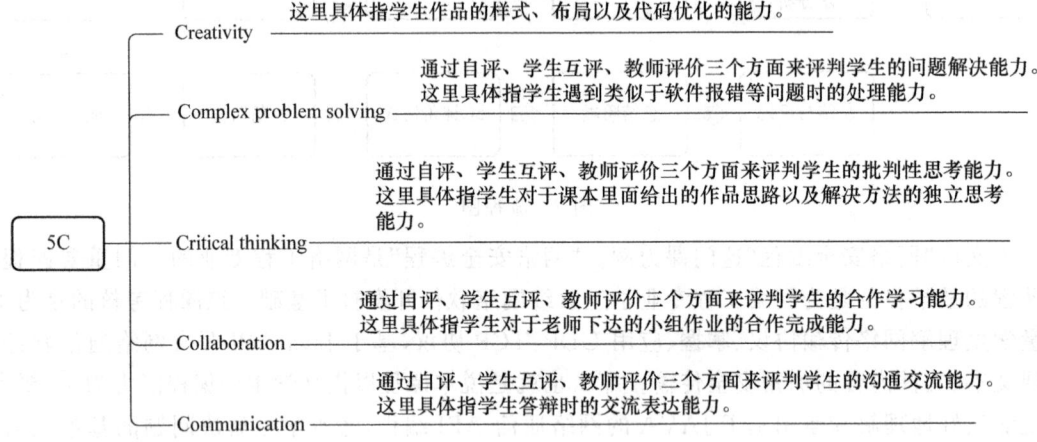

图 4 5C 评价模式与课程内容结合图

教改实践结果表明,首先,STEAM 理念可以有效促进学生 5C 能力的提升,而 5C 能力的提升可以更好促进 STEAM 理念的实施。通过 STEAM 理念可以更好地提高学生的创新能力、实践能力、合作能力、沟通能力和辩证思维能力。其次,有助于改善学生的学习态度,让学生更好地参与到课堂的学习中来,做到"学以致用,学以实用",减少学生的就业压力,提高学生对计算机专业的兴趣。

课改的重难点在于,如何将复杂的理科方向的知识变得更具趣味性是任课教师需要关注的重点。同时对于学生的 5C 评价机制要制定合理的标准,不然会造成教师过于主观的评价,因此需要结合任课老师、辅导员、学生互评等多方评价。

5 总结

本研究成果可以为计算机学科专任教师提供基于 STEAM 理念的项目参考案例。通过对本方案的实践,能给应用型高校提供实施参考价值。另外本研究从创新教师教学方式与学生评价体系为出发点,着力于提升课堂的趣味性与实用性,提高学生的课堂积极性与各方面综合素质能力,从而为社会培养出全方位人才,提升本科院校的社会口碑。

参 考 文 献

[1] 袁磊,郑开玲,张志. STEAM 教育:问题与思考[J]. 开放教育研究,2020,26(3):51-57.
[2] 王廷焱. STEAM 教育与物理实验教学融合的策略研究[D]. 海口:海南师范大学,2023.
[3] 刘小娟. 基于 STEM 理念的高中物理教学策略与设计研究[D]. 重庆:西南大学,2022.
[4] 吴金花. 基于 STEAM 理念下培养初中生物理创新能力的策略研究[D]. 扬州:扬州大学,2023.

[5] 闵文静.基于STEM理念下的高中物理教学模式与教学质量评价研究[D].汉中:陕西理工大学,2023..
[6] 张晓峰.STEAM教育理念在八年级物理教学中的运用[J].考试与评价,2020(5):59.
[7] 李天宇.基于STEAM教育的中小学人工智能教育研究——以"机器会思考吗"一课为例[J].现代教育技术,2021(1):90-97.
[8] 周子明,张志,袁磊.融入设计思维的STEAM教育:模式构建与案例分析[J].现代远距离教育,2021(1):1-12.
[9] 归妙龄.STEAM教育理念下中职信息技术课程项目教学的设计与实践研究[D].桂林:广西师范大学,2022.

作者简介

李跃光:男,1973年生,教授,主要从事智能算法、高等教育研究。
彭　军:男,1980年生,副教授,主要从事软件工程、高等教育研究。
胡　珺:男,1981年生,讲师,主要从事人工智能。

一流课程建设多维度评价方法研究

程志华 张双根 李琨 秦娟 苏飞

(天津理工大学,天津,300382)

摘 要:当前教育评价体系中,普遍存在对知识能力的过分强调,而忽视了思想品德、身心健康等其他重要维度。为了全面、客观地评价教育成果,本研究创新性地提出了一种多维度评价方法。该方法横向涵盖思想品德、知识能力和身心健康三个维度,确保评价的全面性;纵向则包括教师、学生、企业和校友四个评价主体,以保证评价的客观性。通过这种多维度评价方法,可以有效地避免单一评价主体所带来的局限性,为教育评价提供更为科学、合理的参考。

关键词:一流课程;系统性;评价方法

Research on Multidimensional Evaluation Methods in the Construction of First-Class Courses

Cheng Zhihua Zhang Shuanggen Li Kun Qin Juan Su Fei

(TianJin University of Technology,TianJin 300382,China)

Abstract:In the current educational evaluation system, there is a common overemphasis on cognitive abilities while neglecting other important dimensions such as ideological and political education and physical and mental health. To comprehensively and objectively evaluate educational outcomes, this study innovatively proposes a multidimensional evaluation method. This method covers three dimensions of ideological and political education, cognitive abilities, and physical and mental health horizontally, ensuring the

---

通信作者:程志华,asakaka1982@163.com。
基金项目:天津理工大学教改创新基金。

comprehensiveness of the evaluation. Vertically, it includes four evaluation subjects: teachers, students, enterprises, and alumni, to ensure the objectivity of the evaluation. Through this multidimensional evaluation method, the limitations brought by a single evaluation subject can be effectively avoided, providing a more scientific and reasonable reference for educational evaluation.

Key words: top-tier courses; systematic approach; evaluation methods

1 引言

随着社会的发展和科技的进步,教育评价体系也在不断地发展和完善。传统的教育评价体系主要侧重于知识能力的考核,这种评价体系虽然在一定程度上反映了学生的学习成果,但忽视了思想品德、身心健康等其他重要维度。这种单一的评价方式不仅无法全面反映教育成果,还可能导致教育资源的不合理分配和教育目标的偏离[1-4]。

教育评价是教育活动中的重要组成部分,它不仅关系到教育质量的监控和提升,还直接影响教育政策的制定和实施[5-7]。"评教"和"评学"是高校教学质量保障体系中的两项重要制度。"评教"是指对教师能力及表现的评价,由于传统的教学观念认为教学效果主要取决于教师的表现,因而"评教"工作较受重视,开展得已经比较成熟。"评学"的评估对象定位在学生个人,评估的内容既包括考试成绩等反映学业成就的内容,也注重学习动机、学习品德、课堂参与、自主学习、能力培养等反映学习状态的内容。其更能够反映学生的培养质量,对教学质量的提升有直接的指导作用。

本研究创新性地构建了一种综合评价体系。这一体系在内容上广泛覆盖了思想品德素养、专业知识技能和个人身心健康三个关键领域,旨在实现评价的全面覆盖;同时,该体系在参与主体上汇聚了教师、学生、行业专家和校友等多方声音,以确保评价过程的多元性和公正性。通过这种全方位的评价机制,我们能够更准确地捕捉教育成果的多维特征,从而为教育质量的评估提供更加精准和客观的评学,这是为了发现在实现培养目标的教学过程中存在的问题以便改进。提出的多维度评价方法具有重要的理论和实践意义。在理论层面,该方法丰富了教育评价的理论体系,为教育评价提供了更为全面、客观的评价框架。在实践层面,该方法可以有效地避免单一评价主体所带来的局限性,为教育评价提供更为科学、合理的参考,从而促进教育资源的合理分配和教育目标的实现。

2 多维度评价方法

在课程建设中,多元评价主体能够积极参与到评价过程中,构建平等交互的评价体系,可以提升教育实效。本文创新性地从横向三个维度评价(思想道德、知识能力和身心健康)保证了评价的全面性,避免普遍存在的只侧重知识能力的评测。纵向四个维度评价(教师、学生、企业和校友)保证了评价的客观性,避免了因评价主体所处环境不同造成的局限性。多维评价体系如图1所示。

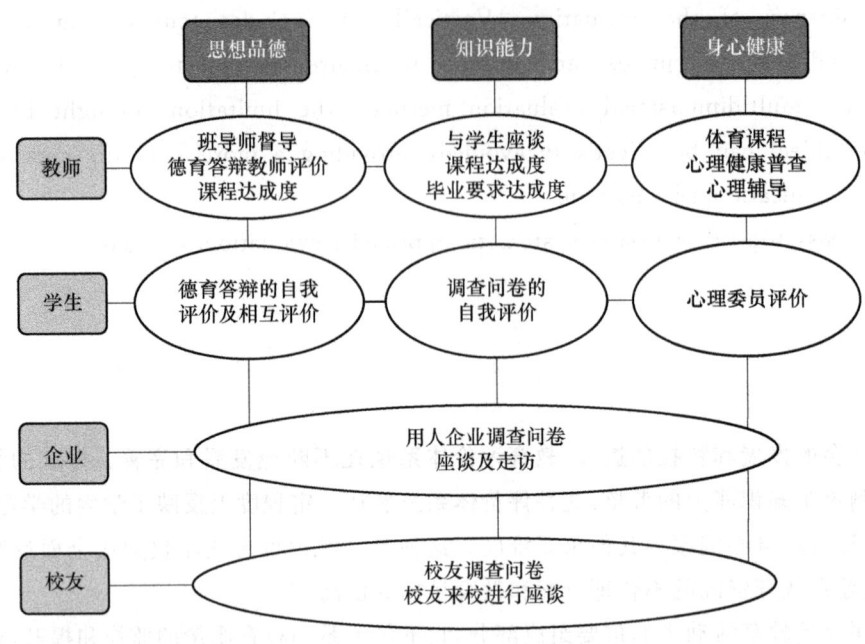

图 1 多维评价体系

(1) 思想品德评价:通过多元主题,对学生进行综合性的全方位评价,在思想评价上要严谨客观,多元主题有利于评价的准确性。电子信息与工程专业主要按照思想品德、道德修养和日常行为规范三个方面内容进行评估。根据学生每年的德育、智育、美育、体育四个方面表现,由辅导员和班主任评估学生学习、组织、管理、沟通、个人与团队等综合能力。毕业时,根据学生四年期间德育方面的现实表现、个人德育总结、德育论文答辩情况,评估学生品德行为、职业规范、沟通等情况。

(2) 知识能力评价:突出能力培养,持续优化培养体系。以符合培养规律、适应成才特点、面向未来创新的培养方案改革为牵引,结合毕业要求全方位对知识能力进行评价。

(3) 身心健康评价:应用三维健康的理论,即身体健康、心理健康、社会适应能力共同组成大学生健康素质指标体系。体质健康标准根据《国家学生体质健康标准(2014 年修订)》对学生进行评价。心理健康通过问卷、心理委员进行评价。社会适应能力通过企业调查问卷评价。

以电子信息与工程专业为例,每年对新生开展心理健康普测,通过心理普测筛选,及时发现可能有心理问题的学生,建立大学生心理档案,进行咨询和辅导。近两年,学校使用网络版大学生心理测验及档案管理系统进行普测,测试量表为 SCL-90、UPI。心理普测流程图如图 2 所示。

(4) 教师评价:从学习态度、学习成绩和综合素质等方面对学生进行评价,以确保评价的全面性和客观性。

以电子信息与工程专业为例,从课程理论教学和实验教学两个方面进行评价,具体评价内容见表 1。

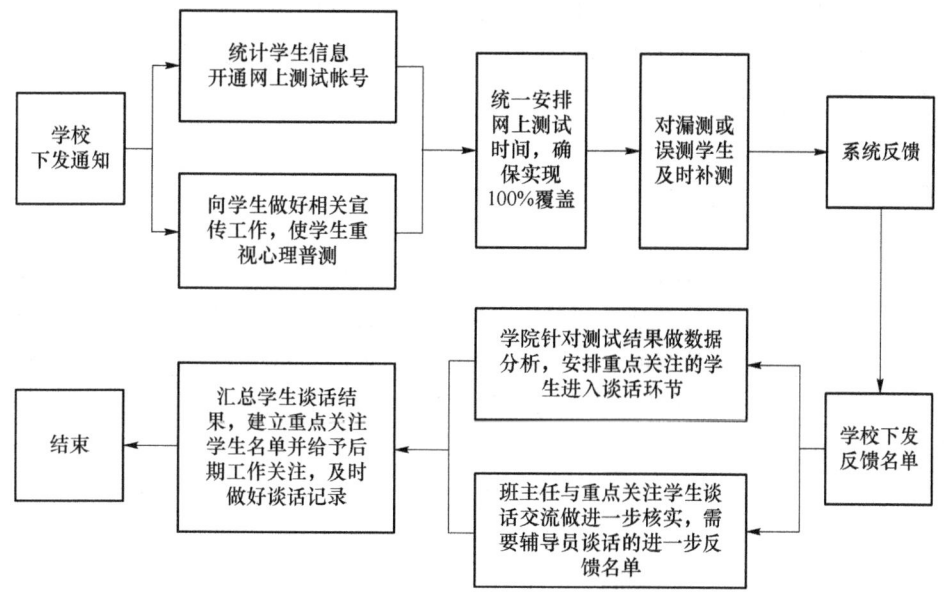

图 2 心理普测流程图

表 1 课程教学的形成性评价

课程教学内容	形成性评价项目	评价人
课程理论教学	随堂测试	任课教师
	MyCOS 即时评价、阶段性评价	任课老师,教学秘书,MyCOS 教学质量管理平台
	日常作业	任课教师
	期中考试试卷	任课教师
	期末考试试卷	任课教师
	课程达成度评价	任课教师,课程组长,专业负责人
课程实验教学	实验预习	实验教师
	实验操作	实验教师
	实验报告	实验教师

(5)学生评价:填写调查问卷,学生自己对自己进行评价,作为评价体系中的一个因素,有利于全面掌握学生的学习、生活心理。

(6)企业评价:企业从工作表现层面,评价学生在毕业后的专业、思想等方面的表现。电子信息与工程专业成立了以系主任和专业负责人为组长和副组长,专业骨干教师、基础课程教师、行业与企业专家、就业指导中心、团委领导、辅导员、学生积极分子为成员的培养目标达成度评价小组,该机构每 4 年对本专业培养目标达成度进行评价。评价依据包括毕业生调查、第三方调查、用人机构调查、行业专家评审意见等。采用不同角色综合评价方式来判断培养目标的达成情况。

(7)校友评价:校友从同学的角度对学生的评价,能够进一步使评价具有立体性、全面性和综合性。通过校友会,建立本专业的长期调查反馈信息机制,持续跟踪电子信息与工程专业毕业生就业状况和在企事业单位中工作状况，分析培养目标的满意度；利用每年一度的"企业专场招聘会""毕业生校园招聘会"等机会召开企业人事专员座谈会等多种方式展开跟踪调查，调研社会相关企业对学生培养的认同度。

3 总结

本文设计了一套多维的评价方案。通过创新的多维度评价方法，不仅确保了评价的全面性和客观性，而且有效地提升了学生的思想素质。本文为高等学校课程建设提供了一种新的视角和方法，对于推动课程教育的深入发展具有重要的理论和实践意义。未来，我们将继续探索和完善课程建设及评价方法，以期在更广泛的课程领域中推广应用。

参考文献

[1] 教育部.高等学校课程思政建设指导纲要[EB/OL].2024.
[2] 赵晓娟.课程思政视域下的教学改革与探索研究——以"电工与电气"课程为例[J].工业和信息化教育,2021(3):78-81.
[3] 马建如.基于课程思政的高职《模拟电路分析与实践》课程教学设计[J].科技资讯,2021,19(17):91-93.
[4] 郑宇航.高校课程思政教学评价指标体系构建研究[D].重庆:西南大学,2021.
[5] 黄艳.高校课程思政课堂教学评价指标体系研究[J].江苏警官学院学报,2021,36(6):120-124.
[6] 白双翎.高校思政课教学评价指标体系构建研究[J].现代教育管理,2021(9):49-55.
[7] 张爱芳,王冰,张甲立.高职"课程思政"与"课程双创"融合路径研究[J].教育研究,2022,5(1):35-37.

作者简介

程志华：男,1982年生,讲师,研究方向为微波技术、毫米波雷达、天线设计。

新工科背景下非机械专业"工程制图"教学改革探索

迟绍翠

(中国传媒大学,北京,100024)

摘 要:本文探讨非机械专业"工程制图"教学现状,指出内容单一、方法固化、实践薄弱等问题。本文提出重构内容、个性化教学、创新教学模式、将教学内容与竞赛结合,以赛促学等改革措施,以提升教学质量,培养高素质工程技术人才。

关键词:"工程制图";教学改革;非机械类工科;实践环节

Exploration on the Teaching Reform of Engineering Drawing for Non-mechanical Majors under the Background of New Engineering

Chi Shaocui

(Communication University of China, Beijing 100024, China)

Abstract: This paper discusses the current teaching situation of "Engineering Drawing" for non-mechanical majors, pointing out problems such as single content, solidified methods, and weak practice. It proposes reform measures such as reconstructing the content, personalized teaching, integrating ideological and political education, and innovating the teaching mode, in order to improve the teaching quality and cultivate high-quality engineering and technical talents.

Key words: Engineering Graphics; Teaching Reform; Non-Mechanical Engineering Majors; Practical Components

1 引言

《中国教育现代化2035》作为引领我国教育未来发展的关键指导文件,其中明确提出了深化教学改革,推行启发式、探究式、参与式、合作式等教学方式,促进学生主动把学习、观察、实践同思考紧密结合起来,保护和激发学生的好奇心和学习兴趣,注重对学生创新精神与实践能力的培养等创新人才培养方式。

"工程制图"作为工科本科教育中的核心课程,其对于工科毕业生图形交流能力的培养具有不可替代的作用,被誉为"工程师的语言"。其核心价值不仅体现在培养学生精准的识图和高效的画图能力上,更在于通过这一过程,系统地锻炼学生的科学思维方法,激发他们的自主学习热情与创新能力。

随着时代的进步,创新能力、多学科知识交叉综合应用能力等要素在"工程制图"教学中的融合日益加深,同时,新型教学手段的不断涌现也为教学体系和方法的优化提供了可能。

2 现状分析

2.1 当前课程体系概述

"工程制图"课程作为工科教育的重要组成部分,通常在大一阶段开设,旨在为学生打下坚实的图形交流与表达能力基础。该课程不仅涵盖了平面几何与空间几何的基本概念,如点、线、面、体的投影与视图,还深入探讨了三维形体的构型与表达方法,如轴测图、透视图等。此外,"工程制图"课程还要求学生掌握各种工程图纸的绘制规范与技巧,包括零件图、装配图、施工图等,这些图纸是工程师进行设计、制造、施工等工作的必备工具。

2.2 存在的问题剖析

"工程制图"课程在实际教学中仍存在一些问题。

(1) 教学内容单一,缺乏针对性[1-2]

当前"工程制图"课程的教学内容在广度和深度上虽有所覆盖,但往往未能充分考虑不同工科专业的实际需求与特色,导致教学内容显得较为单一且缺乏针对性。具体表现在专业差异忽视、缺乏前沿技术融合和项目实例匮乏等几个方面。

(2) 教学方法固化,互动性显著不足[3-4]

在"工程制图"课程的教育实践中,长期沿用的传统教学模式过度依赖讲授法与PPT展示及板书辅助教学,这一单向知识传递模式严重束缚了学生主体性的有效释放,营造了一种沉闷的课堂氛围,显著缺乏师生互动与生生交流的活力源泉。其具体体现:即时反馈机制的缺失、互动手段的局限和差异化教学理念的忽视。

(3) 实践环节薄弱,理论与实践脱节[5]

在"工程制图"课程的教学体系中,实践环节的薄弱、理论与实践的脱节是一个亟待解决的问题。这不仅影响了学生将所学知识应用于实践的能力培养,也限制了他们创新思维和实践能力的发展。

3 教学改革新思路

3.1 超越教材框架,重构教学内容与资源

针对非机械专业的机械工程图绘制教学,提出跳出传统教材束缚的改革思路。在确保学生掌握基本绘图技能的基础上,着重培养学生的读图能力和计算机辅助绘图技巧,特别是针对简单形体的三维绘图能力。为此,对"工程制图"课程内容进行了深度调整,以突出教学重点,强化实践应用,如图1所示。

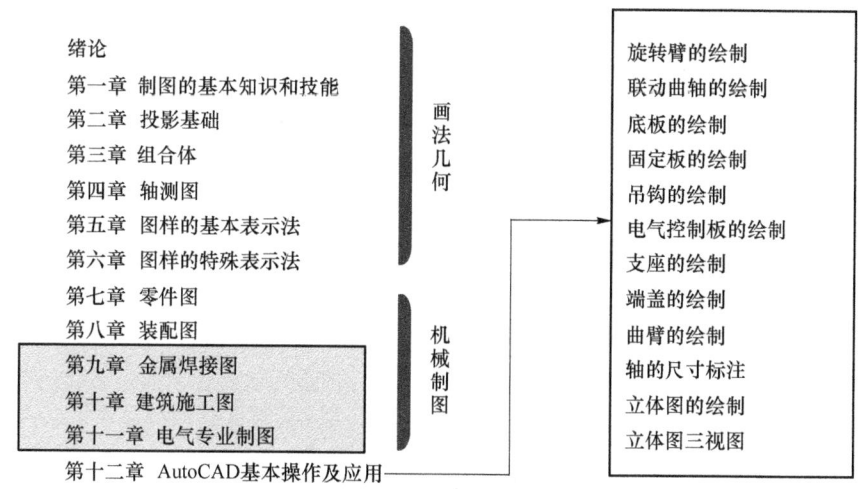

图 1 重构教学内容

在三大核心板块——画法几何、机械制图、计算机辅助绘图中,画法几何作为基石,其教学内容被精简至核心要点,聚焦于投影体系的建立及点、线、面的基本投影规律,同时简化复杂投影变换及高级线面关系的教学。对于机械制图部分,减少零件图、标准件及装配图等深度专业性内容的详细讲解,转而采取概览式教学方法,以满足非机械专业学生的基本理解需求。

(1) 精简过时内容:对现有教材中较少应用于实际工作的内容(如部分复杂的投影变换)进行精简,腾出课时用于更实用的技能教学。

(2) 融入行业新知:教师定期搜集整理行业最新理论、技术动态,并巧妙融入课堂教学,确保学生能够接触到最前沿的知识体系,增强学习的前瞻性和实用性。

3.2 实施个性化与专业融合的教学方案

针对不同工科专业的特点和培养目标,采取因材施教的教学策略,致力于寻找工程制图与各专业的结合点,打造个性化的教学流程。

具体而言,针对信息与通信工程学院通信工程、电子信息工程、广播电视工程、数字媒体技术等专业,改革了工程制图课程,即增加 AutoCAD 和 SolidWorks 等软件的操作知识教学,并建立了丰富的习题库供学生自主选择。通过课堂讲授与课后自主学习相结合的方式,学生不仅能够掌握软件使用方法,还能熟练绘制具有挑战性的二维图形和三维图形,极大地提升了学生的学习兴趣和动手能力。

3.3 线上线下融合教学模式的创新实践[2,6]

3.3.1 混合式教学设计新范式

以学生为教学主体,融合线上与线下两条教学路径,聚焦于知识学习与应用的中心点。此

模式鼓励学生进行课前自主探究,利用学习平台上的丰富资源和社交化功能进行互动答疑与互助学习。

3.3.2 线上线下教学资源的整合与优化

注重教学资源的全面性与时效性,线上资源作为教学基础,持续更新优化以应对教学需求变化。线下课程聚焦于解决教学重难点,实施个性化教学。利用畅课等线上平台,构建包含教学课件、教学案例、教学视频、题库等在内的多元化教学资源,如图2所示。这些资源不仅支持学生课前预习与课后复习,还打破了时空限制,让学生能随时随地利用碎片时间进行学习,有效地提升了学生的学习效率。

图 2 畅课平台教学资源部分截图

3.3.3 教学方法的革新举措

为深化混合式教学模式的应用,我们采取了一系列教学方法改革措施。

(1) 强化合作学习。增加合作学习任务,培养学生的团队协作能力和沟通能力。

(2) 拓展研讨式学习。设计研讨式问题,激发学生的批判性思维和创新能力。

(3) 构建共享虚拟空间。为学生创造自主学习环境,提供丰富的在线资源和互动平台。

在具体实施上,采用"双线一点"模式,在线上讲授重点理论,梳理知识框架;线下则通过案例分析深化理解,辅以互动式课堂练习,即时反馈教学效果。这种教学模式不仅提升了教学质量,还极大地增强了学生的学习积极性和参与度。

3.4 将教学内容与竞赛结合,以赛促学

3.4.1 竞赛的选择与组织

为了将竞赛融入教学内容,首先需要选择合适的竞赛。例如,校级竞赛"菁英杯"科技节创新设计赛道、北京市大学生机械设计竞赛等,这些竞赛要求学生熟练掌握工程制图的各项规范要求,并能熟练使用 AutoCAD、SolidWorks 等常用建模软件,培养学生的创新设计能力、综合设计能力。从校赛到省、市级竞赛,为学生搭建展示自我和锻炼能力的平台。

3.4.2 竞赛与教学内容的融合

在教学内容上,紧密围绕竞赛要求进行调整。例如,在平面图形和组合体三视图的绘制中,不仅要教授学生掌握工程制图国家标准的相关内容,还要注重培养他们的空间思维能力和构形能力。通过竞赛的形式,学生可以更加直观地理解"物"与"图"之间的对应关系,提高绘图和读图的准确性,并将学习成果切实地用到实践中。

3.4.3 实践效果

2023年,在校级竞赛"菁英杯"科技节创新设计赛道中,100多名同学报名参与,65人获奖,其中一等奖6人,二等奖9人,三等奖14人,优秀奖33人。2024年,在北京市大学生机械设计竞赛中,42人获得北京市级奖项,其中一等奖23人,二等奖9人,三等奖10人。

将教学内容与竞赛紧密结合后,学生的学习积极性和热情显著提高。他们不仅在课堂上更加专注,还在课后主动查阅资料、练习绘图技能。同时,竞赛的引入也促进了学生之间的交流和合作,培养了他们的团队精神和竞争意识。通过竞赛的锻炼,学生的绘图和读图能力、计算机绘图能力以及空间思维能力都得到了显著提升。

以竞赛作为教学手段,不仅激发了学生的学习兴趣,还提高了他们的实践能力和综合素质。

4 总结

在深入反思非机械类工科专业"工程制图"课程教学现状的基础上,我们清晰地认识到当前教学中存在的问题与挑战。为了应对这些挑战,提出了包括重构教学内容与资源、实施个性化与专业融合的教学方案、创新线上线下融合教学模式、将教学内容与竞赛结合、以赛促学等一系列教学改革措施。这些措施旨在通过优化教学内容、丰富教学方法、增强教学互动性、强化实践环节,全面提升"工程制图"课程的教学质量与效果。通过这些改革措施的实施,不仅能够激发学生的学习兴趣和动力,还能够更好地满足不同工科专业的实际需求,培养出更多具备扎实工程制图基础、创新思维能力和良好职业素养的高素质工程技术人才,为我国经济社会发展贡献更大的力量。

参 考 文 献

[1] 王班,周茂瑛.非机械专业工程制图课程教学问题分析与教学改革探索[J].教育教学论坛,2020,25:255-256.

[2] 刘飞,曾福生,屈婧婧.高校非机械类工科专业"工程制图"课程教学改革探讨[J].科教导刊,2021,1:125-126.

[3] 刘少胡,周浩,管锋,等.本科院校非机械类专业工程制图教学改革与实践[J].中国教育技术装备,2019,14:84-85.

[4] 宋爱明.产教融合背景下的"画法几何与工程制图"课程教学改革与实践[J].房地产世界,2024,1:55-57.

[5] 林潘忠,刘泽州,李晓蒙,等."智能工匠"精神融入智能制造类专业人才培养的路径探索[J].高教学刊,2024,19:169-172.

[6] 李俊.BIM技术下的"工程制图"课程教学改革与实践[J].太原城市职业技术学院学报,2024,2:116-118.

作者简介

迟绍翠:女,1982年生,讲师,研究方向为3D打印技术、人工智能应用等。

"化工传递过程"课程教学改革浅析

孙 喆 宗雪平 梁 茂 赵 建 陈 瑜

(天津理工大学化学化工学院,天津,300384)

摘 要:本文综合分析了现阶段"化工传递过程"课程教学面临的主要问题,包括理论性过强、教学手段单一、师生缺乏互动交流、网络教学资源有限、课程与工业实际脱节、学生创新训练不足等。通过探讨这些问题的成因提出了相关解决方案,如采用分层次教学与先修课程改革、开发网络资源和实验项目、设置计算机模拟项目等。这些方案旨在强化学生对传递过程基本规律的理解,提升学生的数学技巧,激发学生的学习兴趣,同时培养学生解决实际工程问题的能力。

关键词:"化工传递过程";教学改革;工程应用;过程强化;计算机模拟;网络资源

On the Teaching Reform of Transport Phenomena in Chemical Engineering

Sun Zhe Zong Xueping Liang Mao Zhao Jian Chen Yu

(School of Chemistry and Chemical Engineering Tianjin University of Technology, Tianjin 300384, China)

Abstract: This paper provides comprehensive analyses on the current problems faced in the teaching of chemical transfer process. It includes over-theoretical, single teaching method, lack of interaction between teachers and students, limited online teaching resources, disconnection between the curriculum and industrial practice, and insufficient innovation training for students. By analyzing the causes of these problems, we propose the

---

通信作者:孙喆,zhesun@tjut.edu.cn。

基金项目:天津理工大学研究生教育教学研究与改革项目(项目编号:YBXM2320);天津理工大学教育教学研究与改革项目(项目编号:KG24-05)。

solutions as follows: the adoption of hierarchical teaching and pre-requisite curriculum reform, the development of network resources and experimental projects, and the establishment of computer simulation projects. These strategies are designed to strengthen students' understanding of the basic laws of the transfer process, improve students' mathematical skills, stimulate students' interest in study, and cultivate students' ability to solve practical engineering problems.

Key words: chemical transfer process; teaching reform; engineering application; process intensification; computer simulation; network resources

1 引言

"化工传递过程"课程是化学工程与技术学科的核心课程之一,主要涉及在化工生产过程中的物质、能量以及动量在相同或不同介质间传递的动力学规律[1]。该课程内容包括三大基本传递过程:质量传递、热量传递和动量传递,这些传递过程是化工生产中最基本、最重要的物理现象和工程问题。随着化工行业的快速发展以及节能环保的迫切需要,化工传递过程的研究和应用变得复杂、深入,对培养学生解决复杂问题能力的要求也越来越高[2-3]。它要求学生不仅具备扎实的理论基础,而且拥有较强的实验技能和创新思维,使学生有能力参与科研项目和工程实践,解决实际化工过程普遍存在的流体流动和传热传质问题[4-5]。因此,化工传递过程课程需要依据上述新要求并结合课程自身特点进行必要的改革调整。

2 "化工传递过程"课程教学现状分析

2.1 教学理论性过强与工业实际应用脱节

"化工传递过程"课程是流体力学、传热动力学与传质动力学有机融合。该课程的开设旨在向学生传授动量、热量、质量传递过程("三传")的内在规律,提供解决三传问题的主要数学工具与分析手段。学习"化工传递过程"课程的学生应具备一定的数学基础。如图1所示,高等数学等先修课程为化工传递过程的学习提供了重要的数学工具,涵盖多元函数的微积分、矢量代数、谱分析、微分方程等。"化工传递过程"课程通常在32~40学时。在讲授过程中纳入上述数学方法,不仅内容庞杂而且具有较强的理论性。对上述数学工具掌握不够熟练的学生来说,在一门课中需要面对如此大量抽象的数学语言和满屏的数学公式,会心生畏惧,失去对这门课程的学习兴趣。事实上,化学工程、化工工艺等专业在开设化工传递过程课程之前需要先修"化工数学"课程,其目的在于使学生对上述数学工具有一个系统全面的认识,对微分方程求解方法有基本的掌握。但是,近年来由于教学学时的压缩,化工数学已经成为一些专业的选修课。没有学习过化工数学课程的学生在面对化工传递过程众多的概念和数学公式时会产生更大的困难。

2.2 教学手段单一,缺乏师生之间有效的互动交流

与化工原理等专业基础课比较,"化工传递过程"课程的教学手段相对比较单一[6]。课堂教学通常是教师通过板书向学生介绍化工传递过程的主要方程和计算方法。就笔者的经验来

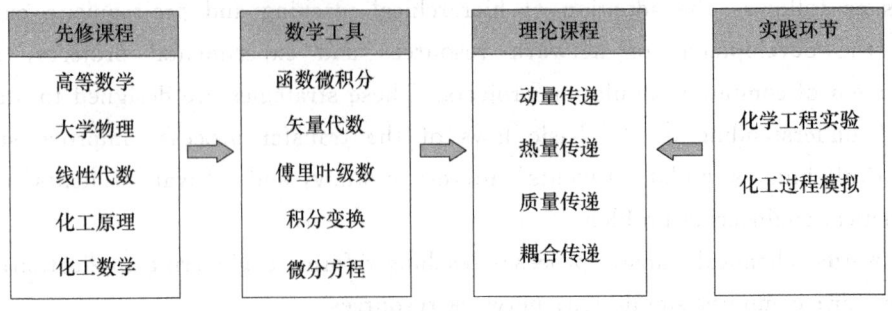

图 1 先修课程和实践环节与"化工传递过程"课程的关系

看,这一教学模式的优势和缺点均比较明显。板书教学可以方便地向学生演示公式的推导过程和详细解题步骤,帮助学生理解和掌握化工传递过程背后的数学方法。这一教学模式的缺点在于无法做到图文并茂,不能很好地激发学生的学习兴趣和探索欲望。在"化工传递过程"课程教学中,如图 2 所示,PPT 使用的频次远低于其他化工类课程。这是因为单页 PPT 的信息量相对于板书过于密集,学生不能有效地吸收 PPT 中展示的公式推导,对公式的理解记忆不够深刻。如何提升教师与学生课堂交流的有效性,激发学生的听课热情,保持思维的活跃度也是"化工传递过程"课程教学改革中需要思考的问题。

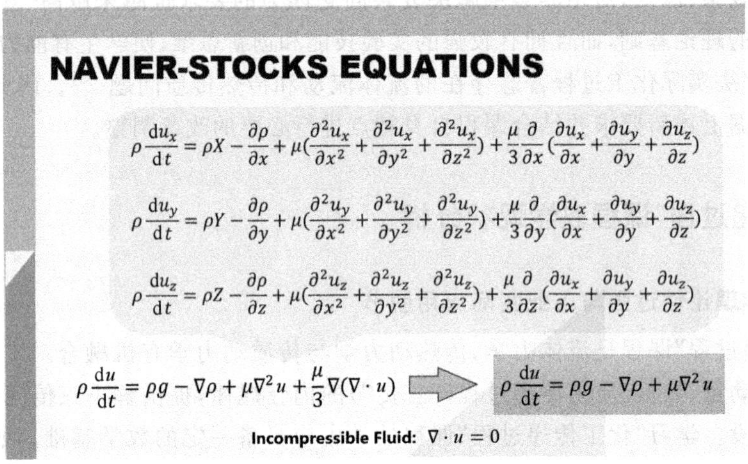

图 2 奈维-斯托克斯方程推导的 PPT 演示

2.3 教学资源有限,对学生的创新思维训练不足

"化工传递过程"课程历经几十年的发展,线上和线下教学资源已经有了长足的进步。近年来,以 MOOC 为代表的线上教学视频网站呈爆发式增长。尽管如此,"化工传递过程"课程的教学资源仍滞后于其他化工类专业课程。高质量的理论课网页和网络资源相对较少,帮助学生理解传递过程基本原理的视频内容相对于其他课程明显欠缺。部分原因是化工传递过程的学习难度较大,影响了高校在本科阶段开设该课程的比例,导致教师制作课程视频的积极性不高。

3 "化工传递过程"教学改革措施

3.1 先修课程与分层次教学

"化工传递过程"课程的教学模式应当依据高校各专业自身的培养目标、专业特色以及高等数学、线性代数等先修课程的开设情况进行确定。如有可能,将矢量代数和场论作为"化工传递过程"课程的先修课程开设,或者在讲授化工传递过程课程之前让学生先行学习"化工数学"课程。对于学时紧张无法开设"化工数学"等课程的专业,可以在"化工传递过程"课程讲授的开始阶段先进行必要的数学知识补充,4~6学时即可。显然,通过4~6学时的教学深入讲授对上述内容存在一定的难度。因此,讲授的方式应突出对"化工传递过程"课程教学的针对性,可以对教学内容和专题进行适当裁剪。

针对"化工传递过程"课程授课对象的差异,可以采用分层次教学模式。若授课对象为本科生,课程教学应以掌握质量、热量和动量传递的基本原理为核心,在数学表达上,建议采用与高等数学相衔接的符号表示系统,减少学生对公式理解的障碍。若授课对象为研究生或今后拟接受研究生教育的本科生时,质量、热量和动量传递的课程教学在数学表达上应更加形式化,以更加简洁的矢量代数和算子代数的形式表达,为今后阅读和撰写化工过程研究论文打下基础。

3.2 丰富教学手段,拓展网络教学资源

如何激发学生学习化工传递过程的兴趣是讲授这门课程改革的难点。学生对这门课程缺乏学习兴趣与这门课程教学手段单一有着密切关系。这门课程除了采用传统的板书教学模式外,可以针对典型问题适当引入视频和动画,激发学生的学习热情,加深学生对传递现象背后的物理机制的认识。例如,在讲授边界层分离时可以采用空气流过球体表面的演示视频,利用流体力学软件模拟生成彩图展示流体在边界层的流动过程。针对流体流动与传热的耦合作用,可以通过流场与温度场耦合计算模拟流体在固体表面的流速与温度分布,使学生对强化传热产生更为深刻的认识。此外,"化工传递过程"课程的网络教学资源可以进一步拓展。一方面,教师可以将讲义上传到网页,有利于学生在课后继续研究公式的推导过程与解题技巧。另一方面,网页上布置需要数值求解的例题、习题、解题过程以及数值计算的源代码。学生可以通过下载运行网页上的源代码对自己的数值计算结果进行分析、修改并绘图,进而强化对传递过程的理解,提高学习兴趣。

4 结语

本文分析了现阶段"化工传递过程"课程教学面临的主要问题,包括由课程自身特点决定的理论性过强、教学手段单一及其导致的师生互动交流较少的问题,由教学资源有限导致的学生学习兴趣较弱,以及由于课程与工业实际应用脱节导致的学生创新思维训练不足的问题。本文提出采用分层次教学模式平衡课程的理论深度与工程属性,通过先修课程与数学预备知识的讲授将学生对课程的关注点聚焦到"三传"过程本身。充分改变单一教学模式、合理利用网络资源为学生提供更多的学习机会和实践机会。通过开发实验项目和计算机模拟联合激发学生的学习兴趣,培养学生解决复杂工程问题的能力。

参考文献

[1] 陈涛,张国亮. 化工传递过程基础[M]. 北京:化学工业出版社,2011:1-29.
[2] 吴峰,闫渊,马晓迅,等. 工程教育专业认证背景下化工传递过程课程教学改革探索[J]. 化工高等教育,2021,38(2),57-61.
[3] 刘媛媛,张庆,杜玉朋,等. 化工传递课程在OBE理念下的教改与持续改进[J]. 云南化工,2023,50(5),208-211.
[4] 杜玉朋,李硕,田晖,等. 计算机辅助模拟在化工类专业核心课程教学中的应用[J],山东化工,2020,49(22),214-215.
[5] 高璟,焦纬洲,刘有智. 面向工程教育专业认证的化工传递过程课程教学改革与实践[J]. 化工高等教育,2021,38(5),60-65.
[6] 陈敏恒,丛德滋,方图南,等. 化工原理[M]. 北京:化学工业出版社,2015:63-157.

作者简介

孙喆:男,1977年生,副教授,研究方向为薄膜太阳能电池。

应用型本科院校教学创新提升学生的学习兴趣和动力

温荣丽

(江西应用科技学院,南昌,330100)

摘 要：应用型本科院校课程教学,为达成教学目标,可通过"课赛结合,以赛促教""案例导入,角色扮演""课证结合,以考促教"和"项目导入,强化实操"等创新的教学形式,着力提升广大学生的学习兴趣和动力,有效提高课堂教学的效果。

关键词：应用型本科院校教学创新；"课赛结合,以赛促教"；"案例导入,角色扮演"；"课证结合,以考促教"；"项目导入,强化实操"

The Teaching Innovation of Application-oriented Undergraduate Colleges Promotes Students' Learning Interest and Motivation

Wen Rongli

(Jiangxi College of Application Science and Technology, Nanchang 330100, China)

Abstract: In order to achieve the teaching objectives, the curriculum teaching of application-oriented undergraduate colleges can promote the learning interest and motivation of the majority of students and effectively improve the effect of classroom teaching through innovative teaching forms such as "combining lessons and competitions to promote teaching through competitions" "case introduction and role playing" "combining lessons and certificates to promote teaching through tests" and "project introduction and strengthening practical operation".

Key words: Teaching innovation in application-oriented undergraduate colleges; "Combining classes and competitions to promote teaching through competitions"; "Case introduction and role-playing"; "Combining courses and certificates to promote teaching

---

通信作者：温荣丽,33307240@qq.com。

through exams"; "Introducing projects to strengthen practical operation"

教学创新是教学改革的永恒课题,应用型本科院校教学亦不例外。随着时代的进步、科技的发展,在应用型本科院校教学中如何提升广大学生的学习兴趣和动力,最大限度激发学生的学习潜能,使其能更好地完成高等教育,并熟练运用所学知识于社会实践中,是当下应用型本科院校教学创新的重点,也是难点所在。当然,教学创新的内涵十分丰富,包括教学理念创新、教学目标创新、教学内容创新、教学方法创新、教学模式创新和教学评价创新等。在这里,本文主要结合江西应用科技学院软件工程专业课程教学的实际,重点讨论如何通过以下教学方式的创新来提升广大学生的学习兴趣和动力,以期能为应用型本科院校同类课程的教学创新起到抛砖引玉的作用。

1 "课赛结合,以赛促教",提升学生的学习兴趣和动力

"课赛结合,以赛促教",是指将应用型本科院校课堂教学内容与国内外针对在校大学生而举办的各项竞赛内容相结合,通过各层级各类别竞赛对相关知识或技能的需求,提升广大学生对课堂内容的学习兴趣和动力,从而提高课堂教学的效果。

习近平总书记曾深刻指出:"一切学习都不是为学而学,学习的目的全在于应用。"[1]广大学生接受高等教育,根本目的是通过学习,提高理论素养,培养实践能力,增强工作本领,提高解决实际问题的能力与水平。而针对在校大学生的各种类型的竞赛,就是从不同层面,尤其是从实践层面检验学生的学习效果,同时也是发现各类拔尖人才的重要手段。事实上,在校大学生如果能够在各类竞赛中脱颖而出获得好的名次,一方面,检验了自己的课程学习效果,提高了解决实际问题的能力;另一方面,彰显了自己在某一方面的特长或能力,增加了毕业时应聘相关工作岗位的筹码,或者成为考研考博时的加分项。基于此,在校大学生们参赛的热情始终高涨,一项接一项的参赛,乐此不疲。不过值得注意的是,许多学生虽然屡屡参赛,但真正能拿到好名次或好成绩的并不多见。究其原因,无外乎参赛学生缺乏对竞赛内容的深刻理解和把握,要么是平时练得少,对竞赛题型不熟悉,要么是知识匮乏,对竞赛无从下手。这就为我们应用型本科院校教师在课程教学中采取"课赛结合,以赛促教"的形式提供了良好的契机,并从而解决了以往学生赛事多影响专业学习的"课赛"不一致问题。

以理工科专业为基础的"大学生数学建模竞赛"为例,该项竞赛要求参赛学生不仅能够利用所学代数方程、微分方程、统计模型等数学知识,将实际问题转化为数学问题,并选择合适的数学工具和理论来构建可描述问题的数学模型,还要能够运用数值分析、符号运算、优化算法等技术,对构建的数学模型求解,得出解答或对问题的解决方案。这就从多个方面考察了参赛学生的大学数学水平和计算机技能(主要是编程技能)。如果我们的教师在教授相关课程时,能够有意识地把相应数学知识和计算机知识(或技能)与数学建模竞赛内容结合起来,那么学生对相关课程的学习兴趣一定会得到极大的提升,也会产生足够的学习动力。事实上,江西应用科技学院对软件工程专业学生的教学,自强调采用"课赛结合,以赛促教"的教学形式以来,广大学生对相关课程的学习兴趣和动力有了明显的提高,在各类省级以上竞赛中也屡获佳绩,呈现教学与竞赛"双赢"的局面。

2 "案例导入,角色扮演",提升学生的学习兴趣和动力

"案例导入,角色扮演"是指在课堂上通过模拟或者重现现实生活中的一些典型场景或情境,让学生把自己纳入案例场景或情境,即实施角色扮演,并通过讨论、分析或者模拟操作来进行学习的一种教学方法[2]。此种教学方法可以让学生主动参与到课程教学过程中,从而能有效激发学生学习的积极性和潜在的内动力,充分发挥学生的想象力和创造力,并最终提高学生的综合素质。

案例教学作为一种开放式、互动式的准实践新型教学方式,推崇"教为主导、学为主体"和"以学生为中心"的教学理念,其主要目的不是传授理论知识,而是通过充分调动学生参与教学的热情,全面唤起或激发潜藏在学生身上丰富的实践经验及能力,继而开展师生之间、生生之间、生媒之间的多向讨论,通过针对同一问题产生不同观点的互相交锋和彼此互动,激发学生的创造性思维,以培养学生的自主学习能力、合作学习能力、实践创新能力、决策判断能力、协调表达能力、分析和解决问题的能力。与案例教学相伴的一种十分常见的教学形式便是角色扮演。学生在其中通过扮演不同的角色来模拟操作、解决问题,可极大地激发自身的学习潜能,培养自身的创新能力、合作能力,从而能更加深入地理解、吸收先前所学理论知识。因此,通过案例导入和角色扮演,不仅可以突破教学中的难点问题,克服学生死记硬背的缺陷,而且通过学生的积极参与,能有效地提升学生分析和解决问题的能力[3]。而高等教育的主要目的是培养学生以"分析和解决问题"为核心的多种能力。基于此,"案例导入,角色扮演"的教学形式成了应用型本科院校教学创新的重要内容。

在江西应用科技学院软件工程专业的课程教学中,我们通过"案例导入,角色扮演"的形式,模拟某种情境或场合,帮助学生体验软件工程专业课程知识构建或技能形成的实践过程,从而促使学生深刻理解软件工程专业课程的基本理论、熟练掌握软件工程专业相关技能的操作方法。例如,在学习"软件开发项目管理"这一内容时,可以在先期实施相关理论预习或学习的基础上导入"Web应用开发项目"的案例,让学生扮演"Web应用开发项目"团队的成员来开展课堂教学。在此教学过程中,学生通过分组扮演"Web应用开发项目"团队不同成员角色,协同完成此开发项目的需求分析、项目启动、项目规划、项目执行、项目监控和项目收尾等多个阶段的不同任务,实现对整个项目的全面管理。此项目的开发任务,由于需要分工协作才可能圆满完成,同时不同小组之间、同一小组扮演不同成员角色的学生之间都存在一个竞赛心理,虽然是模拟操作,但谁也不甘落后或示弱,都全身心投入,充分利用前期所学知识,有时甚至是临时"恶补"相关理论,最大限度地发挥个人想象力和创造力,以期把典型案例演绎成案例经典。无疑,"案例导入,角色扮演"的教学形式,能将枯燥的教学内容变得生动形象,最大限度地提升学生学习的积极性、主动性和创造性,教学效果自然而然也得到了提高。

3 "课证结合,以考促教",提升学生的学习兴趣和动力

"课证结合,以考促教",是指将应用型本科院校课堂教学内容与国内外针对在校大学生的各种职业资格(或技能)考试相结合,通过各种类型的职业资格(或技能)考试需求,提升广大学生对相关课程内容的学习兴趣和动力,从而提高课堂教学的效果。

随着时代的发展,各项法规制度的不断健全,社会上各项工作对人的能力素质不断提出了

新的要求,其中一个最为显著的特点就是要求"持证上岗",否则就会被视为违规甚至违法。例如,看起来人人都可以从事的环卫工作,在没有经过相关培训获得上岗证前是不可以上岗的,更不用说其他稍微有点技术含量的工种了。可以说,现代社会是一个"持证上岗、证书为王"的时代,没有相关资格(或技能)证书就无法应聘、无法上岗、无法就业。我们知道,接受高等教育是取得成功的重要途径之一。然而,随着社会的不断发展和职场竞争的加剧,在大学生涯中,除了课堂学习相关知识外,考取各种职业资格(或技能)证书以提升自身竞争力已变得至关重要。拥有相关的证书,不仅能为未来的职业发展轻松跨过准入门槛,更能在职场上展现我们的专业能力和学习潜力。当然,大学生们可以考取的职业资格(或技能)证书种类繁多,大体可分为专业技能类证书和综合能力类证书两大类。例如,学习计算机专业可考取的专业技能类证书包括计算机技术与软件专业技术资格证书(软考)、思科认证网络工程师证书(CCNA)、微软认证操作系统工程师证书(MCSE)、Oracle认证数据库管理员证书(OCA)、Red Hat认证证书(RHCE)、华为认证证书、阿里云认证证书、IBM认证计算机证书、Adobe认证证书、微软认证计算机证书、Oracle认证证书等。这些证书涵盖了计算机专业的多个方面,具有很高的实用性和认可度。考取这些证书不仅可以提升个人的专业技能,还能在求职过程中增加核心竞争力。在应用型本科院校高等教育中,我们一直强调"以能力为核心、以就业为导向"的人才培养方向,那么"课证结合,以考促教"这一教学形式,一方面可以着力提升广大大学生的学习兴趣和动力,另一方面也可以更好地符合高等教育人才培养的方向。

为了将应用型本科院校高等教育"毕业即可就业"的要求落到实处,江西应用科技学院在人才培养中借鉴了一些职业教育培训机构的做法,及早部署启动了教育部等部门联合推行的"学历证书+若干职业技能等级证书"(简称"1+X证书")的人才培养模式。以软件工程专业为例,我们在课程教学内容中设置了软件工程师证书、系统分析师证书、信息系统项目管理师证书、数据库管理员证书、系统架构设计师证书、网络工程师证书、软件评测师证书、Java开发工程师证书、Python开发工程师证书、大数据工程师证书等多个职业资格(技能)证书考试的模块,引导学生有选择地学习相关模块的内容,考取相应的职业资格(技能)证书,为未来就业和职场晋升提升核心竞争力。无疑,"课证结合,以考促教"的教学形式,可以更好地明确应用型本科院校的办学方向、优化人才培养体系,同时有助于课程教学质量的提升。

4 "项目导入,强化实操",提升学生的学习兴趣和动力

"项目导入,强化实操"是指在专业课程教学当中,通过校企合作、校地合作、申报立项等途径,导入真实的专业建设项目,在教师的指导下,学生运用课堂所学理论知识,实操完成项目建设。通过对真实项目建设的实操,激发学生学习、探索的兴趣,增强学习的动力,从而更好地理解、消化课堂所学理论知识。

宋代诗人陆游曾云:"纸上得来终觉浅,绝知此事要躬行。"[4]这告诉我们书本上的理论知识固然重要,但毕竟是间接的知识,对其我们往往缺乏足够的感性认识,更多的是停留在理性层面,要想深入彻底地认知、掌握这些理论知识还必须要"躬身"实践才行。不"躬身"实践就能产生所谓的"真知灼见"几乎是不可能的。事实上,但凡我们亲身经历的事情,由于处在具体的场景中,往往印象特别深刻,即便相隔久远,也能记忆犹新,娓娓道来。举一个或许不是十分恰当的例子:利用导航仪来导航去一个完全陌生的地方,即便是导航过数次,一旦离开导航仪后我们大概率还是不会去这个地方;但是,如果我们通过查看沿途道路标识、多次问路甚至是走

了许多冤枉路后才到达陌生的地方,那么下次我们即使没有导航仪的帮助,也可能轻松地再次到达这个地方。这或许就是"实践出真知"的道理。正因为如此,民间才会流传"读万卷书,不如行万里路"的说法。学习知识亦同此理。从实践中得来或验证的知识、经验,由于结合了具体的背景、情境或场景,我们身体的多种感官均得到了有效刺激或加强,因而能形成深入骨髓的持久记忆。基于此,"项目导入,强化实操"由于能帮助学生在具体情境中更好地融会贯通所学理论知识,成了应用型本科院校教学创新的一种重要形式。

以江西应用科技学院的软件工程专业为例,其人才培养的目标是让学生在掌握软件工程学科基本理论、基本知识、基本技能和基本方法的前提下,将来能够在软件公司或相关企事业单位从事 Web 前端开发、Web 后端开发、软件建模与软件项目管理等工作。专业课程教师若只是全程照搬课本上的理论知识、项目例子为学生授课,也许能阐述得深入浅出,但终究是空谈理论,难免纸上谈兵,显然是无法达到人才培养目标的。为此,我们在教学后期会导入与专业相关的建设项目,让学生用前期所学专业知识参与项目建设,对相应的软件系统进行分析、设计与构建,最终实现系统功能并加以应用,从而达到通过实践检验或验证所学理论知识的目的。当然,由于是对"项目"真刀实枪的技能实操,比模拟更具挑战性,也直接关联学生就业核心竞争能力的形成,因而能极大地提升学生的学习兴趣和动力,促升课堂教学的效果。

综上所述,在应用型本科院校教育教学创新中,通过采取"课赛结合,以赛促教""案例导入,角色扮演""课证结合,以考促教"和"项目导入,强化实操"等教学方式方法,能较好地结合院校自身专业课程特点,着眼应用型人才"毕业即可就业"的培养目标,以目标倒逼过程,深度激发广大学生对专业课程学习的兴趣和动力,从而不断提升应用型本科院校课程教学的效果。这样,我们才能紧跟应用型本科院校教育教学创新的时代步伐,满足当代学生的学习需要,为国家培养更多的有用人才。

参考文献

[1] 王禄.扎实开展"两学一做"学习教育,推动基层党组织全面从严治党[J].湖北经济学院学报(人文社会科学版),2016,13(12):85-86.

[2] 聂江波.公安院校招录培养体制改革背景下推进全案例教学的改革探索[J].公安教育,2016(9):65-69.

[3] 许蔚君.案例教学法在高职会计教学中的应用[J].会计之友(上旬刊),2010(1):107-108.

[4] 王景莹,肖萍.试谈作文评改方法的改进[J].南昌教育学院学报,2001(4):43-44.

作者简介

温荣丽:女,1979年生,讲师,研究方向为软件工程。

第三部分
实验实践类

基于虚拟仿真的电子信息大类专业"软件开发实践"课程项目化教学研究

王泉德 赵 晨 邹 炼 马 泳

(武汉大学电子信息学院,武汉,430072)

摘 要:为提高电子信息大类专业本科生软件设计和开发能力,有效支撑后续专业课程学习、大学生科研、学科竞赛和毕业设计,本文从软件开发能力培养模式的设计出发,针对专业特点设计了"软件开发实践"课程项目化实践教学案例,以及相应的组织实施和成绩考核办法,从而激发学生的创造力,成绩分析结果和评教结果均表明课程教学效果良好,学生的软件设计和开发能力得到了有效提升。

关键词:软件开发;虚拟仿真;项目化教学;教学案例

Research on Project-Based Teaching for the Course "Software Development Practice" in the Electronic Information Major based on Virtual Simulation

Wang Quande Zhao Chen Zou Lian Ma Yong

(Electronic Information School, Wuhan University, Wuhan 430072, China)

Abstract: To enhance the software design and development abilities of undergraduate students in the Electronic Information major, effectively supporting subsequent specialized courses, scientific research, academic competitions, and graduation projects, this paper starts from designing model of software development capability training. It proposes a project-based case for teaching the course "Software Development Practice" which is adapted to the characteristics of the major, along with corresponding organizational implementation, course ideological design, and assessment methods. And it stimulated students' creativity

---

通信作者:王泉德,wqd@whu.edu.cn。

基金项目:国家自然科学基金国际(地区)合作与交流项目(项目编号:62061160370);星载红外成像目标检测与识别技术研究。

greatly. Analysis of grades and course evaluations indicates that the teaching efficiency is positive, and students' software design and development skills have improved significantly.

Key words: software development; virtual simulation; project-based teaching; teaching case

引言

随着数字经济和生产生活智能化时代的到来,电子信息技术已成为全面支撑经济社会发展的战略性行业,社会对电子信息类专业人才需求量持续攀高,也对电子信息类专业人才的综合素质提出了新的要求[1]。机器视觉、深度学习、大数据分析等在各行各业的广泛应用,不仅要求电子信息类专业人才具有智能硬件的设计能力和研发能力,也对其软件设计和开发能力提出了更高要求[2]。目前,电子信息类专业毕业生有较大比例从事各种软件研发工作。在大学期间,学习并掌握软件开发相关知识、技能和方法,可为专业课程学习提供编程能力和算法设计能力的支撑,模块化、面向对象等软件设计思想可以应用于电子设备、系统或仪器的硬件设计中。

因此,掌握软件设计和开发能力对电子信息大类专业学生的学习、科研和未来发展具有重要意义。电子信息类专业人才软件设计和开发能力的培养目标如何适应产业变革需求、培养过程如何实现产教深度融合都是应该深入思考并尽快解决的问题,也是新工科建设背景下对专业转型发展提出的现实课题。

1 现状与问题分析

电子信息大类专业学生不能和计算机专业学生一样系统修习"离散数学""数据结构与算法""操作系统""软件工程"等与软件设计和开发培养相关的基础课程[3]。同时,软件产业的发展也给电子信息类专业毕业生从事软件开发工作提出了新的需求和挑战。现有电子信息类专业软件类课程的知识体系和教育教学理念相对落后于软件技术的发展,教学方法和手段需要更新,考核方式也不能突出对学生软件开发能力的培养,忽视了软件开发创新与综合应用能力的培养,导致学生的软件开发与工程实践能力欠缺,人才培养与企业对软件开发人才的需求脱节,难以满足社会需求。

2 电子信息大类专业软件开发能力培养模式设计

软件设计和开发具有逻辑性强、多样性、复杂性等特点,软件设计和开发能力是一种综合能力,软件设计和开发能力也应对标培养目标和毕业要求中的知识、工具和技能掌握,自我学习能力,复杂工程问题解决能力,非技术因素和职业素养等内容,需要由课堂教学、实验和综合实践共同完成。为此,武汉大学电子信息学院根据后续课程教学和专业能力培养的需要,以C和C++编程语言为基础为电子信息大类专业大一学生开设了"程序设计基础"和"算法与数据结构"课程,并在暑期开设了独立学分"软件开发实践"课程,对学生的软件设计和开发能力从理论到实践进行培养和训练,促使其尽快达成后续课程学习、大学生科研和学科竞赛等所需的软件设计和开发能力。

"程序设计基础"和"数据结构与算法"课程的线上、线下和课内、课外的授课内容分别如图1、图2所示。同时提供相应的学习资源供学生在课外进行线上自学,为实践教学提供必要的知识准备。综合实验和拓展实验会要求学生通过线上自学的知识完成相应的编程任务。

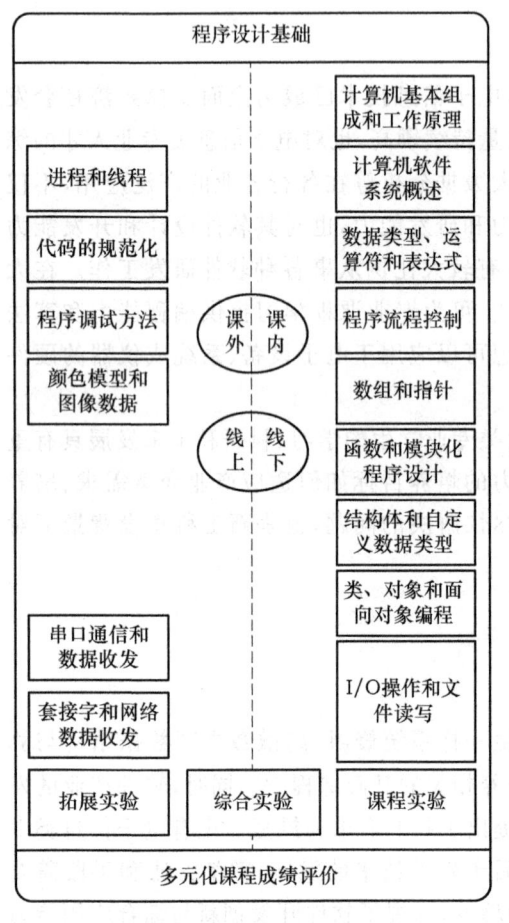

图1 "程序设计基础"课程教学内容

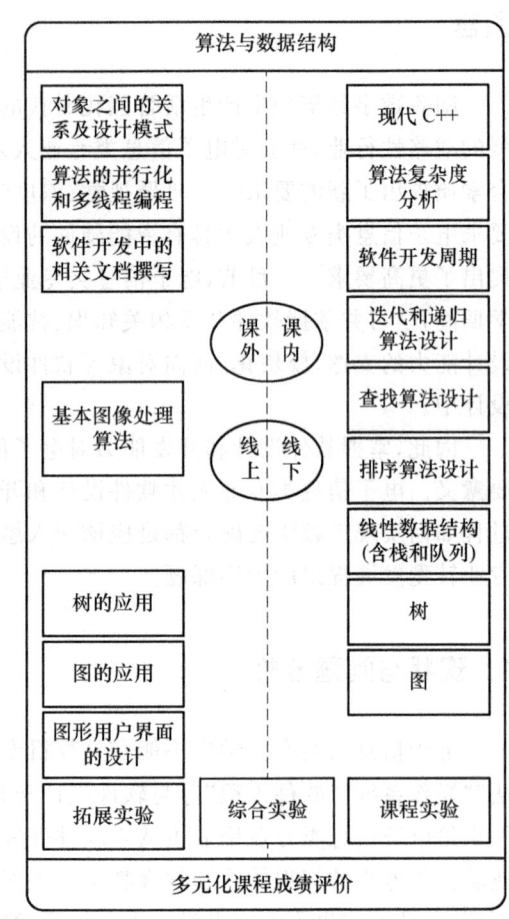

图2 "数据结构与算法"课程基础教学内容

实践教学围绕专门设计的软件开发选题展开,教学内容及其特点如图3所示。选题来源于专业教师科研或行业典型问题,具有复杂工程问题的基本特征,并针对学生知识能力水平、学时限制和实践场所的软硬件条件对软件功能作适当简化或裁减。教学内容包含选题涉及的软件开发方面的新知识介绍,指导学生完成需求分析、功能分析和模块设计;与学生分析讨论在软件开发、软件测试和维护中出现的问题。教学环节覆盖需求和功能分析、模块设计、软件开发、性能测试和优化、文档撰写、演示报告等软件开发的全过程。采用项目组形式的软件开发组织管理方法,体现组长、组员间的分工和合作,进度把控和难点问题解决;组织各项目组负责相同模块开发任务的组员间的横向交流讨论,提高模块开发质量;注重学生交流、组织和协作能力的培养和考核。

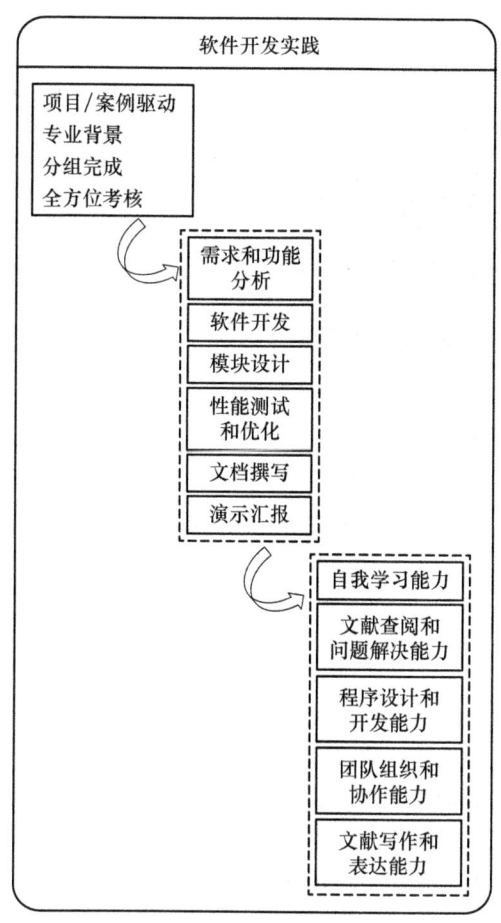

图 3 "软件开发实践"课程教学内容

3 实践教学案例设计

实践教学对学生软件开发能力的培养至关重要。合适的软件开发选题可充分锻炼学生运用所学知识设计、开发满足功能和性能要求的软件,激发学生的创造力。

3.1 软件开发选题设计

在综合考虑电子信息大类专业的特点、知识体系,以及高年级专业课程学习、学科竞赛、毕业设计等对软件开发能力需求的基础上,武汉大学电子信息学院"软件开发实践"课程组设计了软件开发选题,即空地协同智能车路径规划软件开发。该选题基于物理仿真技术来构建空中飞行器、地面智能车和障碍物构成的虚拟场景,可模拟重力加速度、智能车和地面的摩擦系数等场景物理属性,如图 4 所示。

教师基于 ODE 物理仿真引擎,采用 VC++2022 开发的场景模拟软件作为服务器端,学生拟开发的智能车路径规划软件作为网络客户端,两者通过网络接口实现数据和指令传输。场景模拟软件将空中无人机挂载的俯拍相机图像和智能车车载 GPS、陀螺仪采集的位置、姿态数据通过网络发送给智能车路径规划软件;智能车路径规划软件首先通过图像分析,提取智能车(红色)、目标区域(蓝色)、地面障碍物(黑色)和可通行区域(白色)后,建立场景栅格地图,

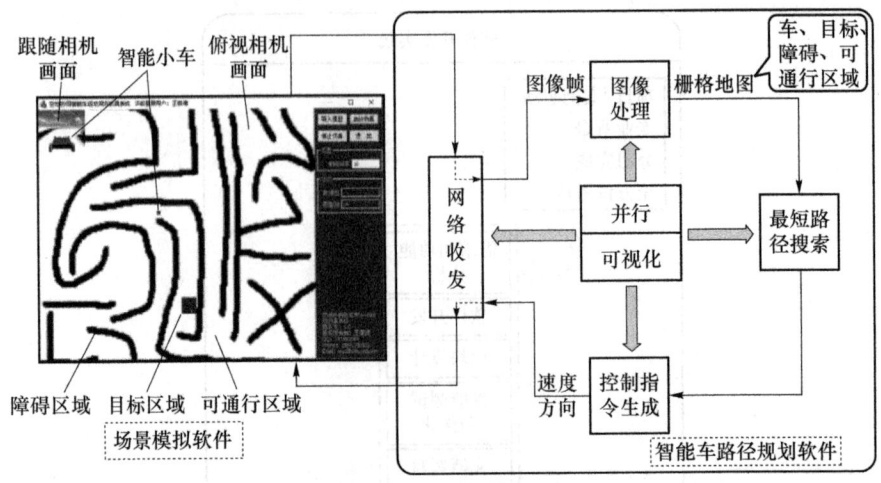

图 4 空地协同智能车路径规划软件

其次计算智能车从当前位置到目标区域的最短路径,最后根据最短路径向场景模拟软件发送智能车车轮的控制指令,使得智能车按最短路径运动到目标区域。

3.2 教学组织

学生需要在 VS2022 集成开发环境中采用 C++完成所有代码编写,综合运用面向对象编程思想和模块化编程思想进行模块设计。其中循环队列的设计和最短路径计算考查学生"数据结构与算法"课程中所学线性表和图两种数据结构的实际应用。此外,图形界面设计、基于套接字的网络数据收发、多线程编程、图像处理、栅格地图构建、智能车控制等知识需要学生根据提供的参考资料和线上资源完成预先学习(图 1 和图 2 中课外线上学习内容),教师根据学生的掌握情况有重点地进行讲解。

智能车路径规划软件可划分为图形界面、网络通信、循环队列、最短路径算法、图像处理和栅格地图生成、智能车控制共 6 个模块,分别由 6 个小组成员负责设计开发,小组长还需负责各个模块的集成和进度控制和分工合作。

在教学过程中,可以设置如下环节加强过程管理,确保每组同学能顺利完成开发任务。

1) 课前测试。根据软件开发任务所涉及的重要知识点和关键技术设计在线测试题目,通过测试结果了解学生知识和能力。

2) 任务布置。教师介绍软件开发任务和要求,根据课前测试结果对掌握情况不好的知识点和关键技术进行重点讲解。

3) 横向交流。教师组织不同小组负责相同模块设计和开发的同学一起交流,比较不同设计方案的优势和不足,提高模块设计的合理性和可扩展性。

4) 进度管理。整个软件开发过程可以划分为需求分析、模块划分及功能设计,软件界面设计和所有类的定义和代码实现,各个类的独立测试和修改完善,代码集成、总体功能测试和修改完善,软件总体性能测试和修改完善,演示、汇报和性能评估等各个阶段,小组长需要汇报每天的进展,分析进度滞后的原因,鼓励进度滞后的学生利用课余时间完成当前进度要求的所有任务。

4 成绩评定及成效分析

成绩评定内容和方法的合理性可提高学生学习的积极性和主动性,提高课程教学目标的达成度。学生课程成绩的评定内容和占比:参与度(10%)、进度管理(10%)、面向对象编程能力(10%)、代码规范性(10%)、功能和性能测试(20%)、演示与汇报(20%)、软件设计报告(20%)。图5是2020年、2021年、2022年共三个年级的学生在修完软件开发实践课程后,12个评教内容评分的平均值统计结果(每位学生首先对每项评教内容按1~5星,共5个等级进行评分,其次计算每项评教内容各个评价等级的人数占比,最后计算三个年级的平均值)。从评教结果可以看出,学生对课程教学的认可度较高,毕业生座谈和毕业生自己制作的个人简历中的部分内容都反映"软件开发实践"课程对他们本科阶段的课程学习、大学生科研、学科竞赛和毕业设计等各个环节都有较为积极的影响。

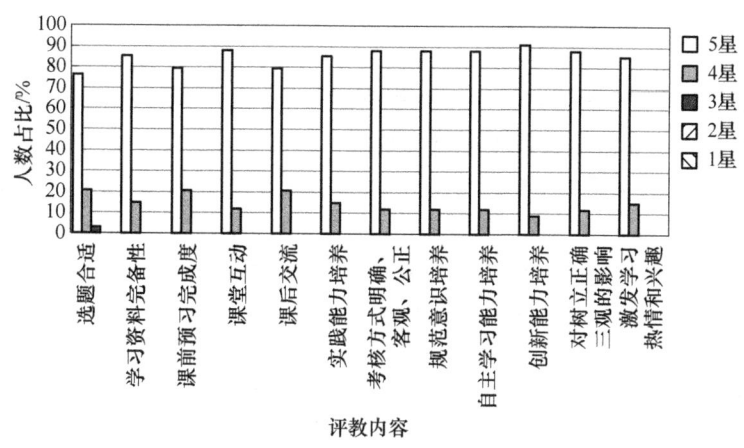

图5 2020—2022年来学生的评教结果分析

5 结语

在武汉大学电子信息学院按本文内容安排并实施电子信息大类专业学生开发能力培养后,从学生评教、学情分析和毕业生座谈等多个环节来看,学生软件开发实践能力提升明显,但也同时反映C++面向对象程序设计方法的学习会占用较多的课后时间,部分同学无法适应,如何引导学生充分利用各种在线资源自主学习,特别是为辅助课程学习和扩展知识面而在课后进行有针对性的自主学习,提高学习效率是电子信息大类学生软件开发能力培养需要进一步改进和努力的方向。

参 考 文 献

[1] 隋竹翠,徐新,贺赛先,等.电子信息大类人才培养教学过程管理与质量控制[J].实验科学与技术,2016,14(4):15-17.

[2] 陈兴文,黄永东,袁传军,等.深度变革情境下电子信息类人才培养模式研究[J].大学教育,2022(9):201-203.

[3] 吴际,孙青,荣文戈,等.能力培养目标驱动的软件开发类课程实践教学方法研究[J].中国大学教学,2018(10):37-43.

新工科背景下高频电子线路实验课程改革的研究

王恩成　盛智勇

（北方工业大学信息学院，北京，100144）

摘　要：高频电子线路实验课程在电子信息类专业中具有重要地位，但传统高频电子线路实验课程在培养创新型和应用型人才方面存在不足。本文针对现阶段存在的实验内容单一、设备陈旧、考核方式单一、学生参与度低等问题，结合新工科理念和人工智能技术，提出了实验课程改革措施，主要包括引入虚拟仿真技术提升实验灵活性、应用AI辅助教学系统实现个性化学习、开发工程案例导向实验项目以及建设智能实验室。改革措施具有较高的可行性与先进性，能够全面提升高频电子线路实验课程的教学质量与效果，促进创新型工程人才的培养。

关键词：新工科；实验教学改革；高频电子电路实验；高频电子线路

Research on the reform of high-frequency electronic circuit experimental courses under the background of new engineering

Wang Encheng　Sheng Zhiyong

(School of Information, North China University of Technology, Beijing 100144, China)

Abstract: High-frequency electronic circuit courses play an important role in electronic information majors, but traditional experimental courses have shortcomings in cultivating innovative and applied talents. In view of the current problems of single experimental content, outdated equipment, single assessment methods, and low student participation, this article proposes experimental course reform measures based on new engineering concepts and artificial intelligence technology. It mainly includes the introduction of virtual simulation technology to improve experimental flexibility, the application of AI-assisted teaching systems to achieve personalized learning, the development of engineering case-oriented

通信作者：王恩成，wech@163.com。

experimental projects, and the construction of intelligent laboratories. The reform measures are highly feasible and advanced. They can comprehensively improve the teaching quality and effect of high-frequency electronic circuit experimental courses, and promote the cultivation of innovative engineering talents.

Key words: new engineering; experimental teaching reform; electronic circuit experiment; high frequency electronic circuit

一、引言

高频电子线路实验课程是电子信息类专业学生学习的重要组成部分,尤其是在现代通信、射频工程等领域中扮演着至关重要的角色[1-3]。随着新工科理念的提出及人工智能技术的迅速发展,传统的高频电子线路实验课程已不能满足培养创新型、应用型人才的需求。本文探讨如何通过层次化教学模式、多种教学方式的融合、自主设计性实验等措施,提升学生的高频电子工程实践能力,并实现理论与实践的统一。

高频电子线路实验课程的改革不仅有助于提升教学质量,还可以推动相关领域的科学研究。通过将 AI 技术应用于高频电子线路实验课程,可以促进新理论、新方法和新技术的发展,推动学科的进步。

二、现阶段国内高频电子线路实验课程的开展情况

1. 实验课教学内容单一,实践性不强

现阶段,国内的高频电子线路实验课程普遍以经典实验为主,实验内容以验证课本知识为核心,缺乏与实际工程问题的深度结合[4-6]。学生往往在实验中机械地按照步骤操作,缺乏主动思考和问题解决能力的锻炼。这种实验内容设计虽然能够帮助学生理解基础理论,但在培养学生创新能力、工程实践能力方面存在不足。

2. 实验设备陈旧,更新慢

由于高频电子线路涉及复杂的信号处理和电路设计,实验设备的先进性对课程效果至关重要。国内许多高校的高频电子实验设备更新缓慢,实验条件落后,设备操作复杂且不直观,影响了学生的实验体验。同时,许多高校的实验仪器与当下实际工业需求脱节,使得学生难以获得先进技术的实践训练。

3. 实验考核方式单一

目前,高频电子线路实验课程的考核方式主要以实验报告为主,学生通过填写实验结果和实验步骤完成考核。这种考核方式过于注重形式,难以全面评估学生的动手能力、创新能力。此外,实验报告容易成为应付形式,导致学生对实验的深度思考不足,学习效果较差。

4. 学生参与度低,动手能力薄弱

由于实验内容相对固定,学生的参与度和自主性普遍不高。实验步骤通常是预先设计好的,学生只需按照操作指南执行,这种方式限制了学生的动手实践和自主探究能力,影响了他们的创新意识和工程实践能力的发展。

三、高频电子线路实验课程存在的问题

1. 与实际工程应用脱节

现有高频电子线路实验课程主要基于理论验证,缺乏与实际工程应用场景的结合,学生在学习过程中难以理解高频电子技术在实际应用中的重要性,缺乏解决实际工程问题的能力[7-9]。此外,实验内容更新速度慢,不能反映最新的技术发展,导致学生的知识和技能难以适应快速变化的产业需求。

2. 教学手段单一,互动性不足

当前的实验教学主要依赖传统的实验指导书,学生按照固定的实验步骤操作,缺乏主动探索的空间。在实验课上,教师的角色往往局限于实验指导,学生与教师之间的互动较少,无法激发学生的学习兴趣和自主学习能力。

3. 创新能力培养不足

在传统实验课模式下,学生往往只是跟随既定步骤进行操作,缺乏创新思维的培养。课程设计上重理论验证、轻实际应用,学生较少有机会从工程角度自主设计电路或解决实际问题,创新能力难以得到有效锻炼[10]。

四、基于新工科和人工智能技术的高频电子线路实验课程改革措施

针对上述问题,结合新工科理念和人工智能技术的发展,提出以下高频电子线路实验课程的改革措施。

1. 引入虚拟仿真技术,提升实验教学的灵活性

新工科强调工程实践能力的培养,而虚拟仿真技术可以为学生提供更加灵活的实验环境。在传统实验设备有限的情况下,学生可以通过虚拟仿真平台模拟高频电子电路的设计、调试与测试,提升动手实践能力。通过虚拟实验平台,学生能够在短时间内进行多次实验操作,增加对电路设计的理解和优化能力。此外,虚拟仿真平台可以实现跨地域、跨学校的实验资源共享,提高教学资源的利用效率。

2. 引入 AI 辅助教学系统,实现个性化学习

人工智能技术可以应用于高频电子线路实验课程中,辅助学生学习。通过 AI 辅助教学系统分析学生的学习行为和实验操作,教师能够实时掌握学生的学习进度和理解情况,提供个性化的指导。AI 辅助教学系统还可以推荐不同层次的实验任务,帮助不同学习能力的学生获得适合自己的实验训练内容。这种个性化的学习模式能够提高学生的参与感和学习效果,增强实验课的互动性。

3. 开发工程案例导向的实验项目

为了缩短高频电子线路课程与实际工程应用之间的差距,实验课程应引入工程案例导向的项目设计。通过与产业界合作,开发与最新技术发展相结合的实验内容,如 5G 通信、射频电路设计等,使学生能够在实验中解决具有实际意义的工程问题。通过这些案例,学生不仅可以掌握高频电子线路的基本原理,还能理解其在实际应用中的重要性,提升解决复杂问题的能力。

4. 改进考核方式,突出能力评估

实验课程的考核应从单一的实验报告评价扩展到对学生综合能力的评估。可以通过实验过程中的表现、实验结果的分析以及解决问题的创新性来进行全方位考核。此外,考核方式可以结合 AI 技术,自动记录学生的实验操作,分析其完成任务的效率与准确性,从而更加客观、公正地评估学生的实验能力。

5. 建设智能实验室,提升教学效果

新工科背景下的智能实验室是未来实验教学的重要发展方向。智能实验室可以结合物联网、人工智能和大数据技术,实时监控实验设备的状态和学生的操作过程。教师通过智能实验室管理平台,能够远程监控学生的实验进度,并根据学生的操作行为给予实时反馈。此外,智能实验室还能自动记录实验数据,帮助学生分析实验结果,提升实验教学的智能化水平。

五、措施的可行性分析

1. 虚拟仿真技术的可行性

虚拟仿真技术在现代教育中的应用已相对成熟,特别是在高成本、高难度的实验领域,具有显著的优势。通过虚拟仿真技术,学生可以打破时间和空间的限制,随时进行实验操作,这将极大地提升实验教学的灵活性和覆盖面。此外,虚拟仿真技术可以模拟真实的实验环境和设备操作,增强学生的实践感知和动手能力。

2. AI 辅助教学系统的可行性与先进性

随着人工智能技术的不断发展,基于 AI 辅助教学系统的个性化教学已经在许多领域取得了成功。在高频电子线路实验课程中,AI 辅助教学系统不仅可以实现学生学习行为的智能分析,还可以根据学生的学习需求推荐合适的实验任务和学习资源。AI 辅助教学系统的引入能够提高教学的精准性与个性化,有效地解决传统高频电子线路实验课程中师生互动不足的问题。

3. 工程案例导向实验项目的可行性

工程案例导向的实验项目将理论与实践紧密结合,符合新工科培养创新型人才的要求。通过与产业界合作,高校可以获得最新的技术需求和工程案例,将其转化为实验项目。这种改革不仅能提升学生的实践能力,还能增强他们对技术前沿的敏感度,提升就业竞争力。

4. 智能实验室建设的可行性

智能实验室依托物联网、人工智能等先进技术,能够实现实验教学的全面智能化。尽管智能实验室的建设需要较高的投入,但随着技术的成熟和成本的降低,越来越多的高校将能够逐步建设智能化实验平台。此外,智能实验室能够有效地提升教学效率,优化实验资源的利用,有助于实现大规模实验教学的高效管理。

六、结论

高频电子线路实验课程的改革是新工科背景下培养创新型工程人才的必要举措。通过引入虚拟仿真技术、AI 辅助教学系统和工程案例导向实验项目,高频电子线路实验课程将更加注重学生的实践能力、创新思维和工程应用能力。同时,智能实验室的建设和个性化学习的引入,将为高频电子线路实验课程的现代化发展提供强有力的技术支持。这些改革措施的实施不仅具有较高的可行性,还具有显著的先进性,能够全面提升高频电子线路实验课程的教学质量和教学效果,助力新工科人才培养目标的实现。

参 考 文 献

[1] 赵洪亮,王晓东.新工科背景下的电子信息类课程教学改革研究[J].高等工程教育研究,2020(4):36-40.

[2] 王凯,张伟.人工智能技术在电类实验教学中的应用探讨[J].实验技术与管理,2021,38(12):54-58.

[3] 李志伟,刘建国.高频电子电路课程改革探讨[J].电气电子教学研究,2019,37(5):25-29.

[4] 张鹏飞,王志伟.基于人工智能的实验教学平台设计与实现[J].教育信息化研究,2020,15(2):72-77.

[5] 刘洋,黄磊.新工科背景下的高频电子线路实验教学改革思路[J].电子技术与软件工程,2021(3):83-85.

[6] 何小莲,覃光锋,黄伟铭,等.工程认证背景下"高频电子线路"课程改革探析[J].科技风,2024(14):139-141.

[7] 沈玉红,侯婷,黎玉玲.高频电子线路课程线下教学改革研究[J].河南教育(高教),2024(6):73-74.

[8] 王建华."高频电子线路"课程思政的教学探索[J].电气电子教学学报,2024,46(1):111-114.

[9] 付卫红,刘乃安,李想,等.高频电路实验教学和考核评价方式探讨[J].电气电子教学学报,2024,46(2):221-225.

[10] 党跃武,龚小刚,胡廉洁,等."为未来而来,与智慧同行""有川大风格,具新质特性"——四川大学"人工智能十"赋能一流本科的探索与实践[J].数字与缩微影像,2024(3):4-8.

作者简介

王恩成:男,1976年生,副教授,研究方向为射频电路、微波技术与天线。

盛智勇:男,1979年生,高级实验员,研究方向为电子电路设计。

基于 Proteus 的 STM32 项目式教学创新研究

宫铭举　朱林琳　田　峪　张义林　童峥嵘　姜道连　王　雪　胡世会

（天津理工大学集成电路科学与工程学院，天津，300384）

摘　要：随着科学技术的迅猛发展，在电子信息教育中嵌入式的系统设计已占据主导地位。传统的理论知识与实验教学出现脱节，难以满足现代工程科技人才的培养要求。为解决这一问题，对嵌入式应用课程采用项目式教学，以 Proteus 软件为依托，以 STM32 单片机为主体，结合情景法和探究法进行教学创新研究。通过项目式教学和教学效果评估，证明这种新的教学模式具有可行性和有效性。

关键词：教学创新；项目式教学；Proteus；STM32

Research on Project-based Teaching Innovation of STM32 Based on Proteus

Gong Mingju　Zhu Linlin　Tian yu　Zhang Yilin　Tong Zhengrong　Jiang Daolian　Wang xue　Hu Shihui

(School of Integrated Circuit Science and Engineering, Tianjin University of Technology, Tianjin 300384, China)

Abstract: With the rapid development of science and technology, embedded system design has taken a dominant position in electronic information education. Traditional theoretical knowledge is disconnected from experimental teaching, making it difficult to meet the requirements of cultivating modern scientific and technological talents. To solve this problem, project-based teaching is adopted for electronic comprehensive design courses, relying on Proteus software and STM32 microcontroller as the main body, to conduct

---

通信作者：宫铭举，gmj790@163.com。
基金项目：天津理工大学教学基金（项目编号：ZD24-04）。

teaching innovation research. Through project-based teaching and teaching effectiveness evaluation, it has been proven that this new teaching model is feasible and effective.

Key words:teaching innovation;project-based teaching;proteus;STM32

1 引言

在电子信息技术高速发展的背景下,国家对信息工程人才的需求倍增,所以高校对相关专业学生的培养方案中都有软件和硬件的要求,单片机原理及应用成为计算机等专业的必修课程[1]。然而,单片机原理及应用课程更依赖实践,传统的授课方式忽视了对学生实践能力的培养,理论知识和实验教学的环节相分离,不利于学生掌握单片机技术的知识及应用[2]。利用Proteus进行51单片机教学的研究成果较多,但利用Proteus进行嵌入式STM32的教学研究成果较少,因此,本文介绍一种结合Proteus仿真平台和STM32微控制器的项目式教学方案。

2 传统单片机教学弊端

2.1 理论知识与实验教学脱节

学生在课堂上学到的理论知识与实际的实验项目操作缺乏紧密联系,会出现脱节的问题,部分教学大纲会更重视理论知识的传授,而忽略学生实践能力的培养,导致学生无法将所学的理论知识有效转化为实践能力,不利于培养科技型创新人才[3]。

2.2 硬件资源有限

部分学校资源有限,不足以支持全体学生进行实验教学,因此在课堂上更侧重讲解单片机的硬件系统结构、汇编语言和C语言的讲解,理论知识相对抽象晦涩难懂[4],实验环节只是简单的验证,学生无法深入理解单片机的工作原理。

2.3 实验时间紧张

由于课时的限制,实验环节的时间过于紧张,虚拟仿真学习训练往往难以在规定时间内完成。在硬件调试环节,学生通常会遇到各种问题,如电路连接错误、代码的中英文格式、程序烧录失败等。解决各种小问题会耗费大量的时间,有时会导致部分学生的进度过慢,整个仿真实验无法按时完成。

2.4 传统授课方法调动学生兴趣不足

在授课内容方面,按部就班的传统授课方法,虽然条理比较清晰,但略显枯燥和乏味,在调动学生积极性方面略显不足,且不易帮助学生建立起系统化的思维与视角。

3 项目式教学改革

针对传统单片机的教学弊端,进行教学改革,采用项目式教学设计,以项目展开教学,采用情景法与探究法调动学生的学习兴趣,将理论知识与实践操作紧密结合,增强学生对STM32微控制器相关理论知识的理解。项目由浅入深,由易到难,让学生参与到从设计到实现的全过程。

3.1 项目式教学方法的特点

本文采用 Proteus 软件进行基于 STM32 的电路设计与仿真,开展项目式教学。基于 Proteus 的 STM32 仿真案例并不多见,近两年 Proteus 的较新版本才具有 STM32 仿真功能,使用 Proteus 开展 STM32 项目式教学的相关教学资料与案例相对较少,相关研究论文甚少,因此本文的相关研究具有较好的创新性,以及应用推广价值。

通过项目案例分享,让教学更加贴合实际应用,具有更好的学习导向。学生能够在虚拟环境中进行电路设计与调试,降低了硬件成本,提升了教学效果。通过设计具体的项目,将理论知识与实践操作紧密结合。项目的难易程度由简单到复杂,能够逐步引导学生掌握 STM32 单片机的基本原理和应用技术。在项目教学实施过程中,学生不仅需要学习单片机的内部结构、功能以及编程方法,还需要掌握 Proteus 软件的使用技巧,进行电路图的绘制与仿真。这种软、硬件结合的教学方式有助于培养学生的综合实践能力。

项目式教学以"学生为主导",通过参与项目的全过程,能够极大地提升学生学习的积极性和动手能力。学生在项目实施过程中需独立思考、解决问题,有助于培养他们的创新思维和解决问题的能力。通过项目式教学,学生能够将所学的理论知识有效转化为实践能力,解决了传统教学中理论知识与实践教学脱节的问题。案例教学法虽然也注重实践操作,但通常只是针对某个具体案例进行分析和讲解,缺乏系统性和连贯性。而本文的项目式教学则通过设计一系列的项目,将基础理论知识与实践操作紧密结合,将基本知识点渗透在各个项目案例中,让学生在项目实践过程中学习知识,从而形成一个完善的教学体系。项目案例设计顺序:基于 GPIO 点亮 LED 灯、按键控制 LED 灯、简易计算器仿真设计、温湿度监测系统、串口通信实验等。下面以简易计算器仿真设计项目为例,进行教学分析。

3.2 简易计算器仿真设计项目教学分析

1. 项目情景导入

向学生展示一些常见的计算器,引导学生思考计算器的工作原理。教师提出本项目的任务——设计一款简易计算器,具有计算和清零功能,可以在显示屏显示出计算结果。

2. 项目分析讲解

介绍 STM32 单片机的内部结构及功能,以实现功能为目标,探究式地带领学生深入探索相关知识点,讲解矩阵式键盘和 LCD1602 液晶屏的工作原理及与 STM32 的连接方式,分析计算器的运算逻辑和实现方法。

3. 项目实施

将学生分组进行硬件设计,在 Proteus 软件中绘制电路图,将 STM32 单片机、矩阵式键盘和 LCD1602 液晶屏相连接。利用 Keil 编写软件代码,实现键盘扫描、数据处理和显示功能,进行整体调试,检查计算器的各项功能是否正常。

4. 项目展示

各小组展示设计的计算器,小组之间进行互评,教师进行整体评价,提出改进措施,并讲解一下简易计算器的实现过程。简易计算器硬件部分由三大模块组成,即 STM32F103C8T6 微控制器、键盘模块电路和 LCD1602 显示模块。键盘输入采用行列扫描法,通过 STM32 的 GPIO 端口来模拟行(列)信号,从而实现按键状态的检测与识别。计算结果由 LCD1602 显示屏显示,连接 STM32 的 I2C 接口进行通信。图 1 和图 2 分别是简易计算器的仿真电路图和流程图。

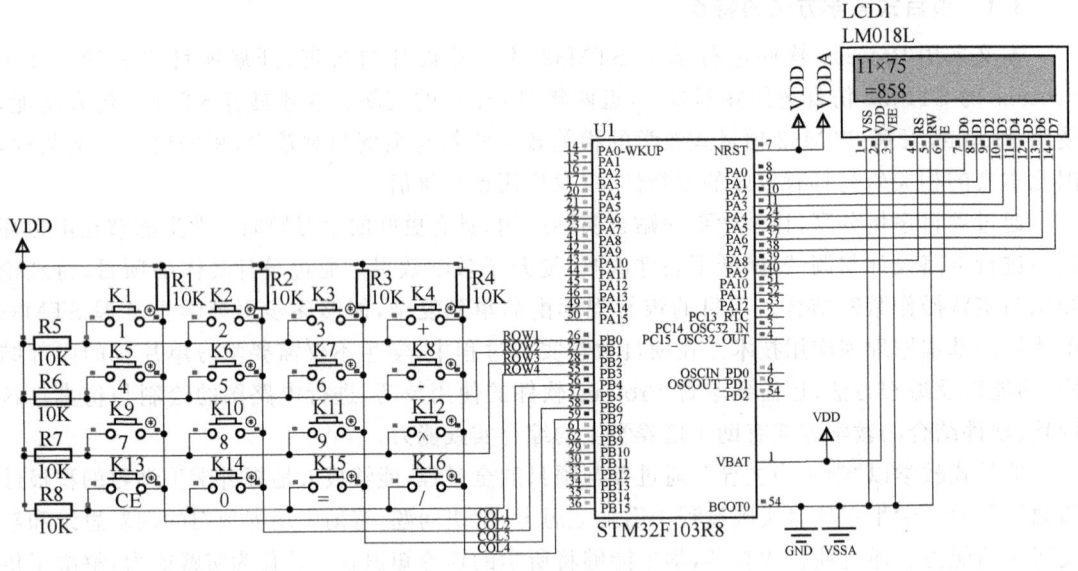

图 1 简易计算器仿真电路图

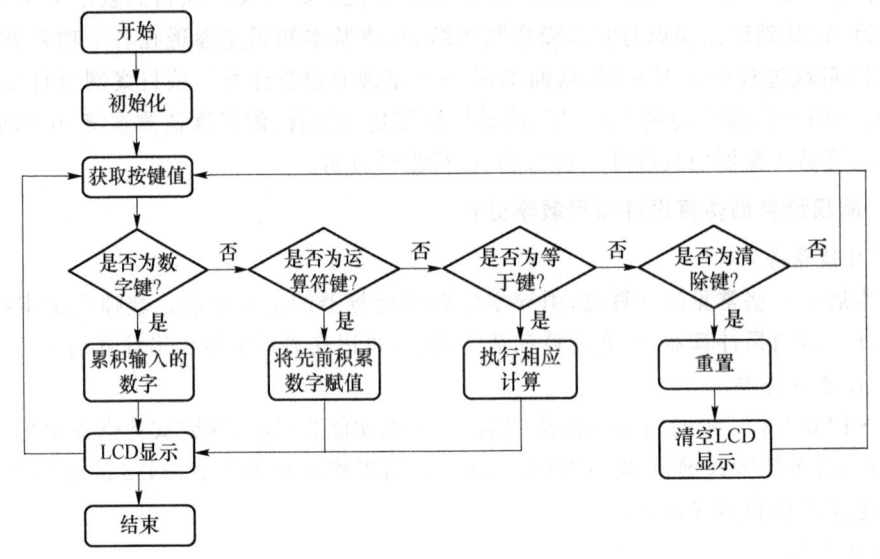

图 2 简易计算器流程图

4 教学成效分析

近几年,以此教学方法指导的"微机原理与单片机技术"课程,作为教育部工程认证的重点课程,获得了专家们的一致好评,并协助通信工程专业成功通过工程认证,与此同时,将该教学创新思路应用于本专业其他课程,获得了两项教学改革与创新项目支持。该课程首次参加中国教师教学创新大赛便获得校级三等奖。

近年来,通信工程专业学生参加大唐杯移动通信大赛,获得全国赛区天津赛区奖项人数达150余人,2023年分别获得国赛一等奖、二等奖各1项。此外,2023年获得全国电子设计竞赛国家二等奖1项。

"微机原理与单片机技术"作为通信工程专业最主要的电子实践类课程,每年助力本专业学生考取研究生占比30%左右,多数同学考取了211、985名校,甚至部分同学考取了清华大学、中国科学技术大学、哈尔滨工业大学、西安电子科技大学等国内顶尖大学的研究生。

5 结论

STM32项目式教学改革,真正改变了传统教学模式,实现了"以学生为中心",有效提升了学生的学习积极性和动手实践能力。通过项目式学习,学生不仅能够掌握STM32单片机的基本原理和应用技术,还能学会如何使用Proteus软件进行电路设计和仿真,这种项目式学习方法不仅有助于学生更好地理解和应用所学知识,更为重要的是有效提升了学生分析问题、解决问题的工程实践能力,为未来的专业学习和工作打下坚实的实践基础。

参 考 文 献

[1] 侯志伟,杜青青,包理群.融入虚拟仿真的STM32应用开发实验教学改革与实践[J].物联网技术,2024,14(7):147-151.

[2] 王月.单片机应用技术课程中的案例教学实践[J].电子技术,2023,52(11):139-141.

[3] 岳天天,邓睿.基于Proteus软件设计的单片机实验课程教学改革探索[J].数字技术与应用,2023,41(8):130-132.

[4] 杨海马,江斌,刘鑫,等.基于Proteus仿真及竞赛驱动的测控电路教学改革探索[J].中国教育技术装备,2021(14):44-45.

基于现代电源产业需求驱动的功率电子技术实验教学改革

赵徐森　张晓强　刘元超　毛　鹏

(北方工业大学信息学院,北京,100144)

摘　要：基于我国现代电源产业发展新需求和北方工业大学应用型人才的培养目标定位,对功率电子技术实践教学进行了改革与探索。以"全控型功率开关器件"与"面向工业产业需求的实践教学"为特色,将经典电源系统模块化,建立了实践教学的基本框架以及循序渐进的教学方法,提高了学生"以仿真为基础的数值分析设计能力"和"以实验研究为基础的创新能力",具有对象明确、贴近实际和思维聚焦等优点,使实践教学回归解决现实问题的本源。在高级应用型人才培养的实践教学过程中,取得良好效果和一些成果。

关键词：实践教学改革；功率电子技术；现代电源产业；模块化教学；数值仿真

Reform of Power Electronics Technology Experimental Teaching Driven by Modern Power Supply Industry Demand

Zhao Xusen　Zhang Xiaoqiang　Liu Yuanchao　Mao Peng

(School of Information, North China University of Technology, Beijing 100144, China)

Abstract: Based on the new development needs of China's modern power supply industry and the training objectives of our university's applied talents, we have reformed and explored the practical teaching of power electronics technology. With the characteristics of "fully controlled power switch devices" and "practical teaching for industrial needs", the classic power system is modularized, and the basic framework and progressive teaching method of practical teaching are established. This improves students' "numerical analysis and design ability based on simulation" and "innovative ability based on experimental research", and has the advantages of clear objects, close proximity to reality, and focused thinking, making practical teaching return to the origin of solving real problems. In the practical teaching process of cultivating advanced applied talents, good results and some achievements have been achieved.

Key words: practical teaching reform; power electronics technology; modern power industry; modular teaching; numerical simulation

1 引言

电源是以电力电子技术为核心的闭环系统。电源制造是一个新兴产业,也是中国制造的一个重要分支。前 IEEE 电力电子学会主席、美籍华人李泽元院士说,美国 21 世纪 13 个重点研究领域里,除生物技术外,12 个研究领域与电源技术有关。

与国际上高度重视电源制造创新研究相比,国内高校在达成现代电源产业人才的知识结构方面,还存在如下问题:①国内对开关变换器的教学多限于开环系统,我国电源工程师普遍使用试错法盲目调试系统,使教学内容滞后于现代电源产业需求[1];②以传授知识为主的教学方法,使学生"只见树木、不见森林",培养出的人才不能满足现代电源工业的需求[2];③教学手段单一、吸引力不足[3]。

针对上述问题,北方工业大学承担了北京市高等学校教育教学改革课题——功率电子技术课程体系的改革和探索。

2 功率电子技术实验教学改革

(1) 更新实验教学内容,以满足现代电源产业需求驱动

电源是一个强非线性开关闭环系统,存在建模与控制难题。我国电源工程师在研制和生产过程中普遍使用落后的试错法盲目地调试系统,存在着周期长、代价大、技术指标不佳等问题,使电源产品"貌似神不像",国内教学多限于讲授开环系统——开关变换器,严重制约了我国电源产业的发展[4]。

为了解决教学内容滞后于现代电源产业需求的问题,根据国内外对从事现代电源产业高级工程技术人才知识结构的要求,我们以全控型开关功率器件为核心,改革功率电子技术实践教学内容和方法。我们先后编著了《绿色电源:现代电能变换技术及应用》《开关电源技术》《开关变换器的建模与控制》等教材,为实践教学改革提供了坚强支撑。

(2) 模块化的实践教学方法,传授经典系统以培养解决复杂问题的能力

电源由开关变换器和控制器组成。开关变换器含直流-直流、直流-交流、交流-交流和交流-直流等 4 种变换,控制器含电压、电流两个控制变量[5],这个特征为开展模块化实践教学提供了极大的方便。基于美国教育学家福里肯林"最好的教育使自己沉浸在经典中"的教育理念,以经典系统所需的知识与技能为教学内容,建立模块化、循序渐进的实践教学模式。

北方工业大学拥有长期研究大功率照明电源系统的北京市重点实验室。照明电源系统由交流-直流变换、直流-直流变换和直流-交流变换等三级电路组成,是一个典型的三模块电力电子系统。

模块化实践教学方法将学生的学习注意力聚焦到工业应用,掌握专业化的思维方式和经典设计方法。在实验装置和仿真平台上深化、扩展基础知识,使其知识转化为能力。开阔了学生的视野,提高专业兴趣,激发了学习热情。

(3) 建立实验装置与仿真平台,以实现电源闭环设计与实验的数值化和可视化

以仿真技术为基础的数值设计方法将会成为电源工程设计人员的重要设计方法。基于开关变换的电源系统涉及非线性系统建模、经典控制论和计算机数字控制等多个学科门类,对初学者存在入门难的问题。我们将多年的科研成果进行转化,开发出系列实验装置和仿真平台,实现了电源闭环实验的数值化与可视化,使学生的实验手段和能力有了质的飞跃。

实验室现已建成的实验装置和仿真平台:网络型功率电子技术基础实验平台、单相SPWM逆变电源、有源功率因数校正器、2.5 kW 中功率 DC/DC 变换器实验系统、1 kW 中功率高频谐振逆变器实验系统、500 W DSP 控制高性能低频逆变器、600 W 功率集成系统等。这些实验装置和仿真平台让晦涩难懂的理论真正变成为学生的分析和设计工具,同时为学生和电源工程师调试系统提供了重要手段。

(4) 规模化地参加国内外学科竞赛,以提高学生的专业综合素质

国内外学科竞赛使最优秀的学生和教师聚集一堂,从已知世界出发,运用智慧整合各类资源,探究未知世界,挑战技术极限,为电源界提供新的技术视角,成就自我。基于美国实用教育学家杜威的"在做中学"和罗伯特的"深度学习方法理论",即:告诉我,我会忘记;向我展示,我能记住;让我参与,我能领悟。我们可以规模化地组织学生参加学科竞赛,全面提高专业综合素质。

学科竞赛可以做到如下几个方面。①实现由"学"到"做"的转变。学科竞赛能最大限度地调动了学生的积极性,感悟工业需求,学以致用,提升学生解决复杂工程问题的能力。②培养一支能征惯战实践教学队伍。学科竞赛要求老师具有基于模型的理性思维,基于数值仿真的特例验证,不断跟踪新知识和解决关键问题的能力,将老师的关注点由"课本"转换为"工业需求"。③促进实验室的全面现代化。竞赛促进以产业界的需求和最新研究成果为源泉,更新实验设备和内容,促进实验室管理和实验手段现代化。

3 功率电子技术实验教学改革的特色

正是基于国内外对现代电源工程师知识结构的新要求以及现代电源产业需求的驱动,以培养面向企业需求的新型技术人才为宗旨,紧跟功率电子技术的新发展,具有鲜明的专业和行业特色。

(1) 在兼顾传统内容的基础上,围绕器件、电路和系统组织实践教学内容,强化器件为电路服务,电路为系统服务,系统为应用服务,教学为工业服务的宗旨。将课堂教学与实验教学,实验建设与科研、社会服务紧密结合,保证实验技术与社会发展同步发展。

(2) 有效融入以仿真技术为基础的数值分析和设计,充分利用不同仿真软件的功能特色,对器件、电路和系统的不同特性进行分层次的仿真与研究。有助于加深学生对理论分析的理解,实现了理论、仿真和实践三者并重,为解决电源方面的工程设计问题提供了有效的手段。

(3) 针对器件、电路和系统的不同特性,围绕全控型功率器件及其构成的电路作为主要的研究对象,将实验项目分为基础实验、综合设计性实验和创新性研究项目三个层次。模块化、循序渐进的实践教学模式,使学生的实验能力、创新能力和专业素质不断得到提升。

(4) 建立了一支以实践教学和人才培养为主的高水平的教学团队,不仅能够胜任课程教学和实验教学,承担高水平科研项目、教育教学研究课题,并做出具有原创性的科研和教改成

果,而且能将关注点由"课本"转换到"工业需求",将学术优势转化为教学优势,实时跟踪国际最新技术前沿。

4 结束语

根据北方工业大学应用型人才的培养目标定位和实践教学办学特色,基于我国现代电源产业发展新需求,进行了功率电子技术实践教学改革与探索。以"全控型功率开关器件"与"面向工业产业需求的实践教学"为特色,将经典电源系统模块化,建立了实践教学的基本框架以及循序渐进的教学方法,提高了学生"以仿真为基础的数值分析设计能力"和"以实验研究为基础的创新能力",具有对象明确、贴近实际和思维聚焦等特点,使实践教学回归解决现实问题的本源,为培养高级应用型人才探索了一条新路。

实践教学改革取得较好成果。北方工业大学电子信息工程专业学生参加全国大学生电子设计竞赛,共获15项电源领域赛题全国奖;在中国电源学会举办的"矽力杰杯"首届高校电力电子应用设计大赛中,获得唯一的一等奖;在国际未来能源挑战赛中分别获得最佳工程奖和最佳工业价值奖。教学团队入选教育部课程思政教学团队,实验项目荣获第十届全国高校电工电子基础课程实验教学案例设计竞赛全国总决赛一等奖。

参 考 文 献

[1] 张卫平,张晓强,毛鹏.开关电源技术[M].北京:机械工业出版社,2022.
[2] 李旭春,王春凤.创新实践教学,提高电力电子技术基础课程教学效果[J].实验技术与管理,2012(7):11-13.
[3] 王明彦.电力电子技术实验环节开展研究性教学的探索[J].中国电力教育,2009(3):137-139.
[4] 张卫平,陈亚爱,张懋.开关变换器的建模与控制[M].北京:机械工业出版社,2020.
[5] 林渭勋.现代电力电子电路[M].杭州:浙江大学出版社,2002.

作者简介

赵徐森:男,1968年生,高级实验师,功率电子技术。
张晓强:男,1976年生,副教授,开关电源技术。
刘元超:男,1979年生,高级实验师,功率集成技术。
毛　鹏:男,1984年生,讲师,直流变换技术。

无线通信系列课程实践教学案例设计

李 进[①②]　韩 涛[①②]　关文洋[①②]　廉小亲[①②]

[①](北京工商大学计算机与人工智能学院,北京,100048)
[②](北京工商大学中国轻工业工业互联网与大数据重点实验室,北京,100048)

摘　要：在信息类专业的无线通信系列课程中,"无线通信原理"和"现代通信技术"为学生提供理论基础,而"MATLAB与通信系统仿真"提高学生实践能力。然而,无线信道知识的抽象复杂给教学带来挑战。本文探讨将新兴技术融入理论教学,以提升学生的实验动手能力。本文的案例以智能交通系统中车联网应用为背景,将优先级概念应用于课程设计,满足学生对课本知识公式的仿真需求,并激发他们对通信协议的创新和修改。实验结果显示,学生在复现专业知识和公式方面表现良好,但在创造性协议方面的成功率较低,需教师指导。该案例有效结合复杂理论与新兴技术应用,旨在激发学生的学习兴趣,提高创新意识和实践能力。

关键词：无人机辅助车联网；教学案例；无线信道传输延迟

A Case Study on the Practice Teaching in Wireless Communication Series Courses

Li Jin[①②]　Han Tao[①②]　Guan Wenyang[①②]　Lian Xiaoqin[①②]

[①](School of Computer and Artificial Intelligence, Beijing Technology and Business University, Beijing 100048, China)
[②](Key Laboratory of Industrial Internet and Big Data, China National Light Industry, Beijing 100048, China)

Abstract: In the wireless communication curriculum of information-related programs, core courses such as "Wireless Communication Principles" and "Modern Communication

---

通信作者：李进,jinli@btbu.edu.cn。
基金项目：北京工商大学教育教学改革研究项目(项目编号:jg225210)。

Technologies" provide essential theoretical foundations, while "MATLAB and Communication System Simulation" enhances students' practical skills. However, the abstract and complex nature of wireless channel knowledge challenges teaching. This study integrates emerging technologies into theory to boost students' hands-on abilities. Using the application of Internet of Vehicles (IoV) in intelligent transportation system as a backdrop, this case study applies priority concepts in course design to meet students' needs for simulating textbook formulas and to inspire innovation in communication protocols. The results show students excel at replicating knowledge and formulas but struggle with creating innovative protocols, needing teacher guidance. This case effectively merges complex theory with emerging tech applications to stimulate interest, foster innovation, and enhance practical skills.

Key words：UAV-assisted Vehicular Ad Hoc Networks；Teaching Case Study；Wireless Channel Transmission Delay

引言

在过去几十年，无线通信技术已从无线电波发展到5G、6G技术[1]，推动了移动通信网络、WLAN和蜂窝网络的发展[2]。尽管无线通信技术为我们提供了便利，但也面临网络安全和频谱资源等挑战。本文结合"无线通信原理""现代通信技术"课程和"MATLAB与通信系统仿真"实验，将无人机、车联网等新兴技术与传统实验结合，旨在激发学生的学习兴趣，培养其创新思维和解决实际问题的能力。

1 现存问题分析

在"无线通信原理"和"现代通信技术"等课程中，长课程周期导致学生易遗忘，影响其知识的应用。实验多为验证型，缺乏创新性和前沿性内容，难以吸引学生，特别是作为选修课程时。此外，教学普遍重理论、轻实践，导致学生实际应用能力不足。为解决这些问题，需增加实验和实践环节，引入新兴技术，激发学生的学习兴趣，提升实践与创新能力。同时，设备老化和班级人数过多导致设备反应慢，教师难以个性化指导，影响教学效果和学生学习的积极性。

2 教学案例设计

2.1 实验设计概述

本文以智慧交通系统车联网应用为背景，综合5G、车联网和无人机技术优化教学仿真实验设计，旨在提升信息工程专业本科生的实践能力、创新思维和职业适应能力。实验聚焦无人机辅助车联网的无线信道传输延迟，分为三步，即通信信道链路模拟、协议修改仿真和优先传输重要数据。其难点包括：①构建静态撒点的车联网模型并部署无人机；②复习信道模型和公式，仿真无线信道并计算SNR；③采用抢占式优先级设计修改802.11P协议并进行仿真；④应用排队论分析高优先级信息的时延，比较协议修改前后的性能。

2.2 信道模型

本文采用无人机地对空信道模型,通过无人机对车辆分类排序,计算总时延并实现最优分配[3]。车辆在 x_0 处采集速度并保持不变至驶出通信范围。无人机通过 LoS 和 NLoS 链路与车辆通信,路径损耗和信道增益由距离、俯仰角等因素决定。车辆接收到的信噪比(SINR)用于最大化端到端速率、最小化延迟和功耗。

$$\text{SINR}_{uk} = \frac{P_k G_{uk}}{(I_C + N_0)W} \tag{1}$$

学生需深入理解上述信道模型及相关公式,对构建的车联网模型进行仿真,编程计算信道参数,并生成车辆无线信道信噪比随位置变化的图示。这一图示将直观展示信道质量的空间分布特性,帮助学生理解无线通信在车联网中的应用,并为后续分析提供数据支撑。

2.3 MAC 层协议修改设计方案

根据 2.2 节的信道模型,本实验要求学生设计一种 MAC 层协议,对车辆及消息进行优先级排序,确保重要安全信息优先传输。协议采用抢占式优先级设置,高优先级客户可中断低优先级服务,并设置中断点存储数据。模型满足原 802.11P 协议的基本要求,如碰撞和后退机制,确保高优先级信息的绝对优先传输[4]。其协议流程图如图 1 所示。

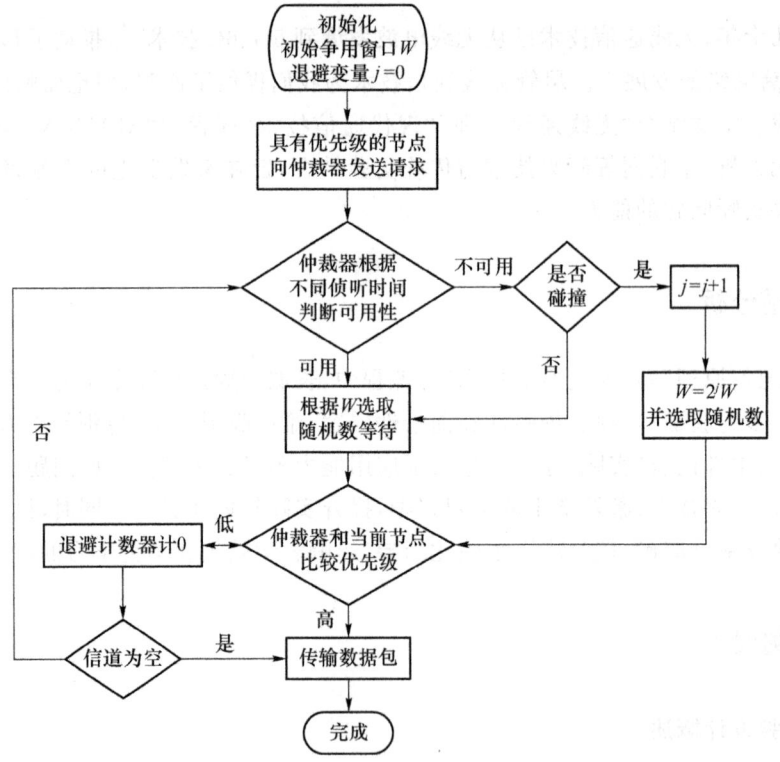

图 1 协议流程图

在此机制下,对于 MAC 层,数据包到来也是遵循泊松流,且到达率与车辆的到达率 λ_i 相同。平均 MAC 层时延如下:

$$\overline{T}_{\text{MAC}} = \left[\frac{(1-2P)(W-1)+PW(1-(2P)^m)}{2(1-2P)(1-P)}\right]\overline{\text{Slot}} + \frac{T_s}{1-P} \tag{2}$$

其中，m 为 802.11 P 规定的最大退避阶段，W 为初始争用窗口大小。注意，每个优先级站点的 T_{MAC} 不同。

学生需要做到：①在教师的指导下完成传输协议的修改；②对于修改的协议计算出经此协议后的 MAC 层平均时延并仿真输出。

2.4 信道时延问题优化

本节难点在于确保最高优先级安全信息的优先传输，需引入排队论思想，采用抢占式优先级的 M/G/1 模型。系统服务时间由上行通信时延得出，效用比 $\rho_i = \lambda_i \overline{S}_i$，需满足 0 到 1 的稳定性要求。根据利特尔定律和 Pollaczek Khintchine 公式，每个车辆发送相同大小 β bits 的数据包，传输等待时延可反映车辆密度与通信网络的相关性。

缓冲区内的平均等待时间可表达为下式：

$$W_i = \frac{R_i}{(1-\cdots-\rho_i)(1-\cdots-\rho_{i-1})} \tag{3}$$

其中，R_i 为系统剩余服务时间，$i = 1, \cdots, r$。

对于抢占式 MAC 层协议来说，其总体时延即平均逗留时间表达为如下：

$$E(T_i) = E(W_i) + \frac{E(S_i)}{1-(\rho_1+\cdots+\rho_{i-1})} \tag{4}$$

学生需理解排队论基础，熟悉 M/G/1 队列模型，在 MATLAB 中仿真公式，输出各类数据包的平均等待和逗留时延，并比较协议修改前后的性能。

3 案例结果分析

3.1 参数设置

本实验在 MATLAB 上进行仿真模拟，在模拟中，设定的参数引用自文献[5]，数据包大小 β 为 10 240 bit。

3.2 仿真结果展示

根据不同难点，我们选择了信息工程专业两个班级优秀学生的结果进行展示，并进行分析，结果如图 2 所示。

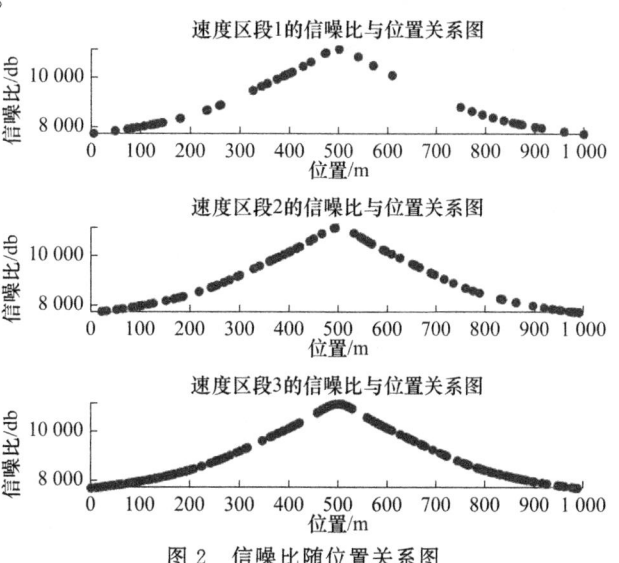

图 2　信噪比随位置关系图

在实验中,学生将数据包分为紧急类、车辆安全类和增值数据类三类,赋予不同优先级。图2显示,距离无人机越近的车辆信噪比越大,体现了无线通信原理。教师引导学生提问分析,增强对车联网的理解。图3展示了高优先级数据包优先传输的结果,验证了理论模型的有效性。通过对比分析无优先级方案,学生能更好地理解了排队论的应用及其影响因素。这种方法提升了参与感,培养了学习的批判性思维和问题解决能力,增强了实践能力,为未来学习奠定了基础。

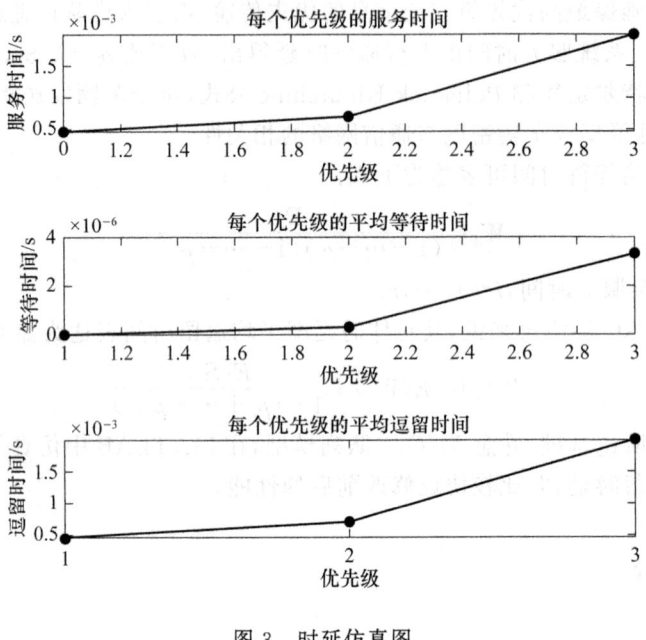

图3 时延仿真图

3.3 学生实验结果分析

本文以信息工程专业21级两个班59名学生的实验结果为例,分析其在不同难点下的成功率。实验设计合理且富有挑战性,辅导前后各难点的成功率均有显著提升,辅导前难点1至难点4的成功率分别为89%、79%、22%和67%,辅导后提升至100%、95%、74%和79%。尤其是难点3的提升幅度最大,从22%增至74%。实验不仅具有挑战性,还能提供必要支持,帮助学生积累经验与信心,实现更好的学习效果,为课程深化与改进提供了宝贵参考。

4 结束语

"无线通信原理""现代通信技术"和"MATLAB与通信系统仿真"三门课程的理论性强且相互关联。本文设计了一个无人机辅助车联网中无线信道传输延迟的实验案例,通过实践应用理论知识,帮助学生直观理解通信网络,避免畏难情绪。该案例教学不仅提高教学质量,还能培养学生的创新思维和实践能力,促进理论与实践的结合。

参 考 文 献

[1] 徐晓燕,韩凯峰,杜滢,等.6G愿景及潜在关键技术分析[J].信息通信技术与政策,2022(9):2-8.

[2] 尤肖虎,潘志文,高西奇,等.5G移动通信发展趋势与若干关键技术[J].中国科学:信息科学,2014,44(5):551-563.
[3] 胡健生,罗卫兵,刘颖.无人机地空信道模型仿真与特性分析[J].电讯技术,2020,60(1):27-32.
[4] 史国炜,方红波,曲建岭,等.Packet Queueing Delay in Resilient Packet Ring Network Nodes[J].Tsinghua Science and Technology,2004(4):406-409.
[5] MOZAFFARI M,SAAD W,BENNIS M,et al. Drone Small Cells in the Clouds:Design,Deployment and Performance Analysis[J]. IEEE Global Communications Conference,2015.

作者简介

李　　进:男,1986年生,副教授,主要研究方向为无线通信与网络。
韩　　涛:男,1999年生,硕士研究生,主要研究方向为车联网领域。
关文洋:男,1982年生,副教授,主要研究方向为智能网联汽车技术。
廉小亲:女,1967年生,教授,主要研究方向为物联网测控技术。

"高级算法设计与分析"创新实践教学改革研究

张 磊 唐庭龙 张 虹

(三峡大学计算机与信息学院,宜昌,443000)

摘 要:本文旨在探索"高级算法设计与分析"课程的创新实践教学改革。通过深入研究课程所面临的挑战,结合课程的教学现状,本文提出了一系列改革措施,旨在提升学生的学习兴趣、创新能力和实践能力。通过教学内容、教学方法及评价体系的改革,构建出符合目前研究生教育需求的课程教学模式。

关键词:研究生教学;算法设计;教学改革

Research on Innovative Practice Teaching Reform of Advanced Algorithm Design and Analysis

Zhang Lei Tang Tinglong Zhang Hong

(College of Computer Science and Information technology,
China Three Gorges University, Yichang 443000, China)

Abstract: This article aims to explore the innovative practical teaching reform of the course "Advanced Algorithm Design and Analysis." By conducting an in-depth analysis of the challenges faced by graduate education and combining this understanding with the current teaching situation of the course, a series of reform measures are proposed. These measures are designed to enhance students' learning interest, innovation capabilities, and practical skills. Through the reform of teaching content, teaching methods, and the evaluation system, we aim to establish a teaching model for the course that aligns with the current needs of graduate education.

Key words: graduate teaching; algorithm design; reform in education

"高级算法设计与分析"是计算机科学与技术学科的一门核心课程。它不仅要求学生掌握

基金项目:三峡大学研究生教研培育项目(项目编号:SDYJ202317);三峡大学教学改革研究重点项目(项目编号:J2022002)。

扎实的数学基础与编程技能,更强调逻辑思维、问题解决能力与创新意识的培养。然而,目前高校在这一门课的教学现状,主要存在以下问题。①在教学内容上部分高校仍沿用传统教材[1],未能及时吸纳算法领域的最新研究成果,如深度学习、计算智能等前沿算法,导致学生所学知识难以对接行业实际需求。②教学方法较为单一[2]。传统课堂往往侧重于理论讲授与算法原理的解析,忽视了实践操作与案例分析。这种教学模式难以激发学生的学习兴趣,限制了学生独立思考与解决问题的能力。③学生实践能力不足是当前教育体系中一个普遍的痛点[3]。鉴于此,针对"算法设计与分析课程"进行创新实践教学改革已迫在眉睫。这不仅要求教学内容上要及时更新,融入最新的算法理论与技术实践,还要在教学方法上大胆创新,采用项目驱动、翻转课堂、在线协作等多元化教学模式,激发学生的学习兴趣。同时,加强校企合作,为学生提供更多参与实际项目开发的机会,切实提升其动手能力、解决复杂问题的能力和创新能力。

1 教学现状分析

1.1 教学内容

当前"高级算法设计与分析"教材呈现多样化,但分析其内容框架,不难发现其核心构成相对固定,主要围绕算法基础理论、高效算法设计等展开[4]。尽管这些内容是算法领域的基础,但多数教材过于偏重理论知识,缺乏与当代科技发展、行业应用实践的融合。这种脱节限制了学生视野的拓宽,也削弱了学生解决实际问题的能力。

1.2 教学方法

传统教学模式主要是以教师为中心的课堂讲授方式,虽然在知识传授上具有一定的效率,但在此模式下学生往往处于被动接受状态,难以激发内在的学习动力[5]。此外,由于缺乏实践操作,学生难以将抽象的理论与具体的实践结合,限制了其动手能力和创新思维。长此以往,学生容易陷入"纸上谈兵"的困境,难以适应快速变化的行业要求。

1.3 学生的学习状态

面对教学内容与方法的局限,一些学生在学习"高级算法设计与分析"时出现了一定的学习障碍[6]。学生因内容枯燥、难以理解而丧失学习兴趣,也因缺乏明确的学习目标和有效的学习策略而感到迷茫。这种不良的学习状态不仅影响了学习效果,还可能对其未来的学习态度和能力发展产生负面影响。当学生面对实际应用问题时,由于缺乏必要的实践经验和问题解决能力,往往会感到力不从心,无从下手。

2 课程改革措施

当前"高级算法设计与分析"课程的教学现状急需改善。通过优化教学内容、创新教学方法、强化实践教学等措施,可以有效提升学生的学习兴趣和积极性,培养其动手能力和创新思维,为其未来的职业发展奠定坚实的基础。具体实施方案如图1所示。

2.1 教学内容改革

(1) 引入最新研究成果,激发学术热情

为了让学生了解算法领域的最新发展,计划将学术界的前沿研究成果及时引入课堂。这

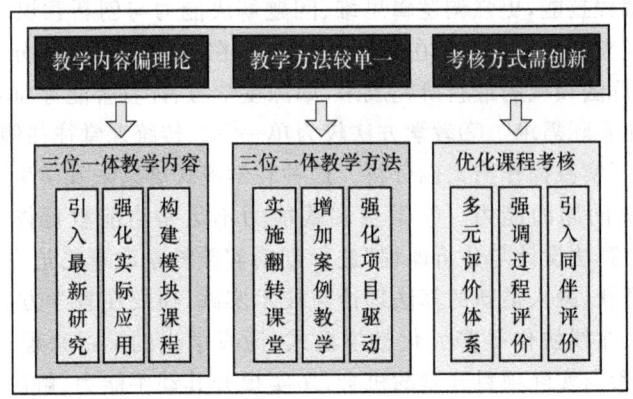

图1 "高级算法设计与分析"课程改革实施方案

包括但不限于最新的算法理论、高效算法的设计以及算法在实际中的创新应用。为此通过定期邀请领域内的专家学者进行专题讲座,或者将最新的学术文献作为补充阅读材料,使学生能够深入了解学科前沿动态,拓宽学术视野,从而激发他们的学术热情和探索精神。

(2) 强化实际应用,提升问题解决能力

为了打破理论与实践之间的壁垒,需要增加项目实践环节。这些案例和项目可以覆盖多个行业领域,如医疗、交通、电商等,旨在让学生深刻体会算法在解决实际问题中的重要作用。通过参与这些实践活动,学生不仅能够将所学知识应用于实际情境中,还能在解决问题的过程中锻炼自己的逻辑思维、团队协作和创新能力。同时,还将鼓励学生积极参与各类算法竞赛和科研项目,以进一步提升他们的实践能力和综合素质。

(3) 构建模块化课程体系,满足个性化学习需求

为了满足不同学生的学习兴趣和需求,计划根据算法设计的不同策略和方法构建模块化课程体系。每个模块将围绕一个特定的主题或领域展开,如贪心算法、动态规划、图论算法、机器学习算法等。学生可以根据自己的兴趣、研究方向和未来职业规划选择相应的模块进行学习。这种模块化课程体系不仅提高了课程的灵活性和针对性,还为学生提供了更多的自主学习空间和时间,以促进不同领域知识的融合与创新。

2.2 教学方法改革

(1) 翻转课堂

在教学方法的改革中,翻转课堂作为一种颠覆传统的新型教学模式被广泛应用。通过预先录制的高质量教学视频、详尽的在线阅读材料以及互动式学习平台,学生在课前就能自主掌握课程的基础知识点。这不仅增强了学生的自主学习能力,还使课堂时间得以最大化利用,成为师生交流、疑问解答与思维碰撞的宝贵空间。在课堂上,教师更多作为引导者和促进者,通过小组讨论、案例分析和实践应用等环节,激发学生的批判性思维和问题解决能力。

(2) 案例教学

为了使学生更好地将理论知识应用于实践,案例教学法被深度融入教学体系中。通过精心挑选具有代表性、时效性和挑战性的实际案例,引导学生围绕案例展开深入分析,从问题识别、算法设计到方案实施,全程参与并体验解决问题的全过程。这不仅加深了学生对算法原理的理解,还培养了学生的分析能力、创新思维和决策能力,为将来的职业生涯打下基础。

(3) 项目驱动

为了增强学生的实践能力和团队协作能力,计划实施项目驱动学习模式。鼓励学生根据自身兴趣和研究方向,自主设计项目主题或竞赛活动。学生需要综合运用所学知识,与团队成员紧密合作,共同解决问题。这一过程不仅锻炼了学生的专业技能和动手能力,还促进了跨学科的交流与合作,培养了学生的组织能力、沟通能力和团队协作精神。同时,通过参与项目,学生还能提前接触行业前沿,拓宽视野。

2.3 评价体系改革

(1) 多元化评价体系

为了全面评估学生的学习成效,将建立包含平时成绩、项目实践、期末考试在内的多元化评价体系。平时成绩不仅涵盖了课堂参与度、作业提交与完成情况,还考虑学生在课堂讨论、小组活动中的表现,以此激励学生积极参与学习过程。项目实践评价侧重于学生的动手能力、创新思维和团队协作能力,通过具体项目的完成情况来评估学生的实践能力和应用水平。期末考试作为总结性评价,旨在检验学生对课程知识的掌握程度和理解深度。

(2) 强调过程评价

学习是一个持续的过程,因此需要特别注重对学生学习过程的评价。通过课堂观察、作业批改、在线互动等方式,及时了解学生的学习状况,给予个性化的指导和反馈。这种过程评价不仅帮助学生及时纠正错误、弥补不足,还利于激发学生的学习动力和积极性。同时,鼓励学生进行自我反思和自我评价,培养学生自主学习的能力和自我提升意识。

(3) 引入同伴评价

为了促进学生之间的学习交流和合作,引入同伴评价机制。在小组作业、课堂讨论等环节中,学生之间可以相互评价对方的贡献和表现。这种评价方式不仅有助于发现彼此的优点和不足,还能促进学习经验的分享和借鉴。通过同伴评价,学生不仅提高了自己的评价能力和批判性思维,还增强了团队协作精神。同时,通过建立相应的激励机制,对表现突出的同伴评价给予认可和奖励,以激发更多学生的参与热情。

3 改革成效分析

目前,"高级算法设计与分析"课程的创新实践教学改革已实施一年,通过和上一年度的教学对比分析发现,该课程的改革取得了一定的成效。

首先,通过优化教学内容,提升了学生解决问题的能力。改革的课程内容不仅涵盖了算法基础理论、算法设计与分析策略等核心知识点,还引入了人工智能等前沿知识,如群智能优化、深度强化学习等内容。据调查问卷结果显示,改革后学生对算法的应用能力提高约25%,特别是在解决实际问题的过程中,学生能够灵活地运用所学知识,设计出高效算法。其次,通过改革课堂教学模式,引入研讨式课堂讨论、翻转课堂等教学方式,学生的自主学习能力得到了较大提升。据统计,改革后课堂讨论参与度提高约64%。再次,通过拓展师生交流的研讨范围,学生的学习兴趣和积极性得到了较大提升。据问卷结果显示,改革后学生对课程的兴趣度提高了约38%,对课程内容的满意度也提升了约36%。这不仅有助于学生更好地理解和掌握算法的精髓,还能够帮助学生理论联系实际,解决实际应用问题。最后,从考核结果来看,改革后的学生成绩也有了一定提升。综合成绩提高了约6分(满分100分),实验成绩和平时成绩也有了不同程度的提高。这表明,改革后的教学内容和教学方法能够更好地满足学生的学习需求,促进了学生综合素质的提高。

4 结论

"高级算法设计与分析"课程的创新实践教学改革是应对当前研究生教育挑战、提升学生综合素质的必然选择。通过改革教学内容、教学方法和评价体系,成功地打破了传统教育模式的束缚,构建了一个以学生为中心、注重实践与创新的教学模式。这一模式的实施不仅提升了学生的学习兴趣、实践能力和创新能力,还为其他相关课程的教学改革提供了有益的借鉴和参考。我们坚信,随着改革的不断深入和完善,"高级算法设计与分析"课程将为培养更多具有创新精神和实践能力的高素质人才发挥更加重要的作用。

参 考 文 献

[1] 李莉."算法设计与分析"课程教学改革探索[J].西部素质教育,2024,10(6):165-168.

[2] 何震宇,朱国庆,赵凯,等.面向新工科建设的算法设计与分析课程改革和实践[J].大学教育,2024(5):51-55.

[3] 陈艳,许丽娟,文晓棠.算法设计与分析课程教学改革探索[J].计算机时代,2022(7):136-140.

[4] 徐琳琳.算法设计与分析课程教学改革探索[J].计算机教育,2022(5):161-165.

[5] 邵攀,董婷.对分课堂在"算法设计与分析"课程的教学实践[J].教育教学论坛,2020(20):268-269.

[6] 刘国伟,任美睿,靳雨欣,等.以培养计算思维能力为导向的算法设计与分析教学方法探索[J].计算机教育,2022(5):189-195.

作者简介

张 磊,1987年生,讲师,主要研究方向为计算智能、图像处理。

"电气检测技术"课程实验教学的研究

王 斌[①] 蔺金元[①②] 李春树[①]

[①] (宁夏大学电子与电气工程学院,银川,750021)
[②] (宁夏大学电工电子实验中心,银川,750021)

摘 要:本文对"电气检测技术"课程在新工科背景下的实验教学进行了有益的探究。将实验相关知识放在理论教学中作为分组翻转课堂,通过合理组织和优化考核,充分利用有限的实验时间,将基础实验增加到提高、扩展实验。教学实践结果表明,所提出的措施可以更好地发挥学生的创新性和主观能动性,提升了学生融合运用多学科知识的能力。

关键词:新工科;实验教学;翻转课堂;优化考核

Research on the Reform of Experimental Teaching of Electrical Testing Technology

Wang Bin[①] Lin Jinyuan[①②] Li Chunshu[①]

[①] (School of Electronic and Electrical Engineering, Ningxia University, Yinchuan 750021, China)
[②] (Electrical and Electronic Experimental Center, Ningxia University, Yinchuan 750021, China)

Abstract: In this paper, the experimental teaching reform of the course "Electrical Testing Technology" under the background of the emerging engineering education is researched. Experimental knowledge was integrated into theoretical teaching via the flipped classroom mode. By rational organization and optimized assessment mechanisms, limited experimental time was fully utilized to upgrade basic experiments into advanced and extended ones. Teaching practices demonstrate that the proposed teaching method can effectively

---

通信作者:王斌,wangbin053@nxu.edu.cn。
基金项目:2024年教育部实验教学和教学实验室建设研究项目"'数字赋能+双图谱'的新工科实验教学体系研究——以电气信息类专业为例"(项目编号:SYJX2024-216)。

stimulates students, innovation and self-motivation, while enhancing their ability to integrate multidisciplinary knowledge.

Key words: emerging engineering education; experimental teaching; flipped classroom mode; optimized evaluation

为主动应对新一轮科技革命和产业变革,服务创新驱动发展,2017年2月,教育部提出了新工科(Emerging Engineering Education,3E)概念,积极推进新工科建设[1-2]。

在践行工程教育新理念、探索人才培养新模式方面,如何培养出符合时代要求、具有开拓理念及实践经验的专业人才,新工科建设对传统工科提出了一定的挑战[3]。

1 课程教学要求

电气工程及其自动化专业作为传统工科专业,在新工科建设的背景下,电气工程及其自动化专业内的一些交叉性较强的课程急需"存量更新"。以宁夏大学"电气检测技术"课程为例,该课程安排32学时理论授课,16学时实验授课。课时并不多,但呈现了较强的学科交叉性[3]。

"电气检测技术"的实验教学作为课程不可缺少的重要环节,主要涉及各类型传感器及相关测量电路,传感技术是信息技术的源头,其关键器件是传感器和测量电路[5]。由于传感器被广泛应用于工业控制、交通能源、安全防卫等领域,面向产业未来发展需要,非常适合向信息化、智能化转型升级[4-5]。因此,该课程实验教学应以新工科建设为契机进行创新和改革,以培养工科学生的工程实践能力,学以致用,"存量更新"。"电气检测技术"实验课程目前存在的问题:①理论支撑不足,学生缺少试验探索的主观能动性;②实验内容偏重验证,缺乏融合思考;③考核时对实验操作过程没有足够考量。

除实验教学外,"电气检测技术"课程也存在教学内容较多,教学学时有限、学生被动学习的教学现状,为了协同提高本课程的教学效率和质量,针对目前面临的问题,在教学实践中做了以下调整。

2 分组翻转课堂

考虑"电气检测技术"是应用类课程,授课时注意实例分析,尽量避免工科教学理科化。"电气检测技术"课程第二部分内容是典型传感器,由于偏科普性、难度较低、侧重实践,采用了分组翻转课堂的形式。每组4~5名学生,合作承担一类传感器的翻转课堂任务。翻转课堂要求学生由被动听课变为主动探究,可以锻炼并提高学生的自主学习能力、合作探究能力和团队沟通能力。把传感器的典型应用结合到实验中讲解,也相当于学生提前利用课外时间,主动预习实验,巩固理论知识,融合实验技能,把"学以致考"变为"学以致用"[4]。

在翻转课堂上,各小组同学各展本领,除常规PPT讲解外,还引入了网站视频资源、厂家产品资料等,课堂气氛非常活跃。不管是本组上台讲解的同学,还是台下倾听或偶尔被提问的同学,"教"和"学"双方参与度都很高。

在学期结束后,就该课程教学情况发布了调查问卷,29人作答,得到28份有效问卷。从问卷结果(图1)来看,28人中有24人认可翻转课堂的实验或应用环节有助于更好地理解实验原理及内容。28人全部同意：①通过实验课的学习能够识别、选用传感器并按照实验方案、步骤完成实验；②通过实验能够掌握传感器理论知识及基本应用。

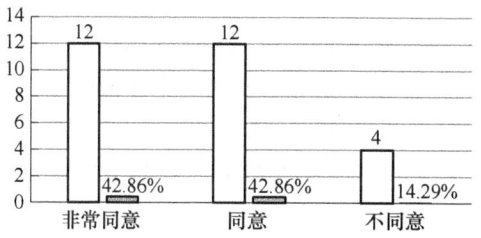
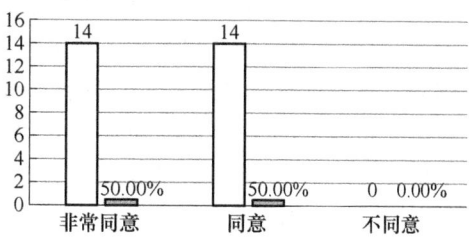

第1题：翻转课堂的实验或应用环节有助于更好理解实验原理及内容。[单选题]比例

第5题：通过实验能够掌握传感器理论知识及基本应用。[单选题]比例

图 1　翻转课堂相关的调查问卷统计结果

3　实验教学提效

之前的实验教学模式一般是教师先对实验内容、实验原理及注意事项进行讲解，然后学生按照教师的讲解依次进行实验、测试和处理数据。这种填鸭式的教学使整个实验氛围沉闷和枯燥，大部分学生都是被动而非积极地参与实验[5]。

在引入翻转课堂后，实验的内容、原理、应用甚至分析都已经在理论课上提前讲授。教师也会在课前把演示实验的视频和照片分享给班内同学，避免了课上学生人数较多，观看演示实验效果不佳的问题。如此可以充分利用有限的16学时实验教学时间，在时间充裕的前提下还可以选用综合工程应用案例作为提高、扩展实验的教学内容[3]。之前安排完成8个实验，现可增加到16个实验。一般每次安排的两个内容相近的实验：①基础原理验证型实验；②提高及对比型实验，避免挂取模块拆线接线的重复劳动。学有余力、富于探究的同学还可以尝试完成扩展的综合应用型实验。从调查问卷结果（图2）来看，28人全部认可实验前的实验演示图片或视频有助于更好地完成实验操作，检查是否得到正确结果。28人中有26人认可在翻转课堂有效预习的前提下，2学时内可以完成一个基础实验和一个扩展实验。

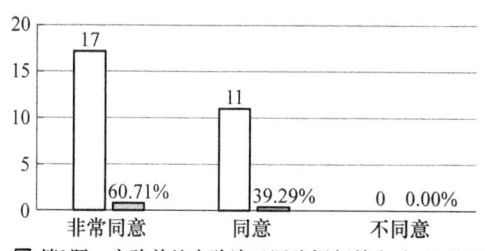
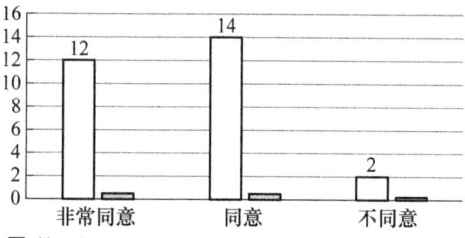

第2题：实验前的实验演示图片视频等有助于更好地完成实验操作，检查是否得到正确结果。[单选题]比例

第3题：在翻转课堂有效预习的前提下，2学时内可以完成一个基础实验和一个扩展实验。[单选题]比例

图 2　实验组织相关的调查问卷统计结果

在传统的实验教学中，为了避免学生难以复现实验，大部分实践内容都偏重于对某一传感器原理或某种测量电路的验证，缺乏思考和研究，没有体现学生对电路、电子、数字逻辑课程、单片机课、计算机语言等多课程知识的理解融合，不利于综合素质和创新能力的培养，实验室教学方面也存在技术落后、多学科融合不足等问题。扩展实验主要是针对该问题提出的。例

如,"I/V、F/V 转换实验"旨在让学生对信号转换的原理与应用加深了解;"智能调节仪转速控制实验"旨在让学生了解霍尔传感器的应用以及计算机检测控制系统的组成;"直流电机驱动实验"旨在让学生了解 PWM 调制、直流电机驱动电路的工作原理。

此外,利用误差分析知识处理实验数据,通过拟合曲线或回归方程解释实验结果,阐明相关传感器的被测量与输出量之间的关系及测量电路的传递函数等都要求学生在锻炼动手实践的技能时反思理论,进一步加深对知识的理解。从问卷结果(图 3)来看,28 人中有 27 人同意能够得出实验结果,并对实验结果进行分析;通过实验训练具备了归纳整理和书面表达的能力,能够撰写电气检测技术实验报告。

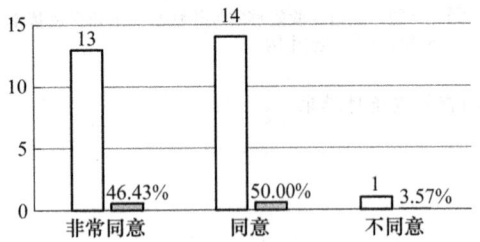
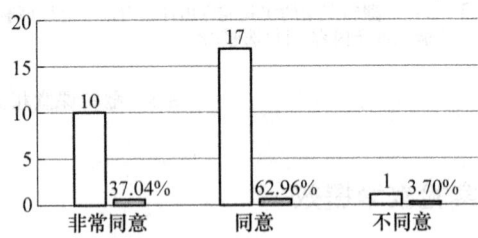
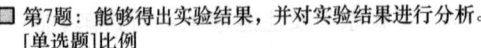

图 3　实验结果分析相关的调查问卷统计结果

在实验成绩评定上也进行了一定优化。之前是课前签到考勤,现改为每次第一学时、第二学时先后检查基础实验和提高实验(甚至扩展实验)的完成情况,确认完成后让学生两次签到,教师红笔签名并标记基础、提高两个实验的完成顺序。之后学生提交完成数据分析及思考总结后的实验报告,在评定成绩时教师会结合本次两个实验的完成顺序和报告呈现情况,按 A、B、C、D 不同等级予以打分。并且对单人成组完成实验的酌情加等,作为独立完成实验的鼓励。这就有效地鼓励学生事前充分预习以提高实验的速度及效率,避免拖沓。教师会在签名前对预习报告和数据结果进行简单质询,目的在于发现并总结学生实验中的共性问题,希望尽量启发学生的学习自觉性,强化系统思维建立,通过实验进行能力增强和提升。翻转课堂及实验操作部分都会计入过程性考核,从而有效提高学生对实践技能的重视程度。

通过问卷调查也发现了一些可以继续改进的地方,比如撰写纸质实验报告时花费时间较长,约有 1/3 的同学要 1~2 h 才能完成数据分析;有必要引入电子版实验报告,通过 excel 表格处理实验数据,减轻手写工作量(图 4)。

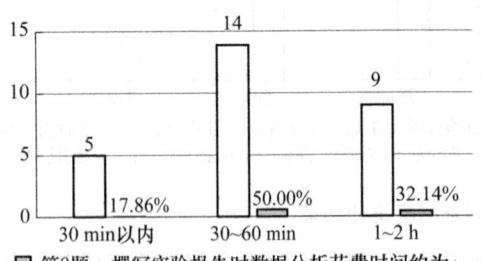
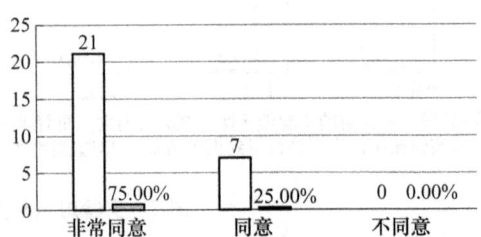

图 4　实验报告花费时间相关的调查问卷统计结果

4 结语

在理论授课中,原理较易、重在实践的典型传感器部分采用翻转课堂的形式,提升了学生课前课外学习的积极性,增大课堂教学的知识密度和广度。由于翻转课堂的提前讲解及教师演示实验视频的预先发放,节省了有限的实验时间,可对实验内容进行有梯度的扩充。

从近期教学效果来看,即使实验任务翻倍,内容变多,难度加大,但由于翻转课堂在课前做了相应铺垫,又有完成顺序靠前则得分更高的激励,实验完成效果较好,在实验结果质询答辩的环节大部分学生也表现不错。考核结果和问卷调查结果表明达到了预期教学目标。

参 考 文 献

[1] 中华人民共和国教育部.关于公布首批新工科研究与实践项目的通知(教高厅函〔2018〕17号)文章[EB/OL].(2018-03-21)[2025-01-15]. http://www.moe.edu.cn//srcsite/A08/s7056/201803/t20180329_331767.html.

[2] 李华,胡娜,游振声.新工科:形态、内涵与方向[J].高等工程教育研究,2017(4):16-19.

[3] 王亚姣,李丽宏,彭宏丽,等.新工科背景下"传感器原理与检测技术"课程实验教学探究[J].科技创新与生产力,2019(5):89-91.

[4] 王晓红,韩晓敏,马玉英."新工科"背景下"传感器应用技术"课程教学改革探究[J].无线互联科技,2018(16):94-95.

[5] 曹建安,孔忻,白洁,等.面向"电气测量技术"实验教学的实践性探索[J].电气电子教学学报,2023(1):157-161.

作者简介

王　斌,女,1982年生,副教授,研究方向为电力电子技术。

蔺金元,女,1972年生,教授,研究方向为检测技术与自动化装置。

李春树,男,1974年生,教授,研究方向为信号处理、无线通信、物联网。

新工科背景下 Arduino 在空间交互设计课程中的应用研究

惠林源　张　勃　罗钏雯

（北方工业大学,北京,100144）

摘　要：本研究以 Arduino 开源平台为媒介,探索新工科背景下设计教育革新的跨学科融合路径。通过整合其易用特性、多传感器兼容及跨平台应用能力,构建了涵盖软硬件协同编程、装置原型搭建与用户反馈迭代的三维教学体系,以项目驱动的实践教学模式突破传统设计教育的线性思维局限,为面向智能化空间设计的工程教育转型提供实证参考。

关键词：新工科教育；学科交叉；Arduino；空间交互设计

Research on the Application of Arduino in Spatial Interaction Design Courses in the Context of New Engineering Science

Hui Linyuan　Zhang Bo　Luo Chuanwen

(North China University of Technology，Beijing 100144，China)

Abstract：This study utilizes the Arduino open-source platform as a medium to explore the interdisciplinary integration pathways for design education innovation within the context of new engineering education. By integrating its easy-to-use features, multi-sensor compatibility and cross-platform application capabilities, a three-dimensional teaching system covering hardware and software co-programming, device prototyping and user feedback iteration is constructed, breaking through the limitations of linear thinking in traditional design education with project-driven practical teaching mode, and providing empirical references for the transformation of engineering education for intelligent space design.

通信作者：罗钏雯,witchwen@163.com。

基金项目：北方工业大学有组织科研项目资助（项目编号：2024NCUTYXCX206）。

Key words:New Engineering Education;Disciplinary Intersection;Arduino;Spatial Interaction Design

1 背景与现状

1.1 新工科建设

新工科建设作为新时代背景下对传统工程教育的深刻革新[1],旨在应对科技革命和产业变革的挑战,培养适应未来社会发展需求的高素质工程技术人才。这一概念强调了工程教育的前瞻性和创新性,要求高等教育机构不仅要传授学生坚实的工程基础和专业知识,更要注重培养学生的批判性思维、创新能力,以及解决复杂工程问题的能力。新工科建设倡导的是一种跨学科、融合创新的教育理念,鼓励学生在掌握专业技能的同时,也能够理解和应用新兴技术,如人工智能、大数据、物联网等,以适应时代需求。

1.2 艺术设计变革

在新工科背景下,空间艺术设计不再局限于传统的美学和功能性要求,而是更加注重空间的智能化、交互性和可持续性。设计成果需要具备将先进技术如传感器、智能材料,以及数据驱动的决策工具融入设计的能力,以创造出能够响应用户需求、环境变化和社会发展的智能空间。此外,新工科还推动了设计教育的改革,鼓励学生通过实践项目和跨学科合作来提升解决复杂问题的能力,从而更好地适应未来设计行业的挑战。

1.3 当前模式局限

尽管新工科理念为工程教育提供了新的发展方向,但目前的教育模式仍存在一些局限性。首先,许多课程内容和教学方法仍然过于传统,未能充分整合新兴技术和跨学科的知识。其次,学生在理论学习和实践应用之间存在脱节,缺乏足够的项目实践机会来将所学知识应用于解决实际问题。此外,教育资源的不均衡分配也限制了一些学生接触和学习最新技术的机会。

在新工科背景下,Arduino作为开源硬件平台在空间交互设计课程中的应用,为学生提供了一个实践创新和跨学科学习的有效工具。Arduino的易用性和灵活性使得学生能够快速地将创意转化为实际的交互设计项目,从而更好地面对未来空间艺术设计领域的挑战。

2 Arduino开源硬件系统

2.1 Arduino在教育领域的应用现状

Arduino是一款广受欢迎的开源硬件系统设计开发平台[2],它包括一系列可编程电路板和相关的开发软件。因其易用性和灵活性,在教育领域得到了广泛应用。许多高校已开设了专门的课程,指导学生使用Arduino进行项目设计和开发。此外,Arduino也是许多学生创新竞赛和创客活动的首选平台。

2.2 Arduino在空间交互设计中的优势

Arduino在空间交互设计中的显著优势主要体现在易于上手的编程环境、丰富的传感器与执行器支持、跨学科的创新潜力几个方面。

开发环境 Arduino IDE 提供了一个用户友好的界面，支持基于 C/C++的编程语言，使得编程初学者也可以快速上手。而丰富的库函数，简化了与硬件通信和控制硬件的过程，使得设计者可以专注于创意的实现和交互逻辑的设计。Arduino 板卡可以通过各种扩展板和接口支持多种传感器和执行器，为空间交互设计提供了丰富的输入和输出选项，以实现复杂的交互效果。此外，Arduino 的开源特性和灵活性能够创造出新型的交互体验，使其成为跨学科创新的理想平台。

2.3 Arduino 在教学实践中的应用

在教学实践中，通过 Arduino 平台设计和实现交互式项目，学生能够将理论知识应用于解决实际问题。教师可以设计各种教学活动和项目，如智能家居系统、互动艺术装置、环境监测系统等，鼓励学生发挥创意，运用 Arduino 技术解决设计问题。Arduino 不仅提供了一个实践创新的平台，也促进了学生学科交叉实践应用技能的发展。

3 空间交互设计课程实践

空间交互设计课程目标旨在培养学生的创新思维、技术实现能力以及解决复杂设计问题的能力。教学大纲围绕新工科建设的要求，结合 Arduino 开源硬件的特性，设计了一系列课程模块，包括基础电子知识、编程基础、传感器与执行器的应用、项目设计实践等。空间交互设计课程强调理论与实践相结合，鼓励学生通过项目驱动学习，提升解决实际问题的能力，突破传统空间设计模式的局限，提升计算机素养，应用学科交叉的知识进行智能互动型的艺术空间设计。

3.1 软件设计

在空间交互设计课程中，软件设计是实现创新交互概念的关键环节。Arduino 平台为空间交互设计课程提供了一个理想的实践工具，使得学生能够通过可交互式编程，将创新设计转化为实际的物理互动为建筑空间艺术设计带来新的活力。

通过 Arduino 平台实现可交互式编程的过程。首先涉及对 Arduino 开发环境的熟悉，这包括对 Arduino IDE 的安装和配置，以及对编程语言的基础掌握。在软件设计阶段，学生学习如何通过编写代码来初始化输入输出引脚，处理来自传感器的模拟或数字信号，并根据这些输入控制 LED 灯、电机等执行器。例如，通过编写条件判断语句，可以根据传感器读数来控制 LED 灯的开关，或者响应按钮按下的事件来驱动电机。此外，空间交互设计课程还涵盖如何使用 Arduino 库来简化与各种传感器和执行器的交互，以及如何通过串行通信将数据从 Arduino 传输到计算机，实现更高级的数据可视化和用户交互。

3.2 装置设计

装置设计部分关注于物理交互元素的设计和实现，学生通过实践将设计理念转化为可工作的空间艺术装置原型。这个过程首先要求学生对项目目标和用户交互有深刻的理解，从而选择合适的 Arduino 开发板作为控制核心。并依据设计需求，挑选适合的传感器来捕捉环境变化或用户行为，如光线、声音、温度或运动，这些传感器作为装置的感知器官，为交互提供输入。随后，学生将根据预期的交互效果选择合适的执行器，如 LED 灯带、步进电机或气动元件，以创造视觉、听觉或触觉的反馈。在电路设计阶段，学生需要绘制电路图，规划各组件的电气连接，并在面包板上进行初步搭建和测试，确保电路的功能性和安全性。进一步地，学生将考虑装置的外观设计,将电子元件与艺术材料相结合,通过手工制作或数字制造技术如3D打印,实现装置的美学和功能性的整合。在原型制作过程中,学生将进行多轮测试和迭代,不断优化传感器的灵敏度、执行器的反应速度和整体的交互流畅性,最终完成一个既能够展示技术功能也能呈现艺术美感的空间交互装置原型。通过这种实践,学生得以将抽象的设计理念具象化,创造出能够与用户产生互动、带来感官体验的空间艺术作品。装置设计系统如图1所示。

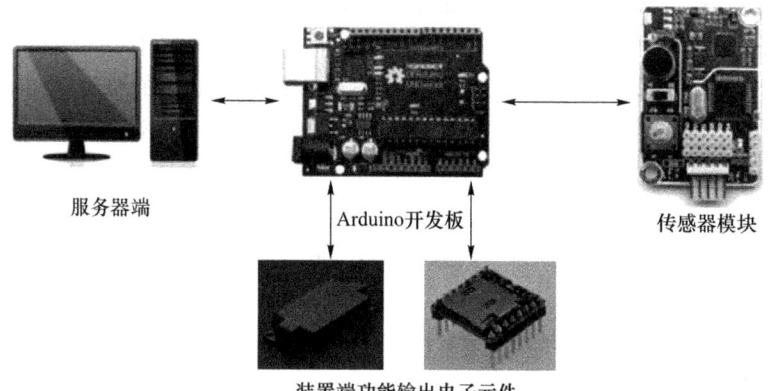

图1 装置设计系统

3.3 实际反馈

设计实际反馈的考量可以通过用户参与度、交互体验的直观性、技术实现的稳定性以及创新教育的成效等方面来实现。首先,通过用户测试收集反馈,评估装置的易用性和吸引力,确保设计能够引起目标用户群体的兴趣和参与。其次,观察用户与装置交互时的直观反映,如操作的自然性和反馈的及时性,以优化交互设计,提升用户体验。在技术层面上,通过持续的测试和调试,确保装置运行的可靠性和程序的稳健性,避免技术故障影响用户的整体感受。

此外,创新教育成效的实现与考量,可以通过整合项目资源、专题制作、技能竞赛和科技创新等多个维度来进行[3]。通过多维度的教育实践,学生的用户参与度、交互体验的直观性、技术实现的稳定性以及创新教育的成效将全面提升。装置设计实况如图2所示。

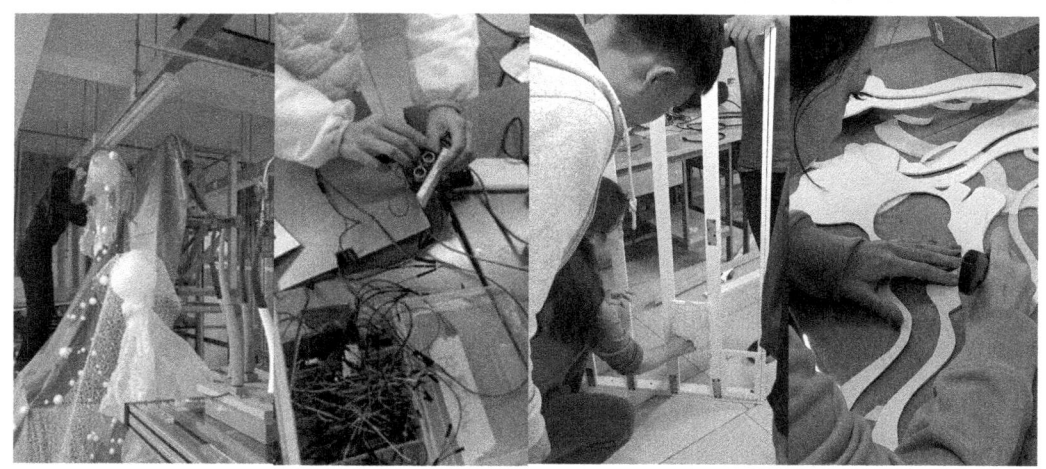

图2 装置设计实况

4 展望与建议

在新工科教育背景下,Arduino以其开源性、易用性和互动性显著推动了空间交互设计课程的创新教学。该平台降低了电子原型设计的门槛,促进了跨学科学习,为学生提供了一个将艺术、设计、工程和技术相结合的跨学科平台。这种项目导向的教学法促进了理论与实践相结合,鼓励自主和协作学习,培养探索精神和团队合作。

未来,Arduino将与物联网、人工智能等前沿技术结合,推动教育向智能化、个性化发展。教育政策应支持这种教学模式的发展,鼓励跨学科融合并提供必要的资源和培训,通过学科竞赛、实践项目和产学研合作,增强学生的实战经验和职业准备,培养适应未来社会的创新型工科人才。

参 考 文 献

[1] 岳强,杜涛,杨澈,等."新工科"背景下能源与动力工程人才培养体系建设[J].中国冶金教育,2021(3):59-61.

[2] 文杰.开源硬件在非遗文化创意产品设计中的应用[J].决策探索(下),2021(4):89-91.

[3] 常乐融.新媒体时代下教育思维转变研究[J].中国教育学刊,2020:40-42.

作者简介

惠林源:女,2000年生,硕士研究生,主要从事数字建筑、深度学习、人机交互研究。

张　勃:男,1970年生,教授,主要从事人居环境设计领域的研究,近年来还参与了城镇发展与遗产保护、城市交通规划、高层建筑综合体、传统园林假山、城市立体农场、体育建筑等领域的研究。

罗钏雯:女,1987年生,讲师,主要从事城市空间设计与GIS、人机交互、智能建造研究。

新工科背景下单片机课程设计实践路径探索

代红丽　王洛欣　薛玉明

（天津理工大学集成电路科学与工程学院，天津，300384）

摘　要：随着新工科建设的深入发展，高等教育对工科专业人才的培养提出了更高的要求。本文通过课程思政路径研究，探讨了单片机课程设计中融入思政元素的教改实践。从修订教学大纲、优化教学内容、创新教学方法和完善评价体系等方面阐述了对应举措，并对典型教学案例进行了分析，展示了如何在专业教学中实现知识传授与价值引领的有机结合。实践结果表明，"单片机课程设计"作为理工科电子类专业的重要核心课，通过引入思政元素，不仅能够提升学生的专业技能，还能培养其科学精神、爱国情怀和社会责任感，实现全方位育人的目标。

关键词：新工科；单片机；思政元素

Exploration of the Practical Path of Single Chip Microcomputer Course Design under the Background of Emerging Engineering

Dai Hongli　Wang Luoxin　Xue Yuming

(School of Integrated Circuit Science and Engineering, Tianjin University of Technology, Tianjin 300384, China)

Abstract: With the deepening development of emerging engineering, higher education has higher requirements for the cultivation of the talents. This article explores the reform practice of integrating ideological and political elements into the single chip microcomputer design courses. It elaborates on the revision of the syllabus, the optimization of the content, the innovation of the methods, and the improvement of the evaluation system, and analyzes typical cases, which demonstrates how to achieve the organic combination of knowledge

---

通信作者：代红丽，daihongli@email.tjut.edu.cn。

imparting and value guidance. The results show that introducing ideological and political elements can not only improve the professional skills, but also cultivate scientific spirit, patriotism, and a sense of social responsibility, achieving the goal of quality education.

Key words: emerging engineering; single chip microcomputer; ideological and political elements

引言

课程思政的教育理念,是在高校课程教学改革的各环节中引入思想政治教育,启发、引导教师找到思政教育的立足点和突破口[1]。2020年,教育部印发的《高等学校课程思政建设指导纲要》,要求建设高水平人才培养体系必须融入课程思政建设,既要抓好专业教育,又要注重思政教育,不能出现"两张皮"问题,且此要求应贯穿培养体系始终[2]。

新工科建设是应对新一轮科技革命和产业变革的战略行动,强调培养学生的创新精神、实践能力[3-4]。电子信息类专业的学生都习惯于学习应用性技术知识,逻辑能力和实践能力较强,但常常忽略思政元素的学习。只有技术能力而缺少社会责任感和良好职业素养,是难以促进国家和社会的发展的。专业教育和思政教育的相互融合,共同构建协同育人大格局,不但能够促进教学质量的提高,也能够有效提升人才综合能力。"单片机课程设计"作为工科专业的重要课程,具有理论与实践相结合的特点。在新工科背景下,如何在"单片机课程设计"中融入思政元素,成为亟待解决的问题。本文将通过分析典型的教学案例,探索思政元素融入单片机课程设计的具体路径。

1 思政元素融入"单片机课程设计"的必要性

"单片机课程设计"具有理论与实践紧密结合的特点,充分发挥实践教学的重要作用,形成知识引领、思政贯穿、面向实践的课程目标体系。学生在掌握专业知识的同时,也需要培养良好的职业素养、科学精神和爱国情怀。将思政元素融入课程设计中,有助于学生在专业学习中树立正确的世界观、人生观和价值观,提升综合素质,达到教学目标和思政育人目标的一致,使学生学有所得、学有所悟、学有所思。

(1) 德育与智育并重

深化课程思政建设,把社会主义核心价值观、劳模精神、工匠精神等思想政治教育元素融入教学全过程,是对立德树人根本任务的具体落实。传统的工科教育往往过于注重技术知识的传授,而忽视了学生的思想道德教育。在新时代背景下,高校教育强调德育与智育并重。通过课程思政建设,将思想政治教育融入专业课程,帮助学生理解技术与社会的关系,增强其社会责任感。

(2) 提升学生的综合素质

以新时代技能型人才培养目标为导向,深入实施课程思政,让学生对专业课学习更为明确,坚持"德技并修",可以为相关行业培养技能人才提供有力保障。"单片机课程设计"课程不仅要求学生掌握专业知识,更需具备良好的职业素养和道德品质。通过课程思政建设,可以培养学生的团队合作精神、诚信意识和社会责任感,提升学生的综合素质。

（3）应对时代挑战

在新时代背景下,科技日新月异,国际竞争日益激烈。单片机作为工业自动化、智能控制等领域的重要技术,其应用前景广阔。然而,面对复杂的国际环境和国内发展需求,学生不仅需要具备扎实的专业技能,更需具备强烈的爱国情怀和使命感。通过课程思政建设,可以激发学生的爱国情怀和科技报国的热情,将爱党、爱国、爱人民的情怀扎根于心中,成为担当民族复兴大任的时代新人。

2　思政元素融入"单片机课程设计"的路径探索

在课程整体设计的基础上,从专业人才培养目标和课程标准出发,将课程的知识性、技能性和教育性相互交融,不断进行思政元素的挖掘,思政典型案例的收集,思政融入方法的探讨与设计,以形成可执行的课程思政教学设计方案,并在组织实施中不断完善,使课程知识目标、技能目标与思政目标相融合,更好地实现专业知识传授与思政育人的协同效应,着力构建可量化的课程思政评价体系,以提升课程思政育人效果[5-6]。

（1）修订教学大纲,明确思政目标

在修订"单片机课程设计"的教学大纲时,应明确思政目标,将思政元素融入知识目标和能力目标之中。例如,在介绍单片机的应用时,可以设定目标为培养学生的社会责任感和爱国情怀。

（2）优化教学内容,挖掘思政资源

在教学内容的设计上,应注重知识点与思政元素的有机结合。例如,在介绍单片机的应用案例时,可以引入智能家居、智能交通等具有社会意义的案例,让学生了解单片机的应用对社会发展的影响。同时,还可以引入与课程内容相关的道德规范和职业操守等方面的内容,如诚信、责任等。

（3）创新教学方法,丰富教学手段

教学方法的改革是课程思政教学改革的关键。教师可以采用案例教学、问题导向学习、小组讨论等多种教学方法,引导学生主动思考、积极参与课堂讨论。同时,可以利用多媒体、网络等教学手段,丰富课程形式,提高学生的学习兴趣和积极性

（4）完善评价体系,注重综合素质评价

传统的工科专业实践教学环节往往注重技能考核而忽视思想道德素质的评价。因此,应完善评价体系,将思想道德素质的评价纳入其中。例如,可以采用小组讨论、项目汇报等形式,对学生的团队协作能力、沟通能力等进行全面评价。

3　典型案例分析

案例一:航标指示灯系统设计

学习定时器的基本原理与应用,引导学生思考航标指示灯按照固定频率闪烁的工作原理。在设计过程中,观看神舟十三号载人飞船发射倒计时视频,感受振奋人心的激动时刻,并介绍背后的技术支撑,从而激发学生的爱国热情和民族自豪感,培养学生的职业素养和工匠精神。

案例二:基于单片机控制的蓝牙小车

利用单片机和蓝牙通信技术,实现智能小车的运动控制,引出科学技术是社会发展的动

力,强调科技对社会发展的推动作用。组织学生分组进行蓝牙小车的设计和开发,通过团队合作完成任务,培养学生的沟通能力和团队协作精神。同时使学生关注技术创新对社会和环境的影响,从而培养学生的社会责任感和创新能力。

案例三:祖国地图循迹小车

设计单片机控制的小车,完成祖国地图循迹。让小车按照祖国地图边界线路进行循迹。在设计过程中,不仅涉及直流电机控制、PWM、循迹原理等相关理论知识和实践锻炼,还可以通过模拟祖国地图特征,激发学生对国家地理知识的兴趣和爱国主义情怀。

案例四:红歌播放系统

利用蜂鸣器或"小喇叭",在按键控制环节中设计"红歌播放"项目。设置不同按键播放不同的红歌,使学生在学习蜂鸣器原理和按键控制的同时,受到红色文化的熏陶,从而增强文化自信和价值观认同。

4 实施成效与反思改进

(1) 实施与评价

坚持基于学情、实践检验、创新方法的教学理念,组织学生积极参加全国大学生电子设计竞赛、蓝桥杯单片机组等创新创业实践竞赛活动,并屡获佳绩,课堂纪律和学习态度明显改善,教师团队也取得多项科研成果。从实践中来到实践中去,将竞赛中拓展的知识点、软硬件调试经验、作品展示方法等内容及时反馈到课程教学中,把实践作为检验课程思政教学成效的重要标准。

通过将思政元素融入"单片机课程设计",学生在专业技能提升的同时,也表现出更强的社会责任感和爱国情怀。本课程将思政考核点和专业知识考核点相结合,课程思政的践行理念始终贯穿于考核全过程的课程[7]。评估思政元素融入单片机课程设计的效果,可以从以下几个方面进行。

① 学生反馈。通过收集学生的反馈意见,了解他们对课程中融入的思政元素的认识和感受,以及这些元素对他们价值观、职业操守和社会责任感的影响。

② 教师评价。教师可以在教学过程中观察学生对思政元素的接受程度和反应,评价思政元素与专业知识结合的紧密程度,以及对学生综合素质提升的作用。

③ 课程考核。通过设置与思政元素相关的考核内容,检验学生对这些内容的掌握情况,以此评估思政元素融入课程的效果。

④ 实践效果。观察学生在实际项目或实践活动中,能否体现出课程中融入的思政元素所倡导的价值观念和行为准则。

(2) 反思与改进

本课程思政建设尽管取得了一定的成效,但在实施过程中仍存在一些问题,如思政元素与专业知识点的结合不够紧密、教学项目设计缺乏创新等。未来需进一步挖掘课程中的思政元素,优化教学项目设计,加强师资培训,提升教学质量和效果。

5 结论

在新工科背景下,将思政元素融入"单片机课程设计"是实现思想政治教育与专业课程深度融合的重要途径,使原本注重技术传授的专业课注入了思政灵魂,真正发挥了专业课程的育人功能。通过修订教学大纲、优化教学内容、创新教学方法、完善评价体系等措施,可以有效提升"单片机课程设计"的教学质量;通过典型教学案例,培养学生的综合素质和职业道德,为培养更多高品质良好职业素养的优秀人才作出贡献。

参考文献

[1] 杨晓宏,郑新,梁丽."互联网+"背景下高校课程思政的价值意蕴与实践路径研究[J].电化教育研究,2020(2):71-78.

[2] 中华人民共和国教育部.教育部关于印发《高等学校课程思政建设指导纲要》的通知[EB/OL].(2020-05-28)[2025-01-28].

[3] 刘玉芹,佘道明."新工科"背景下应用型课程教学方法改革初探——以"单片机原理及应用"课程为例[J].轻工科技,2022,38(5):153-155.

[4] 曹璐莹,郭金磊,李雨,等.基于新工科的混合模式下单片机课程教学改革探索[J].科技风,2021(28):70-72.

[5] 冯颖.新时代下高校旅游管理专业课程思政建设制约因素相关性分析[J].高教学刊,2022,8(32):193-196.

[6] 潘燕燕.课程思政视域下数据库管理与应用课程育人路径探索[J].电脑知识与技术,2022(26):147-150.

[7] 曹玉华,毛广雄.基于课程思政的课程考核评价体系的构建——以经济地理学课程为例[J].淮阴师范学院学报(自然科学版),2022(3):262-265.

作者简介

代红丽:女,1978年生,讲师,研究方向为集成电路设计、半导体器件设计。

"小口袋,大智慧"
——基于"数字电子技术"课程实验教学创新

丁 南 段 超 崖海娇

(广州工商学院,佛山,510005)

摘 要:在新工科建设背景下,为了解决"数字电子技术"课程传统教学模式不适应于"卓越工程师"培养要求的矛盾,提出一种基于口袋实验室的"即学即现"式课堂教学新模式,围绕现代数字电子技术的设计思路,课堂上引入虚拟仿真环境,课后引入小型实验面包板以搭建电路,在理论教学的同时即时展现实验演示效果,学生课后也可以与理论学习同步动手实践创新,以达到促使学生进课堂、进实验室的目的。希望以此为契机,开拓出符合新时代电子信息类课程的全新教学模式并应用和推广。

关键词:新工科;口袋实验室;数字电路课程创新

"Small pocket, great wisdom"
——Innovation in Experiment Based on "Digital Electronic Technology" course

Ding Nan Duan Chao Ya HaiJiao

(Guangzhou College of Technology and Business, FoShan 510005, China)

Abstract: In the context of the construction of new engineering disciplines, in order to solve the contradiction that the traditional teaching mode of "digital circuits" course is not suitable for the training requirements of "excellent engineers", a new "learn now" classroom teaching mode based on pocket laboratory is proposed. Around the design concept of modern

通信作者:丁南,15562482@qq.com。

基金项目:2023—2024学年校级质量工程课程思政示范项目(项目编号:KCSZ202301);"新工科"背景下"产学研协同育人"多元融合模式的研究,高等教育教学改革项目(项目编号:ZC20211125);广东省课程思政改革示范项目(项目编号:202023120)。

digital electronic technology, a virtual simulation environment is introduced in the classroom, and a small experimental breadboard is introduced after class to build circuits. The experimental demonstration effect is displayed in real time while theoretical teaching, and students can also practice and innovate synchronously with theoretical learning after class, achieving the goal of encouraging students to enter the classroom and laboratory. I hope to use this as an opportunity to develop a new teaching model that is suitable for electronic information courses in the new era, and apply and promote it.

Key words: New Engineering; Pocket laboratory; Innovation in Digital Circuit Course

1 引言

"数字电子技术"课程是电子信息工程专业必修的学科基础课程，要求学生掌握各种逻辑门电路、集成器件的功能及其应用，逻辑门电路组合和时序电路的分析和设计、集成电路等知识。其具有较强的理论性、实践性，是面向电子信息、通信工程等理工科专业的重要专业基础课，是整个电类专业人才培养目标中的一个重要的能力单元，为了主动应对新一轮科技革命和产业变革，教育部、工业和信息化部提出的"卓越工程师"的培养方式有着鲜明的特点：①更加偏重于面向工业发展需求的实践及创新思考能力的训练[1-3]；②需要引入工程行业标准来创新工科教学模式；③大力支持企业深层次加入"新工科"人才的培养中，提高行业参与度。在此背景下，传统数字电子技术课程的教学模式劣势凸显[4]。

2 主要问题

2.1 理论知识经典，但理论与实践联系不紧密

数字电子技术课程仍然以门电路和中小规模电路为主，主要还是源于这门课程的定位，毕竟再复杂的电路到了底层还是要用门电路来实现，因此对数字电路基础知识掌握不扎实就难以设计出优秀的电路。如何让学生在掌握数字电路基础知识的同时又清楚地掌握这些知识在现代技术中的应用是数字电子技术课程教学必须解决的问题[5]。

2.2 实验课程学时有限，学员创新意识不强

课程实验包含验证性实验和综合性实验，学生上课通常按图接线，然后测试、记录。首先，大部分时间耗费在烦琐的连线上，学生独立思考与自主设计的时间不足，无法充分调动学生的主动性和积极性。其次，学生在实验过程中一旦出现问题，不知如何查找产生问题的真正原因，只是将整个线路拆掉，重新按图连线，更谈不上创新意识和能力的培养。最后，实验班次规模较小，需要开课较多，实验室难以满足需求。

2.3 考核评价方式单一，教学效果不理想

传统的考核评价方式是以结果为导向：把教师掌握的现成知识、技能传递给学生，或者让学生简单地按照教师的安排和讲授去得到一个结果。这就容易导致教学中出现两大问题：一是学生学习主动性差，学习效率低下；二是学生能力得不到提高。教师将大部分工作完成后，学生依样画葫芦，不能对知识进行重新组合、融会贯通，无法将知识内化成分析问题和解决问题的能力。

3 创新主要思路和改革目标

口袋实验室理念是近几年由美国德州仪器(TI)和赛灵思(Xilinx)中国大学计划项目引入中国,泛指利用便携、操作方便的虚拟仿真软件或者各种功能强大的小型开发板,实现"即学即现"式课堂教学新模式,通过仿真环境的搭建和小型开发板的应用将实验教学环境带进课堂,在理论教学中即时展现实验演示效果,让学生可以第一时间与理论学习同步自行动手实践,充分调动学生学习的积极性,同时,利用先进的教学方法可以实现学生在课前、课中、课后全方位进行学习和创新,有效地提高了学习效率,实现真正的基于"全开放实验室"的教学模式。

4 创新具体实施手段和方法

4.1 引入随课实验,创造实践环境

数字电子技术作为数字设计领域的基础课,虽然在现代数字电路设计中可能看不到小规模门电路,但无论多么复杂的电路,归根到底还是用逻辑门来实现,所以需要加强基础知识的讲解,但可以换一种思路、创造出实验情景的方式讲,从而为口袋实验室的引入提供了条件。教师利用"翻转课堂"多角色、多功能+"线上线下"一体化的教学模式,在翻转课堂的课前、课后(学生的自主学习时间),充分利用多样的信息化手段,丰富学习资料,拓展学习资源,从而提高学生的学习兴趣,培养学生的创新能力。

4.2 重铸教学内容,优化实践与教学结合的体系

在进行教学模式改革的同时,对教学内容和结构进行优化,以学生的认知规律为主线,合理安排分类教学,设置满足不同能力要求的教学内容,补充以相对应的实践操作,实践和理论相互融合,互为补充、能力逐步提升的教学实验体系。表1中基础知识辅助于入门实验、基础实验,要求所有学习本门课程的学员完成;而拓展内容则辅助于创新实践和研究型实践环节,通过开展电子科技创新和各类电子学科竞赛等创新类实践活动为牵引,选拔学有余力的学生参加,进行创新能力的培养。课程实验的具体实施内容拟按表1方式进行。

表1 课程实验的具体实施内容

序号	实验类型	对应课程单元	主要任务	口袋实验室运用方式
1	入门实验	认识门电路 认识逻辑门	掌握逻辑门的组合,知道逻辑门的功能	Protues 软件仿真,课前熟悉,课堂展示和验证
2	基础实验	组合逻辑电路的验证	中规模集成电路的组合设计	Protues 软件仿真,课前熟悉,课堂展示和验证
3		时序逻辑电路的验证	触发器,计数器	Protues 软件仿真,课前熟悉,课堂展示和验证
4	综合性实验	组合逻辑电路的设计	抢答器,表决器的设计	1.课前熟悉原理 2.课堂 Protues 软件仿真展示,过程性考核 3.课后小型开发板面包板实践

续表

序号	实验类型	对应课程单元	主要任务	口袋实验室运用方式
5	综合性实验	时序逻辑电路的设计	数字时钟,倒计时装置的设计	1. 课前熟悉原理 2. 课堂 Protues 软件仿真展示,过程性考核 3. 课后小型开发板面包板实践
6	创新性实验	具有较复杂功能的电路设计	智能小车的设计,自动除草机械手的设计,车牌自动识别设计	1. 课前小组讨论利用 phython 等人工智能工具实现软件部分仿真 2. 课题组通过做报告,做方案的形式实现硬件部分 3. 以 FPGA 或者 AURDIUNO 更高级硬件的方式来逐步改进,探索

4.3 实现全过程考核,完善综合考评机制

表 2 重新构建课程中的实验项目,增加过程性考核,以开放性、设计性实验课题替代传统的验证性实验课题,增加与工程应用联系密切的设计性、综合性实验课题,以创新、协作、效能以及任务完成度等方面的过程性评价代替传统的单一实验报告、实验数据的成绩判定,从而解决在传统实验教学中,缺乏工程训练真实性,创新素质、团队能力等综合水平培养不足的问题。

表 2 考核方式表格

考核方式	考核成绩评定	其他成果认定方式
平时成绩(20%)	平时作业,出勤等(10%)	1. 参加大创项目校级立项或者省级立项 2. 攀登项目校级立项或者省级立项 3. 参加国家级,省级电子设计大赛 4. 发表与课程相关的论文
平时成绩(20%)	课程基础实验(10%)	
期中成绩(20%)	期中考试成绩(10%)	
期中成绩(20%)	课程创新实验(10%)	
期末成绩(60%)	期末考试成绩	—

5 创新点总结

(1) 学生提前预习实验,自己搭建实验电路、完成实验操作步骤和数据记录,解决有可能出现的各方面问题,培养学生能够自主完成实验的能力、发现存在问题并改正的基本能力,学习效率以及独立学习能力会大大提升。

(2) 课内时间有限,课外有充分的时间思考实验的实现原理、合理性以及性能改进方案,这样的方式需要动手动脑,学生的学习主动性自然就提起来了,对操作更有兴趣,培养学生由被动接受知识到主动参与的转变。

(3) 从专业基础课开始抓起,三年实践不断线,动手能力循序渐进,培养学生的工程意识,为学生后续相关的专业综合设计能力打下坚实的基础。

(4) 学生结合自己的学习兴趣,可以在口袋实验室上自由发挥,实现瞬间创意灵感,通过自己的设计发现问题,带着问题有目的地寻找解决路径,培养创新型思维,获得新知识、新启蒙

的能力。

（5）在项目实施过程中，如果涉及课堂上还未教过的知识时，需要学生查阅大量的文献资料，经过充分的小组讨论和论证，学生之间需要经常性地交换实验体会和想法，提高学生自主协作的团队能力。

6 评价和总结

教学过程以学生为主体，使学生从被动接受转变为主动学习，利用口袋实验室可随时随地开展实验的优点，分层次分阶段开展实践训练，培养学生的工程思维能力和解决问题的能力，为后续的专业课学习和创新实践活动奠定基础，逐步激发学生的探索心理与创新意识。课题组近三年指导的学生在全国大学生电子设计大赛、广东省电子设计大赛、广东省物理实验竞赛中获奖多项，学生在广东省大学生创新创业项目和攀登项目中立项均立项多项。教学改革初见成效。从教务系统的在线评教调研上看，2020级学生的平均课程满意度达到了93.61%，比往届学生评价高出了3个百分点。从课程期末总评成绩上看，学生成绩的优良比率达到了87.56%，证明课程改革大幅提升了学生的知识内化效率，大部分学生觉得课堂学习有趣、生动，课后能够主动进实验室、实训室，增加了动手的机会提高了动手的能力。

参 考 文 献

[1] 韩华翔,董兆鹏,朱建平."数字电子技术基础"课程中思政育人元素的挖掘[J].西部素质教育,2021.

[2] 黎艺华,谢兰清"课程思政"视域下高职工科教材改革途径与方法探讨——以《数字电子技术项目教程》教材修订为例[J].装备制造技术,2021(9).

[3] 王振宇,孙俊,陈勇.疫情期间"数字电子技术"线上混合式教学实践[J].电气电子教学学报,2021,43(3):49-52.

[4] 张烈平,梁勇,张声岚,等.异步SPOC和雨课堂的数字电子技术课程混合式教学模式研究与实践[J].高教学刊,2021,7(16):92-95.

[5] 廖宇峰.《数字电子技术》课程中应用混合式教学的实践与研究[J].科技视界,2021(2):25-26.

作者简介

丁　南:女,1983年生,副教授,研究方向为电子及通信技术。

模拟自智通信系统案例设计

王春丽　程小阳

(兰州交通大学电子与信息工程学院,兰州,730070)

摘　要:本案例设计旨在融合人工智能技术与传统通信网络,通过模拟构建自智通信网络,探索在通信系统中引入"感知-分析-决策-执行"智能闭环机制的可行性。系统基于前期构建的多种通信系统实验案例,结合现代通信技术与人工智能新技术,创新设计出多个具备智能化功能的通信系统。通过引入 AI 数据集、AI 模型及 AI 推理规则,在通信网络中嵌入 AI 智慧大脑,实现 AI 模型的训练、推理决策和通信网络 AI 功能的形成。实验开发的软硬件结合的通信系统,体现了多学科交叉融合的特性,学生通过拓展知识结构,可以掌握相关学科的关键技术,并应用软硬件平台解决复杂实验课题。

关键词:自智通信网络;人工智能技术;智能闭环机制;多学科交叉融合

Case design of simulated self-intelligent communication system

Wang Chunli　Cheng Xiaoyang

(Institute of Electronic and Information Engineering, Lanzhou Jiaotong University, Lanzhou 730070, China)

Abstract: This project aims to integrate artificial intelligence (AI) technology with traditional communication networks by simulating the construction of self-intelligent communication networks and exploring the potential of incorporating a "perception-analysis-decision-execution" intelligent closed-loop mechanism into communication systems. Based on various pre-built communication system experimental cases, the project combines modern communication technology with new AI technologies to innovatively design multiple

---

通信作者:王春丽,114405886@qq.com。
基金项目:兰州交通大学创新创业教育改革项目(项目编号:CXCY2024033)。

communication systems with intelligent functions. By introducing AI datasets, AI models, and AI inference rules, an AI smart brain is embedded within the communication network, enabling AI model training, inference decision-making, and the formation of AI functions on the network side. The developed communication system, which integrates both software and hardware, reflects the characteristics of multidisciplinary integration. Students expand their knowledge base, master key technologies in related fields, and use software and hardware platforms to solve complex experimental problems.

Key words: self-intelligent communication network; artificial intelligence technology; intelligent closed-loop mechanism; multidisciplinary integration

1 引言

2024年3月5日,在第十四届全国人大二次会议上,李强总理在《政府工作报告》中明确指出,"大力推进现代化产业体系建设,加快发展新质生产力"是2024年政府工作的首要目标[1]。新质生产力不仅仅意味着传统生产力的提升,更注重通过技术创新、管理变革和产业升级,推动整个经济系统的转型和优化重构[2]。信息通信行业是全球研发投入最密集、创新最活跃、应用最广泛的领域之一,对其他行业的带动作用显著,已经成为推动新质生产力发展的重要领域[3]。信息通信技术的发展不仅是推动经济前进的力量,也是现代化经济体系中创新要素和生产力提升的重要动力源[4]。

在这样的背景下,通信网络也从传统的互联网和云计算时代迈向智能化时代。自智通信网络作为未来信息通信系统与人工智能技术深度融合的产物,具有重要战略意义[5]。为了顺应当前和未来中国信息通信行业的发展需要,本项目拟将人工智能新技术融入传统通信系统,在实验室环境中模拟构建自智通信网络,通过深度融合AI技术与通信网络,探索并解决当前通信系统中的瓶颈问题,特别是针对"最后一公里"的智能化和高效化,实现真正意义上的自智通信网络[6]。自智通信网络的建设和发展,不仅有助于提升通信系统的智能化水平和运行效率,也为培养未来信息通信人才、提升学生的创新实践能力,以及推动信息通信行业的持续创新发展提供了宝贵的经验和参考。

2 实验实践与创新设计

本文提出的实验实践将围绕自智通信网络的构建展开,重点在于如何通过引入泛化的人工智能技术,如机器学习、强化学习和深度学习等,来提升传统通信网络的智能化水平。在设计过程中,将基于AI内生的智能面和数据面这两个逻辑功能平面,将AI技术深度嵌入到通信网络的各个层面(包括物理层、数据链路层、网络层等),如图1所示。通过这种深度嵌入,各个网络元素可以通过"感知-分析-决策-执行"的智能闭环机制[7],使得传统通信网络具备自配置、自优化、自治愈和自演进的能力,从而实现统一的自智通信网络架构。

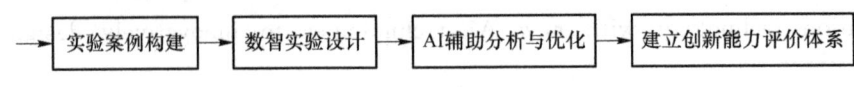

图1 自智通信网络案例结构

2.1 实验案例构建

为了填补兰州交通大学通信工程等电信类专业学生在"通信技术+人工智能技术"学科交叉融合领域中欠缺相关应用理论及实验实践基础的现状,本项目计划开设"融合人工智能的自智通信系统设计与实现"创新实验课程。该课程将通过理论讲解、实验演示和实践验证等环节,帮助学生建立对人工智能和通信技术相结合的基本理解和实践能力。课程内容将涵盖从基础知识到前沿技术的广泛内容,学生将学习如何将 AI 技术应用于通信系统的各个方面,包括但不限于自适应算法、智能网络配置和优化策略等。通过这种方式,我们希望培养学生在面对复杂科学问题时的研究思维,为其进一步的发展和能力提升奠定坚实的基础。

2.2 数智实验设计

基于实验室现有的通信系统,本项目计划对其进行智能化升级,以克服当前系统在自智功能上的不足。重新梳理和补充定义现有系统的功能,结合当代前沿信息通信理论和人工智能技术的发展趋势,以及行业的实际需求,开发并构建出具备智能化功能的通信系统。例如,在现有通信系统中添加"图像识别"功能模块,可以用于登录用户的身份验证或物品分类任务的辅助完成;通过添加"自适应语音去噪及语音识别"功能模块,可以实现通信系统输入信息的智能化处理或自动化交互控制等功能。这些功能的引入将大大增强通信系统的智能化和自动化程度,使其更具实用性和创新性。

2.3 AI 辅助分析与优化

传统通信系统多以人工手动控制为主,参数设置往往依赖于经验,这样容易导致系统输出误差和抖动频繁,影响系统的稳定性和精度。为解决这一问题,本项目拟通过"自智通信网络"软件平台,实现对网络硬件设备的智能化控制。使用神经网络等 AI 技术来优化系统的输出值,并将优化后的结果作为控制量,用于精确调节硬件设备的运行状态。通过这种方式,能够有效降低系统误差,提高系统的整体性能和稳定性。这不仅可以提升通信网络的自动化水平,还能为学生提供更多的实践和探索机会,帮助他们更好地理解和掌握 AI 在实际应用中的潜力。

2.4 创新能力评价体系的建立

针对目前"融合人工智能的自智通信系统设计与实现"创新实验课程缺乏科学全面的学生创新能力评价体系的现状,计划通过对学生在不同阶段的学习成果进行系统的分析和研究,制定出一套能够客观、公正地评价学生创新能力培养情况的评价体系。这一体系将包括多维度的评价指标,如理论理解、实践能力、创新思维和团队协作等,以全面反映学生的学习效果。通过评价结果,选拔出表现优秀的学生,鼓励他们参加省级、国家级创新创业项目,以赛促学。这不仅有助于提升学生的创新创业能力,还能增强他们的就业竞争力,助力他们在未来的职业生涯中取得更大的成就。

3 预期目标与创新点

在本案例中,通过引入人工智能技术和创新实验设计,旨在推动传统通信网络的智能化升级,培养学生在通信和人工智能融合领域的创新能力。本案例具体探讨了多个创新点,并设立了若干预期目标,希望通过案例的实施,在技术、教育和实践多个维度取得突破和进展。

3.1 创新点

本案例的创新点主要体现在四个方面。①紧跟自智网络领域的最新研究进展,旨在通过构建 AI 数据集、设计 AI 模型和制定 AI 推理规则[8],模拟并实现通信网络中的 AI 智慧大脑。②注重"通信技术+人工智能技术"学科的交叉融合,通过系统化的课程设计和实验操作,帮助学生掌握跨学科的理论与实践方法。③本案例开发了软硬件结合的创新实验设计,学生可以在真实的实验环境中学习和应用数据处理、网络优化和智能控制等关键技术。④为持续提升学生的创新能力,将建立一个涵盖技术掌握、问题解决、团队协作等多维度的考核评价体系,确保学生能够不断改进其科研能力并推动创新发展。

3.2 预期目标

本案例的预期目标是通过在传统通信网络中融入人工智能技术,提升网络的智能化和自适应能力。具体来说,通过引入"感知-分析-决策-执行"的智能闭环机制,实现通信系统的自智功能。在这一过程中,计划在不同的网元设备中嵌入 AI 引擎,支持 AI 内生功能,同时开发一个智能中控平台,通过智能编排实现不同通信系统的跨域协同。最终,项目旨在构建一个基于 AI 计算能力与通信过程深度融合的一体化架构。这一架构将全面提升通信网络在不同层级[9](物理层、MAC 层、网络层等)的智能化学习和场景适应能力,使得未来的通信网络具备自适应、自学习等自智功能[10]。通过这样的升级和改造,通信网络将能够更有效地应对复杂的通信环境和动态的网络需求,为实现更高效、更智能的通信系统奠定基础。最终目标是推动信息通信行业的创新和发展,为新时代的数字化转型贡献力量。

4 结论

通过将实验案例、创新设计、数智实验和 AI 辅助分析等多种实验实践手段相结合,本案例力求全面提升学生在通信技术与人工智能技术领域的综合能力。这样的实践教学模式不仅符合信息通信行业的发展需求,也契合了新时代教育教学改革的方向,为学生在未来的职业发展中打下坚实基础,助力中国式现代化的新质生产力发展。

参 考 文 献

[1] 十四届全国人大二次会议在京开幕 习近平王沪宁蔡奇丁薛祥李希韩正等在主席台就座 李强作政府工作报告 赵乐际主持大会 听取关于国务院组织法修订草案的说明等[J].中国石油和化工,2024(3):8-10.

[2] 刘爽,单宇.中国制造企业如何通过关键核心技术创新发展新质生产力——基于海信集团的探索性案例研究[J/OL].东北财经大学学报,2024:1-13. http://kns.cnki.net/kcms/detail/21.1414.F.20241105.1741.002.html.

[3] 卢云,邓璐.新质生产力的政策脉络和对信息通信业的要求[J].中国电信业,2024(10):24-27.

[4] 苏德悦,韩永军,林婧.信息通信业如何助力实体经济高质量发展?[N].人民邮电,2022-10-23(6).

[5] 冯毅.自智网络发展趋势与挑战[J].通信世界,2024(2):12-14.

[6] 肖扬.基于深度强化学习的自智网络关键技术研究与应用[D].北京:北京邮电大学,2024.

[7] 岳敏,潘英爽."互联网＋物联网"打通智慧评价的"最后一公里"——构建教育数字化行动下的学校评价体系[J].中国信息技术教育,2024(21):10-12.

[8] 王乐欣.局域网下基于智能路由器的 NAS 应用系统[J].电子设计工程,2022,30(22):169-173.

[9] 蒋守花,陈俊,蒲实,等.智慧校园中面向边缘 AI 集群的异构优化方法研究[J].长江信息通信,2024,37(5):216-220.

[10] 张雷明.大数据及人工智能技术的网络安全防御系统优化策略[J].网络安全技术与应用,2024(11):9-10.

作者简介

王春丽:女,1981 年生,副教授,主要从事人工智能、语音信号处理、脑机接口等技术研究。

"传感器原理及应用"实验课程教学案例
——以"金属箔式应变片电桥性能实验"为例

李 虹　蔺金元　王学忠　李春树

（宁夏大学电子与电气工程学院，银川，750021）

摘　要：以"金属箔式应变片电桥性能实验"为例，探讨在"传感器原理及应用"实验课程中采用"线上＋线下"混合式教学模式，分别从课前预习、实验实操过程、课后报告撰写三个维度进行详细阐述。实践证明，该模式可以提高学生学习的兴趣和课堂参与度，培养学生自主学习的能力和理论联系实际的能力，改善课堂教学效果，提高教学质量，能够达到知识传授、能力提升和价值观塑造相统一的教学目标。

关键词："传感器原理及应用"；教学案例；"线上＋线下"混合式教学；价值观塑造

Teaching Case of the "Principles and Applications of Sensors" Experiment Course
——Taking the "Metal Foil Strain Gauge Bridge Performance Experiment" as an Example

Li Hong　Lin Jinyuan　Wang Xuezhong　Li Chunshu

(School of Electronic and Electrical Engineering, Ningxia University, Yinchuan 750021, China)

Abstract: Taking the "Metal Foil Strain Gauge Bridge Performance Experiment" as an example, the paper discusses the application of the hybrid teaching model in the "Principles and Applications of Sensors" experiment course. The discussion is detailed from three

---

通信作者：李虹，lh@nxu.edu.cn。

基金项目：2024年教育部实验教学和教学实验室建设研究项目"数字赋能＋双图谱"的新工科实验教学体系研究——以电气信息类专业为例（项目编号：SYJX2024-216）；2024年宁夏大学科学计算与系统建模仿真课程建设项目"宁夏大学第六批校级'课程思政'示范课程建设项目"（项目编号：KCSZ2024018）。

dimensions: pre-class preparation, experimental operation process, and post-experiment report writing. Practice has proven that this model can enhance student interest and classroom participation, cultivate the ability of autonomous learning and the ability to connect theory with practice, improve classroom teaching effects, and raise teaching quality. It can achieve the unified teaching objectives of knowledge impartation, capability enhancement, and value shaping.

Key words: Principles and Applications of Sensors; teaching case; hybrid learning; value shaping

1 引言

"传感器原理及应用"课程是高等院校电气工程及其自动化、电子信息工程及相关专业的一门专业课程,具有涉及内容繁杂、综合性强、应用领域广等特点,主要内容是各类传感器的工作原理、结构特性、测量电路和应用等。通过本课程的学习,使学生能够全面掌握传感器的专业基础理论,能利用传感器的专业知识分析和解决实际问题,培养学生理论联系实际的能力和工程实践能力,以及严谨细致、一丝不苟、善于思考、勇于创新的精神[1-2]。

"传感器原理及应用"实验课程与其理论课程相配套,是理论课程的有力支撑,旨在帮助学生深入理解传感器的工作原理,并掌握其在实际工程中的应用。以往的"传感器原理及应用"实验课程,实验方式单调枯燥,学生不进行充分预习,基本是按照实验指导书机械完成,整个过程中,学生只是一个验证工具,思考不足,完全缺乏自主性[3]。

教育强国战略下,高等教育必须以生为本、立德树人。为了加快推进实验教学的数字化转型,加速推进信息技术与实验教学的深度融合,突出学生能力培养,本文探讨在"传感器原理及应用"实验课程的教学中,结合雨课堂教学平台,采用"线上+线下"混合式教学模式,从课前、课中、课后等方面培养学生的独立思考能力、实践动手能力和数据分析能力,持续提升实验育人能力。

2 实验案例

下面以"金属箔式应变片电桥性能实验"为例,介绍实验教学改进措施。

2.1 深刻理解实验教学目标,并贯穿于实验教学

本实验的教学目标见表1。

表1 本实验的教学目标

教学目标	具体内容
知识目标	了解金属箔式应变片的应变效应;掌握电桥测量电路的工作原理和性能
能力目标	通过不同电桥电路性能的分析,具备发现问题、分析问题及解决问题的能力
素质目标	培养学生严谨认真的科学态度、善于思考的科学精神、知规矩守规矩的规矩意识、一丝不苟的工匠精神

2.2 教学实施过程

2.2.1 课前预习

在实验课前一周,通过雨课堂线上发布实验任务,包括与实验相关的视频图片、实验原理、

思考题等，要求学生结合理论课的相关内容，认真预习，完成预习实验报告。"金属箔式应变片电桥性能实验"发布的实验任务见表2。

表2 本实验的实验任务

实验任务	具体任务
视频图片	自动称重系统视频和电子秤的图片、老师录制好的实操视频等
实验原理	根据理论课所讲相关内容，参照实验指导书学习
思考题	1. 电子秤是如何称重的？ 2. 应变片能将应变转换为电阻的变化，为了显示与记录应变的大小，还需把电阻的变化转换为电压或电流的变化，这又如何实现呢？ 3. 单臂电桥存在非线性误差且灵敏度较低。那么有没有改善非线性误差和提高灵敏度的措施呢

通过预习，让学生带着问题学习，培养学生善于思考、理论结合实际分析问题的能力。

2.2.2 实验实操过程

(1) 实验原理简单讲解

实验课的前10~15 min，老师采用翻转课堂或提问的形式，检验学生的预习情况，确保学生对实验原理的正确理解和掌握，参与人员通过随机抽取产生，促进同学们课前认真预习。这有利于促使学生从被动接收的"填鸭式"学习转变为以主动探究为主的学习方式，可以充分调动学生的学习积极性，培养学生自主学习的能力和独立思考的能力。

(2) 实验过程

"传感器原理及应用"实验采用仪迈科技的YTZGZ-5型现代检测技术综合实验平台，如图1所示。其采用模块化结构形式，电源和仪器仪表全部采用独立挂箱式结构，各实验模块任务明确，操作、维护简便，也方便选择不同的实验配置，易于自由搭建实验线路。"金属箔式应变片电桥性能实验"使用其中的应变传感器实验模块。实验采用分小组进行，2人/组，便于学生充分讨论、主动学习。在实验过程中，确保每个实验步骤的严谨性，有助于培养学生认真负责、严谨细致的工作态度和一丝不苟的工匠精神。

① 对差动放大器进行调零，即首先从主控台接入±15 V电源，检查无误后，合上主控台电源开关。其次将差动放大器的输入端U_i短接并与地短接，输出端U_{o2}接数显电压表（选择2 V档），将电位器R_{w4}调到增益最大位置（顺时针转到底），调节电位器R_{w3}使电压表显示为0 V，最后关闭主控台电源（R_{w3}、R_{w4}的位置确定后不能改动）。

② 将一个应变电阻（如R_1）接入电桥与R_5、R_6、R_7构成一个单臂直流电桥，或将受力相反（一片受拉，一片受压）的两只应变片接入电桥的邻边构成一个半桥差动电路，或将受力相反（一片受拉，一片受压）的两对应变片分别接入电桥的邻边构成一个全桥差动电路。

③ 加托盘后对电桥进行调零，即电桥输出接到差动放大器的输入端U_i，检查接线无误后，合上主控台电源开关，预热5 min，调节R_{w1}使电压表显示为零。

④ 在应变传感器托盘上放置一只砝码，读取数显表数值，依次增加砝码和读取相应的数值，直到200 g砝码加完，记下实验结果。

以上基本实验要求每位同学必须完成。对于学有余力的同学，实验室也提供了应变片、运算放大器、滑动变阻器、电阻等电子元器件及砝码等，学生可以通过理论课所学知识、查找文献、借助 AI 等方法,自己动手完成简易电子秤的设计。通过实际问题的解决,培养学生理论联系实际的能力和坚持不懈、永不言弃的精神[3]。

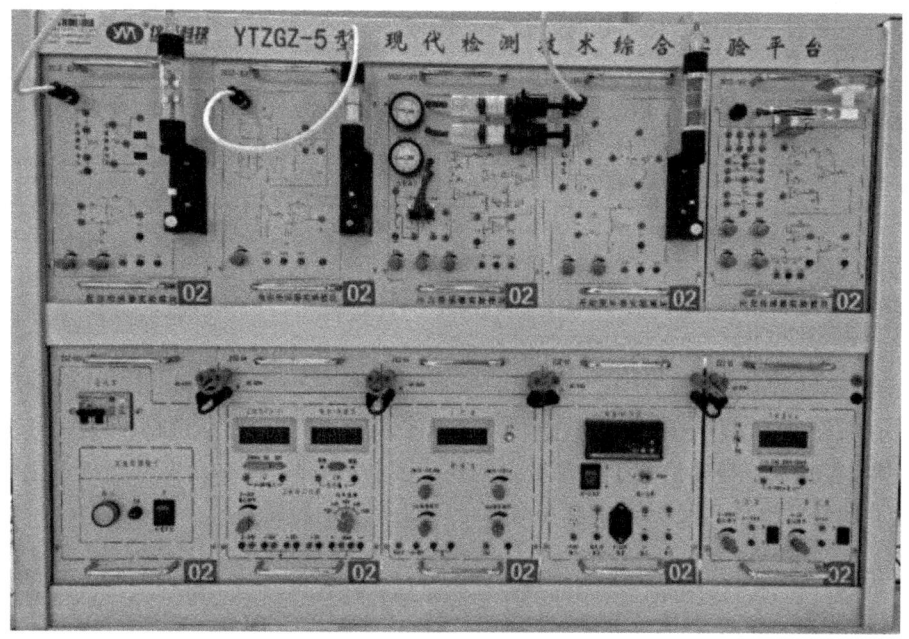

图 1　YTZGZ-5 型现代检测技术综合实验平台

2.2.3　常见错误问题分析

实验中,最常见的错误问题有如下两个:①忘记差动放大器和加托盘后的电桥调零,导致测量数据不准确;②半桥和全桥实验时,没有选择受力相反的应变片或应变片没有接入电桥邻边,导致测量结果有偏差。

以往传统实验教学中,由于课前预习只要求学生根据实验指导书写预习实验报告,没有考核措施,学生只是敷衍了事,对实验原理和实验过程只有初步印象,课中老师需花较多时间讲解实验原理,并当堂演示实验过程,留给学生的实操时间比较少,导致错误问题出现概率较高。改进后,学生提前通过线上预习实验原理和老师录制好的实操视频,对实验内容和实验步骤都有了充分的理解和掌握,课中老师只需简单引导,学生有更多时间实际操作,遇到问题小组互相讨论,借助 AI 等数字化手段解决,大大降低了错误问题概率。同时,可以很好地锻炼学生的沟通能力和团队合作精神。

2.2.4　课后报告撰写

实验报告采用统一的模板,包括实验名称、实验目的、实验仪器、实验原理、实验内容和步骤、测量数据、数据分析、结论、思考题、学习心得等。要求学生书写规范、内容完整、对实验数据和结果分析正确,使学生养成认真踏实的学习态度和知规矩、守规矩的规矩意识。

2.2.5　实验考核

本实验课程共有 8 个实验,每个实验成绩按照 100 分评定,具体评定方法如下。

实验成绩＝实验预习×30％＋实验过程×40％＋实验报告×30％

考核要求见表 3。课程总成绩取 8 个实验成绩的平均值。

表 3　考核要求

考核环节	考核要求	成绩占比
实验预习	线上实验任务的查看学习情况;客观题由雨课堂平台自动评分;主观思考题的完成情况等	30%
实验过程	是否缺勤、迟到、早退;是否遵守纪律;是否违反安全规程;是否积极回答提问及回答正确与否;实验结果的正确性、实验任务的完成度;对常见问题的分析解决能力等	40%
实验报告	书写是否完整规范;数据和结果的分析情况;实践知识掌握情况等	30%

3　结语

本文对"传感器原理及应用"实验课程的教学模式进行改进。以"金属箔式应变片电桥性能实验"为例,设计了"线上＋线下"混合式教学案例,形成以学生为本、知识和能力培养与价值观塑造并重、实验教学与理论教学同等重要的现代实验教学理念,并落实到培养学生创新能力和实践能力的教学改革实践中。

参 考 文 献

[1] 杜妍彦."传感器与检测技术"课程研究与课程思政设计[J].2023 机电创新与产教融合新思考论文集,2023:355-359.

[2] 王振,王景兰."传感器技术及应用"课程思政建设探究——以中职学校工业机器人技术应用专业为例[J].广东职业技术教育与研究,2023(3):8-11.

[3] 张总,刘哲,王春梅,等.基于虚实结合的传感器原理与应用教学研究与探索[J].仪器仪表用户,2021,28(4):96-99.

作者简介

李　虹:女,1975 年生,副教授,研究方向为自动控制工程。

蔺金元:女,1972 年生,教授,研究方向为检测技术与自动化装置。

王学忠:男,1968 年生,高级工程师,研究方向为电子技术。

李春树:男,1974 年生,教授,研究方向为信号处理、无线通信、物联网。

"单片机原理与接口技术"教学改革创新实践探索

熊艳飞

(江西应用科技学院智造学院、电子信息产业学院,南昌,330000)

摘 要:通过教学改革,旨在培育学生在"单片机原理与接口技术"课程中的自主学习、问题整理、分析、表达交流及团队合作等综合能力。教学改革策略包括实施线上线下混合教学模式、任务驱动教学法等手段。在教学实践中,通过精心设计的任务发布、引导学生深度思考与问题解决,以及线上作业与线下实验的结合,有效提升了学生的学习热情与自主性。改革成果显著,学生综合能力得到了显著提升。

关键词:自主学习;混合式教学;任务驱动

Practical exploration of teaching reform and innovation of "MCU Principle and Interface Technology"

Xiong Yanfei

(School of Intelligent Manufacturing, School of Electronic Information Engineering, Jiangxi Institute of Applied Science and Technology, Nanchang 330000, China)

Abstract: Through the teaching reform, it aims to cultivate students' comprehensive abilities such as independent learning, problem sorting, analysis, expression and communication, and teamwork in the course of "MCU Principles and Interface Technology". Teaching reform strategies include online and offline hybrid teaching models, task-driven pedagogy and other means. In teaching practice, through the well-designed task release, guiding students to think deeply and solve problems, and the combination of online homework and offline experiments, students' learning enthusiasm and autonomy are

通信作者:熊艳飞,240559079@qq.com。
基金项目:"一构三融合"混合式教学模式下"单片机原理与接口技术"课程的实践探索(项目编号:JXYKJG-24-43)。

effectively improved. The reform has achieved remarkable results, and the comprehensive ability of students has been significantly improved.

Key words: self-directed learning; blended learning; task-based learning

1 绪论

法国作家巴尔扎克曾说:"一切事物日趋完善,都是来自适当的改革。"我们应该怀揣教改的赤诚之心,肩负教改的希望之任,学生智慧的源泉是无休止的,学生潜能的挖掘更是无穷尽的,只要教师用心教学,定能引导学生早日成为翱翔于蓝天的雄鹰。秉持"三元育人"校本理念,"单片机原理与接口技术"作为江西应用科技学院第三批教学改革课程之一,以本科 21 级机械设计制造及其自动化 2 班为试点班级,班级人数为 33 人。下面浅谈在教学改革中取得的成效、发现的问题及存在的不足。

2 教学改革理念

本课程是机械类专业的核心课程,旨在培养学生具备工匠精神、科技强国等思想政治素质与创新理念、开拓意识等职业素养,掌握单片机系统开发的基本理论和工作原理,从硬件和软件上掌握单片机应用系统的设计方法,具备独立完成单片机应用系统设计、生产和维护的职业能力。本课堂教学改革[1]的理念是"培养科学思维与团队意识、提升理论素养与综合能力"。确立以学生为中心,培养学生团队合作意识、求实创新精神职业素养等,在课程中融入思政元素,践行工匠精神,紧紧围绕"科技报国的理想信念、精益求精的工匠精神、敢闯会创的开拓意识"的课程思政建设目标开展教学实践[2]。

3 教学内容改革

3.1 改革的重要性

"单片机原理与接口技术"课程教学模式不能很好地满足应用型人才的培养目标,教学内容滞后于技术的发展,理论教学与生活实际联系不够密切;教学模式及教学方法单一,理论灌输方法占据主体地位,传统的填鸭式教学方法授课效果不佳;依托实验箱做实验,对提高学生动手能力及培养学生的创新意识还不够。针对这三个问题开展课程教学改革:更新教学内容,将单片机原理技术相关的生活案例引入到教学活动中,理论与实践为一体,改善授课效果,增强学习兴趣;融入多种教学方法,针对不同的知识模块,结合案例教学、问题引导、任务驱动等多种方法进行改革;通过泛雅教学平台,实现线上线下混合式教学,提高教学质量;改进实践教学环节,通过 Keil 和 Proteus 软件进行联合仿真,引导学生利用所学知识,进行硬件和软件设计,为后续从事相关工程技术工作做铺垫。

3.2 教学改革措施

3.2.1 改革方法

"单片机原理与接口技术"课程以"任务驱动"为主[3],如图 1 所示,采用"教、学、做"合一的教学设计,融入生活生产中实际案例和学科发展大事件,丰富育人载体,优化教学内容,培养学生善于实践、勇于探索的创新意识,塑造精益求精、追求卓越的职业精神,增强理想信念,厚植科技报国之志。采用线上线下混合式教学,充分利用现代信息资源,实现为教学所用,既能丰富线上学习内容,又能为线下学习打下良好基础。在学习通 APP 上建立完整的课程,包括电子教案、课件、视频、作业、测验及实验指导书等教学资料,师生之间实现教学文件的网络共享。

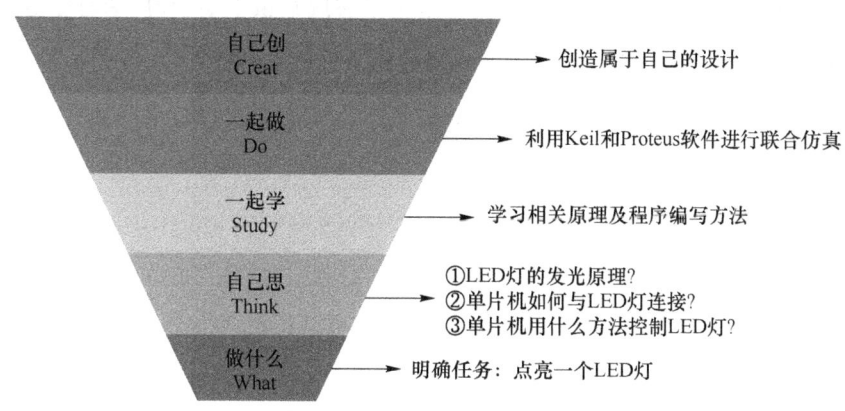

图 1 任务驱动"五步教学法"

采用任务驱动式教学[4],通过任务引导学生,去思考要解决这个问题需要哪些知识,需要具备哪些能力,然后为寻求解决此问题,学生需要努力去接触新的知识,学会去面对未知,学会用已学知识和通过查询新的知识,去解决问题。根据学习通 APP 发布的任务,引导学生发现问题,学生进行独立思考,根据自己的思路画出相应的流程图,再利用 Keil 软件进行编程[5]。对于同一个任务,引导学生采用多种不同的方法进行编程。通过小组交流讨论后,把所有正确的程序在学习通 APP 上共享,让学生们从中相互学习、相互借鉴,从而拓宽学生的编程思路,积累编程技巧,学会采用灵活多变的处理方式解决各式各样的实际问题。

3.2.2 改革实施过程

采用线上线下混合式教学,以任务驱动为核心,主要运用启发教学法、问题教学法、实践法、小组教学法,并辅以学习通 APP 上的视频资源、案例、课件等多种资料[6]。

课前发布学习任务,培养学生自主学习能力,引导学生了解学习目标,明确学习的方向。

课中,首先复习铺垫,通过提问学生上次课所讲问题,复习相关知识点。其次任务引入,通过生活生产实际案例,提出问题,引导学生思考如何完成任务。最后,讲授完成任务所需新知识,引导学生学会解决问题,学会学以致用。在教师指导下,学会使用 Keil 软件编写程序,利用 Proteus 软件绘制电路图,进行联合仿真,引导小组同学之间要注意协作学习,互相帮助完成任务。

课后布置线上作业和线下实践,进一步完善程序编写,规范程序格式,增加代码注释,自觉践行职业规范和精益求精的工匠精神。同时,布置进阶任务,学有余力的学生完成相应的拓展任务。

4 教学改革效果

"单片机原理与接口技术"课程经过一学期的改革,在师生共同努力下,取得了良好的教学效果。教学改革培养了学生自主学习能力、问题整理能力、问题分析能力、表达交流能力和团队合作能力,有效地提升了学生的综合能力。学生无论是在课堂上或课外都能积极地与老师探讨问题。借助学习通 APP,学生可以随时与老师沟通在学习过程中或操作软件过程中遇到的问题。学生线上学习情况如图 2 所示。学生在没有教师要求的情况下,能主动去学习线上各章节的内容。教学改革极大激发了学生的学习热情,学生积极主动投身学习,由知识的被动接受者变成知识的主动吸收者。教学改革前,由于课程内容枯燥、教法单一,导致学生缺乏学习兴趣,学生为了考试而学习;教学改革后,学生为了获取知识主动学习,学习变成了乐趣。教学改革采用问题引导式、任务驱动式等方法,学生参与到教学活动中来,提升了学生的内动力。

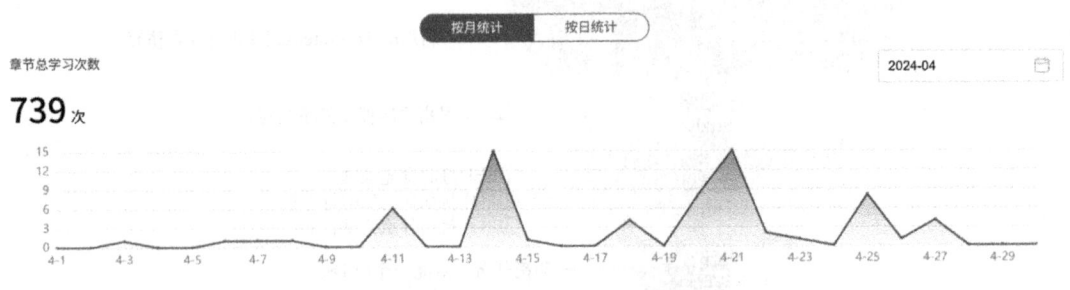

图 2　每月线上章节学习情况

通过任务驱动式教学,将知识点应用在具体任务中,加深了学生以系统的观点认识和把握所学习知识的能力。锻炼和增强了学生的硬件和软件设计能力。通过在学习通 APP 上提前发布上课通知或预习任务,让学生明确学习任务,利用课后时间提前进行学习。将以教师为主体、理论为中心、满堂灌输的教学模式改变为以学生为主体、应用能力培养为中心,提高了学生的自主学习能力,培养了学生分析问题、解决问题和创新的能力。学期末学生也给出了比较好的课改评价。

5　教学改革存在的不足

在"单片机原理与接口技术"课程的教学改革实践中,实现了师生双方的共赢,教学改革促进了师生之间的相互学习与共同成长,构建了教学相长的良性互动。这一改革不仅弥补了传统教学存在的不足,加深了教师对课程内容的理解与探索,也显著提升了学生的学习成效,但也存在一些不足之处。

在课前任务通知的发布上,我们未能进行有效的跟踪调查,未能确保学生是否真正预习、是否针对问题自主查找资料、是否独立解决问题。对于每个任务,我们缺乏持续的跟踪与反馈,仅依靠学生自评无法全面掌握学生的学习情况。为了顺应信息时代的浪潮,积极拥抱技术革新,将 AI 人工智能和知识图谱等前沿技术融入课程教学改革之中。通过这些先进技术的深度整合,旨在构建一个更加智能化、个性化的教学模式,以提升教学质量和学生的学习体验。鼓励并倡导学生参与与单片机相关的课外竞赛,如"蓝桥杯"等电子或软件类比赛,以充分激发学生的学习热情,培养学生将所学知识应用于实践的能力,提升创新能力。只要保持对教学改革的热情与承诺,承担起教学改革的责任,我们定能在教学领域取得新的突破,培养出更加出色的学生。

参 考 文 献

[1] 马春燕,贾燕冰,郑丽君.一书一课一空间——单片机原理与接口技术课程教学改革与实践[J].高教学刊,2023,9(23):23-27.

[2] 赵月静,李玥华,程旭峰,等.单片机工程应用课程教学改革探索——基于思政元素与案例教学融合的视角[J].高教学刊,2024,10(27):130-134.

[3] 贾毅崇,陈锴,昌柯君,等.基于项目驱动的"单片机原理及接口技术"课程教学改革探索[J].南方农机,2024,55(12):188-191.

[4] 马春杨.任务驱动教学法在中职单片机原理与应用课程中的应用研究[D].天津:天津职业技术师范大学,2022.

[5] 李晓娟,李建科,胡良,等.新工科背景下单片机原理及应用课程教学模式改革研究[J].科技风,2023(12):96-98.

[6] 李朝青,卢晋,王志勇,等.单片机原理及接口技术[M].5版.北京:北京航空航天大学出版社,2017:204-279.

作者简介

熊艳飞:女,1988年生,讲师,研究方向为自动控制。

本科生项目实践
——多部电梯系统群控节能算法研究

宋建勇[①] 杨 宁[①] 丁继涛[①] 牛 涛[①] 蔺金元[①②]
周 虎[②] 李 虹[①] 李春树[①]

[①](宁夏大学电子与电气工程学院,银川,750021)
[②](宁夏大学电工电子实验中心,银川,750021)

摘 要:本文主要研究项目式实验的设计与实施,介绍了选题、组队、实施过程、总结等各个实验环节。以多部电梯控制为具体设计内容,针对多部多层电梯运行效率低下、能耗较大、候梯时间较长等问题,设计了多部电梯群控逻辑算法,实现了高效率运行。本项目较好地达到了实践训练目标,培养了学生主动学习、积极探索的习惯,为项目式实验的开展提供了一定的借鉴意义。

关键词:项目式实验;电梯控制;实验设计

Undergraduate Project Practice
——Research on Energy-saving Group Control Algorithms for Multi-elevator Systems

Song Jianyong[①] Yang Ning[①] Ding Jitao[①] Niu Tao[①] Lin Jinyuan[①②]
Zhou Hu[②] Li Hong[①] Li Chunshu[①]

[①](School of Electronic and Electrical Engineering, Ningxia University, Yinchuan 750021, China)
[②](Electrical and Electronic Experimental Center, Ningxia University, Yinchuan 750021, China)

Abstract: This paper mainly studies the design and implementation of project-based

通信作者:蔺金元,ljynxu@163.com。
基金项目:教育部实验教学和教学实验室建设研究项目(SYJX2024-216)"'数字赋能+双图谱'的新工科实验教学体系研究——以电气信息类专业为例";2024年宁夏大学科学计算与系统建模仿真课程建设项目"宁夏大学第六批校级'课程思政'示范课程建设项目"(KCSZ2024018)。

experiments. It introduces various experimental links such as topic selection, team formation, implementation process, and summary. This paper takes the control of multiple elevators as the specific design content. Aiming at the problems of low operation efficiency, large energy consumption, and long waiting time of multiple multi-story elevators, a group control logic algorithm for multiple elevators is designed to achieve high-efficiency operation. This project has effectively achieved the practical training objectives, fostering students' habits of proactive learning and active exploration, and providing certain reference for the implementation of project-based experiments.

Key words: project-based experiments; elevator control; experimental design

在当前新工科教育的背景下,提倡以生为本,突出学生能力的培养。因此,本科实验教学也要结合实际项目才能更有意义。本文主要研究项目式实验的设计与实施,通过一个具体的实验案例,从选题、组队、实施过程、总结等各个实验环节展开讨论。其中,具体的设计内容举例选用了一个小组同学们写的实验报告内容,这个组的同学相对比较优秀,我们鼓励他们用实验设计内容参加了学科竞赛,取得了全国总决赛一等奖。

1 项目式实验的优点

1.1 知识与技能方面

项目式实验能够整合多学科知识,实现综合性知识运用,有助于拓宽知识视野。同时,学生能够结合实际,在真实情境下进行操作,提高实验操作技能。例如,学生在项目式实验中,从设计模型到制作、测试,能熟练掌握各类仪器设备的使用、编程、传感器的安装与校准等。

1.2 思维与能力发展方面

项目式实验以解决实际问题为导向。学生需要自己去发现问题、提出假设、设计实验方案来解决问题。由于项目式实验没有固定的答案模式,我们会鼓励学生尝试新的材料、技法,探索独特的表达形式,培养学生的创新思维。成员之间分工协作,交流想法,密切配合,这有助于提升团队成员的协作和沟通能力。

2 项目式实验案例

2.1 题目选定与分工

本项目式实验具体内容是采用PLC完成多部电梯的群控,并且尽可能实现节能。希望通过实验培养学生解决实际工程问题的能力,侧重多部电梯系统群控节能算法的研究。

实验采用学生自由组队的形式,每个小组3~5人,由组长负责协调小组成员的任务,不仅培养学生吃苦耐劳的工匠精神,更是培养学生团队协作和解决复杂问题的能力。

2.2 项目的实施过程

本实验要求以多部电梯群控为具体设计内容,针对多部多层电梯运行效率低下、能耗较大、候梯时间较长等问题,设计多部电梯群控逻辑算法,最终实现高效率运行。因此,我们将实验的实施过程分为调研、建模、算法研究、调试几个环节来完成。

2.2.1 实地调研

要求学生针对学校教学楼多部电梯运行情况进行实地调研,记录运行特点,尤其注重观察上下课高峰期,总结其运行的优缺点,提出自己的设计方案。

2.2.2 建立模型

合理的建模有助于在实际硬件连接和编程之前对系统进行验证,减少错误和调试成本。具体要求:①完成需求分析;②完成 I/O 定义;③完成逻辑设计;④选用合适建模软件工具完成建模。

2.2.3 算法研究(以某组同学设计内容为例)

目标信号能够分配给某部电梯的前提为:①当目标信号空间位置与电梯方向相同,或者电梯处于空闲状态;②当目标信号方向与电梯运行方向不同时,在电梯运行方向上,不存在比目标信号电梯位置更近的、位于终端的正向信号或反向信号;③被分配的电梯,其载重不在预超载范围,或者该电梯未处于报警状态;④被分配的电梯在与其他的电梯比较时,其结果处于最优。

(1) 电梯已分配信号响应原则

对于已有内呼信号分配的电梯,其响应原则上不受其他电梯影响,可以认为其响应逻辑与单步电梯响应逻辑类似[1]。正向信号采用就近原则,反向采用就远原则,正向优于反向。内呼信号处于电梯运行方向上时为正向信号。若为外呼信号,信号方向还必须与电梯运行方向一致[2]。

(2) 电梯运行方向

电梯运行方向总共分为三种:①上行接触器为1,电梯向上运行;②下行接触器为1,电梯向下运行;③上行接触器和下行接触器均为0,电梯处于空闲状态。在讨论电梯响应外呼信号的优先级时,输入的外呼信号优先分配给予信号所处空间位置方向相同的或者空闲的电梯[3]。对于与外呼信号空间位置相反的电梯,由于其电梯已分配信号位置与电梯方向相同,因此反向的电梯会优先响应与其运行方向空间位置相同的信号。如果分配一个与电梯运行方向空间位置相反的电梯外呼信号,电梯需要一个漫长的反向运动、停车、转向、向目标信号方向运行的过程,因此在信号分配时,不考虑与信号所处空间位置方向相反的电梯[4]。

(3) 电梯是否能够直接响应呼叫信号

在分析电梯已分配信号响应原则时,里面涉及正向信号响应优先级高于反向信号响应优先级,因此电梯到达目标信号楼层能否响应该信号也是影响信号响应速度的关键。当目标信号分配到正向电梯时,电梯到达目标楼层能够直接进行响应;当目标信号分配到反向电梯时,如果电梯在其运行方向上不存在比目标信号与电梯间隔距离更靠近终端的正向信号或反向信号时,电梯到达目标信号楼层后可以响应目标信号,反之,电梯到达目标楼层后无法响应目标信号。电梯信号响应逻辑流程如图1所示。

(4) 电梯与呼叫楼层之间电梯拟停车次数

当电梯响应目标信号时,电梯可能存在其他已分配信号的优先级高于目标信号的优先级。与之前不同的是,电梯在响应已分配信号时,不影响其响应目标信号的运行轨迹,但在一定程度上会增加响应目标信号的时间。这些影响信号主要以电梯到目标信号楼层之间的正向外呼信号和内呼信号为主,电梯在响应这些信号时,不需要改变运行方向,但会增加其停车次数。

2.2.4 仿真效果

通过组态编译上传到西门子 S7-1200 类型 CPU 后,我们利用 EET 软件进行六部十层电

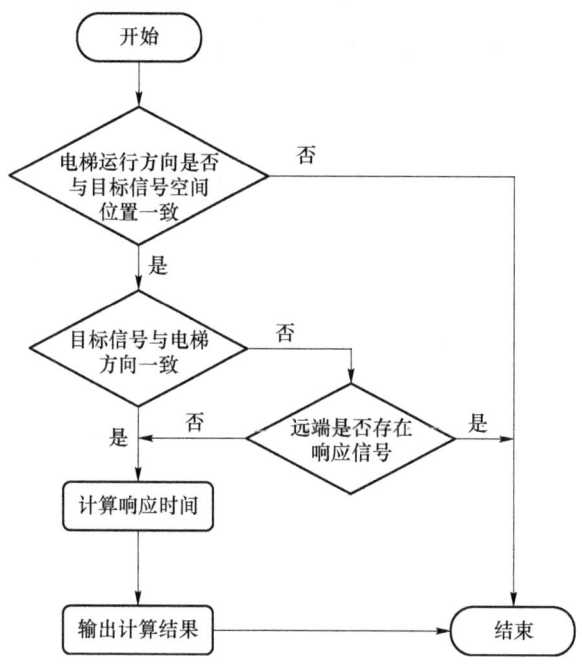

图 1　电梯信号响应逻辑流程图

梯运行仿真,能够得到程序在面对不同乘客环境时的数据。在规定时间内运输乘客数量较多,在一定程度上证明该程序控制逻辑在运输乘客效率方面有一定优势。根据表 1 数据可以看出,在面对情况复杂的外呼信号时,程序都能很好处理呼叫信号的分配,乘客长时间候梯率较低,在低峰期时乘客长时间候梯率低至 0.09 %,优势明显。可见,本组的控制算法能够有效减少乘客平均候梯时间,降低系统能耗。本次实验设计达到了高效、节能、可靠的设计目标,达到了实验目标要求。

表 1　不同运行环境下的仿真结果

变　量	早高峰	午间高峰	低峰期	晚高峰
运输乘客数量/人	292	313	65	282
乘客平均乘梯时间/s	68.12	41.85	35.72	45.11
乘客平均候梯时间/s	146.94	48.92	23.69	87.22
乘客长时间候梯率/%	0.75	0.38	0.09	0.54
系统运行总距离/m	1 294.34	895.34	1 124.26	1 104.59
系统能耗指标	1 643.85	1 144.14	478.24	1 323.67
系统启停次数	406	320	212	266
得分	63.6	79.53	96.55	69.43

3　结语

本科生通过项目式实验能够训练主动学习能力、解决复杂问题能力、创新思维能力,培养学生团队合作精神、积极探索精神。学生可以通过完成项目式实验,体验实际项目的各个环节,全方位提升自身各项技能。教师可以从中发现优秀的学生,个性化培养,鼓励他们去参加各种学科竞赛,取得更多的成绩。此次项目式实验的研究成果,为实验教学的有效开展提供了一定的借鉴意义。

参 考 文 献

[1] 胡艳丽,刘团结,戴文俊,等.基于S7-1200 PLC的三部电梯群控系统设计[J].数字技术与应用,2018,36(6):14-15

[2] 张文乐,杨晶晶,杨斌.基于S7-1200 PLC的多目标电梯群控系统算法分析[J].机电工程技术,2019,48(8):36-37.

[3] 高雷伟.基于PLC的电梯群控系统设计与仿真[J].数字技术与应用,2022,40(1):155-157.

[4] 杨柏松,方伟锴,方锴鑫,等.基于S7-1200 PLC的电梯群控高峰期的设计及仿真[J].电子设计工程,2023,31(3):3-4.

作者简介

宋建勇:男,2002年生,本科生,专业为电气工程及其自动化。

杨　宁:男,2002年生,本科生,专业为通信工程。

丁继涛:男,2002年生,本科生,专业为电气工程及其自动化。

牛　涛:男,2001年生,本科生,专业为电气工程及其自动化。

蔺金元:女,1972年生,教授,研究方向为检测技术与自动化装置。

周　虎:男,1968年生,实验师,研究方向为应用电子技术。

李　虹:女,1975年生,副教授,研究方向为自动控制技术。

李春树:男,1974年生,教授,研究方向为信号处理。

第四部分
数智赋能类

基于雨课堂平台的"电路"课程"五精"教学模式初探

关宗安　刘彦娟　江秀红　胡爱玲　赵建敏

（沈阳航空航天大学电子信息工程学院,沈阳,110136）

摘　要：本文基于雨课堂平台，以"电路"课程为载体，从教学目标、学情定位、教学内容、课后辅导、教学评价等五个方面入手，提出一种"五精"教学模式，充分发挥信息技术助力课堂教学的作用，实现因材施教，提高教学效果，提高学生的学习能动性和学习能力。

关键词：雨课堂；教学改革；精准教学；"电路"

A Preliminary Study of the "Five Fine" Teaching Mode of "Circuits" Course Based on Rain Classroom Platform

Guan Zongan　Liu Yanjuan　Jiang Xiuhong　Hu Ailing　Zhao Jianmin

(College of Electronic and Information Engineering, Shenyang Aerospace University, Shenyang 110136, China)

Abstract：This article is based on the Rain Classroom platform and uses the "Circuit" course as a carrier. Starting from five aspects such as teaching objectives, learning situation analysis, teaching content, after-school tutoring, and teaching evaluation, a "five precision" precision teaching model is proposed. It gives full play to the role of information technology in classroom teaching, realizes teaching according to students' abilities, improves teaching effect, and enhances students' learning ability.

Key words：rain classroom；teaching reforms；precision teaching；"Circuits"

通信作者：刘彦娟，liuyanjuan@hrbeu.edu.cn

基金项目：2024 年沈阳航空航天大学本科生教改项目（JG240204C2）。

引言

现代信息技术如人工智能、大数据、物联网等的快速发展与应用,使得教学过程中与学生相关的学习数据均能被保存下来,如何利用这些学习数据助力课堂教学、创新教学方法、推动教学改革、提高学习效率、实施因材施教,即基于现代信息技术的精准教学模式探索[1-2]成为高校教师的重点研究对象。

精准教学的提出是新兴信息技术在教育教学领域应用的重要体现方式之一,即基于大数据、物联网、人工智能等新兴信息科学技术,通过对学生入学以来的学习过程数据进行收集与分析[3-5],得到学生的学习习惯、学习方式、学习能动性等学情信息,为进一步指导教师的教学内容设计、教学方法的革新、因材施教等提供科学有效的依据,进而提高教学质量、提高教学成果、提升学生的学习效率与质量。实施精准教学:第一,能够促进教师不断改进教学内容的设计,做到根据学情制定适合不同学生的教学内容与教学方式;第二,教师能够实时掌握学生的学习状态,可以实现针对不同学生实施个性化指导,达到因材施教;第三,还能提高学生的学习效率与质量,促进学生知识水平与素质能力的不断提高。因此,在掌握并充分利用学生认知规律与学习习惯的基础上,充分结合现代信息技术,实施精准教学,达到教师和学生双赢的效果[6-9]。

1 "电路"课程概述

"电路"课程是我校自动化学院、计算机学院、电子信息工程学院等强电和弱电类专业的必修基础课,该门课程是他们入校的第一门专业基础课,是重要的理论分析课程,为后续的模拟电子技术、数字电子技术、信号与系统等课程打下基础。该门课程不仅要培养学生的专业基础知识,还要培养学生的学习兴趣,让他们爱上这门课程,爱上后续专业课的学习。

"电路"课程沿着静态、动态、稳态的认知体系,着重讨论线性、非时变集总参数电路,全面系统地介绍了电路理论的基本概念、基本定律、基本定理以及基本分析方法,为后续的"模拟电子技术""数字电路""自动控制原理""信号与系统""通信电子线路""通信原理"等多门类课程提供分析和解决问题的方法。作为专业基础课,其可以使学生有坚实的理论基础,又可以通过本课程的学习使学生的逻辑思维能力、分析解决问题的能力得以提高。在基础课与专业课程之间起着重要的承上启下的桥梁作用。但本课程在实际的授课教学过程中存在以下问题。

(1)所有专业的授课内容统一,没有考虑不同专业对知识需求不同,没有考虑不同学习能力的学生对相同知识点的理解与掌握情况存在差异。

(2)目前的教学还是以教师为中心、以教师课上的讲授为主,没有考虑学生的差异性、学习效率问题,没有考虑学生的探究性和个性化学习能力的培养。

(3)课程的考核方式单一,期末试卷的成绩占比较大,对课程考核的全面性和有效性、学生解决复杂问题的综合能力和高阶思维的培养考核有所欠缺。

为了解决上述问题,基于现代信息技术,拟将精准教学方法应用于"电路"课程,实施因材施教。在掌握学生学情的基础上,重新设计教学目标、重构教学内容、准备线上视频资源、改革教学方法,进行本课程的精准教学模式的探索。

2 "电路"课程"五精"教学模式设计

"五精"教学模式是指教学目标精准化、学情定位精准化、教学内容精准化、课后辅导精准化、教学评价精准化,如图 1 所示。

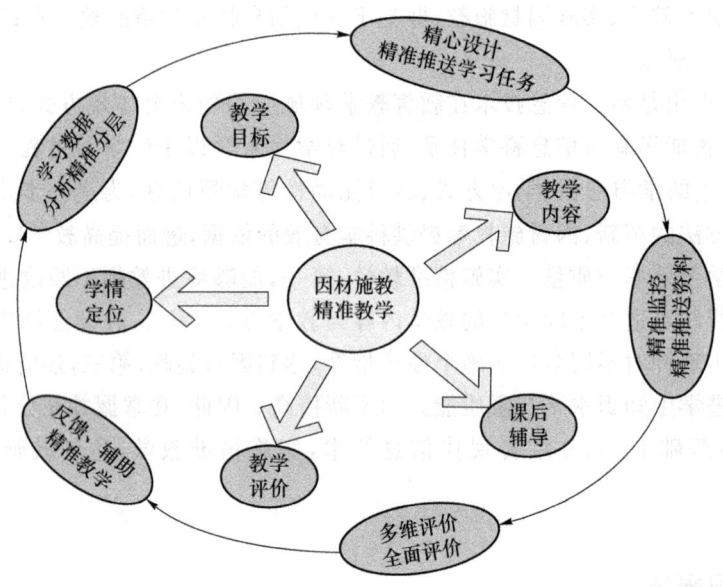

图 1 "电路"课程"五精"教学模式内涵

2.1 教学目标精准化

针对不同学生的认知结构、学习能动性、已掌握的基础知识及学习习惯等方面的不同,对本课程知识的掌握程度会有差异,基于前期已学课程学习数据的学情精确分析,设计本课程的精准教学目标,使每个教学目标达到精确化、量化,授课时针对性强,学生接受程度高。

首先,将本课程的教学目标分为初级、中级、高级三个层级。初级主要针对学习能动性较差、基础知识较薄弱的学生,要求其掌握课程知识的基本概念、基本原理、基本分析方法;中级主要针对学习能动性与基础知识中等的学生,要求其除了掌握初级目标的要求外,还要能够利用所学知识分析实际问题;高级针对学习能动性高与基础知识掌握扎实,并对自己能力有更高要求的学生,要求其能够将所学知识综合,解决复杂的实际工程问题。

其次,将本课程的教学目标进行具体化、量化,使之易于评价,即要详细精准地描述学生应该要掌握的知识点或需要达到的技能程度,不再使用"了解""知道""掌握""熟练掌握"等模糊的量词描述教学目标,转而使用更加具体的、能够检测的量词描述教学目标。例如,在讲解"电路模型和电路定律"章节中,在某一节的教学目标为"能够应用基尔霍夫定律列写结点电流方程和回路电压方程",将其分解量化描述为"要求 90%的学生能够在 10 分钟之内,利用基尔霍夫电流定律正确列写结点电流方程、利用基尔霍夫电压定律正确列写回路电压方程",使学生能够清晰准确地知道"对此知识点的掌握程度"的要求,学习目标精准明确,并且针对性强。

2.2 学情定位精准化

借助雨课堂平台,统计"高等数学"和"大学物理"等先修课程的学生学习数据,了解学生的学习能动性、学习习惯和对本课程所需的基础知识的掌握情况,对学情进行精准定位,对应教学目标三个层级划分学生层级。

通过雨课堂平台发布每次课的预习任务,包括预习课件、微课视频、课前测验等个性化学习资源,让学生在线完成课前的精准预习。在每节课上课前,教师查看并统计学生的预习数据,包括观看视频时长、作业完成情况、成绩,基于已有的预习数据,分析学生的学习痛点、调整教学方案、精准设计习题。

2.3 教学内容精准化

基于三个层级的教学目标,重构与优化教学内容,按照初级-中级-高级教学目标的递进,与教学内容相关知识点的难度和深度不断加深。初级教学目标的教学内容主要为包含电路相关基础知识的概念、基本原理和基本分析方法的学习和应用,例如,线性电阻电路的特点、基本概念、基本定律、基本定理和基本分析方法,动态元件的特点,动态电路的组成和分类,动态电路的分析方法,正弦稳态电路的工作特点、相量法、各类功率的物理意义和表达式。中级教学目标的教学内容主要基于生活中的简单电路建立工程案例库,以知识的综合应用为载体,解决复杂工程问题,例如,可以5人为一组,设计一个汽车点火电路、即时开灯与延时关灯电路等。针对高级教学目标,依托辽宁省"电工电子与信息技术省级实验教学示范中心",鼓励学生参加各级各类电子竞赛,提高学生的创新实践能力。

在课堂上,教师可以通过雨课堂的投稿、弹幕以及"不懂"等方式,实时关注雨课堂的学生反馈情况,实时掌握学生对知识点的理解和掌握情况,并及时调整与优化教学内容,达到课上精准授课的目的,激发学生的学习兴趣,提高学生的学习参与度与积极性。

2.4 课后辅导精准化

每次课堂教学结束后,结合课前的微课视频观看情况、课件的预习情况、课前测验得分情况,课堂上签到、互动、课堂答题情况,以及课后的作业完成与得分情况,教师可以得到每个学生的学习情况,及时发现学生存在的问题与取得的进步。对于学困生,采取点对点的、有针对性的辅导措施,提高学生的学习自信心;对于学优生,进行适当的引导,培养学生的思辨力、领导力和解决问题的能力,推动学生知识与技能的进一步提高。教师会为学生提供丰富多彩的优质线上视频学习资源,为激发学生的潜能提供多元化认知支架,满足不同层次学生个性化发展的差异性需求,实现教学资源的精准投放,避免随意性和盲目性。

2.5 教学评价精准化

课程采用科学的形成性、过程化、多维度评价考核方式,以产出为导向、利用雨课堂平台学习数据记录能力,改革课程考核方式,弱化期末试卷、作业等考核比重,将课前预习、课前测验、随堂小测、课堂出勤、课堂讨论、课后作业、阶段测验等多种考核形式引入课程考核,共同组成本课程的精准考核体系,提高了课程考核的全面性和有效性。其中,课前预习占比5%、课前测试占比5%、随堂小测占比5%、课堂出勤占比5%、课堂讨论占比5%、课后作业占比5%、2次阶段测试占比10%,期末试卷占比60%。基于精准教学的课程考核方式,推进了学生的探究性和个性化学习,培养了学生解决复杂问题的综合能力和高阶思维。

3 结论

基于雨课堂平台构建"电路"课程的"五精"教学模式,主要包括初级-中级-高级三个层级教学目标的精准化与量化、基于先修课程的学习数据的精准学情分析、围绕三个层级教学目标的教学内容的重构与精准化、基于过程学习数据的课后一对一辅导的精准化、过程性评价与总结性评价的精准教学评价。相比于传统的"教师讲授为主"的教学模式，"五精"教学模式是以学生为中心，能够做到因材施教，提高学生的学习兴趣与参与度，提高学生的学习效率和学习能力，为学优生拓宽了学习的深度和广度，为学困生树立学习自信心。

参考文献

[1] 祝智庭,彭红超.信息技术支持的高效知识教学:激发精准教学的活力[J].中国电化教育,2016,348(1):26-33.

[2] 谢永朋,徐寅洲.人工智能赋能高校课堂教学改革的作用机制与推进路径[J].内江师范学院学报,2024,39(3):75-78.

[3] 雷云鹤,祝智庭.基于预学习数据分析的精准教学决策[J].中国电化教育,2016,353(6):27-35.

[4] 付达杰,唐琳.基于大数据的精准教学模式探究[J].现代教育技术,2017,27(7):12-18.

[5] 吴传荣,刘雅杰,黎建新,等.基于大数据的学生个性化学习行为与精准教学策略研究[J].科教导刊,2023(17):149-152.

[6] 王薇,唐琳.大数据环境下高职计算机基础课程精准教学研究与实践[J].九江职业技术学院学报,2019,3(9):27-29.

[7] 严军,郭红想,丁华锋.面向本科专业课程研究性学习的精准教学策略研究——以信息论与编码课程为例[J].教育观察,2023,12(1):15-21.

[8] 贾生尧,王燕杰,李弘洋.数据驱动下的"电路分析基础"精准教学实践探索[J].教育现代化,2019,6(28):213-215.

[9] 涂程,崔红玲,何松柏,等."电路分析与电子线路"课程教学改革与实践[J].实验科学与技术,2024,23(3):33-37.

作者简介

关宗安:男,1974年生,副教授,主要从事电路、电子技术、信号与系统等课程的教学工作和实验室的管理与教学工作。

刘彦娟:女,1991年生,讲师,主要从事电路、电子技术、信号与系统等课程的教学工作和实验室的管理与教学工作。

江秀红:女,1977年生,教授,主要从事电路、电子技术、信号与系统等课程的教学工作和实验室的管理与教学工作。

胡爱玲:女,1978年生,副教授,主要从事电路、电子技术、信号与系统等课程的教学工作和实验室的管理与教学工作。

赵建敏:女,1978年生,副教授,主要从事电路、电子技术、信号与系统等课程的教学工作和实验室的管理与教学工作。

面向数智时代的工科课程教学改革探索与实践

程 钦 俞 洋 钱志文 张 琳 章天骄

(江苏理工学院电气信息工程学院,常州,213001)

摘 要:随着移动互联技术的发展,面向数智时代的传统工科课程教学面临诸多挑战。本文以工科"通信原理"课程为例,首先对课程需要适应智能时代的发展,构建新型课程教学范式的必要性进行探讨;其次从课程建设思路、教学内容改革、课程资源与平台建设以及课程考核与评价等方面进行了富有成效性的教学探索与实践;最后从数智时代对专业教师如何提升教学能力的角度进行了反思,并提出了应对策略。

关键词:数智时代;教学能力;"通信原理";课程改革

Digital Intelligence Era Oriented Exploration and Practice of Engineering Course Teaching Reform

Cheng Qin　Yu Yang　Qian Zhiwen　Zhang Lin　Zhang Tianjiao

(School of Electrical and Information Engineering, Jiangsu University of Technology, Changzhou 213001, China)

Abstract: With the advent of the Internet, traditional engineering courses are facing numerous challenges in the age of intelligence. For instance, the teaching of communication principles in engineering must adapt to the changing times and adopt a new curriculum teaching paradigm. In order to address these challenges, this paper first discusses the necessity of updating the curriculum and constructing a new teaching paradigm. Next, it delves into the practical aspects of curriculum construction, including ideas, content reform, activity planning and implementation, resource and platform development, and assessment

---

通信作者:程钦,cq@jsut.edu.cn。

基金项目:国家自然科学基金"国家一流本科课程'通信原理'"(项目编号:62341119);江苏理工学院教改项目"对分课堂教学模式实践研究——以'通信原理'为例"(项目编号:11610212401);江苏省高等教育教学改革项目(项目编号:2019JSJG326)。

and evaluation. Finally, the paper analyzes ways to enhance the teaching abilities of professional teachers and provide potential solutions.

Key words：Digital intelligence era；Teaching ability；Principle of communications；Reform of curriculum

随着互联网的发展，以人工智能（AI）为代表的数字技术驱动了数字经济的发展。同时，随着新一代移动互联网、人工智能大模型和第五代移动通信技术（5G）快速布局，高等教育迎来了以全知全能、见微知著、无穷算力为主要特征[1]的数智化时代。为匹配苏州、无锡、常州都市圈职业教育改革与人才创新培养目标，利用好江苏常州"国家级信息化教学实验区"这张名片，打造江苏理工学院"全国职教师资重点建设基地"高质量发展样板，需要我们为高等教育教学改革统筹谋划，打造特色，形成亮点。

近年来，教育部相继出台打造高等学校"一流专业""一流课程"[2]在内的各项政策，推动新一轮高校本科教育工作。江苏省[3]提出从建立一流人才培养体系和探索新型教学方式两个方面着手：利用人工智能技术改善课堂教学；创设智能学习空间，提高教学效果。

1 工科课程教学面临的主要问题

在此背景下，如何构建一种能够适应时代需求的新型教学范式成为高校教育工作者特别是一线教师面临的重要研究课题。以工科专业"通信原理"课程为例，笔者从课堂教学、资源与平台建设方面进行了深入课程教学探索与实践。

"通信原理"课程是工科电子信息类专业一门重要专业核心课程。教学中需要破解的主要问题：①课程知识体系庞杂；②网络资源繁多；③课程理论性强，知识更新慢；④学生网络学习任务完成率低、平台互动性差；⑤重视过程评价，但过程考核多元化、个性化不足。

2 教学改革实践

针对上述问题，我们提出从课程教学内容到教学方式、考核与评价方式等多个方面开展教学改革研究。具体措施：①帮助学生利用人工智能大模型等图形化工具提炼课程章节重难点内容；②制作含有视频等富媒体资源的云教材，推荐MOOC课程；③组织学生进行文献阅读和汇报；④设计面向工程问题的教学案例；⑤实施过程考核，开展多元化评价。

2.1 课程内容改革

在课程内容方面，对重点知识体系进行模块化重构。以模拟通信系统和数字通信系统为基础，将通信原理的理论课程分为调制和编码两部分。调制部分涵盖模拟调制系统、数字基带系统和数字调制系统；编码部分涵盖信源编码和信道编码。以模拟调制系统为例，将线性调制和非线性调制方法从时域特征、频域特征、功率效率、调制解调方法以及抗噪声性能分析五个方面进行归纳和总结，如图1所示。QAM数字调制系统、MSK调制器、CRC循环编解码器等通信系统设计类案例提高了学生分析和解决复杂工程问题的能力。

2.2 资源建设

课程充分利用人工智能技术实现资源的制作、收集、整合和分享，支撑学生个性化学习和

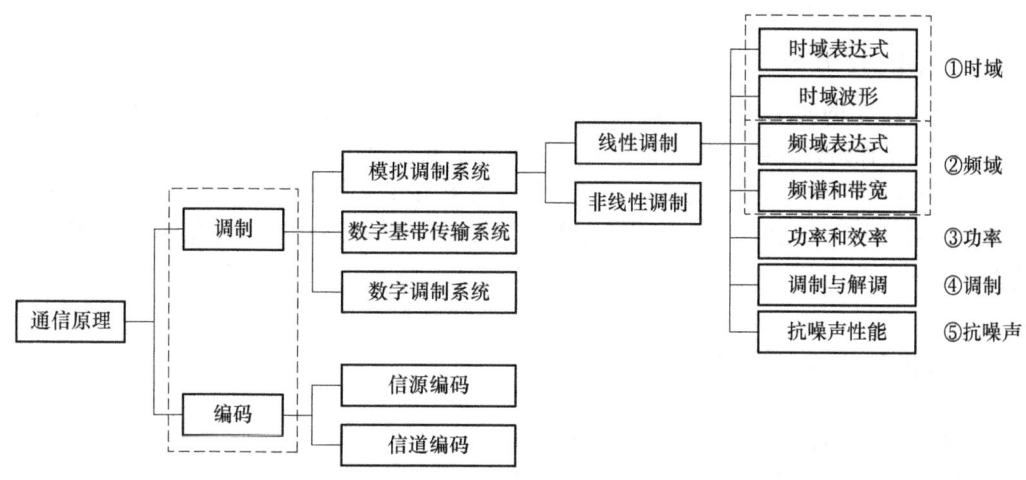

图 1 "通信原理"课程内容重构举例

能力提升。通过制作短视频,推荐与学情相匹配的 MOOC 资源,编写交互性好的 AI 云教材[4],利用人工智能大模型进一步增强网络资源与课程内容的衔接。选取 5G/6G 移动通信方面重要的基础文献提供给学生课后学习,并以小组的形式进行混合对分学习、小组作业互评和课堂汇报,还组织学生参加包括大唐杯、凌特杯等在内的全国各类通信系统设计大赛。

2.3 教学方式改革

有效的教学是在师生共同参与和对话中产生的。将"通信原理"课程教学模式从"以教师为中心"的讲授式转变为采用"以学生为中心"的对分课堂[5]教学模式。按照"讲授-独学-讨论-对话"和零存整取模式的"4+1"教学法开展教学活动。在教学过程中,教师首先在本次课中精讲留白,学生在课后进行个性化独学并完成"亮考帮"作业,在下次课中学生开展分组研讨,最后完成师生对话。同时,学生采取零存整取式学习策略,即将过程学习进行积件式写作,个性化改写到最后的创造性重构[6]。课堂教学模式的变化有效地促进了学生的主动学习意识。

2.4 考核与评价方式改革

在传统教学中,教师注重考核结果,轻视过程性评价和反馈的激励帮扶作用。结合信息化教学平台,通信原理课程采用"课前-课中-课后"三段式学习模式。在课前阶段,布置云教材互动学习内容;在课中阶段,组织课堂讨论或在线直播讨论,并及时进行学习成效检测与反馈;在课后阶段,布置基础必做题和选做题,总结知识点思维导图,同学之间相互评价作业,教师及时给予点评与反馈。

通过对课程多轮过程教学评价大数据分析,我们发现体现学生过程性学习的经验值能够较好地反映学生期末考试成绩的分布。这个结果有利于教师及时对平时学习状态较差的学生进行干预和预警,提高了教师和辅导员学业预警的成效。

2.5 平台建设

"通信原理"课程信息化平台建设经历泛雅平台、云班课和慕课(MOOC)平台、智慧教学和人工智能 AI 平台四个发展阶段。基于现有的平台建设成果,通过与雨课堂、云班课和钉钉学堂等平台的融合,再利用微视频替代传统教学录像,建设移动交互式云教材替代传统纸质教材,创建基于人工智能的智慧学习场景和课程资源库,打造了课堂教学互动与大数据学习分析与评价为一体的智慧型教学[7]。

2.6 改革初步成效

上述改革举措的实施,在学生参加学科竞赛、考研复试、就业面试中发挥着重要作用。自2020年以来,课程组教师指导学生在移动通信大赛中取得全国一等奖1项,二等奖1项,三等奖4项,以及10项省赛一等奖的良好成绩。课程改革与专业人才培养与创新经验在北京电子信息类专业群高校教学研讨会上进行了分享[8]。人民日报以"毕业生苏海超找工作,妥了!"为标题对学院毕业学生就业进行了专题报道。

3 数智时代教学挑战与应对策略

人工智能时代,社会关注教育数字化和创新人才的培养质量,传统教学要跟上时代发展要求。新形势下高校教师在构建创新型师生学习共同体意识、教学能力等方面提升空间巨大。要努力成为一名开拓创新、锐意进取的教师。创新能力的提升可从提升认知能力、教学能力、信息化能力三个方面做起。提升认知能力,即采取零存整取式阅读和学习、建立个性化知识体系[6,9];提升教学能力,即提升讲课能力、组织引导能力和在线教学能力;提升信息化能力,即提升课件、思维导图和微视频制作水平,综合运用人工智能工具增强教学能力[10]。

4 结束语

在数智时代,在线教学、SOHO办公等逐渐成为未来工作、学习和生活的新常态。未来教学模式必然是线下和线上教学的互补。高等教育工作者要不断研究在数智时代下高等教育面临的新形势、新机遇和新挑战,探索线上线下混合教学模式,学习如何引导师生对话,如何利用人工智能平台开展高效的教学研究,从而实现对全体学生知识、能力、素质的多元化、个性化评价。

参 考 文 献

[1] 吴军.智能时代[M].北京:中信出版社,2018:15-42.

[2] 吴岩.建设中国"金课"[J].中国大学教学,2018(12):4-9.

[3] 王建平.一流课程助力江苏高等教育高质量发展[R].2019.

[4] 俞洋,程钦.通信原理[M].西安:西安交通大学出版社,2019:7-36.

[5] 张学新.对分课堂:中国教育的新智慧[M].北京:科学出版社,2017:15-42.

[6] 王竹立.数智时代的知识管理:知识不确定性的挑战及应对策略[J].现代远程教育研究,2024(1):21-28.

[7] 程钦,钱志文,俞洋,等.通信原理课程多元化教学改革与实践[J].江苏理工学院学报,2016,22(4):111-114.

[8] 程钦,钱志文,肖淑艳.新工科下地方高校人才创新实践能力培养研究[C].北京高校电子信息类专业群全国院校教育教学研究成果论文集,2020:236-239.

[9] 王竹立.后疫情时代,教育应如何转型?[J].电化教育研究,2020(4):13-20.

[10] 沈伟.智能时代的教师[M].北京:教育科学出版社,2021:66-78.

作者简介

程　钦：男,1979年生,副教授,研究方向为稀疏信号处理、机器学习。
俞　洋：男,1981年生,教授,研究方向为信道编码设计、弱信号处理。
钱志文：女,1965年生,副教授,研究方向为通信理论教学研究。
张　琳：女,1990年生,讲师,研究方向为惯性与导航。
章天骄：男,1990年生,讲师,研究方向为车联网通信。

深度编程和科研案例赋能的"人工智能导论"课程建设探索

张 帆[①]　张双彪[①]　李月琴[①]　昌 硕[②]

[①](北京信息科技大学信息与通信工程学院,北京,102206)

[②](北京邮电大学网络空间安全学院,北京,100876)

摘 要：针对"人工智能导论"课程传统教与学存在的问题,提出"案例引导、AI赋能、竞赛引领、能力导向"的教学改革四种核心理念,打造从课堂到课后的全编程环境,并从如何基于科研案例进行翻转课堂教学,如何基于知识图谱对教学内容进行重构,如何实现人工智能赋能个性化教学,如何深度培养学生编程能力四个方面阐述具体实施过程,最后介绍教学实施后的结果。

关键词：课程建设；"人工智能导论"；科研案例；深度编程；人工智能赋能

Exploration of Curriculum Building for "Introduction to Artificial Intelligence" Empowered by Deep Programming and Research Cases

Zhang Fan[①]　Zhang Shuangbiao[①]　Li Yueqin[①]　Chang Shuo[②]

[①](School of Information and Communication Engineering, Beijing Information Science and Technology University, Beijing 102206, China)

[②](School of Cyberspace Security, Beijing University of Posts and Telecommunications, Beijing 100876, China)

Abstract: In response to the problems existing in traditional teaching and learning of the "Introduction to Artificial Intelligence" curriculum, four core concepts of teaching reform are proposed, namely "case guidance, AI empowerment, competition guidance, and ability

---

通信作者：昌硕,changshuo@bupt.edu.cn。

基金项目：科研案例驱动的人工智能导论课程建设探索(项目编号：5027111028)。

orientation", to create a fully programmed environment from classroom to post-class. The specific implementation processes are elaborated from five aspects: how to conduct flipped classroom teaching based on scientific research cases, how to reconstruct teaching content based on knowledge graphs, how to achieve personalized teaching empowered by artificial intelligence, how to deeply cultivate students' programming ability. Finally, the results of teaching implementation are introduced.

Key words: curriculum building; Introduction to Artificial Intelligence; research cases; deep programming; artificial intelligence empowerment

1 引言

人工智能是国际竞争的新焦点,也是我国加强创新型国家和世界科技强国建设的重要抓手。为突破我国人工智能尖端人才匮乏的困境,构筑我国人工智能发展的先发优势,2018年4月,教育部印发了《高等学校人工智能创新行动计划》,强调要加快人工智能领域科技成果和资源向教育教学转化,以产业和技术发展的最新成果推动人才培养改革的研究与实践[1]。2022年,党的二十大报告明确指出,要将人工智能列为推动战略性新兴产业融合集群发展的增长引擎。综上,国家层面一直关注人工智能的发展,也制定了相关的政策文件以促进人工智能的发展,希望人工智能能够助力各个行业和领域的发展,助力新质生产力的发展。

"人工智能导论"课程是为电子信息类—人工智能专业研究生开设的学位课,是专业核心课程之一。开展课程建设和教学改革尤为必要[2],可以在专业教学中起到一定引领作用。本课程具有前沿性和交叉性,以理论为主,以实践为辅。该课程主要讲授人工智能的基础理论、基本技术、基本方法和实际应用。目标是通过本课程的学习培养学生的创新意识、批判性思维等,使学生了解人工智能的最新发展和最新技术动态,使他们具备一定的分析和解决实际科研问题的能力,为后续的科研工作开展奠定坚实基础[3]。

然而,"人工智能导论"课程具有多学科交叉、知识点繁多、知识更新迭代快、课时少、难度大的特点[4]。传统的课堂讲授+编程的教学方式往往导致学生的学习效果不佳,已经不能适应学科领域的发展和人才培养的要求[5]。因此,有必要改变过去单纯传授知识的教学方法的缺陷,采用深度编程和科研案例赋能的教学模式,以此激发学生的学习热情,构建学以致用的人工智能知识体系,并以科研案例为载体,推动教学与科研有机融合,从而实现提升教学质量的目标,加强学生分析和解决实际科研问题的能力,并挖掘学生的创新能力。

2 课程教学改革方案

"案例引导、AI赋能、竞赛引领、能力导向"四种核心理念,旨在打造全编程训练环境,驱动学生高效学习。课程的整体设计理念是以科研案例为载体,以学科竞赛为引领,利用AI赋能的教学新模式,最终达到促进教学与科研有机融合,提高教学质量,提升学生分析和解决实际科研问题的能力,为后续的科研工作打下坚实基础。

2.1 基于知识图谱的教学内容重构

基于知识图谱的教学内容重构旨在提供一个更加智能化、互动化和个性化的学习环境。首先,知识图谱可以为学生提供一种结构化的知识表示方法。通过将人工智能中最具代表性的基本概念、理论、方法和应用等元素以图谱的形式呈现出来,使得学生能够一目了然地看到这些元素之间的相互关系和层次结构。这种结构化的知识图谱有助于学生建立人工智能知识的体系框架,通过以点带面、以面带片,将知识体系进行融会贯通,从而更好地理解课程内容。其次,知识图谱可以实现知识的自动化推理和问答功能。通过在知识图谱中嵌入智能算法,可以让学生参与到自动推理的过程中来。再次,知识图谱还可以支持个性化的学习路径和推荐系统。每个学生的专业背景和学习能力都是不同的。知识图谱可以根据学生的个性化特征,如已有的知识基础、学习风格和兴趣偏好等,为学生推荐适合的学习资源和活动。这样,学生就可以根据自己的实际情况和实际需求来调整自己的学习进度和学习策略,实现个性化的学习。最后,基于知识图谱的教学内容重构应该提升"人工智能导论"课程与各学生专业背景之间的关联度,与其专业背景相结合,制定个性化的教学内容,让学生学有所用、学以致用。

2.2 人工智能赋能,助力个性化教学

随着科技的飞速发展,人工智能(Artificial Intelligence,AI)在教育领域的应用日益广泛,为个性化教学提供了强大的支持[6]。通过分析学生的学习数据、理解学生的学习风格和偏好,人工智能系统能够为每个学生量身定制学习路径和教学内容,实现真正的因材施教。这种个性化的教学方式不仅能够提高学生的学习兴趣和成绩,还能够培养他们的创新能力和解决问题的能力。具体而言,包括以下几个方面。①建立智能学习环境,提供智能服务。智能学习环境包括智能教室、在线学习和移动终端学习等。智能学习环境的建立使泛在学习成为可能,学习的时间与空间打破了学校的界限,扩展到更广阔的社会。②平衡"课前预设"与"动态生成"的配比。随着生成式人工智能的引入,课堂中生成性的内容更加动态、随机和不可控。③教师需要合理设定预设性教学内容和生成性学习活动在课堂教学中的比例。在教学过程中,引导学生批判性地运用人工智能生成的结果,培养学生的自主学习与探索能力和知识整合能力。④创建丰富的助学角色,助力个性化学习。生成式人工智能在课堂教学中可扮演多样化角色,包括助教、学科专家、学习伙伴等。利用生成式人工智能设置符合"人工智能导论"课程特点的虚拟工程师、AI助教等,提升学生学习的真实沉浸感。通过人工智能赋能的教学模式,教师可以更有效地实现个性化教学,不仅提高了教学质量和效率,还激发了学生的学习潜能,使教育更加贴近每个学生的成长需求。

2.3 基于科研案例的翻转课堂教学模式

翻转课堂教学模式主要采用科研案例驱动的模式,在该模式中,引入基于学生学科背景的科研项目案例,学生面对自己研究领域中的真实科研问题,自由组队、自主交流,独立完成科研案例研发和报告撰写,有助于激发学生的学习兴趣,锻炼学生的实践动手能力和创新能力。基于科研案例的翻转课堂教学思路如图1所示,可以分为专题知识学习、科研案例选题、科研案例研发、课堂演讲和讨论、报告撰写和评价考核环节。通过这种基于科研案例的翻转课堂实践,学生不仅能够深入理解专业知识,还能够培养批判性思维、团队合作和沟通表达能力。此外,这种教学模式也有助于学生们在科研领域的后续发展。

2.4 应用驱动,深度培养学生编程能力

针对"两极化"问题,我们秉持以应用驱动的教育理念,深度培养学生的编程能力。具体而言,通过综合设计、竞赛引领、科教融合三个方面进阶培养学生的编程能力。通过在课内引入综合性的科研项目,让学生在实际项目中运用所学知识解决实际问题,让学生在解决复杂问题的过程中,深入理解人工智能的基本原理和算法。这不仅有助于拓宽学生的视野,还能够让他

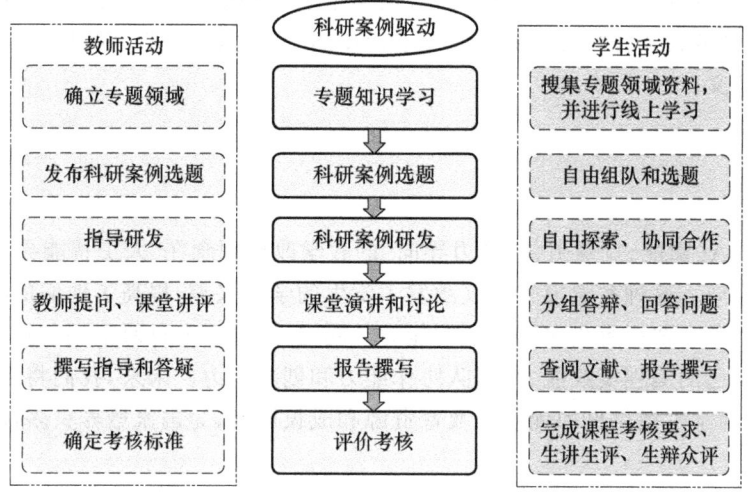

图 1 基于科研案例的翻转课堂教学思路

们在实践中掌握前沿的技术,为未来的职业发展打下坚实的基础。此外,鼓励学生在课外参加各类竞赛,以赛促教,学生可以在竞争环境中锻炼自己的技能,提升解决问题的速度和效率。同时,竞赛也能够激发学生的学习兴趣和动力,培养学生的团队合作精神以及面对其挑战时的应变能力。每一个算法的实现,每一次代码的优化,都是学生在竞赛中不断磨砺编程技能、提升问题解决能力的具体体现,从而使他们在人工智能领域的探索之路更加深入和宽广。

3 课程教学改革成效

上述教学改革措施自 2021 年后逐步实施,已开设四轮次,覆盖百余名学生,取得了显著的教学效果。相较于课程改革前,学生对"人工智能导论"课程的评分连续增长,对该课程的参与积极性也显著提高。从改革后的学生评教结果来看,评教成绩均在 98 以上,许多学生认同"课程具有前沿性和实践性""对后续的发展有帮助"等,调查统计结果见表 1,课程满意度为 98%,100% 的学生认为该课程具有前沿性。

表 1 教学质量调查统计结果

序号	调查项目	统计结果			
		满意	比较满意	一般	不满意
1	课程满意度	83%	15%	2%	0
2	实践能力	80%	16%	3%	1%
3	批判性和创新思维	70%	20%	6%	4%
4	解决问题的能力	81%	15%	2%	2%
5	课程的前沿性	88%	12%	0	0

此外,学生中有 15 余人在国内外人工智能相关竞赛获得名次,包含中国机器人及人工智能大赛全国一等奖、二等奖,中国机器人大赛暨 RoboCup 公开赛全国二等奖,全球人工智能技术创新大赛冠军,中国高校智能机器人创意大赛市赛一等奖等,大批具备创新思维和能力的学生脱颖而出。此外,学生对于学术前沿探讨的参与度高,课程先后选拔多人进行课堂学术报

告,现场学术交流氛围热烈,锻炼了学生们参加学术会议的能力。与此同时,通过上述改革措施,学生们对国产的人工智能硬件和软件有了初步的了解,这对于提升我国人工智能相关领域发展具有一定意义。

4 结论

"案例引导、AI 赋能、竞赛引领、能力导向"的教学改革理念在"人工智能导论"课程中的应用取得了显著成效。这种教学模式不仅激发了学生的学习兴趣,提高了他们的学习积极性,还培养了他们运用所学知识解决实际问题的能力。同时,通过引入科研案例和竞赛项目,学生在实践中锻炼了自己的编程实践能力、团队协作能力和创新能力。未来,我们将继续优化和完善这一教学模式,为学生提供更加优质的教育资源和成长平台,为国家培养更多优秀的人工智能领域人才。

参考文献

[1] 教育部.教育部印发《高等学校人工智能创新行动计划》确定人工智能发展任务[J].中国大学生就业,2018,2(9):4-6.

[2] 王振华,徐新黎,孙磊.研产教融合引导的"人工智能导论"教学案例设计[J].现代信息科技,2020,4(9):1-4.

[3] 梁兴雨,王天友,卫海桥,等.研究方法与前沿技术课程联合建设与改革实践探索[J].高等工程教育研究,2019:77-79.

[4] 王超,庄东晔,于清华.人工智能"研究生课程实验的实践与探索[J].教育教学论坛,2021,40(3):100-103.

[5] 章瑾,张蕾.人工智能导论课程混合式教学改革[J].福建电脑,2023,39(5):109-112.

[6] 林璐颖.人工智能导论课程的教学策略分析[J].集成电路应用,2023,40(3):134-135.

作者简介

张　帆:女,1991 年生,副教授,研究方向为智慧教育、人工智能。
张双彪:男,1984 年生,副教授,研究方向为感通一体化。
李月琴:女,1989 年生,讲师,研究方向为机器学习、人工智能。
昌　硕:男,1994 年生,讲师,研究方向为计算机视觉。

"数字信号处理"课程知识图谱构建及应用研究

王 宇　张丽丽　房启志　滕金玉

(沈阳航空航天大学电子信息工程学院,沈阳,110136)

摘　要:构建课程的知识图谱是教育数字化转型的重要一环,知识图谱为教育数字化转型提供了重要支持。以"数字信号处理"课程为例,课程组改变传统课程资源的组成方式,利用知识图谱等新型教学手段,将碎片化知识点和碎片化教学资源关联起来,构建了"数字信号处理"课程知识图谱。在此基础上,探讨了知识图谱在"数字信号处理"教学中的应用,促进新一代信息技术与教育教学的深度融合,提高教师的教学质量。

关键词:新一代信息技术;教育数字化;知识图谱;数字信号处理

Research on the Construction and Application of Knowledge Graph in the Course of Digital Signal Processing

Wang Yu　Zhang Lili　Fang Qizhi　Teng Jinyu

(College of Electronics Information Engineering, Shenyang Aerospace University, Shenyang 110136, China)

Abstract: The construction of curriculum knowledge map is an important part of the transformation of education digitalization, and knowledge map provides important support for the transformation of education digitalization. Taking the course of digital signal processing as an example, the research group changed the traditional way of curriculum resource composition, and used new forms of curriculum resource composition such as knowledge map to connect fragmented knowledge points with fragmented teaching resources, and constructed the knowledge map of digital signal processing course. On this basis, the

---

通信作者:王宇,20190048@email.sau.edu.cn。
基金项目:沈阳航空航天大学本科教学改革研究项目;沈阳航空航天大学精准教学示范项目。

application of knowledge mapping in the teaching of digital signal processing is discussed to promote the deep integration of the new generation of information technology and education, and improve the teaching quality of teachers.

Key words：new generation of information technology; education digitalization; knowledge map; digital signal processing

1 引言

随着数字化、信息化的发展,数字信号处理已广泛应用于通信、图像处理、雷达、语音识别等领域。"数字信号处理"课程是面向大三学生开设的专业基础课,其理论知识丰富且复杂,如何帮助学生更好地掌握这些复杂的知识,成了高校教师在教学过程中需要面对的重要问题。

随着现代教育技术的进步,知识图谱作为一种高效的知识管理和呈现工具,为提高教学质量提供了新的手段[1-4]。"数字信号处理"课程传统的教学模式以理论讲授为主,尽管课程内容紧密结合实际应用,但由于知识点之间联系复杂,学生在学习过程中容易出现知识割裂的现象,难以建立起系统的知识框架,导致学习效果不理想[5-6],尤其是面对复杂的数学推导和算法实现,学生往往感到无从下手。因此,如何将这些知识点有效整合,构建一个清晰的知识结构,成了课程教学改革的重要方向[7]。

2 "数字信号处理"课程面临的问题

课程内容涉及大量的离散知识点,使得知识碎片化。"数字信号处理"课程主要包括离散时间信号与系统、离散傅里叶变换、快速傅里叶变换、数字滤波器的基本结构、无限长单位脉冲响应数字滤波器的设计方法、有限长单位脉冲响应数字滤波器的设计方法等,每个章节都包含大量的数学推导和公式计算,部分学生难以在有限的课堂时间全面掌握这些内容,尤其是对于数学基础薄弱的学生,学习过程充满挑战。例如,傅里叶变换和 Z 变换均可用于分析信号的频域特性和系统特性,但这两者在概念上有显著不同,学生在学习过程中容易混淆。由于其知识点繁杂、逻辑关系不清晰,学生难以形成整体性的认识,往往只关注某些独立的概念或公式,而忽略了彼此的内在联系,使得学生在后续的专业课学习中遇到阻碍。

"数字信号处理"其理论部分通常比较抽象,学生在理解理论时缺乏直观感受,导致理论学习和实践应用之间存在较大鸿沟,降低了学习效果。"数字信号处理"课程的教学方式主要以教师讲授为主,在传统的教学模式中,教师通常会通过板书或者课件来展示复杂的理论知识点,但这些知识点的呈现方式较为静态,学生难以理解这些知识点之间的相互关系。"数字信号处理"课程通常包含课内实验环节,学生在实验过程中虽然能够利用 MATLAB 完成一些信号处理的基本操作,但是学生对理论知识并没有深刻理解,导致实验环节无法达到预期效果。传统的教学模式难以激发学生的学习兴趣,使得学生的学习积极性和参与度不高,降低了教学质量。

3 "数字信号处理"课程教学改革研究

本文针对"数字信号处理"课程现有教学模式的不足,并充分考虑教育数字化转型的时代大背景,课程组利用雨课堂提供的知识图谱功能,将碎片化理论知识点、课程思政、习题、实践拓展等资源作为输入,构建"数字信号处理"课程的知识图谱,并应用于课堂教学。

3.1 知识图谱在教学中的优势

知识图谱是一种图形化的知识表达形式,通过结构化方式展示知识点之间的关系[8]。知识图谱能够将复杂的知识点结构化展示,帮助学生理解各个知识点之间的关联性。通过知识图谱,学生可以自主选择某些知识点进行学习,亦可针对薄弱环节进行重点复习。知识图谱能够可视化动态显示,可以增强教师与学生的互动,提升学生的学习兴趣。

3.2 知识图谱的构建方法

"数字信号处理"课程主要介绍离散时间信号与系统、离散傅里叶变换、快速傅里叶变换以及滤波器的设计等,教学内容共六章,涵盖了数字信号处理的基础知识、离散傅里叶变换等经典理论。在构建"数字信号处理"课程知识图谱时,分为以下几个步骤。第一,知识点提取。需要对数字信号处理课程进行全面的分析梳理,提取出课程中的核心知识点,比如采样定理、离散傅里叶变换等。第二,知识点关系构建。在提取出各个知识点之后,需要根据知识点之间的内在逻辑关系,构建知识图谱的结构。第三,图谱生成与可视化。利用图谱构建工具生成图谱,并通过可视化方式呈现知识点之间的关系。本文是利用雨课堂提供的知识图谱功能,构建"数字信号处理"课程知识图谱。"数字信号处理"课程在雨课堂构建知识图谱的具体流程如下。

(1) 准备学习资源。首先要整合好建设"数字信号处理"课程所需要的学习资源,这些资源包括课件、习题、文献拓展库、案例应用库、课程思政库、授课音频、授课视频以及网络课程资源等。本文使用雨课堂平台部署"数字信号处理"课程的线上资源,统一在雨课堂平台建设了各类教学所需要的线上资源库。

(2) 梳理各级知识点层级结构。对照授课使用的参考教材,整合的"数字信号处理"课程知识点总量为 145 条。一级知识点是数字信号处理。二级知识点 6 个,包括离散时间信号与系统、离散傅里叶变换、快速傅里叶变换、数字滤波器的基本结构、无限长单位脉冲响应数字滤波器的设计方法、有限长单位脉冲响应数字滤波器的方法。三级知识点 38 个。四级知识点 100 个。在梳理过程中,需要厘清各个知识点之间的关系结构并展示出来,并使其内容符合教学大纲。

(3) 生成知识图谱。将整合好的知识点以及线上资源作为输入,利用雨课堂平台提供的知识图谱工具,生成可视化图形。图 1 是课程组构建的"数字信号处理"课程知识图谱片段。

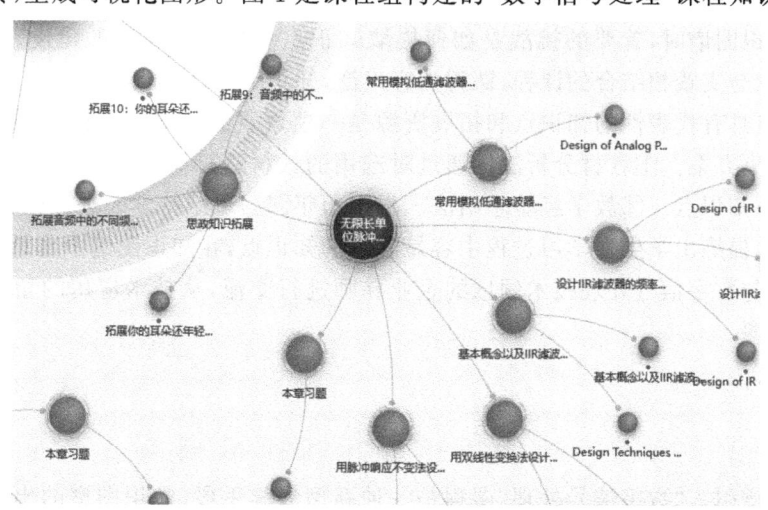

图 1 课程组构建的"数字信号处理"课程知识图谱片段

4 知识图谱在"数字信号处理"教学中的应用

4.1 课堂教学中的应用

知识图谱可以作为课堂教学的辅助工具，帮助授课教师将知识点以图形化的方式向学生展示，并能直观展示各个知识点及其关系。在讲解复杂的知识模块时，教师可以通过知识图谱将知识点的整体结构和细节关系展示给学生。例如，在讲解离散傅里叶变换时，教师可以通过知识图谱展示其与连续时间信号傅里叶变换、拉普拉斯变换、Z 变换之间的关系，而且可以通过例题的形式展示其在数字滤波器设计中的应用。通过这种授课方式，可以帮助学生建立起"数字信号处理"课程的整体框架，能够增强学生的学习兴趣。

4.2 学生自主学习中的应用

知识图谱作为一种可视化的工具，不仅适用于课堂教学，还可以作为学生自主学习的辅助工具。授课教师利用雨课堂，将所建设的知识图谱共享到授课班级，学生可以通过雨课堂平台查看资源。通过知识图谱学生可以随时查阅自己感兴趣的知识点，并根据知识图谱所展示知识点的相关性，深入学习相关的拓展内容。例如，学生在学习离散傅里叶变换时，可以通过知识图谱了解离散傅里叶变换与 Z 变换的关系，也可以查阅这些知识点的详细解释和应用场景。此外，知识图谱还可以帮助学生跟踪学习进度和识别薄弱环节。学生可以通过对知识图谱的全面浏览，了解自身在哪些知识点上存在欠缺，可以针对这些薄弱环节进行重点复习，实现个性化学习模式。通过这样的个性化学习模式，学生能够更有效地分配学习时间和精力，提升学习效率。

4.3 应用效果

通过知识图谱辅助线上线下混合式教学模式，使得教学内容更加系统化、可视化、条理化地展示给学生，提高了学生的学习效果和学习效率，增强了学生的学习积极性。知识图谱应用到课堂教学后，学生反馈知识图谱能够帮助自己梳理章节脉络，标注重点难点，是一种实用性较强的学习途径。

4.4 知识图谱应用中存在的挑战与解决方案

在构建知识图谱时，首要的挑战是如何提取知识点和各种资源库的建设。"数字信号处理"是一门理论与实践相结合的课程，课程内容广泛，知识点繁杂，而且在新一代信息技术中应用广泛，筛选出具有代表性的知识点和拓展资源是一项繁重的任务。"数字信号处理"课程组总结出以下解决方案。①教材分析法。通过对选用的教材进行梳理，再结合历年更新的授课教案，整理核心知识点。②教学经验总结法。根据历年课程总结持续改进措施，结合授课教师多轮教学经验，提炼出学生在学习过程中容易混淆的知识点，在知识图谱中着重展示。③企业导师访谈法。与数字信号处理技术领域的企业导师进行交流，从技术应用的角度筛选重要知识点和拓展资源。

5 结语

将知识图谱引入"数字信号处理"课程是一种新型教学手段，知识图谱的出现提升了教学效果，促进了教师专业发展，推动了教育数字化进程。在知识图谱建设中还在存一些机遇与挑战。知识图谱的构建过程是一个持续改进的过程,目前知识图谱中的知识点主要是由授课教师人工构建,授课教师主观地寻找知识点之间的关联性以及拓展资源。随着新一代信息技术的发展,由机器辅助人工构建知识图谱,在未来数字化教学中值得广泛的应用和推广。

参 考 文 献

[1] 时云峰,孙熠,夏莉娜,等.基于知识图谱的个性化学习资源构建研究[J].电脑知识与技术,2024,20(21):24-26.

[2] 赵万祥,李滔,刘强,等.以活动为导向的有机化学知识图谱构建与实践[J].化学教育(中英文),2024,45(4):113-120.

[3] 徐星,鄢睿丞,闫晓玲,等."电路"课程知识图谱构建及其教学模式应用[J].教育教学论坛,2024(6):1-4.

[4] 颜慧.混合式教学中课程知识图谱的构建与应用研究[J].电脑知识与技术,2024,20(2):175-177.

[5] 李宁,时合生,夏冰.基于知识树构建问题链的数字信号处理课程教学改革与实践[J].高教论坛,2023(12):27-30.

[6] 乔建华,张雄,李素月,等."数字信号处理"一流课程的教学改革与成效[J].电气电子教学学报,2023,45(5):28-32.

[7] 王丰.离散时间傅里叶变换的教学探讨与设计[J].电气电子教学学报,2023,45(1):94-97.

[8] 穆鹏华,晋刚,胡国英,等.基于知识图谱构建的信号与系统课程线上线下新颖学习模式研究[J].科教文汇,2023(2):113-117.

作者简介

王　宇:女,1990年生,讲师,研究方向为雷达信号处理。
张丽丽:女,1979年生,副教授,研究方向为图像处理。
房启志:男,1979年生,副教授,研究方向为图像处理。
滕金玉:女,1972年生,讲师,研究方向为雷达信号处理。

"项目教学法"在 Python 处理 Excel 实现成绩统计的应用探索

杨旺明

(三峡大学计算机与信息学院,宜昌,443002)

摘 要:本文旨在探讨"项目教学法"在 Python 处理 Excel 实现成绩统计教学场景中的应用。通过实际项目驱动,设计合理的子任务,引导学生掌握 Python 相关知识与技能,培养他们的实践能力和问题解决能力。本文详细阐述了项目教学法的实施过程,包括项目设计、任务分解、教学实践及效果评估等环节,分析了该方法在提升教学质量和学生综合素质方面的优势与挑战,并提出了相应的改进措施和建议,为高校 Python 课程建设的教学改革提供参考。

关键词:Python 教学;Excel 成绩统计;项目教学

Exploration on the Application of Project-based Teaching Method in Python Processing Excel to Achieve Grade Statistics

Yang Wangming

(College of Computer and Information Technology, China Three Gorges University, Yichang 443002, China)

Abstract: This paper aims to explore the application of the "project-based teaching method" in the teaching scenario of using Python to process Excel for achieving grade statistics. Through actual project driving, design reasonable sub-tasks to guide students to master Python-related knowledge and skills, and cultivate their practical ability and problem-solving ability. The paper elaborates in detail the implementation process of the project-based teaching method, including project design, task decomposition, teaching practice, and effect evaluation. The paper analyzes the advantages and challenges of this method in improving teaching quality and students' comprehensive quality, and proposes corresponding improvement measures and suggestions to provide a reference for the teaching reform of the Python course construction in colleges and universities.

Key words：Python Teaching；Excel Grade Statistics；Project-based Teaching

1 引言

信息技术的发展使 Python 在数据处理与分析领域广泛应用，而 Excel 在学校成绩统计中也极为重要。将二者结合可为教学提供项目案例，有助于培养学生的实践能力并提升教师的工作效率。

1.1 研究背景和意义

当前高校程序设计语言教学多采用教师依据教材或讲义案例讲授，学生通过课后作业和实验学习的模式。以 Python 教学为例，学生虽能掌握列表、字典等常用数据结构，但在面对实际项目时却常感困难重重，导致学习兴趣下降。以项目为依托的项目教学法让学生在完成项目中学习与应用 Python 知识，相较于传统教学法更侧重于学生的主动参与和对其实践能力塑造。因此，探究项目教学法在 Python 处理 Excel 以实现成绩统计方面的应用，具有现实意义。

1.2 研究目的和方法

当前，高校许多课程已上线 OJ 系统及教务相关子系统，导致一门课程的学生成绩分散于多个结构不同的 Excel 文件中。尽管 Excel 具备强大的数据处理功能，但不同系统的下载文件格式差异大，如 0 分表示多样（"--""-""x""0""null"等），关键字段列索引和标题也不同，使得数据处理费时费力且易出错。

本文介绍了以 Python 处理 Excel 实现成绩统计的教学实践。采用项目教学法，通过实际项目巩固学生的 Python 知识（如自定义函数等）及 Excel 处理库（如 pandas 等）的应用，融入软件工程方法，从整体规划至具体操作，让学生动手迭代完成并总结。此教学方式帮助学生领悟 Python 在数据处理中的优势，提升其系统工程能力。

2 Python 课程项目教学的改革实践

2.1 项目设计

当前高校的教材或讲义中的案例大多是基于单个知识点构建的[3]。对此，我们为 Python 课程设计多个系统项目案例，融合多章节甚至多学科知识，见表 1。

表 1 Python 课程教学中多个系统项目案例的知识整合情况

模　块	课程内容	设计项目
基础知识	简单计算及 I/O 格式与方法	贷款还款计算器
程序结构	顺序、选择、循环、自定义函数	学生成绩计算排序筛选
数据结构	字符串、列表、字典、元组、集合及自定义函数	多 excel 中学生成绩统计
文件	文件的读写 R/W、自定义函数	学生信息系统
第三方库	jieba、numpy、自定义函数	中英文小说词语统计

2.2 项目实施

为了教学项目能如期高质量完成,教学中先细化项目任务需求,标注重难点与相关知识点,再解析往届优秀项目子任务,分享其优劣,以激发学生的主观能动性,使学生有清晰的认知。在分组合作时,学生能互学互促、借鉴经验,更积极投入实践,提高项目完成质效。

2.3 项目评价

课程教学评价重点是实时考核,内容涵盖项目源码、测试数据及结果、文档撰写。为凸显学生主体地位,对作品编号,由学生带头人(多为优秀者)随机抽取部分予以相互分析评判、打分并提意见,有异议的交教师依验收报告裁定。这般举措既能激发学生的积极主动性,强化其知识技能领悟,又可凭借教师专业判断保障评价精准公正,全面且客观地呈现学生学习成效与真实能力。

3 Python 处理 Excel 统计成绩为案例的实践

项目教学法的特点是以学生为主体、能力产出作导向。本项目以多 Excel 文件数据分析统计项目为例,其展示用 Python 处理 Excel 文件。需求为从含学生信息及不同平台成绩的多 Excel 文件取数,处理后统计某课程成绩。学生完成项目体会 Python 处理数据的能力,掌握数据获取、清洗与分析统计方法。

3.1 Python 统计学生成绩案例中的具体策略

教学实践采自上而下策略,渐次精细达成目标。首先,内容定顶层目标。深悟 Python 列表、字典及应用,熟谙文件读写,掌握 Excel 数据处理统计,领会面向对象编程思想。其次,将项目总需求归为整合多格式 Excel 成绩文件数据,依规范写入指定 Excel 特定格。

3.2 系统为子模块

系统子模块:读 excel 获取学生信息、读 excel 文件中的成绩数据信息、读各班信息及成绩配置信息、统计成绩数据并写入指定 Excel 文件中。

3.2.1 读 excel 获取学生信息

在读取学生信息模块中,设计为读入模块和存储数据部分。首先,对于读入模块,此 Excel 文件是从教务系统中导出的,具有固定的格式,其中存放着学生的基本信息。运用 Python 的 pandas 库,借助 pandas 的 read_excel(excel_file_path, header = header_row)函数来读取 Excel 文件,该函数会返回一个二维列表形式的 dataframe。学生实现该功能的过程能够掌握如何精准读取 Excel 中指定行和列的数据。

其次,要将这些数据进行存储以供系统后续使用。以学号为键,以学号和姓名列表为值存基础数据。此项目设计可让学生深刻理解字典与列表的区别及适用场景,提升数据结构的理解运用能力。

3.2.2 读 excel 文件中的成绩数据信息

鉴于记录成绩数据的 Excel 文件源自不同的教务系统或 OJ 系统,其文件格式各异。首先,为解决各 Excel 文件的异构性问题,我们需将 Excel 文件的配置信息以文本文件(如.txt 格式)予以保存。其次,将该模块功能拆解为两个部分:①是描述各 Excel 文件中关键列(如学号、姓名、成绩等)信息的配置文件;②是依据配置文件中的信息读取 Excel 文件中的关键数据。

为精准匹配本班学生,而获取 Excel 文件中指定行的数据则依赖于上一模块所读取的学生信息。运用 df.iloc[header_row, selected_columns].tolist() 从指定的行读取标题,并且还需通过列索引选择读取部分标题(学号 + 姓名),并转换为列表以供数据核对,避免重复查找。这样的设计和操作流程,能够确保处理不同格式的 Excel 文件数据时,准确地提取和匹配所需的成绩数据,为后续的成绩统计和分析提供准确的数据基础。

3.2.3 读各班信息及成绩配置信息

读各班信息及成绩配置信息模块的核心功能是从文件中读取各班级(一位教师可能负责多个班级)各课程的教学目标和要求配置信息,以供统计成绩模块使用。这些配置信息存储在.txt 文件中,并借助 Python 程序读取配置文件获取相应信息。通过这样的设计,确保统计成绩模块能够准确获取所需的课程配置信息,为后续学生成绩的计算和统计提供必要的基础数据支持。

3.2.4 统计成绩数据并写入指定 excel 文件中

统计成绩数据并写入指定 excel 文件中模块主要完成两项功能。①进行数据统计,从各个文件中读取的成绩最终分别记录于多个字典之中,此时需要完成字典的汇总操作。②将统计结果写入特定的 Excel 文件中指定的单元格内,实现成绩数据的自动化填写。

4 教学实践过程与效果评估

在本次案例项目实施之前,根据涵盖了项目的关键知识点、技术要求、预期目标以及具体实施步骤的文档可以帮助学生小组各成员快速把握项目的核心内容。

最终成果物提交后,按小组进行汇报,并互评答辩、考勤、讨论等方式进行过程考核,观察学生在学习过程中学习态度的变化和主动性的变化,这些结果将有助于我们更好地指导学生的学习和发展。

5 教学反思与改进措施

在实际教学中,现实情况与教学研究存在差距。具体表现为:学生专业基础薄弱,课外投入时间不足,导致实际操作困难;教师需专注于课程教学研究,但考核压力影响课程建设。因此,我们需要反思在教学过程中是否充分考虑了教师和学生的实际情况,确保教学目标逐步落实。同时,教学计划的实施也是我们需要重点关注的方面。

在本案例项目中,我们设计了实用性强的教学内容,涵盖 Python 处理 Excel 文件的基本技能(如读取、写入等)以及面向对象的方法与思维。在实际工作中,我们应深入企业,结合生产实际,积累实际应用场景的案例与项目,并撰写相关文档,为本课程建设提供新资料和支持。

6 结论与展望

本文介绍了一个利用 Python 处理 Excel 文件以实现学生成绩统计的项目案例。该案例不仅涵盖了 Python 基础知识(如列表和字典),还展示了 pandas 库在数据处理方面的应用,包括数据清洗、筛选、排序和统计等。通过这一项目,学生们不仅掌握了 Python 处理 Excel 文件的技能,还提升了数据处理和分析能力。然而,由于课程建设和教学学时的不足,仍存在一些问题。下一阶段,我们将鼓励学生将本案例应用于实际教学中,与一线教师进行深入交流,扩展功能如数据分析和可视化,实现项目的软件化和产品化。这将为高校教师在处理成绩时提供有效的帮助,同时培养学生的创新思维和解决问题的能力,为他们今后的学习和工作打下坚实基础。

参 考 文 献

[1] 冀全朋,严海升.Python 程序设计课程教学改革与实践——基于项目教学模式[J].西南师范大学学报(自然科学版),2021,46(11):90-95.

[2] 郭飞飞,拓明福,李超.Python 语言程序设计课程"四维六阶段"混合式教学探索[J].计算机教育,2024(6):141-145.

[3] 胡学锋.面向企业项目教学法的 Python 程序设计[J].电子技术与软件工程,2021(3):57-58.

[4] 嵩天等,Python 语言程序设计基础[M].2 版.北京:高等教育出版社,2017.

[5] 张年,刘燕.基于应用能力培养的《Python 程序设计》实践教学改革探索[J].当代教育实践与教学研究,2019(10):162-163.

[6] 路龙宾,孙家泽,滑文强,等.兴趣驱动、能力导向、价值引领的 Python 语言程序设计课程创新与实践[J].计算机教育,2024(2):177-182.

[7] 王书芹,郭小荟.基于百度 AI Studio 平台+腾讯课堂的"Python 程序设计"课程线上教学[J].江苏师范大学学报(自然科学版),2023,41(1):73-75.

[8] 赖锦辉.以能力产出为导向的大学计算机基础课程项目教学法改革与实践[J].实验科学与技术,2020,18(5):74-78.

基于知识图谱的模拟电子技术课程教学改革探索与思考

董小伟

(北方工业大学信息学院,北京,100144)

摘 要:知识图谱是人工智能和数据科学相结合的创新产物,知识图谱在教育领域的应用,能更好地整合教学资源、创造个性化学习条件。本文探讨了基于电类专业核心必修课——模拟电子技术课程构建知识图谱的思路,分析了知识图谱在明确课程地位、整合教学内容、推荐学习资源、评价教与学效果等方面的作用,并思考了知识图谱与专业核心课进一步深度融合所面临的问题,以期推动知识图谱为高等教育教学数智化改革赋能助力。

关键词:知识图谱;教学改革

Exploration and thinking on the curriculum reform of analog electronic technology based on knowledge map

Dong Xiaowei

(School of Information Engineering,
North China University of Technology, Beijing 100144, China)

Abstract: Knowledge map is an innovative product, which combines the artificial intelligence and data science. The application of knowledge map in the field of education can better integrate teaching resources and create personalized learning conditions. In this paper, we discuss the idea of constructing knowledge map based on analog electronic technology course, which is the core compulsory course of electrical specialty. The role of knowledge

---

基金项目:2021 年北京高等教育本科教学改革创新项目"电子信息工程一流专业 OBE 人才培养模式研究"(项目编号:142);
2024 年度北方工业大学课程群建设项目"模数电课程群"(项目编号:108051360024XN142-5)。

map in defining the course status, integrating teaching contents, recommending learning resources, and evaluating teaching and learning effects are analyzed detailedly. And the problems to be solved in the further integration of knowledge map with professional core courses are considered. We hope that knowledge map will further promote and empower the digital-intelligence reform in higher education.

Key words：Knowledge map；Teaching reform；

1 引言

以 5G 通信、大数据、人工智能等为代表的新一代信息科技与产业革命，已经深刻地影响到人们生产、生活的各个方面。对于处于技术变革前沿、承担为国家和社会输送专业人才的教育领域，党中央高度重视教育变革创新，先后出台一系列纲领性指导文件，积极推动教育信息化、数字化、智能化进程。2018 年 4 月，教育部发布的《教育信息化 2.0 行动计划》提出，通过深入开展"三通两平台"，加快推进"互联网＋教育"[1]；2022 年 2 月，教育部印发的工作要点强调，以教育数据资源为要素，大力推进国家教育数字化战略行动；2023 年 5 月，教育部部长怀进鹏在第七届世界智能大会开幕式上表示，教育部将积极推进人工智能技术与教育深度融合。因此，人工智能驱动教育从数字化向智能化升级重构，实现数智技术赋能高等教育向更具创新性、多元化和个性化的深层次发展[2]，将成为进一步深化高等教育改革的核心内容，也是促进教育公平、建设全民终身学习的学习型社会的必经路径。

知识图谱是一种人工智能和数据科学相结合的创新产物，是一种将知识进行结构化、组织和表示的方法[3]。知识图谱的概念最早由谷歌公司推出，通过类比由神经元（节点）、神经元间的突触联系（边）构成的人脑学习与记忆的神经系统，将现实世界中信息、知识、概念等看作类似节点的实体，并通过描述实体自身的内在属性、实体之间的外在联系，形成具有结构化、组织化的图网[4]，从而可以为信息收集、知识搜索、自动推理等提供更加有效和精准的支持。近年来，知识图谱不仅极大地促进了万维网功能的提升，在教育数智化转型过程中，知识图谱对教育决策、教师教学、学生个性化学习等的影响也受到了广泛关注，在中国知网以"知识图谱"为篇名可搜索到高校教育教学研究的文献已超过了 2 万篇，利用文献图谱对近三年所发表的研究论文进行分析，可以发现：利用知识图谱对现有资源进行分类标识，可以为师生提供更优质、更精准的资源服务，已成为教学资源、新型教材、教学评价等教育数智化转型的重要抓手。

2 模拟电子技术课程知识图谱的构建思路

无论是信息产业本身，还是其他新兴产业，如物联网、高性能芯片制造等，都需要电子技术的支撑。模拟电子技术课程作为高等学校电类相关专业的核心必修课，其知识对构建学生基本理论、基本技能和创新能力具有不可替代的重要作用，也是学生后续更深入学习其他专业知识的基础。在新形势产业变革驱动下，为了满足国家和首都对高素质应用型人才的需求，北方工业大学模拟电子技术课程利用知识图谱技术，推动课程改革创新，以期提升教学效果和人才培养质量，具体思路如下。

（1）基于知识图谱明确课程地位

模拟电子技术课程依据工程教育认证标准，以专业培养目标为起点，明确课程对毕业要求指标点的支撑作用，建立课程与专业培养方案之间关系的知识图谱。将专业培养方案中各门课程定义为"实体",通过分析模拟电子技术课程与其他各门课程之间的前后顺序"属性"、模拟电子技术课程对专业培养达成度的贡献"权重"、模拟电子技术课程知识点与其他课程知识点间的"关联",形成以模拟电子技术为核心,涵盖专业培养方案内前后课程、跨课程知识点、知识点相关资源的完整联系的课程体系知识图谱,从而帮助学生更好地理解模拟电子技术课程在整个专业培养体系中的地位,更有利于学生知识体系的构建和个性化学习路径规划。

(2) 基于知识图谱整合课程内容

模拟电子技术课程知识点众多,主要包括:常用半导体器件、基本放大电路、集成运算放大电路、放大电路的频率响应、放大电路的反馈、信号的运算和处理、波形的发生和信号的转换、功率放大电路、直流电源、模拟电子电路读图等。学生在课程知识学习的过程中,往往只见树木不见森林,很难搞清各知识点之间的联系以及各知识点在整门课程中的作用。为了更好地引导学生,加强学生对课程前后知识点的整体认知,模拟电子技术课程基于知识图谱整合教学内容,将各知识点提取为"实体",通过分析各知识点间的"前置""后置"和"包含"等关系,表征出各知识点在课程中的"属性",将教学内容所有知识点整合成一个直观的网络拓扑图,从而使知识更容易被理解,更有利于学生知识技能的迁移,助力智力创新性和卓越性的激发。

(3) 基于知识图谱推荐学习资源

教育领域数字化的蓬勃发展,网络教学资源极大丰富,但同时也造成大量学习资源优劣难分,鉴别筛选优质学习资源变得困难。模拟电子技术课程以课程知识点为核心,利用知识图谱,致力于实现线上线下优质学习资源的检索、推荐与共享,以便为师生提供更高效、更精准的服务[5]。对应知识图谱中的课程知识点,我们不仅为学生筛选、推荐国内其他知名院校的优质课程资源,如清华大学华成英教授主讲的模拟电子技术课程视频,模拟电子技术课程团队还通过问卷、调研、往届学生的学习痕迹,往年课程的考核数据等进行学情分析,自主制作并完善适合北方工业大学学生特点的课程资源,目前已完成模拟电子技术课程自制 MOOC 视频、PPT 课件、习题和期末测试题等相关内容在中国大学 MOOC 的上线共享,并在本校混合式教学实践中得到应用。除了线上资源外,模拟电子技术课程发挥其雄厚的师资队伍和实验室资源优势,正在构建"教师-课程-实验室-指导/开放时间-创新项目"的线下资源知识图谱,以便更好地满足学生对个性化、多来源、多模态学习资源的需求。

(4) 基于知识图谱评价教与学效果

工程教育认证"以成果为导向"的核心理念指出,教育教学的效果最终应以学习目标的达成来评价,传统以期末成绩为评价的单一方式,很难在教学过程中及时发现学生对知识点的掌握程度,进而采取针对性的措施加以指导,从而避免学生挂科或无法实现教学目标。模拟电子技术课程拟基于知识图谱,在线上线下混合式教学过程中,对教师教与学生学的全过程进行跟踪、记录与分析。首先,对于教师所授课的专业或班级学生群体,对学生学习整体偏好、线上线下学习痕迹、重点难点知识的掌握程度、测试考试成绩分布等,构建基于学生群体数据统计的知识图谱[6],以便教师能及时调整教学模式、优化教学方法和手段,更好地提升教学效果;其次,对单个学生个体,以线上线下学习记录、互动交流情况、阶段或单元测试数据等为依据,建立学生能力增强的知识追踪模型,形成学生认知能力状态与其对各知识点的掌握程度之间的映射关系,以便帮助学生更精确地研判自己学习情况、规划更合理的学习路径,更有效地提升学习效果。

3 知识图谱与专业核心课进一步深度融合的思考

推动知识图谱进一步赋能未来教育提升人才培养质量,需要加强和深化知识图谱与专业核心课的融合程度。基于知识图谱对电类专业核心课——模拟电子技术课程教学改革探索，我们发现如下问题亟待解决。①很多高校管理者和教师对教学数字化和智能化，在思想认同上和技术掌握程度上都存在不足，即便与超星、中国大学MOOC、智慧树等合作建立了课程知识图谱，也不能根据课程教学情况形成动态调整和更新，知识图谱对课程教学效果和学生学习效果的提升作用不明显。②知识图谱依赖于优质的数字化教学资源和大量前期积累的教学数据来驱动，如果只停留于简单的数据记录、表面炫酷的可视化，而不能将知识图谱深度地融入线上线下混合式教学过程，知识图谱将无法发挥其结构化和智能化优势，对学生成才提供的帮助作用将大大受限。

参 考 文 献

[1] 教育部关于印发《教育信息化2.0行动计划》的通知[EB/OL].

[2] 冯露,张倩,富茜楠.数字赋能高等教育发展的内涵、目标和实施路径[J].黑龙江教育(高教研究与评估),2024:5-8.

[3] 刘双.人工智能(AI)＋知识图谱在混合式教学中的应用[J].办公自动化,2024,7:42-44.

[4] 刘晓玲,王炜.基于知识图谱的课程教学改革[J].中国冶金教育,2024,1:7-11.

[5] 陈星,鄢睿丞,柳懿.基于知识图谱的混合式教学模式研究——以"电路"课程为例[J].教育教学论坛,2023,38:71-74.

[6] 王继茹,朱靖,王建,等.数据驱动的知识图谱在本科教学信息化改革中的作用[J].高等工程教育研究,2024,3:121-127.

AI 时代工科专业课双语教学的探索

白育堃　刘佳骏　姜道连

(天津理工大学集成电路科学与工程学院,天津,300384)

摘　要:在人工智能技术快速发展的当下,传统的工科教学模式面临重大挑战与改革需求。本文旨在探讨 AI 时代下,如何有效实施双语教学策略,以提升工科专业课程的教学质量,进而提高工科学生的综合竞争力。本文分析了当前工科双语教学面临的主要问题,提出了结合人工智能技术的双语教学模式。通过 AI 辅助的双语教学能显著提高教学效率和学生的学习兴趣,同时促进学生批判性思维和创新能力的发展。本文为工科双语教育提供了一种新的视角和实践路径,对促进高等教育国际化具有重要的理论和实践意义。

关键词:AI 时代;双语教学;工科专业课;创新能力;高等教育

Exploration in Bilingual Teaching of Engineering Courses in the AI Era

Bai Yukun　Liu Jiajun　Jiang Daolian

(School of Integrated Circuits Science and Engineering,
Tianjin University of Technology, Tianjin 300384, China)

Abstract: In the context of the rapid development of artificial intelligence technology, traditional engineering education models are facing significant challenges and reforming need. This paper aims to explore how to effectively implement bilingual teaching strategies to enhance the teaching quality of engineering courses the AI era and thereby improve the comprehensive competitiveness of engineering students. The paper analyzes the main problems faced by bilingual teaching in engineering and proposes a bilingual teaching model integrated with artificial intelligence technology. AI-assisted bilingual teaching can

---

通信作者:白育堃,tjutbai_1@163.com。
基金项目:天津理工大学教学改革项目(项目编号:YB14-07)。

significantly improve teaching efficiency and student interest, while also fostering the development of critical thinking and innovative capabilities among students. This paper provides a new perspective and practical approach for bilingual education of engineering courses, holding important theoretical and practical significance for promoting the internationalization of higher education.

Key words：AI era；Bilingual teaching；Engineering courses；Innovative capabilities；Higher education

1 AI 时代工科双语教学的发展

1.1 AI 时代双语教学的机遇与挑战

双语教学作为一种教育模式，是指在教学过程中使用两种语言进行授课的方式。近年来，随着全球化的深入和国际交流的增加，双语教学在各大高校的课程设置中越来越受到重视。双语教学作为提升学生国际竞争力的有效途径，其在工科专业课程中显得尤为重要。AI 技术的引入突破了传统的课堂教学模式，通过翻转课堂、个性化学习路径等新教学模式的实践，大大提升了教学的效率和质量，同时，AI 技术使得大量开放教育资源和在线课程得到更好的整合与利用，学生可以通过人工智能推荐系统接触到最适合自己的学习资料。利用 AI 教学工具，双语教学在课堂上可以发挥出更充足的作用，能够提高学生的英语水平和国际竞争力，但同时也面临着学生英语水平不均、师资和教材不足等问题，通过进一步优化 AI 教学对策和实施原则，可以有效提升双语教学的效果。

1.2 AI 技术在工科双语教育中的应用现状

人工智能技术具有智能性、交互性、虚拟性和实践性等特点，使其能够为教学提供所需的认知、交互环境支持[1]，从而更好地实现工程实践人才的创新培养。而最近发展的 AI 技术在教学辅助中展现了强大的潜力，如个性化学习计划、虚拟环境模拟、自动化评估和智能辅导等。AI 技术可以搭建语言模拟环境，模拟对话系统，还可以对不同的学生进行自动语言评估。利用自然语言处理(NLP)技术，AI 可以对学生的口语和书面语进行自动评估，提供即时反馈，帮助他们改正错误并改进语言技能。此外，利用 AI 技术，还可以构建智能教学平台，在平台中分析不同学生的学习习惯、进度和需求，从而具有针对性地提供合适的教学计划。我们熟知的 ChatGPT、文心一言、讯飞星火等生成式人工智能工具已经被用于双语教学，帮助学生根据他们的学习速度和风格进行个性化学习。此外，可以开发个性化教学系统，为学生推荐适合其当前语言水平的教材和练习，这在英语和其他语言的双语教学中尤为有益。

2 双语教学的理论与实践

2.1 双语教学的理论基础

在理论层面上，双语教学的基础主要来源于双语习得模型，这些模型探讨了如何通过两种语言的使用来将学习效果最大化。平衡双语模型提出，两种语言应平等对待，以确保学生对每种语言的掌握都能达到高水平。逐步过渡模型则建议根据学生的语言能力逐步增加第二语言的使用频率，直至实现完全的双语教学。综合模型则认为应根据学生的具体情况灵活调整教学策略,以适应不同学生的学习需求和背景。社会文化理论也是双语教学的重要理论基础,它强调语言是社交的工具,学习是社会参与过程。这一理论主张通过对话和合作学习,学生可以在社交环境中提高语言实践能力。同时,认知心理学理论在双语教学中也占有一席之地,特别是认知负荷理论和元语言意识的概念。前者关注如何在不造成学生认知过载的情况下有效地呈现教学内容,后者则指出双语学习可以增强学生对语言结构和功能的意识和理解。在双语教学实践中,可以对比发现中西方教育方式和关注点的差异,中西合璧的教学方法使得教学质量受益良多[2]。

2.2 双语教学在工科专业课中的实施现状

在进行双语教学时,必须考虑多方面的因素,包括双语教材的选用、教学内容的选择、教学过程中的评估方法和教师本身的专业培训等。

在不同高校都会面临的问题就是教材的选用是否合适,由于不同的学生外语水平参差不齐,对各种专业性名词的理解也不尽相同,故在选择教材时既要考虑教材本身专业水平保持一定水平,也要注意不要过分晦涩难懂,致使学生对课程本身的理解出现问题。教学内容的选择与设计也需要精心策划,确保所使用的教材能够平衡地覆盖两种语言,专业性词汇使用英文,辅以中文注解来帮助学生理解教材,以此激发学生的学习兴趣。同时,教学方法和策略的选择也十分关键,在 2023 年,任天毓对交互式教学进行了教学分析,发现合理的交互式教材和工具对学习成效有一定程度的提升,将其与任务型学习联合起来应用可以有效提升学生的语言运用能力[3]。此外,持续和多元化的评估机制能够帮助教师及时了解学生的进步,将课程进度与学生的理解程度进行对比,以便于对下一步的教学策略做出合适的调整。

2.3 双语教学的优势与局限性

双语教学可提高学生外语实践运用能力、促进文化交流、推进教育国际接轨进程,是我国培养复合型人才的必然选择[4]。

双语教学中的专业英语学习为学生提供了一个使用第二语言进行思考和交流的环境,使他们能够在实际专业应用中提高语言能力。在教学中引入 AI 工具,能够帮助学生在自然对话中练习语言,提高了他们的语言流利度及理解第二语言的能力,帮助学生更自然地了解原本一些生涩的英文词汇,对专业的语言掌握得更加准确,更好地把握其恰当性和准确性。

而双语教学的局限性在于合适的双语教材和资源可能难以获得或者成本较高,特别是在非英语为主的国家,且由于版本不同、译者不同,有可能导致部分专业知识不能将原本的知识直接展现出来,造成一定程度上的歧义,因此在选用教材中应当慎之又慎。同时,在学生的理解层面上,由于不能保证学生的外语水平一致,而专业英语本身理解起来又比较有难度,会造成一些核心概念的理解问题,影响学生的学习兴趣,难以充分理解所学的知识点[5]。

3 AI 时代双语工科专业课教学方法探索

3.1 教学内容的选择与教学方法创新

当下,工科专业课的教学内容选择需紧跟科技发展的步伐,与行业前沿技术对齐,强调实用性与前瞻性。在确认教学内容的时候,应注意行业前端知识和一些新技术的应用。在课程中注意提高实体实验和仿真实验的部分,让学生以理论知识为指引。在应用中,学生进一步掌握理论。同时交叉学科内容的融合也十分重要,如将编程、信号处理、数据分析等内容纳入工科课程中,以培养学生面对不同问题时思维发散,使学生从所学内容中挑选最优解来解决问题。

教学方法的创新也很重要,在教学过程中可以采用基于问题为导向的学习方法[6],即PBL教学法,激发学生的主动学习和批判性思维。崔炳权在对PBL教学法的研究中提到[7],PBL教学法有助于培养学生创造性思维能力和综合分析的能力,能培养自主学习和解决实际问题的能力,能培养团队合作和组织协调能力[8]。同时,也要对任务型学习[9]进行鼓励,可以在课堂中设立几个小的任务,让学生共同解决问题,协作学习。学生通过讨论和交流,共同构建知识体系,这有助于深化对学习内容的理解和记忆。

3.2 智能评估与反馈

智能评估工具利用人工智能技术自动化和个性化地评估学生的学术成就和进步,为教育者提供有价值的反馈信息[10]。智能评估工具可以实时评估学生语言能力,可以通过自动语音识别与分析和自然语言处理技术对学生的语言发音进行评估,分析学生的语法和词汇使用,也可以通过对学生提交的作业、随堂测验进行学术评估。这种实时评估反馈可以帮助学生实时改进他们的语言技能,以加深对专业知识的理解和掌握。

在教学中,AI技术也可以为教师提供许多便利之处,教师可以借助AI辅助工具,分析学生的学习数据,帮助教师优化教学方法和课程设计,实现对学生共性、个性问题的全覆盖。

基于以上的分析,我们提出一种简单而有效的AI辅助双语教学模式,如图1所示。

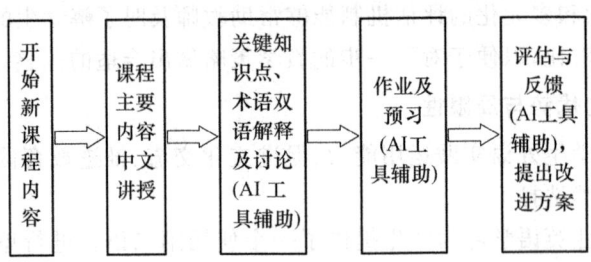

图1　AI辅助双语教学模式

4　结论与建议

在AI时代,传统的教学方式逐渐显现出一些局限性,依托新技术衍生的工具可以为教学课堂带来一些新的方向和模式。尤其是对于双语专业课教学,合理高效地使用新工具可以极大地提升学生的专业知识素养,也对其学习国际前沿知识有促进作用。但事物都具有其两面性,新教学工具的应用中面临着教育资源有限、易泄露个人隐私、师生互动降低等问题,所以在使用新技术的同时,也要做好协调,在保留传统教学优势的同时发挥出AI新技术工具的优点。

建议在教学中采用以下举措:①结合教学计划,给学生提出当前的学习目标,总结和讨论相结合,答疑解惑,实现共性化、个性化的教学效果;②基于"雨课堂"等教学平台增加的AI功能,实现AI助教、AI助管和AI助学在实际教学中的应用;③使用文心一言等AI工具,进行双语的个性化课上与课下学习和交流。

参考文献

[1] 姚克明,俞洋,罗印升,等.人工智能在新工科"传感器与检测技术"教学中的应用[J].科教资讯,2023(7):176-179.

[2] 刘海波,沈晶,张国印,等.中西合璧的人工智能课程双语教学模式[J].计算机教育,2010(19):78-80.

[3] 任天毓,刘丽丹.在线学习资源交互性对学习成效的影响——基于教学交互视角的元分析[J].电脑知识与技术,2023,19(18):143-146.

[4] 裴鹏.工科专业课双语教学探索与实践[J].教育教学论坛,2021(36):121-124.

[5] 方文礼.外语任务型教学法纵横谈[J].外语与外语教学,2003(9):17-20.

[6] 刘景福,钟志贤.基于项目的学习(PBL)模式研究[J].外国教育研究,2002(11):18-22.

[7] 崔炳权,何震宇,王庆华,等.PBL教学法的研究综述和评价[J].中国高等医学教育,2009(7):105.

[8] 张建伟.基于问题式学习[J].教育研究与实验,2000(3):55-60.

[9] 袁昌寰.任务型学习理论在英语教学中的实践[J].课程·教材·教法,2002(7):40-43.

[10] 庄佳,薛冰,崔源.人工智能智慧教室中的教学设计与课程开发探索[J].信息系统工程,2024(1):153-156.

作者简介

白育堃:男,1970年生,副教授,研究方向为天线及电磁超材料。

基于 AI 技术的高校教育中的协作与支持作用研究

曾 辉 段 超

（广州工商学院，广州，510850）

摘　要：本研究旨在探讨 AI 技术在高校教育中的协作与支持作用，重点分析其对教师教学协作与职业发展以及学生学术支持、心理健康与职业规划的影响。本研究发现 AI 技术显著提升了教师的协作效率与管理智能化，同时为教师职业发展提供了有效支持。对于学生而言，AI 技术在个性化学术支持、心理疏导与职业规划方面表现出色。研究结果表明，AI 技术在高校教育中具有广泛的应用潜力，为未来的教育改革与实践提供了重要参考。

关键词：AI 技术；高校教育；教学协作；学术支持

The Collaborative and Supportive Role of AI Technology in Higher Education

Zeng Hui　Duan Chao

(Guangzhou University of Business and Technology, Guangzhou 510850, China)

Abstract：This research aims to explore the collaborative and supportive roles of AI technology in higher education, focusing on its impact on teacher collaboration and professional development, as well as student academic support, mental health, and career planning. The findings reveal that AI technology significantly enhances teachers' collaboration efficiency and management intelligence, while also providing effective support for their professional development. For students, AI technology demonstrates excellent performance in personalized academic support, psychological counseling, and career planning. The results indicate that AI technology holds broad application potential in higher education, offering

通信作者：曾辉，zenghui@gzgs.edu.cn。
基金项目：广州工商学院 2023 校级质量工程项目（项目编号：JXGG20231007）；2024—2025 学年校级质量工程项目（项目编号：JXGG202408）；2024 教育部协同育人项目（项目编号：230903879184958）。

valuable insights for future educational reforms and practices.

Key words：AI Technology；Higher Education；Teaching Collaboration；Academic Support

1 引言

1.1 研究背景

在全球范围内,高等教育正在经历深刻的变革。随着科技的迅速发展,特别是人工智能(AI)技术的崛起,传统的高校教育模式正面临前所未有的挑战与机遇。数字化转型已成为全球高等教育发展的重要趋势,而 AI 技术的广泛应用为高校教育带来了前所未有的变革契机。

在高校教育中,AI 技术正被应用于多个层面,教学设计、课程开发、学习支持、教育管理等。AI 驱动的自适应学习系统能够根据学生的学习情况实时调整教学内容,从而实现个性化的学习体验[1]。同时,AI 技术还能够通过数据分析为教师提供教学反馈,帮助教师优化教学策略,提升教学效果[2]。AI 技术不仅提升了教育的个性化与高效性,还为高校的教育管理和决策提供了科学依据。

然而,尽管 AI 技术在高校教育中的应用潜力巨大,如何有效利用 AI 技术来促进教师与学生之间的协作,以及如何通过 AI 技术更好地支持学生的个性化学习,仍然是亟待解决的关键问题[3]。此外,高校教师和学生对 AI 技术的接受度、AI 技术在教育公平中的作用以及数据隐私保护作用[4]等问题也引发了广泛的关注。因此,深入探讨 AI 技术在高校教育中的协作与支持作用具有重要的现实意义。

1.2 研究意义

本研究的主要意义在于,探索如何通过 AI 技术来提升高校教育中的协作与支持作用,从而为高校教育的创新和改革提供理论依据和实践指导。

AI 技术为高校教育的协作模式带来了全新的可能性。AI 技术可以辅助教师进行课程设计和教学管理,减轻教师的工作负担,提高教学效率。同时,AI 技术还能为学生提供个性化的学习支持,帮助学生更好地掌握知识,提升学习效果。AI 技术在高校教育中的应用,还涉及教育公平和教育资源的合理分配。通过 AI 技术,可以为教育资源匮乏的地区提供高质量的教育支持,促进教育公平。本研究将探讨 AI 技术在高校教育中的实践应用,特别是其在不同高校中的推广与实施。这不仅能为高校的管理者提供决策参考,还能为教师和学生在实际教学和学习中提供有价值的工具和资源。

2 AI 在高校教师协作中的作用分析

2.1 AI 技术对高校教师教学协作的促进作用

AI 技术为高校教师之间的协作提供了全新的方式与工具,有效提升了教学协作的效率与质量。通过数据分析和机器学习算法,AI 技术能够帮助教师根据学生的学习情况和教学目标,设计个性化的教学内容。此外,AI 技术支持下的在线平台还能够自动分类和推荐教学资源,促进教师之间的资源共享与合作。教师可以通过这些平台轻松获取和分享教学资料,提升教学质量和协作效率。

基于自然语言处理(NLP)和语音识别技术的智能会议助手,可以记录并自动整理教研讨论中的重要信息,生成会议纪要。基于该技术的虚拟教研平台能够模拟教师互动场景,帮助教师进行远程协作和教研讨论[5],可实时收集和分析教师的教学行为数据,帮助教师识别教学中的不足之处,并提供改进建议。基于该技术的课堂观察工具,教师能够得到关于课堂管理、学生参与度、教学节奏等方面的反馈,有助于教师及时调整教学策略,提高教学效果。

2.2 AI 技术对高校教师教学管理协作的支持

AI 技术不仅在教学设计和课堂协作中发挥作用,还能通过分析历史教学数据、学生选课情况和教师的教学安排,可以自动生成最优的教学计划和排课方案。这种智能化管理系统能够有效减少教师在教学管理中的时间投入,使教师能够将更多精力投入教学和研究中。AI 技术支持下的排课管理系统还可以根据实时数据进行动态调整,确保教学计划的灵活性和有效性。

AI 技术在教学评估中提供了全新的方法。通过大数据分析,AI 技术能够帮助教师了解学生的学习进度、课程的教学效果以及学生的反馈,从而为教学改进提供科学依据。AI 技术还能够通过深度学习算法预测学生的学习趋势,帮助教师提前调整教学策略,以更好地满足学生的学习需求。

AI 技术集成的协作平台能够将教学管理系统与协作工具无缝连接,实现教学管理与教师协作的高效整合。通过这些平台,教师可以共享教学资源、协作开发课程、交流教学经验,并管理教学任务。这种整合不仅简化了教学管理的流程,还增强了教师之间的协作,提升了整体教学管理的效率。

3 AI 在高校学生支持中的应用探讨

3.1 AI 技术对学生学术支持的作用

自适应学习平台利用 AI 技术,能够根据学生的实时表现动态调整学习内容的难度和进度,确保学生在合适的挑战水平上学习。这种个性化的学习体验不仅能够提高学生的学习效率,还能够激发学生的学习兴趣,减少学习中的挫败感。平台还能够提供即时反馈,使学生及时纠正学习中的错误,从而不断提升学习效果。

通过分析学生的学习记录和行为,AI 技术能够识别出学生可能感兴趣的主题,并为其推送相应的学习材料。这种精准的资源推荐有助于学生拓展知识面,提高学习的自主性和积极性。

3.2 AI 技术对学生心理支持的作用

智能心理咨询系统可以通过对学生行为数据的分析,识别出可能存在心理问题的学生,并提供适当的支持和建议。AI 系统可以通过分析学生的在线活动、学习习惯和情感表达,发现学生可能的焦虑、抑郁等情绪状态,并及时提醒心理咨询师介入。

虚拟情感陪伴系统为学生提供了全天候的情感支持。通过自然语言处理和机器学习技术,这些虚拟情感陪伴系统能够与学生进行互动,倾听他们的困惑与烦恼,并给予鼓励和建议。虽然虚拟陪伴无法完全替代人类的情感交流,但在一定程度上,它能够为学生提供及时的心理支持,特别是在情绪低落或孤独感强烈的时刻。

3.3 AI 技术在学生职业规划与发展中的作用

AI 技术还在学生的职业规划与发展方面发挥了积极作用,帮助学生更好地规划职业路径,提升就业竞争力,可通过分析学生的学术背景、兴趣爱好和性格特点,帮助学生识别其职业兴趣,并推荐相应的职业发展路径。AI 技术可以通过问卷调查和行为数据分析,生成学生的职业兴趣报告,并提供与其兴趣相符的职业建议。这种基于数据的职业规划,能够帮助学生更清晰地认识自身的优势与潜力,从而做出更明智的职业选择。

就业机会推荐系统能够根据学生的职业目标和技能,自动筛选并推荐合适的就业机会。这种精准的推荐机制,能够帮助学生更快地找到与自身条件相匹配的工作机会。此外,AI 技术还可以通过模拟面试系统,帮助学生进行面试练习,提升面试技巧和自信心。

4 研究结果与讨论

4.1 研究数据的收集与分析

本研究通过问卷调查、访谈、实验测试和系统日志等多种方式收集了高校教师和学生在 AI 技术应用中的相关数据。调查问卷针对教师的教学协作体验、教学管理效率以及职业发展影响,而针对学生的问卷则重点收集了他们在学术支持、心理支持以及职业规划等方面的体验与效果。访谈部分深入了解了教师和学生对 AI 技术的感受与反馈,实验测试则通过具体的 AI 应用场景来评估其实际效果。系统日志分析帮助识别用户在平台上的行为模式和使用频率,从而为定量分析提供支持。

本研究采用了定性和定量相结合的方法进行数据分析。在定量分析中,使用了描述性统计、回归分析、因子分析等统计方法来探讨 AI 技术对高校教育中的协作与支持作用的影响。

4.2 AI 技术对高校教师协作与支持作用的研究结果

分析结果显示,AI 技术显著提升了高校教师之间的教学协作效率。通过智能课程设计平台和在线协作工具,教师能够更快、更有效地共享资源、设计课程和开展教研活动。定量分析表明,使用 AI 技术的教师在课程设计和教学资源共享方面的时间投入减少了 20% 以上,同时教学质量评价得分提高了 15%。

AI 技术在教学管理中的应用同样取得了显著成效。智能排课系统和教学评估工具的使用,帮助高校教师减少了管理工作中的冗余环节,提高了工作效率。研究结果表明,采用 AI 技术的教学管理系统使得课程安排的冲突率下降了 30%,教师对教学管理系统的满意度提高了 25%。

在教师职业发展方面,AI 技术为教师提供了个性化的职业发展路径和资源推荐。调查数据显示,使用 AI 技术的教师更容易获得与其职业发展目标相匹配的培训机会和学术资源,职业满意度和成就感均有所提高。定性分析还表明,教师普遍认可 AI 技术在职业发展中的支持作用,认为其有助于拓展职业视野和提升专业技能。

4.3 AI 技术对高校学生支持作用的研究结果

AI 技术在为学生提供个性化学术支持方面表现突出。自适应学习平台和智能辅导系统显著提升了学生的学习体验和学习成绩。定量数据表明,使用 AI 技术的学生其平均学业成绩提高了 10%,学习满意度提高了 20%。学生普遍认为,AI 技术帮助他们更好地掌握学习内容,减少了学习中的困惑和压力。

AI 技术在学生心理支持中的应用有效提升了学生的心理健康水平。智能心理咨询系统和虚拟情感陪伴系统帮助学生缓解了学业压力,增强了情绪管理能力。研究结果显示,使用

AI 心理支持工具的学生,其焦虑和抑郁症状有所减轻,整体心理健康得分提高了 15%。定性分析还表明,学生对 AI 情感陪伴工具的依赖度较高,认为其在关键时刻提供了及时的心理支持。

AI 技术在职业规划中的应用显著增强了学生的就业竞争力。智能简历生成工具和就业机会推荐系统帮助学生更精准地匹配了职业目标与岗位需求。研究结果表明,使用 AI 职业规划工具的学生,其求职成功率提高了 18%,对职业规划服务的满意度提高了 22%。此外,AI 技术还帮助学生在面试准备和职业选择上做出了更合理的决策。

5 结论

本研究以 AI 技术在高校教育中的应用为背景,聚焦于其在协作与支持方面的作用。通过对高校教师和学生的调查与数据分析,研究揭示了 AI 技术在提升教学协作效率、增强教学管理智能化、支持教师职业发展、提供学生个性化学术支持、心理支持和职业规划指导等方面的实际效果。研究结果验证了 AI 技术在高校教育中具有广泛而深远的应用潜力。

在高校教师方面,AI 技术显著提高了教师之间的协作效率,促进了教学资源共享和课程设计优化,并通过智能化的管理系统减轻了教师的工作负担。此外,AI 技术为教师提供了职业发展建议与资源推荐,帮助教师更好地规划职业生涯。

在高校学生方面,AI 技术在个性化学术支持中表现突出,自适应学习平台和智能辅导系统提升了学生的学习效果。AI 技术还通过智能心理咨询与情感陪伴系统,改善了学生的心理健康状况。在职业规划方面,AI 技术帮助学生更准确地匹配职业目标,提升就业成功率。

参 考 文 献

[1] 吴永和,刘博文,马晓玲.构筑"人工智能+教育"的生态系统[J].远程教育杂志,2017,35(5):27-39.

[2] 曾辉.人工智能技术在教育领域的应用[J].电子技术与软件工程,2019(19):241-242.

[3] WANG Y, LIU C, TU Y F. Factors affecting the adoption of AI-based applications in higher education[J]. Educational Technology and Society, 2021, 24(3): 116-129.

[4] ZENG H. Research on Key Technologies of Privacy Protection Based on Big Data Environment[J]. The Frontiers of Society, Science and Technology, 2019, 1(8).

[5] ZAWACKI-RICHTER O, MARÍN V I, BOND M, et al. Systematic review of research on artificial intelligence applications in higher education – where are the educators? [J]. International Journal of Educational Technology in Higher Education, 2019, 16(1): 1-27.

作者简介

曾　辉:男,1979 年生,高级工程师,研究方向为机器学习、教育数据挖掘。

大模型驱动下 Python 程序设计教学模式创新研究

王 昊 童峥嵘

(天津理工大学集成电路科学与工程学院,天津,300384)

摘 要:随着人工智能技术的迅速发展,大模型(如 ChatGPT 等)在教育领域的应用日益广泛。本文基于大模型技术,探讨了 Python 程序设计教学模式的创新与改革路径。通过大模型提供的智能化、个性化教学支持,本文构建了全新的教学框架,涵盖了课堂教学、实验课程与个性化学习三个方面,强调大模型在课堂互动、编程任务生成与即时反馈中的作用。

关键词:大模型;Python 程序设计;教学模式

Innovation Research on Teaching Mode of Python Programming Driven by Large Models

Wang Hao Tong Zhengrong

(School of Integrated Circuit Science and Engineering,
Tianjin University and Technology,Tianjin 300384,China)

Abstract: With the rapid development of artificial intelligence technology, large models (such as ChatGPT) are being increasingly applied in the field of education. This paper explores the innovative approaches and reform pathways for Python programming education based on large model technology. Through the intelligent and personalized support provided by large models, this paper constructs a new teaching framework that covers classroom teaching, experimental courses, and personalized learning. It highlights the role of large models in classroom interaction, programming task generation, and real-time feedback.

Key words: Large Models; Python Programming; Teaching Mode

通信作者:王昊,wang_hao3749@163.com。
基金项目:校级教改项目"基于新工科的通信工程专业特色建设研究与实践"(项目编号 60102303)。

1 引言

近年来,随着自然语言处理技术的突破性进展,大模型(如 GPT、BERT 等)在各个领域中得到了广泛应用。特别是以大规模预训练模型为基础的生成式 AI 模型,展现了强大的语言理解和生成能力,为各类任务带来全新的解决方案。大模型不仅能解决复杂的计算问题,还具有自动编程、代码纠错、答疑等功能,使其在教育领域也具备潜在的应用价值[1-3]。

Python 作为当前最受欢迎的编程语言之一,广泛应用于数据分析、人工智能等领域。在高等教育培养方案课程设置中,Python 程序设计已成为核心课程之一。然而,在实际教学中,传统的 Python 教学模式往往面临诸多挑战:①学生的编程基础参差不齐,教师难以满足不同层次学生的个性化需求;②编程课程的实践性较强,学生需要大量练习和即时反馈,而现有的教学模式和师资力量无法高效支持该需求[4];③编程思维的培养难度较大,部分学生仅依赖于记忆语法而难以掌握程序设计的精髓。在此背景下,借助大模型等前沿技术推动 Python 程序设计教学的创新,能够为学生提供更丰富的学习资源和实践机会,有效提升编程教学质量[5]。

大模型的出现为 Python 程序设计课程的教学创新带来了新的契机。大模型可以通过其强大的代码生成与理解能力,帮助学生解决其在编程过程中遇到的实际问题,同时根据不同学生的学习进度提供个性化的反馈与指导[6]。例如,教师可以借助大模型自动生成编程任务、批改代码或引导学生进行编程思维的训练。这不仅提升了教学效率,还能激发学生的学习兴趣,从而改善当前编程课程中的教学困境。

本研究的主要目标是天津理工大学通信工程专业探索基于大模型驱动的 Python 程序设计教学模式,分析其在教学设计、教学实施及教学评价等方面的优势和不足。通过对大模型技术的深度应用,旨在为编程课程提供一种创新性的教学解决方案,突破传统教学模式的局限性,为未来的教学改革提供理论支持和实践参考。

2 大模型驱动的 Python 程序设计教学设计

2.1 基于大模型的教学目标

在大模型的支持下,Python 程序设计教学的核心目标是培养学生的编程思维与实践能力,特别是在解决复杂问题和自我引导学习方面取得进展。大模型的引入为教学提供了一个更为智能化、交互式的学习环境,学生能够通过模型即时获得代码建议、问题解答以及个性化学习路径,从而更加高效地掌握编程知识。基于此,教学目标可以具体体现在以下几个方面,见表 1。

表 1 基于大模型的教学目标

教学目标	具体内容
培养解决问题能力	通过大模型的辅助,学生可以更快地理解编程问题并尝试多种解决方案,逐步提高逻辑思维和代码实现能力
提升自主学习能力	大模型提供的个性化反馈与即时帮助,鼓励学生进行自我探究,从而提高自主学习的兴趣和效率
强化代码调试能力	学生可以通过与大模型的互动,了解如何优化代码并快速定位错误,从而提升代码质量与开发效率
激发创新实践能力	大模型可以为学生提供更多的编程示例和解决思路,鼓励学生进行探索性编程和创造性思维

2.2 教学过程和内容设计

在教学过程中,大模型的应用将贯穿于课堂教学、课后练习和项目实践三个主要环节。

1. 课堂教学

在课堂教学中,教师可以结合大模型生成的代码示例和即时反馈来辅助讲解。例如,在讲解 Python 语法、数据结构或算法时,大模型可以根据学生的理解水平生成相应的代码块或提供解释,从而提高教学的针对性和互动性。

2. 课后练习

在课后练习,学生可以通过大模型生成的个性化问题集进行巩固学习,大模型不仅可以生成不同难度的练习题,还能够根据学生的错误给予具体的建议和改进措施,帮助学生更好地掌握课程内容。

3. 项目实践

在项目实践中,大模型可以提供代码模板、技术文档参考和代码优化建议,帮助学生更有效地完成项目任务,特别是在复杂问题的分解与解决上发挥重要作用。

3 大模型驱动的 Python 程序设计教学实施

3.1 课堂教学

在大模型的支持下,Python 程序设计课程的课堂教学流程需要进行相应的调整与优化,以充分发挥大模型在教学中的辅助作用。

(1) 课前预习与导入:教师将课程概要、关键概念和预习题目,提供给学生进行课前预习。通过在线平台,学生可以在预习过程中与大模型互动,解决初步疑问。

(2) 课堂教学环节:在课堂上,教师对 Python 编程的核心概念进行讲解,结合大模型生成的示例代码和案例,增强讲解的直观性和实用性。在讲解过程中,教师提出问题,鼓励学生利用大模型寻找答案,并在课堂上分享和讨论,提高学生的参与度。教师可以布置实时任务。在学生完成任务后,大模型可提供即时的错误反馈,帮助学生纠正错误,巩固学习效果。教师总结重点内容,利用大模型生成的拓展材料,引导学生进行更深入的思考和学习。

(3) 课堂互动与反馈:学生在课堂上遇到疑问时,可以直接与大模型互动,获得即时的解答,减少对教师的依赖,提高学习效率。大模型根据每个学生的回答和代码,提供针对性的反馈和建议,帮助学生理解错误原因,促进知识内化。大模型可以记录学生的学习数据,教师可利用这些数据分析学生的学习情况,及时调整教学策略。

以在讲解列表中浅拷贝和深拷贝知识点为例,如图 1 所示。在讲解完知识点后,通过雨课堂练习,有 59% 的同学不理解,这些同学及时借助大模型进行分析,反馈、互动交流。

3.2 实验教学

在实验课程中,学生的编程实践是核心环节。大模型不仅能够为实验课程设计提供更多支持,还能通过任务自动化生成和评估功能,确保实验任务的多样性与挑战性。实验任务设计分为基础和进阶实验任务。

(1) 基础实验任务:为初学者设计的简单编程任务,帮助学生掌握 Python 的基本语法和常用组合数据类型。大模型在这个阶段主要充当引导者,帮助学生构建清晰的编程思路。

(2) 进阶实验任务:设计更复杂的算法和数据处理任务,鼓励学生在实践中运用循环、条

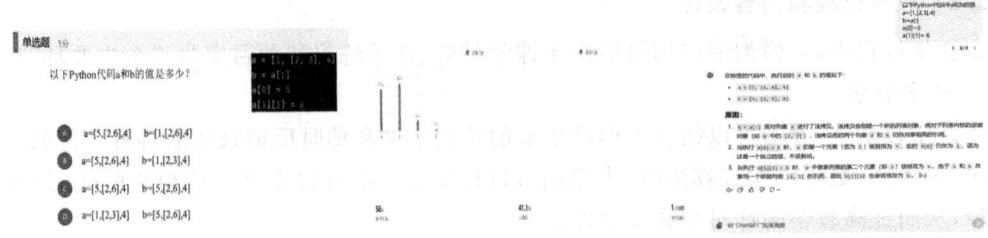

图 1　答题结果分析与大模型知识点解析图

件判断、函数、类等概念。大模型通过提供优化建议和代码调试支持,帮助学生完成任务。

评估方式不仅依靠任务完成度,还引入代码质量和优化能力的评价。

(1) 代码完成度:评估学生能否正确完成实验任务,代码是否能够正常运行输出正确结果。

(2) 代码质量:评估学生代码的结构、可读性以及代码注释情况。

(3) 代码优化与扩展能力:评估学生是否能够在模型的帮助下优化代码,提升代码的效率。

3.3　个性化进阶课程

个性化学习是大模型教学模式中的重要特点。通过对学生学习数据的持续分析,模型能够根据每位学生的进度和能力,提供定制化的学习路径。这种个性化学习支持不仅表现在课堂教学和实验课程中,还体现在课外自主学习中。通过大模型的支持,进阶课程可以涵盖更多高阶编程概念和实际应用场景,如数据科学、机器学习、算法优化等。进阶课程的设计基于以下几个方面。

(1) 问题导向的学习:以真实世界的问题为引导,设计更复杂的任务和项目,引导学生将理论知识应用于实际问题解决中。

(2) 多领域应用:引入 Python 在数据分析、机器学习、Web 开发等不同领域的应用,帮助学生扩展编程知识的广度与深度。

(3) 大模型辅助的复杂项目开发:在进阶课程中,大模型不仅提供技术支持,还能帮助学生解决跨领域的难题,促进其深入理解 Python 编程的强大功能。

4　大模型驱动的 Python 程序设计教学评价

4.1　学习效果分析

在大模型驱动的 Python 程序设计教学中,评价学生的学习效果需要综合定量与定性两种方法进行分析,确保对学生编程能力和思维模式的全方位评估。

1. 定量分析

定量分析主要通过学生在课程中的具体成绩、代码质量和完成任务的效率进行评估。

(1) 测试成绩:通过作业测验评估学生对编程概念的掌握情况,定量分析其学习进步。

(2) 代码质量:分析学生在编程任务中的错误率,并跟踪错误类型的变化情况,评估其代码调试和问题解决能力的提升。分析学生编写代码所需的时间和提交代码的频率,判断其对编程任务的熟练程度。

(3) 完成任务的效率:统计学生在不同教学阶段的任务完成情况,包括代码运行的正确性、编程效率和代码优化能力。

2. 定性分析

定性分析注重对学生学习行为、编程思维及创新能力的评估。

(1) 学习行为:通过课堂表现和大模型互动记录,评估学生的学习积极性和投入程度。

(2) 编程思维:通过分析学生如何分解问题、设计解决方案、运用编程知识的逻辑性来评估其编程思维能力。

(3) 创新能力:观察学生在项目开发中的独立思考、创新思维及其解决问题的能力,特别是面对复杂项目任务时的表现。

4.2 教学效果分析

大模型驱动的 Python 教学模式可为教学创新带来多项积极成果。

(1) 教学效率的提升:大模型提供了即时反馈、代码生成和问题解答等功能,使得学生能够在编程任务中快速获得支持,减少了由于无法解决编程问题而导致的时间浪费,同时教师的教学负担也得以减轻,大模型帮助教师使课堂教学更加高效。

(2) 个性化学习的实现:通过大模型,学生能够获得个性化的学习支持,模型会根据每个学生的水平动态调整任务难度,并提供个性化的编程指导。这种个性化的学习路径帮助不同基础的学生都能够找到适合自己的学习节奏,提升学习体验和学习效果。

(3) 学生编程创新能力的培养:大模型不仅能帮助学生完成任务,还能通过多种代码示例和优化建议激发学生的创新思维,鼓励其探索不同的编程方案。学生在实际项目中表现出更高的独立性和创造性,能够应对更复杂的编程挑战。

5 大模型驱动的 Python 程序设计教学面临挑战

尽管大模型驱动的教学模式带来了诸多创新与进步,但在教学实践中仍然面临一些挑战,学生在学习过程中可能会对大模型提供的自动化代码生成与解答产生依赖,从而忽略了自主思考和编程逻辑的培养。为了避免这一现象,教师应引导学生在使用大模型的同时,保持编程思维的主动性,避免成为"复制代码"的学习者。大模型在提供技术支持方面表现出色,但它并不能完全替代教师在课堂互动和人文关怀方面的作用。在课堂上仍然需要教师通过具体的教学活动来激发学生的学习兴趣,促进同伴之间的交流与合作。

6 结论

教学实践证明,大模型能够在课堂互动、实验课程设计和学习路径个性化支持中发挥重要作用,帮助学生更快地理解编程概念并提升编程技能。然而,教学模式的创新也伴随着挑战,如学生过度依赖大模型和反馈机制的精细化问题。为此,教师应在教学过程中注重平衡大模型的技术支持与学生自主思考能力的培养,同时进一步完善评估机制,确保学生编程思维和创新能力的全方位提升。

参考文献

[1] 舒莲卿,杜辉.ChatGPT 在课程教学中的应用初探——以 Python 程序设计为例[J].中国现代教育装备,2024(1):9-12.

[2] 胡向阳.ChatGPT 在 Python 程序设计课程教学中的应用探索[J].教育信息化论坛,2024(4):21-23.

[3] 王宇轩,徐文浩,于浩淼,等.生成式 AI 为 C 语言编程教学带来的挑战和机遇[J].计算机教育,2024(8):133-141.

[4] 滕雯迪,曹锦轩,王金鹏,等.生成式人工智能为食品营养学课程教学带来的机遇与挑战——以 ChatGPT 为例[J].中国食品,2024(2):23-25.

[5] 李澄锋,王晶晶.ChatGPT/生成式人工智能促进研究生课程教学变革[J].中国高等教育评论,2024,19(1):59-78.

[6] 闵嘉剑,于博柔,张昕.生成式人工智能时代的设计教学探索——以清华大学"AI 生成式影像"课程为例[J].建筑学报,2023(10):42-49.

作者简介

王　昊:男,1990 年生,讲师,研究方向为计算机视觉等。

童峥嵘:女,1971 年生,教授,研究方向为光纤通信等。

智慧校园 AIoT 综合实验教学平台建设

李 根[①] 高 镇[①] 巩 译[②]

[①] (天津大学信息与通信工程市级实验教学示范中心,天津,300072)
[②] (北京信息科技大学信息与通信工程学院,北京,102206)

摘 要：本文旨在探讨在教育信息化背景下,构建智慧校园 AIoT(智能物联网)综合实验教学平台的重要性、设计理念技术架构和关键技术。通过整合物联网技术、云计算技术、大数据、人工智能等先进技术,打造一个集教学、科研、实践与创新于一体的综合性实验教学环境,以提升学生的技术应用能力、创新思维能力和解决复杂工程问题的能力,推动高等教育与现代信息技术的深度融合。以"智慧校园关键场所人群统计原型系统"作为项目案例,介绍了项目的研究目标、技术路线与实现。这种实践导向的学习方式能够激发学生的创新思维,培养其解决问题的能力,为未来在信息技术领域的创新实践打下坚实基础。总之,智慧校园 AIoT 综合实验教学平台的建设对于提升教学质量、增强学生实践能力等方面具有重要意义。

关键词：智慧校园；AIoT；综合实验教学平台；教学改革；创新能力

Construction of a Comprehensive Experimental Teaching Platform for AIoT in Smart Campus

Li Gen[①] Gao Zhen[①] Gong Yi[②]

[①] (Municipal Demonstration Center for Experimental of Information and Communication Engineering Education, Tianjin University, Tianjin 300072, China)
[②] (School of Information Communication Engineering, Beijing Information Science and Technology University, Beijing 102206, China)

Abstract: This paper aims to explore the importance, design concepts, technical

---

通信作者：高镇,zgao@tju.edu.cn。
基金项目：国家自然基金(项目编号；62171313)。

architecture, and key technologies of building an AIoT (Artificial Intelligence of Things) comprehensive experimental teaching platform for smart campuses in the context of education informatization. Taking the "Prototype System for Crowd Statistics in Key Areas of Smart Campuses" as a project case, this paper introduces the research objectives, technical routes, and implementation of the project. This practice-oriented learning approach can stimulate students' innovative thinking, cultivate their problem-solving abilities, and lay a solid foundation for future innovative practices in the field of information technology. In conclusion, the construction of the AIoT comprehensive experimental teaching platform for smart campuses is of great significance in improving teaching quality and enhancing students' practical abilities.

Key words：Smart Campus；AIoT；Comprehensive Experimental Teaching Platform；Teaching Reform；Innovative Capability

1 引言

随着信息技术的飞速发展,教育信息化正在从简单的信息化建设向数字化转型迈进。智能物联网(Artificial Intelligence of Things,AIoT)是物联网(Internet of Things,IoT)与人工智能(Artificial Intelligence,AI)技术的深度融合[1,2]。这一融合通过利用物联网技术收集的大量数据,结合人工智能的算法和模型,实现数据的智能分析、处理和应用,从而为用户提供更加个性化、智能化和高效的服务[3]。建设智慧校园 AIoT 综合实验教学平台在培养新时代信息技术人才、促进学科交叉融合、增强实践教学效果等方面具有重要意义[4-6]。智慧校园 AIoT 综合实验教学平台集成了物联网、人工智能、大数据分析等前沿技术,为学生提供了一个真实、复杂的技术学习环境[7-10]。

近年来,教育部对智慧校园建设给予了高度重视。例如,教育部发布的《教育信息化 2.0 行动计划》明确提出,要建设"智慧教育创新发展区",推动智慧校园建设。清华大学、浙江大学、天津大学等高校在智慧校园建设中采用了统一身份认证系统、一站式服务平台、无线网络全覆盖等措施。推出了"雨课堂"混合式教学平台,促进了教育教学方式的创新变革。

相比于国内智慧校园建设,国外的智慧校园建设在某些方面展现出不同的特点和发展路径。例如,斯坦福大学采用先进的信息技术打造了一流的智慧校园。开发了"ClassX"在线教育平台,为全球学生提供高质量的教育资源。推出"Stanford Mobile"手机应用程序,集成课程信息、图书馆资源等多项功能。南洋理工大学以"Learning Space of the Future"为核心理念,打造了智能教室、智能实验室和互动式学习环境。

本文首先介绍智慧校园 AIoT 综合实验教学平台设计理念;其次,介绍了综合实验教学平台构建过程中的关键技术;再次,通过对综合实验教学平台支撑的"智慧校园关键场所人群统计原型系统"项目的设计与现实进行案例分析,说明学生创新实践能力培养;最后,对智慧校园 AIoT 综合实验教学平台的建设经验进行总结,并对综合实验教学平台的可持续发展方向进行展望。

2 智慧校园 AIoT 综合实验教学平台设计理念

2.1 目标定位

智慧校园 AIoT 综合实验教学平台的建设旨在实现多方面的教学目标。①促进信息技术与教育教学的深度融合。通过 AIoT 技术的引入,智慧校园 AIoT 综合实验教学平台旨在提升学生的信息技术素养,使他们在学习过程中能够更深入地理解和应用物联网、大数据、云计算等前沿技术。②提升实践教学能力。智慧校园 AIoT 综合实验教学平台提供丰富的实验项目和模拟环境,让学生在实践中掌握物联网设备的部署、数据采集与处理、系统开发与调试等技能,从而增强学生的实践动手能力和问题解决能力。③培养创新型人才。鼓励学生参与创新实验项目,激发他们的创新思维和创造力,为培养具备跨学科知识背景和创新能力的高素质人才提供有力支持。

2.2 设计原则

智慧校园 AIoT 综合实验教学平台的设计遵循了先进性、开放性、可扩展性和易用性的原则,这些原则确保了该平台能够满足当前及未来教育、科研和社会服务的需求。该平台采用物联网(IoT)、大数据、云计算、人工智能(AI)等前沿技术,确保技术架构的先进性和前瞻性。该平台鼓励和支持创新实验项目的开展,通过引入新技术、新方法和新应用,推动教育教学和科研工作的创新发展。同时,该平台还注重与国内外先进技术和理念的交流与合作,不断提升自身的技术水平和创新能力。平台采用标准化的接口和协议,确保不同厂商、不同型号的物联网设备能够无缝接入和互操作。这种开放性设计有助于降低设备采购和集成的成本,提高系统的灵活性和可扩展性。

2.3 功能架构

如图 1 所示,智慧校园 AIoT 综合实验教学平台采用云、管、端的架构,这一架构的设计旨在实现校园内各类资源的高效整合与智能化管理。

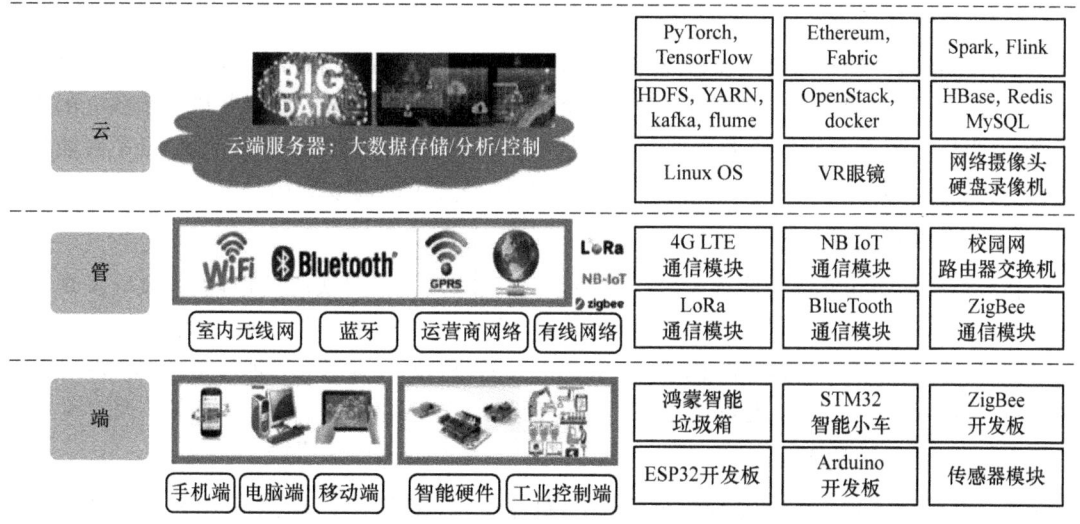

图 1 智慧校园 AIoT 综合实验教学平台技术架构

"云"侧是整个系统的核心，负责数据存储、处理、分析和应用服务的提供。通过云计算技术，智慧校园 AIoT 综合实验教学平台能够实现对海量数据的快速处理和高可用性服务，为校园管理、教学、科研等提供强大的技术支持。"云"侧的核心功能包括以下几个。①数据存储。利用云存储技术，安全、高效地存储校园内各类数据，包括学生信息、教职工信息、教学资源、监控视频等。②数据处理与分析。通过大数据分析、人工智能等技术手段，对存储的数据进行深度挖掘和分析，为校园管理者提供科学决策支持。③用户交互界面的开发。提供 PC 端和移动端等多种访问方式，用户可以通过浏览器或移动应用等方式方便地访问和使用平台提供的服务。

"管"侧是连接云侧和端侧的桥梁，负责数据的传输、管理和控制。通过管道化的设计，"管"侧能够确保数据在云侧和端侧之间安全、快速地流通，实现各类设备的协同工作和数据的实时更新。"管"侧的核心功能包括以下几个。①数据传输。采用高速、稳定的网络传输技术，确保数据在云侧和端侧之间的实时传输。②设备管理。对校园内的各类设备进行统一管理，包括设备的注册、认证、监控、维护和升级等。③访问控制。提供安全可靠的数据传输和访问控制机制，确保数据在传输过程中的安全性和完整性。

"端"侧包括各类智能终端设备和用户交互界面。通过"端"侧，用户可以方便地访问和使用平台提供的各类服务。"端"侧的核心功能包括智能终端设备的开发，如智慧班牌、智能门锁、智能监控摄像头、智能教学设备等，这些设备通过物联网技术连接到平台，实现数据的采集和传输。

3 智慧校园 AIoT 综合实验教学平台构建过程中的关键技术

3.1 物联网技术

在智慧校园 AIoT 综合实验教学平台中，物联网技术在设备互联、数据采集、远程控制等方面发挥着重要作用。智慧校园 AIoT 综合实验教学平台大量应用了各种传感器，如温湿度传感器、空气质量传感器、光照传感器等。这些传感器能够实时监测和感知校园环境的各种指标，如温度、湿度、光线强度、空气质量等。此外，物联网技术通过无线通信技术将校园内的各种设备、传感器等连接起来，形成一个庞大的网络，将这些数据实时传输到物联网平台。

3.2 云计算技术

在智慧校园 AIoT 综合实验教学平台中，云平台在资源调度和服务部署方面展现出了显著的优势。云平台通过虚拟化技术，将计算资源、存储资源和网络资源封装成一个独立的虚拟环境，专为用户提供专属的资源服务。在智慧校园 AIoT 综合实验教学平台中，云平台能够根据教学实验的实际需求，动态地分配和调度资源，确保资源的高效利用。

3.3 大数据处理与分析技术

在智慧校园 AIoT 综合实验教学平台中，部分实验数据需要实时处理，以便及时发现问题或调整实验方案。大数据技术通过流处理技术实现对海量数据的实时采集、处理和分析，满足实时性要求。对于非实时性的实验数据，大数据技术提供了批量处理方案。通过 MapReduce、Apache Spark 等编程框架，可以实现对海量数据的并行处理，提高处理效率。

3.4 人工智能技术

在智慧校园 AIoT 综合实验教学平台中，机器学习、深度学习、虚拟现实等 AI 技术的融合应用，实现了智能识别、目标检测、预测分析等一系列高级功能，极大地提升了实验教学的智能化水平和教学效果。

4 智慧校园 AIoT 综合实验教学平台支撑学生创新项目案例分析

4.1 项目研究目标

"智慧校园关键场所人群统计原型系统"项目以深度融合人工智能与物联网技术为核心，分析关键场所人群拥挤程度，为广大师生在校内食与行提供出行提供人流量的参考信息。通过在校园食堂、运动场等人员密集场所部署嵌入式图像采集设备，实时采集公共场所图片数据，并通过校园网 Wi-Fi，将人群统计分析结果上传至智慧校园 AIoT 综合实验教学平台云端服务器中进行数据存储。在云端，对海量数据进行大数据分析。通过数据可视化技术，广大师生可以通过计算机浏览器或手机 APP 查询到校园关键场所的人员密度信息。

4.2 项目技术方案与实现

如图 2 所示，项目选择 ESP32-CAM 设备作为场所图片采集的嵌入式设备部署在校园人员较密集的关键场所。ESP32-CAM 支持 Wi-Fi 和蓝牙连接，在代码中配置 SSID（网络名称），使 ESP32 连接到校园网的 Wi-Fi 网络。ESP32＋CAM 捕获图像后，通过 HTTP POST 请求的方式将图像数据发送到云端服务器。云端服务器接收到图像后，使用 OpenCV 图像处理库、YOLOv8 等算法进行人群统计，如人数计算、密度分析等。云端服务器对校园网用户提供"智慧校园关键场所人群统计原型系统"可视化页面，辅助广大师生在校园内食与行的决策。

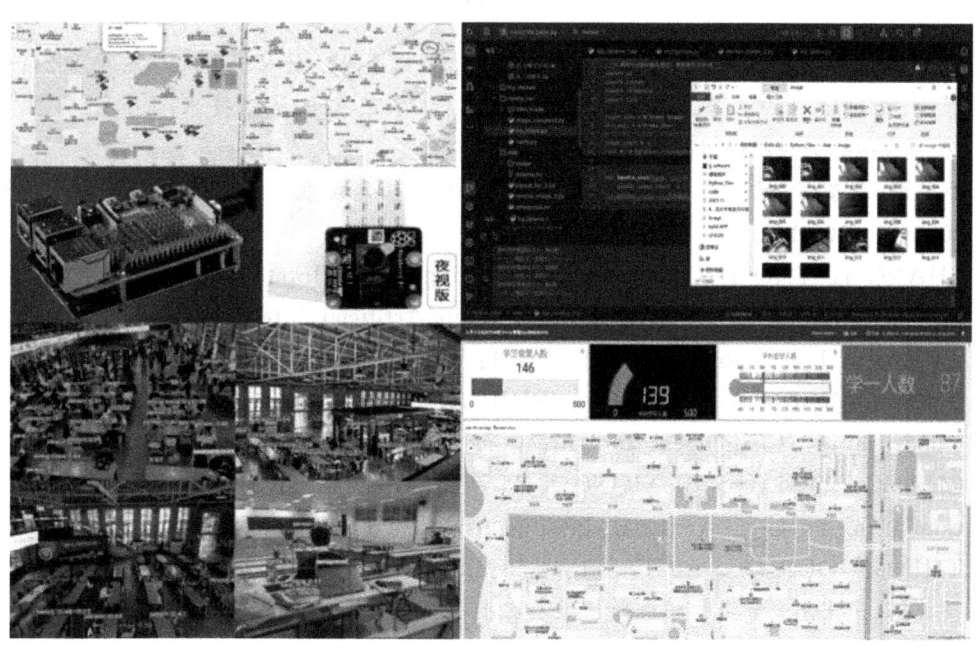

图 2 智慧校园关键场所人群统计原型系统

4.3 学生创新实践能力培养

通过项目实践，学生掌握了智慧校园系统的整体设计思路和方法。在"云"侧，学生能学习到先进的人群统计算法的设计与优化工作，提升算法设计能力。在"管"侧，学生学会了使用智慧校园的无线网络，作为广义的智慧园区的系统基础设施。在"端"侧，学生学会使用物联网传感器和摄像头采集数据，以及如何进行数据预处理和分析。从整体上看，通过系统集成与调试的实践，学生掌握了系统集成的关键技术与方法。同时，项目过程团队成员之间的紧密协作与沟通，培养了学生的团队协作精神和沟通能力。

5 结论与展望

智慧校园 AIoT 综合实验教学平台的建设，成功构建了基于物联网、大数据、人工智能等技术的智慧校园综合实验教学平台，实现了数据的实时采集、传输、存储、分析挖掘、可视化的全流程。一方面，以教育教学的数字化、智能化转型作为信息与通信工程学科综合实验教学场景；另一方面，鼓励并指导学生参与实际项目的开发、调试和运维，锻炼其系统设计、数据处理、算法开发等实践能力，为未来职业发展打下坚实基础。

展望未来，智慧校园 AIoT 综合实验教学平台的可持续发展策略如下。①邀请企业专家参与平台建设和课程开发，将企业的最新技术和实践经验融入教学内容中。②与国际先进的教育技术企业和研究机构建立合作关系，引进其先进的技术和理念，提升平台的技术水平和创新能力。③鼓励学生和教师参与国际交流项目，拓宽国际视野，提升跨文化交流能力。

总之，智慧校园 AIoT 综合实验教学平台的建设对于提升教学质量、增强学生实践能力等方面具有重要意义。

参 考 文 献

[1] 罗宇哲，李玲，侯朋朋，等. 面向 AIoT 的协同智能综述[J]. 计算机研究与发展，2024：1-29.

[2] 郭斌，刘思聪，刘琰，等. 智能物联网：概念、体系架构与关键技术[J]. 计算机学报，2023，46(11)：2259-2278.

[3] 赵磊磊，代蕊华，赵可云. 人工智能场域下智慧校园建设框架及路径[J]. 中国电化教育，2020(8)：100-106.

[4] ZHANG J, TAO D C. Empowering Things With Intelligence：A Survey of the Progress, Challenges, and Opportunities in Artificial Intelligence of Things. IEEE Internet of Things Journal，2021，8(10)：7789-7817.

[5] KAMARAN S, YANG YE, SRINIVAS S. A Survey of Industrial AIoT：Opportunities, Challenges, and Directions[J]. IEEE Access，2024，12.

[6] CHANG Z Q, LIU S B, XIONG X X, et al. A Survey of Recent Advances in Edge-Computing-Powered Artificial Intelligence of Things [J]. IEEE INTERNET OF THINGS JOURNAL，2021，8(18)：13849-13875.

[7] 梁志宇，王宏志. 智能物联网时序数据分析关键技术研究综述[J]. 智能计算机与应用，2023，13(12)：1-8.

[8] 孟刚，李昭昶，郭慧，等. 大数据与数字孪生驱动的智慧校园集成设计研究[J]. 包装工程，2023，44(18)：458-466.

[9] 李子木，陆川，王继龙，等. 基于 IoT＋GIS 技术的校园弱电管网智能监控管理系统设计和应用[J]. 深圳大学学报(理工版)，2020，37：155-159.

[10] 袁牧，张兰，姚云昊，等. 面向智能物联网的资源高效模型推理综述[J]. 计算机学报，2024：1-28.

课程知识图谱的构建与教学应用初探

——以"计算机网络程序设计"课程为例

耿冰蕊

(中国传媒大学信息与通信工程学院,北京,100024)

摘　要:"计算机网络程序设计"课程内容繁杂,细节多,传统的线下授课方式与指定教材的课程资源方式,教学效果不尽如人意。同时,虽然互联网上公开的各种形式的学习资源丰富,但过于碎片化,容易产生学习迷航问题,反而不利于学生的个性化学习。本文借助畅课线上教育平台,通过构建"计算机网络程序设计"课程知识图谱,探索数字化赋能教育新途径。通过在教学活动中应用课程知识图谱可以显著提高学生学习的主动性和积极性。

关键词:学习迷航;个性化学习;计算机网络程序设计;知识图谱

The Construction of Course Knowledge Graph and Its Application in Teaching
——Taking "Computer Network Programming" Course as an Example

Geng Bingrui

(School of Information and Communication Engineering, Communication University of China, Beijing 100024, China)

Abstract: The "Computer Network Programming" course is complex and detailed, and the traditional offline teaching method and course resource method using prescribed textbooks have not yielded satisfactory teaching effects. At the same time, although the various forms of open learning resources on the Internet are rich, they are too fragmented,

---

通信作者:耿冰蕊,gengbr@cuc.edu.cn。
基金项目:中国传媒大学教学改革研究项目"面向人工智能的新形态数字化资源建设项目"(项目编号:JG2410204)。

which is easy to produce learning trek problem, but is not conducive to the personalized learning of students. With the help of TronClass online education platform, this paper constructs the knowledge map of computer network programming course and explores a new way of digitally enabling education. Through the application of curriculum knowledge graph in teaching activities, it can significantly improve students' learning initiative and enthusiasm.

Key words：Learning trek；Personalized learning；Computer network programming；Knowledge graph

1 引言

随着计算机科学和信息科学的飞速发展，人工智能技术也日新月异，得到了前所未有的蓬勃发展。如何让人工智能技术更好地辅助教学，成了数字技术与教育融合的全新挑战与必然趋势。2019年，习近平总书记在对国际人工智能与教育大会的贺词中提到，"中国高度重视人工智能对教育的深刻影响，积极推动人工智能和教育的深度融合，促进教育变革创新"[1]。2022年，党的二十大报告指出，要推进教育数字化，建设全民终身学习的学习型社会，学习型大国[2]。2023年2月13日，在世界数字教育大会上，中国教育科学研究院院长李永智代表中国教育科学研究院正式向海内外发布《中国智慧教育蓝皮书》，指出高校以及高教教师要善于利用前沿技术赋能数字时代的智慧教育[3]。伴随着教育数字化智能化的发展以及基于国家重要战略提出的"新工科"教育改革方向，传统的线下"标准化大规模"教育方式明显背离数字化教育发展趋势，也不能够满足"新工科"要求下的人才培养要求。因此，迫切需要新思路新想法新技术推进"新工科"课程数字化教学建设，提升教学质量。

2012年，Google的Singhal等提出了知识图谱（Knowledge Graph）的概念[4]，知识图谱以语义网络的结构化方式描述客观世界中概念、实体、事件以及它们之间的关系，为数据整合的有效技术并有利于数据可视化展示，近年来它被引入数字化课程建设[5]。

本文针对"计算机网络程序设计"传统课堂教学中存在的不足，为解决教学痛点，利用在线教学平台，采用自上向下的方式构建了计算机网络程序设计课程知识图谱，探索数字融合赋能智慧教育新途径，实现个性化学习。

2 课程教学难点分析

当前计算机类课程，以"计算机网络程序设计"课程为例，在实际的教育教学过程中普遍存在以下难题。

（1）前序先修课程多，学期分布广

"计算机网络程序设计"课程在培养方案和教学大纲中规定的教学时间为大三下学期，而学习本课程关联密切的先修理论课程广泛分散在大一到大三上学期。学生在进行本课程学习时，早已将先修课程内容遗忘，仅在课程内快速回顾已学专业知识点时间完全不够，严重影响"计算机网络程序设计"后续的教学进度与教学质量。

（2）课程涉及知识点多且散

"计算机网络程序设计"课程本身综合性非常强，具有范围广、知识点多、理论学时少的特点,在实践教学过程的讲授中理论少、实践多,这样在授课的过程中面对杂多的知识点和语言思维逻辑,学生不易快速掌握,学习状态处在片面化的点到为止,导致在实验实践课时中也不容易上手编程,很难在实践中灵活运用所学知识。

(3) 教学模式较为单一,学生检索杂乱

当前课程还采用较为传统的教学模式,更多地向学生灌输教学大纲中要求的知识点,但是大多知识点较为抽象,学生作为被动接受知识的一方不易掌握,而在上机实践课时内,学生发现知识点未掌握,会花费大量时间精力在互联网进行内容检索。由于没有准确的指导,容易造成认知过载或认知片面,形成学习迷航,进一步影响教学效果。因此,这种传统教学模式严重受限于课时和空间限制无法满足不同学生个性化学习需求。

3 课程知识图谱的构建

由于知识图谱易于提供知识结构的可视化展示,可实现知识的有机整理组织、深入挖掘和全面利用,能够融会贯通先修课程和当前课程的知识点,促进学生更好、更快速地进入学习状态,成了数字融合赋能智慧教育的有效建设途径[6]。为了解决在教学过程中存在的难题,本项目拟利用学校使用的数字化教学平台,完成课程知识图谱建设,满足不同学生的个性化学习需求,提高教学效果。

3.1 构建方案

课程知识图谱的构建实施路径线路图如图1所示。

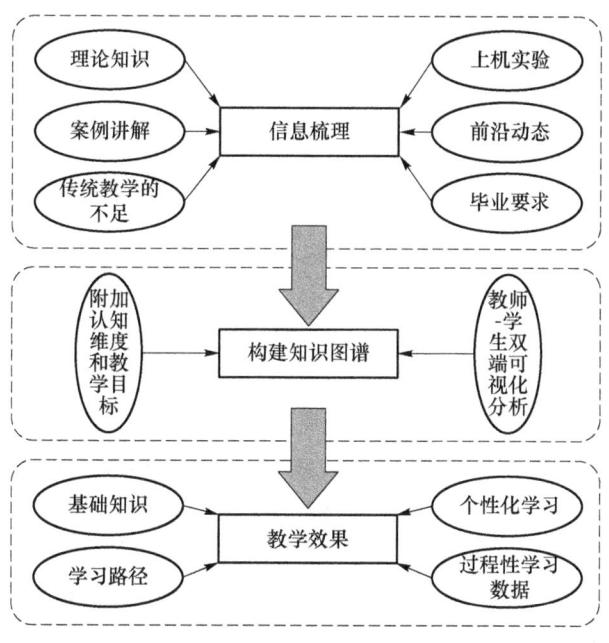

图1 课程知识图谱的构建实施路径线路图

3.2 信息梳理

整合教学大纲中对理论知识的要求、上机实验的要求、案例讲解和学科前沿动态,以及培养方案毕业要求和传统教学中存在的问题。整理分析优质的线上相关优质的视频、文档等学习资源,全面梳理课程相关的碎片化信息。

3.2 构建知识图谱

构建课程知识点全覆盖的知识图谱其实是通过数据链接建模为一个网络图,网络中的节点是数据实体,其边为这些数据实体之间的关系,如图2所示。那么在课程知识图谱建立时,网络的节点就是课程教学大纲中要求掌握的各个知识点,节点间的边可以表示知识点间的包含、参考和需要掌握的先后顺序,即知识点之间的逻辑关系。

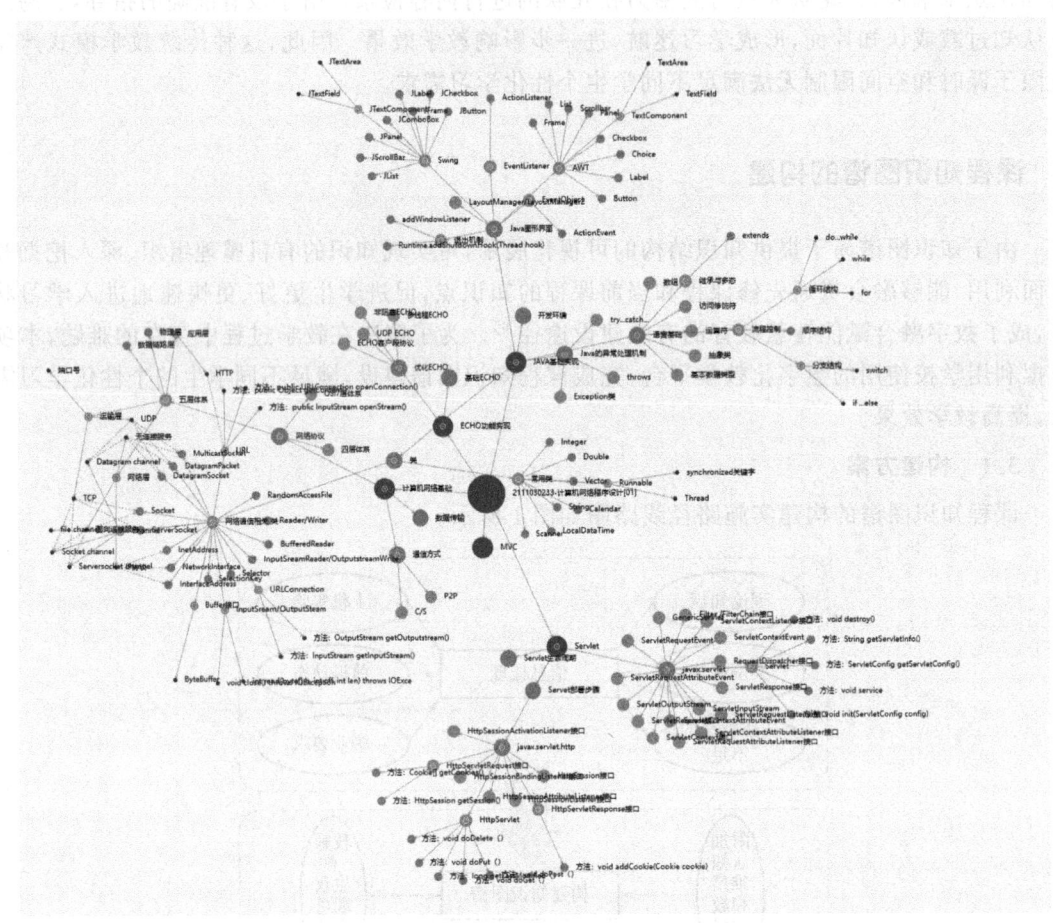

图2 知识图谱构建示例

知识节点是构建知识图谱的基础和基石,是学生使用知识图谱进行学习的抓手,知识节点对教学内容的全覆盖至关重要。"计算机网络程序设计"课程以不同功能实现为章节,采用面向对象的Java编程语言进行上机实验教学,教学前需温故大量计算机网络理论知识和Java语言基本语法。该课程知识图谱采用从上到下的层级知识结构构建所需知识节点。此外,在构建的时候将会运用到的计算机网络中最重要的理论知识单独构建为一级。在层级化的同时,该图谱还考虑功能实现,从而对课程内容进行模块化划分。

知识节点间的关系设置,不仅包括上述提到的层级化关系,还包括前后置关系。将具有逻辑关系的知识节点进行连接,为知识点之间建立前驱后置关系,即教学内容、教学逻辑的体现,也为学生提供了有效的学习路径。同时利用线上教学平台的添加学习活动,参考资料与测试等,并将这些课程资源与对应的知识点进行连接,形成关联关系。

3.3 教学效果

构建"计算机网络程序设计"课程知识图谱,对于课程教学实施,可将课程知识体系层次化、模块化以及体系化,优化教学资源的组织和呈现,可以明确学以致用;对于学生而言,学生可使用知识图谱进行课程的学习路径规划,对课程内容进行预习、复习、个性化学习,最大程度地调动学习积极性和学习效率;对于教学效果评估,可以辅助教师了解学生的实时学习动态,掌握过程性学习数据,完成具有针对性地完成排疑解答,根据过程性数据收集辅助课程内容与结构的进一步优化调整。最终通过引入课程知识图谱,达到数字融合赋能智慧教育,提高教学效果的目的。

4 课程知识图谱的应用效果

在课程的日常线下教学过程中,可使用该知识图谱辅助日常的教学活动。在课前,学生可以通过学生端查看课程知识图谱,对课程内容有简单但全面的了解,也可根据知识图谱对相应内容进行预习;在课上,学生可以通过知识图谱规划属于自己的知识路径,依照自己的理解重新对课程内容进行梳理;在课后,学生可在课后或者完成测试和作业过程中,比对课程知识点,对自己掌握的薄弱环节进行复习,查看与之相关联的学习资料,更可根据该知识点的描述,在互联网上快速找到更多的学习资源,从而满足不同学生的个性化学习需求,提高学生对于课程内容学习的积极性和探索性。

为了考查课程知识图谱的应用效果,对数字化教学平台中知识图谱建设实践前后(前后两学年)的学习访问数据进行分析。在课程知识图谱建设前,课程总访问次数为人均305次/学期。在课程知识图谱建设后,课程访问次数为人均362.5次/学期,此数据反映出建设知识图谱后,学生的学期人均访问次数大幅提升,增加18.85%。并且学生在学期开课前会更为主动地访问线上教育平台,并在学期进行中持续保持对课程内容的持续访问探索。

5 结语

在不断推进教育数字化转型的背景下,知识图谱作为一种课堂辅助技术有利于对课程内容进行梳理和进一步挖掘,其可视化的特点有利于教学内容架构和知识点逻辑关系的展示,方便教师对知识体系的优化,满足学生进行个性化学习的需求,可有效提升学生学习的主动性和积极性,提高教学效果。经过初步的建设,在取得上述应用效果的同时,也发现了目前依托线上教学平台进行课程知识图谱建设过程中存在一定问题有待优化。首先,平台可支持的知识图谱层次有限,各层次间的关系建立逻辑不够灵活,这限制了知识图谱的结构深度和架构建立的灵活性;其次,由于知识点的抽取依赖教师手工建立,不同教师建立的知识点粗细粒度和数量不一致,因此知识图谱的客观质量不好评价;最后,目前知识图谱关联的大量学习资源,都由教师备课阶段自主收集,资源的形式和广度受限于教师本身检索收集资料的能力。因此,可通过AI技术进一步对知识图谱的构建过程进行优化,持续推动数字技术全面赋能教育。

参 考 文 献

[1] 新华社.习近平向国际人工智能与教育大会致贺信[EB/OL].(2019-05-16)[2024-12-28]

https://www.gov.cn/xinwen/2019-05/16/content_5392134.htm.

[2] 新华社.习近平:高举中国特色社会主义伟大旗帜 为全面建设社会主义现代化国家而团结奋斗——在中国共产党第二十次全国代表大会上的报告[EB/OL].(2022-10-18)[2025-01-03].https://www.gov.cn/xinwen/2022-10/25/content_5721685.htm.

[3] 李永智.中国智慧教育蓝皮书(2022)[R].中国教育科学研究院,2023.

[4] Singhal Official Google Blog. Introducing the knowledge graph:things,not strings[J]. Official google blog,2012.

[5] 周东岱,董晓晓,顾恒年.教育领域知识图谱研究新趋向:学科教学图谱[J].电化教育研究,2024,45(2):91-97.

[6] 徐星,鄢睿丞,柳懿.基于知识图谱的混合式教学模式研究——以"电路"课程为例[J].教育教学论坛,2023(38):71-74.

作者简介

耿冰蕊:女,1989年生,讲师,研究方向为信号处理、感知与认知分析、质量评价。

基于 ChatGPT 的计算机网络实践教学改革与探索

周 军① 王晓艳① 蔡婷婷②

①(西南林业大学大数据与智能工程学院,昆明,650224)

②(云南林业职业技术学院,昆明,650224)

摘 要:本文探讨了如何利用对话生成模型 ChatGPT 来改革计算机网络实践教学。通过结合 ChatGPT,可实现虚拟助教、个性化学习、过程评价等创新教学方式,提升学生的学习效果和实践能力。通过讨论 ChatGPT 在计算机网络教学实践中的应用,本文探索了计算机网络实践教学改革的可能性,为提高计算机网络教学质量提供了新的思路。

关键词:ChatGPT;计算机网络;实践教学;虚拟助教;个性化学习

Reform and Exploration of Computer Network Practice Teaching Based on ChatGPT

Zhou Jun① Wang Xiaoyan① Cai Tingting②

①(College of Big Date and Engineering, Southwest Forestry University, Kunming 650224, China)

②(Yunnan Forestry Technological College, Kunming 650224, China)

Abstract: It is worth thinking about how to use ChatGPT to reform computer network practical teaching. By using ChatGPT, innovative teaching methods such as virtual teaching assistants, personalized learning, and process evaluation can be achieved, which enhance students' learning effectiveness and practical abilities. By discussing the application of ChatGPT in computer network teaching, this article explores the possibility of reforming the teaching of computer network practice courses, and provides new ideas for improving the quality of computer network teaching.

通信作者:蔡婷婷,ctingting2004@163.com。

基金项目:西南林业大学科研启动基金项目(112007);西南林业大学教育科学研究课题"双一流背景下计算机网络实践教学改革研究"(YB202208);新工科背景下林业高校通信工程一流专业跨区共同体建设研究与实践(JG2023084)。

Key words：ChatGPT；computer network；practical teaching；virtual teaching assistant；personalized learning

引言

计算机网络是计算机科学与技术领域的重要基础知识，对于培养学生的实践能力和解决问题的能力至关重要[1-2]。然而，传统的计算机网络实践教学存在着一些问题，如学生参与度不高、缺乏跨学科整合、课程评价体系单一等[3]。为了解决这些问题，本文提出了利用对话生成模型 ChatGPT 来改革计算机网络实践教学的方法。

1 传统的计算机网络实践教学现状及存在问题

1.1 教学内容趋同，缺乏个性化教学

在传统计算机网络实践教学活动中，教师通常担任整个教学活动的支配者和主导者，学生根据教师指定题目相互配合完成相应内容，即便他们对这个题目不感兴趣。传统的实践教学内容难以满足学生对实际项目经验和创新思维的需求，并在一定程度上降低学生参与实践教学活动的主动性和积极性。

1.2 教学内容过时，缺乏跨学科整合

"计算机网络"课程知识涉及面广，涵盖路由器、交换机、服务器等硬件、操作系统、交换机配置、通信原理、Web 程序设计等。在完成综合性实践教学内容时，需要学生和教师具备快速查阅、快速学习的能力。虽然计算机网络相关课程的在线资源十分丰富，但知识点相对分散，学生在面对新问题时，往往不知道从何处入手，缺乏及时准确的指导和解答。

1.3 课程评价体系单一，缺乏过程评价

目前，计算机网络实践课程的评价以项目最终的完成度为标准，评价形式单一，缺乏对项目实施过程的考核。在实际的项目实施过程中，小组合作评估、代码审查、与计算机之间的交互等往往也对项目成功实施起着关键作用。过程评价缺失常常会导致小组水平考察的失真。

2 ChatGPT 在计算机网络实践教学中的创新方案

2.1 利用 ChatGPT 实现学生个性化学习

ChatGPT 通过对大量文本数据进行训练，可为学生提供贯通式、全方位的知识输出，利用它可检索并预测最近几年计算机网络方面的研究热点。学生可结合自己的兴趣从中选择有意义的题目进行探索，量身定制合适的课题。此外，在教学过程中，ChatGPT 也可以通过对话方式与学生互相交流，了解学生的学习进度，并就研究线路、子课题等给出参考意见，从而实现选题的智能化与多样化。见表 1，利用 ChatGPT 搜索计算机网络当前的研究热点。

2.2 利用 ChatGPT 实现虚拟助教

ChatGPT 为学生提供一个高效、便捷、专业的在线问答平台，让他们可以及时、方便地获得准确的指导和解答，从而协助学生快速解决问题。针对课程实践中遇到的不同问题，它不

仅能够直接给出答案,而且还能根据学生的水平和需求,提供学习方案和路径,在帮助学生完成课题的同时拓展学生的知识面和深化学生对知识的理解。此外,利用其强大的知识交叉储备,ChatGPT 还可以与学生进行有创造性和启发性的交流,激发他们的学习兴趣和动力,增强他们的自信心和创造力。见表2,利用 ChatGPT 协助解决在 GNS3 中配置网络流量生成工具。

表1　ChatGPT 搜索计算机网络当前的研究热点

问　题	答　案
计算机网络当前的研究热点问题	① 5G 和 6G 技术:涉及无线通信、网络切片、多址接入技术、边缘计算等。 ② 物联网(IoT):致力于解决物联网中的设备认证、通信安全、数据隐私等问题,并探索物联网与人工智能、区块链等新技术的结合。 ③ 边缘计算:聚焦了边缘计算架构设计、边缘智能、边缘安全等方面。 ④ 人工智能在网络中的应用:致力于将机器学习、深度学习等技术应用于网络流量分析、异常检测、自适应路由等领域,以提升网络性能和安全性

表2　利用 ChatGPT 协助解决在 GNS3 中配置网络流量生成工具

问　题	答　案
如何在 GNS3 中配置流量生成工具	① 准备虚拟机:在 GNS3 中添加一个基于 Linux 的虚拟机,如 Ubuntu、Kali Linux 等作为流量生成器。 ② 安装流量生成工具:在虚拟机中安装 Iperf、Ostinato、D-ITG 等生成工具。 ③ 配置流量生成器:启动虚拟机,并配置所选的流量生成工具。例如,使用 Iperf 进行 TCP 或 UDP 流量生成,或使用 Ostinato 进行数据包的定制和发送。 ④ 连接流量生成器:在 GNS3 中将虚拟机与网络拓扑中的其他设备连接起来,确保流量生成器可以与网络中的其他设备通信。 ⑤ 启动流量生成器:在虚拟机中启动所选的流量生成工具,并配置生成的流量类型、目标地址等参数。开始生成流量并发送数据包到指定的目标设备。 ⑥ 监控流量:您可以在 GNS3 中的其他设备上使用 Wireshark 等网络抓包工具来捕获并分析流量数据包,以检查流量生成器的效果和网络性能

2.3　利用 ChatGPT 实现项目规划和管理

ChatGPT 可以帮助学生对任务进行有效分配和跟踪。同时,ChatGPT 还可以根据课题进度和人员安排,自动调整任务的分配和进度,确保课题能够按时按质完成。在以课题为中心的计算机网络实践活动中,教师的角色会从传统的教授者转向学习的设计者、支持者和引导者。这种角色的转变让学习的主动权回到学生手中,充分激发学生学习的内在动力。见表3,利用 ChatGPT 规划管理网络流量分析课题。

2.4　利用 ChatGPT 多元化评估考查学生真实水平

在 ChatGPT 时代,计算机课程教学评价方法需要考虑学生与计算机交互的特殊性,利用 ChatGPT、智慧教学工具等多种评估手段,可进行不同类别考核评估,如项目实践、小组合作评估、代码审查等,这样可综合评估学生的理解能力、解决问题的能力和沟通能力。

(1)设计对话式测试场景。创建一系列与计算机网络实践教学相关的问题和情境,涵盖不同的主题和难度级别,如网络拓扑设计、协议配置、网络安全等,并确保问题具有一定的难度和挑战性,以促使学生深入思考和回答。

表 3 利用 ChatGPT 规划管理网络流量分析课题

问 题	答 案
网络流量分析课题的规划和管理	① 确定研究主题和目标:如网络流量特征分析、异常检测、安全事件识别等。 ② 文献综述:了解前人的研究成果和研究方法,确定研究的创新点和研究价值。 ③ 制定研究计划:制定详细的研究计划,包括研究方法、实验设计、数据采集和分析方法等。确定研究进度、里程碑和时间表。 ④ 数据采集和处理:确定需要采集的网络流量数据类型和来源,如 PCAP 文件、日志数据等。开展数据采集工作,并进行数据清洗、预处理和特征提取。 ⑤ 研究方法选择:选择适合研究主题的分析方法和算法,如机器学习、深度学习、统计分析等。设计实验方案,验证研究方法的有效性和可行性。 ⑥ 实验设计和实施:设计实验方案,包括实验流程、实验环境和实验指标。进行实验并收集实验数据,分析实验结果并得出结论,并撰写研究论文或报告

(2)搭建 ChatGPT 对话平台。让学生可以与 ChatGPT 进行对话式测试,确保 ChatGPT 对话平台能够接收学生的问题并生成相应的回答,同时记录学生的回答以便后续评估。

(3)评估学生回答。根据学生与 ChatGPT 的对话内容,评估学生的理解能力、应用能力和解决问题的能力。通过对话记录、学生回答问题的准确性和深度等指标进行评估。

(4)提供反馈和改进。根据对话测试的结果,为学生提供个性化建议,帮助他们改进学习和理解。同时可根据学生的表现调整问题的难度和类型,以提高测试的有效性和教学效果。

通过利用 ChatGPT 进行计算机网络实践教学过程测试,可以增加学生的参与度和趣味性,同时提供个性化的学习体验和反馈。这种方法有助于激发学生的学习兴趣,促进他们对计算机网络实践的深入理解和应用。

3 结论与展望

本文基于 ChatGPT 的计算机网络实践教学改革与探索取得了一定成效,为计算机网络教学提供了新的思路和方法。未来,我们将进一步完善基于 ChatGPT 的教学系统,探索更多创新的教学方式,提升教学效果,为计算机网络实践教学领域的发展作出更大贡献。

参 考 文 献

[1] 夏润泽,李丕绩. ChatGPT 大模型技术发展与应用[J]. 数据采集与处理,2023,38(5):1017-1034.
[2] 刘小丽,古天龙. ChatGPT 对计算机教育的影响及对策[J]. 计算机教育,2023(11):38-44.
[3] 杨海燕,李涛. ChatGPT 教学应用:场景、局限与突破策略[J]. 中国教育信息化,2023,29(6):26-34.

作者简介

周 军:男,1980 年生,副教授,主要从事复杂网络、生物数学等方面的研究。
蔡婷婷:女,1985 年生,讲师,主要从事化学生态、森林病虫害防治等方面的研究。

区块链技术在高校人才管理系统中的应用与探索

付方博　武易　李肖南

（江西应用科技学院，南昌，330100）

摘　要：高校作为人才培养与输出的核心场所，正经历着人才管理模式的重大变革。区块链技术凭借其去中心化、公开透明及数据不可篡改的特性，为打造更加可靠、安全且高效的人才管理体系开辟了新的路径。本文聚焦于区块链技术在高校人才管理领域的应用探索，深入分析了区块链技术的具体应用场景，旨在为高校人才管理的现代化转型提供理论支撑与实践参考。

关键词：高校；人才管理；区块链技术

Application and Exploration of Blockchain Technology in College Talent Management System

Fu Fangbo　Wu Yi　Li Xiaonan

(Jiangxi Institute of Applied Science And Technology, Nanchang 330100, China)

Abstract: As the core place of talent training and output, colleges are experiencing great changes in talent management mode. Blockchain technology, with its decentralization, transparency and immutable data, opens up a new path for creating a more reliable, secure and efficient talent management system. This paper focuses on the application of blockchain technology in the field of talent management in colleges, in-depth analysis of the specific application scenarios of certificate information chain, aiming to provide theoretical support and practical reference for the modernization of talent management in colleges.

Key words: College; talent management; Blockchain technology

引言

在全球化与信息化的新时代背景下,高等教育备受瞩目,承担着培养科技创新人才、支撑国家发展战略和促进区域经济发展的重任。传统的人才管理模式在效率、透明度及安全性方面存在显著短板[1],难以适应教育质量与人才需求的快速增长,限制了人才数据的流通与应用,阻碍了人才资源的充分利用。引入区块链技术的多种特性,构建基于区块链的人才管理系统,为解决上述问题提供了创新思路与实践路径。

区块链与人才管理的融合有三个方面的优势。①可以拓宽区块链技术在教育领域人才管理方向的研究范畴。②能为高校人才管理提供了新手段,有助于提升管理效率,确保数据的真实性与可靠性,保护个人隐私安全。③可进一步促进人才资源的优化配置与共享,更好地满足社会发展对人才的需求。

1 区块链技术概述

1.1 区块链技术的基本概念

区块链技术是一种分布式数据库技术[2],它按照时间顺序将数据区块以链条方式组合成特定的数据结构,并通过密码学手段确保数据的不可篡改性和真实性,从而构建一条可靠的数据链条。该技术的核心特点包括去中心化、共识机制、数据加密和智能合约等,其中智能合约是一种计算机协议,当满足预设条件时能够自动执行合约条款[3]。

1.2 区块链技术在人才管理领域的应用前景

区块链的技术特性为解决数据孤岛、信任不足以及信息安全等挑战提供了有效手段。在人才管理领域,区块链的应用范围广泛,涵盖了学历证书验证、学分互认[4]、学术监督及科研管理等多个方面。通过区块链技术,可以构建出更加透明、可靠且高效的人才管理系统,从而优化人才管理流程,提升整体的人才管理质量和效率。

2 区块链技术在高校人才管理系统中的应用流程框架

区块链技术在高校人才管理系统中的应用流程框架如图1所示。

需综合考虑项目需求、成本效益及合规要求等因素进行技术选型,以确定适合的区块链技术平台;选型确定后,搭建相应的区块链网络;网络搭建完成后,将所需的智能合约部署至区块链中;随后,需与学校内的业务系统对接,以收集各类业务场景数据,如学生的荣誉证书信息、学习进度与学分数据、科研成果数据等。为确保数据的安全与隐私,每个业务系统或数据类型应配置不同的账户权限[5],实行分权管理;而后,将收集的数据整合至区块链系统,构建人才管理系统,以满足各种实际应用需求。

在访问人才管理系统中的数据时,必须获得学生或学校的明确授权,否则无法获取相关数据。授权人可根据具体应用场景确定,若应用场景仅涉及学生自我证明,如招聘信息核查、学历落户等,则授权人可设定为学生本人;若涉及行业合作等层面,如与主管部门、第三方高校的合作,则授权人应设定为学校。

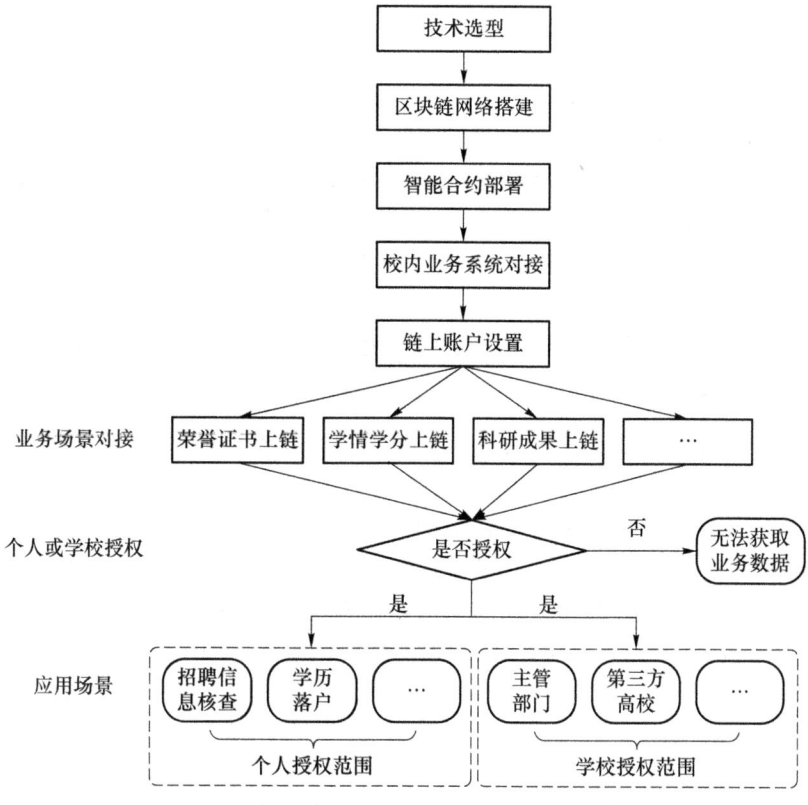

图 1 基于区块链技术的高校人才管理流程框架

3 功能实现流程

以证书上链功能模块为例,其实现流程如图 2 如下。

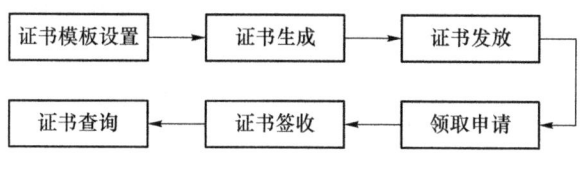

图 2 证书上链实现流程

(1)证书模板设置:添加模板,填写证书信息。证书内容字体应可以设置颜色、大小、位置等。

(2)证书生成:在生成的证书中,应包含证书编号、流水编号、证书时间、证书对应的哈希、证书的大小等。

(3)证书发放:在证书发放前,应选择证书的类型,证书内容包含但不限于学校名称、学生的姓名、身份证、教育水平、学号、年级、专业。

(4)证书领取申请:在证书领取前,需人工审核证书信息的真实性和准确性。信息无误后,进入证书待发状态。

(5)证书签收:系统利用自能合约,自动执行证书信息再次匹配。在匹配无误后,对敏感信息进行加密,将加密后的数据进行链上存证。

(6)证书查询:可以支持电脑、手机以及第三方程序链接等进行证书查询。

4 挑战与对策

4.1 面临的主要挑战

（1）技术挑战：随着新技术的持续演进，面临着技术成熟度、平台间的兼容性以及数据高并发处理等多方面的挑战。

（2）数据隐私与安全：高校中存储了大量的敏感数据，包括学生身份信息、健康信息等，这些数据必须得到妥善保护，以防止泄露和滥用。

（3）法律与政策合规：在应用区块链技术时，必须严格遵守相关法规和政策。

4.2 相应的对策

（1）应对技术挑战：高校应增加对区块链技术的研发投入，致力于突破技术障碍，提升系统的稳定性和可扩展性。

（2）加强数据保护：应严格执行数据的访问控制机制，确保数据仅能被授权用户访问。采用高强度的加密算法处理敏感数据，以保障数据的安全性。

（3）确保法律政策合规：密切关注相关法律法规的动态变化。同时，需根据自身实际情况，制定内部管理规范，明确责任主体，以确保在区块链技术应用中符合法律政策要求。

5 结语

区块链技术的引入为高校人才管理模式的现代化转型提供了新途径。本文探讨了区块链技术，凭借其去中心化、公开透明、不可篡改等特性，在高校人才管理的多个方面展现出的应用潜力与优势。

参 考 文 献

[1] 范大娟,施炎峰,林忠.基于区块链和IPFS的高校教学资源共享平台构建[J].无线互联科技,2024,21(12):73-75.

[2] 于嘉季,赛卫,梅顺良.区块链技术下应用型高校金融人才培养模式研究[J].教育教学论坛,2024,28:42-45.

[3] 王贤.基于区块链技术的高校教师管理信息化研究[J].科技创新与应用,2024,14(18):5-13.

[4] 陈利利,李斌.基于联盟链的学分银行平台建设及应用研究[J].现代计算机,2024,30(12):71-74.

[5] 李云鹏,姜茸,梁志宏,基于区块链的跨境贸易数据共享与访问控制方案[J].计算机系统应用,2024,33(10):97-105.

作者简介

付方博：男,1990年生,研究方向为区块链技术应用。

武　易：男,1999年生,研究方向为区块链的版权保护。

李肖南：女,1997年生,研究方向为软件开发。

高校导师工作坊融合人工智能＋数字化人才培养创新研究

张 轶 汪 晶 郭 旻 袁 理

（武汉纺织大学电子与电气工程学院，武汉，430200）

摘 要：高校导师是指导学生在学术研究、课程学习与职业发展方面的引路人，提供作业、论文和研究项目的评估与反馈，使学生在学术与职业道路上取得成功，同时提供职业规划与求职建议。本文旨在探索高校导师在人才培养与创新实践上相关方法与路径，形成具有可示范、可辐射、可推广、可持续意义的具体经验，提升高校导师工作的针对性和实效性，同时融合AI与数字化人才培养模式，其对象是数字技术领域工程技术类学生，领域包括云计算、大数据、5G、人工智能，构建与数字经济相匹配的专业集群；搭建数字人才培育平台，融合竞赛培养，推进数字化人才标准和评价体系建设。

关键词：人工智能；人才培养；创新能力训练；IT技术支持

Research on the Integration of Studio with AI and Digital Talent Cultivation Innovation

Zhang Yi Wang Jing Guo Min Yuan Li

(School of Electronic and Electrical Engineering, Wuhan Textile University, Wuhan 430200, China)

Abstract: A tutor is a guide who guides students in academic research, course learning, and career development, who provides evaluations and feedback on assignments, papers, and research projects, enabling students to succeed in both academic and career paths. This article aims to explore the relevant methods and paths for university teachers in talent cultivation and innovative practice, and to form specific experiences that are demonstrative,

---

通信作者：张轶，yzhanghust@wtu.edu.cn。

基金项目：湖北省教育厅教育规划项目（项目编号：2023ZD007）；武汉纺织大学研究生院教育教学项目、精品课程项目。

radiation worthy, promotable, and sustainable, in order to enhance the pertinence and effectiveness of university mentor work. The training areas include cloud computing, big data,5G and artificial intelligence. Build a digital talent cultivation platform and promote the construction of digital talent standards and evaluation systems.

Key words：Artificial intelligence；Talent cultivation；Innovation ability training；IT technical support

1 基于导师引领的数字化人才培养教育改革全面推进素质教育

充分认识和改进研究生素质教育的重要性和紧迫性，高等教育是我国社会主义现代化建设高层次人才培养的重要来源。随着高等教育的不断发展，各级教育主管部门和培养单位重视学生素质提升，采取了一系列措施，加强学生实验实践，改进理论联系实际的教育方式，建立和完善导师工作制度，素质能力得到较大程度的加强和改进，积累了许多有益的经验。

当前广大高校学子努力学习，积极进取。科学技术突飞猛进，知识经济已见端倪，国力竞争日趋激烈，我国正处在实现现代化战略目标的关键时期。新的形势对加强和改进素质教育既提供了难得的历史机遇，也提出了新的更高的要求。

（1）加强和改进高校素质教育，提高数字化能力，适应社会主义现代化建设需要。

（2）加大数字化教学资源的开发和应用领域，建设高质量的数字教材、微课、慕课及系列教学资源。通过多平台共享、开放获取等有效方式，扩大数字化优质教学资源的覆盖面和影响力。

（3）利用云计算、大数据、AR/VR 等先进技术，建设智慧教室和虚拟实验室，为学生提供沉浸式、交互式的学习环境。在远程教学、在线协作、在线学习、网络讲授方面，打破时间和空间的限制，提高教学效果。如图 1 所示为加强数字化培养目标示意图。

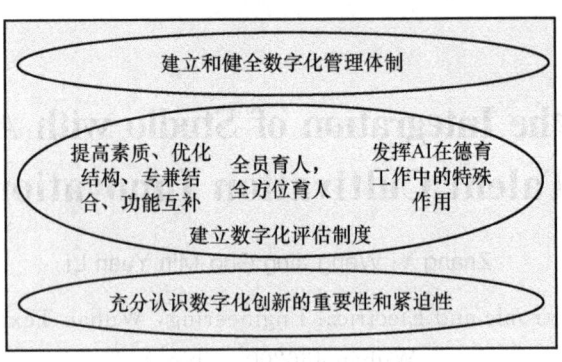

图 1　加强数字化培养目标示意图

2 教学改革与学生创新能力培养

注重教学改革与学生创新能力培养，包括国家卓越工程师培养计划，湖北省专业综合试点改革项目。与多家电子、电气、新能源领域高新技术企业签订长期人才联合培养协议，其中与专业公司合作的光伏工程实验班获批湖北省首批战略性新兴（支柱）产业人才培养计划。与TI、ALTERA 世界著名微电子公司建有大学生创新中心、通信联合实验室、EDA/SOPC 联合实验室。

为每个专业设立创新实验室,创新实验室采用学生自主管理的开放管理模式,采用以问题驱动与项目驱动的方式,通过"做中学"的理论与实践一体化教学模式,通过指导学生参加大学生创新实践项目、参加电子大赛、参加企业实训等为抓手,培养学生的实践创新能力。依托企业或校内基地,开办电子设计卓越工程师试点教学班、嵌入式系统软件专题教学班、激光班等多个人才培育模式改革试点班。建立一套以工程实训与创新能力培养为主的实验教学体系,为人才的培养提供良好的条件。

立足当前IT行业发展背景,以提高办学质量和突出专业特色为宗旨,提升专业人才培养标准,改革人才培养模式,强化实践教学,努力培养学生的综合实践能力和创新精神。培养具备电子技术和信息系统的基础知识,能从事各类电子设备和信息系统的研究、设计、制造、应用开发的高等工程技术人才。学生主要学习信号的获取与处理、电子设备与信息系统等方面的专业知识,电子与信息工程实践的基础训练,具备设计、开发、应用和集成电子设备和信息系统的基本能力。主要课程:电路理论系列课程(电路分析基础、模拟电子技术基础、数字电子技术基础、高频电子线路等);计算机系列课程(大学计算机基础、C语言、数据结构与算法、单片机原理与应用、嵌入式系统等);信息传输与处理系列课程(信号与系统、数字信号处理、通信原理、信息理论与编码、电磁场与电磁波、数字图像处理、数字语音处理等)。特色课程:DSP原理及应用、数字图像处理、数字语音处理、FPGA技术应用、嵌入式系统等。如图2所示为课程教学管理结构图。

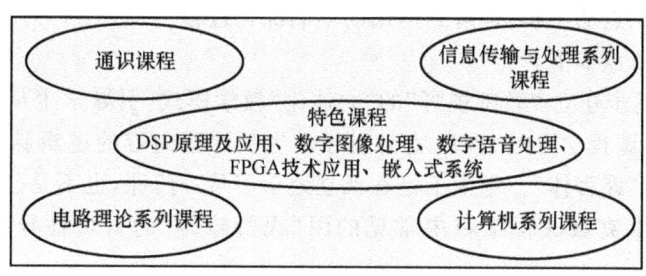

图 2 课程教学管理结构图

3 培养具有创新能力的数字化人才

加强理论教学、工程实践、创新能力三者间的有机联系,开展创新性实践教学,培养具有创新能力的专业人才,进行实践教学模式改革和探索,主要承担全国大学生电子设计竞赛、全国大学生智能汽车竞赛、挑战杯等学科竞赛的培训工作及为参加竞赛的学生提供学习和实验平台。以"重实践、求创新"作为工作目标和宗旨,为全面培养学生综合素质,提高学生的创新精神和实践能力,增强学生的科技创新意识,培养具有学术基础、创新创业等各个方面能力的人才。本着资源共享的原则,以电子信息、电气工程和通信工程、光电工程等专业的本科生、研究生及教师提供全天候的开放平台,培养学生软硬件综合素质。推进研究型教学实验,促进教师开发具有挑战性的和富有想象力的实验。培养学生自主创新能力,学生可以在良好的实践环境中进行自主探索。

创新实验室的指导思想如下。

(1) 自主学习

学生根据兴趣特长可自主选择创新实验中心提供的研究方向自主学习。

（2）自我管理

学生自由选择研究方向，自由组合团队，自由选择课题，自由发挥创新思想，自由组织讨论，自由研究设计。自觉遵守和维护基本的公共秩序，自我管理，发扬团队精神，自我组织协调各种关系，完成训练目标。

（3）求实创新

中心坚持将学生作为创新实践的主体，通过多种方式调动学生的主观能动性，培养学生的创新意识、实践能力和团队精神，学生选择研究方向后，准备必要理论知识，创建研究平台，设计调试方案、电路或实验，经过创新思考和讨论，产生新的功能或方案，创造出新的系统或产品。

目前，实验室内拥有数字和模拟示波器、函数信号发生器、数字电压电源和西门子网络实验系统等实验系统和实验仪器，为学生提供学习和研发设计的实验条件。

4 数字化人才培养的课程建设与创新

通过凝练课程的"三核"（问题、思想、内容）、"两点"（重点、难点），进一步加强了课程内容的逻辑性和整体性，凸显了课程内容结构的"节奏感"（教师并行地"教"和学生类比的"学"，可有效提高课程教与学的效果）。

注重传统教学与现代教学手段的结合，注重实验教学与课堂理论教学相配合，可有效帮助学生完成对课程知识点从了解、理解到运用的不断深化过程。

教学改革的创新点如下：

（1）帮助学生逐步建立"教师视野"的"立体化"教学模式：引导学生从专业课程体系结构上认识本课程，建立课程学习的"课程境"；引导学生从课程内容的逻辑脉络结构上认识本课程，建立课程学习的"课程体"。学生不是在孤立地学习某一门课，也不是孤立地学习课程的知识点。可以帮助学生克服课程学习中常见的因"视野障碍"的盲目性导致的学习效率低下问题。

（2）帮助学生能够直观理解与熟练掌握课程的一些关键知识点，避免因其抽象性产生认知困难而引起学习的心理障碍的"形象化"教学模式：通过课堂教学和实验教学的配合，"层次性"（了解＋理解＋运用）引导学生建立起对于目标知识点的具体形象感。

（3）"立体化"教学和"形象化"教学分别从全局和局部帮助学生把握本课程，如图3所示。

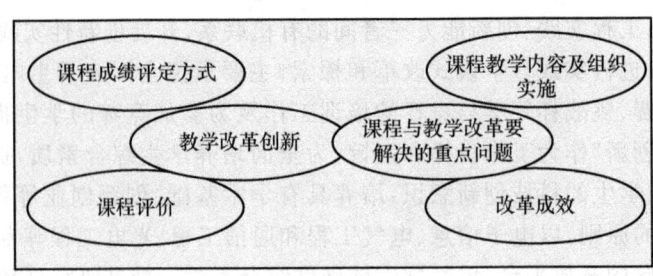

图3 "形象化＋层次化"加强课程逻辑性

参 考 文 献

[1] 魏可可,熊巍,肖生浩,等.高等教育数字化模式改革的探讨[J].内江科技,2024,45(9):148-150.
[2] 刘丙利.高等教育数字化赋能新质生产力的学理阐释、作用机理与实践进路[J].中国电化教育,2024(9):77-85.
[3] 殷小姣.新型智慧城市背景下数字化人才能力需求与提升策略研究[N].河南经济报,2024-08-27(9).
[4] 王鹤瑾,曾承莉,张明明.面向数字化人才培养的大学生信息素养课程创新改革路径和模式探索[J].四川文理学院学报,2024,34(5):109-114.
[5] 郭彤彤,刘禹辰,崔红,等.OBE理念下大学生创新能力培养的探索与实践[J/OL].微生物学通报,2024:1-18.https://doi.org/10.13344/j.microbiol.china.240290.
[6] 戴坤添,何铭,陈如香,等.基于自助共享理念的智慧型开放实验室建设[J/OL].实验室研究与探索,2024:1-5.http://kns.cnki.net/kcms/detail/31.1707.T.20240828.1051.054.html.

作者简介

张　轶:男,1980年生,副教授,硕士生导师,研究方向为信息技术。

面向非理工类专业的人工智能通识课程教学改革探索

苗 方 章文辉

(中国传媒大学信息与通信工程学院,北京,100024)

摘 要:在发展人工智能成为国家战略的背景下,高校人工智能通识教育的必要性和紧迫性日益凸显。本文旨在探讨面向非理工类专业的人工智能通识课程教学改革,基于对师生学情的分析,探讨教学中面临的挑战和应对策略,并提出将线上与线下相结合、理论与实践相结合、教师与 AI 助学相结合的教学思路和课程设计,以期为人工智能通识教育的推广和深化提供参考。

关键词:人工智能;通识教育;教学改革

Exploration of Teaching Reform in General Artificial Intelligence Courses for Non-Science and Engineering Majors

Miao Fang Zhang Wenhui

(School of Information and Communication Engineering,
Communication University of China, Beijing 100024, China)

Abstract: This paper aims to explore the reform of general artificial intelligence courses for non-science and engineering majors. Based on an analysis of the learning situations, it discusses the challenges faced in teaching and corresponding strategies. Furthermore, it proposes a teaching approach and curriculum design that integrates online and offline learning, theory and practice, as well as the collaboration of teachers and AI assistants, in order to provide a reference for the promotion and deepening of general education in artificial intelligence.

Key words: Artificial Intelligence; General Education; Teaching Reform

通信作者:苗方,miaof03@cuc.edu.cn。

1 引言

人工智能是引领新一轮科技革命和产业变革的关键驱动力,也是推动新质生产力发展的引擎,其对社会经济、文化教育、日常生活等各个领域的影响正变得越来越深远。2017 年,国务院发布的《新一代人工智能发展规划》[1]将发展人工智能提升至国家战略高度。2024 年,政府工作报告中提出了"人工智能＋"行动,这一举措标志着我国从"互联网时代"迭代升级到"人工智能时代"的新阶段[2]。"人工智能＋"强调对传统产业各个功能的增强,推动人工智能技术与经济社会各领域的深度融合,需要一大批具备人工智能素养,懂得运用人工智能技术驱动行业发展的新时代人才。

高校作为人才培养的主阵地,有责任将人工智能知识普及化,使各学科专业的学生都能掌握基本的人工智能知识和技能,在未来的职业生涯中更好地适应技术变革。作为中国传媒大学"人工智能行动计划"的一项重要任务,信息与通信工程学院面向全校大一新生开设了"AI 思维"人工智能通识教育课程,旨在通过理论知识学习与应用实践结合,使学生了解人工智能的基本概念和基础知识,体验 AI 应用场景,学会运用典型 AI 工具,在实践中养成与 AI 交互的基本逻辑思维,形成广泛的视野、跨学科素养和创新能力。

中国传媒大学是一所文学、工学、艺术学、管理学、经济学、法学等多学科协调发展的综合性大学。其中,理工类各专业此前已普遍开设了人工智能导论等课程,将人工智能教学逐渐融入课程体系。而文法、经管、外语和艺术类等专业学生普遍缺少数学和计算机科学的背景,并且缺少相关课程的支撑和衔接,因此,面向非理工类专业的学生开展人工智能通识教育的课程内容和教学方法需要有针对性地进行设计。

2 学情与问题分析

过走访多个二级学院并与不同专业的师生交流,课程组对相关学情有了比较深入的了解。在以 ChatGPT 为代表的生成式 AI 热潮席卷全球的背景下,文科和艺术类专业的学生普遍都对人工智能怀有强烈的好奇心和学习兴趣,具有掌握人工智能知识和技能的需求并希望能够结合自身专业,学以致用。尽管具有较强的学习动机,但同时也普遍担心自己缺少理工背景,难以理解人工智能课程所涉及的数学、编程等内容,从而产生了一定的畏难情绪。而且学生来自各二级学院不同专业,其教育背景、学习能力、知识基础差异较大,对课程的期望和需求也不尽相同。比如,经管类和计算传播学等专业虽然是文科专业,但开设数学基础课程比较完备;动画等专业在计算机科学方面更加侧重;艺术类专业则关注 AIGC 的运用和创意。另外,通识课同时面向全校约 3 000 名新生开课,也面临着学院的师资力量、教学场地资源和 AI 实践所需的算力资源有限的问题。

针对学生背景基础差异大、兴趣目标分散的问题,采用分层分级的方式组织教学内容和考核指标。一方面,将课程内容的入门门槛降低,尽量把课程内容设计得通俗易懂,采用形象化呈现,力争做到无复杂数学公式、零代码或低代码实践;另一方面,依靠线上慕课资源对教学内容进行扩展,突破课堂时间的局限,满足不同程度和不同领域的学习需求。

针对师资和算力资源相对有限的问题,课程组经过对大班授课和小班教学两种方案的探讨,最终为了保证教学质量,决定采用小班组织,线上线下混合的教学方式。线下课堂主要利用面对面交流的机会,激发学生的学习兴趣、指导学习路径和实践体验,解答困惑疑问,引发思考探讨。线上慕课支撑学生的理论学习,同时引导学生利用互联网和智能工具主动学习,充分利用互联网资源和业内著名厂商的各种云平台和开放工具。这种教学模式的核心在于由学生代替老师在传统教学中的主导地位,将学生作为知识体系的构建者。通过引导学生发挥主观能动性来进行自主学习探索[3]。

3 开课思路与教学设计

人工智能通识课的整体设计以问题导向、实践导向为主要原则,将线上与线下相结合、理论与实践相结合、教师与 AI 助学相结合的思路开展教学。课程共 32 学时,分为线上 16 学时和线下 16 学时的混合式教学。

3.1 打造优质线上慕课

线上开展教学具有丰富性和便捷性,可以弥补线下教学的时空限制。基于畅课平台打造一门线上慕课,自建人工智能通识学习资源池。线上资源包含教学、练习、实践、测验等全流程,形成全面的人工智能知识体系,学生可以在线进行完整课程体系学习。同时充分利用互联网资源提供丰富的扩展学习空间,满足不同层次学生的需求。课件与微课视频以知识点分专题组织,内容设计通俗易懂。采用卡通化、形象化的呈现形式,降低零基础学生学习门槛。每个专题配合若干难度分级的课后练习,主要检验学生对基本概念的掌握情况,以提醒其回看理解重要知识点;每个章节后提供线上自测,帮助学生巩固和检验学习效果。采用畅课平台的闯关式学习模式以激发学生自主学习的兴趣和动力。

3.2 以实践驱动线下教学

线下课堂的教学以课程导学、案例实践、研讨互动等方式开展。人工智能通识课程以项目任务为载体,引导学生在实践中学习人工智能的知识和技能。教师将理论教学中的知识点结合实践运用进行演示和说明,学生在动手体验 AI 工具、实现任务目标的过程中,直观感受人工智能的应用和思维方式。每个实践项目分为基础、进阶和拓展三个层次,容易上手并留有充分拓展空间。鼓励学生提出创新创意,并汇报交流项目作品和成果。课堂上鼓励学生就人工智能相关热点议题,例如 AI 是否会取代人类工作、未来人与 AI 如何共处、AI 面临的问题和风险等等,开展开放式的交流、研讨及辩论。

3.3 引入智能辅助教学手段

在教学中,鼓励引导学生用 AI 学 AI,将 AI 引入教与学的应用场景。在教学平台引入基于大模型的伴学智能体,7×24 h 为师生提供答疑、导学、知识检索等服务;利用 AIGC 技术自动分析课件和视频,提取和总结知识点,生成练习题。学生们可以在实践运用中认识 AI 的能力边界,感悟和理解 AI 思维。

4 教学内容组织和考核

4.1 课程章节设置

考虑非理工科专业学生的背景和学习目标,以及传媒特色,通识课的内容包括五章:第一章,"走近 AI——从梦想到现实",主要介绍人工智能的应用、概念、发展等基础知识;第二章,

"理解AI——智能大厦的基石",主要介绍AI从数据中学习和预测的基本原理;第三章,"大模型的前世今生",主要介绍大模型时代人工智能的新范式;第四章,"媒体融合中的+AI",主要介绍在媒体领域中如何使用各类AI技术赋能行业应用;第五章,"携手AI向未来",主要探讨目前AI存在的问题、风险及未来发展的策略和趋势。教学内容章节设置如图1所示。

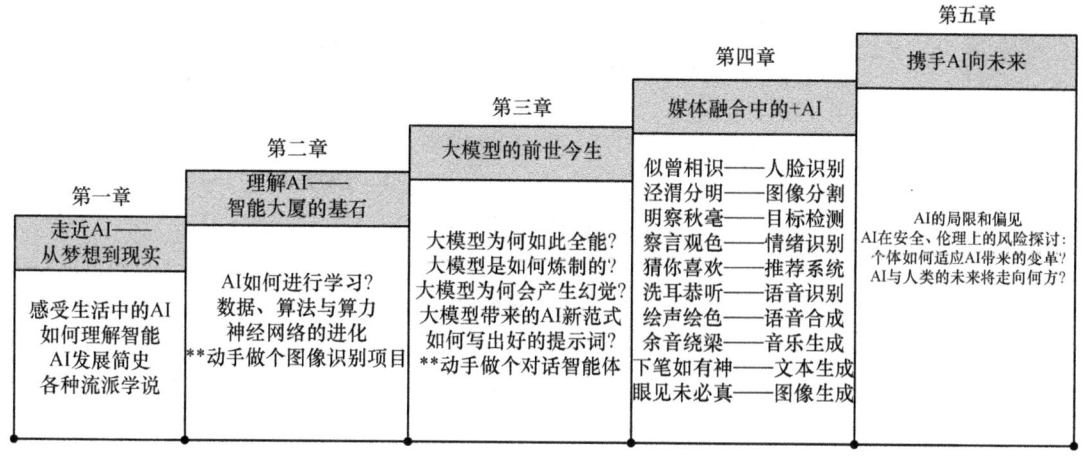

图1 教学内容章节设置

4.2 实践任务设计

围绕线下课堂的实践环节设计了多个实践任务,包括深度学习图像分类、大模型和智能体开发、文稿和语音驱动数字人、AI与新媒体交互应用开发、AIGC音画创作、基于对话大模型的交互式游戏等多个领域,内容覆盖广、无重复。每个任务兼顾趣味性和实用性,易于操作,对新手友好。

例如,国画图像分类项目,基于百度EasyDL低代码深度学习平台,学生通过动手收集、标注图像数据,选择模型设置参数,训练调优并且发布应用,体验深度学习任务的全流程,无需编写代码调试。任务分三个层次设计:①基础任务是完成数据整备,成功训练一个分类模型;②进阶任务是通过数据增强、模型参数调优等手段进一步优化模型性能;③拓展任务是将训练好的模型发布为云端应用以及通过API调用构建本地应用。以此满足不同基础和目标的学生群体。学生在亲手实践的过程中,可以体会数据、算法和算力各要素的重要性,理解模型各个评价指标的意义和优化改进的方法。在大模型与智能体开发项目中,学生分别通过提示词工程、引入知识库和外部工具以及工作流设计这三个层次,由浅入深地逐步构建复杂的应用。

4.3 课程考核方式

人工智能通识课程看重的是理解AI和运用AI的思维方式和解决问题的能力,而非单纯的知识学习和记忆。因此,该课程构建了多元评价体系,包括线上、线下的过程性评价和项目作品成果评价。该课程以过程性评价为主,数据基于畅课平台采集统计。通过线上、线下教学活动的参与度,互动视频、课后习题、章节测验、实验报告的完成度等环节综合评价(图2)。其中各种教学活动的参与情况作为平时成绩,占30%;项目实践是线下课程的重点内容,因此实验成绩占40%;最后是占30%的期末设计式大作业,学生利用课上、课下掌握的AI知识,结合各自专业背景和兴趣,灵活运用各类工具,发挥创意完成 AI 相关作品设计。优秀学生作品进行集中展示和交流,鼓励学生进一步参与相关的各类竞赛。

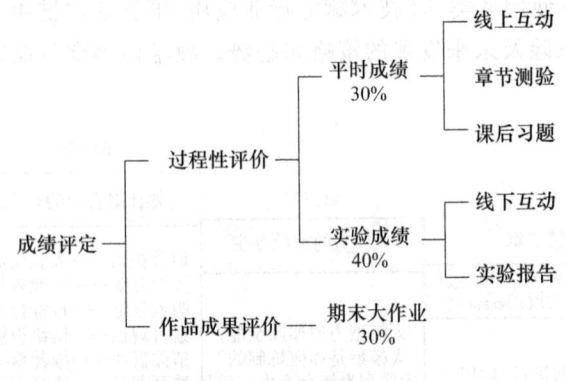

图 2　多元评价考核的成绩组成

5　结束语

开设面向非理工类专业的人工智能通识课还是一个新的尝试,目前处于不断探索的过程。根据前期的开课实践,课程在后续的教学中还需要在以下方面进行持续的改进:①在课程实施过程中,随时收集学生的反馈和建议,了解他们在学习过程中遇到的困难和问题,以此作为优化课程内容和教学方法的重要依据;②人工智能领域发展迅速,课程内容也需要随之更新,确保学生接触到最前沿的知识和信息;③尝试引入更多互动性和趣味性的教学手段,以激发学生的学习兴趣和动力;④积极寻求与更多业内厂商和机构的合作,拓展教学资源,为学生提供更丰富的实践机会和学习体验。

参 考 文 献

[1]　国务院关于印发新一代人工智能发展规划的通知[J]. 中华人民共和国国务院公报,2017(22):7-21.

[2]　黄勇. 以"人工智能+"行动着力推动新质生产力发展[J]. 智慧中国,2024(5):14-15.

[3]　邢耀东."互联网+"背景下通识课程混合式教学模式探究[J]. 中国医学教育技术,2021,35(3):347-350.

作者简介

苗　方:男,1980 年生,副教授,研究方向为人工智能、机器学习。

人工智能对高校教育的促进作用与应用研究

曾佳文

(广州工商学院,广州,510850)

摘 要:人工智能技术作为教育领域的创新驱动力,不仅为高校个性化教育提供了技术支持,而且在提升教育质量和效率方面展现出潜力。本文先通过对人工智能技术进行概述,随后深入分析传统高等教育教学存在的问题,进而挖掘并阐述了人工智能在高等教育领域的多样化应用场景。在此基础上,正视人工智能技术在高等教育中所面临的挑战,并对未来进行了展望。

关键词:个性化教育;人工智能技术;多样化应用场景

Research on the Promotion and Application of Artificial Intelligence in Universities

Zeng Jiawen

(Guangzhou College of Technology and Business, Guangzhou 510850, China)

Abstract: Artificial intelligence technology, as the cutting-edge technology at this stage, has laid a solid technical foundation for universities to implement personalized education. Its potential and value in promoting higher education quality to a new level cannot be overlooked. The article first provides an overview of artificial intelligence technology, then delves into the analysis of the problems existing in traditional higher education teaching, and subsequently explores and elaborates on the diverse application scenarios of artificial intelligence in higher education. On this basis, it faces up to the challenges faced by artificial intelligence technology in higher education and looks forward to the future.

Key words: Individualized Education; Artificial intelligence technology; Diverse Application Scenarios

---

通信作者:曾佳文,jiawenzeng11@163.com。

引言

近年来,由于人工智能与教育的融合发展,现代化的教育教学工作正在从传统的单一授课模式转变成个性化、自适应模式,这种转变离不开人工智能技术。凭借其智能化的优势,人工智能技术被应用于高校教学之中,人工智能技术的融入不但紧跟时代潮流,而且拥有良好的发展前景,它的出现将高等教育教学水平提高了一个层次,有利于高等教育教学的可持续发展。2017年,国务院印发的《新一代人工智能发展规划》明确指出,人工智能技术是引领教学手段革新与教学方法转变的关键驱动力[1]。2020年,时任教育部部长陈宝生在第二届国际人工智能与教育大会上指出,人工智能技术是推动教育领域深刻变革的强大工具与关键利器[2]。在2021年举办的国际人工智能与教育会议上,中国政府郑重声明将强化人工智能教育政策扶持力度,深化人工智能与教育的全面融合,并借助人工智能技术助力构建全民终身学习的社会体系,致力推动教育数字转型、智能升级、融合创新,加快建设高质量教育体系[3]。

随着人工智能技术的日益成熟与普及,人类社会正稳步从信息时代迈向人工智能的新纪元,各行各业均站在了由这一技术革新带来的无限机遇与严峻挑战的风口浪尖。作为我国教育体系的重要组成部分,高等教育领域在人工智能的深刻影响下,将迎来一场变革,其教学模式、内容都将发生巨大的变化。

在此背景下,我国人工智能教育得以迅猛发展。本文阐述人工智能技术概念,分析现阶段传统高等教育教学存在的问题,探讨人工智能技术在高等教育中的具体应用以及挑战,并对人工智能技术进行了展望。

1 人工智能技术概述

人工智能是融合计算机科学、信息学、统计学、语言学和神经生理学等众多学科的一门综合性科学,它通过各种技术支撑来模拟人类思维处理信息在人工智能运用领域,它可以高效地辅助人类实现想法和完成预设目标。总体来说,人工智能的诞生是为了解决一些依靠人类自身无法完成或者较难完成的任务和工作。

人工智能技术的核心是机器学习(Machine Learning)和深度学习(Deep Learning)等算法。这些算法通过大量数据和训练,使计算机能够自动发现数据中的规律,并进行模式识别、分类、预测等操作。

人工智能的发展历程大致可以划分为起步发展期、反思发展期、应用发展期、平稳发展期和蓬勃发展期。在人工智能概念提出后,发展出了符号主义、联结主义(神经网络)等学派,并取得了一批令人瞩目的研究成果。随着大数据、云计算、物联网等技术的兴起,人工智能迎来了新的发展机遇,在各个领域得到广泛应用,包括医疗保健、金融服务、农业等方面。随着技术的不断进步和应用的不断拓展,人工智能将在更多领域发挥重要作用。未来,人工智能将更加深入地融入人们的日常生活和工作中,成为推动社会进步和经济发展的重要力量。

2 传统高等教育教学存在的问题

2.1 教学效率和学习资源不足

在高校中,优质的教育资源往往是有限的,而学生的数量却日益增长,这导致了学习资源分配不均的问题。随着高校招生规模的不断扩大,传统的教学模式已经难以满足所有学生的学习需求。教师面临着更大的教学压力,他们需要在有限的时间内兼顾更多的学生,这使得他们无法为每个学生提供个性化的答疑和指导。

2.2 教学手段单一

当前,教育领域在信息化建设方面存在明显短板,教学手段的现代化转型尚不充分。尽管众多高校已普遍采用多媒体教学,但这种应用往往仅停留于表面,即将传统的黑板板书简单地转化为电子形式,缺乏深度整合与创意呈现,导致教学过程缺乏足够的吸引力和生动性。此外,教学设备的老化问题也不容忽视,它们频繁出现故障,严重影响了教学进度与效果。例如,精心准备的多媒体材料在关键时刻因设备故障而无法正常展示,这种情况屡见不鲜。整体来看,这种单调且技术受限的教学手段不仅限制了教师在有限时间内传授知识的效率与深度,更在一定程度上抑制了学生的想象力与创造力的充分释放与发展。

2.3 教学内容与实践脱节

教学内容过于理论化,缺乏对学生实践经验和实际技能的有效培养。这导致学生在将所学知识转化为现实生活与工作中的实际应用时遇到困难。因此,学生毕业后可能会面临就业挑战,因为他们的技能组合未能充分满足市场的实际需求,存在技能与市场需求之间的不匹配问题。

2.4 考试导向与应试压力

当前,部分高校教学存在以考试为中心的教学模式,这种模式往往忽视了学生的个性化需求和实际应用能力的培养,过分强调应试技能,将重点放在记忆与应试技巧的培养上,而忽视了对学生综合素质与批判性思维能力的重要性。这种教育模式导致学生将主要精力聚焦于考试成绩,忽视了知识在实际生活与工作中的应用价值,以及个人综合能力的提升。长此以往,学生可能面临解决实际问题能力不足的挑战,同时其创新思维与独立思考能力也受到一定程度的限制。

3 人工智能技术在高等教育中的具体应用

3.1 智能辅导

智能辅导系统能够在学习者的学习进程中,运用识别技术精准捕捉其提问内容,随后以模拟教师答疑的方式,迅速提供自动化的解答与反馈。例如,北京邮电大学的"码上"智能教学应用平台,学生输入一段编程代码并提出问题,"码上"智能教学应用平台不仅用文字给出问题分析,还有长达150级的逐行代码解读。若进一步询问"这段代码还存在哪些不足","码上"智能教学应用平台会继续标注不足之处,同时提供针对性的改进建议。在新的教学场景下,"码上"智能教学应用平台化身为"前沿教育者",直接为学生提供编程学习的辅导与解答服务,成为他们学习路上的得力助手。与此同时,任课老师们则扮演起了"幕后监督者"的角色,他们负责监控并指导学生如何有效利用"码上"智能教学应用平台进行学习,确保学习过程的顺利进行。教师们不仅能够查阅学生的发帖提问以及"码上"智能教学应用平台的自动回答,还能针对其中的难题进行补充解答。这一模式不仅有效减轻了教师们辅导答疑的工作负担,还显著提高了教学效率。更重要的是,通过人机协作的方式,它解决了大模型在某些复杂情境下回答不够精准的问题,实现了教学质量的双重提升。对于学生提出的错误代码和编程问题,"码上"智能教学应用平台会采取一系列精细化步骤:智能审题以明确问题核心,代码分析揭示错误根源,关键点拨启迪思考方向,详细指导逐步解析难题,最后提供正确代码作为参考。此外,学生若仍有不解之处,可继续向"码上"智能教学应用平台提问,平台将保持与学生的持续对话,直至学生完全理解,确保学习过程的无缝衔接与深入掌握。

3.2 自适应学习

在传统的教学模式框架内,教师的核心职责在于从浩瀚的信息海洋中筛选并提炼出适宜的教学素材,随后依据教学目标精心编排这些素材,制作成 PPT 演示文稿或视频教学资料。然而,在这一模式下,所有学生被统一提供相同的教学内容,学习步伐需紧随课堂讲授的节奏,这虽确保了教学的一致性,却也凸显了其局限性:一方面,对于基础知识牢固的学生而言,重复学习基础内容可能显得冗余低效;另一方面,基础薄弱的学生则可能因需从最基本的概念开始学起而感到吃力,导致不同基础的学生之间在学习进度上产生显著差距,难以实现个性化同步学习。因此,传统教学方式因缺乏灵活性,难以充分满足学生多样化的个性化学习需求。而借助于人工智能技术,学生能够享受到自适应学习的便利,教师则转变为学习过程中的引导者与激励者,专注于组织学习活动并激发学生的潜能。人工智能技术基于学生的学情分析,能够智能地匹配并推荐个性化的学习内容:对于学生已熟练掌握的概念和知识,减少推荐;对于学生尚未掌握或熟练度不足的部分,则增加推荐量和强化训练。这种方式构建了一种高效的自适应教学模式,确保每位学生都能获得量身定制的学习路径和方法。

3.3 沉浸式学习

沉浸式学习是一种利用虚拟现实技术创建的学习模式,它为学习者呈现一个高度仿真的虚拟学习环境,近乎真实地再现了实际学习场景。在这一环境中,学习者能够享受到更加直接、生动且多元化的学习体验,从而加深理解和记忆。在沉浸式学习的框架内,智能系统不仅致力于营造高质量的学习环境,还巧妙地融入人工智能技术,以实现对学习者学习过程的全方位数据捕捉。这些数据随后被深入分析,用于个性化测评与即时反馈,最终助力构建一个紧密贴合每位学习者独特需求的智能学习空间。在虚拟现实博物馆的沉浸式体验中,智能系统能够智能识别并响应学习者的个人兴趣偏好,为其量身定制展示符合其喜好的展品及个性化的游览路径。此外,智能系统还会根据学习者的年龄层次及具体学习需求,创造出虚拟的学习伴侣角色,与之进行互动交流,不仅丰富了游览的层次,还极大地提升了整个体验过程的趣味性和互动性。

3.4 技能培养和职业规划

人工智能技术能够精准匹配学生的专业导向与个性特征,为他们量身打造个性化的职业技能培养蓝图。通过细致分析学生的学习历程数据,结合深度能力评估,再运用先进的机器学习及数据挖掘策略,能够为学生设计出一套符合其职业愿景的技能提升计划。这一计划旨在助力学生精准掌握关键职业技能与知识,为他们的职业发展道路铺设坚实的基石。人工智能技术能够评估并提升高校学生职业素质,识别其优势与不足,提供定制培训。同时,结合学生兴趣与能力,利用推荐系统和 NLP 技术,给出个性化职业建议,助力职业规划。

4 人工智能技术在高等教育的挑战与展望

4.1 数据安全与隐私保护

在高等教育中运用人工智能技术时,数据隐私与安全性成为亟待解决的关键挑战。这些挑战主要包括学生个人信息的潜在泄露风险、数据中心可能存在的安全漏洞,以及数据不当使用的威胁。这些问题一旦爆发,不仅可能引发法律纠纷,损害学校的声誉,还会严重破坏学生与学校之间的信任关系,并侵犯学生的隐私权。例如,当高校采用人工智能技术来定制个性化的学习资源和路径时,需要收集并分析学生的学习记录、考试成绩、兴趣偏好等敏感数据。然而,这些数据承载着学生的隐私信息,若管理不善,极易导致数据泄露或被不法分子利用,进而对学生造成不必要的困扰和伤害。

4.2 学术诚信风险

若高等教育的管理和治理存在漏洞,生成式AI模型便可能面临被误用或滥用的风险,这将损害教育的核心目标。具体而言,当学生过分依赖于如GPT这样的大语言模型时,他们可能会倾向于规避学习过程中对高阶思维能力的锻炼与知识深层次的内化过程,进而导致学习成果的质量与效果大打折扣。这些模型能够生成高度仿真的文本、代码,其逼真程度几乎达到了难以分辨的地步,这一特性为学术不端行为(如作弊和剽窃)提供了可乘之机,导致学生逐渐丧失了在学习中的主动性与自我驱动力。从教育政策和管理层面,这也对预防技术滥用带来了新的考验。

4.3 展望

在未来,人工智能技术将重塑个性化学习路径的定制过程,它利用先进的分析能力,深入分析每位学生的兴趣偏好、能力水平及学习进展,进而精心策划并推送高度个性化的学习资源和任务。这一过程不仅确保了学习内容的精准匹配,还通过即时反馈机制与动态评估体系,持续调整教学策略,极大地促进了学习效率和质量的双重飞跃。此外,AI技术将扮演智能教学助手的角色,辅助教师高效完成教学方案设计、作业批改等任务,使教师能够腾出更多宝贵时间专注于满足学生的个性化学习需求。与此同时,虚拟实验室与仿真教学技术的运用,成功突破了物理空间的局限,为学生创造了身临其境的学习场景,不仅极大地丰富了学习体验,还有效缓解了教育资源短缺的问题。

5 总结

在详细分析了人工智能技术的基础上,本文进一步探讨了传统高等教育教学存在的问题,并深入剖析了人工智能技术在高等教育中的具体应用场景。然而,随着这一融合趋势的深入,也必须正视人工智能技术在高等教育中所面临的挑战,并展望其未来发展的广阔前景。在人工智能连接万物的发展时代,未来教育的发展必定是与人工智能的深度融合。

参 考 文 献

[1] 国务院关于印发新一代人工智能发展规划的通知[J].中华人民共和国国务院公报,2017(22):7-21.
[2] 承担教育使命共同谋划教育未来——陈宝生出席国际人工智能与教育会议[J].教育发展研究,2020,40(23):76.
[3] 教育部部长怀进鹏:中国将加大人工智能教育政策供给[EB/OL].(2022-01-07)[2023-05-27].https:// www.sohu.com/a/514174519_120132276.

作者简介

曾佳文:男,1996年生,助教,研究方向为人工智能、深度学习。

第五部分
产教融合类

产教融合的 ARM 嵌入式系统设计与开发课程建设实践

郑 伟[①] 翟记业[②]

[①]（北京邮电大学信息与通信工程学院，北京，100876）
[②]（华为技术有限公司，北京，100088）

摘 要：在深度校企合作、推进产教融合、提升人才培养质量的号召下，ARM 嵌入式系统设计与开发课程作为北邮-华为学院首批建设的产教融合核心课程，通过联合华为技术专家组建稳定的教学团队，紧密结合技术和产业发展趋势，将教学培养和工程实践相结合，并根据完整性、系统性和有序协调的原则，整合三维目标，着重培养学生勇于探索的创新精神、善于解决问题的实践能力，为成为合格的移动网络、智能硬件、家居、穿戴等产品领域的 ARM 嵌入式系统开发工程师做好准备。在课程教学内容设置上，结合我国当前产业发展趋势，增加了鸿蒙操作系统的学习和 OpenHarmony 实践，开展产学研协同创新，更加深入促进理论与实践结合，深化产教融合，加强校企合作，进一步提高了产教融合型信息与通信系统专业人才培养模式的培养成效。

关键词：产教融合；ARM；嵌入式系统；课程建设；实践

Practice of Course Construction for ARM Embedded System Design and Development with Industry Education Integration

Zheng Wei[①] Zhai Jiye[②]

[①]（School of Information and Communication Engineering, Beijing University of Posts and Telecommunications，Beijing 100876，China）
[②]（Huawei Technologies Co, Beijing 100088，China）

Abstract：Under the call for deepening cooperation between enterprises and universities, promoting integration of industry and education, and enhancing the quality of talent cultivation, the ARM Embedded System Design and Development course has become one of

---

通信作者：郑伟，zhengwieus@bupt.edu.cn。

the pioneering core courses in BUPT-Huawei College for industry-education integration. By jointly recruiting technical experts from Huawei, the course has established a stable teaching team. It closely tracks the latest trends in technology and industry development, integrates teaching and training with engineering practice, and aligns with the three-dimensional goals of completeness, systematicness, and orderly coordination. The course emphasizes fostering students' innovative spirit of exploration and their practical ability to solve complex problems, preparing them to become competent ARM embedded system development engineers in fields such as mobile networks, intelligent hardware, home appliances, and wearable devices. In terms of content, the course incorporates the study of HarmonyOS and OpenHarmony practices, which align with current industrial development trends in China, thereby promoting collaborative innovation among industry, academia, and research institutions. This further strengthens the integration of industry and education, enhances university-enterprise cooperation, and significantly improves the effectiveness of the talent cultivation model for information and communication systems based on industry-education integration.

Key words: Integration of industry and education; ARM; Embedded systems; Curriculum development; practice

引言

国务院办公厅于2017年印发了《关于深化产教融合的若干意见》,明确提出了"构建教育和产业统筹融合发展"的新格局,将产教融合延伸至高等教育,推动教育与产业协同发展,以改善高等教育改革和人才培养机制[1]。在党和国家创新驱动发展、建设网络强国的背景下,培养一批引领通信技术发展和通信产业升级的领军人才是时代赋予的使命,在深度校企合作、推进产教融合,提升人才培养质量的号召下,北京邮电大学与华为技术有限公司于2020年联合建设了"北邮-华为学院"。北邮-华为学院的成立是信息科技发展的内在要求,是创新体系建设的客观需要,是国家经济转型升级的必然要求,也是创新人才培养模式的积极探索。ARM嵌入式系统设计与开发课程是北京邮电大学信息与通信工程学院针对具有一定通信与信息专业背景的研究生开设的一门实践性实验课程,是北邮-华为学院首批产教融合核心课程。该课程建设着重将教学培养和工程实践相结合,联合华为技术专家,在课程设置上通过瞄准未来技术方向进行人才培养,结合前景目标持续优化课程内容,聚焦先进技术,开展产学研协同创新,提高人才培养质量,实现综合型技能人才培养目标。

1 课程培养目标

课程教学团队成员联合华为技术专家组建了稳定的教学团队,包括北京邮电大学信息与通信工程学院教师和华为技术专家。经过团队教师和华为技术专家的深入研讨,在紧密结合我国嵌入式技术发展现状的基础上,充分结合技术和产业发展趋势,确定了"了解趋势,懂得原理,掌握技能,会开发"的课程培养目标,并根据完整性、系统性和有序协调的原则,整合三维目标[2](包括:情感态度价值观、知识与技能、过程与方法),使学生能够快速进入嵌入式、移动网络、智能硬件、家居、穿戴等产品领域的工程师。在课程学习和实践内容设置上及时地更新,充分考虑学思结合、知行统一，着重培养学生勇于探索的创新精神、善于解决问题的实践能力。让学生在实验、实践中不断提高正确认识问题、分析问题和解决问题的能力，为成为合格的移动网络、智能硬件、家居、穿戴等产品领域的 ARM 嵌入式系统开发工程师做好准备。该课程着眼于 ARM 嵌入式系统的基本原理及其在实际开发过程的上机实践，内容涉及 ARM 体系结构、编程模型、指令系统、开发和调试工具以及 ARM 嵌入式系统设计与开发实验。在操作系统方面，增加了鸿蒙操作系统[3]的学习和 OpenHarmony[4]实践，开展产学研协同创新，更加深入促进理论与实践结合，培养创新实践能力，深化产教融合，加强校企合作，提高人才培养质量，实现综合型技能人才培养目标。

2 课程教学内容

为深入贯彻"了解趋势，懂得原理，掌握技能，会开发"的教学目标，课程内容设置紧密结合我国嵌入式技术的发展现状，着眼于 ARM 嵌入式系统开发的基本原理和 ARM 嵌入式系统在实际开发过程的上机实践，同时充分结合企业资源和产业发展趋势，在北邮-华为学院教学团队的共同努力下，稳定持续开展课程建设，进一步改革和更新课程建设内容，使其更加深入地与产业发展相结合，开展产学研协同创新，实现人才供给侧与企业需求侧的完美对接。

嵌入式处理器发展日新月异，新的软硬件工具链不断出现，要求教学内容紧跟该领域技术前沿[5]。结合我国产业发展的现状和趋势，在教学内容的设置上，增加了鸿蒙操作系统的学习和 OpenHarmony 实践[6]，开展产学研协同创新。增加了鸿蒙操作系统的课堂教学内容，并设置基于 ARM 和鸿蒙操作系统的设计与开发实验。华为于 2012 年开始研发可兼容 Android 应用程序的跨平台分布式操作系统——鸿蒙操作系统，并于 2021 年发布[2]，打破了发达国家对我国操作系统的垄断，实现了一个系统满足所有大小硬件的系统需求，是全新的基于微内核的面向全场景的分布式操作系统。现有的操作系统都是基于一个平台或同一类型设备的，如 Android 和 iOS 只为手机和平板而开发，但鸿蒙操作系统可以安装在手机、电脑、电视乃至一切智能家居等不同的设备上，是跨平台、跨设备的。PC 在过去数十年中，走的都是本地化的思路，运算、存储、交互都在本地完成，即使在互联网时代，甚至到现在的移动互联网时代，尚没有得以彻底地改进。互联网时代的电脑都有电源连接，天生无须担心耗电问题，因此一直以来采用的 x86 芯片更注重效率而不是功耗等。而智能手机、平板等移动产品本就是为移动互联网而生，采用的 ARM 芯片天生具有"移动基因"，发展到今天，不但重量轻、体积小、成本低，且性能强。而产业和时代都需要一个面向云、面向智能互联的全新 PC 品类分支，在这种形势下，鸿蒙操作系统有望成为新局势下的软件底座。

针对面向未来的万物智联时代，华为发布了全场景智慧化战略，旨在基于统一的生态环境下，让多终端、多屏幕、多设备之间可实现流畅无缝的协同和互操作。因此，未来在鸿蒙操作系统的加持下，分布式操作系统和 ARM 架构处理器的组合，更加适用于移动互联网时代，以及正在到来的 AI＋5G 时代，通过笔记本与手机、平板、智慧屏、VR 等各种形态的终端互为外设，相互协同，将大幅提升用户娱乐体验和工作效率，并以鸿蒙操作系统为底座构建面向未来的全新生态体系和全场景智慧生活，持续创造社会价值，加速生态发展，推动产业繁荣。鉴于此，课堂授课内容在嵌入式操作系统部分增加了鸿蒙操作系统的讲授，包括鸿蒙操作系统框架、鸿蒙内核 liteos-a 框架分析、鸿蒙内核 liteos-a 启动流程解析以及鸿蒙内核 liteos-a 移植关键技术，在上机实验环节增加基于 ARM 的鸿蒙操作系统移植、应用程序开发、OpenHarmony

实践。相较于偏重于原理讲解与验证的本科阶段课程,硕士研究生阶段开设的ARM嵌入式系统设计与开发课程更偏重于系统设计与开发实现,重点培养学生的创新精神和实践能力。通过更新课程学习和实践内容,更加深入促进理论与实践结合,培养创新实践能力,深化产教融合,加强校企合作,提高人才培养质量,实现综合型人才培养目标。在课程考核方面,采用过程性考核与结果性考核相结合的综合考评体系。

3 课程建设成效

ARM嵌入式系统设计与开发课程建设紧密结合产业发展趋势,注重工程能力的培养,突出工程实践的磨炼[2]。学生在ARM嵌入式系统设计与开发课程学习中能够掌握嵌入式系统开发基本原理,深入实践ARM编程原理和基于ARM平台的多种操作系统开发的关键技术,如Linux、鸿蒙操作系统;通过增加具有我国自主知识产权的鸿蒙操作系统以及基于ARM的鸿蒙操作系统应用开发实验,使学生能够技术学习上紧跟技术发展前沿,让学生在实验、实践中不断提高正确认识问题、分析问题和解决问题的能力。ARM嵌入式系统设计与开发课程通过联合华为技术专家授课,增加最新业内技术讲授,并结合实验内容设置上机实践环节,可有效开展产学研协同创新,提高研究生知识获取能力、学术鉴别能力、独立研究能力和解决实际问题能力,进一步完善了"了解趋势,懂得原理,掌握技能,会开发"的课程培养目标,具体包括以下内容。

(1) 了解趋势。了解当前产业界嵌入式系统的最新前沿技术和发展趋势,熟悉ARM最新处理器架构、器件和总线设计技术。

(2) 懂得原理。掌握嵌入系统基本组成、各组成部分功能和特点、知识和技能体系构成,了解技能提升路径,为进一步研究和后续从业打好基础。

(3) 掌握技能。掌握嵌入式开发基本技能,掌握架构手册、SOC手册、硬件手册、器件手册阅读和使用能力,掌握嵌入式开发流程和工具使用技能。

(4) 会开发。掌握基于ARM架构的驱动和应用开发技能,能完成较完整的系统级开发。

通过产教融合,在ARM嵌入式系统设计与开发课程中结合近年来参加相关竞赛的参赛案例进行讲解,包括华为开发者大赛、中国国际大学生创新大赛、"挑战杯"全国大学生课外学术科技作品竞赛,鼓励学生结合课程学习积极参与到竞赛活动当中。由于ARM嵌入式系统设计与开发课程在教学内容的设置上紧密结合了嵌入式技术发展的前沿技术,同时充分结合了企业资源和产业发展趋势,学生在课程学习中积累的设计与开发实践经验也进一步提高了学生参加嵌入式系统设计与开发相关竞赛的积极性,近三年的参赛和获奖人数有了显著提升。ARM嵌入式系统设计与开发课程建设将产教融合和赛教融合有机结合,培养具备学术素养和实践能力的高水平科技人才,进一步提高产教融合型信息与通信系统专业人才培养模式的培养成效,主要表现在毕业生就业率、技能水平、创新能力、团队协作能力、专业素养和社会责任感等多个方面。

4 结语

ARM嵌入式系统设计与开发课程通过开展课程建设与实践,进一步改革和更新课程建设内容,使其更加深入地与产业发展相结合,促进理论与实践相结合,开展产学研协同创新,实现人才供给侧与企业需求侧的完美对接,深化产教融合,加强校企合作,提高人才培养质量,实现综合型人才培养目标。

参考文献

[1] 王晓玲,池明,丁洁,等."赛教产三融合"下自动化人才培养新模式的实践与思考[J].控制工程,2024,31(12):2223-2229.

[2] 薛微微.核心素养背景下三维目标的课程论意蕴及其教学变革[J].郑州师范教育,2024,13(3):23-27.

[3] 许芬,张盛.鸿蒙系统在 Cortex-M 内核架构上的移植和应用[J].工业控制计算机,2023,36(6):60-62.

[4] 黄焕辉.浅析华为"鸿蒙"系统商业模式[J].通信企业管理,2021(6):50-51.

[5] 汪永红,王震宇,宋成杰.《嵌入式系统设计》课程教学改革探讨[J].中国电子教育,2015(2):44-46.

[6] 朱立新,姚自明,宿金超,赵倩倩.OpenHarmony 赋能教育的应用场景与发展建议[J].中国教育技术装备,2024,7(14):1-8.

校企合作指导本科毕业设计的探索

白 媛[①] 童峥嵘[①] 王俊峰[①②] 韩 萍[②]

[①]（天津理工大学集成电路科学与工程学院，天津，300384）
[②]（中国民航大学电子信息与自动化学院、教育部信号类课程群虚拟教研室，天津，300300）

摘 要：本科毕业设计是工学本科生大学四年中最后的教学实践环节，是学生最重要的学习内容之一，是理论课程与实践环节融汇之后的升华与总结。天津理工大学通信工程专业在工程教育认证推动下试点了校企合作指导本科毕业设计的教学方式，探索了该方式的建设理念与实施办法。

关键词：教育部工程认证；校企合作；本科毕业设计

The Exploration of University-enterprise Cooperation Guiding Graduate Project for Bachelor's Degree

Bai Yuan[①] Tong Zhengrong[①] Wang Junfeng[①②] Han Ping[②]

[①]（School of Integrated Circuit Science and Engineering, Tianjin University and Technology, Tianjin 300384, China）
[②]（College of Electronic Information and Automation, Civil Aviation University of China, Virtual Teaching and Research Section for Signal Course Group, Tianjin 300300, China）

Abstract: The Graduate Project for Bachelor's Degree is the final practical teaching component in the four-year curriculum for engineering undergraduates. As one of the most critical learning experiences, it synthesizes and elevates theoretical knowledge through

---

通信作者：白媛，snowbaiyuan@163.com。
基金项目：教育部信号类课程群虚拟教研室；天津市普通高等学校本科教学改革与质量研究计划重点项目（项目编号：A231005902）；天津理工大学"三全育人"专项（项目编号：YB24-09）。

practical application. By the engineering certification of the Ministry of Education, teaching method of university-enterprise cooperation guiding undergraduate project has been experimented by teachers of the telecommunication engineering major in Tianjin University of Technology. The conceptual foundation and implementation skills are discussed.

Key words: engineering education certification; university-enterprise cooperation; Graduate Project for Bachelor's Degree

1 引言

随着市场经济的不断发展,为了与国际社会接轨,工程教育专业认证对工科人才培养模式与培养目标提出了新要求,培养的人才如何适应社会发展需求,成为专业教育亟须解决的重要问题[1-3]。

本科毕业设计是本科教育的重要环节,也是最后的一项实践环节,通过本科毕业设计,学生运用本科阶段所学的知识,独立完成某一特定课题。该过程既是对学生理论知识的综合检验,也是对学生运用所学知识解决实际问题的锻炼,是培养学生综合素质及创新能力的有效方式,还是针对未来研究及工作的一次重要实习演练[4]。

现行的本科毕业设计模式存在的问题较多,如选题的局限性、时间的局限性以及过程的局限性等。毕业设计选题过程单一,普遍存在以教师为主体的选题现象,严重影响学生积极性、主动性和创新性[5]。

鉴于上述问题,天津理工大学集成电路科学与工程学院通信工程专业探索了校企合作联合指导本科毕业设计的教学方式,取得了初步的经验与进展。其基本理念在于每年选取小比例的学生参与企业专家与校内指导教师联合指导的毕业设计项目,通过校企合作方式促进本科毕业设计基于工程教育认证的教学改革工作。

2 校企联合指导本科毕业设计的理念

天津理工大学通信工程专业在工程教育认证理念的指导下,设置的课程体系与评价标准如图1所示,重点在于以完成学生培养目标为中心,培养人才适应社会发展需要和行业发展需要。为实现上述目标,学生的本科毕业设计大部分是结合教师科研项目或根据生产实践实际问题提出,使学生通过参与工程化设计过程掌握设计标准和规范,培养学生解决工程设计问题的初步能力。

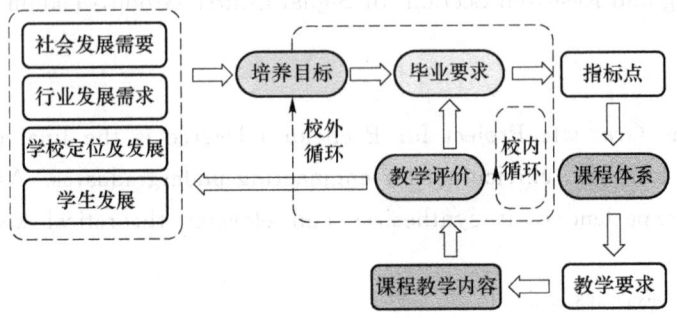

图1 课程体系设计与评价标准

毕业设计从课题来源来看,主要集中在科学技术和生产实践两个方面,旨在对学生的动手能力和实践能力得以锻炼。

随着工程教育认证工作的深入,天津理工大学通信工程专业对校企合作联合指导本科毕业设计工作进行了探索性研究。从2018届毕业生开始,连续开展邀请企业专家参与本科毕业设计的教学改革活动。本科毕业设计通过配置校外指导教师的方式,由校外企业、行业专家或工程技术人员参与毕业设计指导工作。校内指导教师与校外指导教师分工合作,共同指导学生。其中,校内指导教师主要负责本科毕业设计题目与内容的商定、审核,毕业设计进度的把握,文档规范性审核等;校外指导教师则负责本科毕业设计课题工作的具体实施。此外,在本科毕业设计答辩环节中,专业也积极邀请企业、行业专家参与本科毕业设计答辩工作。

3 校企联合指导本科毕业设计实施办法探索

天津理工大学的本科毕业设计工作包含提交审核命题审批表、教师与学生双向选题、发放任务书、开题、中期检查、毕业设计论文撰写与查重、答辩、文档整理修改上交等环节。以下针对各项工作流程,探讨校企合作指导本科毕业设计的实施细则。

3.1 校企联合指导本科毕业设计选题探索

校企合作指导本科毕业设计最初的环节也是最重要的步骤之一就是选择适配通信工程专业的合作企业与专家,进而在工程实践中选择能够更好完成指导目标的毕设题目。

(1) 选择与通信工程专业研究领域关联度高的企业

在通信工程专业多年校企合作指导本科毕业设计工作中,坚守的一个重要原则就是合作企业研究领域与本专业前沿关键技术密切相关。鉴于这样的思想,通信工程专业先后与大唐移动通信设备有限公司、北京小米移动软件有限公司、天津欧迈通信技术有限公司等的企业专家开展了合作。

(2) 尽量选择有过合作历史的专家

在校企合作专家选择过程中,选择与通信工程专业长期合作的专家更容易开展工作。在本科毕业设计前期的实践教学中会邀请企业专家参与授课,这些专家在前期实践环节中,用自身的专业素养赢得了学生的尊重,与学院教师建立了彼此信任的关系。校企合作指导的一个壁垒就是本校教师和学生与企业专家彼此相对陌生,沟通可能存在障碍,选择以往合作过的专家参与到本科毕业设计的指导中,这层壁垒更容易打破。

校友反哺是一个新的校企合作指导的思路,近年来有本校毕业的校友参与到本科毕业设计指导中,取得了很好的效果。本校毕业的学生与本校教师本有师生之谊,指导者和被指导者师出一门,相互之间更容易沟通,同时优秀的学长也很大鼓励了师弟师妹学习的积极性,起到了类似"朋辈帮扶"的作用。

合作企业选择中某些细节问题也需考虑周全。例如:尽量选择与高校在同一城市的企业;如果需要学生深入企业完成毕设题目,则需要学校交通费用支持及企业的深度配合。

(3) 选择难度得当的题目

题目的选择是最考验校内指导教师经验的环节,甚至可以说校企合作指导本科毕业设计最后的达成效果与这个部分密切相关。企业专家与高校教师研究的方向一致,但是侧重点略有不同,高校教师长于算法的研究与深入,企业专家则关注生产效益与产品的实用性。企业专家选题紧密结合生产一线,与学生三年半的校园学习存在部分脱节,容易造成学生长期不能从企业题目中抽象出工程问题,不能迅速进入学习状态的问题。为避免这一问题,题目的设置,选题审批表的撰写需要校内指导教师反复与企业专家沟通各项细节,必要的时候,还要设置不同的设计预案,以针对随时可能出现的意外情况。不同的设计预案不对学生宣布,以免学生产生懈怠的心理。

在实践操作过程中发现,侧重软件仿真的题目更容易实现,侧重硬件设计的题目常常因为受限于设备的使用而造成结题困难。

3.2 选拔学生方式探索

一般来说,校企合作的毕业设计题目较难,对于学生来说,从理论到实践的跨度较大,因此对于参与校企合作的学生要求也较高。从大一成长到大四,由于各种原因,临毕业之际,学生们的特长领域也各有不同。选拔参与校企合作的毕业设计学生的一个重要原则,就是基于学生自愿,否则学生在遇到挑战的时候,很难做到全力以赴攻坚。

为更好地选拔学生,对于校企联合指导的本科毕业设计题目需要教师组织宣讲会,详细介绍题目涉及的知识范围及要求,充分说明其难度和挑战性。通过宣讲会,学生更了解毕设题目内涵的知识领域,更容易判断校企合作设置的课题是否为自己的兴趣点,从而帮助学生决定是否报名。

3.3 企业专家指导方式探索

校企合作联合指导本科毕业设计需要企业专家对学生进行指导,建议采取线上与线下结合方式进行。一般来说,如果企业专家与学生面对面交流是最好的,但是条件限制,常常需要采取线上线下混合指导方式。从企业专家方面考虑,企业专家可能与学生在不同的城市,即使在一个城市,也可能由于工作原因经常出差到外地,而且本科毕业设计的指导虽然得到企业支持,但企业专家大多利用业余时间指导学生;从学生方面考虑,大四的学生因为考公、研究生复试、找工作等多种原因也经常请假去外地。从两个方面来说,线上指导是一种非常必要的指导方式。

除线下和线上指导外,还可以应用电子邮箱、微信群、QQ 群等多种方式全方位指导。这也意味着校企合作指导对于学校教师和企业专家来说要付出更多的时间与精力。由于参与的企业专家都是所在企业的骨干力量,工作繁忙,校内教师和学生都习惯了晚上 10 点以后或是节假日与企业指导教师交流。

3.4 校内指导教师责任探索

对于校企联合指导本科毕业设计中校内教师的职责问题,存在一个误解,就是认为在校教师工作轻松,指导的责任交给企业专家。这确实是一个误解,通过几年的校企联合指导方式探索,实践证明在联合指导中校内指导教师大概率要付出比单一模式指导方式更多的努力。校内指导教师的职责主要包括但不限于以下几个方面。

(1) 辅助企业专家确定选题

企业专家最初设定的题目对于高校可能可行性较差,这时就需要校内教师反复沟通与协调。校内指导教师了解学生的知识体系架构,明晰学生的能力界限,也知晓学校的毕业要求。没有校内指导教师的辅助,企业专家很难确定对标工程教育认证指标的毕业设计题目。

(2) 帮助企业专家为学生答疑解惑

企业专家工程实践思维方式与高校教学理念之间存在一定的隔阂。在企业专家对学生进行指导的时候,特别是在最初指导学生的时候,会出现双方无法对话的状态。这个时候,就需要校内指导教师承担一种类似"翻译"的工作,引导学生把课堂学到的理论知识与企业实践联系起来。

(3) 监督学生项目进度

校内指导教师每个星期都要给学生开组会。企业专家的时间是非常宝贵的,因此平时对学生进度的掌握、一般问题的解答,都需要校内指导教师在每个星期的组会中完成。通过组会,校内指导教师可以及时发现学生遇到的困难,尤其是学生与校外指导教师沟通的问题,都可以在组会中发现,进而给予解决。

(4) 全程指导学生完成毕业设计各项流程

从学生的层面来说,毕业设计每一个环节都需要校内指导教师全程指导、监督,特别是每一项环节中都有对应的毕业设计文档需要编辑整理。对于这些文档的基本要求为内容明确、方案可行、论证严密、层次分明、语句通顺、字体端正、表达确切。

对于毕业设计中间环节及文档撰写工作,企业专家是不熟悉的,这部分完全由校内指导教师负责完成。

3.5 聘请企业专家参与答辩

近年来,通信工程专业邀请校企联合指导的企业专家作为答辩教师参与答辩,取得了很好的效果。企业专家深入答辩环节,可以更好地了解高校需求。企业专家问询学生的角度也拓宽了高校的视野,达到了相得益彰的效果。

4 结语

实践证明,校企联合指导本科毕业设计对于培养学生的实践动手能力、提前感知企业文化、贴合工程教育认证理念等方面有着很好的促进作用。

参 考 文 献

[1] 路朝阳,梁小玉,李亚猛.双一流建设背景下工科类本科毕业设计改革创新研究[J].中国大学教学,2023(10):90-96.

[2] 巩雪,董文丽,侯理达,等.新工科和工程认证背景下"课程思政"融入《包装工艺学》的教学改革与实践[J].包装工程,2020,41:87-91.

[3] 廖光开,肖颖喆,孙翱魁,等.工程教育专业认证背景下《包装结构设计》课程思政体系构建[J].包装工程,2024,45:221-224.

[4] 崔晶晶,王照成,袁华.基于工程项目的本科毕业设计指导与实践[J].实验室研究与探索,2023,42(11):183-186.

[5] 胡爱江.本科毕业设计与大学生创新能力培养[J].东南大学学报(哲学社会科学版),2011,13:126-128.

新工科背景下产教融合长江航运通信系统课程建设初探

覃 琴[①] 王 鹏[②] 唐庭龙[①]

[①](三峡大学计算机与信息学院,宜昌,443000)
[②](长江宜昌通信管理局,宜昌,443000)

摘 要:产教融合课程建设是本科院校培养应用型人才的关键。本文以长江航运通信系统课程为例,分析新工科背景下通信工程专业课程在产教融合方面面临的问题。研究产教融合课程从目标制定到教学实施等课程改革具体内容,探索产教融合课程模式的构建,采用编写产教融合教材、确立教学目标、定制课程内容、改进考核体系和建设师资队伍等措施,培养信息与通信工程领域能够解决复杂工程问题能力的高素质应用型人才。

关键词:新工科;产教融合;课程建设

Discussion on Curriculum Construction Industry-Academia Integration Yangtze River Shipping Communication System under the Background of Emerging Engineering

Qin Qin[①]   Wang Peng[②]   Tang Tinglong[①]

[①](College of Computer and Information Technology, China Three Gorges University, Yichang 443000, China)
[②](Yichang Communication Administration of Yangtze River, Yichang 443000, China)

Abstract: The construction of industry-education integrated courses is crucial for undergraduate institutions to cultivate application-oriented talents. Taking the Yangtze River Shipping Communication System course as an example, this paper analyzes the challenges faced by communication engineering courses in industry-education integration under the

通信作者:覃琴,q_qin2000@163.com。

Emerging Engineering Education context. It investigates specific aspects of curriculum reform, spanning from goal formulation to instructional implementation, while exploring the establishment of an industry-education integrated course model. Through measures such as developing integrated teaching materials, defining teaching objectives, customizing course content, improving assessment systems, and enhancing faculty development, this study aims to cultivate high-quality application-oriented professionals capable of addressing complex engineering challenges in the information and communication engineering field.

Key words: emerging engineering education; industry-education integration; curriculum construction

引言

"产学合作、产教融合"是提升本科教育质量和深化教育改革的关键[1]。对于具有水利电力特色的综合性大学,这一策略是培养高质量人才的有效途径。学校通过实施"学术立校、需求导向、特色发展"战略,与企业合作,使人才培养与行业标准对接,提高学生就业能力,实现校企共赢。三峡大学通信工程专业作为国家一流本科专业,强调以学生为中心、持续改进的OBE理念,重点加强实践能力培养,满足职业需求。产教融合课程的建设是实现产教融合的核心,其成功直接关系到产教融合的整体成效。

1 问题分析

三峡大学通信工程专业面临的主要问题包括专业特色不明显和产学合作深度不足。尽管已有企业参与人才培养和课堂教学,但合作模式较为单一,缺乏深度融合。产教融合多停留在实习实践层面,存在校企合作模式松散、企业参与度不够深入的问题,导致学生培养与行业需求不匹配。在新工科背景下,课程建设需强化学生专业知识和技能的同时,注重价值引领,实现知识技能与价值观教育的结合[2]。

2 课程产教融合的探索与实践

2.1 课程设置背景

自2017年以来,教育部推动新工科建设,强调工程教育认证和产教融合在人才培养中的重要性。大学需服务地方经济,特别是在推动长江经济带高质量发展的国家战略中。长江航运虽已建立多模式通信服务体系,但现有无线通信能力不足以支持现代化管理,5G技术的应用将促进其数字化转型。

通信工程专业目前的核心课程有信号与系统、电磁场与电磁波、通信原理、微型计算机技术、DSP技术、无线通信、计算机网络及配套的课程实验、课程设计和项目综合实训,覆盖了基础理论和技术,但在工程应用方面的课程不足。与长江宜昌通信管理局的合作显示,用人单位认为学生知识结构单一,解决实际工程问题的能力不足。

为强化专业特色并服务长江航运及地方经济,通信工程专业需在工程教育认证和产教融合的推动下,开设更多面向行业应用的课程,提升专业建设特色,并共建一流的专业教材。这将解决专业特色不鲜明和产教融合不足的问题,突出专业优势。

2.2 产教融合教材编写

长江航运通信系统课程旨在培养学生满足工程知识、问题分析等技术性毕业要求,强化行业相关性和工程实践性,以符合产业和社会需求。为弥补高校教师工程背景不足,三峡大学联合长江宜昌通信管理局专家共同开发专业教材,侧重内河水运通信行业,介绍关键通信网络和系统,融合现代通信技术与行业特色。采用产学合作模式,确保教材与技术发展同步,强调实际工程问题解决能力,并符合 OBE 教学设计理念,支持教学目标实现。教材开发流程如图 1 所示。2022 年 7 月,双方合作的《内河水运通信概论》教材出版,为长江航运通信系统课程奠定了基础。

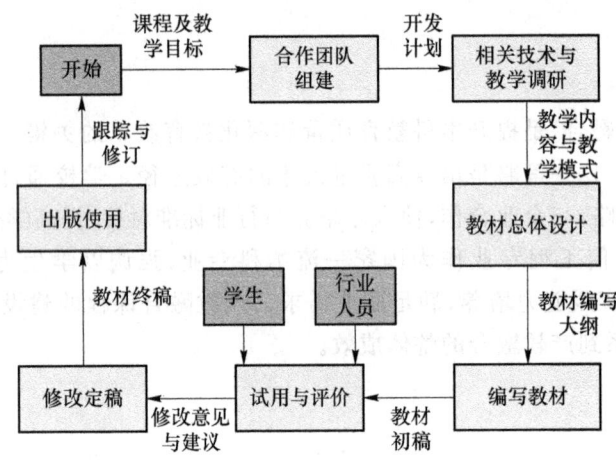

图 1 教材开发流程

2.3 确立教学目标

长江航运通信系统课程依据 OBE 理念,整合通信工程专业核心课程在行业应用中的知识,构建以解决复杂工程问题为目标的教学内容和模式,提升学生分析、设计实际通信系统及解决复杂问题的能力。结合新工科人才培养目标和三峡大学及长江航运的特色,本课程探索并形成了一套适合三峡大学通信工程专业的复合型人才培养模式。课程目标见表 1。

表 1 课程目标

课程目标	具体内容
总体课程目标	理解并掌握内河水运传输网、接入网、电话交换网、数据通信网、船岸通信网、内河水运通信业务系统、网络安全、通信电源等内河水运通信的基本原理和各系统的技术应用
课程目标 1	对长江航运通信系统中的复杂工程问题的解决方案进行调研和分析,能够综合考虑社会、健康、安全、法律、文化以及环境等因素,提出有效的解决方案
课程目标 2	能够分析和评价长江航运通信工程实践和复杂工程问题的解决方案对社会、健康、安全、法律和文化的影响,以及这些制约因素对项目实施的影响,并理解应承担的责任
课程目标 3	能够思考并评价长江航运通信系统工程实践方案对环境保护、社会可持续发展的影响
课程目标 4	能够在多学科环境下,运用工程管理与经济决策方法,进行长江航运通信系统工程方案的设计和管理

2.4 定制课程内容

长江航运通信系统课程强调多种通信手段的综合应用,以确保航运安全和海事监管。该课程内容涵盖5G和北斗技术,旨在构建"海陆空天"一体化监管新模式。该课程从系统角度出发,整合有线、无线、交换、网络和卫星通信的理论和实践,提炼核心知识点,培养学生全面理解通信系统的能力,并解决复杂工程问题。

为确保教学内容与工业标准对接,我们将关键标准转化为教材内容,确保教学方法和流程与业界规范一致,并利用产学合作试用教材,满足工程与教学需求。同时,高校教师通过与企业的紧密合作,快速响应人才需求变化,更新课程和教材内容。

2.5 改进考核方式

长江航运通信系统课程采用过程性评价,结合形成性和终结性评价。在该课程成绩构成中,平时成绩占40%,小论文或课程报告占10%,期末考试占50%。增加了综合性、创新性和挑战性的考核,课程报告包括课题设计和答辩环节,以提升学生解决实际问题的能力。此外,通过课堂表现和作业评估学生的认知、情感和价值观,逐步建立以能力和素质为导向的多元化考核方式(表2)。

表 2 课程考核方式

课程目标	考核方式及成绩比例/%				成绩比例小计/%
	平时考核		小论文/课程报告	期末考试	
	作业与考勤	课堂测试			
课程目标 1	10	5	10	20	45
课程目标 2	10	5		20	35
课程目标 3		5		5	10
课程目标 4		5		5	10
合计	20	20	10	50	100

2.6 建设师资队伍

长江航运通信系统课程充分利用校企合作资源,采用项目驱动的双师型培养模式,强化师资队伍建设。通过学校教师到企业实践和企业工程师到校交流,共同组成教学团队。长江宜昌通信管理局作为实践基地,促进实验室和课堂与企业的融合,加强校企间的教学和工程经验交流,提升教学质量。在该课程建设中双方集体备课,交流课堂教学方法及现场工程经验,相互取长补短,提高教学水平。高校与企业互相支持,实现资源共享和人才培养的双赢合作[3]。

3 课程产教融合的成效

长江航运通信系统课程结合工程教育认证和产教融合,开发专业教材,基于OBE理念改革通信工程复合型人才培养模式,满足通信行业人才需求,突出三峡大学专业特色,具备较高的普适性,适用于其他院校的改革,具有推广价值。教材和课程建设在航运企业广泛应用,培养长江航运通信信息人才,服务长江经济带建设。

课程成果"内河航运通信概论"支撑三峡大学获批工信部电子信息产业重点领域人才培养

专项行动计划实施单位、产教融合示范基地，有力支撑了通信工程国家一流本科专业建设点的建设。

通过教学创新实践，学生综合运用知识的能力和创新能力不断提升，为基于 IUV 的 5G 全网部署工程项目综合实践打下了良好的基础，更多学生主动参与科研项目。2024 春，组织十余名学生参加"大唐杯"全国大学生新一代信息通信技术大赛，获国家二等奖 1 项，省级一等奖 2 项，省级二等奖 3 项。九名学生参加 2024 网络与信息技术大赛，获国赛三等奖 1 项，分区赛一等奖 1 项，二等奖 6 项，三等奖 2 项。学生学业成绩优良，高阶能力显著提升。

4 结语

从长江航运通信系统课程建设入手，可以深化产教融合，彰显通信工程专业的国家一流本科特色，包括校企合作编写教材、实施多模式教学、融入实际案例、建立多元化考核体系，以及构建高校教师和企业专家的双师型队伍。这些措施将促进产教深度融合，培养符合行业需求的应用型人才，实现专业发展与行业同步，推动教育与产业的共赢创新，助力新工科建设。

参 考 文 献

[1] 冯星，招瑜，蔡伟通，等. 高校产教融合协同育人模式的探索与实践[J]. 实验室研究与探索，2022,41(6):241-243.

[2] 李凤. 地方应用型本科高校产教融合：困境、机理、方向[J]. 中国高等教育，2020(9):57-59.

[3] 孟性菊，余莉，杨昌容. 应用型本科院校产教融合课程建设研究[J]. 科教导刊，2022(10):56-59.

作者简介

覃　琴：女，1970 年生，教授，研究方向为无线通信理论与技术。

王　鹏：男，1975 年生，高级工程师，研究方向为无线通信技术。

唐庭龙：男，1979 年生，副教授，研究方向为无线通信理论与技术。

校企联合模式下大学新工科人才培养新策略探究

李 俊

(江西应用科技学院智造学院,南昌,330000)

摘 要:在当前科技迅猛发展和产业结构不断升级的背景下,高校与企业的深度融合成为培养新工科人才的重要途径。本文旨在探究校企联合模式下大学新工科人才培养的新策略。通过文献综述和案例分析,本文梳理了现有的合作模式与实践经验,重点讨论了课程体系优化、实践教学改革、科研合作与创新训练、产学研平台建设等方面的策略。研究表明,校企联合培养能够有效地缩短高校教育与市场需求之间的距离,提升学生的实际操作能力和创新能力。同时,提出了一些具体的实施建议,以期为高校新工科教育改革提供参考和指导。研究认为,未来的高等教育应更加注重与产业发展的同步改革,实现知识、能力与素质的全面提升。

关键词:校企联合;新工科;人才培养;产学研平台

Exploration of New Strategies for Cultivating New Engineering Talents in Universities Under the Model of School Enterprise Cooperation

Li Jun

(Intelligent Manufacturing College, Jiangxi University of Applied Sciences, Nanchang 330000, China)

Abstract: Against the backdrop of rapid technological development and continuous upgrading of industrial structure, the deep integration of universities and enterprises has become an important way to cultivate new engineering talents. This article aims to explore new strategies for cultivating new engineering talents in universities under the model of school enterprise cooperation. Through literature review and case analysis, this article summarizes existing cooperation models and practical experiences, focusing on strategies for optimizing curriculum systems, reforming practical teaching, promoting scientific research cooperation and innovation training, and building industry university research platforms. Research has shown that joint education between schools and enterprises can effectively shorten the distance between higher education and market demand, and enhance students' practical and innovative abilities. At the same time, some specific implementation suggestions were proposed in order to provide reference and guidance for the reform of new engineering education in universities. The research conclusion suggests that in the future, higher education should pay more attention to synchronous reforms with industrial development, achieving comprehensive improvement in knowledge, abilities, and qualities.

Key words: school enterprise cooperation; new engineering; talent cultivation; industry university research platform

随着全球科技的飞速发展和产业格局的不断变革,传统的工科教育模式已难以满足当代社会对高素质、创新型人才的需求。在此背景下,新工科作为应对工业4.0时代挑战的教育新范式应运而生。新工科强调跨学科融合、创新能力培养和实践导向,为培养适应未来技术和产业需要的工科人才提供了新的路径。然而,单凭高校之力难以完成这一任务,校企合作已成为新工科培养模式中不可或缺的重要一环。

校企联合培养模式通过融合企业的实际需求和高校的教学资源,使学生在掌握先进理论知识的同时,积累丰富的实践经验,从而缩短其从校园到职场的适应周期。尽管这一模式在推动高等教育改革和产业升级方面发挥了重要作用,但在实施过程中仍面临诸多挑战,如高校和企业在培养目标上的分歧、企业参与积极性不足、沟通机制不健全以及缺乏长期规划等。基于此,本文将深入探讨在校企联合培养模式下,提高新工科学生培养质量的新策略,即"严、产、踪、合"四个维度,并提出具体的实施路径。期望通过新策略,推动校企合作的深层次发展,增强学生的综合素质和实践能力,最终实现高校、企业和社会多方共赢。

本文的研究不仅为高校和产业界提供了操作性强的指导方案,更为国家推进新工科建设提供了理论支持和实践启示。希望通过对新策略的深入研究和实践探索,能够有效改善当前校企联合培养模式中的不利因素,提升整体教育质量和产业竞争力,为社会培养更多创新型、高素质的新工科人才。

1 校企联合培养模式目前所面临的问题

1.1 校企双方在大学生培养方面存在分歧

在校企联合培养模式下,高校和企业往往在教育目标、培养方式及期望结果上存在不同的看法和需求。高校注重理论知识的传授和科研能力的培养,而企业更加关心学生的实践能力和工作经验。如果这些分歧得不到有效调和,将直接影响联合培养的实效性。

1.2 企业积极性难以调动

企业在校企联合培养中的积极性较低,主要源于投入成本大、见效慢以及对未来收益的不确定性。企业需要投入大量的人力、物力和时间,但在短期内难以看到实际回报。此外,企业还担心学生在培养过程中的流失率较高,无法获得稳定的员工输出。

1.3 沟通机制不健全导致难以把握本科生培养状况与项目发展进度

校企联合培养要求双方保持密切沟通和协调,但在实际操作中,由于缺乏有效的沟通机制,学校和企业之间的信息对接不及时,导致无法及时了解学生的培养情况和项目的进展。这种沟通不畅影响了培养计划的顺利实施,甚至可能导致管理上的混乱。

1.4 缺乏长期规划导致项目周期短

许多校企合作项目缺乏长期的发展规划,往往是短期项目,导致合作不稳定且持续性较差。这种情况不仅无法充分发挥校企联合培养的优势,还可能造成资源的浪费和人力的流失,无法形成长期有效的合作机制和稳定的人才培养链。

2 高校新工科学生培养新策略研究

2.1 严:严格把关大学生课题,合理制定培养方案

基于实际需求和未来发展趋势,高校应严格审核学生课题,确保其具有充分的创新性和应用价值。同时,合理制定培养方案,注重理论与实践相结合,以提高学生综合素质和实践能力。

2.2 产:加快科研成果产出,调动合作积极性

高校应加快科研成果的产出速度,确保联合培养的成果能够尽快转化为实际应用,从而激发企业参与联合培养的积极性。当企业看到实际收益时,将更愿意投入资源和精力。

2.3 踪:关注研究生动向,跟进项目进展

高校和企业应共同关注学生的学习和科研动向,建立健全的跟踪和反馈机制,及时了解和解决在培养过程中出现的问题,确保项目顺利推进。

2.4 合:加强校企联动,促进校企高效合作

通过加强校企之间的联动,建立长期稳定的合作关系,形成高效的合作机制。定期举办沟通会议和联合培训,促进双方的深度合作,确保在培养理念、方法和目标上的一致性。

3 人才培养模式的实施策略与路径

3.1 优化校企合作策略

以下四点策略相辅相成,共同构成优化校企合作策略的核心内容。

① 课程与市场需求的对接。高校和企业需紧密合作,共同设计专业课程和实训内容。通过融入企业提供的实际案例和技术需求,调整课程设置,更新教材和设备,使教育内容紧跟行业最新标准和技术发展。

② 成果导向的合作框架。建立一个涵盖项目合作、联合研发和技术转移的合作框架,确保合作有实质性成果。学生可积极参与企业项目,如产品设计、市场调研及技术改进,这不仅促进了实践教学,还帮助学生将理论知识应用于实践。

③ 信息共享与沟通机制。定期进行需求分析和满意度调查,定期召开会议或成立工作组,评估项目进展与效果,并及时调整合作策略。这种机制确保了校企合作的透明性和持续优化。

④ 师资建设。邀请企业专家举办讲座、研讨会或短期课程,增强教师对行业的了解与技术知识更新。同时,组织教师参与企业实习或项目,提升其实践能力,以便更好地指导学生。

3.2 校企合作实施路径
3.2.1 订单式人才培养

高校与企业可采用订单式培养模式,依据企业的具体需求和用人标准进行定向教育,使学生在毕业时具备适应企业环境的能力。通过这种定制化的人才培养,学生可以在职业技能和工作适应性方面得到全面提升,从而更快地为企业创造价值。

实施路径包括:制定详细的合作协议,明确双方的责任和利益;设立由高校和企业代表组成的联合教学团队,共同开发符合行业需求的课程和教材;定期举办工作坊和研讨会,确保课程内容紧跟行业发展,具有实际应用性和前瞻性;实施以学生为中心的实习和实践项目,帮助学生提升技能和职业素养。

3.2.2 产学研相结合

鼓励高校与企业共同进行产学研合作,这种模式不仅能促进技术创新和行业进步,还为学生提供了多样化的实践机会。

通过产学研结合,高校与企业可以整合资源,共同推进技术研发和应用,促进行业的进步。学生可参与这些项目,提升创新思维能力,增强解决实际问题的能力。同时,这种模式也为学生提供了了解工作环境和行业动态的机会,为其职业生涯打下坚实的基础。

实施路径包括:建立产学研合作平台,整合资源,推进技术研发和应用;组织学生参与企业项目,提升其专业技能和综合素质;定期评估项目进展与效果,及时调整合作策略。

3.2.3 建立长效的反馈和评估系统

为实现校企合作的长效发展,建立一个全面的反馈和评估系统至关重要。通过定期收集和分析来自学生、教师和企业的反馈,可以灵活调整教学方法和合作策略,更好地适应行业和市场的快速变化。

实施路径包括:利用在线调查、定期访谈和评价报告等方式,确保反馈的全面性和及时性;设立专项基金和奖励机制,激励各方积极参与合作;根据反馈结果,及时调整教学方法和合作策略。

3.2.4 发挥高校继续教育的特殊作用

高校继续教育在校企合作模式中扮演着重要角色,成为连接学术与实践、理论与市场的桥梁。继续教育部门为在职人员提供持续学习和技能提升的平台,通过定制化培训课程有效满足企业的特定需求。这些课程基于最新的行业发展和技术进步,帮助员工快速掌握新知识和新技能,提高工作效率和竞争力。

继续教育部门积极参与合作项目的设计和实施,确保教育内容和教学方式能够紧密结合企业的实际需求。利用灵活的教学模式和广泛的行业网络,继续教育能够迅速调整课程内容,引入最新的行业案例和实际操作经验,使学习内容更加贴近实际工作的需求。这种紧密结合有助于学习者更好地理解理论知识的应用价值,增强解决实际问题的能力。

此外,继续教育通过短期课程、在线学习和模块化教学,能够迅速应对技术进步和市场变化。这种灵活的教学形式不仅方便了学习者的学习安排,也使教育内容可以及时更新,以适应快速变化的职业要求。例如,在线平台提供的课程允许学习者根据自己的时间安排进行学习,而模块化的教学内容则让学习者根据个人兴趣和职业发展需要选择相关的学习模块。

通过这些活动,高校继续教育不仅增强了校企合作的灵活性和适应性,还提升了教育的覆盖面和影响力。这有助于实现终身学习和职业发展的目标,为社会培养更多具有实际操作能力和创新思维的专业人才。最终,这种合作模式促进了教育与产业的深度融合,为社会经济的发展提供了强有力的支持。

4 校企联合人才培养案例及策略可行性分析

案例一：江西应用科技学院与中兴通讯合作培养电子信息工程专业人才。

校企共同开设电子专业课程，并设立中兴 ICT 学院。企业提供实际案例和技术需求，学校根据这些需求调整课程设置和实训内容。学生在完成理论学习后，进入企业进行实习和项目实践。这种合作模式不仅提升了学生的实践能力和创新能力，还促进了企业的技术创新和产品研发。

根据学校一直坚持的"校企融合，产学互动"办学理念和"企业工程师到我校担任老师"的教学传统并结合市场对计算机应用型人才的大量需求的实际情况，电子信息工程专业在完成理论课程的基础上，积极组织学生开展识岗实习、跟岗实习、轮岗实习、顶岗实习，并参与教师科研项目或者到相关的电子信息类企业参与实际项目开发，承担相应的开发任务，熟悉企业流程。通过使学生置身于真实的软件开发场景之中，使学生能体会到企业化管理制度、竞争压力，以培养学生软件开发、团队合作以及项目管理的能力。

在学生实践能力和就业能力的提升上，与企业开展积极合作，主要的合作形式如下。

（1）每年选派一定数量学生到基地进行认知实习和企业实训，企业为本专业的实践教学提供支持和帮助。

（2）双方合作开展有关课题的研究。实习单位可以根据企业目前实际运营过程中存在的难点、重点问题，提出具体课题，由实习单位、学校和学生共同组建项目组，定期开展研究、探索解决方案的相关活动。

（3）双方合作开展培训工作。我院教师可为实习单位员工进行相关培训，同时邀请实习单位的工程技术人才不定期来我院兼课或讲座。

（4）充分发挥合作企业的教育资源优势，与本校的人才培养优势，实行优势互补，将更多具有综合性、实践性和创新性的企业资源引入到教学中。

电子信息工程专业教学改革方面的已有探索和成效情况如下：①"关于高校信息安全教育模式的探索及实践"获省级教学成果二等奖；②"专利知识在学生群体中推广及应用"获校级优秀教学成果奖三等奖；③"民办高职院校强化实践教学环节研究"获校级优秀教学成果奖三等奖；④"电子信息工程技术专业人才培养模式的研究"获校级优秀教学成果奖二等奖。

策略可行性分析：该案例表明，通过课程与市场需求的对接、产学研结合以及实习和实践项目的实施，可以有效提升新工科学生的培养质量。同时，企业也能从中获得实际收益，如技术创新和产品研发方面的提升，从而增强其参与联合培养的积极性。

5 结论

校企联合培养作为现代教育改革的重要方向，其顺利实施对高校、企业和社会都有着积极的影响。然而，目前的合作模式仍面临诸多挑战，需要通过新的策略和措施加以改进。高校应从严把课题、加快成果产出、关注学生动向以及强化校企联动四个方面入手，推动校企联合培养向深层次发展。这不仅能够提升学生的综合素质和就业竞争力，还能够促进高校教学质量和企业创新能力的双提升，最终实现多方共赢，为社会培养更多高素质的新工科人才。

参 考 文 献

[1] 钱岚.校企合作打造技能型人才培养快车道[J].中国商人,2024(8):204-205.
[2] 林险峰.校企合作人才培养模式的构建[J].四川劳动保障,2024(7):38-39.
[3] 黄杰,于静红,徐成,等.适应数智化趋势的工业互联网现场工程师教育模式研究[J].互联网周刊,2024(14):52-54.
[4] 刘学超.基于校企合作模式下汽车产业应用型人才培养的优化策略[J].内燃机与配件,2024(14):149-151.
[5] 邓宁君,刘颖佳.制造业数字化转型背景下高校实践教学探究——以广东理工学院经济管理学院为例[J].对外经贸,2024(7):149-152.
[6] 杨会伟,程鸿芳,郎璐红,等.一核多元融合共育人才培养新模式研究[J].现代商贸工业,2024,45(15):143-145.

作者简介

李 俊:男,1979年生,教授,专业为电子与通信工程。

基于多元主体多维协同的 ICT 现代产业学院建设研究

罗　晖　吴文松

(华东交通大学信息与软件工程学院,南昌,330013)

摘　要:随着江西省将电子信息产业列为万亿级产业发展重点,相关现代产业学院的建设成为推动产教融合及促进教育链与产业链有机衔接的重要举措。本文以华东交通大学 ICT 现代产业学院为研究对象,深入探讨多元主体运行管理机制的建立、多维协同育人方案的优化,以及基于产学研融合的一体化实践平台构建,以实现产业链、创新链与教育链的有效衔接,从而提升 ICT 技术人才培养质量,并为其他高校的现代产业学院建设提供可复制、可推广的新模式。

关键词:产教融合;多元主体;多维协同;现代产业学院

Research on the Construction of ICT Modern Industry College Based on Multi stakeholder and Multi dimensional Collaboration

Luo Hui　Wu Wensong

(School of Information and Software Engineering, East China Jiaotong University, Nanchang 330013, China)

Abstract: With Jiangxi Province prioritizing the electronics information industry as a trillion-level development focus, the construction of modern industrial colleges has become a key measure to promote the integration of industry and education, and to facilitate the organic connection between the educational and industrial chains. This paper takes the ICT Modern Industrial College of East China Jiaotong University as a case study, exploring the

---

通信作者:罗晖,Lh_jxnc@163.com。

基金项目:江西省教育科学"十四五"规划重点课题(21ZD039);江西省高等学校教学改革研究课题(JXJG-21-5-29);江西省高校人文社会科学研究一般项目(JY21108)。

establishment of multi-subject operation and management mechanisms, optimization of multidimensional collaborative talent cultivation schemes, and the construction of an integrated practice platform based on "industry-university-research" integration. The aim is to effectively connect the industrial, innovation, and educational chains, enhancing the quality of ICT talent cultivation, and providing a replicable and scalable model for other universities.

Key words: integration of industry and education; Diverse subjects; Multidimensional collaboration; Modern Industry College; Education Plan

1 引言

2019年,江西省发布《"2+6+N"产业高质量跨越式发展行动计划》,将电子信息产业列入万亿级产业发展规划。为实现信息和通信技术(Information and Communication Technology,ICT)核心技术突破,并推动相关产业高质量发展,2019年9月,国家发展和改革委员会、教育部等六部委联合发布《国家产教融合建设试点实施方案》,强调"深化产教融合,促进教育链、人才链与产业链、创新链有机衔接"的重要性。随后,2020年8月,教育部、工业和信息化部联合发布《现代产业学院建设指南(试行)》[1],推动在特色鲜明且与产业紧密联系的高校中建设多主体共建共管共享的现代产业学院。

为解决当前ICT人才供需结构性矛盾和技术供给瓶颈,服务江西省地方经济发展,提升ICT产业竞争力,华东交通大学积极响应国家政策,依托其信息与软件工程学院的学科和资源优势,成立了ICT现代产业学院。本文以华东交通大学ICT现代产业学院为例,深入探讨如何构建基于多元主体协同的运行管理机制,为其他应用型高校的现代产业学院建设提供可复制、可推广的运行模式。

2 ICT相关现代产业学院建设现状

当前,ICT相关现代产业学院的建设主要集中于人工智能、5G、大数据等ICT核心领域,这反映出对这些高需求产业的高度关注[2]。近年来,众多高校积极响应政策号召,推动了现代产业学院建设的浪潮,特别是在经济发达的浙江、江苏、广东等地区进展迅速[3]。但在机制设计、育人方案设计和资源整合等方面仍面临诸多挑战。

(1) 利益协调与机制设计不足

产学研多元主体的合作涉及高校、企业和科研机构等多个利益相关方。然而,他们在目标、管理理念、资源分配等方面存在显著差异。

(2) 育人方案与产业需求匹配度低

尽管ICT现代产业学院强调产学研协同育人,但多维协同的育人方案在实际实施过程中,与产业需求的紧密结合度不足[4]。

(3) 实践平台资源整合与运行效果不佳

产学研融合的一体化实践平台应为学生提供从理论学习到实践应用的完整链条,但在资源整合和实际运行中面临诸多挑战。

3 基于多元主体多维协同的 ICT 现代产业学院建设模式

3.1 基于产学研多元主体的运行管理机制

华东交通大学为确保 ICT 现代产业学院的高效运行,建立了长效合作的运行管理机制。ICT 现代产业学院明确了办学和发展定位,以此为基础,建立了多方联动机制、独立机构运行机制及合作激励机制,具体如图 1 所示。

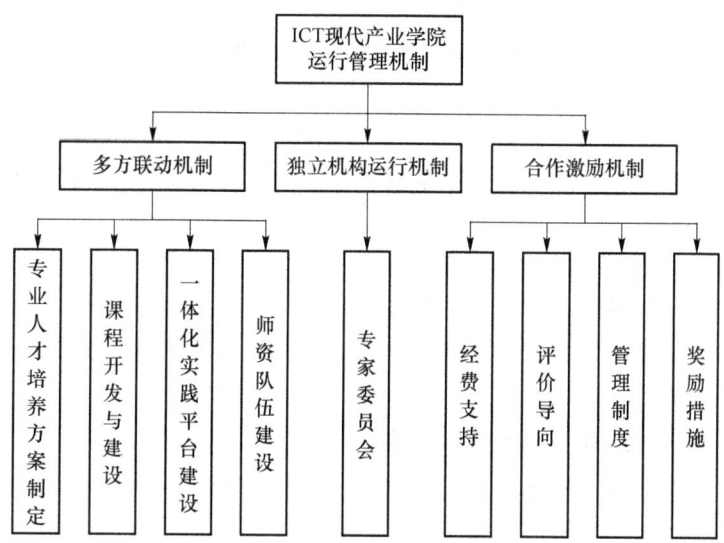

图 1　ICT 现代产业学院运行管理机制

(1) 多方联动机制

多方联动机制通过定期召开联席会议、设立联合工作小组等方式,加强各方之间的沟通与协作。联席会议负责讨论并决定专业人才培养方案、课程设置、实践平台建设等重大事项。联合工作小组则负责具体事务的落实与推进。

(2) 独立机构运行机制

独立机构运行机制是指 ICT 现代产业学院作为一个相对独立的实体,拥有自主决策与运营的能力。这一机制的构建,提升了 ICT 现代产业学院的运行效率与灵活性。

(3) 合作激励机制

通过制定一系列激励机制,激发了各方参与 ICT 现代产业学院建设的积极性与主动性。这一机制的制定与实施,确保了产学研深度融合。

3.2 基于多维协同的育人方案

在产学研多元主体运行管理机制下,ICT 现代产业学院依据"以学生为中心、以产出为导向、持续改进"的整体思路,多方共同制定了专业人才培养方案。具体方案如图 2 所示。

(1) 专业人才培养方案制定

为了更加精准地契合 ICT 产业的发展需求,华东交通大学 ICT 现代产业学院与多个企业的专家团队密切合作,共同制定了符合职业胜任力和持续发展能力的人才培养目标,明确了 ICT 人才画像;并根据 ICT 行业发展的前沿动态、企业实际需求以及未来技术趋势,制定符合时代要求的培养方案;同时,创新地构建了"2.5+0.5+1"的人才培养体系。

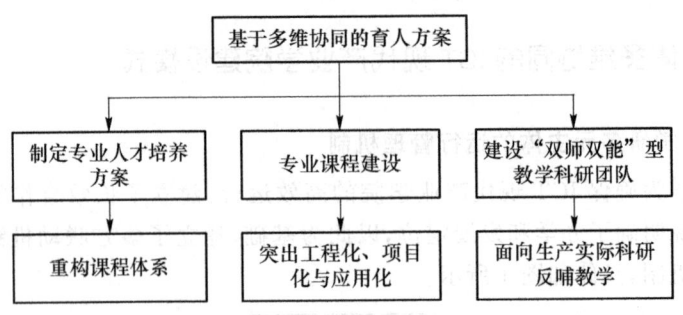

图 2 基于多维协同的育人方案

(2) 专业课程打造

在专业课程建设中,注重工程化、项目化与应用化教学设计,模拟实际的工程项目流程,将理论教学与实际工程问题相结合,让学生能够在课堂上接触到真实的工程问题,提高了学生解决复杂工程问题的能力。

(3) "双师双能"型教学科研团队建设

华东交通大学 ICT 现代产业学院注重"双师双能"型教师的培养与引进。本学院通过聘请企业技术骨干担任兼职教师、安排学院教师赴企业进行培训进修等方式,提升了教学科研团队的实践能力和工程经验。

3.3 基于产学研融合的一体化实践平台

在 ICT 现代产业学院运行过程中,通过学院、企业和研究机构之间的深度合作,建立了基于产学研融合的一体化实践平台,具体如图 3 所示。

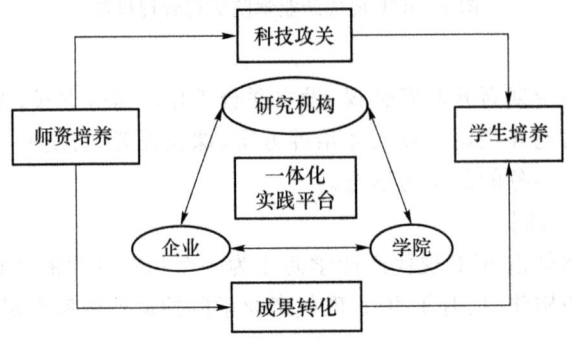

图 3 基于产学研融合的一体化实践平台

基于产学研融合的一体化实践平台的建设内容包括:①建立了联合实验室、联合研发基地,为各方提供了合作与交流的场所,可以开展联合技术攻关等活动;②设立了企业实习基地、学院创业孵化器,为学生提供了实践锻炼与创业创新的平台;③借助现代信息技术手段,搭建了在线资源共享平台、远程协作平台等,实现了资源的共享与优化配置,且各方可以随时随地开展交流,提升了合作效率。

4 结语

华东交通大学在 ICT 现代产业学院建设过程中,建立了多元主体运行管理机制,优化了多维协同育人方案;并通过学院、企业、科研机构等各方协同,构建了产学研融合的一体化实践平台,实现了产业链、创新链与教育链的有效衔接,进一步提升了ICT专业技术人才的核心竞争力。目前,其毕业生的企业认证通过率达到100%,学生高质量就业率达到100%,实现了预期的建设目标,并为其他应用型高校的现代产业学院建设提供了可复制、可推广的运行模式。

参 考 文 献

[1] 中华人民共和国教育部.教育部办公厅工业和信息化部办公厅关于印发《现代产业学院建设指南(试行)》的通知[EB/OL].(2020-08-11)[2025-01-15]http://www.gov.cn/zhengce/zhengceku/2020-08/28/content_5538105.html.

[2] 张颖.面向ICT行业需求的现代产业学院建设[J].学园,2023,16(6):44-46.

[3] 赵晓山.多元主体协同共建现代产业学院的模式创设与推进路径[J].职业教育研究,2024(5):32-37.

[4] 苏新留,曹留成.政校企协同建设现代产业学院的逻辑、问题与策略[J].教育与职业,2023(12):50-57.

作者简介

罗　晖:男,1969年生,教授,研究方向为高等教育管理、人工智能、机器视觉等。

吴文松:男,2001年生,硕士研究生,研究方向为图像处理。

普通本科院校-校企合作机制研究

许玉兴

(烟台大学物理与电子信息学院,烟台,264005)

摘 要:本研究旨在探讨普通本科院校与企业合作的有效机制,以促进教育与产业界的深度融合。研究发现,尽管校企合作对提升教育质量和服务社会经济发展具有显著作用,但在实践过程中仍存在诸多问题,如合作模式单一、利益分配不均及缺乏长期合作机制等。基于此,本研究提出了优化合作策略,包括创新合作模式、建立长效合作机制和加强政策支持等,以期为校企合作提供理论与实践指导,推动双方互利共赢。

关键词:校企合作;普通本科院校;合作机制;教育质量;社会经济

Research on University-enterprise Cooperation Mechanism of Ordinary Undergraduate Colleges

Xu Yuxing

(School of Physics and Electronic Information, Yantai University, Yantai 264005, China)

Abstract: The purpose of this study is to explore the effective mechanism of cooperation between general undergraduate institutions and enterprises in order to promote the deep integration of education and industry. It is found that although university-enterprise cooperation plays a significant role in improving education quality and serving social and economic development, there are still many problems in the practice process, such as single cooperation mode, uneven profit distribution and lack of long-term cooperation mechanism. Based on this, this study proposes optimizing cooperation strategies, including innovating cooperation models, establishing long-term cooperation mechanisms and strengthening policy support, so as to provide theoretical and practical guidance for university-enterprise cooperation and promote mutual benefit and win-win results.

通信作者:许玉兴,xuyuxing@ytu.edu.cn。

Key words: university-enterprise cooperation; general undergraduate institutions; cooperation mechanism; education quality; social economy

在全球化和知识经济快速发展的背景下,高等教育与产业界的紧密合作成为推动社会进步和技术创新的关键力量[1]。普通本科院校作为高等教育体系的重要组成部分,承担着为社会培养大量专业人才的使命[2]。然而,随着市场需求的快速变化和技术的不断进步,这些院校在人才培养方面面临着诸多挑战。此时,通过深入探索和建立高效的校企合作机制,不仅可以提升教育质量和适应度,还能加速科研成果的转化,促进区域经济的发展[3]。

1 普通本科院校校企合作的意义

1.1 促进教育质量的提升

校企合作是指学校与企业之间建立长期、稳定、互利的合作关系,共同培养人才、开展科研和技术服务等活动[4]。这种合作模式对于促进教育质量的提升具有重要意义。校企合作可以为学生提供实习实训、就业指导等实践机会,使学生在实际工作中锻炼自己的能力,提高综合素质。同时,企业可以根据自身的用人需求,为学校提供定制化的人才培养方案,使学校的人才培养更加贴近市场需求。校企合作可以使学校更好地了解企业的用人需求,从而调整课程设置,使课程内容更加贴近实际工作。此外,企业还可以为学校提供实践教学资源,如实验室、实训基地等,帮助学校改善教学条件。校企合作有助于促进教育质量的提升,培养更符合社会需求的高素质人才,推动教育事业的发展。

1.2 加速科研成果转化,推动科技创新

校企合作对于加速科研成果转化、推动科技创新具有重要意义。校企合作可以将高校的科研成果与企业的实际需求相结合,实现科技成果的快速转化[5]。校企合作可以组建跨学科、跨领域的攻坚团队,针对行业产业的关键核心技术、共性技术和"卡脖子"问题进行攻关,切实解决行业产业发展中的重大问题,推动产业迭代升级。可以将高校的前瞻性研究与企业的市场信息和资金支持相结合,分散研发风险,加快技术成熟与产品生产,完成"从0到1""从1到N"的跨越。同时,将企业技术需求反馈给高校,推动高校开展以需求为导向的科研转化,发挥成果转化对教学科研的带动作用,优化科技成果转化机制。校企合作可以推动科技成果转化制度的革新,如科技成果所有权试点、科技成果评价改革等,为各方行为的规范和权益的保障提供制度保障。还可以明确知识产权归属与权益分配,完善制度化的转移转化流程,搭建专门化的成果管理与对接平台,打造专业化的转移转化团队,消除合作过程中潜在的误解与冲突。因此,应进一步深化校企合作,充分发挥其在科技创新和产业发展中的作用。

1.3 促进区域经济高质量发展

校企合作可以推动高校创新优势和策源功能,深化产教融合、科教融汇,进一步服务区域经济社会高质量发展。校企合作可以联合地方政府、金融机构等创新主体的优势力量,推动原始创新成果、先进技术与优质产品更好地服务区域发展[6]。培育壮大科技领军企业,支持企业联合高校共建高水平创新平台,开展关键核心技术攻关,完善新时期国家技术转移体系顶层设计,优化技术转移服务体系,推动重大科技成果转化应用示范,加强国家技术转移体系建设。通过建设新型研发机构参与高新技术产业园区等建设,推动关键核心技术攻关,促进科技成果

转化和产业化。校企合作可以通过高校和企业双向发力，产生更多原创性、颠覆性科技成果，实现成果供给和企业需求的精准对接，以科技创新引领现代化产业体系建设，加快形成新质生产力。

2 普通本科院校校企合作机制的构建

2.1 校企合作的理论基础

校企合作作为一种教育与工业界互动的模式，其理论基础主要来源于教育经济学和创新系统理论。教育经济学强调教育与劳动市场的紧密联系，认为校企合作能够提高教育的适应性和效率。创新系统理论则视校企合作为知识转移和技术革新的重要途径，通过合作加速知识的流动和应用[7]。

2.2 普通本科院校校企合作的问题分析

普通本科院校在推进校企合作方面取得了一定成就，如实习实训基地的建设、科研项目的共同承担等。然而，普通本科院校在校企合作过程中普遍面临以下问题：一是合作深度不足，多数合作停留在表面层面，缺乏深层次的融合；二是资源配置不合理，导致资源浪费或未能充分发挥效用；三是合作双方期望不匹配，企业在追求即时利益的同时，学校更关注长远的教育质量提升；四是缺乏有效的沟通协调机制，使得合作过程中的信息不对称和冲突频发。这些问题限制了校企合作的深度和广度，影响了合作效果的最大化。

影响校企合作效果的因素多方面，包括内部管理机制的完善程度、合作双方的信任基础、外部政策环境的支持力度以及市场需求的变化等。其中，内部管理机制的不健全是导致合作效率低下的主要原因之一。信任基础的薄弱会影响合作的持续性和深度。政策环境的不确定性会增加合作的风险。市场需求的快速变化要求合作双方必须具备高度的灵活性和适应能力。

2.3 普通本科院校校企合作机制的构建

校企合作的目标旨在通过资源共享、优势互补实现双赢，其核心目标是提升教育质量和促进区域经济发展。合作应遵循互利互惠、平等协商的原则，确保教育活动与企业需求紧密结合，同时保障合作的持续性和稳定性。

校企合作模式可分为项目合作、共建基地、订单培养等多种类型。项目合作侧重于短期的、具体的科研项目或技术开发；共建基地则注重长期的、系统的人才培养和技术研发；订单培养模式则是根据企业的具体需求定制人才培养计划。每种模式都有其独特的优势和局限性。应该根据不同企业的特点制订相应的培养模式。

有效的组织管理机制是校企合作成功的关键。这包括建立专门的合作管理机构、明确各方职责、制定详细的合作协议和操作流程。此外，定期的沟通和评估机制也是不可或缺的，以确保合作目标的实现和问题的及时解决。

校企合作的运行机制涉及合作项目的筛选、实施、监督和评价等环节。选择合作项目时需考虑项目的创新性、实用性和可持续性；实施阶段需要确保资源的有效配置和利用；监督机制要确保项目按计划进行；评价机制则应对合作成效进行客观分析，为后续合作提供参考。

根据以上分析，普通本科院校校企合作机制的构建可采取以下策略：

首先，建立健全的内部管理机制，包括明确的责任分工、高效的决策流程和公正的利益分配机制。通过明确的责任分工,学校培养出的学生更加符合企业的需求,企业也得到了高素质的人才储备。在校企合作中,明确各部门、各人员的责任是合作顺利开展的基础。例如,学校的教学部门负责对接企业需求调整教学内容,就业部门负责收集企业用人信息并组织招聘会等。不同部门各司其职,避免出现工作推诿现象,确保校企合作的各个环节都能有序推进。高效的决策流程能及时应对校企合作过程中的各种问题和机遇。当企业提出新的合作项目或者合作过程中出现突发情况时,学校能够迅速做出决策。比如企业希望调整实习学生的岗位安排,学校如果有高效的决策流程,就能快速评估该调整对学生培养计划的影响,并做出合理的决策。公正的利益分配机制是维持校企合作长期稳定的保障。在校企合作中,双方都会投入资源,如企业提供实习岗位、设备资源等,学校提供师资、科研力量等。公正地分配合作成果,如学生培养成果、科研成果转化带来的利益等,能够激发双方的合作积极性。

其次,加强与企业的沟通,建立长期稳定的合作关系,增强双方的信任度。普通本科院校和企业可以通过定期举行会议、座谈会等形式,及时分享双方的需求、发展方向等信息。例如,学校可以在学期初或学期末与合作企业进行会议交流,学校向企业介绍本学期的教学计划、学生专业发展情况,企业向学校反馈行业动态、人才需求变化等信息。通过签订长期合作协议建立长期稳定的合作关系。协议中明确双方的权利和义务,包括在人才培养、科研合作等方面的长期规划。例如,协议可以规定企业在一定年限内为学校提供实习岗位的数量下限,学校为企业定向培养专业人才的数量和质量标准等。学校和企业都要按照合作协议的内容,认真履行自己的承诺,以增强双方的信任度。同时,学校可以将自己的教育资源如师资、科研设备等与企业共享,企业可以将生产实践资源、行业信息等与学校共享。例如某本科院校的化工专业将自己的大型分析仪器设备与合作企业共享,企业则为学校提供化工生产一线的实际操作流程和数据,双方在资源共享过程中增强了信任度。

再次,积极适应政策变动,利用政策优势推动合作发展。普通本科院校在构建校企合作机制时,应该积极适应政策变动,政策的支持能够为校企合作提供多方面的优势推动。政府出台的政策往往包含资金支持、税收优惠、资源分配等方面的内容。例如,政府可能设立专项基金用于支持校企合作的项目开展,这就为合作双方提供了资金保障,有助于解决合作过程中可能面临的资金短缺问题。在税收方面的优惠政策,可以减轻企业参与校企合作的成本压力,提高企业的积极性。同时,政策还可能引导社会资源向校企合作项目倾斜,如提供场地、设备等资源支持,有助于合作项目更好地开展研发、教学等活动。

最后,密切关注市场动态,灵活调整合作内容和方式,确保合作项目的时效性和实用性。在当今快速发展的经济环境下,市场需求处于不断变化之中。对于普通本科院校而言,这一策略有助于使校企合作紧密贴合实际需求。如果合作内容和方式不能及时调整,可能导致培养出的学生技能与市场脱节,企业无法从合作中获取所需人才或技术成果。只有密切关注市场动态,例如,市场对新兴技术人才的需求、行业发展趋势对人才素质要求的转变等,才能及时调整合作内容,如更新课程设置、实践项目内容等,以及合作方式,像改变合作企业的选择标准、合作的深度与广度等,从而保证合作项目始终具有时效性和实用性,使学生、学校和企业三方都能从合作中受益。

3 结论与建议

本研究深入探讨了普通本科院校校企合作的机制分析及构建策略。研究表明,校企合作对于提升教育质量、促进学生就业和满足企业人才需求具有重要意义。然而,在校企合作过程中,存在的问题(如合作层次浅、资源利用不充分、沟通不畅等)限制了合作效果的最大化。因此,建立和完善校企合作机制是提升合作质量的关键。针对发现的问题和挑战,建议普通本科院校在校企合作中采取以下措施:加强内部管理,明确合作目标和责任分工;建立长效沟通机制,增强互信互助;充分利用政策支持,拓宽合作领域;灵活调整合作策略,适应市场变化;并且注重合作成果的评估与反馈,不断优化合作模式。

未来的研究可以进一步探讨不同类型高校校企合作的特殊需求和策略,以及在不同行业背景下的合作模式。同时,研究可以深入分析政策环境变化对校企合作的影响,以及如何在全球教育竞争中通过校企合作提升国家的教育竞争力。此外,随着数字化技术的发展,未来研究还应关注数字技术在校企合作中的应用及其对合作模式的影响。

参考文献

[1] 李克柔.国际经济与产业发展对职业技术教育的影响[J].北京联合大学学报,2002,16(2):5.

[2] 宋正恒.建设应用技术大学[D].西安:陕西师范大学,2015.

[3] 高鸿,赵昕.创新引领:职业教育产教融合实践探索的特色亮点,政策趋势与发展路向——2022年职业教育国家级教学成果奖"产教融合"主题获奖成果分析[J].中国职业技术教育,2023(25):51-58.

[4] 赵明星.校企深度合作,开展订单式人才培养[J].中国电力教育,2023(1):31.

[5] 王骏飞,李孝东.基于校企合作的高校教育科研成果转化研究[J].中文科技期刊数据库(文摘版)教育,2016(5):223-225.

[6] 蒋武胜,刘向力,马睿.创新校企合作模式 促进区域经济发展[J].中国高校科技与产业化,2007(10):37-39.

[7] 许涛.职业教育集团化办学的理论分析与个案研究[D].上海:华东师范大学,2011.

作者简介

许玉兴:男,1983年生,高级工程师,研究方向为光电仪器研发及应用。

基于产教融合协同育人的机器人工程专业人才培养模式探索与实践

熊艳飞

(江西应用科技学院智造学院、电子信息产业学院，南昌，330000)

摘 要：为顺应培养国家机器人工程专业技术人才的迫切需要与战略发展，江西应用科技学院于2018年对机器人工程专业建设开展积极探索和实践。通过近五年的实践发现，仍存在一定的问题，现对机器人工程专业人才培养模式进行深入探讨，重构课程体系、深入剖析教学改革方法，通过学习通教学平台，采用线上线下混合式教学，充分发挥学生主体地位；鼓励学生积极参与学科比赛，通过赛教融合强化实践能力；为更好地凸显本专业特色，江西应用科技学院以"机器人工程"为核心专业，以智能科学与技术、机械设计制造及其自动化、汽车服务工程等相关专业为支撑，跨学科建设了智能制造专业集群；整合校内外资源，积极探索构建校企合作协同育人，多形式推进校企合作协同育人，以期为其他高校的专业建设提供参考和借鉴。

关键词：机器人工程；智能制造专业集群；协同育人

Exploration and Practice of Talent Training Mode of Robot Engineering Specialty Based on Integration of Industry and Education and Cooperative Education

Xiong Yanfei

(School of Intelligent Manufacturing, School of Electronic Information Engineering, Jiangxi Institute of Applied Science and Technology, Nanchang 330000, China)

Abstract: In order to meet the urgent needs and strategic development requirements of the National Robot Engineering Professional Training, Jiangxi University of Applied Science

---

通信作者：熊艳飞，240559079@qq.com。
基金项目：基于视觉工业机器人智能抓取研究(项目编号：GJJ2203317)。

and technology actively explored and practiced the construction of the robot engineering major in 2018. However, based on the practice in the past five years, some problems still exist. This paper probes deeply into the talent training mode of robot engineering specialty, reconstructs the curriculum system, and analyzes deeply the teaching reform methods. The students are encouraged to take part in the subject competition and strengthen their practical ability through the integration of teaching and learning. To better highlight the characteristics of this major, the college takes "Robot Engineering" as the core major, with intelligent science and Technology, mechanical design and manufacturing and automation, automotive service engineering, and other related professional support. It integrates the resources inside and outside the school, actively explores the construction of school-enterprise cooperation and collaborative education models, and promotes school-enterprise cooperation and collaborative education in various forms. This is expected to provide references and examples for the professional construction of other universities.

Key words: Robot Engineering; professional cluster of intelligent manufacturing; collaborative education

1 绪论

从目前行业应用发展情况来看,机器人包括工业机器人、服务型机器人、协作机器人、特种机器人等,其中工业机器人是数字化智能制造的重要载体,是因为工业机器人的研发和产业化应用是衡量国家科技创新和高端制造发展水平的重要标志之一。但随着产业结构的调整和制造业发展模式的转型升级,我国人才供需"两张皮"的矛盾越来越突出,面临"装备易得、人才难求"的企业越来越多。孙倩等[1]研究了要大力培养技术技能紧缺人才,鼓励高等学校与企业合作,面向制造业重点领域建设一批紧缺人才培养培训基地,开展订单式培养。为此,高校需要在智能制造领域抓紧规划、扎实推进、发展教育工作,在智能制造领域培养和储备具有创新能力和实践能力的高素质应用型人才,为探索机器人技术及产业创新领域提供重要的保障。

2018年,江西应用科技学院获批机器人工程专业,并与湖南工控帮网络科技有限公司进行校企合作,开设了机器人工程班,校外实习实训基地主要为湖南工控帮网络科技有限公司、江铃汽车股份有限公司、欧菲光集团有限公司、浙江智泓科技有限公司、博众精工科技股份有限公司等。首批招生31人,并于2022年顺利毕业。共有5届学生。为强化产业学院建设,深化产教融合育人。校企协同开展"八共"建设:专业共设、方案共制、教材共编、师资共培、教学共施、基地共建、就业共助、成果共享,在江西应用科技学院的五大产业学院中,面向机器人工程专业特色群的产业学院为耐雀无人机产业学院,通过产业学院以更好地培养智能制造应用型人才。

2 人才培养模式中存在的问题

在人才培养模式中,存在的问题主要有三个方面:一是原有人才培养方案中课程体系结构不够完善,缺少创新创业教育和第二课堂实践,不能很好地体现应用型人才培养的目标;二是关于课程是如何支撑毕业要求这个方面,在原有人才培养方案中未得到体现,导致教师在教学过程中只是单纯地传授课程本身相关的知识点,未与专业相衔接,学生学完后,不明确学习本课程的意义,课程与专业缺少关联度;三是学生的实践能力训练不够系统,在校期间学生获取的理论知识与行业、企业中解决实际工程问题所需的能力存在一定差距,学校教学与产业脱节的现象严重,主要原因在于校企合作实践教学平台尚未建立,与知识点对应的实践环节比较孤立,实践内容比较零散,缺乏系统的、科学的实践训练体系。综合实验实训环节部分未与专业有机融合,比如:工程训练只是单纯对机械部分进行操作,未针对典型的机器人机械部件;PLC课程设计的控制对象仍在选用传统的流水灯控制,与机器人集成应用技术的关联度较低[2]。工业机器人示教编程及操作作为主要的综合实践内容,由于客观因素的影响,学生未参与机器人拆装及控制系统调试训练,因而对机器人的机械结构特点缺乏直观认知,对机器人的控制系统和作用了解不够深刻[3]。

3 探究及实施情况

机器人工程专业秉持学校"三元育人"的校本理念,围绕学院"学、训、赛、创"四位一体的应用型人才培养模式,如图1所示。机器人工程专业人才培养方案在原有人才培养方案基础上进行修订,以《普通高等学校本科专业类教学质量国家标准》为标准,主要通过以下六个环节进行人才培养方案的修订工作:遵循企业行业调研;与相关用人单位(湖南工控帮网络科技有限公司、南昌工控机器人有限公司、欧菲光集团有限公司等)共同确定岗位能力;共同设置课程模块;共同确定课程体系;征求行业企业、用人单位、教师、在校生和毕业生的相关意见和建议;通过专家论证等人才培养制定过程,修订和完善应用型人才培养方案。

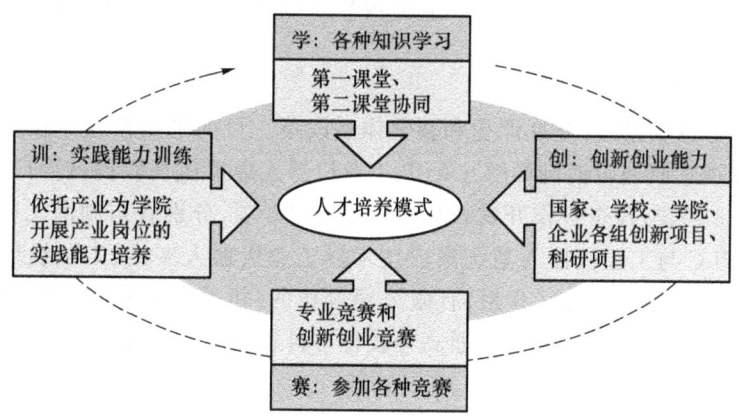

图1 人才培养模式示意图

3.1 课程体系

见表1,在原有课程模块基础上,以"平台+模块"为基本框架,按照"扎实基础、注重实践、强化能力"的思路,构建了通识教育、专业教育、创新创业教育、综合实践环节四个课程平台。为了凸显"学、训、赛、创"四位一体的应用型人才培养模式,将"职业技能课"修改为"创新创业教育",进一步落实"大学生素质养成教育"工程,培养学生创新精神和实践能力。通识教育模块相较于原有模块划分更为全面,旨在促使学生实现德智体美劳全面发展,具备人文素养、创新精神、实践能力和社会责任感等综合素养。

机器人工程专业的专业课程模块包含专业基础课程、专业核心课程、专业选修课程和实践环节。通过专业基础课理论教学与研讨教学、学术讲座与实验教学的有机融合,夯实学科理论基础,提高学生解决实际问题的理论分析能力。通过专业核心课程的学习培养学生在机器人及相关领域,能够设计实验、建模、分析和解释数据,采用科学的方法研究复杂的工程问题;通过硬件和软件系统设计、分析算法策略及对机器人系统进行控制,提高学生解决复杂工程问题的能力。通过学习通教学平台,开展线上线下混合式教学,实施以学生为主体的教学方法,教师要善于营建有利于发挥学生主体性的氛围,发挥教师主导作用,真正以学生发展为中心[4]。通过独立实践环节的教学,培养学生的动手能力。鼓励学生参加第二课堂素质拓展活动,如"三下乡家电维修"、学生社团等。鼓励学生参加各类竞赛,如全国大学生机械创新设计大赛、全国大学生节能减排社会实践与科学技术、大学生科技创新竞赛、挑战杯课外科技作品竞赛等,通过竞赛提高学生的创新意识和创新能力。

在专业选修课程中,除了分为控制方向和设计方向两个方向外,还特别增设了专业集群课程,顾永安教授表示:"专业集群是应用型高校转型发展的重要突破口和专业结构优化及专业布局调整的战略选择[5]。"为了更好地对接江西省及中部地区经济社会发展,提升服务地方的支撑度;更好地促进学生成长成才,提升人才培养的契合度;更好地促进学校集约发展,提升资源配置的有效度;以智能制造的装备技术为专业集群的主导地位,并构建了学科交叉课程体系,建设专业集群平台选修课程模块。

3.2 产教融合协同育人

产教融合,关键在"融",如何将学科知识嵌入学生实际工作中[6],在企业中完成教学活动一直是困扰课程改革的难题。所以一定要在实习、实践中引入课程"元素",结合各自工作岗位进行工程任务分解,提取考核点和评价点然后构建课程群,再将各门课程内容进行重构,形成典型项目任务。

3.3.1 教材共编

推行校企合作教学模式,开展课程和教学体系改革。目前采用校企单位工控帮编制的教材共 3 部:《机器视觉原理与案例详解》《ABB工业机器人虚拟仿真教程》《西门子 S7-1200PLC 编程技术》。2023 年,与校企合作开发教材项目已申报 3 项,分别有与湖南工控帮网络科技有限公司合作的《PLC与工业机器人系统集成技术》《工业机器人夹具、工装设计与集成方案设计》教材。其中与德创智控科技(苏州)有限公司合作的《机器视觉技术及编程应用》教材,于 2024 年立项为首批江西省"十四五"普通高等教育本科省级规划教材。

3.3.2 师资共培

加强师德师风建设,认真落实"教师养德修为工程",积极参加学校各类培训,如寒暑假培训、线上培训等。教研室教师积极参与试讲、磨课、评课、青年教师竞赛、思政教学比赛、线上教学培训、教研室集体备课、教研室集体讨论等活动,提升教师的教学水平。为进一步加强教师的专业能力,实现师资共培,与校企共同培训教师,对于成绩合格者,发放相应的证书。增设了校企合作教育课程,开展校企教师联合授课,将学校教师送入企业进修,提升实操能力;企业师资进校参加校本培训,提高授课水平;共同打造"双师双能型"教学团队;开展师资交流、研讨和培训等业务,将产业学院建设成"双师双能型"教师培养培训基地。

3.3.3 教学共施

通过校企共同开展教学,本专业"机械控制工程基础"课程于 2021 年立项为校级一流课程;2023 年,"单片机原理与接口技术"课程立项校级线上线下混合式一流课程。学生不仅在课程上取得比较好的学习成绩,而且在各类竞赛、创新创业项目、专利方面也获得了不错的成绩,学生参加全国大学生机械创新设计大赛荣获国家二等奖 1 项,参加大学生节能减排社会实践荣获三等奖 1 项,参加江西省大学生科技创新竞赛荣获一等奖 1 项、二等奖 2 项、三等奖 3 项。学生获得"一种基于互联网的智能折叠窗开合系统"等 5 项实用新型专利。

3.3.4 基地共建

结合产业学院建设,与合作企业共建集实践教学、科技研发、生产实习、培训服务等多位一体的实习实训平台。将产业元素有机融入专业教学,统筹兼顾课程要素和生产要素,共同构建实践教育体系和生产性实训基地。"江西应用科技学院与湖南工控帮共建智能制造产业学院案例解析"2021 年入选教育部产教融合典型案例。与机器人相关企业建立校企合作,通过湖南工控网络科技有限公司、江苏博众精工股份有限公司、德创智控科技(苏州)有限公司、江西适创机器人科技有限公司等企业合作,通过"学校-企业-产业"合作共建实训基地,与企业共同建设工业机器人实训基地,其中机器视觉实验室如图 2 所示。主要以工业机器人为研究对象,以工业机器人和控制系统调试、维护、操作能力为核心技能,对专业实际工作岗位进行典型的任务分析。通过认知实习、专业实习、毕业实习,学校定期输送一定的学生到相关企业进行专业建设。

图 2 机器视觉实验室

4 结论

通过校企合作、专家论证等环节,修订和完善应用型人才培养方案。通过调整和完善课程体系结构,培养学生德智体美劳全面发展,富有人文素养、创新精神、实践能力和社会责任感等协调发展的综合素养。通过教材共编,开发一批校企合作课程。通过教学共施,全面提高教学质量。通过师资共培,建设"双师双能型"师资队伍。通过基地共建,构建一体化实习实训基地,能显著提高学生的实践能力,将所学知识有效运用到行业、企业中,以解决实际工程问题。通过校企协同育人,校企双方共同参与教育教学全过程,能够较好地实现教育与育人的深度融合。

参 考 文 献

[1] 孙倩,王建平,姚广芹,等.基于产教融合的机器人工程专业人才培养模式研究及应用[J].工业和信息化教育,2022(6):28-32.

[2] 江本赤,刘玉飞,李公文,等.基于产教深度融合的机器人工程专业人才培养途径[J].湖北理工学院学报,2023,39(1):64-67.
[3] 丁力,叶霞,黄明,等.应用型本科院校机器人工程专业人才培养模式探索[J].科技风,2021(31):16-18.
[4] 栗琳,郑莉芳,马飞,等.产教融合的机器人工程专业实践教学体系构建研究[J].高等工程教育研究,2021(4):88-92.
[5] 顾永安.应用型高校推进专业集群建设的思考[J].高等工程教育研究,2019(6):92-98.
[6] 顾永安.应用型院校专业集群实践探索[M].北京:中国社会科学出版社,2023(3):186-208.

作者简介

熊艳飞:女,1988年生,讲师,研究方向为自动化控制。

第六部分
师资建设类

产教融合背景下校企合作实践平台建设研究
——以"双师型"教师培训为例

张碧玲[①] 刘莹[②] 赵国安[②] 姚瑶[②]

[①]（北京邮电大学信息与通信工程学院,北京,100876）
[②]（北京邮电大学网络教育学院,北京,100088）

摘 要：针对"双师型"教师培训中实践教学团队不稳定、教学体系与产业发展衔接不足等原因导致实践教学成效低的问题，以产教融合为主要途径，通过在合作机制、教学体系、评价体系和教师队伍建设等方面探索如何构建高效的实践平台，实现真正意义的校企共育，有效提升教师的专业能力、教学能力和综合素养。

关键词：产教融合；校企合作；实践平台

Research on the Practice Platform Construction under the Background of Industry Education Integration and School-enterprise Cooperation
——Taking the Training for Double-qualified Teachers as an Example

Zhang Biling[①]　Liu Ying[②]　Zhao Guoan[②]　Yao Yao[②]

[①]（School of Information and Telecommunication Engineering, Beijing University of Posts and Telecommunications, Beijing 100876, China）
[②]（School of Network Education, Beijing University of Posts and Telecommunications, Beijing 100088, China）

Abstract: Nowadays, training of "Double-qualified" teachers is inefficient due to the factors such as the unstable teaching teams and the large gap between education systems and

通信作者：张碧玲,bilingzhang@bupt.edu.cn。
基金项目：北京邮电大学2023年教育教学改革项目（项目编号：2023YB63）。

industry. To address the problem, integration of industry and education is regarded as an effective approach. Through building an efficient practical platform by designing cooperation mechanisms and constructing the teaching systems, evaluation systems, and teacher team, we aim to help the double-qualified teachers improve their professional ability, teaching ability, and comprehensive literacy.

Key words: integration of industry and education; school-enterprise cooperation; practice platform

1 引言

在经济全球化和科技进步的推动下,产业结构不断演变,对人才的需求呈现出多元、复合的特点。在这一大背景下,传统的高等教育体系逐渐面临适应性不足、人才培养模式滞后的挑战[1]。习近平总书记作出重要指示:"加快构建现代职业教育体系,培养更多高素质技术技能人才、能工巧匠、大国工匠。"

为深入贯彻习近平总书记的重要论述和党的二十大精神,教育部和财政部联合建立国家级"双师型"教师培训基地,开展师资能力提升培训工作。其主要目标是,立足受训教师的专业所在的行业和领域,对标行业发展和产业升级对人才的要求,为受训教师提供知识、技术、技能和理念的培训,系统提升其专业能力、教学能力和综合素养,以便其更好地为国家培养高质量应用型人才。其中,受训教师的实践能力和创新能力提升是培训的重点。

为提升教师的实践能力和创新能力,"以产教融合为背景、校企合作共同培养"越来越成为业界的共识,主要发达国家也形成了很多成功且各具特色的实践模式,如德国的"双元制"、日本的"产学合作"、美国的"合作教育"等模式,被其他国家广为借鉴。我国研究者在校企合作机制[2]、实践教学体系[3]、实践课程建设[4]、师资团队建设[5]和教学评价等方面也探索形成了一些解决方案。

然而,由于学校以"学生培养"为中心和企业以"盈利"为中心的不同利益诉求,导致双方在"双师型"师资培训上难以形成长期的合作关系;学校自身具有"双师"培训能力的教师占比较低,而企业导师在繁重的生产工作任务下,难以长期参与师资培训,致使培训项目缺乏稳定的师资队伍。此外,学校对企业的生产任务、发展方向等没有充分认识,企业对学校的教学目标、课程设置等一知半解,也使得实践教学体系与产业发展衔接不足[5]。因此,"双师型"师资培训的实践教学成效仍然较低。

2 产教融合背景下实践平台建设路径

为了提升师资培训中实践教学的成效,实践平台的建设可以从合作机制、教学体系、评价体系和教师队伍等几个方面着手。

2.1 建立校企联动的长效合作机制

企业和高校、高职院校长期稳定的合作关系,是构建高质量、高效率实践平台的基础。为此,双方要在育人理念方面达成共识,并承载实践教学中各个项目的统筹规划、组织协调、任务分配和评估反馈。在课程体系的设计和课程教学的实施中,来自学校和企业不同类型的教师开展多方位合作,并在项目的不同阶段扮演不同的角色,从而为实践教学的顺利开展提供有效的支撑。通过逐步建设配套的管理制度,建立标准化的管理流程,实现校企的高效联动,形成高质量应用型人才培养的长效运行机制。

2.2 面向工程教育构建实践教学体系

对接产业发展的实际需要,构建高质量应用型人才的能力框架。根据受训教师的目标和需求进行分类、分级,围绕重点和特色领域,以产品研发到产品运行的生命周期为载体,设计实践教学项目,基于工程教育理念对师资培训的实践课程体系进行重构。研究各种混合式教学方法,通过在教学中组织受训教师以工程项目为学习研究的对象,参与工程项目或工业产品的设计、开发、研究的全过程,学会应用已有知识,选择有效的方法和技术,提出完成任务的解决方案,达到提升受训教师实践能力和创新能力的目的。

2.3 利用数字技术构建多元动态的实践教学评价体系

考虑工程教育的特点,创新考核评价手段,利用数字技术构建多元动态的实践评价体系。对于受训教师采用能力导向的评估,引入学习者、培训教师、学习同伴和企业等多元化的评价主体,按照一定的评价目的与标准,通过对受训教师实践过程的动态观测,采用记录、报告、自评、互评等多样化的考核形式,从学习能力、沟通能力、创新能力等多个维度对其进行综合评价。

2.4 打造专兼结合的师资培训队伍

针对学校实践教育中师资队伍工程素养不足、实践经验缺乏的问题,打通高校和职校、行业领军企业的人才交流互换渠道,在学校与各类企业和职业院校之间建立共创共赢的师资人才合作机制,以及畅通的、常态化的人才交流机制,为师资培训建设一支由专职的学科教师、思政教师、管理教师和兼职的企业讲师、校外创业导师有机结合的"双师型"师资队伍。

3 北邮"双师型"教师培训基地实践平台建设案例

2022年,北京邮电大学(简称北邮)牵头申报"电子信息大类计算机中类"的国家级职教"双师型"教师培训基地(2023—2025年)获批,秉承为党育人、为国育才的使命,从以下几个方面探索了师资培训实践平台的建设模式。

3.1 建立"基地-项目-课程"分层合作的职教共同体

北邮牵头搭建"电子信息大类计算机中类"职教国培共同体,推动普通高校、高等职业院校和相关企业的深度融合与合作。其中,北邮依托学科、教学、科研、师资优势,在课程体系构建、课程开发、教学设计、教学评估等方面发挥高校服务社会职能;核心成员单位北京电子科技职业学院、四川邮电职业技术学院等发挥他们在电子、信息和通信行业开展职业教育所具备的资源和经验优势;百度、中国移动研究院、深信服等企业龙头公司则发挥其在信息通信、计算机及软件工程、人工智能、信息与网络安全相关专业领域的突出技术创新优势;三方合力共同为师资培训提供课程、产业导师、实训场地及实践岗位。

为了建立职教共同体的长期合作关系,职教共同体提出了"基地-项目-课程"分层合作模式。北邮及成员单位的负责人组建"基地领导小组",全面负责基地承载各项教师培训项目的统筹规划、组织协调、任务分配和评估反馈。在项目实施过程中,采取"项目负责制",即每阶段均由项目负责单位对全过程进行追踪、协调。以"课程组"模式(每组包含高校、高职、企业三方角色)进行培训体系设计和课程开发、实施、评估和迭代。建立"例会制度",基地领导小组听取工作进展,解决要事难题,逐步建设配套的管理制度,建立"标准化管理流程"。

3.2 构建面向"专业-教学-素养"能力提升的立体教学体系

从服务国家重大战略和行业发展出发,职教共同体针对计算机专业带头人的培训需求,基于工程教育理念和共同体各自的优势资源,以工程项目为学习研究的对象,从专业能力提升、教学能力提升和综合素养提升三个方面设计培训的实践课程体系,如图1所示。

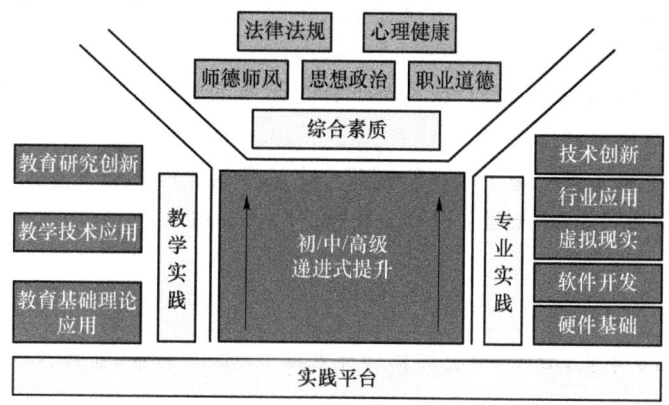

图1 面向"专业-教学-素养"能力提升的立体教学体系

3.3 建立"专家-名师-匠师"支撑的稳定师资队伍

基地的专家团队包括相关部委领导、行业的知名专家学者、高校和职校的教授、学科带头人和教学名师,以及企业的高管、高级技术人员和技能大师。其中,行业的知名专家学者负责跟踪行业的发展动态,高校和职校的教授、学科带头人和教学名师负责前沿技术和知识的深化、更新以及学科的引领,企业的高管、高级技术人员和技能大师则负责实操实训的现场教学和企业实践。

3.4 实施"高校+职校+企业"深度融合的培训模式

基地采用"高校+职校+企业"的共同体培训模式,围绕不同的培训主题,行业内知名的高校、高职院校和企业均参与培训,采用线上线下混合培训方式,实现优势互补、资源共享、高效协作。其中,实践环节的学时不少于50%,具体方式包括现场教学、考察观摩、企业实践、实操实训、交流研讨、项目设计和成果分享等。

2023年7月20日至8月8日,全国职业院校电子与信息大类计算机中类专业带头人"职教国培"示范项目在北京邮电大学成功举办,共有来自全国50余所高职院校的53名教师参与了培训。基于上述师资培训实践平台开展"双师"师资的实操实践,切实提高了教师的"双师"素养,好评率达到98%以上。

4 结语

本文以产教融合为主要途径,通过在合作机制、教学体系、评价体系和教师队伍等方面探索如何构建高效的实践平台,实现真正意义的校企共育,有效提升职业教师的专业能力、教学能力和综合素养。

参考文献

[1] 佛朝晖. 职业院校双师型教师认定标准实施现状、问题与建议[J]. 中国职业技术教育, 2022(25):24-28.

[2] 黄小燕.校企合作模式下民办高校应用型人才培养长效机制研究[J].高教学刊,2024,10(16):158-161.

[3] 缪勇,钟毓宁,张红霞.全生命周期视域下高校"三融合"实践平台构建机理——以汽车产业链为例[J].高等工程教育研究,2024(1):48-53.

[4] 赵玉新,许德新,刘志林."3I"特色新工科人才多维创新实践平台的建设[J].高等工程教育研究,2024(2):31-37.

[5] 向丽,蔡喆,张静,等.基于"1＋X＋N"人才培养模式的化药类专业"双师型"教师队伍建设探索和实践[J].现代职业教育,2024(15):53-56.

作者简介

张碧玲:女,1978年生,教授,研究方向为无线通信、语义通信、能源互联网、工程教育。

应用型高校青年教师教学素养提升策略研究

王浩全　李冬梅

(山西晋中理工学院,晋中,030600)

摘　要:目前,应用型高校青年教师存在缺乏提升教学能力的自主性、研究意识薄弱、教学调控能力有待提高等不足之处。针对上述问题,本文以提升青年教师教学素养为目标,对分阶段、分层次的评价体系进行了研究,以期达到引导青年教师注重产学研相结合,形成自主学习自主提升的新模式。

关键词:应用型;教学素养;提升策略;评价体系

Research on teaching quality improvement strategies of young teachers in applied colleges and universities

Wang Haoquan　Li Dongmei

(Shanxi Jinzhong Institute of Technology, JinZhong 030600, China)

Abstract: At present, young teachers in application-oriented colleges and universities have shortcomings such as lack of autonomy to improve their teaching ability, weak research awareness and unimproved teaching regulation ability. In view of the above problems, this paper aims to improve the teaching quality of young teachers and studies a phased and hierarchical evaluation system. With a view to guiding young teachers to pay attention to the combination of production and form a new model of self-learning and self-promotion.

Key words: application type; teaching quality; promotion strategy; evaluation system

1　引言

青年教师作为应用型高校教师的重要组成部分,是学校发展的中坚力量,是高等教育发展

通信作者:王浩全,2558260516@qq.com。
基金项目:山西省高等学校教学改革项目(J20231838);山西省高等学校教学改革项目(J20221572)。

的重要能量来源,是高等教育事业的未来和希望。随着我国高等教育的快速发展,越来越多的年轻人加入了高校教师队伍中,青年教师在师资队伍的占比已超过半数。目前,青年教师普遍具有研究生学历,虽然系统地接受了专业知识的学习,但是存在缺乏工作经验、教学基本功不够扎实、实践动手能力不足等问题。在实际的工作过程中,表现为缺乏主动提升教学素养的自主性、依赖多媒体课件、课堂组织调控较弱和工程应用能力薄弱等[1]。

2 影响应用型高校青年教师发展的因素

(1) 培养思维滞后

应用型高校主要以培养应用型技术人才为主,这类高校更倾向于发挥教师单方面的教学管理职能,而不是以教学为核心产学研相结合全方位推动培养工作。

高等院校的主要任务是为社会培养人才,应用型高校主要培养的是工程技术人才,整个培养过程是通过教与学的双向互动完成的。因此如何调动教师教和学生学的积极性,探索应用型人才培养的教学规律,提高人才培养质量,应该是应用型高等学校的中心工作。学校的所有工作应围绕这一中心展开,然而,目前在应用型高校存在重科研轻教学、重理论轻实践的问题,与生产实践相结合的教学活动被忽视和弱化。在一些学校的考核和职称评审条件中,教学考核不受重视,教学与实践相结合的考核没有具体细化,基本被忽略,而对科研则不同,项目(特别是纵向项目)和论文被高度重视[2-3],在学校看来,这些是展示自身办学水平的重要指标。由于学校政策的倾斜,青年教师中存在重纵向科研和轻工程实践的思想,并且忽视教学素养的提升,致使教学质量出现下降的趋势。

(2) 专业设置难以适应社会的发展

目前,应用型高校在专业设置方面存在的突出问题是专业设置落后,难以适应国家和地方经济建设与社会发展的实际需要。

近年来,教育部已经感觉到了问题的严重性,并开始有计划着手调整。从目前的实际情况来看,虽然淘汰了一些陈旧专业,但是也出现了一些新的问题。比如,教育部计算机类专业原有计算机科学与技术、网络工程、物联网工程等本科专业,又增设了电子与计算机工程、数字媒体技术、智能科学与技术、空间信息与数字技术、大数据和区块链工程等新专业,虽然这些专业多数是学科交叉专业,但是一些专业存在口径窄、社会需求不旺等问题。新专业的开设需要大量的青年教师,而青年教师的知识储备达不到专业要求,并且缺乏工程实践应用方面的锻炼,导致所培养的学生质量相对较低。

(3) 多层次、多途径的青年教师教学能力培养体系不健全

如何对青年教师教学能力进行培养?各个应用型本科院校虽然都制定了相应的规章制度,但是总体来说不够系统,缺乏科学规划。青年教师平时承担的教学任务比较繁重,但是学校又侧重于科研和成果等量化指标的考核,注重结果考核。对青年教师工程实践能力的评定缺乏量化指标,考核形同虚设。因此,为了自己的发展,应用型高校青年教师也和研究型高校教师一样,将主要精力投入到如何满足量化指标的考核方面,从而忽视了自身教学素养的提高,特别是在与工程实践相结合方面没有得到科学地培训。

青年教师专业素质的高低直接影响着学校人才培养的质量,对高等学校的发展起着重要作用。因此,如何提升应用型高校青年教师教学素养,使他们尽快成长成为师资主力,已成为应用型本科院校亟须解决的问题之一。

各个学科不同,每位入职的青年教师能力不同,需要分层次、多途径建立培养机制。根据青年教师的特长,可以将青年教师分为教学型、指导学科竞赛型和横向科研型等多种类型,制定不同的量化考核指标,加强校企合作,引导青年教师逐渐向双师型方向发展。

3 应用型高校青年教师应具备的教学素养

高校青年教师应具备的教学素养主要包括教学理念、教学能力、学科知识框架和职业道德素养等方面。

教学理念源于现实,是教师对教学活动持有的态度和观点,是教师对教育教学现实状况的自觉反映和深刻思考。教学理念与培养质量的提高和学生的发展息息相关,良好的教学理念是每一位教师在进行教学活动时应遵循的基本原则。教学理念对青年教师在教学过程中所采用的方法有着直接的影响。教学过程没有固定的模式,是一个帮助学生充分发挥自身潜力、构建各种关系和形成自主知识体系的过程,因此,青年教师需要建立科学先进的教学理念促使学生在学习过程中不断提升自己。

教学能力是指教师为实现教学目标,运用自有的知识和技能在从事教学活动中所表现的一种行为特征。从教学活动的角度看,可以将教学能力理解为教师对教学目的、教学任务、教学内容等方面的解析。教学能力可以分为一般能力和专门能力组成。一般能力是指教学活动中所表现的能力,如对学生个性特点的观察力、预测思维能力和建立师生之间和谐关系的能力等。专门能力指教师从事教学活动中具有的专业能力,如对知识点的解析、运用教学方法的能力等。

学科的知识框架包含学科基础知识、专业知识与技能、知识运用等方面的内容。青年教师需要理解学科专业培养目标、毕业要求和所讲授课程大纲三者之间的关系,了解学科专业知识框架,明确所讲授课程在学科专业体系中的作用。总体培养目标由具体目标组成,具体目标是总体目标的详细描述,具体目标是由毕业要求支撑的,毕业要求支撑培养目标的达成,而毕业要求是通过课程目标加以实现的。毕业要求依照培养目标对学生各项能力要求而制定,以提升学生的工程实践能力及解决工程问题的能力为重点,全面支撑培养目标的实现。

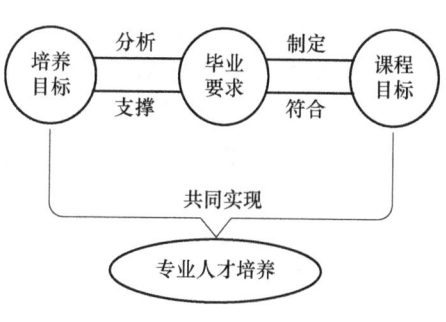

图 1 三者之间关系图

教师职业道德是教师在教学活动中应该遵循的行为准则。所谓教师职业道德素质就是与教学活动紧密联系的符合教师职业特点所要求的道德准则、道德情操与道德品质的总和,它是教师在特定的工作和劳动中以其内心信念和特殊社会手段来维系的,以善恶进行评价的心理意识、行为原则和行为规范,它是教师在从事教学的过程中形成的一种内在的有很大限制性的约束机制。

青年教师刚入职必须进行岗前培训,学习师德规范是教师培训的重要内容之一。现在高等学校都在大力加强师德建设,并且从思想理念、职业道德等方面对青年教师提出了新的要求。责任意识是职业道德的组成部分,教师不但要教书还要育人。增强教师的教学责任意识是帮助教师能够以身作则的重要举措[4]。

4 应用型高校青年教师教学素养提升策略

(1) 对应用型高校青年教师的成长经历进行研究,将其成长经历科学地划分为多个阶段,研究每个发展阶段的不同特点,科学制订不同阶段的培养目标。一位青年教师的成长过程可以分为适应期、成长期和成熟期等多个阶段,而且每个发展阶段有着不同的特点,不同学校不同学科之间又表现出一定的差异性,每个学校应根据实际情况制订各自不同的学科的教学素养培养目标。

(2) 对青年教师教学素养提升策略的总体设计,进而完成微观实现方式的设计。对青年教师教学素养提升策略的设计要突破以往的思维定式,结合社会和地方经济对应用型人才的需求,以教学为核心,产学研相结合,突出培养青年教师的教学能力、研究能力和服务社会能力。

(3) 建设应用型高校教学能力评价体系。该评价体系是引导教师职业发展的风向标,科学、合理的评价体系对青年教师专业发展起着重要作用。目前,应用型高校的评价体系存在的主要问题有:①缺乏科学的青年教师评价体系,没有建立分类分龄的评价制度;②青年教师专业发展评价更趋于量化,忽视了其动态的发展过程和能力提升。

纵观应用型高校的评价体系可以发现,它们通常表现出一个重要特点:较强的功利性和目的性导向,这种评价体系在职称评审、薪酬分配等方面比较适合,缺点是难以全面和有效地反映青年教师职业的实际情况,容易导致片面的发展结果[5]。

在设定教学素养提升策略时,应侧重于应用型人才的培养目标。对于教学素养提升策略采用逐层设置指标的方式建立指标体系,课题组将教学素养作为一级指标。将教学基本能力、教学归纳总结能力和研究与应用能力作为二级指标。将入职培训、教学系列学习、教学实践作为教学基本能力的三级指标;将教学基本功竞赛、教学总结、说课竞赛作为归纳总结能力的三级指标;将教改项目、指导学科竞赛、工程实践作为研究能力的三级指标。对于每一项三级指标可以进一步细化(即四级指标),见表1。

表1 青年教师教学素养提升指标

一级指标	二级指标	三级指标	四级指标
教学素养	教学基本能力	入职培训	…
		教学系列学习	…
		教学实践	…
	教学归纳总结能力	教学基本功竞赛	…
		教学总结	…
		说课竞赛	…
	研究与应用能力	教改项目	…
		指导学科竞赛	…
		工程实践	…

针对青年教师教学素养提升策略中提出的分层次指标,如何才能实现?需要进行科学分解,根据各项指标制订不同的实施方案和评价方案。根据教学素养指标的重要性和实际情况,对各级指标点分别赋予不同的权重,各级指标权重之和为1,见表2。

表 2 青年教师教学素养提升指标评价权重

一级指标权重	二级指标权重	三级指标权重	四级指标
教学素养(1.0)	教学基本能力(0.4)	入职培训(0.1)	…
		教学系列学习(0.1)	…
		教学实践(0.2)	…
	教学归纳总结能力(0.3)	教学基本功竞赛(0.1)	…
		教学总结(0.1)	…
		说课竞赛(0.1)	…
	研究与应用能力(0.3)	教改项目(0.1)	…
		指导学科竞赛(0.05)	…
		工程实践(0.15)	…

5 结束语

青年教师作为高校教学工作的主要承担者和生力军,其教学素养直接影响着高校人才培养的质量。为此,应用型高校须从实际出发,从构建教学能力培养体系、完善教师评价体系、加大薪酬保障的力度等方面入手,激发青年教师的教学热情,不断提升青年教师的业务能力。

参 考 文 献

[1] 吴优.高校青年教师教学能力提升路径分析[J].中国高校管理,2016,625(26):122-124.
[2] 管青军,余伟健,王平,卜勇杰,金娇.关于高校青年教师如何提升教学能力的几点看法[J].科技教育,2020,12:104-105.
[3] 曹茂甲,姜华.高校青年教师专业发展动力体系探析[J].教育科学,2021,37(3):89-96.
[4] 魏庆义.我国高校青年教师专业发展政策的现状、问题与改进[J].高等教育研究学报,2021,44(4):68-76.
[5] 王蒙雅.应用型地方高校青年教师发展问题及对策职业教育研究[J].2021,225(8):147-148.

作者简介

王浩全:男,1971年生,教授,研究方向为信号与信息处理。
李冬梅:女,1981年生,讲师,研究方向为思政教育。

基于 OBE 理念的教师团队建设策略研究

吕治国　石念峰　王伟静

(洛阳理工学院计算机与信息工程学院,洛阳,471003)

摘　要:既有的教师团队建设往往仅针对具体某一门专业课程,容易出现专业建设的整体性与连贯性不够协调,全过程、全方位覆盖不够全面的问题。为此本文设计了一种基于课程群的教师团队建设方案。本文对应用型高校的教师团队的建设进行了梳理和研究;从组织、教师、项目、课程四个维度进行了问题分析,分享了建设经验;从学生成绩、教师教研科研、教学效果提升方面介绍了教师团队建设成效。研究成果对于培养满足国家和社会需求的应用型人才具有参考价值。

关键词:教师团队;课程群建设;教学模式创新;OBE 理念

Research on the Strategy of Ideological and Political Team Building Based on OBE Concept

Lü Zhiguo　Shi Nianfeng　Wang Weijing

(Computer and Information Engineering Department, Luoyang Institute of Science and Technology, Luoyang 471023, China)

Abstract: The construction of existing teacher teams often focuses only on a specific professional course, which can lead to a lack of coordination and coherence in the overall and comprehensive coverage of the professional construction process. A teacher team building plan based on course groups was designed for this paper. The paper summarizes and studies the construction of teacher teams in applied universities. The existing problems about teacher team construction were analyzed from four dimensions: organization, teacher, project, and curriculum. Then the construction experience was shared. The effectiveness of teacher team construction was introduced from the aspects of student performance, teacher research, and teaching effectiveness

通信作者:吕治国,709009460@qq.com。
基金项目:河南省本科高校 2023 年课程思政样板课程。

improvement. The research results have reference value for cultivating applied talents who meet the needs of the country and society.

Key words：teacher team; course group construction; innovation in teaching mode; OBE concept

引言

随着教育的快速发展,教师不但要做知识的传授者,更要做学生成长道路上的引路人与同行者。教师团队建设对于提升教育质量、促进教师发展、增强团队凝聚力、推动教学创新、优化教育资源配置以及有效应对教育挑战具有重要意义。但目前高校教师团队建设往往关注于某一具体课程的教师团队建设,而针对课程群的教师团队建设的研究较少。在实际中,不知道如何对专业课进行分类,组建合适课程群。或者虽然建立了课程群,但教师之间、课程群内的课程之间、教师和学生之间的联系不够紧密,不能够在课程之间进行专业知识元素的挖掘和渗透,对整个课程体系的建设关注较少,整体性与连贯性不够协调,覆盖不够全面。

建设教师团队对于课程、专业建设有着积极的推动作用。为了更好地实施科教兴国战略,按照 OBE 教育理念,要先清楚培养什么类型的人才,再倒推如何培养的方法。而建设有觉悟、有组织、有影响、有本领、有担当的教师团队就是一种行之有效的策略。在教师团队的加持下,能更好地调动全体老师的参与积极性,更好地让教师在具体课程中发掘提炼专业知识元素,探讨运用课堂教学方法,实现课程之间、教师之间以及教师和学生之间畅通交流,实现课程群、课程体系均衡发展,更好地实现培养合格人才的目标[1-2]。

本文的贡献主要有:①整理了教师团队建设的实际案例;②总结了课程实践中的成功经验及挑战;③从组织、教师、项目、课程四个维度阐述教师团队建设措施;④从学生成绩、教师教研科研、教学效果提升方面展示了高校教师团队建设的成效和经验。

1 教师团队建设措施

1.1 组织

高效协调的组织是建设教师团队的保障。教师团队、课程群建设需要学校领导干部的组织和落实。从组织形式上,洛阳理工学院各级党委、院系领导充分发挥组织的先进性,探索教师团队建设的有效措施,成立领导小组,引领课程群建设具体实施。洛阳理工学院和其他院校之间、校内院系之间、教师之间也积极开展交流与合作。教务处通过课题项目激励团队建设、宣传部通过舆论引导团队建设。教师是课程群建设的主体和实践者,通过参加研修班,培养课程群建设意识。教师与学生也加强交流,学习相关理论,提升课程群建设水平。团队以培养高素质信息技术应用型创新人才为目标,依托"石念峰河南省教学名师工作室",以课程群平台建设为途径,以课堂教学为主渠道,通过提炼电子信息产业发展趋势和规律,把枯燥晦涩的专业内容转变成具体、生动的教学载体,在"润物细无声"的知识学习中实现"课程教学"向"课程群教学"转化,打造出一支高水平的课程教学团队。

教学团队立足人才培养特色和培养目标,研究制定课程建设方案,追求团队集体成果的获取。团队成员要全面参与课程标准开发,教学流程重构,课程结构再造,学习管理和评价等建设全过程。团队通过分工协作开展模块化教学,探索双元结构教师小组模式,开展教学过程检测,学情分析,学习资源供给,提升教学质量效果。团队注重学思结合、知行统一以及实践环节的作用,让学生"敢闯会创",在参与中增强创新精神、创造意识和创业能力[3-4]。

1.2 教师

教师是教师团队的基本元素,是课程建设的具体实施者。从教师维度看教学团队建设策略可以总结为以下三个方面。

(1) 教师联动,打造教师育人共同体

计算机专业核心课程教师团队由不同课程教师组成,以教学团队为依托,建立课程群内部交流机制,通过集中培训、研讨、备课等方式,研究课程之间融合问题,明确教育产出,实现教师互补、优势叠加、课程联动。通过教师共同把握课程体系以及具体课程的位置作用,共同建设课程群,积极探索构建育人共同体的新途径[5]。

(2) 课堂联通,优化课程教学路径

课程教学以知识应用,能力提高为核心目标,将该理念贯穿课程群的教学大纲、课程标准、教学设计等各个方面,融入教学各个环节,落实到教学内容、教学方法、教案设计、教学评价中。根据学生成长规律,系统设计教育的递进教学路径,使教育贯穿人才培养全过程。在团队的统一协调下,根据不同课程特点以及同一门课程在不同专业中的针对性,建造各类课程协同育人机制,融合知识教育、能力教育与价值塑造,实现协同育人效果最大化。

(3) 理论与实践相结合,打造课程共享资源

课程教学需要理论与实践相结合。团队深入开展课程教学研究与实践,以学校持续推进课程体系改革为契机,积极打造课程共享资源。团队综合运用第一课堂和第二课堂,深入开展"百万师生大实践"等社会实践、实训活动,拓展课程建设方法和途径。例如:郭恒川老师建立"阳光电脑e修"志愿者服务团队,由品学兼优的同学作为团队成员,义务给全校师生提供电脑、手机保养和故障维修等服务,服务过程如图1所示,该活动服务了教师和同学,锻炼了学生的动手能力,巩固应用了相关课程所学的知识;龚蕾老师在暑假组织学生进行大学生暑期"三下乡"实践活动,使用所学网络技术为留守老人宣传讲解预防网络诈骗,把在课程中学到的技术用于实践,检验了课程群建设的效果,相关报道如图2所示。

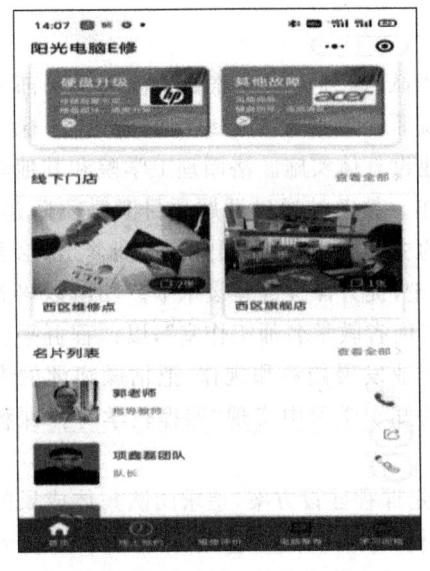
图1 义务维修预约小程序

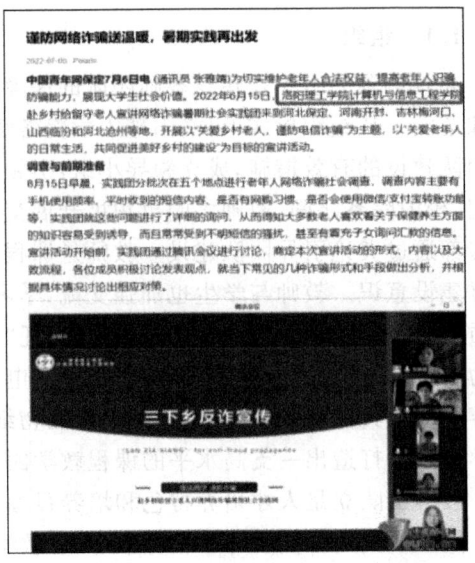
图2 大学生暑期"三下乡"实践活动

1.3 项目

课题项目的申请和建设可以促进教师团队建设。通过制定"五个一"工程目标,每个教师精讲一门专业课程,参与一项教改课题,指导一项课程改革项目,共同制定一套制度,挖掘、整理、提炼一个蕴含各门知识元素的综合性资源库,来加速实现团队建设。团队成员在参与项目的过程中研究课程内容,采用学生喜闻乐见的方式传播知识。团队成员参与教改课题项目,完善课程涉及的课程建设,积极申报、参与建设样板课程。团队成员选择课程改革项目,如微课程的制作,开展"课程教学能力提升工作坊"培训活动,参与课程群领航讲坛等活动。团队成员参与、讨论和制定一套课程建设的相关管理机制。管理机制包括团队合作机制、激励机制、课程建设资源整合机制、学生素质跟踪评估机制。团队成员从课程提炼内容,利用现代教育技术,开展个性化的多媒体课件资源的研究与制作,构建高效、灵活、直观的多维教与学的环境。经过"五个一"工程项目的实施,有力地促进了教师团队的建设。

1.4 课程

教师团队和课程群建设的媒介是具体的课程。教师团队建设要注意具体课程知识点建设、开展案例式教学,努力推进"存在的问题、解决问题的方案、解决之后的效果"的教学模式。教师团队建设发挥教师队伍"主力军"、课程建设"主阵地"、课堂教学"主渠道"的作用,强化示范引领,强化资源共享,全面推进课程群高质量建设,将课程群建设贯通人才培养体系全过程,构建全员全程全方位育人的大格局[6]。依据课程之间的内在关系形成课程群,在课程群的基础上形成教学改革方案,指导编制课程教学大纲、教案设计方案,明确教学方法、载体途径和评价手段。根据团队建设目标,开展课程教学研究与实践。根据教学目标,融通课堂内外,开展第二课堂、第三课堂(网络课堂)教育、组织与课程教学改革相关的实践活动,经过建设最终形成了专业覆盖面广、时间跨度长的特点。团队授课课程涉及"计算机科学与技术""通信工程""物联网工程""软件工程""数据科学与大数据技术"5个计算类本科专业的基础课和核心课,有利于构建全范围育人格局。团队成员授课课程从第 2 学期一直延续到第 6 学期,基本覆盖了大学的全过程,保证持续性开展课程群建设,有利于构建全过程育人格局。

2 效果

教师团队建设提高了学生成绩。课程群实现了分散课程的全面融合,激发了学生对专业课学习的热情。经过 2021—2024 三年教师团队建设,学生学习成绩有所提升。学生 2024 年成绩和三年前成绩比较结果表明,英语四、六级考试通过率分别提高了 4.3% 和 3.7%;考研上线率也提高了 3.5%。学生参加"挑战杯"、"互联网+"、大学生服务外包创新创业大赛等大赛的积极性得到了提高,近三年学生获得国家级奖励 20 余次,省级以上奖励 100 余次。

教师团队建设提高了教师成果。"高级语言程序设计""单片机原理与应用""数字逻辑"成功申报省级一流课程,"面向对象程序设计""Web 程序设计""计算机网络""操作系统""计算机组成与系统结构"成功申报校级网络课程。团队成员发表多篇教研论文,申请省级教改课题 2 项,形成"一人多课,一课多人"的本科教学新局面,形成专业交叉教学团队,成功建设了"老中青,传帮带,师徒制"的课程教学团队。

教师团队建设改善了教学氛围。通过课程教学综合改革,依托"学习通"开展线上线下混合式教学,在课程群中讲述信息技术相关的课外知识,激发了学生对计算机专业课学习的兴趣,加深了学生对专业知识的理解和记忆,提高了学生参加学科大赛的积极性,课堂教学效果得到了提升。总之,教师团队建设通过"问道""博术""执器"三个维度进行巧妙结合,直击学生内心,唤醒探索科学和不断科技创新的精神。

3 结论

为了更好地实施教师团队和课程群建设,本文介绍了教学团队建设的经验和技巧,从组织、教师、项目、课程四个维度进行分析总结。实践结果证明,教师团队建设经验能够使得团队教师的教学能力得到提升,专业学科之间融通能力得到改善,课堂教学本领得到增强。该经验的推广可以帮助教学团队建设,能够培养教师专业精神、职业精神,培养出具有理想信念、扎实学识、仁爱之心的团队成员,为形成课程一体化的教学团队建设提供支撑。

参 考 文 献

[1] 谭瑞梅,周显春,许燕龙,等.新工科背景下应用型本科院校大数据分析课程群建设研究[J].产业与科技论坛,2024,23(14):237-239.

[2] 周健,武岳,段凯宇,等.新经管下的人工智能专业课程群研究[J].教育教学论坛,2024(6):66-69.

[3] 吕乐阳,杨磊,王琰帅.新工科背景下土木工程专业人才创新创业教育新模式研究[J].高教学刊,2024,10(29):76-79.

[4] 吴文嘉,罗堰.新文科视域下高校创新创业教育生态系统机制研究[J].中国高校科技,2024(9):36-40.

[5] 河北师范大学生态学教师团队[J].河北师范大学学报(自然科学版),2024,48(5):428.

[6] 王洪生,周中亮,陈云云.打造提升教师专业能力的融合教育教师团队——以教师专业能力提升项目沂南试点区为例[J].教书育人,2024(14):33-35.

作者简介

吕治国,男,1977年生,副教授,研究方向为移动通信网络。

第七部分
其 他

国际化合作课程联合教学的研究与探索

高月红　张　欣　杨鸿文

（北京邮电大学信息与通信工程学院，北京，100876）

摘　要：在全球化进程不断加快的背景下，高等教育的国际化成为提升教育质量和竞争力的重要途径。本研究通过与挪威科技大学的合作，依托双方相似课程的授课实践，探讨了国际化合作课程在电子信息类专业中的应用。结合北京邮电大学的课程特点，借鉴挪威科技大学的先进教学理念和方法，对课程内容和教学方式进行了创新性改进，显著提升了课程的国际化水平和学生的跨文化学习能力。结果表明，通过国际化合作课程的联合教学能够有效增强学生的全球视野和综合能力，但在实施过程中仍面临文化差异、课程标准不统一和资源不足等挑战。

关键词：高等教育国际化；教学改革；电子信息类专业；国际化联合课程

Research and Exploration of International Joint Teaching Course

Gao Yuehong　Zhang Xin　Yang Hongwen

(School of Information and Communication Engineering, Beijing University of Posts and Telecommunications, Beijing 100876, China)

Abstract: With accelerated globalization, the internationalization of higher education is key to improve educational quality and competitiveness. This study, in collaboration with Norwegian University of Science and Technology(NTNU) and with the support of similar teaching course, examines the application of an international joint teaching course in electronic information disciplines. By adopting NTNU's teaching methods and adapting them to our own courses, innovative improvements that enhanced course internationalization and students' cross-cultural skills are fulfilled. The results show that while the joint teaching course broadens students' global perspectives and abilities, there are also challenges like

---

通信作者：高月红，yhgao@bupt.edu.cn。

cultural differences, inconsistent standards, and resource limitations remain.

Key words: higher education internationalization; teaching reform; electronic information disciplines; international joint teaching course

1 引言

在全球化日益深入发展的今天,高等教育的国际化已成为衡量一个国家教育水平和国际竞争力的重要指标,也是各高校提升教育质量和竞争力的核心战略。国际化不仅反映了高等教育机构的开放程度,也体现了其教育质量和学术影响力。作为高等教育的关键组成部分,本科生教育的国际化水平更是直接影响国家的创新能力和人才培养质量。

建立国际化合作课程是高校通过与国外知名院校、科研机构及行业专家合作,共同开发课程、开展教学活动的一种重要方式。通过合作课程的授课,能够为学生提供跨文化学习的机会,帮助他们增强全球视野和国际竞争力。通过参与国际化课程和与不同文化背景的师生交流,学生能够更好地理解和尊重多元文化,培养跨文化沟通与协作能力。同时,合作课程也有助于促进学术思想的交流与碰撞,推动学术创新和学科发展。

近年来,我国高等教育机构在推进国际化方面取得了显著进展,如扩大留学生规模、加强国际合作与交流、推动中外合作办学等。然而,与世界一流大学相比,我国高校在教学内容、教学方法、师资队伍和学术研究等方面仍存在一定差距。为了进一步提升国际化水平,培养具有国际视野和创新能力的高层次人才,我国高校需要深化国际化合作课程的探索与实践。通过开设国际课程、邀请海外名师授课、举办国际学术会议等方式,高校可以为学生提供更多元化的国际化学习资源和平台。

然而,面对建设世界一流大学的目标,如何进一步深化国际化教学改革,提高教育质量和国际竞争力,仍是我国高等教育亟须解决的问题。探索和实践国际化合作课程的教学,为高校提供了新的思路和方法,有助于缩小与国际一流大学之间的差距,推动我国高等教育的国际化发展。

2 现状与问题分析

在全球高等教育竞争日益激烈的背景下,国际化联合教学逐渐成为高校提升教学质量和国际影响力的重要途径。然而,这一方法在实践过程中仍然面临诸多挑战和问题。为了更好地理解和推进合作课程的有效实施,有必要对当前国际化联合教学的现状及其存在的问题进行深入分析。

2.1 现状分析

国际化联合教学目前在全球各地的高校中得到了广泛应用,并展现出多种形式。在全球范围内,许多高校通过与国外知名大学和研究机构合作,共同开发课程,引入国际先进的教学理念和方法。例如,通过与国际知名教授共同设计课程内容,将前沿的科研成果融入教学,推动了课程内容的更新和优化。

双学位项目和联合培养项目也在许多高校中得到推广,学生可以在国内外高校之间交换学习,获得双重学位,这些项目为学生提供了多样化的学习体验,增强了其跨文化适应能力和国际竞争力。

此外，国际交流与访学也是国际化联合教学的重要形式。通过邀请国际知名教授进行短期授课或工作坊，以及派遣本校教师和学生到海外访学和交流，高校不仅拓宽了师生的国际视野，也促进了不同文化和教育体系之间的相互理解与学术合作。

随着信息技术的发展，在线课程和跨境教学日益成为国际化联合教学的一种重要方式。高校借助互联网平台开设国际课程，使学生即使不出国门，也能接受到来自国际知名教授的教学和指导，大大扩展了教育资源的共享范围。

2.2 存在的问题

尽管国际化联合教学的推广带来了诸多积极成果，仍有不少问题和挑战需要应对。在全球化背景下，国际化联合教学为高校提升教学质量和国际影响力提供了新的机遇，但其有效实施依然面临一些现实困难。

文化差异和跨文化沟通障碍是其中的主要挑战之一。不同国家和地区的教育理念、文化背景和教学方法存在显著差异，这可能导致学生和教师之间的误解和沟通障碍，从而影响教学效果。一些学生可能不适应国外教授的教学风格或课堂互动方式，而国外教授也可能对学生的学习习惯和背景知识缺乏足够了解。

课程内容与评价标准的不统一也是一个亟待解决的问题。不同高校在课程内容设计和评价标准方面存在较大差异，国际化联合教学需要协调各方对于课程内容的要求和教学目标，这可能涉及课程结构、学分转换、成绩评定等多方面的标准化问题。如何在实际操作中制定统一的课程标准以适应各方需求，仍然是一个复杂的挑战。

此外，师资队伍和教学资源的不足也制约了国际化联合教学的推广。国际化联合教学对教师的国际化水平和教学资源的要求较高，但许多高校在这方面存在明显不足。一方面，能够胜任国际化教学的教师数量有限，教师的国际化经验和外语能力有待提高。另一方面，支持国际化教学的软硬件设施（如跨国课程平台、交流项目经费等）也不够完善，影响了国际化联合教学活动的有效实施。

同时，学生的参与度和学习适应性也存在不足。由于国际化联合教学的特殊性，其对学生的自主学习能力、语言能力和跨文化适应能力提出了更高要求。然而，许多学生在跨文化交流和适应方面仍存在困难，如语言障碍、对新教学方法的不适应等，导致他们的学习参与度和效果不够理想。

3 国际化合作课程联合教学探索实例

在分析了当前国际化联合教学的现状与问题之后，本文进一步开展了具体的实践探索，以验证通过国际化合作课程联合教学提升电子信息类专业课程质量和学生国际化视野方面的有效性。通过与挪威科技大学蒋宇明教授的合作，引入其先进的教学理念和方法，并结合北京邮电大学的课程特点，进行了一系列国际化联合教学的尝试。以下内容将详细介绍合作课程与教授情况、联合教学工作的探索过程及其所获得的启示。

3.1 合作课程介绍

本研究通过与蒋宇明教授的合作，探索国际化合作课程联合教学的应用。为了实现这一目标，首先调研了挪威科技大学相关专业的课程设置，并选取了与北京邮电大学"网络演算理论与应用"课程内容最接近的"TM8102：Traffic Analysis of Communication Networks"课程作为对比和学习对象。

"TM8102：Traffic Analysis of Communication Networks"课程由蒋宇明教授主讲，内容主要围绕通信网络中的流量分析展开，包括排队论和网络演算等理论基础[1]，网络服务质量架构[2]和调度算法[3-4]，以及时间敏感网络[5]和确定性网络的性能优化[6]。该课程还深入探讨了超高可靠低延迟通信的应用[7]，如触觉互联网和5G网络的设计，旨在培养学生理解和优化通信网络性能的能力。

通过与蒋宇明教授的多次深入交流与研讨，全程参与该课程的线上授课过程，深入了解其教学内容和国际化教学方法，为后续的课程改进和国际化联合教学的探索提供了重要参考和借鉴。

3.2 联合教学探索

在充分学习和调研的基础上，北京邮电大学教研组对"网络演算理论与应用"课程进行了多方面的创新和调整，以实现国际化合作课程联合教学的有效落地。

首先，在课程大纲方面，北京邮电大学教研组对原有的教学大纲进行了修订，特别是在实践环节的设计上做出了重点改进。引导学生基于课题应用所学知识开展建模分析，并通过课堂讨论和实践实验，促进理论与实践的有机结合。例如，学生需要搭建真实的测试环境，采集数据并使用课程中学到的知识进行建模和分析。这种改进不仅增加了课程的互动性和实践性，还使学生能够更好地理解和应用所学的理论知识。

其次，教研组根据"TM8102：Traffic Analysis of Communication Networks"课程安排和国际化教学经验，对"网络演算理论与应用"课程的教学内容和课件进行了全面更新。改进后的课程内容更加注重理论与实际应用的结合，涵盖了排队论、确定性网络演算、随机网络演算等基础理论，同时增加了真实业务流测量与分析的实践模块。在教学活动上，北京邮电大学教研组探索了多种新型教学手段，如线上线下交叉授课、联合课堂、翻转课堂，以及线上中外学生联动讨论等形式，并在条件允许的情况下，允许北京邮电大学学生在线接入挪威科技大学的教学课堂，通过这些跨国的教学活动，既促进了中外学术交流，又培养了国内学生的国际化视野。

最后，北京邮电大学教研组邀请了蒋宇明教授加入北京邮电大学教学团队，构建了一个国际化的虚拟教研室，共同探索国际化合作课程联合教学的可行性和实现方式。在这一框架下，双方定期进行教学研讨，分享教学经验和方法，不断完善课程内容和教学方式，为国际化合作课程建设提供持续的支持。

3.3 获得的启示

通过与挪威科技大学的合作与探索，本研究取得了多方面的重要成果，并获得了以下启示。

第一，国际化合作课程联合教学的实施需要充分利用跨国教育资源，通过多层次、多方位的合作，提升课程内容的国际化水平。在本次实践中，通过直接参与国外课程学习和教学活动，成功引入了国际先进的教学理念和方法，并在此基础上优化和改进了自身课程的设计，增强了课程的国际化色彩和竞争力。

第二，在国际化合作课程的联合教学中，应注重理论与实践相结合，通过丰富的实践活动和互动环节，激发学生的学习兴趣和主动性。实践证明，引入实际的建模和数据分析任务，能够有效地提高学生的综合能力和解决实际问题的能力，同时也使课程内容更加贴近实际应用，提升了学生的学习效果。

第三,国际化合作课程的联合教学需要强有力的政策支持和资源保障。此次实践的成功实施得益于双方在政策、资金和管理上的支持,以及对国际化课程改革的重视和推动。在未来的国际化合作课程教学实践中,高校应继续加强对国际合作的投入,优化管理机制,为国际化联合教学的推广和深化创造良好的环境和条件。

总体而言,本研究依托具体课程,通过开展国际化联合授课的创新实践,为未来的国际化合作课程联合教学的进一步推广和发展提供了宝贵的经验和借鉴。

4 总结与展望

本研究通过与挪威科技大学的合作,探索了国际化合作课程的联合教学形式在电子信息类专业中的应用成效。通过引入国际先进的教学理念和方法,结合本土特色对课程内容和教学方式进行了优化,显著提升了教学质量和学生的国际化视野。这一实践为我国高等教育的国际化进程提供了有力的经验和参考。

研究表明,国际化合作课程的联合教学形式在提高课程国际化水平和学生综合能力方面具有明显优势,但在实施过程中仍面临文化差异、课程标准不统一和资源不足等挑战。未来,高校应进一步完善政策支持,优化资源配置,加强教师培训,并探索更多灵活多样的教学形式。

展望未来,国际化联合教学有望在更多领域得到推广,助力高校培养具有全球视野和创新能力的人才。通过持续深化国际合作,完善课程体系和教学方法,我国高校将在全球教育竞争中不断提升自身地位,为国家的现代化建设和国际竞争力的提升做出更大贡献。

参 考 文 献

[1] JIANG Y M, LIU Y. Stochastic network calculus[M]. London:Springer,2008.

[2] JIM K, ROSS K. Computer networking:a top-down approach[M]. 6th ed. New Jersey:Pearson,2013:588-592.

[3] ZHANG H. Service disciplines for guaranteed performance service in packet-switching networks[J]. Proceedings of the IEEE,1995:1374-1396.

[4] SHREEDHAR M, VARGHESE G. Efficient fair queuing using deficit round-robin[J]. IEEE/ACM Transactions on networking,1996:375-385.

[5] FINN N. Introduction to time-sensitive networking[J]. IEEE Communications Standards Magazine,2018:22-28.

[6] FINN N, THUBERT P, VARGA B, et al. Deterministic Networking Architecture [M]. IETF RFC 8655,2019.

[7] SACHS J, WIKSTROM G, DUDDA T, et al. 5G radio network design for ultra-reliable low-latency communication[J]. IEEE Network,2018:24-31.

作者简介

高月红:女,1981年生,副教授,主要从事无线通信理论与技术的研究与教学工作。

张　欣:男,1975年生,副教授,主要从事无线通信理论与技术的研究与教学工作。

杨鸿文:男,1964年生,教授,主要从事无线通信理论与技术的研究与教学工作。

创新创业教育与实践教学的融合教学模式探索

靳晓芳　闫玉刚　章文辉

（中国传媒大学，北京，100024）

摘　要：全面推进"四新"人才建设，是当今高等教育人才培养的重要目标。为了实现这一目标，促进学科间的融合发展、激发学生的创新创业潜能以及提升实践教学效果都是至关重要的途径。我们致力于通过构建"三思维、一大赛、一转化"的课程体系，并进一步强化工程训练与创新基地的建设，来深度激发学生的创新创业能力。此外，同步积极推进"项目＋竞赛"的教学体系建设，以便更有效地检验实践教学的成果与成效。

关键词：学科融合；创新创业教育；实践教学；创新驱动；项目制

The Integration and Development of Innovation and Entrepreneurship Education and Practice Teaching

Jin Xiaofang　Yan Yugang　Zhang Wenhui

(Communication University of China, Beijing 100024, China)

Abstract: Comprehensively promoting the cultivation of "Four-New" talents is a vital objective in talent development within contemporary higher education. To achieve this goal, fostering interdisciplinary integration, stimulating students' innovation and entrepreneurship potential, and enhancing the effectiveness of practical teaching are all crucial pathways. We are committed to deeply stimulating students' innovation and entrepreneurship capabilities by establishing a curriculum system centered around "Three Mindsets, One Competition, and One Conversion," while further strengthening the construction of engineering training and innovation bases. Additionally, we are synchronously advancing the construction of a teaching system based on the "Project＋Competition" model to more effectively evaluate the outcomes and effectiveness of practical teaching.

通信作者：靳晓芳，myjinxiaofang@cuc.edu.cn。

Key words: discipline integration; innovation and entrepreneurship education; practical teaching; innovation driven; project system

1 引言

新工科人才的培养对国家数字经济、新产业的发展极其重要,其目标之一是提高人才培养的质量,使工科人才更具创新能力。"复旦共识"[1]"天大行动"[2]和"北京指南"[3]的陆续发布,给新工科建设提供了方向和依据。当下,以大数据、人工智能、5G 技术、区块链等为代表的科技革命和产业变革风生水起,不仅重塑了全球经济结构,而且在很大程度上改变了人类生产模式和生活方式,因此新工科建设至关重要。

一个国家的发展水平,既取决于自然科学和工程技术等"硬实力"的发展水平,也取决于哲学社会科学等"软实力"的发展水平。"软实力"反映着一个民族的思维能力、精神品格和文明素质,关系到社会的繁荣与和谐。或者说,自然科学研究那些使得生活成为可能的东西,人文社会科学研究那些使得生活值得过的东西。自然科学导向美好事物,人文社会科学导向优秀的人[4]。

目前,学科交叉融合已经成为推动学科建设的重要手段:计算法学、大数据管理与应用、金融科技、商业智能等,可见学科融合已经呈不可逆转之大势。跨学科知识生产模式对复合型创新人才的需求不断增长,对大学教育提出了新的要求[5]。今天比历史上任何时候都更需要强烈的创新意识和创业精神。因此,高校的专业教育和创新创业教育融合协同发展有利于培养学生的综合素质,落实国家创新驱动发展战略和"大众创业、万众创新"战略部署[6]。

优秀的高校教师要具备教育教学能力、科研创新能力和社会服务能力,想实现这三种能力就要求我们把专业教育与创新创业教育紧密结合。目前,高校总体实践教学效果不佳、创新驱动不足、创业氛围不浓、双创生态建设缺乏。基于如上新形势和学生培养的痛点,本文力争寻找新工科和新文科的具体融合方式,教师从课堂或者项目中引导学生寻找"新"意,使创新成为基点教育,让学生体会学习的乐趣并愿意逐渐自行深入挖掘新知识,开展创新研究,在有效的双创生态建设下进行创业之路。

2 促学科融合,激发师生创新创业能力

思维创新推动科技创新,科技创新带动应用创新,积极培养学科交叉的创新型、复合型、应用型人才,促进学科融合,既是学科发展的趋势,也是产生创新性成果的重要途径。

2.1 双创教育中遇到的问题

2.1.1 创新驱动不足、创业氛围不浓

部分学生参与相关竞赛和项目的原因是综测加分、保研需要,而不是真正意义上的创新创业,项目内容实现度不高或者无实际意义。

2.1.2 学生有创新有想法,但是无处实现

校园创新创业生态环境尚未完善,文科生更多的是停留在设计思维层面,无法产出真实成品,如大量的文创设计只是停留在理念设计和绘制出三维图例,但并没有条件和技术真正生产出成品,大量有应用需求的平台类项目缺少有技术的工科生配合实现。如果学生不真正深入亲自动手设计制造、应用实战,只一味强调思维的创新,项目不落地,便无法谈及创业;工科生

有技术和实践动手能力,但缺少顶层思维设计,有能力设计网站或 APP,但缺少创新的应用场景;有实力加工各种制造类成品但缺少设计理念和美感。如新工科和新文科的交叉融合机制有效建立,有相应的实践基地供学生组队交流和设计产出成品,相信学生的双创热情会被极大地点燃。

2.1.3 双创成果难以实现商业化

学生对双创工作的理解与现实社会脱节,大量优秀的成果只能以专利或软著的形式得以保存,而真正去融资、建厂、营销等则面临巨大的瓶颈。学校开设的课程或讲座多流于形式,大学生初入社会,创业不能盲目,对相关政策和行业规定要有了解,对市场要有判断能力,这些不是仅靠课程和讲座能学到的,必须增加创业的实践体验。

2.2 解决思路

若想解决这些难题,需要从双创生态、师资队伍两个维度进行建设和提升。

2.2.1 双创生态的建设

目前,双创工作作为国家战略迅速发展壮大。推进其向纵深发展,不仅要倡导敬业、精益、专注、宽容失败的创新创业文化,完善试错容错纠错机制[7]。

从软实力建设来看,扩大双创课程的影响力,特别是思维类理论课与成果转化类实践课。对低年级学生注重创新方法教授与创新项目训练指导,培养"三思维、一大赛、一转化"课程体系即开展设计思维、科学思维、工程思维教育,带动"大创"和"创新大赛"的发展,进而促进成果转化能力,建立以理论+实践引导、以大赛促双创,以成果转化为最终目标的学生培养新模式。

从硬实力建设来看,高校要发展双创,工程训练与创新中心必不可少。其建设目标是符合中国工程教育认证要求及开展大学生创新实践的活动基地。国外高等教育发达国家公认成果导向教育(OBE)理念是引领工程教育改革的重要教育理念,美国工程及技术教育认证委员会将 OBE 理念贯穿于工程认证标准始终[8]。工程训练与创新中心可充分融合综合类院校"文工艺管"各学科资源和优势,力争建设为能实现工程训练,为卓越工程师培养服务;能成为课外科技创新活动支撑平台,供各类学科进行创新实践并设计成品,培养拔尖创新人才;能承担学校学院各种类型的实践、创新及劳动课程,缓解教育资源紧张的现状;能产出具有特色文创产品,作为对外宣传及展示学校特色的窗口。

2.2.2 师资队伍的建设

一方面,要建立鼓励教师担任创新创业导师,带领学生创新创业实践的长效机制,要将创新创业教育教学实效纳入职称评审和绩效考核。另一方面,加大特聘或兼职教师的聘任力度,校企合作项目的业界导师甚至是劳动教育中的技术工人,他们有丰富的实践经验,在企业管理、市场营销、专业技能等方面能力突出,要真正做到不唯学历唯能力,实现以创新驱动、高质量供给引领和创造新需求。

"三思维、一大赛、一转化"的软实力课程体系的搭建与工程训练与创新基地硬实力的建设,此模式下接通识教育和劳动教育的通识性和基础技能培训,上接专业教育和实践教育的专业性,实现五育并举;唯能力聘用的机制也能解决基础技能培训的困境,辅助开展部分劳动教育。通过多维度培养使学生掌握工程师的基本技能、企业经营者的管理及市场运营能力、文创工作者的艺术创造能力、优秀的策划宣传能力及项目的整合能力,充分进行新工科和新文科的理论和实践的融合,成为有国家担当和社会责任的新时代人才。

3 变教育理念,提升实践教学效果

实践教学的主要目的,一是便于学生理解课堂上抽象难懂的概念、理论和术语,提高学生的学习效果;二是培养学生独立操作和设计、分析问题、解决实际问题的能力,着重培养学生的创新能力和科研能力。

3.1 实践教学中遇到的问题

实践教学中遇到的问题有:

① 学习方式枯燥,学生缺乏学习兴趣;

② 教师授课主动性和灌输性偏多,学生多为被动接受,这样将难以激发学生的学习热情,学生的学习主动性差、兴趣低严重阻碍了实践教学的开展和学生动手能力的提高。

3.2 解决思路

教师要注意调控教学活动,为学生营造平等、合作、相互尊重的学习氛围,鼓励他们大胆质疑,探讨解决问题的不同方法,真正使学生感受到他们是学习的主人。因此,掌握科学的研究方法非常重要。

3.2.1 开展项目制实践教学

首先,一个实践项目的实施是以学生为主体,教师为辅助的,学生要自己带着问题和实现的动力去主动检索论文,查阅资料,学中做,做中学。教师分配任务、提供技术和调研方向的指导及培养项目执行的方法。

其次,结课方式不再是笔试考试或复刻教师教授的实验,而是通过团队合作交流,共同攻克难题,以提交结项报告的方式结课。有时实验不一定获得预期的效果,此时教师要引导学生分析失败的原因,找出影响实验效果的因素,从中吸取教训,重新进行实验,直到取得满意的效果为止。这样不仅提高学生的实践能力,而且还培养学生的耐挫能力。

3.2.2 开展竞赛制实践教学

各学科都有含金量较高的竞赛,目前学生参赛热情较高,但是由于课业压力大,参赛的时间和精力较难保证,效果并不理想。如果开设相关主题的实践选修课程,学生即获得有效学分又能进行有目的的学习,这将极大地调动学生获取知识的主动性和学习兴趣。

4 学科融合机制下的双创与实践教学体系改革预期效果

在高校大力推动德智体美劳五育并举的新形势下,本文的改革思路可达到如下效果。

(1) 创新创业理念进一步深入人心。

(2) "项目+竞赛制"的创新型实践教学体系进一步完善。

(3) 工程训练与创新中心的建设能进一步促进学科交叉融合的可行性。

工程训练与创新中心除了传统的金工实训项目,为了适应新兴技术及"新工科"的发展理念,还可增加 AI 机器视觉、云计算大数据分析、3D 打印技术等智能制造类项目。传统+新兴技术的建设理念,使得金工实践实训既保留了传统工艺的劳动素质培育,又结合了现代制造业的最新技术,让学生能真正体会传统制造和智能制造的未来发展与社会价值。

按新工科和新文科的学科融合以及协同创新理念,工程训练的面向对象和专业完全可以拓宽到文科艺术等专业。例如,动画、数字媒体艺术、广告学等专业同学设计的作品完全可以应用3D打印、激光雕刻、精密铸造等制作出来;同时对文科生的技术通识知识的培养,可以在短时间内让学生迅速了解一个国民经济的重要门类,使之对电子信息、机械加工等领域有所了解,大幅度拓宽学生的知识面。工程训练是真刀实枪地去做,完完全全是实际对实际,让同学们不仅知其然,还知其所以然,设计的东西看得见,摸得着。

因此开展除了保证工程认证需要的"金工实训"必修的系列课程,工程训练与创新中心其他相关实践课程的建设可把兴趣和技能贯穿始终,采取项目制驱动课程实现。可开设"创新设计与3D打印""基于金工实训技术的艺术创作训练""设计制造体验"等实践选修类课程,结合思政元素培养学生的工程文化素质及爱国情怀。让学生更多体验"玩中学,学中精",相信不仅我们的传统工艺传承有望,在新技术的引领下,真正产出成品对各个学科学生的实践能力及双创意识都有较大增强。

5 结论

教育的根本宗旨是培养人才,人才是创新的第一资源,而创新离不开实践阵地。国家的人才战略已经明确强调要坚持"四个面向":面向世界科技前沿、面向经济主战场、面向国家重大需求、面向人民生命健康。这也阐明了新时代人才工作的坐标,明确了广大人才科研报国的方向,为铸造新时代人才提供了重要遵循。

因此,如前所述,创新创业教育与实践教学体系的改革,这两个体系相辅相成,互为基础又互为补充,在这两个体系支持下,相信高校双创与实践工作能取得积极有效的进展,并进一步培养出国家需要的创新型人才。

参 考 文 献

[1] "新工科"建设复旦共识[J].高等工程教育研究,2017(1):10-11.
[2] "新工科"建设行动路线("天大行动")[J].高等工程教育研究,2017(2):24-25.
[3] 新工科建设指南("北京指南")[J].高等工程教育研究,2017(4):20-21.
[4] 王华平.新文科的理论内涵与实践路径[J].新文科教育研究,2022(3):29-40.
[5] 白逸仙.建设一流本科重在四个融合[J].湖南师范大学教育科学学报,2019,18(2):23-26.
[6] 王志强.创新驱动背景下大学生创新创业教育与专业教育融合策略研究[J].科技与创新,2022(14):121-124.
[7] 广州日报,国民经济和社会发展第十四个五年规划和2035年远景目标纲要(草案)[EB/OL](2021-03-11).https://baijiahao.baidu.com/s?id=1693838825900547520&wfr=spider&for=pc.
[8] 孙丽男,苏丹,唐擘.地方高校新工科人才培养模式优化策略研究——基于工程教育认证中成果导向视角[J].黑龙江教师发展学院学报,2022,41(9):7-11.

作者简介

靳晓芳,女,1980年生,中国传媒大学创新创业教育中心副主任/信息与通信工程学院实验教学中心主任,正高级实验师,科研方向为人工智能情感计算、图像识别、计算机视觉等,从事创新创业教育、实验教学与管理、学科规划与人才体系建设的研究。

基于导师团队的电子信息类研究生创新能力提升与培养模式探索

孙 正 韩叶梅 胡 凯 张楷亮 芦 春

(天津理工大学集成电路科学与工程学院,天津,300384)

摘 要:研究生是科技创新的生力军和重要力量,良好的培养模式是研究生创新能力提升的关键。基于电子信息类研究生招生规模不断扩大,传统单一导师培养模式不利于研究生创新能力培养的问题。本文从研究生导师团队的结构类型、交流机制、管理体系和交流平台四个方面,探讨了基于导师团队的电子信息类研究生创新能力培养模式,解决单导师个人知识专门化、有限性与研究生对知识多学科、综合性需求之间的矛盾,有效提高研究生创新能力。

关键词:导师团队;培养模式;创新能力;研究生

Innovation Ability of Electronic Information Graduate Students Based on Mentor Team Exploration of Enhancement and Cultivation Models

Sun Zheng Han Yemei Hu Kai Zhang Kailiang Lu Chun

(School of Integrated Circuit Science and Engineering, Tianjin University of Technology, Tianjin 300384, China)

Abstract: Postgraduates are a fresh force and an important force of scientific and technological innovation, and an excellent training mode is the key to the cultivation of postgraduates' innovative ability. Based on the expanding enrollment scale of electronic

---

通信作者:孙正,sz_tjut@163.com。

基金项目:天津理工大学研究生教育教学研究与改革项目"基于导师团队的研究生创新能力培养模式探索"(YBXM2339); 天津市普通高等学校本科教学改革与质量建设研究计划重点项目"产教融合背景下集成电路创新人才培养改革研究与实践"(A231006004)。

information graduate students, the traditional single tutor training mode is not conducive to the cultivation of innovative ability of graduate students. In this paper, we discuss the model of cultivating the innovation ability of graduate students in electronic information based on tutor team from four aspects: structure system, communication mechanism, management system and communication platform of graduate tutor team. It solves the contradiction between the specialisation and limitedness of single tutor's personal knowledge and the multidisciplinary and comprehensive demand of graduate students for knowledge, and effectively improves the innovation ability of graduate students.

Key words: mentor team; training mode; innovation ability; postgraduate

1 引言

2020年,习近平总书记对研究生教育工作作出重要指示强调,"适应党和国家事业发展需要培养造就大批德才兼备的高层次人才"[1]。改革开放以来,研究生招生人数不断扩大。2023年,教育部调查统计在学研究生388.29万人,比上年增长6.28%,约是2001年在读人数的10倍。随着研究生数量的持续扩大,研究生教育体系面临更高的挑战和期望。未来的研究生教育不仅要关注学术知识的传授,更要注重学生综合能力提升。创新能力是国家发展之根,民族振兴之魂[2]。目前我国已进入"大众创业、万众创新"和"互联网+"的融合时代,这必然对高校人才与科技的需求更加多元,特别是对高校研究生创新能力的需求更加迫切[3]。

现代科技日益发展,学科分支日趋细化,学科界限日益模糊,学科间彼此交错互融,创新成果往往产生于多学科的交叉点上。传统"一对多"模式的研究生培养,相互之间学术研讨活动机会和时间减少,学术思维认知单一。而且研究生导师偏重理论研究,学科研究与社会实际需求脱节,实践经验缺乏[4]。基于此,本文以学生为中心,提出基于导师科研团队的研究生创新能力培养模式,探讨研究生导师团队的结构类型、团队交流机制、管理制度和学术交流平台对提高研究生创新能力的影响,解决单一导师的个人局限性和研究生对多学科知识需求之间的矛盾,进一步提高研究生创新能力。

2 研究现状及存在问题

创新是一个国家、一个民族发展进步的不竭动力,是推动人类社会进步的重要力量。高校作为国家创新体系的主体之一,研究生是创新的生力军[5]。随着研究生招生规模不断扩大以及大数据时代多学科之间的交叉融合,传统"一对多"模式的研究生培养,由于导师的时间精力所限,没有充足的时间精力针对每名研究生的兴趣爱好、特长进行针对性指导,导致导师与研究生之间、研究生与研究生之间,学术研讨活动的机会和时间都大大减少,研究生不能获得高质量的学术指导和创新能力的培养[6]。此外,由于每位研究生仅接受单一导师的指导,导师的学术水平、学术视野、学术认知、研究思路等,都直接对研究生产生很大影响。这种单一的指导十分不利于研究生的个性成长和团队合作意识的培养,也十分不利于研究生学术水平的提高、创新能力的增强。因此,组建复合型导师团队,探索基于科研团队的创新能力培养模式十分必要。

高校研究生导师一般偏重理论研究,不能较好地把自身科学研究与社会实际需求结合起来,使得研究生导师的学科专业实践知识相对缺乏。此外,在传统单一导师培养模式下,研究生能从导师那里获得的实践指导以及进企业实践的机会很少,不利于研究生实践能力的提高,更不利于研究生创新能力的培养。

3 基于导师团队的研究生创新能力培养模式

创新能力是研究生培养的重要目标,良好的培养模式是提高研究生创新能力的关键。基于目前研究生培养模式现状,通过构建导师科研创新团队,搭建交流平台,分享资源,同时制定有效管理制度,规范团队成员职责,保障团队秩序,提高研究生创新能力。重点解决单一导师的个人局限性和研究生对多学科知识需求之间的矛盾,有效提高研究生创新能力。本文从以下四个部分进行研究生培养模式探索:①构建复合型研究生导师团队,促进多学科交叉融合;②建立团队交流机制,做到信息共享、问题共治;③构建科学有效的导师团队管理制度,明确团队导师责任与义务、维护人才管理机制;④搭建学术交流平台,增加研究生与导师之间相互联系,增强团队向心力。各部分的关系如图1所示。

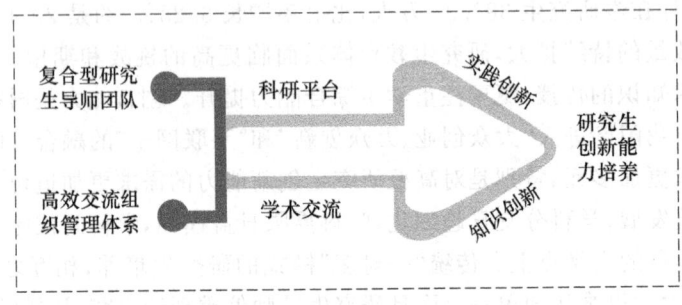

图1 各部分的关系图

3.1 构建复合型导师团队

合理的团队结构能够促进多学科交叉融合、激发团队成员的创新思维,提高研究生培养质量。从团队教师的专业结构、年龄结构、职称结构、教师来源等四个条件综合考虑,组建多元化知识结构及研究模式的复合型导师团队。根据团队教师的专业结构,团队教师可分为本专业老师和相近相关专业教师,合理分配形成导师团体。以微电子相关专业为例,以电子科学与技术专业为主,以集成电路工程和通信工程为辅,各成员相互合作,实现多学科交叉融合。根据年龄结构,团队教师可分为有经验的年长教师和有创新思维的年轻教师。年长教师以丰富的阅历给年轻教师科研新意提供可行性指导,同时对研究生培养过程提供全方位的帮助。在职称结构方面,以经验丰富,专业知识扎实的教授为核心,副教授为辅助,优秀博士讲师为补充。形成自上而下的团队模式,使研究生获得由浅入深、从宏观到具体的帮助和指导。在教师来源方面,不同院校之间的导师优势互补,进而拓宽知识来源和科研视野,帮助研究生解决科研过程中的技术瓶颈和设备等硬性实验条件问题。

3.2 建立导师团队交流机制

学术交流过程可以实现不同学术思路的融合,相互之间发生碰撞,产生灵感,推动科研创新性发展。在小组讨论中,先研究生导师团队就科研中遇到的问题和收获进行研讨,提取有效信息,再在相关专业中进行交流共享和查漏补缺。在小组研讨时,教授或副教授针对不同研究方向或领域提供建设性意见,把控整个团队的未来科研进展。在交流方式上,采用即时交流的方法,如 PPT、板书等。针对某一特定科学问题,团队师生进行交流和讨论,对在实验过程、组会讨论、小组讨论等场合发现的问题,随时当场解决,达到良好的交流效果。对于一时无法解决的问题,采用交流平台的方式,如微信群、钉钉群等随时随地沟通交流。

3.3 构建科学有效的组织管理体系

健全的管理制度是研究生导师团队有效运行的保证,人性化的管理能使每位成员更好地融入团体。通过规定团队中各位导师的岗位职责、权利与义务,促进团队有效发展;通过设定团队奖励机制,充分释放导师团队各成员的活力,营造有利于创新型研究生培养的环境氛围和科研热情。在研究生的自主创新和管理方面,导师指导和帮助学生积极参与各种科研比赛,申请创新项目,研究生负责团队中科研项目的一部分内容,培养动手能力、工作能力和管理能力。在师生互助管理方面,导师作为研究生在校的引路人,把握研究生课题的进度和方向,并及时沟通反馈在实验中遇到的各种问题。在科研项目管理方面,项目的第一负责人应总体把握项目方向和进度,团队中其他导师成员根据实际要求配合完成项目任务。负责项目内容的研究生向导师反馈项目的具体细节,形成自上而下的闭环模式,促进项目顺利完成。在团队管理上,本着"人人平等、互帮互助"的原则,每位导师发挥自身优势,尽量做到"人尽其才"。结合导师优势,在项目申报、竞赛申请、校企实践、团队管理等方面建立管理体系,促进团队合作有效开展。

3.4 搭建多学科融合的学术交流平台

学术交流能够实现不同学术思想的汇集、融合,形成新思想,成为集成创新的重要基础。科研团队依据"兼容并蓄,有容乃大"的原则,开展各项学术交流活动,建立稳定的团队学术交流机制,提供诸多不同层次的学术交流机会,激发学生的创新思想。在交流平台类型方面,主要分为线上交流和线下交流两种方式。线上交流借助网络平台如微信、钉钉等,邀请国内外院士、教授等开展人才论坛、经验分享交流。提供不同层次交流机会,促进学术思想汇集、融合。线下主要依赖板书交流、讨论交流、报告会交流等面对面即时交流方式,定期汇报科研工作,解决实验或项目中遇到的实际问题,提高交流效率。

4 结语

本文首先介绍了传统"一对多"研究生培养模式存在偏理论轻实践以及学科局限等问题,不利于研究生实践能力和创新能力的提高;其次,探索了基于导师团队的研究生创新能力培养模式,从构建导师团队、团队交流机制、组织管理体系、学术交流平台四个方面入手,构建个性化多维度指导平台,实现资源共享,激发学生创新潜力和实践能力,通过整合团队资源,收获更多科研成果。研究生在分工明确、团结有序的科研团队中,不仅增强幸福感,拥有更好的学习体验,而且能进一步提升自身的科研创新能力。

参 考 文 献

[1] 程永强,刘康,王阳,等. 电子信息专业研究生创新能力培养模式的探索与实践研究[J]. 工业和信息化教育,2022(9):8-12.

[2] 程望斌,黄红霞,罗朝明,等.研究生创新能力培养的探索与实践[J].电脑知识与技术,2019,15(31):154-156.

[3] 田东平."互联网+"背景下地方高校研究生创新能力培养的研究与实践[J].科学咨询(教育科研),2020(4):71.

[4] 李冰,运新兵,杨大龙.基于导师团队的研究生创新能力培养模式的研究与实践[J].教育教学论坛,2018(24):229-231.

[5] 李瑾,汤乃云,魏敏捷.基于"科教融合+产教融合"双驱动的研究生创新能力培养体系构建与实践[J].中国电力教育,2021:249-250.

[6] 朱颢东,李红婵.依托导师科研创新团队的研究生创新能力培养模式研究与实践[J].中国教育技术装备,2023(6):26-30.

作者简介

孙 正,男,1986年生,副教授,主要从事集成电路科学与工程专业基础课教学和相关学科研究。

面向京津冀地区电子信息类专业型硕士的多元协同培养模式探究

张键红　白文乐　武梦龙

（北方工业大学信息学院，北京，100144）

摘　要：京津冀地区的经济一体化，对电子信息专业人才的需求日益紧迫。然而，课程设置与产业需求脱节，培养目标与区域经济定位不符，给该地区电子信息类专业型硕士的培养带来了挑战。为应对这些挑战，本文提出通过地方特色培养方案的制定、校外实践基地建设的推进、课程内容动态更新机制的建立、资源整合等一系列措施，将新质生产力理论与科技创新有机融合，构建"人才培养＋创新型企业""人才培养＋新型研发机构""人才培养＋兄弟院校""人才培养＋创业竞赛"四个维度的多元协同人才培养模式。这将提升研究生的实践能力和创新思维，为区域经济发展和科技创新提供支持，同时促进新质生产力的发展，以适应快速变化的市场需求。

关键词：多元协同培养模式；产教研融合；京津冀协同发展；科技创新

Research on Multi-dimensional Synergistic Training Model for Electronic Information Master's Program in Beijing-Tianjin-Hebei region

Zhang Jianhong　Bai Wenle　Wu Menglong

(North China University of Technology, Beijing 100144, China)

Abstract: The economic integration of the Beijing-Tianjin-Hebei region has led to an increasing demand for professionals in the electronic information field. However, there is a disconnect between curriculum design and industry needs, and the training objectives do not align with regional economic positioning, posing challenges to the cultivation of master's

---

通信作者：张键红，zjhncut@163.com。
基金项目：北方工业大学研究生教育教学改革研究项目（YJS2024JG01）。

degree students in electronic information. To address these challenges, this paper proposes a series of measures, including the development of locally tailored training programs, the establishment of off-campus practice bases, the creation of a dynamic curriculum update mechanism, and resource integration. By organically integrating the theory of new productive forces with technological innovation, we aim to construct a multi-dimensional collaborative talent training model encompassing "talent cultivation + innovative enterprises," "talent cultivation + new research institutions," "talent cultivation + partner universities," and "talent cultivation + entrepreneurial competitions." This approach enhances students' practical skills and innovative thinking, support regional economic development and technological innovation, and promote the advancement of new productive forces to adapt to rapidly changing market demands.

Key words: multi-dimensional collaborative training model; integration of education; industry and research; scientific and technological innovation

1 引言

2020年，习近平总书记在全国研究生教育大会上强调了研究生培养的重要性，特别是提高创新能力，以适应新时代对多元化人才的需求。这一论述为高校及相关教育机构指明了方向。《专业学位研究生教育发展方案（2020—2025）》提出，到2025年，硕士专业学位研究生的招生规模将扩大到硕士研究生招生总规模的三分之二，表明专业型硕士教育在中国人才培养体系中的重要性日益增强。然而，面对研究生数量的持续增长与高校办学条件的相对滞后，如何有效提升专业型硕士人才的培养质量和适应性，成为亟待解决的重大挑战。

京津冀地区作为我国电子信息产业的重要聚集区，具备丰富的人才和技术资源，已成为推动国家创新发展的重要舞台。随着区域经济的快速发展和科技的进步，电子信息领域的人才需求逐渐呈现多样化和复合型特征。这要求高等院校在培养电子信息类专业型硕士时，加强与地方经济、企业需求的紧密对接，提升学生的实际创新能力和解决问题的能力。

针对京津冀地区的电子信息类专业型硕士人才培养，急需探索一种多元协同的培养模式。这种模式不仅要考虑学术教育的系统性和专业化，还要融合行业、企业和科研机构的多方资源，实现教育、科技与产业的深度协同。通过这种方式，我们旨在培养出既具有扎实理论基础，又能适应快速变化市场环境的高层次复合型人才。

综上所述，本研究将围绕基于京津冀协同发展战略的电子信息类专业型硕士多元协同培养模式展开深入探讨，以期为实现人才培养与区域经济发展的双重推动提供有力的理论支持和实践指导。在全球经济环境多变与国内经济转型的双重压力下，这一研究不仅具备重要理论价值，也将对推动区域经济可持续发展形成深远影响。

2 当前专业型硕士培养中存在的问题

随着专业型硕士研究生招生规模的持续增长，国内高校在专业型硕士培养中面临诸多挑战。这些问题涵盖了人才培养的区域特色、实践能力、校外实践环节和行业需求的适应性等多个方面。为有效解决这些问题，需要系统性的改革和多方协作，主要表现如下。

2.1 区域和行业特色缺乏

当前,人才培养缺乏区域和行业特色是首要问题,导致培养目标同质化现象加剧。在不同区域和院校之间,尤其是地方院校,其培养目标往往高度相似,缺乏对地理环境和行业特征的深入理解。例如,在经济发达地区,课程设计倾向于与国际接轨,而在资源型或农业型地区,高校未能充分整合当地优势产业,造成学生无法获得与未来工作匹配的教育背景。这不仅使得所培养的人才难以满足国家在创新驱动和产业转型升级中的需求,还降低了教育资源的使用效率。

根据《中国高等教育的发展报告》,约65%的受访企业认为研究生的知识能力未必能与实际行业需求相对应。这表明高校在课程设置上的滞后性,尤其是在实用技能与新兴技术的应用。因此,针对不同城市和行业的课程开发显得尤为重要。结合区域经济特点调整相关课程和培养方案,可以显著提升学生的创新能力与实践能力,使其在进入职场后能够迅速适应快速变化的产业环境。

2.2 培养过程与目标定位脱节

培养过程与目标定位之间的脱节。在招生和培养目标方面,高校未能有效区分专业型硕士与学术型硕士的具体培养目标,导致两者课程设置和教学安排高度相似,尤其是在实践类课程比重上显得不足。专业型硕士的核心优势在于职业导向的课程设计和实践教学,但许多高校依然主要依赖传统课堂教学,忽视应用型和实践型学习方式。

教育部统计显示,有近70%的专业型硕士表示在学习中缺乏足够的实践课程,并强烈希望学校增加实习和行业调研等相关活动。这种状况让学生在面对实际工作时感到无所适从,缺乏必要的应对能力。此外,现行考核评价体系对学术论文重视过高,导致专业实践能力考核被忽视。因此,优化考核方式、增加实践能力评估,将激发学生在实践领域的学习热情。

2.3 校外实践环节不足

校外实践环节缺乏是当前专业型硕士培养中的突出问题。尽管部分高校建立了校外实践基地,但实际作用往往与预期相差甚远。许多基地仅停留在签约阶段,未能有效运作,造成学生在企业实习时间普遍不足,难以深入了解行业实践。这不仅妨碍学生熟悉行业现状,也限制其实际操作技能锻炼。数据显示,89%的学生希望能有更多企业实习机会,以便参与行业项目。然而,大多数企业因商业机密和时间资源考虑,不愿让学生深入核心项目,其中实践内容往往局限于简单行政工作或边缘任务。

缺少扎实合作机制使得产学研项目多停留在表面,缺乏实质性研发合作,这严重影响学生实践能力的提高。因此,推动校外实践基地有效运作、建立校企深度合作关系,将有助于弥补学生理论学习与实际工作的距离。

2.4 培养体系与社会行业需求脱节

目前,培养体系与社会行业需求之间脱节问题愈发突出。面对快速发展的新兴行业,如人工智能和大数据领域,高校相关人才培养体系尚未及时响应,导致学生在进入职场时面临技能与知识短缺。统计显示,新生代企业对数据分析与处理需求增长35%,但仅20%的硕士生能够胜任此类角色。

跨学科融合缺乏也让学生综合应用能力不足。调查显示,仅30%的研究生能够将不同学科知识有效整合应用到实际工作中。这一问题源于高等教育课程体系固化,未能充分鼓励跨领域合作能力。同时,软技能培训被严重忽视,如沟通能力和团队协作能力,这些都是职场必需的技能。此外,不少高校培养模式缺乏国际视野,对国际化思想和元素融入严重不足,这限制了全球竞争力人才的培养。

综上所述,目前国内高校在专业硕士的培养中面临诸多挑战,包括人才培养目标、实际教学过程及校外实践等多个方面。解决这些问题需要全国教育系统协调与改革,以确保专业型硕士培养符合社会及行业实际需求。

3 多元协同专业型硕士人才培养模式

针对当前专业型硕士培养中存在的问题以及京津冀电子信息产业对高级人才的迫切需求,实现有效的改革与提升培养质量,需要高校、企业和政府等多方面的协同努力。这种系统性的改革不仅要解决培养目标同质化、理论与实践脱节、校外实践环节不足和培养体系滞后等具体问题,还需通过构建多元协同模式,全面优化专业型硕士的培养体系。

为了解决上述问题,本文将从"人才培养＋创新型企业""人才培养＋新型研发机构""人才培养＋兄弟院校""人才培养＋创业竞赛"四个维度来探讨构建多元协同的人才培养模式。

3.1 "人才培养＋创新型企业"

通过与区域内领先的电子信息企业建立深度合作关系,该模式不仅引入企业的实际需求和前沿技术,还强调了企业文化和实践经验的传递。在课堂内外,学生能够参与到实际的项目中,例如,软件开发、系统集成和数据分析等领域,这种参与显著丰富了他们的实操经验。此外,企业还可以为学生提供实战案例,帮助他们将理论知识应用于解决实际问题。这种方式不仅增强了学生的实践能力,也为企业培养符合其需求的高素质人才提供了保障,从而实现了双赢的局面。

3.2 "人才培养＋新型研发机构"

与雄安新区、北京中关村科学城、怀柔科学城等新型研发机构的合作,拓宽了学生的研究视野,使他们能够接触到前沿科技和最新科研成果。在这个过程中,学生不仅可以参与到科研课题中,更能对学术理论与现实需求之间的联系进行深入思考。例如,参与人工智能算法的开发或新材料的应用研究,能够有效提升他们的科研创新能力。同时,学生的研究成果可以直接应用于社会实际问题,促进科研成果的转化和应用,推动区域创新生态系统的发展。

3.3 "人才培养＋兄弟院校"

这种模式通过建立与区域内其他高校的合作关系,实现资源共享和优势互补,使得各高校能够借助彼此的优势专业和特色课程,共同推动人才培养的质量提升。联合培养项目、学分互认、师资交流等多种形式能够极大地丰富学生的学习体验,培养出既具备专业知识又具备广泛视野的复合型人才[8]。此外,这种合作也促进了不同学科之间的交流与学习,帮助学生更好地理解跨学科协作的重要性。

3.4 "人才培养＋创业竞赛"

组织和参与各类创业竞赛不仅能激发学生的创新精神,还能提高他们的团队合作和领导能力。通过实际的项目孵化,学生不仅学习如何提出商业计划,还能够实践市场调研、产品开发和项目管理等关键技能。在为有潜力的创业项目提供孵化和支持的过程中,学生还可以获得来自导师和投资者的反馈,这些反馈对于后续的职业发展至关重要[9]。通过这种方式,学生能够将创意付诸实践,推动区域创新创业生态的发展。

通过上述多维度的协同培养模式，不仅能够有效对接区域产业需求，确保人才培养与产业发展同步，同时也能大幅提升学生的综合素质。例如，通过整合理论学习和实践操作，学生不仅能够在专业知识上打下坚实基础，还能通过参与实际项目培养解决问题的能力、创新思维和团队合作能力。

4 结论

本文基于京津冀地区电子信息产业的发展需求，提出了一种多元协同的专业型硕士人才培养模式，旨在解决高校培养中的区域特色、实践能力和产学研合作不足等问题。通过整合高校、企业和科研机构的资源，构建"人才培养＋创新型企业""人才培养＋新型研发机构""人才培养＋兄弟院校""人才培养＋创业竞赛"四个维度的协同教育生态系统。该模式通过一体化课程体系和"三位一体"协同发展，提升研究生的实践与创新能力，促进高校、企业和社会的协同发展，为区域经济和科技创新提供支持，助力国家在全球竞争中取得优势

参 考 文 献

[1] 习近平.在全国研究生教育大会上的讲话[J].北京:中共中央党校出版社.2020.
[2] 教育部.专业学位研究生教育发展方案(2020—2025)[EB/OL].2020.
[3] 孙希明,夏卫国,王伟,等.提高电子信息类专业研究生教育国际化质量和水平的探索与实践[J].工业和信息化教育,2024(8):11-14.
[4] 冀保峰,刘一凡,王毅,等.面向新工科需求的多元协同电子信息人才培养模式研究[J].知识文库,2024,40(14):127-130.
[5] 周洪宇,漆凌垚.专业型硕士研究生培养问题与对策研究[J].科技与创新,2021(16):7-8.
[6] 井绪芹,林俊武.应用型地方高校新工科人才培养模式探索与实践[J].中国现代教育装备,2023(21):105-107.
[7] 刘相.产教融合视角下大学生创新创业与实践核心能力培养模式探析[J].四川建筑,2023,43(6):282-285.
[8] 李滔,房玉,郭奕,等.电子信息专业学位研究生双导师培养模式探究[J].科技风,2024(15):144-146.
[9] 朱轶,陈晓晨."课程内容动态更新机制的构建与实践"[J].教育探索,2024(3):50-55.
[10] 孙中华,贾克斌,冯金超,等.电子信息类专业学位硕士研究生创新能力提升方法探讨[J].工业和信息化教育,2021(9):19-23.

作者简介

张键红:男,1974年生,教授,研究方向为信息安全密码学。
白文乐:男,1967年生,教授,研究方向为移动通信。
武梦龙:男,1974年生,教授,研究方向为电子信息学。

大数据背景下本科生数字素养能力架构研究

曾 伟　贺彩燕

(华东交通大学信息与软件工程学院,南昌,330013)

摘　要：随着数字技术的迅速发展,数字技术已深刻影响人们的学习、生活和工作,并成为现代社会不可或缺的组成部分。在这个数字时代,具备基本的数字素养是个人适应社会变革、参与经济活动、获取知识与信息、提升生活质量的关键。本文结合当前我国经济和社会发展对本科高校大学生的数字素养需求,基于全球数字素养框架,提出了大数据背景下本科生数字素养能力架构。此架构旨在培养学生的信息获取与处理能力、数据分析与应用能力、数字安全意识以及数字创新与协作能力,以应对未来经济与社会发展的挑战。

关键词：数字素养;大数据;数字安全;数字化转型

Research on the Digital Literacy Capability Architecture of Undergraduate Students under the Background of Big Data

Zeng Wei　He Caiyan

(School of Information and Software Engineering, East China Jiaotong University, Nanchang 330013, China)

Abstract: With the rapid development of digital technology, digital technology has profoundly affected people's learning, life and work, and has become an indispensable part of modern society. In this digital age, basic digital literacy is key for individuals to adapt to social change, participate in economic activities, acquire knowledge and information, and

通信作者：曾伟,zengweixigua@163.com。
基金项目：江西省教育科学"十四五"规划重点课题(项目编号：21ZD039);江西省高等学校教学改革研究课题(项目编号：JXJG-21-5-29);江西省高校人文社会科学研究一般项目(项目编号：JY21108)

improve their quality of life. Based on the global digital literacy framework, this paper proposes a framework for the digital literacy ability of undergraduate college students in the context of big data. This framework aims to cultivate students' ability to acquire and process information, data analysis and application, digital security awareness, and digital innovation and collaboration to meet the challenges of future economic and social development.

Key words: Digital Literacy; Big Data; Artificial Intelligence; Digital Transformation

1 引言

数字素养是指个人理解、分析、应用和评估数字信息的能力,涵盖对数字技术、数据分析、数字安全的理解与运用,并能够有效利用数字工具解决问题、做出决策并积极参与数字社会。党的二十大报告明确指出"推进教育数字化,建设全民终身学习的学习型社会、学习型大国",为全民数字素养的提升指明了方向[1]。随着数字时代的加速发展,数字技术日新月异,数字化已深刻融入人们的生活。提升公众对数字化的认知和应用能力势在必行。作为社会发展的重要力量,本科生肩负着建设国家和服务社会的责任,因此对其开展数字素养教育尤为重要。为此,通过对大数据背景下本科生数字素养能力架构及评价体系的实证研究,可以制定出切实可行的数字素养提升策略,助力本科生数字素养的全面提升,从而为社会输送具备良好数字素养的高素质人才。

2 相关文献梳理

近年来,数字素养教育更加受到重视,国内学者也对本科生的数字素养展开了深入研究。2013年,王佑镁[2]等结合21世纪学习目标框架的数字能力导向,构建了数字能力的概念框架,并参考欧盟的数字能力框架,从教育映射角度提出了一个数字能力整合模型。虽然该模型无法直接应用于课堂教学或评估具体对象,但作为数字能力发展的指南具有指导意义。在本科生数字素养的研究中,黄燕[3]在2015年通过对883名本科生进行调查,发现当前大学生在数字素养方面存在信息获取途径单一、检索能力不足、规范与安全意识薄弱、自控力和创新力欠缺等问题。基于此,黄燕提出了本科生数字素养的基本内涵,并探讨了相关培养路径。赵红梅[4]等重新界定了AI时代"数字素养"的内涵,并分析了数字素养导向下财会本科生的知识与能力结构。2021年,黄晓吉[5]针对工科本科生提出了三层面四领域的数字素养框架模型,涵盖基础数字素养、专业学科数字素养及跨学科跨领域数字素养三个层面,四个方向领域则为道德安全、交流协作、知识技能及思维认知。包晓峰[6]基于现有研究,围绕以人为本、全面发展的理念,服务国家战略的思想,初步构建了适合中国国情的数字素养框架。

总体来看,国内学者对本科生数字素养的能力架构研究仍相对较少,多集中于数字能力提升策略,鲜有关于数字素养能力架构本身的深入探讨。基于此,本文结合全球数字素养框架与本科生数字素养的内涵,针对我国经济与社会发展的需求,制定出适应大数据背景下的本科生数字素养能力架构。

3 数字素养全球框架

"数字素养全球框架"是联合国教科文组织于2018年发起的一项国际倡议,旨在为提升数字素养提供一套共同的基准和参考框架。联合国教科文组织还进行了实证研究,以确保框架的科学性与适用性,并为全球数字素养提升提供了有效支持和指导[7]。数字素养全球框架如图1所示。

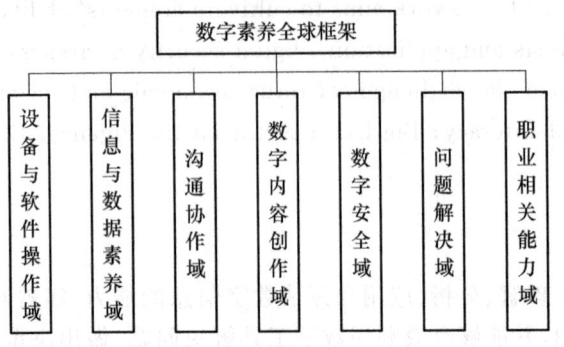

图 1 数字素养全球框架

4 本科生数字素养的能力架构

本科生数字素养的能力架构融合了数字素养的核心要素,包含五大核心能力及多个子能力,全面反映了我国经济与社会发展对本科生数字素养的具体要求,如图2所示。

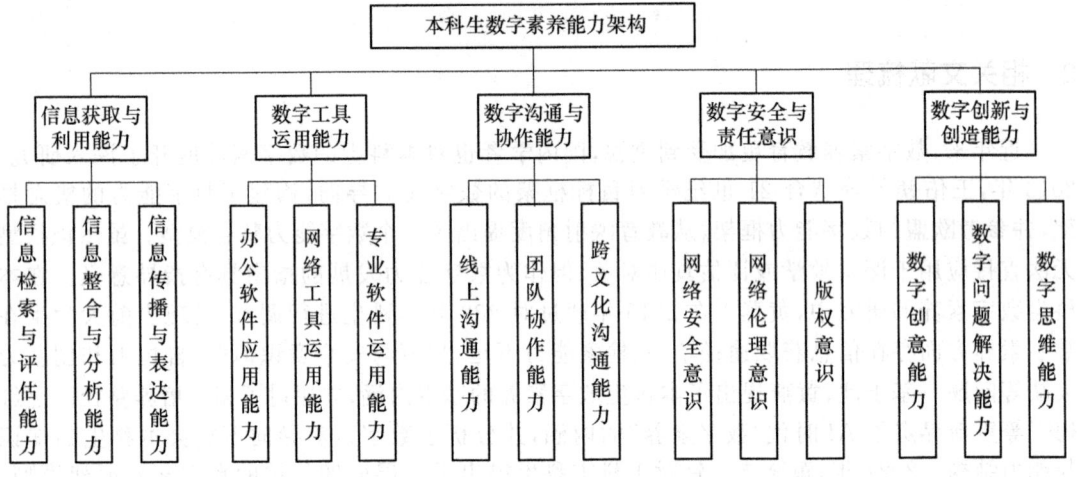

图 2 本科生数字素养能力架构

(1) 信息获取与利用能力

信息获取与利用能力包含信息检索与评估能力、信息整合与分析能力和信息传播与表达能力,三个能力相互关联,共同构成了学生在信息社会中生存和发展的基本技能。在信息泛滥的年代,拥有信息获取与利用能力才能高效、准确地获取并利用高质量的重要学术资源、数据和资料,才能从多角度审视问题,形成更全面的理解和判断,并在进行量的整合后,进一步完成质的分析,从而提高学生的学习效率,提升其对信息的理解力和应用能力,帮助其解决复杂问题,以保证学术成果的质量。

(2) 数字工具应用能力

数字工具应用能力是指能够熟练运用各类数字工具,并将其整合应用于工作、学习和生活中,以提升效率、解决问题和创造价值的能力。这项能力有助于学生更有效地完成任务,并适应不断变化的数字环境。其主要包括办公软件应用能力、网络工具应用能力和专业软件应用能力。三种数字工具应用能力相互补充,构成了帮助学生在学术研究和未来职业生涯中成功的基础。

(3) 数字沟通与协作能力

数字沟通与协作能力是指能够熟练运用各种数字工具和平台,与他人进行高效沟通与协作,共同达成目标的能力。它由线上沟通能力、团队协作能力和跨文化沟通能力构成。随着网络社交平台、电子邮件和在线讨论工具的普及,数字沟通与协作已成为沟通和交流的重要方式。

(4) 数字安全与责任意识

数字安全与责任意识是指在数字环境中具备识别和防范各类安全风险的能力,同时对个人行为和信息负责。这项意识和能力包括网络安全意识、网络伦理意识和版权意识。本科生在网上分享和存储大量个人信息,具备数字安全与责任意识使他们能够识别潜在的安全威胁,及时发现和防范危险。

(5) 数字创新与创造能力

数字创新与创造能力是指运用数字技术和工具,将想法转化为现实,创造出新的产品、服务、模式或解决方案的能力,包括数字创意能力、数字问题解决能力和数字思维能力。

综上所述,这些能力不仅为学生的学业与职业发展提供了支持,也可以推动技术创新与社会进步。

5 结束语

本文基于全球数字素养框架及我国本科生数字素养的实际需求,结合社会发展趋势,制定了本科生数字素养的能力要求,构建了包含五个核心能力的本科生数字素养能力框架。该框架有助于制定有效的数字素养提升策略,为社会输送具备优良数字素养的高素质人才。

参 考 文 献

[1] 薛二勇,李健,黎兴成.推进中国教育数字化的战略与政策[J].中国电化教育,2023(1):25-32.
[2] 王佑镁,杨晓兰,胡玮,等.从数字素养到数字能力:概念流变、构成要素与整合模型[J].远程教育杂志,2013,31(3):24-29.
[3] 黄燕.大学生数字素养的现状分析及培养路径[J].思想理论教育,2015(3):82-85.
[4] 赵红梅,廖果平,王卫星.人工智能时代大学生数字素养的培育——以财务与会计专业为例[J].财会通讯,2019(34):41-45.
[5] 黄晓吉.后疫情时代工科大学生数字素养框架的构建研究[J].中国多媒体与网络教学学报(上旬刊),2021(11):214-216.
[6] 包晓峰.国家战略背景下的数字素养框架建构[J].中国广播电视学刊,2022(8):9-12.
[7] 周自波,张丽娟,白芳.数字时代职教学生数字素养:内涵与框架[J].中国职业技术教育,2024(23):42-49.

作者简介

曾 伟:女,1978年生,副教授,研究方向为量子机器学习、人工智能及其应用。
贺彩燕:女,2002年生,硕士研究生,研究方向为图像处理。

"电路原理"课程中的课外学习

陈媛媛

(北京工商大学计算机与人工智能学院,北京,100048)

摘 要:为提升教学质量,在课堂教学改革的同时加强课外学习环节的控制是十分重要的。电路原理课程的课外学习可以扩展教学的深度和广度,充分利用网络教学平台的信息技术手段,实现教学过程考核的监管。

关键词:电路原理;Multisim;课外学习

Outside Class Learning in Circuit Theory Course

Chen Yuanyuan

(School of Computer and Artificial Intelligence, Beijing Technology and
Business University, Beijing 100048, China)

Abstract:In order to improve the teaching quality, it is very important to strengthen the control of outside class learning while reforming classroom teaching. Outside class learning in circuit course can expand the depth and breadth of teaching, make full use of the information technology means of network teaching platform, and realize the supervision of teaching process assessment.

Key words:Circuit Theory; Multisim; outside class learning

1 前言

随着互联网技术的普及发展,网络上的优质教学资源越来越丰富。各种教学资料、课件习题都非常容易获取,以慕课为代表的精品在线开放课程也是随处可见,学生自主学习的资源极大丰富。在互联网时代,线上学习和线下学习交互进行的混合式教学势在必行[1]。在课堂内,混合式教学可以在传统课堂讲授的基础上利用雨课堂等工具增加和学生的线上互动环节,通

通信作者:陈媛媛,chen.yy@163.com。

过互动提升学生思维的活跃水平,吸引学生注意力,优化学习效果。但是课堂上的时间有限,在电路原理课程中,如何补充课外学习,让课外学习有效服务课程教学,需要对课外学习环节进行控制。

2 理论知识的课外学习

2.1 基础知识

电路原理作为一门工科基础课程,在学习过程中除了定理定律知识点本身的传授学习,要真正掌握知识点的运用,还需要通过大量的习题练习来加深理解。在传统教学模式中,学生也会进行一些课外学习,如在课前提前预习教学内容,这样在课堂上就更容易听懂老师的讲授;课后复习,对没太听明白或者迷惑不解的部分多思考多总结。这些都是很好的学习方法,但是有了线上资源的辅助,我们的课外学习其实还可以做得更多。

线上有很多优秀的慕课或微课教学资源,就某一个知识点进行了细致的讲解。对一些学生已经有基础背景,或者是比较容易理解,不会发生混淆和偏差的知识点,我们完全可以把讲授学习的过程移到课外。对课堂讲授的教学内容做减法,把部分教学内容移到课外,课堂时间腾出来增加互动的做题和讨论,使得课堂更加活跃。学生在课堂上不仅仅是带着耳朵来听课了,而是更多的要动笔动手动脑参与进来,学生的专注度和参与度都会得到提高。减掉的教学内容我们不是不学,而是不在课内学。课外已经有足够好的教学资源,学生能够在课外自主学会的,就放在课外学习,让课堂内的学习和课外学习形成互补。而不仅仅是通过预习复习去重复同一知识点的学习。比如电阻串并联电路分析,学生在高中物理就接触过简单的电阻串并联,可以让学生看慕课自学这一部分,在课堂上只对难度较大、连接复杂的串并联电路题目进行讲解、分析。再如基尔霍夫定律和叠加原理,定理本身的内容是很好理解的,自学难度不大,重点要掌握其灵活应用,这块儿的变化可以在课堂上通过练习题着重讲解,知识点的内容提前在课外进行学习。类似地,如交流电路部分,相量法中涉及数学中复数运算的相关知识,很多学生之前在数学中学过,提前在课外通过慕课和相关练习题复习回顾,课堂上就可以直接拿过来用了。一些教学内容留给学生自学,在课堂上教师转而去完成易错点、难点的讲解,课堂效率和学习效果会更好[2]。

2.2 扩展知识

利用丰富的课外教学资源,我们还可以扩展课程学习的范围,介绍电路科学史相关知识和电路相关外延工程知识给学生。通过网络平台,推送科学史相关的慕课视频给学生,讲述电学领域伟大科学家的成长经历、重大理论的诞生过程,如爱迪生、特斯拉等人的精彩人生,贝尔实验室的变迁,电路基础理论的发展等。通过这些历史人物、历史事件串联的小故事,一方面加强对学生的人文教育,另一方面也对学生渗透电路学习的方法论,培养科学的世界观,提升学生对该专业的兴趣,增强专业认同感。对电路感兴趣、学有余力的学生,也可以推荐一些电类工程基础的相关知识,电子设计竞赛培训的网络资源让学生学习,满足学生的多种需求,充分释放学生的潜能。

2.3 习题作业

由于电路基础理论知识内容通常比较抽象,理论性、系统性、灵活性较强,初学者很难透彻的理解和掌握。因此在理论知识学习的同时,必须配套完成适当的课外习题作业。习题作业可以帮助学生对教材中难以理解或者容易混淆的基本概念加深理解和掌握,全面深刻的认识课程的知识体系。可以说习题作业是电路课程课外学习中必不可少的,也是非常重要的一环。在传统的教学方式中,作业都是人工批改的。线上学习平台和网络技术的发展为习题作业也提供了新的教学形式。对于客观题,特别是选择题,利用学习平台线上提交作业显得更加方便,可以自动批改,分数统计,方便学生和教师了解学习情况,迅速反馈。但是对于大量的主观题,如计算题、分析题,还是需要教师人工批改的。线上方式和线下方式区别不大,线上的优势是可以自动进行分数统计,缺点是多了上传网络平台的操作步骤,所以采取什么样的作业形式可以依据学生和教师的喜好和习惯来选择,没有明显的优劣区分。习题作业能够很好地反映学生的学习状况,教师认真批改作业才能对学生的学习情况做到心中有数,从而及时依据学生学习状态的变化调整教学计划。

3 实践教学的课外部分

随着电路技术的发展,电路功能日益复杂,相应的电路分析方法也在不断发展演变。学生在进行理论知识学习的同时,也必须加强实践环节的训练。实践动手可以帮助学生启迪思维,开阔思路,积极探究和分析问题,提高学生分析问题和解决问题的能力。学生在实验室中做实验、动手操作实验设备,这依然是实践教学的主体形式,但是依托线上学习平台,我们在实践教学的课外部分也可以拓展出一些新的学习形式和学习内容。比如对电子元器件的识别、基本电子仪器的使用等内容,我们可以拍摄相关教学视频上传到学习平台上,让学生在课外提前预习相关知识,避免学生到实验室的时候一无所知,没有头绪。学生提前学习相关知识,能够节省出更多时间动手操作,以提高学生在实验室时间的利用效率。

随着电路软件仿真技术的发展,教学指导委员会对电路类课程实践教学部分的要求也提升了,增加了利用软件对电路进行分析的要求。学生需要学习掌握一些常用的电路分析软件[3],如 Multisim 仿真软件。Multisim 仿真软件具有元器件库和仪器库丰富,使用方便的优点,教师在课堂上可以对 Multisim 仿真软件简单加以介绍,之后就可以在课外布置题目让同学们自行进行仿真设计。使用 Multisim 仿真软件进行电路设计、参数仿真,可以作为在实验室实物实验的预习实验,也可以在实验室设备不足时作为实物实验的扩展补充实验,拓展了实验的广度和深度。例如,在基尔霍夫定律验证实验中,先进行 Multisim 仿真实验,电路元件选择范围大,也避免了学生使用不当烧毁灯泡等实验元件的问题。

4 课外学习的考核

课程考核是课程学习中很重要的一环,考核可以检测学生的学习效果,督促学习,保持和激励学生的学习热情。课外学习由于缺少师生的实时互动,保证必要的考核就更加重要了,不然很可能会让预先设置的学习目标和学习任务最后流于形式,难以落实。

日益丰富的网络学习平台在课外学习的考核方面可以给我们提供很大的帮助。例如,Blackboard 网络教学平台、雨课堂教学平台等都可以提供上网访问的时间记录。教师布置给学生的课外自学视频,学生是否访问过、是否在规定时间内访问、访问学习的时长,在平台上都可以查到相应的记录,为教师评价学生的课外学习行为提供了翔实的数据资料,以此为基础,教师对学生的课外教学内容的视频自主学习环节评价打分就容易了很多。课外视频自主学习环节的评分公平合理公正,对学生保持学习热情也有着正向激励的作用。对实践教学部分教学视频的学习也可以采用基本相同的评分方式。对仿真预习实验和扩展实验的学习,通过网络平台上交电子版程序文件是十分方便好用的考核方式。至于实验报告部分,类似课程习题作业,采用线上还是线下的方式可以按教师和学生的需求来选择。

网络信息技术和教学平台的发展便利了课外学习的考核,考核方式的选择更多了。期末考试的考试分数虽然从大概率上能够体现一个学生课程学习的整体情况,但是"一考定终身"的方式显然还是有缺陷的,考试分数不能作为考核评价的唯一指标。加强课程学习的过程考核,不仅有利于考核评价的公平和准确,对教师动态地掌握学生学习状况,及时调整教学方式方法也是非常有用的[4]。

5　小结

现代的大学教育面临了更加开放的学习环境,新时代00后的大学生们是伴随互联网长大的一代。开放的网络环境、人工智能技术的发展带来了更多的机遇和挑战。大学的课程教学也应该及时的进行调整和更新,丰富加强课外学习环节,改进优化课内的教学方式是势在必行的。课堂教学花更多的时间进行翻转课堂,辩论分析的教学活动,把一些常规教学内容任务分流到课外时间。开发利用各种优质慕课教学资源,例如基于人工智能技术的数字人教学,来充实学生的课外教学活动。但是课外学习如果只布置教学任务而不进行适当时间的考核,仅仅依靠兴趣和自觉是无法长时间维持合理的学习行为的,所以采用什么样的考核方式对课外的学习过程进行控制和监管,不仅必要而且十分重要。优化学习过程的考核评价还需要广大一线教学工作者做出更多的思考、研究和实践。

参 考 文 献

[1] 于歆杰.高等教育数字化教学的发展历程与未来展望[J].中国高等教育,2023:4-7.
[2] 杨海斌,骆子淇,常瑞杨.基于新工科的电路原理课程教学实践[J].集成电路应用,2023,40(2):350-351.
[3] 白晓磊,徐淑银,张常在,等.电路虚拟仿真技术在电路分析基础教学改革中的应用[J].高师理科学刊,2022,42(7):90-95.
[4] 董嘉佳,于歆杰,朱桂萍,等.形成性评价在大班教学中的应用——以"电路原理"课程为例[J].现代教育技术,2020,30(10):119-123.

作者简介

陈媛媛:女,1979年生,副教授,主要从事电子技术的研究.

融合媒体类课程构建研究
——媒体融合的发展脉络

杨 宇 杨盈昀

(中国传媒大学信息与通信工程学院,北京,100024)

摘 要:在互联网技术、移动技术和现代信息技术快速发展的背景下,媒体传播形式发生了深刻变革,这对我国媒体行业的演进产生了深远影响。为满足融合媒体时代媒体行业对技术人才提出的新需求,中国传媒大学信息与通信工程学院积极推进教学改革,并精心设立了与"融合媒体"紧密相关的课程。为了更有效地实现这些课程的教学目标,本文深入而系统地梳理了媒体融合的发展脉络,旨在为相关课程的构建提供坚实的理论支撑。

关键词:融合媒体;媒体融合;全媒体;课程建设

Study on the Construction of Converged Media Courses:
The Development Trajectory of Media Convergence

Yang Yu Yang Yingyun

(School of Information and Communication Engineering,
Communication University of China, Beijing 100024, China)

Abstract: Against the backdrop of rapid advancements in Internet technology, mobile technology, and modern information technology, media communication forms have undergone profound transformations, exerting a far-reaching impact on the evolution of the media industry in China. Our institute has actively promoted educational reforms and established courses related to "converged media". To more effectively achieve the educational objectives of these courses, this paper conducts an in-depth and systematic examination of the development trajectory of media convergence, aiming to provide a solid theoretical foundation for the construction of related curricula.

Key words: converged media; media convergence; all media; course development

---

通信作者:杨宇,young_rain@cuc.edu.cn。

1 背景

2021年发布的《中华人民共和国国民经济和社会发展第十四个五年规划和2035年远景目标纲要》中指出"推进媒体深度融合,做强新型主流媒体"。在5G、人工智能、大数据、区块链技术的推动下,智能化媒体时代就要到来。信息采集、制作、发布、互动等各个环境的智能化将给媒体产业带来新一轮颠覆,媒体生态系统也将被重塑。在世界局势变乱交织的今天,主流媒体是传播党的思想与理论的重要舆论阵地,推进媒体深度融合与发展,也是主流媒体机构必须坚持的重要举措。

为满足新时代对媒体技术人才的培养需求,中国传媒大学信息与通信工程学院广播电视工程系开设了多门与融合媒体技术相关的课程。在课程实施进程中,为了加深学生对媒体行业发展趋势的理解,探究媒体融合发展脉络成了媒体相关课程构建的关键组成部分。本文全面整理了媒体融合的演进历程,旨在为媒体技术课程的设立与实施提供坚实的理论支撑。

2 媒体融合的出现

媒体融合,也被称为媒介融合,还以"全媒体"的形式呈现。香港学者宋昭勋认为,融合(Convergence)一词最早出现在美国[1],来源于计算与通信的融合。1978年,麻省理工学院尼古拉尼葛洛庞蒂提出计算机、出版印刷和广播电影三大领域相重合的地方将是发展最快的领域,他认为媒体融合是"各种各样的技术和媒体都在逐渐汇聚到一起"[2]。传播学者契尔·索勒·普尔于1983年提出数字科技的发展导致了"传播形态融合"[2]。1994年,《圣荷西水星报》与美国在线共同推出电子报服务时,新闻报道使用了"一次媒体融合"[1]来表述。"媒体融合"一词表达了在数字技术的推动下,广播电视、出版、计算机网络等多个领域的边界逐渐消失的趋势,它表示的是一种媒体发展的动态过程。而各领域媒体相互融合后而形成的媒体状态,则可以用另一个词汇"全媒体"来表达。"媒体融合"在大洋彼岸出现后,"全媒体"一词则在我国出现。

3 全媒体的诞生

1998年7月29日,北京举办了"21世纪全媒体全数字彩电技术展示会",海尔公司宣布推出了中国第一台全媒体全数字彩色电视机"先行者"。半个月后,国家广播电视总局广播电视科学研究院杨红心[3]发表论文,介绍了"全媒体"(All Media)这个词,杨红心的文章对多媒体与全媒体进行了区别:多媒体是指一台电脑或电视机终端可连两个或多个媒介,如有线电视网络、互联网、电话等;而全媒体的终端是指可连各种媒体的终端。从1998年到1999年,全媒体这个词引起了家电、经济信息领域的热议。一些讨论直接支持杨红心的观点[4],也有发表质疑的声音[5],质疑主要针对"全媒体"和"全数字"在电视产品中的称谓,因为当时的电视产品使用的是模拟系统,且无存储、无交互,不少专家认为这些产品不属于全媒体[6]。而对此,国家广播电视总局广播电视科学研究院院长郭炎生对海尔公司率先在中国推出全媒体、全数字电视的发展思路和技术实力表示钦佩和赞赏,并认为海尔公司已达到当时世界一流水平,全媒体是未来电视的发展方向[5]。接着,海尔公司仍然以"全媒体"来宣传其"先行者"系列彩色电视。从这里可以看出,全媒体一词在我国的使用,得到了政府部门的支持,这也体现出政府对广播电视产业发展方向的规划和指导。

4 媒体融合大爆发

20世纪末,通信、媒体、计算机、消费电子产品业务通常是各自拥有独立的产业,而2000年以后,随着计算机技术和网络技术的发展,各行业开始进行数字化、网络化,也出现了企业之间的并购。最著名的合并可谓是2000年美国在线(AOL)收购时代华纳,当时《中国经济快讯》[7]和《浙江广播电视高等专科学校学报》[8]对美国在线实现多种产业的合并评论为"全媒体横空出世"。随后,在不同领域的产品和服务中,开始出现"全媒体"的身影。比如,在通信领域,与因特网和多媒体技术相结合的呼叫中心技术被称为"全媒体"接入方式[9],这里的"全媒体"意味着互联网及多媒体的使用;教学资源库也将多媒体资源表达为"全媒体"[10];而房产公司也将自己的资讯平台描述为"房产全媒体"[11]。

与此同时,全媒体一词也逐渐在媒体行业出现得越来越频繁。在广播电视领域,2005年中科大洋使用"Whole Media"来描述自己的非线性编辑系统为全媒体产品[12],将"全媒体"当作媒体行业发展目标。2006年,在北京国际广播电影电视展览会(BIRTV)上,THOMSON公司对新发布的采编Infinity系列设备宣传为"全媒体系列采集、记录设备"[13]。同一时期,广告业对于媒体投放时,将电视、报纸、杂志、电台和户外媒体的集合也称为全媒体[14]。

5 政府文件中出现"全媒体"

2006年9月13日,新华社刊登了《国家"十一五"时期文化发展规划纲要》全文,纲要中提出"加强图书、报刊、广播、电视、互联网等媒体对党的基本理论和重大理论创新成果的宣传""加快多媒体数据库和经济信息平台建设,发挥新闻信息资源整合、共享、管理的功能""形成若干个与我国地位相称的、具有较强国际竞争力和影响力的综合型网络媒体集团"。虽然没有使用"全媒体"或者"媒体融合",但是表达了国家对发展全媒体的迫切要求,并指出了相关机构的工作方向。2007年初,为具体指导"十一五"期间我国新闻出版行业发展,原国家新闻出版总署(现国家广播电视总局)发布了《新闻出版业"十一五"发展规划纲要》,提出了新闻出版业的跨部门、跨媒体联合,大力发展以互联网、通信网、电视网为基础的电子报纸、电子期刊、网络文学、网络数据库、手机报纸、手机期刊、手机小说等新型数字媒体。并从2007年6月起,全面启动了"国家数字复合出版系统工程",该工程包括"全媒体资源服务平台""全媒体经营管理技术支撑平台""全媒体应用整合平台"等项目建设,这是"全媒体"概念作为媒介发展方向,在我国首次以官方文件的形式正式提出[15]。这标志着政府明确了利用数字技术改造传统媒体的生产、管理和传播方式,构建国家全媒体的发展战略。

从2007年开始,中国新闻出版总署启动了"全媒体数字采编发布系统工程"建设,并确定了南方报业传媒集团、中国安全生产报、烟台日报传媒集团等进行数字复合出版的研发和试点。报纸、杂志等出版业的经营模式也发生重大改变,它们以报纸为基础,发展了数字化、网络化、多媒体化内容生产和信息增值服务,不但推出数字报刊,还在其内容中增加视频、动画、音频等各种多媒体元素[16],同时采用了"一次生产、多渠道发布"[17]的全媒体式营销方式。对于传统报业来说,全媒体时代已经到来。烟台日报传媒集团在2008年3月首开先河,组建了全媒体新闻中心,开始了从传统报业到全媒体运营方式的转型,印刷报纸开始分化成多种产品形态,如手机报纸、数字报纸等[18]。

在广播电视领域,2007年5月16日,CCTV网通过首届媒体资源推广会宣布,央视国际提供"全媒体"业务,针对计算机、电视、手机三种终端,分别提供网络电视业务、IP电视业务和手机电视业务,标志着手机业务正式进入我国的"全媒体"服务[19]。2008年北京奥运会期间,中国广播网实现了中央电台所有奥运报道广播信号同步网络直播,创新了图文并茂、音视频同步多点互动直播报道新模式,尝试了广播、门户网站、有线数字广播电视、手机广播电视、平面媒体五大终端的融合[18]。2008年奥运开幕式的"全媒体"受众数量创新高,据统计,通过网络获取开幕式信息的观众比例超过了广播电台[20],位列第二(列在传统电视之后)。中央电视台于2009年2月宣布将通过央视网全面推进国家网络电视台建设,网络电视台成为与中央电视台并行发展的传播平台。同一时期,凤凰卫视以及多家省级广电媒体也开始进行全媒体战略转型,开拓多媒体传播渠道,与新媒体合作进行全媒体传播[21]。

6 党中央推动媒体融合

自党的十八大起,以习近平同志为核心的党中央开始对推动传统媒体和新兴媒体的融合发展进行战略部署。2014年,《关于推动传统媒体和新兴媒体融合发展的指导意见》由中央全面深化改革领导小组经会议审议通过,标志着党中央对推动媒体融合发展做出了明确要求和具体部署。2016年7月,国家新闻出版广电总局印发《关于进一步加快广播电视媒体与新兴媒体融合发展的意见》,全面落实《关于推动传统媒体和新兴媒体融合发展的指导意见》,并促进传统媒体转型升级,扩大其在网络中的传播力和舆论引导力。随后,我国主流媒体的融合推进速度明显加快,人民日报的"中央厨房"、新华社的"现场云"等新融合媒体形式纷纷推出,标志着我国媒体融合工作从探索融合方向,逐渐转变为融合平台建设与推进的阶段。

2018年8月,习近平总书记在全国宣传思想工作会议上强调"要扎实抓好县级融媒体中心建设"的发展方向,2019年,习近平总书记指出:"要坚持移动优先策略,让主流媒体借助移动传播,牢牢占据舆论引导、思想引领、文化传承、服务人民的传播制高点。"同年,习近平总书记在中共中央政治局第十二次集体学习时提出了"四全媒体"的概念[22],即全程媒体、全息媒体、全员媒体和全效媒体,全方位制定了全媒体发展格局。这也标志着我国的媒体融合发展到了全面构建现代全媒体传播体系[23]的阶段。

在2020年9月中共中央办公厅、国务院办公厅印发了《关于加快推进媒体深度融合发展的意见》的2个月后,国家广播电视总局印发《关于加快推进广播电视媒体深度融合发展的意见》并指出:"力争用1至2年时间,新型传播平台和全媒体人才队伍建设取得明显进展,主流舆论引导能力、精品内容生产和传播能力、信息和服务聚合能力、先进技术引领能力、创新创造活力大幅提升。"由此,媒体融合发展到了融合创新与发展融合科技的阶段[23],5G、人工智能等高新技术的引入,将给传统媒体带来更多机会和挑战,它们也将成为推动媒体融合的关键驱动力。

7 结论

媒体融合,作为技术进步的必然结果和时代发展的迫切需求,是信息技术高速发展与新传播技术冲击下的必然产物。巩固和建强主流舆论阵地,推进媒体深度融合发展是党中央制定的国家战略,是为了保证共建全党全民团结奋斗的思想基础、建立新型传播格局而进行的自上而下的顶层设计。在融合媒体相关课程的建设过程中，授课教师必须深刻理解国家的媒体融合战略，准确把握主流媒体融合的发展脉络，密切关注技术发展动态与产业发展方向，才能从容应对新技术浪潮与传播形式的不断变革，坚定课程研发方向，为国家培养优秀的媒体技术人才。

参 考 文 献

[1] 宋昭勋.新闻传播学中 Convergence 一词溯源及内涵[J].现代传播（中国传媒大学学报），2006(1)：51-53.

[2] 王勇.媒介融合背景下我国广电全媒体发展研究[D].武汉：武汉大学，2013.

[3] 杨红心.彩电科技新趋势——从多媒体到全媒体，从模拟数字到全数字[J].广播与电视技术，1998(8)：65-68.

[4] 何文.彩电科技新趋势——从多媒体到全媒体 从模拟数字到全数字[J].电子质量，1998(11)：23.

[5] 《实用电子文摘》杂志·刊中报[J].实用电子文摘，1998(11)：72-75.

[6] 郑小琦.数字彩电：是真是假讨个说法[J].瞭望新闻周刊，1999(1)：39-42.

[7] 徐砚梅.对美国在线收购时代华纳的分析 全媒体"巨无霸"横空出世[J].中国经济快讯，2000(4)：28.

[8] 横空出世"全媒体"[J].浙江广播电视高等专科学校学报，2000(3)：40.

[9] 毛顿，陈平，金连甫，等.呼叫中心全媒体化的技术融合[J].计算机时代，2001(2)：29-31.

[10] 洪恩.大型智能教学资源库力助教育信息化[J].教育信息化，2002(6)：64.

[11] 郭晓雯.房产全媒体：老百姓的咨讯互动平台[J].楼市，2004(20)：44-45.

[12] 温知新.非线性编辑：从流媒体走向"全媒体"[J].中关村，2005(6)：27-28.

[13] 王琼.新品层出 新意盎然——BIRTV2006 展会观感[J].现代电视技术，2006(11)：38-41.

[14] 赵梅，菊进红.2006年上半年中国广告市场综述[J].中国化妆品，2006(10)：68-69.

[15] 姚君喜，刘春娟."全媒体"概念辨析[J].当代传播，2010(6)：13-16.

[16] 王立成.沈阳日报推出全媒体数字报[N].中国新闻出版报，2006-12-27(3).

[17] 本刊特约记者.引领报业走进"全媒体"时代——访北京北大方正电子有限公司总裁刘晓昆[J].中国传媒科技，2006(10)：56-57.

[18] 罗鑫.什么是"全媒体"[J].中国记者，2010(3)：82-83.

[19] 曹亚宁.CCTV.com打造全媒体[N].中国新闻出版报，2007-05-18(3).

[20] 2008奥运开幕式"全媒体"受众创历史最高[J].新闻记者，2008(9)：13.

[21] 戴仲辉，付玉辉.2008—2011年中国全媒体研究综述[J].中国传媒科技，2012：60-63.

[22] 李鲤，吴瑾."四全媒体"：2019主流媒体的创新实践[J].中国记者，2020(1)：62-66.

[23] 宋建武，黄淼，陈璐颖.中国媒体融合转型（新闻传播学文库）[M].北京：中国人民大学出版社，2022：62.

作者简介

杨　宇：女，1978年生，副教授，研究方向为数字视频制播技术、图像质量评价和数字图像处理等。

杨盈昀：女，1969年生，教授，研究方向为智能视音频技术、数字电视技术。

高校教师参加实验教学案例设计竞赛的心得体会

魏 青

(北方工业大学信息学院,北京,100144)

摘 要:全国电子信息类专业课程实验教学案例设计竞赛(以下简称"实验案例赛")是由教育部高等学校电子信息类专业教学指导委员会、国家级实验教学示范中心联席会电子学科组以及中国电子教育学会联合主办,普源精电科技股份有限公司(RIGOL)协办的竞赛。本文通过作者参加实验案例赛的个人经历,阐述了实验案例赛对提升教学能力的影响,总结了收获与体会。

关键词:高校教师;实验教学;教学案例设计;心得体会

Experience and Reflection of College Teachers Participating in Experimental Teaching Case Design Competition

Wei Qing

(School of Information Science and Technology, North China University of Technology, Beijing 100144, China)

Abstract: The National Electronic Information Professional Course Experimental Teaching Case Design Competition (hereinafter referred to as the "Experimental Case Competition") is jointly organized by the Higher Education Electronic Information Professional Teaching Guidance Committee of the Ministry of Education, the Electronic Discipline Group of the National Experimental Teaching Demonstration Center Joint Committee, and the China Electronics Education Society, and co-organized by Puyuan Jingdian Technology Co., Ltd. (RIGOL). Based on the author's personal experience of participating in an experimental case

---

通信作者:魏青,weiqing@ncut.edu.cn。
基金项目:北方工业大学本科教育教学改革项目"通信原理课程数字化实践教学理论与评价体系研究"。

competition, this paper expounds on the impact of such competitions on improving teaching ability, and summarizes the lessons learned and insights gained.

Key words：College Teacher；Experimental Teaching；Design of Teaching Case；Experience and Reflection

1 引言

全国电子信息类专业课程实验教学案例设计竞赛(以下简称"实验案例赛")是由教育部高等学校电子信息类专业教学指导委员会、国家级实验教学示范中心联席会电子学科组以及中国电子教育学会联合主办，普源精电科技股份有限公司(RIGOL)协办的竞赛。竞赛的目的是推动实验教学活动坚持问题导向、目标导向和能力导向，提高教师的实验设计能力和教学水平，更好地培养大学生创新意识和工程实践能力，促进高等教育质量工程建设过程中的先进教学理念、内容、技术和方法的广泛应用与共享。实验案例主要包括原理验证、综合应用、项目开发、虚拟仿真等类型。实验案例必须体现学生在实验中的自主研学、综合设计、工程实践与创新发挥。2023年11月，学校组织教师参加了全国电子信息类专业课程实验教学案例设计竞赛(以下简称"实验案例赛")。本文结合自身实验案例赛参赛经历，从教学和科研两个方面总结了竞赛的心得体会。

2 竞赛是教师专业成长的重要途径

在本次竞赛中，我选择了"移动通信"课程的课内实验之一"直接序列扩频及解扩实验"。作为面向电子信息类本科专业的专业选修课，"移动通信"课程的知识是在"通信原理""高频电子线路"等课程知识基础上的延伸，具有课程知识原理复杂、理论性强、实践性强等特点。其课内实验不仅要求学生具备一定的实际操作能力，更对教师的专业素养、实践能力和教学能力提出了更高要求，这对于刚刚进入工作岗位的我提出了新的挑战。

这次参加实验案例赛，站在评委、参赛选手面前去阐述自己的教学内容、教学方法以及教学思考，我开始认真审视高校教师这份职业及其内涵，也开始思考如何提高自己教学能力以向优秀教师看齐。具体而言，在课前，我们需要对直接序列扩频的原理、实现过程以及在通信系统中的应用有较为深入的理解，并据此精心设计实验内容，仔细推敲实验环节。同时，需要结合教学目标和学生的实际情况，设计出具有一定挑战性和启发性的实验方案，在满足大多数学生学习需求的同时，提供可自主发挥的空间；在课中，需向学生明确实验目标和要求，在讲解实验原理的同时引导学生进行实验操作。尽管直接序列扩频及解扩实验属于验证性实验，但部分学生的理论知识不够扎实，因此对实验中扩频前后信号在时域及频域上的变化不能理解，从而对实验操作有畏难情绪。为了鼓励学生，我们不仅要把实验原理阐述清楚，激发学生的学习兴趣，还应与学生互动交流，针对学生的不同问题给出针对性的操作建议；在课后，我们还需认真总结和反思教学过程，特别针对在实验过程中学生出现的共性问题进行解决，并在下一次实验课进行实践。总体而言，只有用心投入每一次教学，不断反思，不断研究，才能真正从教学中发现自己的优势和不足，促进自己成长。

作为刚进入高校工作的青年教师，想要提高自身教学水平和教学能力，除了多在课堂上实践以外，还要"走出去"看一看、比一比。特别地，对于实验教学老师而言，往往由于实验场地或实验设备受限等，同样的实验内容在同一学期就要给不同班级重复上很多遍。虽然教学任务比较繁重，但也可以让教师在很短的时间内熟悉实验教学内容，不经意间就让教师进入到教学"舒适圈"。同时，由于在实践课堂上主要以学生操作为主，教师的讲授内容相对于理论课堂来说少很多，在一定程度上削弱了教师对教学改革和创新的主动性。长此以往，可能会形成实验形式固化和实验内容单一的局面。为了解决这个问题，鼓励实践教学老师坚持参加实验案例赛是重要方式之一。准备竞赛的过程将促使我们更加深入思考、整合以及优化实践教学内容，而参与竞赛的过程为我们提供了向来自全国各地的优秀教师交流学习、取长补短的机会，有助于提高自己的教学水平和认识水平。此外，获奖与否都是对不断提升自身实践教学能力的激励。

3 实践教学是教师教学创新的有效方式

在本次竞赛中，我注意到很多教授、专家都还活跃在教学一线，将数十年积累的教学经验，甚至科研上的灵感发现源源不断地注入实验教学当中。特别是将一些从科研中发现的问题反哺到教学改革上，取得了非常好的教学效果。例如，有一位研究数字通信系统接收端设计的老师，她将5G通信系统设计中的"帧同步"环节设计为验证型实验。学生们通过动手实验全面验证、分析和理解帧同步的基本原理和实现方式，从而加深对理论知识的理解，实现通信理论知识的工程落地。为了更好地培养适应未来发展的高素质人才，高校教师应主动更新教学理念和教学方法。以电子信息类专业为例，教师应尝试将6G、人工智能等下一代通信与信息技术纳入实践教学内容。通过引入最新的研究成果、学生参与的科研项目、开展创新竞赛等丰富多样的教学方式，激发学生的学习兴趣，培养其解决复杂工程问题的能力。

4 总结

本文总结了参加实验案例赛的经验和收获，从竞赛是教师专业成长的重要途径、实践教学是教师教学创新的有效方式两个方面进行了深入思考。

"道阻且长，行则将至"。通过参与实验案例赛，我深入了解了多种实践教学形式，并从中汲取了宝贵的经验。此次经历不仅提升了我的教学设计与实施能力，还让我更深刻地认识到自身在教学中的不足。未来，我将以赛促教，不断学习新知识、新方法，紧跟学科前沿，为培养符合社会需求的高素质人才而不懈努力。

作者简介

魏　青：女，1993年生，北方工业大学信息学院实验师，博士，从事无线通信技术相关的理论与方法研究。